Antonie Jetter

Produktplanung im Fuzzy Front End

GABLER EDITION WISSENSCHAFT

Forschungs-/Entwicklungs-/Innovations-Management

Herausgegeben von
Professor Dr. Hans Dietmar Bürgel
Universität Stuttgart (em.)
Professorin Dr. Diana Grosse, vorm. de Pay
Technische Universität Bergakademie Freiberg
Professor Dr. Cornelius Herstatt
Technische Universität Hamburg-Harburg
Professor Dr. Martin G. Möhrle
Universität Bremen

Die Reihe stellt aus integrierter Sicht von Betriebswirtschaft und Technik Arbeitsergebnisse auf den Gebieten Forschung, Entwicklung und Innovation vor. Die einzelnen Beiträge sollen dem wissenschaftlichen Fortschritt dienen und die Forderungen der Praxis auf Umsetzbarkeit erfüllen.

Antonie Jetter

Produktplanung im Fuzzy Front End

Handlungsunterstützungssystem auf der Basis
von Fuzzy Cognitive Maps

Mit einem Geleitwort von Prof. Dr. Hans-Horst Schröder

Deutscher Universitäts-Verlag

Bibliografische Information Der Deutschen Bibliothek
Die Deutsche Bibliothek verzeichnet diese Publikation in der Deutschen
Nationalbibliografie; detaillierte bibliografische Daten sind im Internet über
<http://dnb.ddb.de> abrufbar.

Dissertation Technische Hochschule RWTH Aachen, 2005

Die Drucklegung dieser Dissertationsschrift wird durch die Rheinisch-Westfälische
Technische Hochschule Aachen finanziell unterstützt.

1. Auflage September 2005

Alle Rechte vorbehalten
© Deutscher Universitäts-Verlag/GWV Fachverlage GmbH, Wiesbaden 2005

Lektorat: Brigitte Siegel / Sabine Schöller

Der Deutsche Universitäts-Verlag ist ein Unternehmen von
Springer Science+Business Media.
www.duv.de

Das Werk einschließlich aller seiner Teile ist urheberrechtlich geschützt.
Jede Verwertung außerhalb der engen Grenzen des Urheberrechtsgesetzes
ist ohne Zustimmung des Verlags unzulässig und strafbar. Das gilt insbesondere für Vervielfältigungen, Übersetzungen, Mikroverfilmungen und die
Einspeicherung und Verarbeitung in elektronischen Systemen.

Die Wiedergabe von Gebrauchsnamen, Handelsnamen, Warenbezeichnungen usw. in diesem
Werk berechtigt auch ohne besondere Kennzeichnung nicht zu der Annahme, dass solche
Namen im Sinne der Warenzeichen- und Markenschutz-Gesetzgebung als frei zu betrachten
wären und daher von jedermann benutzt werden dürften.

Umschlaggestaltung: Regine Zimmer, Dipl.-Designerin, Frankfurt/Main
Druck und Buchbinder: Rosch-Buch, Scheßlitz
Gedruckt auf säurefreiem und chlorfrei gebleichtem Papier
Printed in Germany

ISBN 3-8350-0144-2

Geleitwort

Der Markt ist die Arena, in der sich Unternehmen bewähren müssen und in der über Bestand und Untergang, Wachstum und Schrumpfen, Hits und Flops entschieden wird. Lange bevor sich Unternehmen auf dem Markt im Wettbewerb miteinander messen, wird in ihren Entwicklungslabors über ihre jeweilige Startpositionen entschieden. Ob ein Unternehmen von der "pole position" mit der guten Aussicht ins Rennen geht, das Feld zu kontrollieren, oder von einer ungünstigen Startposition aus riskante Überholmanöver vornehmen muss, um an die Spitze zu gelangen, hängt von seiner Leistungsfähigkeit bei der Entwicklung von Produkten ab, die auf ungedeckte Bedürfnisse der Kunden stoßen und Begeisterungseffekte bewirken.

Dabei kommt, wie neuere Forschungsergebnisse verdeutlichen, den frühen Phasen der Produktentwicklung, in denen die Produktidee "geboren" und das Produktkonzept formuliert wird, besondere Bedeutung zu: Die Intensität und Qualität der planerischen Aktivitäten in diesen Phasen, die auch als "fuzzy front-end" der Produktentwicklung bezeichnet werden, bestimmen in hohem Maße den Erfolg oder Misserfolg neuer Produkte. Leider werden die frühen Phasen oft nicht erfolgreich bewältigt, zeichnen sie sich doch durch extreme Komplexität und Unsicherheit aus: Das Handlungsfeld ist noch weitgehend offen, die Handlungsoptionen sind nur unscharf beschrieben und die Konsequenzen möglicher Handlungen sind außerordentlich schwer abzuschätzen. Verschärft wird diese Situation durch die hohe Turbulenz der marktlichen, technologischen und sozio-politischen Umfelder, durch die Notwendigkeit, in langen Zeiträumen zu denken und durch die Tatsache, dass Neuentwicklungen Unikate sind, auf die sich Lernerfahrungen aus vergangenen Projekten nur eingeschränkt anwenden lassen.

Konzepte und Methoden, welche die Entscheidungsträger bei ihren außerordentlich schwierigen Entscheidungen unterstützen können, fehlten bis dato, wie Frau Dr. Jetter in Kapitel C ihrer Arbeit auf der Grundlage einer umfassenden Analyse der vorliegenden internationalen Literatur überzeugend zeigt. In den nachfolgenden Kapiteln D - E schließt Frau Dr. Jetter diese Lücke: Mit dem von ihr entwickelten **HAndlungs-Unterstützendem System (HAUS)** stellt sie ein Entscheidungsunterstützung-System vor, das es ermöglicht, die Probleme bei der Konzipierung neuer Produkte zu bewältigen:

Durch die Orientierung des Systems an den Erkenntnissen der Handlungspsychologie gelingt es ihr, die Inkonsistenzen und Irrationalitäten menschlichen Verhaltens in komplexen Entscheidungssituationen bei extremer Unsicherheit abzubauen: Mit Hilfe von Simulationen virtueller Welten können die Entscheidungsträger ihre subjektiven Modelle der Entwicklungsumgebung formulieren und die Wirkungen einzelner Ereignisse und Entwicklungen auf den Entwicklungsprozess und das neue Produkt abschätzen. Die Analyse der Auswirkungen von Veränderungen einzelner Sachverhalte ermöglicht es zudem, die Eignung der Modelle einzuschätzen.

Durch die Verwendung von Fuzzy Cognitive Maps (FCMs), einer Weiterentwicklung der bekannten Einflussdiagramme, zur Abbildung der Entwicklungsumgebung wird es zum einen möglich, neben quantitativen auch qualitative Elemente der Entwicklungsumgebung abzubilden; zum anderen können Unschärfen und Unsicherheiten erfasst werden. FCMs können kooperativ von Experten aus den verschiedensten Unternehmensbereichen erstellt werden und gewährleisten damit die Nutzung des gesamten im Unternehmen vorhandenen Wissens. Die Methode ermöglicht es zudem, die Auswirkungen alternativer Annahmen über die Entwicklungsumgebung quantitativ abzuschätzen.

Frau Dr. Jetter begnügt sich nicht damit, ein theoretisch fundiertes Konzept vorzustellen, das den Erfordernissen der frühen Phasen der Produktentwicklung gerecht wird, sondern sie zeigt auch, wie dieses Konzept praktisch eingesetzt werden kann. Zum einen beschreibt sie eine von ihr entwickelte Methodik zur Erstellung von Fuzzy Cognitive Maps, die Experten in die Lage versetzt, ihr gesamtes Wissen in die Modellierung der Entwicklungsumgebung einzubringen; in diesem Zusammenhang weist sie nach, dass Experten in der Lage sind, ihre mentalen Modelle in Fuzzy Cognitive Maps zu übersetzen, und dass die erstellten FCMs den Untersuchungsbereich verlässlich abbilden. Zum anderen beschreibt sie den praktischen Einsatz des HAUS am Beispiel der Entwicklung einer Lasermaschine und verdeutlicht damit zugleich die Praktikabilität des Konzeptes und seiner zugehörigen Instrumente.

Die Arbeit enthält darüber hinaus eine Vielzahl weiterer Vorschläge zur Gestaltung der frühen Phasen der Produktentwicklung, die den Stand der wissenschaftlichen Erkenntnis in diesem äußerst schwierigen Problemfeld ebenso bereichern wie die Praxis der Planung neuer Produkte. Dabei gelingt es der Verfasserin in beeindruckender Weise, theoretisch sauberes Vorgehen mit Praxisrelevanz zu verbinden. Die Fülle von Bezugnahmen auf Probleme und Beispiele der Praxis stellen sicher, dass das Buch trotz seines theoretischen Tiefgangs nie die Verbindung zum praktischen Problem verliert.

Die Arbeit von Frau Dr. Jetter repräsentiert den gegenwärtigen "state of the art" der Forschung über die frühen Phasen der Produktentwicklung. Ihre Lektüre ist nicht nur ein "Muss" für alle an diesem Forschungsgebiet interessierten Wissenschafter, sondern wegen ihrer konsequenten Orientierung an den praktischen Problemen des "fuzzy front-end" und vor allem wegen des wichtigen Beitrags zur Lösung der Planungsprobleme in den frühen Phasen der Produktentwicklung auch von hohem Wert für alle Manager, die in der Unternehmenspraxis mit derartigen Problemen konfrontiert sind. Ich wünsche dem Buch eine weite Verbreitung und die Leser, die es verdient.

Prof. Dr. Hans-Horst Schröder

Vorwort

Die vorliegende Arbeit hat zum Ziel, die sehr frühen Phasen der Produktentwicklung – das so genannte Fuzzy Front End – theoretisch zu durchleuchten und methodisch zu unterstützen. Sie will Praktiker aus dem kaufmännischen und dem ingenieurwissenschaftlichen Bereich in die Lage versetzen, die für die frühen Phasen typische Unsicherheit integrativ zu bewältigen, attraktive Produktkonzepte zu erstellen und erfolgreiche Entwicklungsprojekte zu planen. Eine solchermaßen breit gesteckte Aufgabe erfordert ein gutes Arbeitsumfeld, kritische Mitdenker und vielfältige Unterstützung – entsprechend bin ich zahlreichen Personen zum Dank verpflichtet:

Mein herzlicher Dank gilt meinem Doktorvater, Herrn Prof. Dr. Hans-Horst Schröder, an dessen Lehrstuhl für allgemeine Betriebswirtschaftslehre mit Schwerpunkt Technologie- und Innovationsmanagement die Arbeit während meiner Tätigkeit als wissenschaftliche Mitarbeiterin entstanden ist. Ich habe Herrn Prof. Schröder nicht nur die Anregung zur Promotion und zur Auseinandersetzung mit dem Fuzzy Front End zu verdanken, sondern auch unvergessliche Jahre in einem vielseitigen, stimulierenden und von großen Freiheitsgraden geprägten Arbeitsumfeld.

Zu diesen Idealbedingungen haben meine Kolleginnen und Kollegen am TIM-Lehrstuhl maßgeblich beigetragen, deren Kollegialität, Humor und Freundschaft den Arbeitsalltag geprägt haben und denen ich erinnerungswürdige Kochabende, Kanufahrten, Exkursionen und Weihnachtsfeiern verdanke. Obgleich ich allen „TIM-lern" zum Dank verpflichtet bin, seien einige kritische Mitdenker, „Korrekturleser" und Helfer namentlich erwähnt: Danke an Michaela Thiel (Auffrischung meiner Marketing Kenntnisse), Matthias Freund und Peter Müller-Baum (Stringenz und Lesbarkeit der Kapitel zu Fuzzy Cognitive Maps und zu den explorativen Studien), Dr. Hannah Zaunmüller und Dina Franzen (gemeinsame Projektarbeit im Projekt KINX und „Rückenfreihalten" in der Endphase der Dissertation), Anne Wernecke (Literaturbeschaffung), Monika Heer (vielfältige organisatorische Unterstützung) und Christine Albrecht (Hilfe beim Endlayout, sowie psychologische Unterstützung inkl. Abendessen).

Mein Dank gilt ferner Herrn Prof. Dr. Hartwig Steffenhagen, für die Übernahme des Korreferats und die schnelle Korrektur.

Gute Arbeitsbedingungen verdanke ich zudem der Förderung meiner Arbeit durch die Deutsche Forschungsgemeinschaft im Rahmen des Sonderforschungsbereichs 361 „Modelle und Methoden zur integrierten Produkt- und Prozessgestaltung", die nicht nur die Finanzierung sicherte, sondern einen regen fachlichen Austausch mit den Kollegen aus den ingenieurwissenschaftlichen Disziplinen ermöglicht hat. Meinen nationalen und internationalen Kollegen im EU-geförderten Projekte KINX (Knowledge Integration and Network eXpertise) danke ich für die Möglichkeit, mich mit Fragen des Wissensmanagements in der Produktentwicklung auseinanderzusetzen. Die fächer- und länderübergreifende Zusammenarbeit und die gesammelte Projekt(leitungs)erfahrung in beiden Projekten waren eine große persönliche und fachliche Bereicherung.

Ebenso gilt mein Dank den Studierenden und Mitarbeitern der RWTH, die an der explorativen Studie zur FCM-Erstellung teilgenommen habe und denen ich teilweise noch heute die versprochene Probandenentschädigung schulde – ich entschuldige mich und biete an, sie bei gelegentliche Treffen in Kaffee und Kuchen abzugelten. Dank auch an Herrn Dr. Henrique Otten, der die Studie durch ein Impulsreferat zum Thema Rechtsextremismus unterstützt hat.

Große Unterstützung habe ich durch meine Eltern und Brüder erfahren, die den Plan zur Promotion befürwortet und Sinn und Machbarkeit des Projektes nie bezweifelt haben, gleichzeitig aber anspruchsvolle Kritiker waren. Wenn diese Arbeit, wie ich hoffe, auch interessierte Praktiker anspricht und nicht allzu sehr ein Produkt aus dem „Elfenbeinturm" scheint, ist das auch ihr Verdienst. Ihnen und meiner Großmutter Maria Jetter widme ich diese Arbeit.

Antonie Jetter

Inhaltsübersicht

Geleitwort V
Vorwort VII

A Einführung 1
1 Motivation und Zielsetzung 3
2 Gang der Untersuchung 5

B Grundlagen und Bezugsrahmen 7
1 Aktuelle Tendenzen in der Produktentwicklung 9
   1.1 Produktentwicklung im turbulenten Unternehmensumfeld 10
   1.2 Integration in der Produktentwicklung 19
   1.3 Wissen, Lernen und Kognition in der Produktentwicklung 29
   1.4 Fazit: Anforderungen an die Produktentwicklung 37
2 Unsicherheitsmanagement als zentrale Aufgabe der frühen
   Produktentstehungsphasen 38
   2.1 Der Begriff der Unsicherheit 39
   2.2 Strategien für das Unsicherheitsmanagement 51
   2.3 Fazit: Unsicherheitsmanagement in den frühen Phasen der Produktentstehung 56
3 Theorie und Praxis der frühen Produktentstehungsphasen 57
   3.1 Modelle der frühen Produktentstehungsphasen 57
   3.2 Praxis der frühen Produktentstehungsphasen 80
   3.3 Fazit: Die frühen Phasen der Produktentstehung im Rahmen dieser Arbeit 92

C Methoden und Instrumente für die frühen Phasen der Produktentwicklung 95
1 Herkömmliche Methoden und Instrumente für die frühen Phasen der
   Produktentstehung 97
   1.1 Allgemeine Methoden und Instrumente 98
   1.2 Spezifische Front-End Lösungen 143
   1.3 Fazit: State of the Art 149
2 Konzeptionelle Grundlagen neuer Methoden und Instrumente für die frühen
   Phasen der Produktentstehung 154

2.1 Systemdenken 154

2.2 Denken in Szenarien 167

2.3 „Knowledge Mapping" 174

2.4 Fazit – Konzeptionelle Grundlagen als Denkrichtung für neue Instrumente und Methoden 194

3 **Anwendung der konzeptionellen Grundlagen: neue Methoden und Instrumente** **196**

3.1 Soft-System-Methodology für Innovationen 197

3.2 Szenariobasierte Produktentwicklung 202

3.3 Information Acceleration 208

3.4 Concept Maps 210

3.5 Bayes-Netze 213

3.6 Fazit 217

D Theoretische und methodische Grundlagen des Handlungsunterstützungssystems **221**

1 Theoretische Grundlagen: handlungspsychologischer Bezugsrahmen **223**

1.1 Modelle und Barrieren der Handlungsregulation 225

1.2 Lösungsstrategien für eine erfolgreiche Handlungsregulation 238

1.3 Fazit: Potenziale von „Microworlds" bei der Handlungsregulation im Fuzzy Front End 245

2 Methodische Grundlagen: Fuzzy Cognitive Maps **248**

2.1 Fuzzy Cognitive Maps nach KOSKO 248

2.2 Weiterentwicklungen und Einsatzgebiete von Fuzzy Cognitive Maps 258

2.3 Fazit: Fuzzy Cognitive Maps für die Erstellung von „Microworlds" 295

3 Einsatz von FCMs zur Handlungsunterstützung im FFE: Das Konzept des HAUS **296**

3.1 Modul 1: Situationsanalyse und Strategieauswahl 298

3.2 Modul 2: FCM-Modellierung 298

3.3 Modul 3: Beurteilung neuer Informationen 304

3.4 Modul 4: FCM Modellanwendung 304

3.5 Modul 5: Planung, Durchführung und Effektkontrolle 304

3.6 Vorläufige Beurteilung des HAUS 305

E Ausgestaltung des Handlungsunterstützungssystems 307
1 Vorüberlegungen zur Ausgestaltung des HAUS 309
1.1 Vorstudien zur Erstellung von FCM-Modellen 310
1.2 Empfehlungen zur Erstellung von FCM-Modellen - Vorgehen und technische Umsetzung 354
1.3 Fazit der Vorüberlegungen zur Ausgestaltung des HAUS 374
2 Die einzelnen Module des HAUS 376
2.1 Einführung der Konzeptstudie „Laserreinigungsanlage für Formteilformen" 377
2.2 Modul 1: Situationsanalyse und Strategieauswahl 383
2.3 Modul 2: FCM-Modellierung 395
2.4 Module 3 und 4: Beurteilung neuer Informationen und FCM-Modellanwendung 418
2.5 Modul 5: Planung, Durchführung und Effektkontrolle 426
3 Beurteilung des HAUS 430
3.1 Konzeptionelle Beurteilung des HAUS anhand der Anforderungen der Produktentstehung 430
3.2 Praktische Beurteilung des HAUS anhand der Konzeptstudie 432

F Zusammenfassung und Ausblick 437
1 Rückblick und Zusammenfassung 439
2 Forschungsbedarf und Ausblick 444

Anhang 447
Literaturverzeichnis 467

Inhaltsverzeichnis

Geleitwort V
Vorwort VII

A Einführung 1
1 Motivation und Zielsetzung 3
2 Gang der Untersuchung 5

B Grundlagen und Bezugsrahmen 7
1 Aktuelle Tendenzen in der Produktentwicklung 9
   1.1 Produktentwicklung im turbulenten Unternehmensumfeld 10
      1.1.1 Turbulenztreiber im Unternehmensumfeld 10
         1.1.1.1 Globalisierung 11
         1.1.1.2 Individualisierung 13
         1.1.1.3 Technischer Fortschritt 14
      1.1.2 Konsequenzen für die Produktentwicklung 16
         1.1.2.1 Systematische Umfeldbeobachtung und -berücksichtigung 18
         1.1.2.2 Strategien und Methoden zum Umgang mit Unsicherheit 19
   1.2 Integration in der Produktentwicklung 19
      1.2.1 Funktionale Integration 20
      1.2.2 Lebenszyklusbezogene Integration 22
         1.2.2.1 Lebenszyklusbezogene Integration von Kundenforderungen 25
         1.2.2.2 Lebenszyklusbezogene Integration von Technologien 26
      1.2.3 Konsequenzen für die Produktentwicklung 27
         1.2.3.1 Spezifische Instrumente für die multifunktionale Zusammenarbeit 27
         1.2.3.2 Berücksichtigung von Interdependenzen durch Systemsicht 28
   1.3 Wissen, Lernen und Kognition in der Produktentwicklung 29
      1.3.1 Wissen als Input und Output der Produktentwicklung 31
      1.3.2 Kognition und Lernen als Voraussetzung für Innovationserfolge 34
      1.3.3 Konsequenzen für die Produktentwicklung: Unterstützung von Lernprozessen und Explizierung von Hintergrundwissen 35
   1.4 Fazit: Anforderungen an die Produktentwicklung 37

2 Unsicherheitsmanagement als zentrale Aufgabe der frühen Produktentstehungsphasen 38

2.1 Der Begriff der Unsicherheit 39
    2.1.1 Allgemeine Ansätze zur Charakterisierung von Unsicherheit 39
        2.1.1.1 Subjektivität und Objektivität zur Charakterisierung von Unsicherheit 39
        2.1.1.2 Inhaltliche Charakterisierung von Unsicherheit 42
        2.1.1.3 Konsequenzen unterschiedlicher Charakterisierungsansätze 44
    2.1.2 Spezieller Ansatz: Das integrierte Unsicherheitsmodell nach SCHRADER ET AL. 45
        2.1.2.1 Unsicherheit als Folge der Problemeingrenzung 46
        2.1.2.2 Bestimmungsgrößen und Auswirkungen der Problemeingrenzung 48
        2.1.2.3 Beurteilung des integrierten Modells im Rahmen dieser Arbeit 50

2.2 Strategien für das Unsicherheitsmanagement 51
        2.2.1.1 Unsicherheitsabbau durch Verkürzung der „time to market" 53
        2.2.1.2 Unsicherheitsabbau durch „front-loading" 54
        2.2.1.3 Erhöhung der Unsicherheitstoleranz durch Flexibilisierung 55

2.3 Fazit: Unsicherheitsmanagement in den frühen Phasen der Produktentstehung 56

3 Theorie und Praxis der frühen Produktentstehungsphasen 57

3.1 Modelle der frühen Produktentstehungsphasen 57
    3.1.1 Aktivitätenmodelle 57
    3.1.2 Integrierte Front-End Modelle 59
        3.1.2.1 Front-End Modell von KHURANA und ROSENTHAL 60
        3.1.2.2 New Concept Development Model von KOEN ET AL. 61
    3.1.3 Erfolgsorientierte Front-End Modelle 64
        3.1.3.1 „Causal Model" von ZHANG und DOLL 64
        3.1.3.2 Bezugsrahmen der explorativen Studie von HERSTATT, VERWORN und NAGAHIRA 68
        3.1.3.3 „Framework of FFE performance" von KIM und WILEMON 70
    3.1.4 Prozessauswahlorientiertes Front-End Modell nach REINERTSEN 73
    3.1.5 Zusammenfassung: Forschungsansätze und Erkenntnisziele der FFE Forschung 75

3.2 Praxis der frühen Produktentstehungsphasen 80
    3.2.1 Gestaltung des Fuzzy Front Ends 80
    3.2.2 Einfluss des Fuzzy Front Ends auf den Produktentwicklungserfolg 81
    3.2.3 Erfolgsfaktoren des Fuzzy Front Ends 82

3.2.4 Situative Einflüsse auf die optimale FFE Gestaltung 89
3.2.5 Zusammenfassende Betrachtung der vorliegenden Erkenntnisse 90
3.3 Fazit: Die frühen Phasen der Produktentstehung im Rahmen dieser Arbeit 92

C Methoden und Instrumente für die frühen Phasen der Produktentwicklung 95

1 Herkömmliche Methoden und Instrumente für die frühen Phasen der Produktentstehung 97

1.1 Allgemeine Methoden und Instrumente 98
 1.1.1 Methoden und Instrumente für die Phase der Ideengenerierung und -auswahl 98
  1.1.1.1 Suchfeldbestimmung durch Ermittlung von Kundenbedürfnissen („Demand Pull") 100
   1.1.1.1.1 Beobachtung der Produktnutzung 102
   1.1.1.1.2 Befragung der Nutzer 103
   1.1.1.1.3 Verarbeitung und Interpretation der Befragungs- und Beobachtungsdaten 104
  1.1.1.2 Suchfeldbestimmung durch Ermittlung technologischer Potenziale („Technology Push") 110
   1.1.1.2.1 Ermittlung relevanter Technologien 112
   1.1.1.2.2 Erstellung von Technologieprognosen 114
  1.1.1.3 Ideensuche 116
   1.1.1.3.1 Ideensuche durch systematische Sammlung von Ideen 116
   1.1.1.3.2 Ideensuche durch Kreativitätstechniken 120
  1.1.1.4 Ideenauswahl 122
   1.1.1.4.1 Bewertungskriterien 123
   1.1.1.4.2 Bewertungsverfahren 125
 1.1.2 Methoden und Instrumente für die Phase Produktkonzeptfindung 129
  1.1.2.1 Ermittlung von Kundenanforderungen für Produktkonzepte 130
  1.1.2.2 Konzeptentwicklung 132
  1.1.2.3 Konzepttests 136
 1.1.3 Methoden und Instrumente für die Phase der Projektplanung 137
  1.1.3.1 Kostenschätzung 139
  1.1.3.2 Design-Struktur-Matrix 141
1.2 Spezifische Front-End Lösungen 143
 1.2.1 Fragenkatalog nach RICE ET AL. 143
 1.2.2 Software-Tool „Galileo" nach MONTOYA-WEISS UND O'DRISCOLL 145
1.3 Fazit: State of the Art 149

2 Konzeptionelle Grundlagen neuer Methoden und Instrumente für die frühen Phasen der Produktentstehung 154

- 2.1 Systemdenken 154
  - 2.1.1 System Dynamics 155
  - 2.1.2 Methode des Vernetzten Denkens 157
  - 2.1.3 Soft System Methodology 162
  - 2.1.4 Potenziale des Systemdenkens zur Unterstützung der frühen Phasen 166
- 2.2 Denken in Szenarien 167
  - 2.2.1 Methoden zur Identifikation von Schlüsselvariablen 169
  - 2.2.2 Methoden zur Prognose zukünftiger Entwicklungen 171
  - 2.2.3 Methoden zur Erstellung stimmiger Zukunftsbilder 172
  - 2.2.4 Potenziale des Denkens in Szenarien zur Unterstützung der frühen Phasen 174
- 2.3 „Knowledge Mapping" 174
  - 2.3.1 Wissenspsychologische Grundlagen des „Knowledge Mapping" 175
    - 2.3.1.1 Erfassung von Wissensinhalten 175
    - 2.3.1.2 Erfassung von Wissensstrukturen 177
    - 2.3.1.3 Erfassung umfangreicher und komplexer Wissensgefüge 178
    - 2.3.1.4 Kartendarstellung von Wissensgefügen 180
  - 2.3.2 Karten zur Erklärung und Unterstützung von Lernprozessen: Concept und Mind Maps 181
  - 2.3.3 Karten im Wissensmanagement 183
    - 2.3.3.1 Concept- und Mind Maps im Wissensmanagement 184
    - 2.3.3.2 Topic Maps 185
  - 2.3.4 Karten in der „Managerial Cognition" 189
  - 2.3.5 Potenziale des Knowledge Mapping zur Unterstützung der frühen Phasen 192
- 2.4 Fazit – Konzeptionelle Grundlagen als Denkrichtung für neue Instrumente und Methoden 194

3 Anwendung der konzeptionellen Grundlagen: neue Methoden und Instrumente 196

- 3.1 Soft-System-Methodology für Innovationen 197
  - 3.1.1 Ablauf 197
  - 3.1.2 Bewertung 200
- 3.2 Szenariobasierte Produktentwicklung 202
  - 3.2.1 Robuste Produktstrategien 203
  - 3.2.2 Robuste technische Prinziplösungen 205

3.2.3 Zukunftsrobuste Produkt- und Technik-Leitbilder 206
3.2.4 Bewertung 206
3.3 Information Acceleration 208
3.4 Concept Maps 210
3.5 Bayes-Netze 213
3.6 Fazit 217

D Theoretische und methodische Grundlagen des Handlungsunterstützungssystems 221

1 Theoretische Grundlagen: handlungspsychologischer Bezugsrahmen 223

1.1 Modelle und Barrieren der Handlungsregulation 225
    1.1.1 Lernen in komplexen Handlungssituationen nach STERMAN 225
    1.1.2 Prozess der Handlungsregulation nach DÖRNER 227
        1.1.2.1 Zielbildung 228
        1.1.2.2 Informationssammlung und Modellbildung 230
        1.1.2.3 Prognose und Extrapolation 231
        1.1.2.4 Planung, Entscheidung, Durchführung 232
        1.1.2.5 Effektkontrolle 233
    1.1.3 Exkurs: Barrieren der Handlungsregulation im organisationalen Kontext 235
1.2 Lösungsstrategien für eine erfolgreiche Handlungsregulation 238
    1.2.1 „Microworlds" als Lösungsstrategie nach STERMAN und SENGE 238
    1.2.2 Training als Lösungsstrategie nach ESPE und DÖRNER 240
1.3 Fazit: Potenziale von „Microworlds" bei der Handlungsregulation im Fuzzy Front End 245

2 Methodische Grundlagen: Fuzzy Cognitive Maps 248

2.1 Fuzzy Cognitive Maps nach KOSKO 248
    2.1.1 Erweiterung „klassischer" Cognitive Maps durch die Fuzzy Set Theorie 248
        2.1.1.1 „Klassische" Cognitive Maps nach AXELROD 248
        2.1.1.2 Unscharfe Mengen 250
        2.1.1.3 Komplemente unscharfer Mengen 250
        2.1.1.4 Rechenoperationen mit unscharfen Mengen 251
        2.1.1.5 Konzepte kognitiver Karten als unscharfe Mengen 251
        2.1.1.6 Kausalitätsbeziehungen und unscharfe Mengen 251
    2.1.2 Erweiterung „klassischer" Cognitive Maps durch Theorie der neuronalen Netze 254
    2.1.3 „Simple FCM" nach KOSKO 256

2.2 Weiterentwicklungen und Einsatzgebiete von Fuzzy Cognitive Maps 258
    2.2.1 Offenlegung des Kausalwissens von Experten 260
        2.2.1.1 Expertenauswahl 260
        2.2.1.2 Möglichkeiten zur Offenlegung von Kausalwissen 262
            2.2.1.2.1 Möglichkeit 1: Keine explizite Offenlegung
                      mentaler Modelle 263
            2.2.1.2.2 Möglichkeit 2: Offene Verfahren zur
                      Offenlegung mentaler Modelle 263
            2.2.1.2.3 Möglichkeit 3: Verdeckte Verfahren zur
                      Offenlegung mentaler Modelle 265
            2.2.1.2.4 Möglichkeit 4: Kombination offen gelegter
                      mentaler Modelle unterschiedlicher Experten 267
        2.2.1.3 Ermittlung der Gewichte von Kausalbeziehungen 269
        2.2.1.4 Sonderfall: Analyse quantitativer Daten statt Offenlegung
                von Expertenwissen 270
    2.2.2 Erstellung des FCM-Modells 271
        2.2.2.1 Wahl der Transferfunktion 273
        2.2.2.2 Modellierung konditionaler Aussagen 275
        2.2.2.3 Berücksichtigung von Zeit 276
    2.2.3 Modelltest, Modellanwendung und Modellanpassung 277
        2.2.3.1 Beobachtbares Systemverhalten 277
        2.2.3.2 Wahl des Eingangsvektors 280
        2.2.3.3 Eingangsvektor und Systemverhalten im Testfall 281
            2.2.3.3.1 Vergleich mit historischen Daten 283
            2.2.3.3.2 Test auf Adäquanz der Modellgrenzen 285
            2.2.3.3.3 Strukturanalyse 285
            2.2.3.3.4 Extremwerttests und Sensitivitätsanalysen 286
            2.2.3.3.5 Tests des allgemeinen Systemverhaltens 288
    2.2.4 Interpretation der Ergebnisse 289
    2.2.5 Verifizierung und Validierung im Prozess der FCM-Simulation und
          Prognose 290
2.3 Fazit: Fuzzy Cognitive Maps für die Erstellung von „Microworlds" 295

3 Einsatz von FCMs zur Handlungsunterstützung im FFE: Das Konzept des HAUS 296

3.1 Modul 1: Situationsanalyse und Strategieauswahl 298
3.2 Modul 2: FCM-Modellierung 298
    3.2.1 Umfeld-Anforderungs-Modell 300
    3.2.2 Technologie-Machbarkeits-Modell 301

3.2.3 Komponentenmodell ... 302
3.2.4 Gesamtprojektmodell ... 303
3.3 Modul 3: Beurteilung neuer Informationen ... 304
3.4 Modul 4: FCM Modellanwendung ... 304
3.5 Modul 5: Planung, Durchführung und Effektkontrolle ... 304
3.6 Vorläufige Beurteilung des HAUS ... 305

E Ausgestaltung des Handlungsunterstützungssystems ... 307

1 Vorüberlegungen zur Ausgestaltung des HAUS ... 309
1.1 Vorstudien zur Erstellung von FCM-Modellen ... 310
    1.1.1 Motivation und Zielsetzung der Vorstudien ... 310
    1.1.2 Vorstudie 1: „Kausalkartenerstellung durch Experten" ... 313
        1.1.2.1 Probanden- und Themenwahl ... 313
        1.1.2.2 Allgemeiner Ablauf der Untersuchung ... 314
            1.1.2.2.1 Vorgehen zur Erfassung von Wissensinhalten ... 315
            1.1.2.2.2 Vorgehen zur Erfassung von Wissensstrukturen ... 316
        1.1.2.3 Ergebnisse zum Prozess der Kausalkartendarstellung ... 319
            1.1.2.3.1 Ergebnisse der Erfassung von Wissensinhalten ... 319
            1.1.2.3.2 Ergebnisse der Erfassung von Wissensstrukturen ... 320
        1.1.2.4 Ergebnisse zur Qualität der erstellten Karten ... 322
            1.1.2.4.1 Vollständigkeit ... 326
            1.1.2.4.2 Plausibilität ... 329
            1.1.2.4.3 Zielbezug ... 330
            1.1.2.4.4 Detaillierungsniveau und Differenzierung ... 331
            1.1.2.4.5 Zeitliche Dimension ... 334
            1.1.2.4.6 Systemverhalten ... 335
    1.1.3 Fazit: Verbesserungspotenziale auf Basis der vorliegenden Ergebnisse ... 337
    1.1.4 Vorstudie 2: „Gruppenkarten vs. kombinierte Individualkarten" ... 340
        1.1.4.1 Kombination von Einzelkarten ... 340
        1.1.4.2 „Lernende" FCMs durch Kartenkombination ... 343
        1.1.4.3 Kombinierte Individualkarten im Vergleich mit Gruppenkarten ... 343
        1.1.4.4 Verbesserungspotenziale auf Basis der vorliegenden Ergebnisse ... 347
    1.1.5 Vorstudie 3: „Text-Mining zur Erstellung von Konzeptlisten" ... 348
    1.1.6 Fazit der Vorstudien: Allgemeine Leitlinien der FCM-Erstellung ... 353

1.2			Empfehlungen zur Erstellung von FCM-Modellen - Vorgehen und technische Umsetzung	354

1.2 Empfehlungen zur Erstellung von FCM-Modellen - Vorgehen und technische Umsetzung 354
    1.2.1 Vorgehensmethodik 354
        1.2.1.1 Schritt 1: Ziel- und Informationsbedarfsanalyse 355
        1.2.1.2 Schritt 2: Informationsdeckungsanalyse 357
        1.2.1.3 Schritt 3: Erfassung von Wissen 360
        1.2.1.4 Schritt 4: Konzeptionelle FCM (Grobentwurf) 361
        1.2.1.5 Schritt 5: Parametrisierte FCM (Feinentwurf) 362
        1.2.1.6 Schritt 6: Test und Anpassung 363
    1.2.2 Ansatzpunkte für eine Softwarelösung zur FCM-Erstellung 364
        1.2.2.1 Architektur einer möglichen Softwarelösung 365
        1.2.2.2 Potenziale eines Softwareeinsatzes im Rahmen der Vorgehensmethodik 367
        1.2.2.3 Ausgewählte Funktionen einer Softwarelösung 369
            1.2.2.3.1 Eingabe von Kausalkarten 369
            1.2.2.3.2 Eingabe von Konzepten 370
            1.2.2.3.3 Strukturierte Erfassung von ergänzenden Konzeptinformationen 371
            1.2.2.3.4 Strukturierte Erfassung von Informationen zu Konzeptbeziehungen 372
            1.2.2.3.5 Komplexitätsreduktion und Vollständigkeitskontrolle 372
1.3 Fazit der Vorüberlegungen zur Ausgestaltung des HAUS 374

2 Die einzelnen Module des HAUS 376

2.1 Einführung der Konzeptstudie „Laserreinigungsanlage für Formteilformen" 377
    2.1.1 Aktuelles Produkt: Mobile, automatische Reinigungsanlage für Reifenvulkanisierformen 377
    2.1.2 Neue Produktidee: mobile, automatische Reinigungsanlage für kleine Formteilvulkanisierformen 380
    2.1.3 Charakterisierung der Konzeptstudie 381
2.2 Modul 1: Situationsanalyse und Strategieauswahl 383
    2.2.1 Allgemeine Beschreibung von Modul 1 383
        2.2.1.1 Zielanalyse 383
        2.2.1.2 Informationsbedarfsanalyse und Informationsdeckungsanalyse 386
    2.2.2 Beispielhafte Anwendung von Modul 1 auf die Konzeptstudie 392
2.3 Modul 2: FCM-Modellierung 395
    2.3.1 Allgemeine Beschreibung von Modul 2 395

2.3.2 Beispielhafte Anwendung von Modul 2 auf die Konzeptstudie 398
    2.3.2.1 Umfeld-Anforderungs-Modell 398
        2.3.2.1.1 Wissenserfassung 398
        2.3.2.1.2 FCM-Modellierung 402
    2.3.2.2 Technologie-Machbarkeits-Modell 408
    2.3.2.3 Komponentenmodell „YAG-Laser" 414
    2.3.2.4 Gesamtprojektmodell 416

2.4 Module 3 und 4: Beurteilung neuer Informationen und FCM-Modellanwendung 418
    2.4.1 Allgemeine Beschreibung von Modul 3 und 4 418
    2.4.2 Beispielhafte Anwendung von Modul 3 und 4 auf die Konzeptstudie 419
        2.4.2.1 Relevanzprüfung 420
        2.4.2.2 Prognose und Extrapolation 422
        2.4.2.3 Entscheidung 425

2.5 Modul 5: Planung, Durchführung und Effektkontrolle 426

3 Beurteilung des HAUS **430**

3.1 Konzeptionelle Beurteilung des HAUS anhand der Anforderungen der Produktentstehung 430

3.2 Praktische Beurteilung des HAUS anhand der Konzeptstudie 432

F Zusammenfassung und Ausblick **437**

1 Rückblick und Zusammenfassung **439**

2 Forschungsbedarf und Ausblick **444**

Anhang **447**

Literaturverzeichnis **467**

Abbildungsverzeichnis

Abbildungen in Abschnitt B

B 1-1: Entwicklung des Außenhandelsvolumen der Bundesrepublik 11
B 1-2: Internationalisierungsbezogenen Planungsaktivitäten im Mittelstand 12
B 1-3: Zahl der Nutzer unterschiedlicher IuK-Technologien. 15
B 1-4: Globales Umfeld und Aufgabenumfeld der Unternehmung 16
B 1-5: Entwicklungs- und Marktzyklen in unterschiedlichen Branchen 23
B 1-6: Entwicklungszeit und Produktlebenszyklus 24
B 1-7: Veränderungen im Unternehmensumfeld zwischen 1990-2010 25
B 1-8: Zusammenfassung des Kapitels 37
B 2-1: Unsicherheit und Information 41
B 2-2: Integriertes Unsicherheitsmodell nach *SCHRADER ET AL.* 46
B 2-3: Reaktionen auf Unsicherheit 47
B 2-4: Reaktion auf Mehrdeutigkeit 48
B 2-5: Unsicherheitsmanagement durch Abbau von Unsicherheit und Erhöhung der Unsicherheitstoleranz. 52
B 3-1: Front-End Modell von *KHURANA UND ROSENTHAL* 60
B 3-2: „New Concept Development Model" von *KOEN ET AL.* 62
B 3-3: „Causal Model" von *ZHANG UND DOLL* 65
B 3-4: Bezugsrahmen der empirischen Studie von *HERSTATT, VERWORN, NAGAHIRA* 68
B 3-5: Einflussfaktoren auf den FFE-Erfolg 70
B 3-6: Einordnung der Erfolgsfaktoren des FFE 82
B 3-7: Bezugsrahmen der vorliegenden Arbeit 92

Abbildungen in Abschnitt C

C 1-1:	Wiederkehrende Aktivitäten im Rahmen des FFE	98
C 1-2:	Möglichkeiten zur Offenlegung von Kundenbedürfnissen	101
C 1-3:	Exkurs – Sorting-Verfahren zur Hierarchisierung von Kundenanforderungen	105
C 1-4:	Produktwahrnehmungsraum für PKW-Marken	107
C 1-5:	Exkurs – Prinzip der Funktionszerlegung	113
C 1-6:	„Demand-Pull" und „Technology Push" als Quellen „zufälliger" Produktideen	119
C 1-7:	Portfolio zur Projektauswahl	127
C 1-8:	House of Quality	26
C 1-9:	Design-Struktur-Matrix	133
C 1-10:	Fragenkatalog zur Überbrückung der Initiierungslücke	144
C 1-11:	Gegenüberstellung: Anforderungen der Produktentstehung und FFE-Lösungen.	153
C 2-1:	Grundformen des Systemverhaltens	155
C 2-2 :	„Netzwerk"	159
C 2-3:	Vernetzungsmatrix	160
C 2-4:	System-Grid	160
C 2-5:	Schritte der Soft Systems Methodology	163
C 2-6:	Szenario Trichter	167
C 2-7:	gerichteter Graph und Adjazenzmatrix	170
C 2-8:	Konsistenzmatrix	172
C 2-9:	Beispiel einer Concept Map	182
C 2-10:	Einfache Topic Map zum Thema „Thomas Mann"	185
C 2-11:	Occurrences in Topic Maps	186
C 2-12:	Karten zur „Managerial Cognition"	190
C 2-13:	Einordnung der vorgestellten konzeptionellen Grundlagen	194
C 3-1:	Konzeptionelle Grundlagen und neuartige Lösungen für das FFE	196
C 3-2:	Beschreibung der Aktivitäten eines Systems durch IDEF0 Modelle	199
C 3-3:	Concept Map als Meta-Modell für Kontextwissen	210
C 3-4:	Bayes-Netz	213
C 3-5:	„Critical-Issue-Grid" für die Ersteinführung von Videorekordern	215

Abbildungen in Abschnitt D

D 1-1:	Lernprozess und Lernbarrieren nach *STERMAN*	225
D 1-2:	Überwindung von Lernbarrieren durch Microworlds	239
D 2-1:	Rechenoperationen in „klassischen" Cognitive Maps	249
D 2-2:	Rechenoperationen in FCMs	253
D 2-3:	Knowledge-Acquisition Grid	264
D 2-4:	Kombination individueller Experten FCMs	268
D 2-5:	„Nested FCM" zur Abbildung konditionaler Aussagen	275
D 2-6:	Berücksichtigung von Time-Lags durch „Dummy Knoten"	276
D 2-7:	Alternative FCMs zur Kausalkarte „Prüfungsergebnisse eines Studenten"	278
D 2-8:	Attraktorregionen und Metaregeln einer FCM	279
D 3-1:	Bausteine der Handlungsregulation und Module des HAUS	296
D 3-2:	Teilmodelle und Gesamtzusammenhang der FCM-Modelle im HAUS	299
D 3-3:	Ausschnitt aus einem Umfeld-Anforderungs-Modell	300
D 3-4:	Ausschnitt aus einem Technologie-Machbarkeits-Modell	302
D 3-5:	Ausschnitt aus einem Komponentenmodell	303

Abbildungen in Abschnitt E

E 1-1:	Instruktionen zur Angabe von Synonym und Antonym	316
E 1-2:	Instruktionen zur Unterstützung der Wissensstrukturierung	316
E 1-3:	Instruktionen zur Angabe von Pfeilvorzeichen	317
E 1-4:	Instruktionen zur Vergabe von Gewichten	318
E 1-5:	Kausalkarte „Rechtsextremismus" der Untersuchungsperson A01	316
E 1-6:	Mehrfach genannte („zentrale") Konzepte aus allen Karten	328
E 1-7:	Kartenausschnitt A06 – Matrixdarstellung und Systemverhalten	332
E 1-8:	Kartenausschnitt A06 – alternative FCM Übersetzungen	333
E 1-9:	Systemverhalten der untersuchten Kombinations- und Gruppenkarten	342
E 1-10:	Kausalkarte „Rechtsextremismus" von Gruppe erstellt	345
E 1-11:	Signifikante Kollokationen des Begriffs „Arbeitslosigkeit"	352
E 1-12:	Signifikante Kollokationen des Begriffs „Rechtsextremismus"	352
E 1-13:	Vorgehensmethodik zur Erstellung von FCM-Modellen	355

E 1-14: Datenblatt zur Ziel- und Informationsbedarfsanalyse 357

E 1-15: Mögliche Architektur einer Softwarelösung zur FCM-Modellierung 366

E 1-16: Beispiel Eingabemaske zur Konzepterfassung 370

E 1-17: Zusammenhang : Vorgehensmethodik und Modulen des HAUS 374

E 2-1: Laseranlage in Transportposition 379

E 2-2: Laseranlage in Reinigungsposition 379

E 2-3: Vorgegebene HAUS-Konzepte 396

E 2-4: Kundenanforderungen für die Formteilreinigung 399

E 2-5: Einflussgrößen auf Produktanforderungen (Critical Issue Grid) 400

E 2-6: Anforderungsgewichte und dynamische Hypothesen 405

E 2-7: Endgültige Kausalkarte des Umfeld-Anforderungs-Modells 406

E 2-8: „nested FCM" für die Kontrollvariable „Produktqualität" 407

E 2-9: Hauptanforderungen an die Technologie diodengepumpter Nd:YAG Laser...409

E 2-10: Kausalkarte des Technologie-Machbarkeits-Modells 413

E 2-11: Übersicht „Komponenten-Modell für Nd:YAG-Laser 414

E 2-12: Gesamtprojektmodell „Laserreinigungsanlage für Formteilformen" 416

E 2-13: Ablauf Prognose und Extrapolation bei Umfeldänderungen 423

Tabellenverzeichnis

Abschnitt B

B 3-1: Haupt- und Teilaktivitäten der frühen Phasen der Produktentwicklung 58

B 3-2: Forschungsansätze der aktuellen Front-End-Forschung 79

B 3-3: Maßnahmen für erfolgreiches Front-End Management 83

Abschnitt C

C 1-1: Methoden und Instrumente im Fuzzy Front-End 150

C 3-1: Zusammenfassende Bewertung der neuen FFE-Lösungen 220

Abschnitt D

D 2-1: Schwerpunktsetzung ausgesuchter Veröffentlichungen zu FCMs........................259

D 2-2: Möglichkeiten zur Offenlegung von Kausalwissen 262

D 2-3: Ergebnisse alternativer FCMs zur Kausalkarte „Prüfungsergebnisse eines Studenten" bei fixierten Eingangswerten 282

D 2-4: Stoßrichtung von Modelltests 284

Abschnitt E

E 2-1: Informationsbedarfe für die Teilmodelle des HAUS 387

E 2-2: Allgemeine Informationsbedarfs- und Informationsbedarfsdeckungsanalyse 388

E 2-3: Informationsbedarfs- und Informationsdeckungsanalyse der Konzeptstudie 393

E 2-4: Funktionen und Funktionsträgeralternativen von Laserreinigungsanlagen 408

Abkürzungsverzeichnis

Abb.	Abbildung
bspw.	beispielsweise
CA	Conjoint Analyse
CAD	Computer Aided Design
DSM	Design Structure Matrix
et al.	et alii
etc.	et cetera
EVU	Energieversorgungsunternehmen
FCM(s)	Fuzzy Cognitive Map(s)
f.	folgende (Seite)
ff.	folgende (Seiten)
FFE	Fuzzy Front End
FMEA	Fehler-Möglichkeiten-Einfluss-Analyse
FST	Fuzzy Set Theorie
FuE	Forschung und Entwicklung
GFK	Gestaltungsfeldkomponente
H.	Heft
HoQ	House of Quality
Hrsg.	Herausgeber
i.d.R.	in der Regel
i.e.S.	im engeren Sinne
IA	Information Acceleration
insb.	insbesondere
IT	Informationstechnologie
IuK	Informations- und Kommunikationstechnologie
KNN	Künstliche Neuronale Netze
MAUT	Multiattribute Utility Theory
MDS	Multidimensionale Skalierung
o.ä.	oder ähnliches
o.g.	oben genannt
PDA	Personal Digital Assistant

QFD	Quality Function Deployment
ROI	Return on Investment
RWTH	Rheinisch-Westfälische Technische Hochschule
S.	Seite
SE	Simultaneous Engineering
SSM	Soft System Methodology
u.a.	und andere
u.U.	unter Umständen
u.v.m	und viele(s) mehr
URI	Uniform Resource Identifier
usw.	und so weiter
XML	eXtensible Markup Language
z.B.	zum Beispiel
z.T.	zum Teil
z.Zt.	zur Zeit

A
Einführung

A
Einführung

1 Motivation und Zielsetzung

In den frühen Phasen der Produktentwicklung werden Produktideen erzeugt, ausgewählt und verfeinert, Produktkonzepte erarbeitet und bewertet und darauf aufbauend Entwicklungsprojekte definiert. Diese Aktivitäten erfordern Kreativität, erfolgen unter hoher Unsicherheit und vollziehen sich im Vergleich zu späteren Entwicklungsphasen in wenig strukturierten Prozessen. Die frühen Phasen der Produktentwicklung werden daher häufig als „fuzzy", also als unscharf und verschwommen, charakterisiert [VGL. HERSTATT, VERWORN: BEDEUTUNG UND CHARAKTERISTIKA 2003, S. 8].

In den letzten Jahren ist ein wachsendes Interesse an den frühen Phasen - dem sog. „**Fuzzy Front End**" **(FFE)** – der Produktentwicklung zu beobachten [VGL. KAHN ET AL.: EMERGING RESEARCH QUESTIONS 2003, S. 193], das sich in Konferenzen speziell zum Thema[1], Publikationen in Zeitschriften und in aktuellen Sammelwerken[2] niederschlägt, wenn auch die Zahl an Veröffentlichungen nach wie vor gering ist.[3]

Das Interesse ist durch die Tatsache begründet, dass die die frühen Phasen der Produktentwicklung die Brücke zwischen der strategischen Planung des Unternehmens – seinen Wachstumszielen, Zielmärkten, Technologien - und dem konkreten Produktentwicklungsprojekt schlagen. Sie sind damit wichtiger Hebel für die Strategieumsetzung. Gleichzeitig werden in den frühen Phasen Entscheidungen getroffen, die die Qualität, Kosten und Entwicklungszeit von Neuproduktentwicklungsprojekten maßgeblich beeinflussen. Entsprechend kommt die Erfolgsfaktorenforschung regelmäßig zum Ergebnis, dass „pre-development activities" oder „up-front homework" der entscheidende Faktor für den Entwicklungserfolg sind [VGL. HERSTATT, VERWORN: BEDEUTUNG UND CHARAKTERISTIKA 2003, S. 4FF.].

---

[1] Eine Konferenz ausschließlich zum Thema der frühen Phasen der Produktentwicklung mit dem Titel „The Front End of Innovation" fand erstmals 2003 und erneut im Mai 2004 in den USA statt. Sie ist als jährliche Konferenz geplant und wird von der Product Development Association (PDMA) und dem Industrial Research Institute (IRI) organisiert.

[2] Dem „Fuzzy Front End" ist einer von vier Hauptabschnitten eines Sammelwerks für Praktiker über Methoden und Instrumente der Produktentwicklung aus dem Jahr 2002 gewidmet [VGL. BELLIVEAU ET AL.: PDMA TOOL BOOK 2002, ABSCHNITT 1]. Mit der Arbeit von HERSTATT und VERWORN aus dem Jahr 2003 liegt erstmals ein Sammelwerk vor, das sich ausschließlich mit den frühen Phasen der Produktentwicklung befasst [VGL. HERSTATT, VERWORN: MANAGEMENT DER FRÜHEN INNOVATIONSPHASEN 2003].

[3] Eine aktuelle Schlagwortsuche nach Veröffentlichungen zum Thema „Fuzzy Front End" in der Thomson ISI Datenbank im August 2004 ergab nur 58 Treffer. Über 10% waren weniger als 12 Monate alt, ca. 50% stammten aus den letzten 5 Jahren. Die genutzte Datenbank beruht auf 8.700 regelmäßig erscheinenden internationalen Zeitschriften, die Titel, Abstracts und Schlagworte in Englisch zur Verfügung stellen, durch einen Peer-Review qualitätsgesichert sind und häufig in namhaften Publikationen zitiert werden. Der zugrundegelegte Zitationshäufigkeitsindex beruht auf mehreren Kriterien, so dass z.B. häufige Selbstzitationen nicht im gleichen Maße in Anrechnung gebracht werden, wie Zitationen in anderen Zeitschriften (vgl. www.isinet.com).

Allerdings bleibt die bisherige Forschung zumeist die Antwort auf die Frage schuldig, welche Front-End Aktivitäten, Verfahren und Instrumente es sind, die ein Projekt erfolgreich machen und inwiefern das FFE aufgrund seiner Charakteristika – allen voran einer hohen Unsicherheit – durch andere Methoden und Instrumente gestaltet werden muss als die späteren Phasen der Entwicklung. Vereinzelt gilt es sogar als nicht „managebar" [VGL. HERSTATT, VERWORN: BEDEUTUNG UND CHARAKTERISTIKA 2003, S. 11F.].

Praktiker sehen sich damit vor dem Problem, einen strategisch relevanten, erfolgskritischen Prozess zu gestalten, für den bislang eine schmale theoretische Basis und wenige, sehr allgemeine empirische Erkenntnisse vorliegen. Als Folge fehlen konkrete Instrumente und Methoden für das Management der frühen Phasen weitgehend.

Die vorliegende Arbeit sucht diese Lücke durch ein **Handlungsunterstützungssytem (HAUS) für die frühen Phasen der Produktentwicklung** zu schließen. Das System, das im Rahmen der Arbeit auf konzeptioneller Ebene entwickelt wird, soll Entscheider im FFE in die Lage versetzen, die spezifischen Problemen der frühen Produktentwicklung zu bewältigen, die sich u.a. aus hoher Unsicherheit, dem Mangel an stabilen, quantitativen Informationen und der Komplexität und Multipersonalität der Entwicklungsaufgabe ergeben. Theoretisch beruht das HAUS auf Erkenntnissen der Handlungspsychologie zum Verhalten von Entscheidern in komplexen Situationen. Methodisch nutzt es mit sog. „Fuzzy Cognitive Maps" (FCM) ein Verfahren zur Modellierung und Simulation, das sich aus der Theorie künstlicher neuronaler Netze ableitet.

2 Gang der Untersuchung

Neben der Einleitung in Abschnitt A besteht die vorliegende Arbeit aus vier Abschnitten. Abschnitt B dient der Einführung in die Thematik und untersucht zunächst die Frage, welche **Tendenzen in der Produktentwicklung** derzeit bestehen, vor welchem Hintergrund das FFE also in der Praxis gestaltet werden muss. Aus den identifizierten Haupttendenzen – der **Turbulenz von Unternehmensumfeldern**, der Notwendigkeit zur **Integration** und der zunehmenden Bedeutung von **Wissen und Kognition** als Input und Output des Entwicklungsprozesses – werden in Kapitel B 1 Anforderungen an das Management der frühen Phasen der Produktentwicklung abgeleitet. Kapitel B 2 befasst sich mit der zentralen Charakteristik des FFE – der **Unsicherheit** – und beleuchtet Ansätze zu deren Überwindung. Aus ihnen ergeben sich ebenfalls spezifische Anforderungen an das FFE-Management. Kapitel B 3 untersucht die Frage, wie sich die frühen Phasen der Produktentwicklung aktuell gestalten lassen und liefert einen umfassenden Überblick über den **Stand der Literatur**: Ausgehend von Modellen des FFE und den ihnen zu Grunde liegenden Forschungsfragen werden theoretische Befunde und empirische Erkenntnisse diskutiert und der Bezugsrahmen der vorliegenden Arbeit aufgespannt.

Abschnitt C befasst sich mit Methoden und Instrumenten zur Unterstützung der frühen Entwicklungsphasen und setzt sich mit der Frage auseinander, inwiefern sie die in Abschnitt B entwickelten Anforderungen erfüllen. Dazu werden in Kapitel C 1 zunächst **herkömmliche Methoden und Instrumente** des Marketing, der Ingenieurwissenschaften und des Innovationsmanagements dargestellt, die zwar keinen expliziten Bezug zum FFE aufweisen, thematisch aber dennoch relevant sind. Zudem werden zwei Ansätze diskutiert, das FFE phasen- und funktionsübergreifend durch **spezifische Front-End Methoden** zu unterstützen. Da die Analyse des aktuellen Forschungsstands ergibt, dass die aktuell verfügbaren allgemeinen und spezifischen Werkzeuge für das Front-End dessen Anforderungen nicht genügen, werden in Kapitel C 2 mit dem **Systemdenken**, dem **Denken in Szenarien** und dem „**Knowledge Mapping**" theoretische und konzeptionelle Grundlagen für das FFE identifiziert, die als „Denkrichtung" und Ausgangspunkt für die Suche und Entwicklung von Lösungen geeignet erscheinen, diese Lücke zu schließen. Darauf aufbauend werden im nachfolgenden Kapitel C 3 **fünf neue Instrumente** vorgestellt, die sich die theoretischen und konzeptionellen Grundlagen zu eigen machen und der Unterstützung des FFE dienen. Sie erfüllen die in Abschnitt B entwickelten Anforderungen besser als die herkömmlichen Methoden und Instrumente, liefern aber keine umfassende FFE-Lösung.

Abschnitt D dient der Entwicklung einer solchen Lösung in Form eines **Handlungsunterstützungssystems,** das auf einer modellgestützten Simulation des Systems „Fuzzy Front End" beruht. Dazu werden in Kapitel D 1 zunächst Erkenntnisse der **Handlungspsychologie** beleuchtet. Sie erklären, welchen Problemen Entscheider in der komplexen Handlungssituation des FFE ausgesetzt sind und welche Möglichkeiten bestehen, sie zu überwinden. Das Kapitel liefert damit die theoretische Basis für das zu entwickelnde HAUS. Im nachfolgenden Kapitel D 2 werden die methodischen Grundlagen des HAUS gelegt, indem mit **Fuzzy Cognitive Maps** ein Verfahren dargestellt wird, das die unscharfe, qualitative Modellierung von komplexen Kausalbeziehungen ermöglicht und es gleichzeitig erlaubt, ihr Zusammenwirken und ihre Konsequenzen für das modellierte System quantitativ zu ermitteln. Das Verfahren ist relativ neu und bislang an keiner Stelle zusammenfassend dargestellt, weswegen der Darstellung der Methode eine umfangreiche Sichtung und Analyse der äußerst verteilten Literaturquellen zum Thema vorausgeht. Im letzten Kapitel des Abschnitts, Kapitel D 3, werden die theoretischen und die methodischen Grundlagen zusammengeführt und der grundlegende Aufbau des HAUS dargestellt.

Abschnitt E befasst sich mit der Ausgestaltung der Module des HAUS und ihrer Nutzung für ein konkretes Entwicklungsprojekt im FFE. Aufgrund der geringen praktischen Erfahrung beim Einsatz von FCM sind hierzu allerdings vorbereitende Überlegungen erforderlich: In Kapitel E 1 werden auf Basis von **drei explorativen Vorstudien** eine **allgemeine Vorgehensmethodik** zur FCM-Erstellung erarbeitet und **Ansätze für einen Software-Prototypen** entwickelt, durch den sich die FCM-Modellierung effizient und effektiv gestalten lässt. Diese grundlegenden praktischen Überlegungen werden in Kapitel E 2 für das HAUS konkretisiert. Zudem erfolgt eine **Illustration der HAUS-Module anhand von Beispieldaten**, die im Rahmen einer Konzeptstudie bei einem Laserunternehmen gewonnen wurden. Im abschließenden Kapitel E 3 wird das HAUS hinsichtlich der in Abschnitt A erarbeiteten Anforderungen bewertet.

Abschnitt F beschließt die Arbeit mit einem zusammenfassenden Überblick und einem Ausblick auf künftige Forschungsarbeiten.

B
Grundlagen und Bezugsrahmen

B
Grundlagen und Bezugsrahmen

1 Aktuelle Tendenzen in der Produktentwicklung

Wie in der Einleitung ausgeführt, rücken die frühen Phasen der Produktentwicklung zunehmend in den Fokus von Forschern und Praktikern. Eine mögliche Erklärung hierfür ist die zunehmende und in der Literatur häufig postulierte **Turbulenz von Unternehmensumfeldern**, aus der **hohe Unsicherheit** erwächst (vgl. nachfolgender Abschnitt B 1.1). Diese Unsicherheit bezieht sich sowohl auf Technologien und Märkte als auch auf Managementaspekte und damit auf die Frage, durch welche Maßnahmen Unsicherheit reduziert bzw. in ihren Folgen abgemildert werden kann [VGL. KAHN ET AL.: EMERGING RESEARCH QUESTIONS 2003, S. 198]. Alle drei Formen von Unsicherheit sind besonders in den frühen Phasen der Produktentwicklung ausgeprägt, denen daher entscheidende Bedeutung bei der Bewältigung von Umfeldturbulenz zu kommt: In ihnen werden nicht nur zukünftige Umfeldzustände antizipiert und die darauf angepassten Produktentwicklungsprojekte ausgewählt, sondern auch Flexibilitätspotenziale geschaffen, die eine Reaktion auf schlecht vorhersehbare Turbulenzen ermöglichen [VGL. KAHN ET AL.: EMERGING RESEARCH QUESTIONS 2003, S. 196, INSB. THEMA 3, 10, 17, 24 UND 31 IN THEMENLISTE].

In den frühen Phasen werden zudem eine Vielzahl der **Themen** bearbeitet, **die im Innovationsmanagement aktuell diskutiert** werden. Eine Delphi-Befragung von Forschern und Industriepraktikern aus dem Jahr 2000 zeigt dies deutlich. In ihr wurden aus einer Liste von rund 200 Themen die 24 wichtigsten Zukunftsfragen im Innovationsmanagement ausgewählt. Die verkürzte Liste der „Top Ten" umfasst [VGL. SCOTT: CRITICAL ISSUES 2000 S.63FF]:

1. **Strategische Planung technologiebasierter Produkte** (u.a. Abstimmung von Produkt- und Technologiestrategien, Produkteinführungsstrategien, Entscheidungsfindung)
2. **Auswahl von Neuproduktentwicklungsprojekten** (u.a. Vorgehen und Kriterien für eine systematische Auswahl, Erweiterung konventioneller finanzieller Analysen, Abschätzung von Technologiepotenzialen)
3. **Organisationales Lernen in Bezug auf Innovationen** (u.a. Beschleunigung organisationalen Lernens, Aufbau und Bewahrung von Kompetenzen, Trainingsprogramme)
4. **Technologische Kernkompetenzen** (Identifikation und Aufbau von technologischen Kernkompetenzen im Sinne vielfältig einsetzbarer Wissensbasen)
5. **Verkürzung von Produktentwicklungszeiten** (u.a. Umsetzung von Concurrent Engineering, Nutzung kurzer Entwicklungszeiten für einen späteren Start der Entwicklung unter geringerer Unsicherheit über Technologien und Kundenanforderungen)
6. **Aufbau einer innovationsförderlichen Kultur** (u.a. Aufbau interner Informationsnetzwerke, verbesserte Nutzung vorhandenen Wissens, Abbau von Rivalitäten, Kooperation funktionaler Gruppen)
7. **Koordination und Management von Entwicklungsteams** (u.a. Teamgrößen, Strukturen, Auswahl von Teammitgliedern und –leitern, Zugang zu gemeinsamen Projektdatenbanken und teamgeeigneten Kommunikationssystemen)
8. **Technologische Trends und Paradigmenwechsel** (Erkennen und Interpretieren von Umfeldänderungen, wie technologische Trends und sich abzeichnende zukünftige Kun-

denbedarfe; Analysemethoden, um die eventuellen Auswirkungen auf das Unternehmen zu erkennen; Ableitung geeigneter Reaktionsstrategien)

9. **Einbindung marktnaher Abteilungen** (z.B. Marketing, Marktforschung, Vertrieb und Kundenservice) in die Entwicklung (u.a. Beteiligung am Projektauswahlprozess, Timing von Projekten, Beschleunigung des Feedbacks vom Markt).

10. **Kunden/Lieferanten Einbindung** (u.a. Umfang der Entwicklungsbeteiligung, Fragen der Geheimhaltung).

Drei dieser Themen - die strategisch orientierte Planung von Produktentwicklung und –einführung (Thema 1), die Auswahl von Entwicklungsprojekten (Thema 2) und das Erkennen produktentwicklungsrelevanter Trends und der daraus resultierenden Chancen und Risiken (Thema 8) – beziehen sich hierbei auf **typische Aufgabenstellungen im FFE**.

Andere Themen behandeln Rahmenbedingung der Produktentwicklung und damit des FFEs: So gilt **Integration**, obgleich im Rahmen des Simultaneous Engineering seit den 1980er Jahren thematisiert, offensichtlich weiterhin als bedeutsame Problemstellung in Entwicklungsprojekten, mit der sich vier der genannten Zukunftsthemen (Thema 7, 9, 10 und die funktionsübergreifenden Kulturaspekte in Thema 6) auseinandersetzen [VGL. SCOTT: CRITICAL ISSUES 2000, S. 63FF]. Fragen der Einbindung von „upstream" und „downstream" Partnern des Innovationsprozesses über die Unternehmensgrenzen hinaus („externe Integration") wurden von einem Expertenpanel der PDMA über Forschungsfragen des Innovationsmanagements hierbei sogar als so zentral angesehen, dass es diesem Thema im Jahr 2002 eines von drei Forschungsprogrammen widmete [VGL. KAHN ET AL.: EMERGING RESEARCH QUESTIONS 2003, S. 199].

Eine weitere Anforderung des FFE stellt die gezielte **Auseinandersetzung mit Wissen** dar, wie die „Top Ten" der Themen zeigt: Fragen des organisationalen Lernens und der Identifikation und des Aufbaus von technologischen Kernkompetenzen belegen Platz 3 und 4; Überlegungen zur verbesserten Zugänglichkeit und Nutzung vorhandenen Wissens werden in Thema 6 und 7 angesprochen [VGL. SCOTT: CRITICAL ISSUES 2000 S63FF.].

Die genannten drei Tendenzen – Umfeldturbulenz, Integration, Auseinandersetzung mit Wissen - werden als Rahmenbedingungen der Produktentwicklung nachfolgend dargestellt und hinsichtlich ihrer Konsequenzen für das FFE diskutiert.

1.1 Produktentwicklung im turbulenten Unternehmensumfeld

1.1.1 Turbulenztreiber im Unternehmensumfeld

Es existiert kaum eine aktuelle Veröffentlichung zu Fragen der strategischen Unternehmensplanung, des Innovationsmanagement oder der Produktentwicklung, auf deren ersten Seiten nicht von zunehmender Turbulenz, Ambivalenz, Dynamik oder Unsicherheit des Unternehmensumfelds die Rede ist. Als Auslöser für diese Entwicklung werden regelmäßig globaler Wettbewerb, zunehmend differenzierte Kundenbedürfnisse und rapide Technologieentwicklung aufgeführt[4]. Alle drei Tendenzen werden im Folgenden kurz beleuchtet.

1.1.1.1 Globalisierung

Eine zunehmende Globalisierung ist unbestritten und lässt sich z.B. an der in Abbildung B 1-1 abgebildeten Außenhandelsentwicklung der Bundesrepublik der letzten Jahrzehnte ablesen. Von dieser Entwicklung sind nicht nur große Konzerne, sondern auch der Mittelstand betroffen, der nach einer Studie von BASSEN et al. [VGL. BASSEN ET AL.: INTERNATIONALISIERUNG 2000, S. 417] mehrheitlich auch zukünftig mit einer starken bis sehr starken Zunahme der Globalisierung rechnet. Hierbei unterscheiden sich selbst traditionell regional agierende Branchen wie z.B. die Bauindustrie nicht grundsätzlich von Branchen, die gemeinhin als internationalisiert gelten, wie z.B. der Maschinenbau.

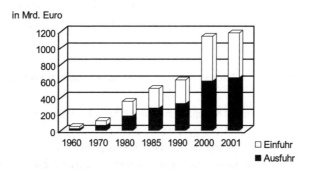

Abbildung B 1-1: Entwicklung des Außenhandelsvolumen der Bundesrepublik Deutschland zwischen 1960 und 2001 (bis 1991 nur West-Deutschland) [VGL. IW 2002, S. 40].

Die zunehmende Turbulenz des globalen Unternehmensumfelds lässt Planungsaufgaben besonders wichtig, aber auch problematisch erscheinen. Abbildung B 1-2 gibt wieder, welchen

---

[4] CLARK UND FUJIMOTO sehen als Charakteristika für neuartige Wettbewerbsumgebungen: „intense international competition", „fragmented markets and sophisticated customers", und „diversified and transforming technologies" [VGL. CLARK, FUJMOTO: DEVELOPMENT PERFORMANCE 1995, S. 1-6]. Für GUPTA UND WILEMON sind die Quellen von Unsicherheit und Ambivalenz: „increased domestic and global competition", „continuous development of new technologies that quickly obsolete existing products", „changing customer needs which truncate product life cycles", „increased need for involvement of external organizations in the new product development process, e.g. customers, vendors, strategic partners, government [GUPTA, WILEMON: ACCELERATING 1990, S. 24]. EHRLENSPIEL führt als Gründe für Probleme aktueller Produktentwicklung u.a. an: „rascher Wandel der Produkte", „kurze Innovationszeiten", „Variantenflut, da fast jedem Kunden seine Wunschvariante gebaut wird", „Komplexität von Produkten und Produktion", „Wandel zu Käufermärkten"[VGL. EHRELENSPIEL: INTEGRIERTE ENTWICKLUNG 1995, S. 144F.].

internationalisierungsbezogenen Fragen mittelständische Unternehmen eine hohe bis sehr hohe Bedeutung für die Planung beimessen und mit welchen sie sich regelmäßig auseinandersetzen.

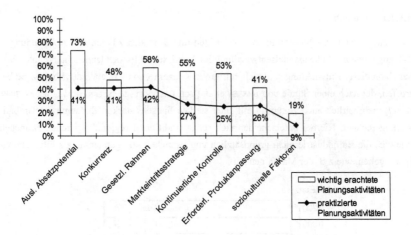

Abbildung B 1-2: Internationalisierungsbezogenen Planungsaktivitäten im Mittelstand [VGL. BASSEN ET AL.: INTERNATIONALISIERUNG 2000, S. 423F.]

Es zeigt sich eine deutliche Diskrepanz zwischen empfundener Notwendigkeit und tatsächlicher Durchführung, die ein Hinweis darauf ist, dass sich Unternehmen mit den gewachsenen Anforderungen globaler Umfelder „schwer tun". Dies birgt die Gefahr, dass Markt- und Konkurrenzanalysen für internationale Märkte unzureichend sind, dass Kundenanforderungen, die durch ausländische gesetzliche Rahmenbedingungen und soziokulturelle Faktoren beeinflusst werden, nicht vollständig erkannt werden und dass eine ausreichende zielmarktspezifische Anpassung von Produkten unterbleibt.

Damit sind bei den befragten Unternehmen Faktoren für den Misserfolg von Produktentwicklungsprojekten gegeben, der regelmäßig mit mangelhafter Marktforschung, einem schlechten Verständnis der Kundenanforderungen und einer fehlenden Leistungsfähigkeit und Einzigartigkeit des Produktes erklärt wird [VGL. SCHRÖDER: EINFLUßGRÖßEN 1997, INSB. ABB. S. 341].

Falls Globalisierung, wie die Studie andeutet, bewirkt, dass erfolgskritische Aufgaben in der Produktentwicklung nicht in ausreichendem Maße durchgeführt werden, so hat dies mit hoher Wahrscheinlichkeit negative Auswirkungen auf den Unternehmenserfolg. In jedem Fall aber erschwert sie die Durchführung der erfolgsrelevanten Entwicklungsaufgaben.

1.1.1.2 Individualisierung

Als Folge zunehmend differenzierter Kundenbedürfnisse in globalen Märkten ist ein Trend zur Individualisierung von Produkten und Interaktionen zwischen Lieferant und Kunde festzustellen. Er fällt allerdings branchenspezifisch unterschiedlich aus [VGL. HILDEBRAND: MARKTBEARBEITUNG 1997, S. 149F.].

Seine Ursachen und Folgen sind vielschichtig. Auf der Nachfragerseite differenzieren sich Anforderungen in Folge der Pluralisierung gesellschaftlicher Werte und persönlicher Lebensstile und ändern sich häufiger. Dies macht die Zuordnung von Konsumenten zu großen und homogenen Marktsegmenten, die mit einheitlichen Produkten bedient werden können, problematisch und zwingt zu stärker individualisierten Leistungsangeboten [VGL. HILDEBRAND: MARKTBEARBEITUNG 1997, S. 12F.].

Nicht zu letzt aufgrund der Tatsache, dass diese individualisierten Leistungsangebote gefertigt werden müssen, ist eine entsprechende Tendenz auch im Business-to-Business-Bereich zu beobachten [VGL. HILDEBRAND: MARKTBEARBEITUNG 1997, S. 14F.]. Im Rahmen neuerer Organisationsformen (Lean Production mit geringen Fertigungstiefen, Just in Time) und unter Nutzung neuer technologischer Möglichkeiten im Bereich der Informations- und Fertigungstechnologien werden Lieferanten in Produktentwicklung und Produktionsprogrammplanung stark eingebunden und beliefern ihre Kunden entsprechend individuell. Dabei nimmt der Trend zur Kundenindividualisierung nicht „quasi naturgesetzlich" beständig zu, sondern ist eine bewusste strategische Entscheidung, die insbesondere in langsam wachsenden Märkten mit dem Ziel getroffen wird, Wettbewerbsvorteile zu sichern [VGL. ADAM, JOHANVILLE : KOMPLEXITÄTSFALLE 1998, S. 7].

Stärkere Individualisierung führt zu höherer Komplexität und größeren Koordinationsbedarfen. So nimmt die Zahl der Bauteil- und Produkt-Varianten zu, wodurch sich Ersatzteil-, Lagerhaltungs- und Verwaltungsaufwand erhöhen. Da von jeder Variante nur relativ kleine Lose gefertigt werden, müssen in der Fertigung zudem flexible Maschinenkonzepte zum Einsatz kommen und mehr unterschiedliche Aufträge durch die Produktion geschleust werden.

Die Zunahme von Komplexität und Koordinationsbedarf kann zu erhöhten Kosten führen und sich damit – entgegen der Absicht der Individualisierungsstrategien – erfolgsmindernd auswirken. Manche Autoren sprechen in diesem Zusammenhang von der „Komplexitätsfalle" [VGL. ADAM, JOHANWILLE: KOMPLEXITÄTSFALLE 1998, S. 5]. Zunehmend wird daher eine bewusste Dimensionierung der Individualisierung und damit Komplexität der Marktbearbeitung gefordert [VGL. ADAM, JOHANWILLE: KOMPLEXITÄTSFALLE 1998, S. 9FF.].

Hierbei kommt der Produktentwicklung eine bedeutende Rolle zu, da sie den Rahmen setzt, innerhalb dessen der Variantenreichtum auf Bauteil- und Komponentenebene festgelegt und damit die Komplexität der Produktions-, Lagerhaltungs- und Serviceaufgaben bestimmt wird.

Zur Komplexitätsvermeidung sind dabei Konzepte wünschenswert, bei denen Varianten möglichst spät im Produktentstehungsprozess (z.B. in der Endmontage) aus Standardkomponenten entstehen, die vom Kunden aber als individuell wahrgenommen werden.

1.1.1.3 Technischer Fortschritt

Die beschleunigte technologische Entwicklung der letzten Jahrzehnte lässt sich nicht einfach messen, da sich technischer Fortschritt an unterschiedlichen Stellen (Unternehmen, Universitäten, Forschungseinrichtungen) vollzieht und sich auf unterschiedliche Weise (neue Produkte, Produktivitätsgewinne, veränderte Prozesse) zeigt. Allerdings finden sich einige deutliche Hinweise auf eine wachsende Technologiedynamik:

- Die von der Industrie für Forschung und Entwicklung **aufgewendeten Beträge** haben sich in Deutschland zwischen 1991 und 2001 um ca. 52% auf 44,1 Mio. Euro erhöht [VGL. BMWI: LEISTUNGSFÄHIGKEIT 2002, S. 17]. Absolut wird also deutlich mehr in die Entwicklung neuer Technologien investiert als noch vor zehn Jahren.[5]

- Die Zahl der **Anmeldungen beim Deutschen Patentamt** hat sich im Zeitraum 1991-2000 von rund 42.000 auf rund 110.000 erhöht, was einer Steigerung um 264% entspricht [VGL. IW 2002, S. 95]. In den EU-Ländern wuchs die Zahl der Anmeldungen beim **Europäischen Patentamt** im Zeitraum von 1990 bis 1998 um durchschnittlich 5,25% jährlich, in Deutschland allerdings leicht unterdurchschnittlich [VGL. ZOPPE: PATENTAKTIVITÄTEN 2001, S. 3].

- Die Daten des amerikanischen Patentamts weisen zudem auf eine **beschleunigte** Technologieentwicklung hin: nachdem die Zahl der jährlichen Patenterteilungen in den 1970er Jahren rückläufig war, wuchs sie zwischen 1980 und 1995 um jährlich 3,3% und zwischen 1995 und 1998 um 12,5% [VGL. OECD: NEW ECONOMY 2000, S. 30, FIGURE 9].

Das Wachstum der Anmeldungen ist in Teilen auf ein geändertes Patentierungsverhalten zurückzuführen, da sich die Patentierbarkeit von Innovationen (z.B. Software in den USA) geändert hat und in einer globalen Wirtschaft mehr Innovationen weltweit zum Patent angemeldet werden und damit in den Statistiken unterschiedlicher Patentämter mehrfach auftauchen.

---

[5] Allerdings ist die Höhe der FuE-Ausgaben im Verhältnis zum Bruttosozialprodukt in den beiden Vergleichsjahren mit ca. 2% annähernd gleich und war in manchen Jahren zwischen 1991 und 2001 sogar rückläufig [VGL. IW 2002, S. 93]. Eine Betrachtung internationaler Zahlen ergibt ebenfalls keinen Beleg für ein (im Verhältnis zum Bruttosozialprodukt) proportionales oder gar überproportionales Wachstum der unternehmensfinanzierten FuE-Ausgaben [VGL. OECD: NEW ECONOMY 2000, S. 29].

Es ist aber zweifelsohne auch Resultat einer rasanten Entwicklung in zwei Schlüsseltechnologien, die in den USA für 45% des Zuwachses verantwortlich sind: Informations- und Kommunikationstechnologien (31% aller neuen US Patente) und Biotechnologie (14% aller neuen US Patente) [VGL. OECD: NEW ECONOMY 2000, S. 29]. Beide Technologien haben wegen ihrer großen Anwendungsbreite den Charakter von Querschnittstechnologien, die in den unterschiedlichsten Branchen zum Einsatz kommen. Insbesondere die Dynamik der IuK-Technologieentwicklung, die sich u.a. anhand der Zahlen in Abbildung B 1-3 ablesen lässt, strahlt damit auf fast alle anderen Branchen aus.

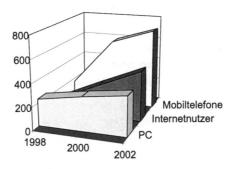

Abbildung B 1-3: Zahl der Nutzer unterschiedlicher IuK-Technologien pro 1000 Einwohner in Deutschland [IW 2003, S. 97 – EIGENE DARSTELLUNG].

Die Diffusion der IuK-Technologien wirkt nach einer Studie der OECD über die konkrete Anwendung in der IT Branche hinaus indirekt innovationsfördernd [VGL. OECD: NEW ECONOMY 2000, S. 47]. Als Gründe werden genannt: beschleunigte Innovationsprozesse, leichtere Verbreitung von kodifiziertem Wissen und von Ideen über Firmengrenzen und nationale Grenzen hinweg, begünstigte Bildung von Netzwerken aus unterschiedlichen Unternehmen und Forschungsinstitutionen und effizientere und wirtschaftsorientiertere wissenschaftliche Forschung. Darüber hinaus gelten IuK-Technologien als Triebfeder der Globalisierung [VGL. OECD: NEW ECONOMY 2000, S. 47].

Dieser innovationsfördernden Wirkung von IuK-Technologien liegen Veränderungen zugrunde, die sich unmittelbar in der Produktentwicklung niederschlagen. So erlauben neue IT-Infrastrukturen die Durchführung von Entwicklungsaktivitäten in räumlich verteilten Arbeitsgruppen und die schnelle Weitergabe von Informationen an vor- und nach gelagerte Funktionen (z.B. auftraggebender Kunde, Materialwirtschaft, Fertigung, Lieferanten). Gleichzeitig schaffen CAD, Simulationsverfahren, virtuelle Prototypen u.a. weit reichende Möglichkeiten, konstruktive Änderungen schnell vorzunehmen und hinsichtlich ihrer Konsequenzen für das Gesamtprodukt bzw. für seinen Erstellungsprozess zu prüfen.

Aber nicht nur die Abwicklung, sondern auch der Gegenstand von Innovationsprojekten wird verändert. IuK-Technologien ermöglichen neuartige Produktkonzepte (z.B. Teleservice, fly-by-wire), die auf Technologiebündeln aus einer oder mehreren traditionellen Produkttechnologien und IuK-Technologien beruhen.

Für Unternehmen bedeutet dies, dass sie mehrere Technologien beherrschen müssen, von denen sich jede angesichts der Dynamik des Fortschritts rasant verändern kann. Es wird damit schwieriger, „auf der Höhe der Zeit" zu bleiben bzw. zukünftige technische Entwicklungen ausreichend sicher vorauszusagen.

1.1.2 Konsequenzen für die Produktentwicklung

Die Trends zur Globalisierung, Individualisierung und schnellerem technischen Fortschritt haben Auswirkungen auf die Rahmenbedingungen, in denen Unternehmen agieren. Sie prägen, wie Kunden, Lieferanten und Konkurrenten eines Unternehmens handeln, und beeinflussen damit das sog. **Aufgabenumfeld** (vgl. Abbildung B 1-4), das sich von Unternehmen zu Unternehmen unterscheidet.

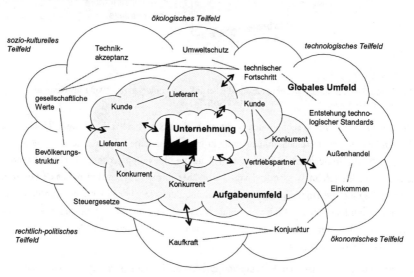

Abbildung B 1-4: Globales Umfeld und Aufgabenumfeld der Unternehmung

Gleichzeitig wirken diese Trends auf das **globale, unternehmensübergreifende Umfeld** aus rechtlichen, ökologischen, technologischen, ökonomischen und soziokulturellen Rahmenbedingungen (vgl. Abbildung B 1-4) und setzen damit den Rahmen für eine Vielzahl von Unternehmen [VGL. HÖFER: ORGANISATIONEN 1977, S. 64; KREILKAMP: UMWELTANALYSE 1987, S. 71FF.; MARR: BETRIEB UND UMWELT 1989, S. 76F. UND DIE DORT ANGEGEBENE LITERATUR].

Aufgrund der genannten Umfeldtrends ist die Mehrheit der Unternehmen heute mit einem Aufgaben- und einem globalen Umfeld konfrontiert, das folgende Eigenschaften aufweist:

- Das Umfeld enthält **tendenziell mehr Elemente** als früher: es müssen z.b. kleinere, individualisierte Kundengruppen bedient, Konkurrenten und Anbieter auf globalen Märkten berücksichtigt und national unterschiedliche gesetzliche Rahmenbedingungen erfüllt werden. Damit steigt der Bedarf an Informationen.

- Die Umfeldelemente sind **tendenziell vernetzter** als früher, da es u.a. weniger isolierte Märkte gibt und Querschnitttechnologien viele vormals isolierte Umfeldelemente stärker miteinander verbinden. Damit können Veränderungen im Umfeld weit reichende Folgen für andere Umfeldelemente haben.

- Die Umfelder sind **tendenziell dynamischer** als früher, da sich technischer Fortschritt beschleunigt hat und sich Änderungsimpulse durch die enge Vernetzung schnell fortsetzen und ggf. verstärken können.

Heutige Unternehmensumfelder weisen damit zwei zentrale Eigenschaften auf – Komplexität und Dynamik. **Komplexität** ist im Sinne der Systemtheorie definiert als Anzahl, Verschiedenartigkeit und Verknüpfungsdichte der Elemente des Umfelds [VGL. HÖFER: ORGANISATIONEN 1977, S. 29]. **Dynamik** bezeichnet die Veränderlichkeit des Umfelds im Zeitablauf, wobei die Häufigkeit, Stärke und Regelmäßigkeit von Veränderungen betrachtet wird [VGL. HÖFER: ORGANISATIONEN 1977, S. 29].

Komplexität und insbesondere Dynamik wirken sich auf die vom Entscheider wahrgenommene **Unsicherheit** aus, die sich aus drei Komponenten zusammensetzt: aus einem Mangel an Informationen über diejenigen Umfeldfaktoren, die auf das Entscheidungsproblem einwirken und daher berücksichtigt werden sollten, aus einem Mangel an Informationen über die Tragweite und Konsequenzen einer Fehlentscheidung und schließlich aus einem Unvermögen, Wahrscheinlichkeitsaussagen darüber zu treffen, wie stark ein Umfeldfaktor das Ergebnis einer Entscheidung positiv oder negativ beeinflusst [VGL. DUNCAN: ORGANIZATIONAL ENVIRONMENTS 1972, S. 318].[6] Am stärksten sind diese Faktoren in komplexen **und** dynamischen Umfeldern ausgeprägt, die *DUNCAN* als „turbulent" charakterisiert [VGL. DUNCAN: ORGANIZATIONAL ENVIRONMENTS 1972].

Heutige Unternehmensumfelder gelten in diesem Sinne als turbulent und werden in der Literatur immer wieder entsprechend gekennzeichnet. So konstatieren *KLIMECKI* und *GMÜR* beispielsweise: „Dynamik und Komplexität sind inzwischen Schlüsselbegriffe zur Charakterisierung der Bedingungen geworden, unter denen Management stattfindet, da die *Sicherheit*

---

[6] Eine ausführliche Diskussion alternativer Unsicherheitskonzepte erfolgt in Abschnitt B2.1, Seite 39ff.

der Umfeldbedingungen zunehmend *unsicher* geworden ist" [KLIMECKI, GMÜR: STRATEGIE UND FLEXIBILITÄT, 1997, S. 206 (HERVORHEBUNGEN IN DER ORIGINALQUELLE)].

Andere Autoren vermuten sogar, dass sich heutige Turbulenz der antizipativ-planerischen Beherrschung durch Führungskräfte entzieht und propagieren komplexitätsreduzierte Strukturen, die schnelle Anpassungen auf geänderte Bedingungen ermöglichen sollen [VGL. JAHNS: KOMPLEXITÄT UND WETTBEWERB 2001, S. 690FF.] oder prognostizieren gar „hyperturbulente" Umfelder, in denen die Umfeldanforderungen die kollektive Anpassungsfähigkeiten von Organisationen übersteigen werden [VGL. MCCANN, SELSKY: HYPERTURBULENCE 1984].

Die These von der beständigen Zunahme der Turbulenz (und der daraus resultierenden Unsicherheit) ist allerdings nicht unumstritten. So weist *JAHNS* [VGL. JAHNS: KOMPLEXITÄT UND WETTBEWERB 2001, S. 691] darauf hin, dass moderne Technologien vormals komplexe Aufgaben entscheidend vereinfacht haben und die Vergangenheit nicht frei von Turbulenzen war, wie sie etwa durch die Einführung der Eisenbahn oder der Elektrizität verursacht wurden. Zudem werden seit etwa 30 Jahren die jeweils aktuellen Unternehmensumfelder als turbulent und die (vormals „turbulenten") Vorperioden als stabil gekennzeichnet und es haben sich trotz des angeblich äußerst veränderlichen Umfelds viele Organisationen und Institutionen stabil erhalten [VGL. MINTZBERG: TURBULENCE 1994, S. 8F.]. *MINTZBERG* kommt daher zu dem Ergebnis: „To pronounce an environment permanently turbulent is as silly as calling it permanently stable. Environments are always changing in some dimensions while remaining stable in others. Rarely do they change all at once, let alone continuously (and rarely can those who are actually experiencing them be the objective judges of their degree of change)" [MINTZBERG: TURBULENCE 1994, S. 8].

Diese Aussage wird von einer explorativen Studie von *BUCHNER* et al. [VGL. BUCHNER ET AL.: TURBULENZGERECHTE PLANUNG 1998] bestätigt, in der mittelständische Unternehmen unterschiedliche Umfeldbereiche hinsichtlich ihrer Komplexität und Dynamik bewertet haben. Als „Turbulenztreiber" wurden Absatzmarkt, Wettbewerb und Technologie identifiziert, während Beschaffungsmarkt und allgemeines (politisches, kulturelles, soziales) Umfeld als wenig turbulent erscheinen.

Turbulenz ist damit zwar eine Realität, aber keine Eigenschaft, die jederzeit für alle Umfeldbereiche gilt. Unternehmen müssen daher zunächst erkennen, in welchen Bereichen ihres Umfelds Turbulenz auftritt und diese gesondert beobachten. Zudem sind Strategien zum erfolgreichen Umgang mit Turbulenz erforderlich. Beide Anforderungen werden nachfolgend kurz charakterisiert.

1.1.2.1 Systematische Umfeldbeobachtung und -berücksichtigung

Die Turbulenz des Unternehmensumfelds führt dazu, dass sich Kundenanforderungen, Konkurrenzbedingungen, Marktstrukturen, Technologien usw. in relativ kurzer Zeit verändern können. Für die Produktentwicklung können solche Umfeldänderungen in der Notwendigkeit resultieren, Produktkonzepte zu verändern oder vollkommen neue Produkte zu entwickeln. In beiden Fällen ist ein gewisser zeitlicher Vorlauf erforderlich, d.h. sich abzeichnende Änderungen müssen so früh erkannt werden, dass noch Reaktionsspielraum besteht.

Die Produktentwicklung darf daher nicht ausschließlich nach innen orientiert sein, sondern muss die sie beeinflussenden Umfeldfaktoren kennen, Turbulenzbereiche identifizieren und sich abzeichnende Veränderungen im Umfeld erkennen und bewerten. Dies erfordert eine systematische Beobachtung des Umfeldes, durch die zukünftige Veränderungen im Umfeld frühzeitig erkannt und in der Entwicklung berücksichtigt werden.[7]

1.1.2.2 Strategien und Methoden zum Umgang mit Unsicherheit

Turbulenz führt zu wachsenden und schwer zu befriedigenden Informationsbedürfnissen und zu einem Gefühl von Unsicherheit. Im Rahmen der Produktentwicklung müssen bestehende Informationsbedarfe erkannt und, soweit möglich, durch geeignete Methoden befriedigt werden. Wo dies nicht möglich ist, müssen Strategien und Methoden zum aktiven Umgang mit „Restunsicherheit" gefunden werden.

Der Zusammenhang zwischen Informationsverfügbarkeit und Unsicherheit ist allerdings nicht einfach linear („mehr Informationen → weniger Unsicherheit"), sondern äußerst vielschichtig. So sind u.a. die verfügbaren Informationsverarbeitungskapazitäten und die Qualität der Informationen entscheidend dafür, wie gut Unsicherheit durch Informationssammlung abgebaut werden kann. Der Thematik des Unsicherheitsmanagements wird im Rahmen dieser Arbeit daher mit Abschnitt B2 (Seite 38ff.) ein gesondertes Kapitel gewidmet.

1.2 Integration in der Produktentwicklung

Seit den 80er Jahren des 20. Jahrhunderts sind umfassende Veränderungen von Produktentwicklungsprozessen zu beobachten. Unter den meist synonym verwendeten Begriffen des Simultaneous Engineering (SE), Concurrent Engineering, Total Product Design und der Integrierten Produktentwicklung[8] hat sich ein Bündel von Managementprinzipien und Metho-

---

[7] Dies erfolgt durch sog. Frühinformationssysteme [VGL. SCHRÖDER, SCHIFFER: FRÜHINFORMATION 2001].

[8] *BUND* [VGL. BUND: SE 1999, S. 177] und *GERPOTT* [VGL. GERPOTT: SE 1996, SP. 1853] vertreten die Ansicht, dass sich SE und Concurrent Engineering synonym verwenden lassen. Nach *EHRLENSPIEL* und *PUGH* ist SE dagegen lediglich eine **Methode** der integrierten Produktentwicklung [VGL. EHRLENSPIEL: INTEGRIERTE ENTWICKLUNG 1995, S.160]. bzw. des Total Design [VGL. PUGH: TOTAL DESIGN 1990 S.146 UND 171FF.]. Sie verstehen SE dabei verengt als Methode, die ausschließlich auf die Parallelisierung von Entwicklungsschritten abzielt. Fast man SE dagegen als integratives Gesamtkonzept auf, so ist es mit dem Begriff der integrierten Produktentwicklung bzw. des Total Design synonym.

den entwickelt, die darauf ausgelegt sind, Produktentstehungszeiten zu verkürzen, Kosten zu senken und konstruktive Lösungen konsequent an den Bedürfnissen der Kunden und nach gelagerter Produktentstehungsphasen (Produktion, Montage, Service) auszurichten.

Neben der parallelen bzw. überlappenden Durchführung von Teilaufgaben der Produktentstehung, der sog. Parallelisierung, ist die **Integration eine Schlüsselstrategie des Simultaneous Engineering**. Integration – im Wortsinne die Vervollständigung, Eingliederung oder Vereinigung von Teilen eines Ganzen – zielt auf die planerische Berücksichtigung von Informationen aus allen am Produktentstehungsprozess beteiligten in- und externen Bereichen. Entsprechend wird die Einbindung von Funktionsbereichen der Unternehmung als **interne Integration** bezeichnet, während die unternehmensübergreifende Einbindung von Lieferanten und Kunden als **externe Integration** gekennzeichnet wird [VGL. BUND: SE 1999, S. 178].

Die von den verschiedenen Funktionsbereichen aufgrund von internen und externen Vorgaben formulierten Anforderungen kommen zu unterschiedlichen Zeitpunkten im Produktlebenszyklus zum Tragen und sind im Zeitpunkt der Produktentwicklung nur teilweise bekannt. **Funktionale Integration** geht daher mit **lebenszyklusbezogener Integration** einher.

Der nachfolgende Abschnitt stellt zunächst das funktionale Integrationskonzept des SE vor und diskutiert seine Verbreitung und Erfolgswirkung auf Basis vorliegender empirischer Erkenntnisse. Anschließend wird die besondere Problemstellung der lebenszyklusbezogenen Integration aufgezeigt, aus der sich spezifische Konsequenzen für die Produktentwicklung ergeben.

1.2.1 Funktionale Integration

Integration innerhalb des SE erfolgt durch funktionsübergreifende Projektteams, die den gesamten Entstehungsprozess eines Produktes begleiten [VGL. GERPOTT, WINZER: SE – KRITISCHE ANALYSE 1996, S. 137]. Zudem kommen integrierende Methoden zum Einsatz, zu denen u.a. QFD (Quality Function Deployment) und seine Weiterentwicklungen, FMEA (Fehlermöglichkeits- und Einflussanalyse) und die sog. Design-for-X Methoden gehören [VGL. GERPOTT: SE 1996, SP. 1856]. Ihnen ist gemein, dass sie durch ein systematisch-analytisches Vorgehen Anforderungen an das Produkt offen legen und priorisieren und damit die Zielrichtung der technischen Lösungsfindung bestimmen.

In der Literatur finden sich Hinweise auf eine starke Verbreitung und hohe Akzeptanz des Simultaneous Engineering: Nach den genutzten SE-Methoden befragt, geben 67-86% der untersuchten Unternehmen an, dass sie SE-Teams nutzen. Die analytisch-planerischen Methoden sind etwas weniger verbreitet: QFD und Design-for-X werden in ca. 40% der befragten Unternehmen genutzt, FMEA in ca. 70% [VGL. GERPOTT, WINZER: SE – KRITISCHE ANALYSE 1996, S. 140]. 50% der Unternehmen praktizieren eine Teil-Parallelisierung von Arbeitsschritten [VGL. EHRLENSPIEL: INTEGRIERTE ENTWICKLUNG 2003, S. 206].

Diese hohe Verbreitung erklärt sich aus dem Erfolg von SE, das für drastische Senkungen der Herstellkosten um 20-40% und für um 30-50% verkürzte Zeiten bis zur Produktauslieferung verantwortlich gemacht wird [VGL. EHRLENSPIEL: INTEGRIERTE ENTWICKLUNG 2003, S. 206].

Allerdings sind diese „Erfolgsmeldungen", sowohl in Hinblick auf die Verbreitung als auch auf die Wirkung von SE mit Vorsicht zu genießen, wie eine ausführliche Diskussion bei *GERPOTT* und *WINZER* zeigt: In manchen Studien wird bereits der isolierte Einsatz einzelner SE Methoden als Nachweis einer Implementierung von Simultaneous Engineering verstanden, während andere Studien SE als übergreifendes Rahmenkonzept auffassen und solche Projekte – trotz Einsatz von SE-Methoden - daher nicht als „SE Projekte" betrachten. Mit diesen Abgrenzungsproblemen erklären sich nicht nur Unterschiede bei den ermittelten Verbreitungsgraden von SE, sondern auch beim Vergleich des Erfolgs von „traditionellen" und SE Projekten. Viele Studien beruhen zudem auf kleinen Stichproben und beschränken sich auf einzelne Branchen [VGL. GERPOTT, WINZER: SE – KRITISCHE ANALYSE 1996, S. 141FF.].

Der Einsatz von SE-Teams oder vergleichbaren, multifunktional besetzten Arbeitsgruppen in der Produktentwicklung scheint jedoch, trotz aller Messprobleme, durch ihren Erfolg gerechtfertigt. Zumindest zeigen sich in der Literatur deutliche Hinweise, dass die **Suche und Nutzung von Informationen aus unterschiedlichen Funktionsbereichen** positive Auswirkungen auf den Produkterfolg hat [VGL. SCHRÖDER: EINFLUSSGRÖBEN 1997, S. 328F. UND ROCHFORD, RUDELIUS: FUNCTIONAL AREAS 1992, S. 297]. Multifunktional organisierte Produktentstehungsprojekte mit **hoher Beteiligung unterschiedlicher Funktionsbereiche** (z.B. in SE-Teams) führen zudem zu höherem wirtschaftlichem Erfolg als klassisch-funktional durchgeführte Projekte [VGL. SPECHT, GERHARD: BETEILIGUNG 1999 S. 232].

Der Integration der „Stimme des Kunden" in die Produktentwicklung kommt dabei eine besondere Erfolgsbedeutung zu. Sie wird durch direkte Einbindung des Kunden in die Produktentwicklung und durch die Aktivitäten des Marketing erreicht [VGL. COOPER, KLEINSCHMIDT: TIMELINESS 1994, S. 383F.], wobei *SOUDER* et al. eine Kombination beider Integrationsmechanismen empfehlen, da sie auf unterschiedliche Aspekte des Produktentwicklungserfolges einwirken [VGL. SOUDER ET AL.: CONTINGENCY THEORY 1998, S. 531].

Die integrative Zusammenarbeit von Mitarbeitern aus dem Marketing und der Entwicklung stellt das Rückgrat der funktionalen Integration dar – sie findet nach empirischen Untersuchungen in wechselnder Intensität, aber durchweg relativ hohem Umfang in allen Phasen der Produktentstehung statt [VGL. SPECHT, GERHARD: BETEILIGUNG 1999, S. 229]. In den frühen Phasen der Produktentwicklung ist sie allerdings am ausgeprägtesten [VGL. OLSON ET AL.: PATTERNS OF COOPERATION 2001, S. 268F.] und hat in diesen Phasen auch den stärksten positiven Einfluss auf den Produkterfolg [VGL. OLSON ET AL.: PATTERNS OF COOPERATION 2001, S. 269F.].

Der Gesamtumfang der funktionalen Zusammenarbeit nimmt im Lauf des Produktentstehungsprozesses zu, wenn das Produkt die Ideen- und Konzeptphase verlässt und sich Fragen der Fertigung und der Materialbeschaffung ergeben. Zudem verschieben sich die Schwerpunkte der Zusammenarbeit: Die Fertigung wird stärker eingebunden, während die Zusammenarbeit von Marketing und Entwicklung relativ an Umfang verliert [VGL. OLSON ET AL.: PATTERNS OF COOPERATION 2001, S. 268]. Studien belegen, dass sich in Hinblick auf die Einbindung von Abteilungen außerhalb des Marketing/Entwicklungs-Rückgrats große Verbesserungspotentiale ergeben [VGL. SPECHT, GERHARD: BETEILIGUNG 1999, S. 231] und eine **deutlich frühere Integration** von Informationen aus unterschiedlichen Funktionsbereichen wünschenswert [VGL. ROCHFORD, RUDELIUS: FUNCTIONAL AREAS 1992, S. 297] wäre.

Funktionale Integration wird in der Praxis aber zumindest in Ansätzen praktiziert. Sie ist damit wichtige Rahmenbedingung der Produktentwicklung und insbesondere des FFE.

1.2.2 Lebenszyklusbezogene Integration

Durch SE sollen innovative Produkte entstehen, die Anforderungen unterschiedlicher interner und externer Bereiche, wie Markt, Produktion und Kundendienst erfüllen. Viele dieser Anforderungen kommen erst nach Abschluss der Produktentwicklung zum Tragen. SE erfordert damit die Beurteilung und Optimierung von Produkten im Hinblick auf spätere Lebenszyklusphasen.

Nach *CLARK* und *FUJIMOTO* lässt sich die Tätigkeit von Entwicklern als **Simulation der Kauf- und Nutzungserfahrungen zukünftiger Kunden** beschreiben [VGL. CLARK, FUJIMOTO: DEVELOPMENT PERFORMANCE 1995, S. 23]. Zwischen der Festlegung der Produkteigenschaften in der Produktentwicklung – der Simulation zukünftiger Erfahrungen – und der Eigenschaftsbeurteilung durch den Kunden in der Nutzungsphase können im Fall langlebiger Gebrauchsgüter (z.B. Waschmaschinen), im Maschinen- und Anlagenbau (z.B. Werkzeugmaschinen, Chemieanlagen, Kraftwerke) und in der Flugzeug- und Automobilindustrie lange Zeitspannen vergehen. Beispielsweise liegen zwischen dem Start eines Automobilentwicklungsprojektes und der Verschrottung der meisten daraus hervorgegangenen Fahrzeuge im Durchschnitt zwanzig Jahre [VGL. CLARK, FUJIMOTO: DEVELOPMENT PERFORMANCE 1995, S. 25]. In den Jahren bis zur Verschrottung beeinflussen die Erfahrungen der Kunden ihre Zufriedenheit, die Anzahl der Wiederkäufe und das Markenimage. Zur Sicherung ihres Erfolgs, aber auch aufgrund verlängerter Gewährleistungszeiten, verschärfter Produkthaftung, Entsorgungsgesetze und der Pflicht zur langjährigen Ersatzteilversorgung müssen Hersteller daher späte Lebenszyklusphasen berücksichtigen.

Betrachtet man den erweiterten Produktlebenszyklus, der auch die Nutzung und Entsorgung des Produktes nach seinem Verkauf beinhaltet, so zeigt sich, dass trotz sinkender Marktzyklen in vielen Branchen noch immer relativ lange Zeitspannen überbrückt werden müssen.[9] Abbildung B 1-5 gibt den Entwicklungs- und Marktzyklus und damit einen wichtigen Teil des Produktlebenszyklus für unterschiedliche Branchen wieder. Die genannten Werte sind dabei, wie alle Angaben zu Produktlebenszyklen, nicht unproblematisch, da bei der Wahl der Untersuchungsobjekte ein prinzipielles Problem besteht: Viele vom Kunden als neu empfundene Produkte beruhen auf inkrementellen Veränderungen vorhandener Produkte (z.b. neues Design, Zusatzfunktionen, neue Verpackung).

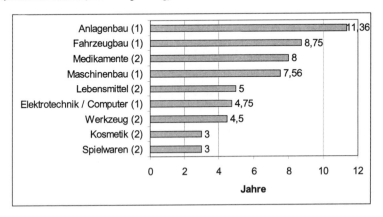

Abbildung B 1-5: Entwicklungs- und Marktzyklen in unterschiedlichen Branchen [(1) VGL. BULLINGER: IAO-STUDIE 1990, S. 34 UND (2) VGL. GEMÜNDEN: ZEIT 1993, S. 70]

Je nachdem, ob man dieses neu erscheinende Produkt oder die ihm zugrunde liegende Produktfamilie betrachtet, ergeben sich sehr unterschiedliche Angaben zur Dauer des Lebenszyklus. Die in Abbildung B 1-5 genannten Zyklusdauern fallen relativ kurz aus, da vermutlich auch inkrementelle Neuprodukte erfasst wurden.[10] Setzt man die Zeiten in Beziehung zur Dauer des Produktentwicklungsprozesses, so zeigt sich, dass in einem vergleichsweise kurzen Zeitraum Festlegungen für mehrere Jahre getroffen werden.

---

[9] Angaben zur branchenüblichen Dauer von Produktlebenszyklen unterscheiden sich je nach Studie erheblich, zeigen aber alle eine Abnahme der Zyklenlänge. So geht *BULLINGER* davon aus, dass sich Produktlebenszyklen in der Zeit von 1980 bis 1990 drastisch – in vielen Branchen um 30-40% – verkürzt haben. Spitzenreiter bei der Verkürzung sind die Elektrotechnik und die Computerbranche mit 46%. [VGL. BULLINGER: IAO-STUDIE 1990, S. 34]. *WEIBER ET AL.* kommen für den Zeitraum 1970-1990 zu ähnlichen Ergebnissen – hier betrug die Verkürzung in der Elektrotechnik 46% und in der Informationstechnik 52% [VGL. WEIBER ET AL.: INNOVATIONEN 1999, S. 79F.].

[10] Trotz der hohen strategischen Relevanz, die dem häufig zitierten Trend zu sinkenden Lebenszyklen in der Literatur beigemessen wird, existieren kaum Studien zu diesem Thema. Die genannten Studien legen die Untersuchungsmethodik nur ansatzweise offen und sind daher nur eingeschränkt belastbar.

Wie kurz dieser Zeitraum im Vergleich zum Produktlebenszyklus ist, gibt Abbildung B 1-6 (vgl. Seite 24) wieder, die auf einer 2002 veröffentlichten Studie des VDMA basiert [VGL. VDMA 2002, S. 11]. Sie zeigt die Entwicklungsdauer einer Neukonstruktion im Maschinenbau (zwischen 0,15 und 1,5 Jahre; im Mittel 0,8 Jahre) sowie die Länge des Produktlebenszyklus von der ersten Idee bis zur letzten Auslieferung des Produktes (zwischen 6,5 und 25 Jahre; im Mittel 13,5 Jahre).

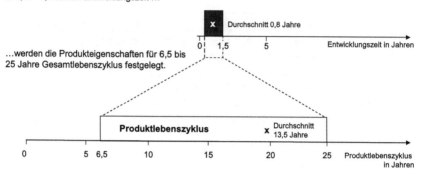

Abbildung B 1-6: Entwicklungszeit und Produktlebenszyklus im Maschinen- und Anlagenbau [VGL. VDMA 2002, S. 11]

Beide Werte streuen breit um den Mittelwert, was angesichts der Heterogenität der im VDMA organisierten Unternehmen nicht verwundern kann. Der Produktlebenszyklus ist trotz der relativ hohen Innovativität der Branche (im Mittel sind 58,5% der Produkte im Programm jünger als 5 Jahre) im Vergleich zu anderen Studien etwas länger, bewegt sich aber durchaus in deren Größenordnung[11]. In der Tendenz ist in allen Studien unbestritten, dass – bei aller Verkürzung der Marktzyklen – **Produktentwicklungsentscheidungen über viele Jahre hinweg ihre Wirkung zeigen.**

Lebenszyklusbezogene Integration ist damit zwingend.Lebenszyklusbezogene Integration macht es erforderlich, zukünftige Produktanforderungen und technische Möglichkeiten in frühen Produktentstehungsphasen planerisch vorweg zu nehmen – ein von VERGANTI als „feedforward planning" bezeichneter Prozess [VGL. VERGANTI: SYSTEMIC LEARNING 1997, S. 381]. Ange-

---

[11] Die Länge des Produktlebenszyklus im Maschinen- und Anlagenbau variiert je nach Studie: so setzt BULLINGER [VGL. BULLINGER: IAO STUDIE 1990] für den allgemeinen Maschinenbau einen Lebenszyklus von ca. 7,5 und für den Anlagenbau von 12 Jahren an. Eine Untersuchung von WEIBER ET AL. weist einen kürzeren Lebenszyklus im Anlagenbau von ca. 9 Jahren nach, bestätigt aber eine etwa siebenjährige Zyklusdauer im Maschinenbau [VGL. WEIBER ET AL.: INNOVATIONEN 1999, S. 78FF.]. Eine VDMA Studie aus dem Jahr 1997 ergibt eine Produktlebensdauer zwischen 6 und 18 Jahren (Durchschnitt 11,7) [VGL. VDMA 1997].

sichts relativ langer Planungshorizonte, in denen sich in turbulenten Umfeldern gravierende Veränderungen ergeben können, ist dies mit Unsicherheiten verbunden.

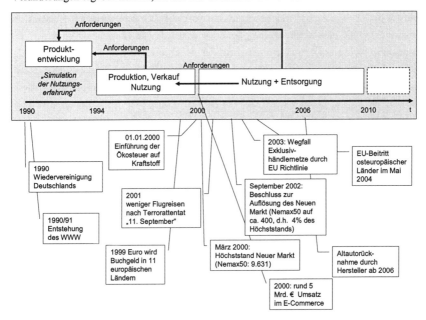

Abbildung B 1-7: Veränderungen im Unternehmensumfeld zwischen 1990-2010

Abbildung B 1-7 illustriert Veränderungen im Unternehmensumfeld für den von CLARK und FUJIMOTO exemplarisch geschilderten erweiterten Produktlebenszyklus in der Automobilindustrie von 1990-2010 [VGL. CLARK, FUJIMOTO: DEVELOPMENT PERFORMANCE 1995, S. 25]. Nicht alle der in der Grafik beispielhaft genannten Umfeldänderungen haben oder hatten **entscheidende** Auswirkungen auf Produktanforderungen, Technologien, Absatzchancen, usw. Sie sind jedoch so relevant, dass sie im Rahmen der Produktentstehung zumindest bewertet werden müssen. Zwei Aspekte sind hierbei von besonderer Relevanz für die Produktentwicklung: die **Antizipation zukünftiger Kundenanforderungen** und die **Antizipation zukünftig verfügbarer Technologien**. Beide Aspekte werden nachfolgend näher beleuchtet.

1.2.2.1 Lebenszyklusbezogene Integration von Kundenanforderungen

Kunden können im Zeitpunkt der Produktentwicklung ihre zukünftigen Anforderungen oft nur unter Schwierigkeiten formulieren. Dies gilt insbesondere bei Innovationen, bei denen sie nicht über Erfahrungen mit vergleichbaren Produkten verfügen. Bei einem neuartigen Elektroauto ist bspw. eine Bewertung hinsichtlich der Eigenschaften „Benzinverbrauch" wenig sinnvoll, während das Kriterium „Tempo der Batterieaufladung", das der Kunde aktuell nicht auf Autos anwendet, von hoher Bedeutung ist [VGL. COOPER: MARKETING PLANNING 2000, S. 2].

Selbst wenn sich die Anforderungen an ein Produkt nicht verändern, wenn aus Kundensicht also weiterhin die gleichen Beurteilungskriterien gelten, ist die Gewichtung einzelner Anforderungen nicht statisch, sondern unterliegt dynamischen Einflüssen: So können sich z.B. wichtige Faktoren für den Automobilbau, wie der Kraftstoffpreis, das Urlaubs- und Freizeitverhalten, die durchschnittliche Haushaltsgröße und die Dichte des öffentlichen Nahverkehrsnetz verändern. Damit wandelt sich die Art, wie Kunden ihr Fahrzeug nutzen und bewerten. So kann bei steigenden Ölpreisen die Anforderung eines geringen Verbrauchs an Bedeutung gewinnen, während gleichzeitig ein verändertes Reiseverhalten bewirken könnte, dass die Forderung nach langen Reichweiten ohne Tankstopp angesichts kürzerer Jahreslaufleistungen und hoher Tankkosten weniger wichtig wird.

Unternehmensumfelder verändern sich aber nicht nur unabhängig vom Unternehmen und seinen Produkten, sondern werden aktiv durch sie beeinflusst. Setzen sich radikale Innovationen, wie etwa ein Elektroauto durch, so verändert die Innovation ihr Umfeld [VGL. URBAN ET AL.: PREMARKET FORECASTING 1996, S. 47] durch neue Infrastruktur (öffentliche Aufladestationen), veränderte Reisegewohnheiten (mehr öffentlicher Personenverkehr auf Langstrecken, da kleine und leichte Autos auf diesen Strecken weniger attraktiv sind) und gewandelten Lebensstil (lärm- und abgasarme Stadtzentren werden als Wohngebiete attraktiver). Diese Veränderungen wirken ihrerseits wieder auf die vom Kunden geforderten Produkteigenschaften ein.

Allerdings bedarf es nicht zwingend radikaler Produkte, damit Unternehmen ihr Umfeld beeinflussen. Die Automobilindustrie wird bspw. auf gesetzliche Regelungen zur Altautorücknahme ab 2006 reagieren: Fahrzeugentsorgung wird zukünftig wahrscheinlich durch andere Entsorgungs(logistik)unternehmen, mit veränderten Recyclingverfahren und zu neuen Wertstoffpreisen und Entsorgungskosten erfolgen, als dies heute der Fall ist. Automobilhersteller nehmen auf diese Entwicklung u.a. Einfluss, indem sie die Rücknahme organisieren (z.B. über Händlernetz oder eigene Entsorgungsunternehmen), bei ihren Lieferanten Fragen des Recyclings von Automobilkomponenten aufwerfen und Forschungs- und Entwicklungsmaßnahmen zur Recyclingfähigkeit initiieren und ggf. finanzieren. Heute entwickelte Fahrzeuge müssen für diese zukünftigen, noch unsicheren Entsorgungsbedingungen optimiert werden.

1.2.2.2 Lebenszyklusbezogene Integration von Technologien

Im Rahmen der Produktentwicklung müssen technologische Möglichkeiten evaluiert und in den Anwendungszusammenhang gebracht werden. Dieser Prozess wird von *IANSITI* als „technology integration" bezeichnet [VGL. IANSITI: TECHNOLOGY INTEGRATION 1998, S. 7FF.]. Technologieintegration betrifft sowohl zukünftige Produkt- als auch Prozesstechnologien. Als

Produkttechnologien sind für den Hersteller eines Elektrofahrzeuges bspw. Batterietechnologien und die damit erzielbaren Reichweiten entscheidend. Berücksichtigt er bei der Produktentwicklung lediglich die aktuellen Leistungen, so greift dies bei der dynamischen Technologieentwicklung, die in diesem Bereich herrscht, zu kurz. Zum Zeitpunkt des Markteintritts könnte das Produkt technisch überholt sein und Gefahr laufen, durch andere Produkte, die näher an der aktuellen technischen Leistungsgrenze operieren, vom Markt verdrängt zu werden. Nachbesserungen, z.B. der Einbau neuer, leistungsfähigerer Batterien wären dann evtl. nicht oder nur unter hohem Aufwand möglich, da jede Änderung Konsequenzen für das gesamte Produkt hat. So könnten sich Beschränkungen durch das zulässige Gewicht, den verfügbaren Bauraum oder die gewählte Versorgungsspannung ergeben.

Prozesstechnologien, wie neue Fertigungsverfahren oder Technologien für den Internethandel, unterliegen ebenfalls technischem Wandel. Auch hier ergeben sich Nachteile, wenn ein Produkt für eine aktuelle Prozesstechnologie konzipiert und entsprechende Anlageinvestitionen getätigt werden, sich diese Technologien im Zeitpunkt der Nutzung aber als veraltet und – im Vergleich zu neuen Technologien – wenig leistungsfähig erweisen.

Probleme sind auch dann zu erwarten, wenn ein Produkt bzw. seine Erstellung zu „mutig" auf einer Technologie basiert, die bei der Produktentwicklung noch nicht fixiert und auch im Zeitpunkt der Produkterstellung noch nicht mit ausreichender Reife verfügbar ist. Im Rahmen der Technologieintegration müssen technologische Potentiale und Risiken daher sorgfältig abgewogen werden.

Die Abwägung wird zusätzlich erschwert, da häufig nicht der Lebenszyklus eines Produktes, sondern der ganzer Produktfamilien berücksichtigt werden muss. So werden bei modular aufgebauten Produkten einzelne Module in unterschiedlichen Produkten und/oder in unterschiedlichen Produktgenerationen verwendet. Gleiches gilt für Prozesstechnologien, die meist für mehr als ein Produkt genutzt werden.

1.2.3 Konsequenzen für die Produktentwicklung

Funktionale und lebenszyklusbezogene Integration erhöhen die Komplexität der Produktentwicklung. Um sie zu bewältigen, sind geeignete Instrumente und Methoden notwendig. Zudem müssen die am Prozess Beteiligten die Vernetztheit der Entwicklungsaufgaben erkennen, um die Konsequenzen ihrer Tätigkeit für das Gesamtsystem berücksichtigen zu können.

1.2.3.1 Spezifische Instrumente für die multifunktionale Zusammenarbeit

Verschiedene Funktionsbereiche haben unterschiedliche Sichten auf ein Produktentwicklungsprojekt – die Sicht der Elektrokonstruktion unterscheidet sich bspw. von der der mechanischen Konstruktion, des Einkaufs und des Marketing. Funktionale Integration erfordert, dass das Projektteam neben der jeweiligen funktionsspezifischen Sicht eine gemeinsame, integrierte Sicht auf das Projekt hat. Wegen der unterschiedlichen fachlichen Vorbildungen, Aufgaben- und Begriffsverständnisse der Teammitglieder setzt dies Instrumente voraus, die es erlauben, Informationen aus unterschiedlichen Quellen in einer für alle verständlichen Form darzustellen.

Da sich die Zusammensetzung der Produktentwicklungsteams im Verlauf des Projektes typischerweise ändert, müssen die gewählten Instrumente ohne lange Anlernzeiten leicht anwendbar sein. Zudem müssen sie es neuen Teammitgliedern ermöglichen, die dem Projekt zugrunde liegenden bisherigen Annahmen des Projektteams zu erkennen.

1.2.3.2 Berücksichtigung von Interdependenzen durch Systemsicht

Lebenszyklusbezogene Integration führt zu einer deutlichen Erhöhung der Aufgabenkomplexität insbesondere in den frühen Produktentstehungsphasen, in denen zahlreiche Wechselwirkungen zwischen (1) aktuellen und zukünftigen Produkten, (2) verschiedenen Produktentstehungsaktivitäten, (3) Entwicklung und Produktion sowie (4) zwischen Entwicklung und Konsum berücksichtigt werden müssen [VGL. VERGANTI: SYSTEMIC LEARNING 1997, S. 379F.]:

1. **Interdependenzen zwischen aktuellen und zukünftigen Produkten** ergeben sich, wie bereits diskutiert, auf technologischer Ebene, wenn Baugruppen oder Plattformen für mehrere aktuelle oder zukünftige Produkte entwickelt oder wieder verwendet werden sollen, oder wenn Prozesstechnologien zur Erstellung verschiedener Produkte genutzt werden. Interdependenzen ergeben sich jedoch auch im Marketing: Insbesondere bei Maschinen und langlebigen Gebrauchsgütern neigen Konsumenten zum sog. „leap frogging", d.h. sie überspringen bewusst die aktuell erhältliche Produktgeneration, um die nachfolgende, leistungsfähigere nachzufragen [VGL. POHL: LEAPFROGGING 1996]. Die Eigenschaften eines neuen Produktes und der Zeitpunkt der Markteinführung müssen also sorgfältig gewählt werden, um zu verhindern, dass das neue Produkt die aktuell angebotenen Produkte „kannibalisiert".

2. **Interdependenzen innerhalb der Produktentstehungsaktivitäten** sind offensichtlich: So müssen sowohl die Aktivitäten unterschiedlicher Entwicklungsbereiche als auch die von ihnen konzipierten Baugruppen und deren Teilfunktionen aufeinander abgestimmt sein. Bewegt ein Elektromotor bspw. eine mechanische Komponente, so müssen mechanische Konstruktion, Elektrokonstruktion und ggf. Programmierung zusammenarbeiten und die für die anderen Funktionen relevanten Restriktionen (z.B. Baugröße, Lastaufnahme, Prozesszeit) berücksichtigen.

3. **Interdependenzen zwischen Entwicklung und Fertigung, Montage und Wartung** ergeben sich, da nach gelagerte Anforderungen (z. B erzielbare Maßtoleranzen auf den

vorhandenen Fertigungsanlagen, leichte Montierbarkeit) schon während der Konstruktion berücksichtigt werden. Umgekehrt können Fertigungsprozesse nicht festgelegt werden, solange die Eigenschaften des Produktes nicht ausreichend bekannt sind. Die bestehenden Interdependenzen müssen erkannt und berücksichtigt werden, um **interne Produktintegrität** [VGL. CLARK, FUJIMOTO: DEVELOPMENT PERFORMANCE 1995, S.30] zu erzielen.

4. Die Berücksichtigung der **Interdependenzen zwischen der Entwicklung**, in der die Produkteigenschaften festgelegt werden, **und der Konsumphase**, in der diese Eigenschaften durch Kunden beurteilt werden, führt zu **externer Produktintegrität** [VGL. CLARK, FUJIMOTO: DEVELOPMENT PERFORMANCE 1995, S.30]. Sie ist das Ergebnis der bereits dargestellten lebenszyklusbezogenen Integration von Kundenanforderungen.

Aufgrund der Wechselbeziehungen zwischen ihren Teilaktivitäten muss die Produktentwicklung als System vernetzter Elemente verstanden werden. Kritische Elemente, d.h. Elemente, die relevant und unsicher sind und, wenn sie zu spät erkannt werden, hohen Änderungsaufwand verursachen, müssen antizipativ berücksichtigt werden. Dies setzt voraus, dass alle Mitglieder des Produktentwicklungsteams Systemkenntnis haben und erkennen, welches der von ihnen bearbeiteten Elemente aktuell oder zukünftig Auswirkungen auf andere Systemelemente haben wird [VGL. VERGANTI: SYSTEMIC LEARNING 1997, S. 386F.].

1.3 Wissen, Lernen und Kognition in der Produktentwicklung

Globalisierung, beschleunigter technischer Fortschritt, Produkte, die auf Technologiebündeln beruhen, multifunktionale Projektteams – diese und andere Trends lassen die Anforderungen an die Produktentwicklung steigen. Im Vergleich zu den weniger integrierten Entwicklungsprojekten der Vergangenheit, mit ihren oft nur nationalen, relativ homogenen Kundengruppen und ihrer Beschränkung auf wenige Technologien, erfordern heutige Produktentwicklungsprojekte, dass sehr viel mehr Informationen gesammelt und berücksichtigt werden. Dies lässt auch die Anforderungen an die beteiligten Personen steigen. Neben spezifischer Fachkenntnis werden zunehmend auch ein Verständnis für das Gesamtziel des Entwicklungsprojektes sowie Sprachkenntnisse (zur Interaktion mit global verteilten Kunden oder Entwicklungspartnern), Teamfähigkeit und die Beherrschung moderner IT gefordert.

Diesen gewachsenen Anforderungen stehen aber auch deutlich gesteigerte Möglichkeiten gegenüber: So hat sich durch das Internet der Zugang zu weltweiten Daten, von Patentschriften, über Bibliotheken und Zeitungsarchiven bis hin zu spezifischen Einkaufsportalen und Lieferantenkatalogen, deutlich verbessert und das Tempo, mit dem Informationen zwischen unterschiedlichen Personen und Standorten ausgetauscht werden können, drastisch erhöht. Innerhalb der Unternehmen ermöglichen e-mail-Verkehr, Intranets, integrierte elektronische

Planungs- und Abrechnungssysteme u.a. ebenfalls eine breite und schnelle Informationsversorgung. Gleichzeitig bestehen durch „e-learning"-Ansätze neue Möglichkeiten zur Vermittlung der erforderlichen Qualifikationen. Als Folge dieser veränderten Möglichkeiten erhöht sich die Menge elektronisch vorliegender Information jährlich um 50% [VGL. BROWN, DUGUID: SOCIAL LIFE 2002, S. XII]. Trotzdem fühlen sich Personen heute nicht durchweg gut oder zumindest besser informiert als in der Vergangenheit, sondern – so wird zumindest immer wieder festgestellt – ertrinken in Information, aber lechzen nach Wissen [VGL. KERMALLY: KNOWLEDGE MANAGEMENT, S. 48]. Trotz wachsender Informationen nimmt das Gefühl von „Nicht-Wissen" oder Unsicherheit eher zu als ab, wie die Diskussion der Turbulenzauswirkungen in Abschnitt B1.1 (Seite 10ff.) gezeigt hat.

Vor diesem Hintergrund wird in den letzten Jahren zunehmend zwischen Informationen und Wissen differenziert: **Informationen** sind Daten, die für eine bestimmte Absicht erzeugt, gespeichert und übertragen werden. **Wissen** entsteht, wenn diese Informationen beim Adressaten mit vorhandenen Gedächtnisinhalten verknüpft werden. Diese Verknüpfung mit vorhandenen Erfahrungen wird als Lernen bezeichnet. [VGL. GÜLDENBERG: WISSENSCONTROLLING 1998, S. 155]. Im Rahmen des Wissensmanagement werden Methoden und Instrumente diskutiert, die die Erweiterung, Nutzung und Sicherung der Wissensbasis von Unternehmen zum Ziel haben [VGL. AMELINGMEYER: WISSENSMANAGEMENT 2002, S.118FF.]. Das Instrumentarium ist breit gefächert und sowohl auf die Gestaltung operativer Prozesse (z.B. Projekt De-Briefings zur Bewahrung von Projektwissen) als auch auf strategische Aspekte (z.B. Identifikation von Wissenslücken und langfristiger Kompetenzaufbau) hin ausgerichtet. Produktentstehung wird zunehmend als wissensintensiver Prozess verstanden, auf den dieses Instrumentarium anwendbar ist [VGL. Z.B. HULL ET AL.: AUDIT TOOL 2000, S. 634].

Für die Produktentwicklung lassen sich aus der differenzierten Betrachtung von Wissen und Information zwei grundsätzliche Überlegungen ableiten:

- Eine Überlegung zielt auf die **unterschiedlichen Eigenschaften von Wissen und Information als Input und Output der Produktentstehung** ab: während Information definitionsgemäß explizit ist, d.h. als gesprochenes Wort, Text, Formel o. ä. vorliegt, existiert bei Wissen zusätzlich eine nicht-explizite Komponente. Ein Teil dieses Wissens kann vom Wissensträger u.a. durch Befragung oder standardisierte Berichtspflichten (z.B. „Lessons Learned" am Ende eines jeden Projektes) expliziert werden. Andere Teile des Wissens bleiben dagegen immer implizit[12], da sie dem Wissensträger nicht vollständig bewusst sind bzw. er sie nicht in Worte fassen kann. Dies ist z.B. für viele handwerkliche Fähig-

---

[12] In der englischsprachigen Literatur wird für implizites Wissen meist der Begriff „tacit knowledge" verwendet, weswegen sich vereinzelt in deutschen Veröffentlichungen der Begriff des „taziten Wissens" findet [VGL. Z.B. DOCKENFUß: TOOLKITS UND KONFIGURATOREN 2003].

keiten der Fall sowie in komplexen Problemsituationen (z.b. bei der Fehlersuche in einem Programmcode oder der schnellen Beurteilung einer kritischen Verhandlungssituation), bei denen sehr gute Problemlöser oft „Erfahrung" und „Intuition" anführen, um zu erklären, wie sie zu ihrer Lösung gekommen sind [VGL. MASCITELLI: HARNESSING TACIT KNOWLEDGE 2000]. Um dieses implizite Wissen für die Produktentwicklung zu nutzen, sind Methoden und Instrumente erforderlich, die über das klassische Informationsmanagement hinausgehen.

- Eine zweite, damit eng verwandte Überlegung befasst sich mit den **Folgen eines quantitativ erhöhten, dynamischen Informationsangebots**. Damit die vielen prinzipiell verfügbaren Informationen in der Produktentwicklung sinnvoll eingesetzt werden können, muss eine Auswahl stattfinden, die relevante Informationen von „Informationsmüll" trennt. Diese Auswahl erfolgt auf Basis der Problemwahrnehmung der Entscheider, die relevante, zum Problem gehörige Informationen von anderen trennen, ihre Vertrauenswürdigkeit und Plausibilität prüfen und sie mit vorhandenen Gedächtnisinhalten bzw. Vorwissen verknüpfen. Dabei spielt implizites Wissen eine besondere Rolle [VGL. WEICK: COSMOS VS. CHAOS 1997, S. 248FF. UND HANDLBAUER: COMPETING ON COGNITION 2000, INSB. S. 134FF.]. Das Ergebnis der Auswahl ist nicht „die Realität" der Problemsituation, sondern ein gedankliches Konstrukt oder mentales Modell[13], das Entscheider und Organisationen auf Basis der vielen (teilweise widersprüchlichen) Informationen aus turbulenten Umfeldern **konstruieren**. Wettbewerbsvorteile entstehen, wenn diese Realitätskonstrukte zweckmäßig sind und es ermöglichen, wichtige Informationen zu selektieren und die richtigen Konsequenzen aus ihnen zu ziehen [VGL. HANDLBAUER: COMPETING ON COGNITION 2000, INSB. S. 128F.].

Beide Überlegungen finden in der Literatur zur Produktentwicklung zunehmend Eingang und werden nachfolgend kurz erläutert.

1.3.1 Wissen als Input und Output der Produktentwicklung

Wissen ist Inputfaktor für die Produktentwicklung, d.h. es muss gewährleistet werden, dass das für die Entwicklung erforderliche Wissen im Unternehmen vorhanden und im Projekt zugänglich ist – entweder indem die „wissenden" Personen identifiziert, an das Unternehmen gebunden und in den Entwicklungsprozess integriert werden oder indem Wissen – so gut eben möglich und in welcher Form auch immer – kodifiziert und verteilt wird. Für implizites Wissen, das einen großen, ggf. sogar den größten Teil des für die Produktentwicklung relevanten

---

[13] Der Begriff des mentalen Modells wird in der Literatur nicht einheitlich gebraucht. Eine Darstellung alternativer Begriffe und Konzepte erfolgt in Kapitel C2.3.4., insb. auf S. 189ff

Wissens darstellt [VGL. MASCITELLI: HARNESSING TACIT KNOWLEDGE 2000, S. 181], ist diese Aufgabe äußerst problematisch:

- Implizites Wissen ist, wenn überhaupt, nur unter hohem Aufwand zu transferieren, d.h. es ist „**sticky**" [ZUM BEGRIFF VGL. Z.B. VON HIPPEL: USER TOOLKITS 2001]: Ein Lehrling lernt bspw. seine handwerklichen Fähigkeiten über mehrere Jahre durch Erklärungen und Anleitungen, Beobachtung und Übung. In der ganzen Zeit ist eine enge Zusammenarbeit mit dem „Wissenden", z.b. dem Lehrmeister, erforderlich. Der Aufwand des Wissenstransfers ist damit hoch.

- Implizites Wissen ist zu großen Teilen „**unsichtbar**", d.h. es ist in Entscheidungsheuristiken und mentalen Modellen von Individuen, betrieblichen Entscheidungsprozessen, Produktionssystemen, Geschäftsprozessen usw. eingebettet und damit von außen schwer oder gar nicht zu erkennen [VGL. MASCITELLI: HARNESSING TACIT KNOWLEDGE 2000, S. 183].

Diese Problemstellungen werden im Zusammenhang mit Innovationen von unterschiedlichen Autoren thematisiert.

NONAKA UND TAKEUCHI betrachten die Produktentstehung als zyklischen Prozess, bei dem neues Wissen entsteht und einer Gruppen von Menschen zugänglich gemacht wird, indem individuell vorhandenes, implizites Wissen von Kunden und Entwicklern ausgetauscht und externalisiert wird. Das so entstehende explizite Wissen wird mit anderen expliziten Wissensbausteinen kombiniert (z.B. durch mündliche Mitteilungen, IT-Dokumente, Schulungsprogramme) und innerhalb und zwischen Entwicklungsprojekten ausgetauscht. Wird es von den Projektbeteiligten in ihren individuellen oder kollektiven Erfahrungsschatz integriert, so steht es ab diesem Zeitpunkt implizit zur Verfügung und kann als Input für neue Wissensentstehungsprozesse dienen [VGL. NONAKA, TAKEUCHI: KNOWLEDGE CREATING 1995].

Auch *MASCITELLI* sieht implizites Wissen als Ausgangspunkt von innovativen Produkten. Er stellt einen Zusammenhang zur Kreativität her und geht davon aus, dass sich wenig kreative Personen und Personen mit radikal neuen Ideen, die zu „breakthrough"-Innovationen führen, in Bezug auf ihr implizites technisches Wissen und ihre aus Erfahrung erwachsenden kognitiven Fähigkeiten unterscheiden: „The innovator gains a lifetime of experience „indwelling" with the particulars of his chosen field, such that they become an intrinsic part of his mental makeup. These particulars impart a kind of vision of things not yet explicitly known. In a sense, breakthrough innovators can „see" solutions without the conscious ability to explain their vision, and they are often compelled by that vision to pursue its explication" [MASCITELLI: HARNESSING TACIT KNOWLEDGE 2000, S. 182].

IANSITI betont die besondere Rolle des sog. Systemwissens: Produktinnovationen entstehen, indem Wissen unterschiedlicher Wissensgebiete (z.B. Physik, Ergonomie, Medizin) kombiniert und um **Systemwissen über einen projektspezifischen Anwendungskontext** (z.B. Einsatzbedingungen eines Computertomographen) ergänzt wird. Letzteres ist stark personengebunden und kann, anders als Fachwissen, nicht in Fachbüchern, Ausbildungsprogrammen usw. kodifiziert werden, weist also die Eigenschaften impliziten Wissens auf [VGL. IANSITI 1998: TECHNOLOGY INTEGRATION].

Alle genannten Autoren betonen damit die Erfolgsbedeutung impliziten Wissens als Input der Produktenwicklung. Es ist jedoch nicht nur Input, sondern auch Output: der Bestand an implizitem Wissen wird bei jedem Projekt in Form von Erfahrungszuwächsen und Übung größer. Wenn es sich bei diesem Output um das „richtige", d.h. relevante, sachlich richtige Wissen handelt und wenn dieses nach Projektabschluss nicht vergessen, sondern in neuen Entwicklungsprojekten genutzt wird, kann es zum Aufbau langfristiger Wettbewerbsvorteile kommen. Da implizites Wissen nur schwer zu artikulieren und zu dokumentieren ist, kann es von der Konkurrenz auch nur schwer imitiert werden. Ein Vorsprung durch (implizites) Wissen hat damit u.U. langjährigen Bestand [VGL. HITT ET AL.: TECHNOLOGICAL LEARNING 2000, S. 235 UND MASCITELLI: HARNESSING TACIT KNOWLEDGE 2000, S. 183].

Aus der besonderen Bedeutung des impliziten Wissens als Input und Output, seiner „Stickiness" und seiner schlechten Sichtbarkeit ergeben sich Konsequenzen für die Produktentwicklung:

- Um die schwer explizierbaren Teile impliziten Wissens zu transferieren, sind andere Aktivitäten erforderlich als das Schreiben von Fachtexten oder Berichten. So gelten Metaphern („wir bauen den „Mercedes" unter den Waschmaschinen"), Anekdoten („Post-it notes sind von den Sekretärinnen des 3M Vorstands durchgesetzt worden") und Modelle bzw. Prototypen als wichtige Möglichkeit, implizite Wissensbestandteile zu transferieren. Zudem ist persönlicher, unmittelbarer Kontakt zwischen Menschen erforderlich [VGL. MASCITELLI: HARNESSING TACIT KNOWLEDGE 2000, S. 185FF.].

- Unternehmen müssen sich der Funktion von Mitarbeitern als „Bewahrern" relevanten, impliziten Wissens bewusst sein, das niemals vollständig explizierbar ist [VGL. IANSITI: TECHNOLOGY INTEGRATION 1998]. Um das sog. **Systemic Learning** [VGL. VERGANTI: SYSTEMIC LEARNING 1997, 386F.] – projektübergreifende Wissensschaffung und projektübergreifender Wissenstransfer – zu ermöglichen, müssen Unternehmen das implizite Wissen ihrer Mitarbeiter bei der Zusammenstellung von Entwicklungsteams berücksichtigen, also z.B. Personen mit der „richtigen" Erfahrung aus Vorläuferprojekten auswählen bzw. Personen an mehr als einem Projekt gleichzeitig beteiligen [VGL. CORSO: CONTINIOUS PRODUCT INNOVATION 2002, S. 335].

- Die „Stickiness" impliziten Wissens kann es erforderlich machen, Teile des Innovationsprozesses aus der Produktentwicklung auszugliedern und an externe Personen zu übergeben, die über das erforderliche implizite Wissen verfügen. So schlägt *VON HIPPEL* die Bereitstellung von „Tool Kits" vor, mit deren Hilfe Kunden – innerhalb vorgegebener Restriktionen – Produktkonzepte selbst erarbeiten, ggf. durch Simulation oder Prototypeneinsatz testen und so lange verbessern können, bis das Konzept ihren Anforderungen genügt. Erst dann beginnt die Konzeptausarbeitung beim Anbieter des Produktes. Solche Instrumentenkästen kommen bei Produkten zum Einsatz, deren anforderungsgerechte Gestaltung viel schwer transferierbares, implizites Kundenwissen erfordert, wie z.B. integrierte Schaltungen, und dienen dazu, den schwierigen oder unmöglichen Transfer impliziten Wissens zu erübrigen [VGL. VON HIPPEL: USER TOOLKITS 2001 UND DOCKENFUB: TOOLKITS UND KONFIGURATOREN 2003].

Für die Produktentwicklung ergibt sich damit die Konsequenz, dass Anforderungslisten, Pflichtenhefte, Informationssysteme, usw. stets nur einen Teil des relevanten Wissens abbilden können und zwingend um personenorientierte Ansätze ergänzt werden müssen. Der Personenkreis, der über relevantes implizites Wissen verfügt, beschränkt sich hierbei nicht auf Mitarbeiter: weil das implizite Wissen von Kunden, Lieferanten, Technologieexperten, usw. schwer oder gar nicht transferierbar ist, müssen sie in die Produktentwicklung unmittelbar eingebunden werden. Es muss also externe Integration statt finden.

1.3.2 Kognition und Lernen als Voraussetzung für Innovationserfolge

Im Rahmen der Produktentwicklung treffen regelmäßig Informationen unterschiedlicher Güte aus dem Unternehmensumfeld ein. Sie müssen wahrgenommen, d.h. als potenziell relevant erkannt und in Bezug auf ihre Konsequenzen für den Produkterfolg beurteilt werden. Beides erfolgt aufgrund des bisherigen vorhandenen Wissens der Entscheider, das – wie ausgeführt – nicht nur explizites bzw. prinzipiell explizierbares Faktenwissen, sondern auch implizite Komponenten beinhaltet.

Das Vorwissen von Entscheidern besteht in sog. **mentalen Modellen**, bei denen es sich um mehr oder minder umfangreiche Theorien über Realitätsausschnitte handelt. Sie sind von Person zu Person unterschiedlich und bestimmen, welche Bestandteile der Realität für eine Aufgabe als relevant erachtet und welche Ursache-Wirkungs-Beziehungen zwischen ihnen vermutet werden [VGL. Z.B. JENNER: BEHARRUNGSTENDENZEN 2001, S. 695FF.]. Mentale Modelle beeinflussen die Kognition und bestimmen damit z.b., wer als Konkurrent für ein neues Produkt wahrgenommen wird oder welche technologischen Trends als potenziell relevant aufgefasst bzw. ignoriert werden.

Von der Qualität der mentalen Modelle hängt es ab, ob sich abzeichnende Chancen und Risiken erkannt werden. Mentale Modelle können erfolgsfördernd sein, indem sie aus der Fülle von Informationen die relevanten Informationen ausfiltern (z.B. über bislang unerkannte, unbefriedigte Kundenbedürfnisse) und mit bestehendem Wissen (z.B. über die Möglichkeiten einer neuen Produkttechnologie) in Verbindung setzen. Sie können allerdings auch eine gegenteilige, erfolgs- und innovationsbehindernde Wirkung haben, wenn etwa eine wichtige Information ignoriert wird, da sie sich nicht in das bestehende Bild der Realität einpassen lässt.

In der Folge werden Trendsignale (z.B. sich abzeichnende neue Technologien) nicht beachtet und wichtige Reaktionszeiten verstreichen ungenutzt [VGL.: DURAND: COGNITIVE TECHNOLOGICAL MAPS 1993, S. 172FF. (SINNGEMÄSS); HANDLBAUER: COMPETING ON COGNTION 2000, S. 128; JENNER: BEHARRUNGSTENDENZEN 2001].

Entsprechend wichtig ist es, dass sich Entscheider, soweit möglich, ihrer impliziten mentalen Modelle bewusst sind und sie immer wieder im Licht der Realität prüfen, um sie ggf. an geänderte Bedingungen anzupassen. Dies kann neben dem Lernen neuer Sachverhalte auch das „Ent-Lernen" von überholten Wissensbestandteilen beinhalten [VGL. HANDLBAUER: COMPETING ON COGNITION 2000, S. 128].

1.3.3 Konsequenzen für die Produktentwicklung: Unterstützung von Lernprozessen und Explizierung von Hintergrundwissen

Als Konsequenz aus der besonderen Eigenschaft von Wissen sowie aus der Rolle von Kognitions- und Lernprozessen für die Produktentwicklung, wird zunehmend der Einsatz von Wissensmanagementkonzepten und -methoden in der Produktentstehung gefordert: „An ability to understand and exploit the relationship between Knowledge Management and Innovation processes is of increasing significance in today's competitive business environments, where a dynamic capability to meet rapid change is an essential ingredient in achieving sustainable business success in volatile global and national marketplaces." [HULL ET AL.: AUDIT TOOL 2000, S. 635].

Wie diese Integration von Wissens- und Innovationsmanagement allerdings konkret zu erfolgen hat, wird in der Literatur kaum diskutiert. Eine wichtige Stoßrichtung ergibt sich jedoch aus der dargestellten Unterscheidung zwischen explizitem und implizitem Wissen. Produktentwicklung beruht sehr stark auf der letzteren der beiden Kategorien, wobei das implizite Wissen der an der Entwicklung beteiligten Personen niemals vollständig expliziert werden kann. So ist der Erfahrungsschatz, der einen Experten „intuitiv" den Fehler im Programmcode erkennen lässt oder der einer kreativen Person ganz neuartige Ideen ermöglicht, schwer abbildbar. Damit dieses Wissen in der Produktentwicklung zur Verfügung steht, müssen die richtigen Personen involviert sein und miteinander in Kontakt stehen.

Andere Bestandteile des impliziten Wissens sind dagegen nicht zwingend implizit: Wenn Entscheider in der Produktentwicklung Festlegungen treffen (z.B. Zielausprägung einer Produkteigenschaft), Informationen bewerten (z.B. Bedeutung der gewachsenen Leistungsfähigkeit einer Technologie), Marktchancen abschätzen und Produktkonzepte beurteilen, so tun sie dies im Rahmen ihrer jeweiligen mentalen Modelle. Sie treffen hierbei implizite Annahmen bspw. darüber, dass eine Produkteigenschaft eine Anforderung erfüllt, eine Technologie nicht zur Realisation des Produktes genutzt werden kann oder ein Konkurrent kein identisches Produktkonzept auf den Markt bringen wird. Diese Annahmen sind prinzipiell explizierbar und (zumindest teilweise) kodifizierbar. Mit der Offenlegung und Dokumentation impliziten Wissens ergeben sich damit zwei wichtige Möglichkeiten, den Produktentwicklungserfolg positiv zu beeinflussen:

- Die Entscheider werden sich bei der Dokumentation der eigenen mentalen Modelle bewusst und halten deren aktuellen Stand fest. Damit können sie später überprüfen, ob sich ihre Realitätskonstrukte bewähren. Die (teilweise) Offenlegung impliziten Wissens ermöglicht damit die Erzielung von Lerneffekten, und damit die Anpassung mentaler Modelle an die Dynamik des Umfelds.

- Eine (teilweise) Offenlegung des impliziten Wissens ermöglicht es anderen Projektbeteiligten, Informationen in ihren Kontext einzuordnen und damit bspw. zu verstehen, unter welchen Annahmen eine technologische Information oder die Strategie eines Konkurrenten als irrelevant erachtet und ignoriert wurden. Dies ermöglicht es, vorangegangene Entscheidungen zu beurteilen und ggf. im Licht neuer Informationen zu revidieren.

Als Anforderung an die Produktentwicklung ist daher die **Unterstützung von Lernprozessen** zu fordern, die sich nicht auf die Sammlung von Faktenwissen beschränken darf, sondern **implizites Wissen berücksichtigen muss**. Soweit wie möglich, muss dieses Wissen **kodifiziert** und für andere Projekte und Projektbeteiligte zur Verfügung gestellt werden. Dabei ist es erforderlich, den jeweiligen **Kontext** – die vorhandenen Informationen, getroffenen Annahmen, bestehenden Restriktionen, usw. – mit zu dokumentieren, da sich später sonst nicht beurteilen lässt, unter welchen Prämissen das Wissen anwendbar ist.

1.4 Fazit: Anforderungen an die Produktentwicklung

Wie die voraus gegangenen Überlegungen gezeigt haben, ist Produktentwicklung als „Simulation zukünftiger Nutzungserfahrungen" multidisziplinär, wissensintensiv und zukunftsgerichtet und findet vor dem Hintergrund zunehmend turbulenter Umfelder statt. Sie ist daher komplex und dynamisch und mit Unsicherheit verbunden. Daraus ergeben sich spezifische Anforderungen, die, gemeinsam mit dem Inhalt des Kapitels, in Abbildung B 1-8 zusammengefasst dargestellt werden.

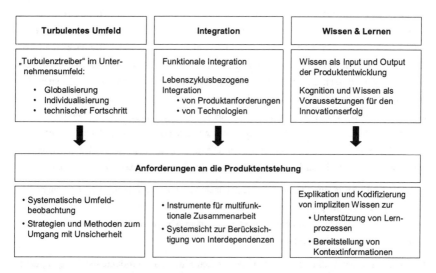

Abbildung B 1-8: Zusammenfassung des Kapitels mit resultierenden Anforderungen an die Produktentstehung

2 Unsicherheitsmanagement als zentrale Aufgabe der frühen Produktentstehungsphasen

Im vorangegangenen Kapitel wurde dargestellt, dass turbulente Unternehmensumfelder zu Unsicherheit führen, die durch geeignete Strategien und Methoden in der Produktentstehung bewältigt werden muss. Das vorliegende Kapitel untersucht die Frage, welche Strategien hierfür geeignet sind.

Nachfolgend wird hierfür in Abschnitt B 2.1 zunächst der Begriff der Unsicherheit auf Basis der bestehenden Literatur näher beleuchtet. Zunächst werden dazu **allgemeine Ansätze zur Charakterisierung von Unsicherheit** dargestellt. Sie unterscheiden sich in ihrer grundlegenden Auffassung von Unsicherheit, die sowohl als objektiver Tatbestand, der unabhängig vom Entscheider besteht, verstanden werden kann, als auch als subjektiver Tatbestand, der von den Zielen und Kenntnissen des Entscheiders beeinflusst wird. Darstellungen des Phänomens Unsicherheit unterscheiden sich zudem in ihrer inhaltlichen Unsicherheitsauffassung, also in der Frage, welche Aspekte einer Entscheidungssituation als unsicher gelten. Im Anschluss an die Darstellung allgemeiner Charakterisierungsansätze und der daraus abgeleiteten Empfehlungen für das Unsicherheitsmanagement erfolgt die Diskussion eines **speziellen Unsicherheitsansatzes**, auf dessen Basis der **Unsicherheitsbegriff im Rahmen dieser Arbeit** erarbeitet wird.

Anschließend werden in Abschnitt B 2.2 Maßnahmen zur Bewältigung von Unsicherheit in der Produktentwicklung systematisch dargestellt. Sie lassen sich aus der Literatur ableiten und zwei grundlegenden Strategietypen zuordnen: dem **Abbau von Unsicherheit** und der **Erhöhung der Unsicherheitstoleranz**.

Ein Großteil dieser Maßnahmen setzt in den frühen Phasen der Produktentstehung an, denen damit eine besondere Hebelwirkung für den Projekterfolg zukommt. Dieser Sachverhalt wird am Ende des Kapitels diskutiert.

2.1 Der Begriff der Unsicherheit

2.1.1 Allgemeine Ansätze zur Charakterisierung von Unsicherheit

Unsicherheit ist ein vielschichtiges Phänomen, das in der betriebswirtschaftlichen Literatur sehr unterschiedlich beschrieben und u.a. unter den Begriffen Risiko, unvollkommene Information und Ungewissheit behandelt wird [VGL. Z.B. WITTMANN: UNVOLLKOMMENE INFORMATION 1959; EISENFÜHR, WEBER: RATIONALES ENTSCHEIDEN 1993, S. 19, 147FF., 237; KRUSCHWITZ: INVESTITIONSRECHNUNG 1993, S. 245FF.]. Auf eine umfassende Darstellung der unterschiedlichen Sichten auf das Phänomen und eine Abgrenzung von ähnlichen Sachverhalten wird hier verzichtet. Statt dessen sollen lediglich zwei wichtige Aspekte von Unsicherheit – ihre Abhängigkeit von Entscheidungssituationen und Entscheidern und ihre Inhalte – näher beleuchtet werden, da diese, wie im Folgenden zu sehen sein wird, zentral für die Suche nach Ansatzpunkten zur Unsicherheitsbewältigung sind. Die Untersuchung erfolgt auf Grundlage von Arbeiten, die entweder die Unsicherheit von Unternehmensumfeldern oder die Unsicherheit von (Produktentwicklungs)projekten behandeln.

2.1.1.1 Subjektivität und Objektivität zur Charakterisierung von Unsicherheit

Unsicherheit kann als objektiver, vom Betrachter unabhängiger Tatbestand verstanden werden, etwa wenn man von „unsicheren Unternehmensumfeldern" oder „unsicheren Informationen" spricht. Unsicherheit kann allerdings auch eine subjektive Komponente haben – z.B. wenn „sich jemand über die Umfeldentwicklung unsicher ist" oder in einer Entscheidungssituation „unsicher fühlt".

Im ersten Fall objektiver Unsicherheit entsprechen die möglichen, d.h. prinzipiell beschaffbaren Informationen nicht den zur Aufgabenerfüllung notwendigen Informationen. Je stärker dieses Missverhältnis ausgeprägt ist, desto höher der Grad der Unsicherheit [VGL. WITTMANN: UNVOLLKOMMENE INFORMATION 1959, S. 24]:

Für fundierte Entscheidungen muss das Potenzial **möglicher** Informationen durch geeignete Informationsbeschaffungsaktivitäten ausgeschöpft werden, bis nur noch der Rest **objektiv nicht erhältlicher** – also „unmöglicher" – Informationen zurückbleibt.

Die daraus resultierende **residual uncertainty** ist nach COURTNEY ET AL. eine Eigenschaft des Umfeldes und nicht vom Entscheider abhängig [VGL. COURTNEY ET AL.: STRATEGY 1997, S. 68F.]. Sie ist unvermeidbar, kann in ihren Auswirkungen durch geeignete Planungsinstrumente aber abgemildert werden. Dabei sind je nach Unsicherheitsgrad unterschiedliche Instrumente, von traditionellen Planungen über Szenariotechnik bis hin zur Musterkennung angemessen [VGL. COURTNEY ET AL.: STRATEGY 1997, S. 71F.]. Eine ähnliche Sichtweise findet sich bei *DE MEYER ET AL.* Sie betrachten Unsicherheit ebenfalls als objektiv gegeben und unterscheiden ihre verschiedenen Formen anhand der für ihre Bewältigung jeweils angemessenen Projektplanungsinstrumente [VGL. DE MEYER ET AL.: PROJECT UNCERTAINTY 2002]. *COURTNEY ET AL.* und *DE MEYER ET AL.* sehen damit als Kernaufgabe des Unsicherheitsmanagements die **Erhöhung der tatsächlich vorhanden Informationen** auf das bestmögliche Maß, das **Erkennen der herrschenden Form von unvermeidbarer Unsicherheit** sowie die **Auswahl geeigneter Instrumente** zum Umgang mit ihr.

Diese Sicht auf das Phänomen Unsicherheit weist jedoch grundlegende Probleme auf: Zum einen herrscht implizit die Annahme, dass alle möglichen Informationen auch tatsächlich vom Entscheider beschafft und genutzt werden können. Zum anderen wird unterstellt, dass sich die notwendigen Informationen jeweils objektiv aus der Entscheidungssituation heraus bestimmen lassen.

Für die meisten Sachverhalte existieren irgendwo auf der Welt relevante Informationen, sei es bei einzelnen Personen, Institutionen (z.B. Forschungsinstituten, Regierungen) oder in Bibliotheken und Datenbanken. Die vorhandenen Informationen sind jedoch weltweit auf unterschiedliche Informationsträger verteilt. Täglich werden neue Informationen generiert. Eine vollständige Sichtung aller **möglichen Informationen** ist selbst für einen Zeitpunkt undenkbar: Zum einen ergeben sich Restriktionen durch die Verteiltheit, Zugänglichkeit, Sprache usw. der weltweiten Informationen, zum anderen sind die Zeit und die finanziellen Mittel, die für die Informationssuche eingesetzt werden können, beschränkt. Entscheider sind gezwungen, die Informationsbeschaffung auf ein ökonomisch sinnvolles Maß zu begrenzen. Damit ist „objektive" Unsicherheit als Eigenschaft des Entscheidungsumfelds nicht wirklich existent: Welche der theoretisch möglichen Informationen tatsächlich gesammelt und genutzt werden könnten, also in der Praxis „möglich" sind, unterliegt einer subjektiven Komponente, die sich aus den spezifischen Möglichkeiten des Entscheiders (u.a. Kenntnis von Informationsquellen, Zeit, Geld usw.) ergibt.

Eine subjektive Komponente besteht auch bei der Festlegung der **notwendigen Informationen**, die davon beeinflusst wird, wie eng oder weit ein Entscheider die Grenzen des Problems zieht. Hierbei spielen Erfahrungen und Vorwissen und das daraus resultierende mentale Modell des Entscheiders eine Rolle. Eine objektive, vom Entscheider vollständig losgelöste Festlegung der notwendigen Informationen ist damit in der Realität nicht möglich. *WITTMANN* weist daher schon 1959 darauf hin, dass der Informationsgrad (bzw. Grad an Unsicherheit) im konkreten Entscheidungsfall nur **subjektiv** bestimmbar ist [VGL. WITTMANN: UNVOLLKOMMENE INFORMATION 1959, S. 25].

$$\frac{\text{tatsächlich vorhandene Informationen}}{\text{für notwendig erachtete Information}} = \text{Unsicherheitsgrad}$$

Unsicherheit besteht damit für eine spezifische Entscheidungssituation, wenn der Entscheider über weniger Informationen verfügt als er nach seiner Ansicht zur Bewältigung der Aufgabe benötigt.

Abbildung B 2-1 gibt die Zusammenhänge wieder: A bezeichnet die möglichen Informationen, die für ein Entscheidungsproblem prinzipiell erhältlich sind, B die dafür notwendigen. Wenn Fläche B vollständig von Fläche A überdeckt wird, existiert objektiv keinerlei Unsicherheit. Wenn Fläche B nur teilweise abgedeckt wird, so entspricht der freie Teil der „residual uncertainty", die auch bei allen Anstrengungen nicht abgebaut werden kann, da die entsprechenden Informationen nirgendwo vorliegen.

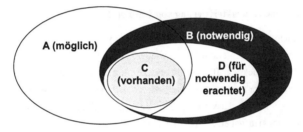

Abbildung B 2-1: Unsicherheit und Information

In der Regel kann aber selbst von den möglichen Informationen nur ein Teil beschafft werden (Fläche C). Außerdem treffen Entscheider eine Auswahl, welche Informationen sie für relevant halten (Fläche D). Fläche C bzw. D entsprechen daher nicht vollständig den Flächen A bzw. B.

Entscheider werden ihre Informationsanstrengungen darauf hin ausrichten, die für notwendig erachteten Informationen zu beschaffen. Wenn sich C und D dann vollständig entsprechen, empfindet der Entscheider subjektiv keinerlei Unsicherheit. Er kann allerdings in einer höchst unsicheren Lage sein, die er nicht erkennt, da ihm die Diskrepanz zwischen den notwendigen und den von ihm als notwendig erachteten Informationen nicht bewusst ist und er damit „blinde Flecken" aufweist. Umgekehrt ist auch der Fall denkbar, bei denen sich die vorhandenen Informationen (Fläche C) und die notwendigen Informationen (Fläche B) entsprechen, der Entscheider aber noch weitere Aspekte für relevant hält. Er empfindet die Situation daher als unsicher und beschafft weitere Informationen, obwohl bereits ausreichend Informationen vorhanden sind.

Damit spielt die persönliche Problemwahrnehmung, also die Auffassung über Inhalte und Grenzen der Entscheidungssituation, eine wichtige Rolle für die Bestimmung von Unsicherheit. Diese Sichtweise findet sich bei mehreren Autoren, wie DUNCAN [VGL. DUNCAN: ORGANIZATIONAL ENVIRONMENTS 1972], SCHRADER ET AL. [VGL. SCHRADER ET AL.: UNCERTAINTY 1993] und MILLIKEN, [VGL. MILLIKEN: THREE TYPES 1987], die die Bedeutung persönlicher Wahrnehmung als Ursache von Unsicherheit betonen.

Für das Unsicherheitsmanagement hat dieses subjektive Verständnis von Unsicherheit die Konsequenz, dass Unsicherheit nicht ausschließlich durch ein Mehr an Informationen „geheilt" bzw. auf den letzten Rest „Residual Uncertainty" reduziert werden kann, sondern auch die **Beeinflussung der Problemwahrnehmung** von Entscheidern Ansatzpunkte liefert, Umfang und Folgen der Unsicherheit zu bestimmen. Dies führt zu der Frage, welche Einflussgrößen auf die Problemwahrnehmung einwirken. Sie wird im nächsten Abschnitt behandelt.

2.1.1.2 Inhaltliche Charakterisierung von Unsicherheit

Bei der Untersuchung von Ursachen und Auswirkung von Unsicherheit in Produktentwicklungsprojekten wird in der Literatur immer wieder auf das Konzept der task uncertainty (Aufgabenunsicherheit) zurückgegriffen [VGL. TATIKONDA, ROSENTHAL: TASK UNCERTAINTY 2000, S. 75FF. UND MULLINS, SUTHERLAND: RAPIDLY CHANGING 1998, S. 228F.], das auf GALBRAITH beruht und eine Situation kennzeichnet, bei der weniger Informationen vorliegen als für die Bearbeitung der (Produktentwicklungs)aufgaben erforderlich sind [VGL. GALBRAITH: COMPLEX ORGANIZATIONS 1973, S. 5]. Aufgabenunsicherheit kann sich auf **Kundenanforderungen, Technologiepotenziale** und den zweckmäßigen **Umfang des Ressourceneinsatzes** beziehen [VGL. MULLINS, SUTHERLAND: RAPIDLY CHANGING 1998, S. 228F.; JETTER: EDUCATING THE GUESS 2003, S. 263FF.] und wird durch „Technologische Neuheit" und „Projektkomplexität" verursacht [VGL. TATIKONDA, ROSENTHAL: TASK UNCERTAINTY 2000, S. 75FF.]. **Technologische Neuheit** besteht, wenn die im Produkt oder im Produktionsprozess verwendeten Technologien aus Sicht des Entwicklungsteams neu sind. Darunter fallen bspw. hohe Neuteilanteile, neue Produktarchitekturen und neue Prozesspläne. Hohe **Projektkomplexität** tritt auf, wenn umfangreiche Interdependenzen zwischen Produktmodulen bzw. zwischen Produkt und Prozess auftreten, Projektziele (z.B. Leistung des Produktes, Kosten) für das Unternehmen neuartig sind und vorangegangenen Projekten nicht ähneln und wenn die Projektziele als schwierig erachtet werden [VGL. TATIKONDA, ROSENTHAL: TASK UNCERTAINTY 2000, S. 76FF.].

Aufgabenunsicherheit wird also als Informationsmangel aufgefasst, der sich einerseits aus einem Mangel an Vorerfahrungen und andererseits aus einer schwer zu überblickenden Entscheidungssituation ergibt.

Im Fall **eines schlichten Informationsmangels** wissen die Entscheider, welche Elemente zum Problem gehören, haben aber nicht ausreichend Informationen über sie. Die Gründe für den Mangel an tatsächlich vorhandenen Informationen sind unterschiedlich:

- Die Informationen wären eigentlich beschaffbar, doch ist der Aufwand im Vergleich zum Nutzen zu hoch [VGL. DE MEYER ET AL.: PROJECT UNCERTAINTY 2002, S. 61.].

- Die Informationen existieren zwar prinzipiell, sind also „möglich", doch sind sie schwer zugänglich und schlecht explizierbar und werden daher nicht vollständig oder richtig erhoben. Dies ist z.B. der Fall, wenn Kunden zu einem neuen Produkt, mit dem sie keine Erfahrung haben, befragt werden [VGL. MULLINS, SUTHERLAND: RAPIDLY CHANGING 1998, S. 228].

- Die Informationen beziehen sich auf zukünftige Sachverhalte (z.B. Ausgang eines Experiments, Leistungsfähigkeit einer zukünftigen Technologie), d.h. niemand verfügt über diese „unmöglichen" Informationen [VGL. DE MEYER ET AL.: PROJECT UNCERTAINTY 2002, S. 61 UND MULLINS, SUTHERLAND: RAPIDLY CHANGING 1998, S. 228F.]. Dies ist der Fall von „residual uncertainty", die bei neuartigen Produkten oder Technologien sehr hoch ist.

Neben diesem einfachen Informationsmangel treten Situation auf, in denen Entscheider „blinde Flecken" haben und **nicht ausreichend verstehen, welche Informationen** für ihre Aufgabe **notwendig sind**. Dies macht sich bemerkbar, indem plötzlich neue, nicht erkannte Einflussgrößen auftreten oder erkannte Einflussgrößen nicht sinnvoll in Beziehung zueinander gesetzt werden können bzw. sich als irrelevant herausstellen. Dieses Problem tritt besonders dann auf, wenn die zu lösende Aufgabe komplex ist, es also leicht ist, „den Überblick zu verlieren" [VGL. MILLIKEN: THREE TYPES 1987, S. 138F.; MULLINS, SUTHERLAND: RAPIDLY CHANGING 1998, S.226FF.].

Unsicherheit – egal ob aufgrund von fehlenden Informationen oder Problemen bei der Problemeingrenzung – wird von Entscheidern in unterschiedlicher Weise wahrgenommen, weswegen *MILLIKEN* drei Unsicherheitstypen unterscheidet:

- **State Uncertainty** beschreibt eine Situation, in der Entscheider ihr Umfeld als unsicher empfinden, weil sie zwar wissen, welche Aspekte zum Entscheidungsproblem gehören (z.B. „der Markteintrittszeitpunkt der Konkurrenz ist wichtig", „ der Ölpreis spielt eine Rolle"), aber nicht in der Lage sind, die zukünftigen Zustände von Umweltelementen („Konkurrenzangebot im Zeitpunkt X"; „Ölpreis im Zeitpunkt Y") zu bestimmen. Meist ist ihnen dabei auch unklar, wie die Umfeldelemente sich gegenseitig beeinflussen (z.B. Zusammenhang „Wirtschaftswachstum" und „Ölpreis"). Der Umfang der State Uncertainty wird von der Dynamik und Komplexität des Umfelds maßgeblich bestimmt [VGL. MILLIKEN: THREE TYPES 1987, S. 136].

- **Effect Uncertainty** besteht, wenn Entscheider nicht beurteilen können, wie sich Veränderungen im Umfeld (z.B. steigender Ölpreis) auf ihre Situation auswirken werden. Unsicherheit besteht hierbei darüber, ob und wann sich Effekte einstellen, wie stark Änderungsauswirkungen sind und ob die Konsequenzen eher positiv oder negativ sind. Die Umfeldelemente und ihre zukünftigen Zustände können hierbei durchaus verstanden sein. Ursache-Wirkungs-Beziehungen sind allerdings nicht ausreichend bekannt [VGL. MILLIKEN: THREE TYPES 1987, S. 137].

- **Response Uncertainty** ergibt sich in konkreten Entscheidungssituationen, wenn existierende Handlungsalternativen für die Unternehmung nicht bekannt sind. Entscheider können zukünftige Änderungen des Umfelds kennen und die daraus resultierenden Konsequenzen ableiten, wissen aber nicht, wie sie auf diese Situation zu reagieren haben [VGL. MILLIKEN: THREE TYPES 1987, S. 137F.].

State-, Effect- und Response Uncertainty kennzeichnen, in Bezug auf welche Aspekte Informationsmangel herrscht bzw. das Problemverständnis des Entscheiders mangelhaft ist. Sie können gemeinsam auftreten, doch überwiegt zumeist ein Typ von Unsicherheit. So erlangen Effect- und Response Uncertainty bspw. erst dann große Bedeutung, wenn bereits eine gewisse Sicherheit über die relevanten Elemente des Umfelds existiert, da sich sonst keine Umfeldänderungen erkennen lassen, für die Effekte und Reaktionen untersucht werden können.

2.1.1.3 Konsequenzen unterschiedlicher Charakterisierungsansätze

Der vorangegangene Abschnitt hat gezeigt, dass sich Unsicherheit sowohl aus einem Mangel an verfügbaren Informationen als auch aus einem mangelnden Verständnis der Problemsituation ergeben kann und von Entscheidern unterschiedlich wahrgenommen wird. Je nach Unsicherheitsursache finden sich in der Literatur unterschiedliche Ansätze zur Unsicherheitsbewältigung [VGL. AUCH JETTER: EDUCATING THE GUESS 2003, S. 262FF.]:

Wenn Informationen fehlen, da ihr Beschaffungsaufwand hoch ist, kann es zweckmäßig sein, aufwändige quantitative Methoden nur wenig zu nutzen und sich stark auf leicht(er) verfügbare qualitative Informationen (z.B. einfache Produkttests auf Basis von Prototypen) zu stützen [VGL. MULLINS, SUTHERLAND: RAPIDLY CHANGING 1998, S. 229FF.]. Geringe Variationen (z.B. geringe Abweichungen von Tätigkeitsdauern) können durch aggregierte Kennzahlen (z.B. für Fertigstellungsgrade) überwacht werden, so dass die Informationsbeschaffung vereinfacht wird. Planungspuffer (z.B. zusätzliche Zeit- und Kostenbudgets) sorgen dafür, dass geringe Varianzen für das Gesamtprojekt nicht ins Gewicht fallen und daher auch nicht detailliert erkannt werden müssen [VGL. DE MEYER ET AL.: PROJECT UNCERTAINTY 2002, S. 63FF].

Für den Fall, dass Unsicherheit aufgrund unvollständiger und ggf. ungenauer Informationen besteht, bietet es sich an, diese Informationen soweit wie möglich und sinnvoll zu beschaffen und für den unvermeidbaren Rest an Unsicherheit eine Eventualplanung vorzunehmen, die eine beschränkte Zahl an denkbaren Alternativen berücksichtigt [VGL. DE MEYER ET AL.: PROJECT UNCERTAINTY 2002, S. 63FF]. Diese Empfehlung gilt prinzipiell auch, wenn Unsicherheit aufgrund von in der Zukunft liegenden Ereignissen besteht, wobei es allerdings vorkommen kann, dass mögliche Alternativen nicht vollständig bekannt sind und daher nicht durch Eventualpläne berücksichtigt werden können [VGL. DE MEYER ET AL.: PROJECT UNCERTAINTY 2002, S. 63FF]. In diesen Fällen ist es sinnvoll, Pläne so flexibel zu halten, dass sie auf Basis vorliegender Erkenntnisse (z.B. Feedback aus einer frühen Testeinführung des Produktes) „unterwegs" angepasst werden können. Dies kann u.a. durch die phasenspezifische Freigabe von Budgets, je nach Projektfortschritt und Phasenerfolg, erfolgen. Zudem müssen die Beziehungen zu Stakeholdern (z.B. Verträge mit Lieferanten) flexibel gestaltet werden können. Bei sehr hoher Unsicherheit ist es zudem ggf. nicht möglich, sich auf einen (wenn auch flexiblen) Plan festzulegen und es müssen sequenziell oder parallel unterschiedliche Pläne verfolgt und alternative Herangehensweisen erprobt werden. Hierfür sind langfristige, strategische Beziehungen zu Projekt-Stakeholdern erforderlich [vgl. MULLINS, SUTHERLAND: RAPIDLY CHANGING 1998, S. 229FF.;. DE MEYER ET AL.: PROJECT UNCERTAINTY 2002, S. 63FF].

Den hier skizziert zahlreichen Ansätzen für den Umgang mit Unsicherheit in der Folge von Informationsmängeln stehen in der Literatur nahezu keine Vorschläge gegenüber, wie Unsicherheit als Folge der Problemauffassung zu bewältigen ist. Zudem existieren beide Interpretationen von Unsicherheit weitgehend isoliert voneinander. Eine interessante und, aufgrund ihres integrierten Ansatzes, sehr viel versprechende Ausnahme bildet lediglich das recht umfassende Unsicherheitsmodell von SCHRADER, RIGGS UND SMITH [VGL. SCHRADER ET AL.: UNCERTAINTY 1993], das im folgenden Abschnitt erläutert wird.

2.1.2 Spezieller Ansatz: Das integrierte Unsicherheitsmodell nach SCHRADER ET AL.

Das Unsicherheitsmodell nach SCHRADER, RIGGS UND SMITH [VGL. SCHRADER ET AL.: UNCERTAINTY 1993] befasst sich mit Unsicherheit im Zusammenhang mit der Lösung technischer Probleme, wobei es beide vorgenannten Sichten auf Unsicherheit – Unsicherheit als Folge von Informationsmängeln und als Folge der Problemwahrnehmung – integriert. Es ist in Abbildung B 2-2 dargestellt und wird im Folgenden erläutert.

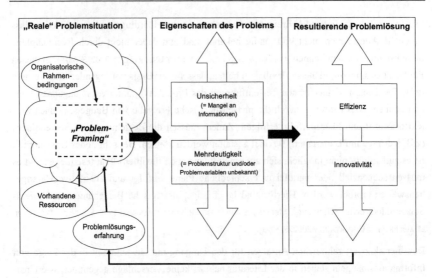

Abbildung B 2-2: Integriertes Unsicherheitsmodell nach SCHRADER ET AL.

2.1.2.1 Unsicherheit als Folge der Problemeingrenzung

SCHRADER ET AL. differenzieren den komplexen Begriff der Unsicherheit und unterscheiden zwischen Unsicherheit im engeren Sinne – einem **Mangel an Informationen** über ein bekanntes Problem – und zwischen Mehrdeutigkeit oder Mangel an Klarheit („Ambiguity") der 1. und der 2. Ebene. Mehrdeutigkeit der 1. Ebene charakterisiert eine Situation, in der der Entscheider das Gefühl hat, die Struktur eines Problems nicht befriedigend verstanden zu haben: er kennt zwar die für das Problem relevanten Variablen, weiß aber nicht, in welcher Beziehung sie zueinander stehen und kann sein Wissen daher auch nicht sinnvoll für die Problemlösung einsetzen. Im Fall der Mehrdeutigkeit der 2. Ebene ist der Entscheider der Ansicht, weder die problemrelevanten Variablen, noch ihre Beziehungen zueinander zu kennen. Er weiß daher nicht, welche (ggf. längst verfügbaren) Informationen er zur Lösung des Problems einsetzen könnte und wie dies zu erfolgen hat. Mehrdeutigkeit ist damit **kein Informationsmangel**, sondern die Folge **fehlender oder unvollständiger mentaler Modelle** der Entscheidungssituation [VGL. SCHRADER ET AL.: UNCERTAINTY 1993, S.75FF.].

Im Fall von **Unsicherheit im engeren Sinne** hat der Entscheider das Gefühl, dass die von ihm für notwendig befundenen Informationen alle Aspekte des Entscheidungsproblems abdecken, sich Fläche B und D also entsprechen (vgl. Abbildung B 2-3).

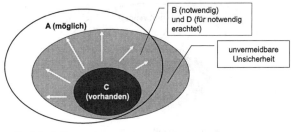

Unsicherheit:
Ausweitung der tatsächlich vorhandenen
Informationen auf das für notwendig
befundene und mögliche Maß

Abbildung B 2-3: Reaktionen auf Unsicherheit

Allerdings müssen die tatsächlich vorhandenen Informationen noch näher spezifiziert werden: So weiß der Entscheider beispielsweise, von welchen Stellgrößen (Maschinenkapazität, Mitarbeiterkapazität, Stückzeiten, Rüstzeiten usw.) der Output einer Fertigungsstrasse abhängt, weiß aber (noch) nicht, welche Werte er konkret ansetzen muss. Daher verwendet er seine Energien auf die Ausweitung der tatsächlich vorhandenen Informationen (vgl. Abbildung B 2-3).

Mehrdeutigkeit der 1. Ebene bezieht sich auf eine Situation, in der das Verständnis des Entscheiders für die notwendigen Informationen lückenhaft ist: Er kennt zwar alle relevanten Variablen, zu denen ggf. sogar genaue Informationen vorliegen, weiß aber nicht, wie sie funktional zusammenhängen und kann daher z.B. keine Aussagen darüber treffen, ob eine Steigerung der Mitarbeiterkapazität um 10 % einen proportionalen Output der Fertigung bewirkt.

Mehrdeutigkeit der 2. Ebene charakterisiert eine Entscheidungssituation, bei der der Entscheider glaubt, dass bislang unbekannte, verdeckte Einflussgrößen bestehen, seine Auffassung der notwendigen Informationen im Vergleich zu den in Wirklichkeit erforderlichen Informationen also nicht nur „Vernetzungslücken" aufweist, sondern nicht alle relevanten Bereiche umfasst. So könnten auf den Output der Fertigung bislang vollständig unbekannte Aspekte einwirken, wie z.B. die Farbe des Werkstücks, die Raumtemperatur oder die Übergabeprotokolle zwischen zwei Schichten. Diese Informationen können dabei bereits vorliegen – sie wurden nur noch nicht in den Problemzusammenhang gebracht.

Anders als bei Unsicherheit im engeren Sinne, sind Entscheider bei Mehrdeutigkeit bemüht, ihre mentalen Modelle anzupassen und die Problemgrenzen anders zu ziehen. Sie befassen sich daher mit der Ausweitung oder Vervollständigung der von ihnen für notwendig erachteten Informationen (vgl. Abbildung B 2-4).

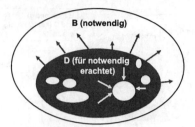

Mehrdeutigkeit:
Vervollständigung und Ausweitung der mentalen Modelle, d. h. der für notwendig erachteten Informationen

Abbildung B 2-4: Reaktion auf Mehrdeutigkeit

Unsicherheit und Mehrdeutigkeit sind damit von der Problemauffassung des Entscheiders abhängig: seine Problemeingrenzung – „framing" – entscheidet darüber, wie unsicher oder mehrdeutig eine Entscheidungssituation ist und ob sich Bemühungen auf die Sammlung von tatsächlichen Informationen oder auf die Veränderung der für notwendig befundenen Informationen richten [VGL. SCHRADER ET AL.: UNCERTAINTY 1993, S.75FF.].

2.1.2.2 Bestimmungsgrößen und Auswirkungen der Problemeingrenzung

In der Produktentwicklung findet ein „framing" statt, indem Zielmärkte und erwartete Umfeldbedingungen festgelegt, Kundenanforderungen formuliert, Produkt- und Prozesstechnologien vorgeschlagen und schließlich Produktkonzepte verabschiedet werden. Die Problemeingrenzung bestimmt hierbei die Effizienz und Innovativität des zu erwartenden Ergebnisses [VGL. SCHRADER ET AL.: UNCERTAINTY 1993, S.78FF.]:

- Wenn Entscheider das Problem als **unsicher, aber wenig mehrdeutig** auffassen, behandeln sie das Entwicklungsprojekt als im Prinzip bekannte Problemstellung, d.h. sie wenden vorhandene mentale Modelle an und fokussieren ihre Aktivitäten auf die Sammlung von Informationen innerhalb eines alt bekannten Rahmens von für notwendig befundenen Informationen. Sie können dadurch mit hoher Effizienz Lösungen erarbeiten, die sich zumeist wenig von bisherigen Lösungen unterscheiden. Dies ist sinnvoll, wenn sich die Umfeldsituation gegenüber anderen Projekten nicht gravierend geändert hat und wenn keine innovativen Lösungen angestrebt werden.

- Wird die Entwicklungsaufgabe dagegen als **mehrdeutig** verstanden, so ist der Weg frei für eine Erweiterung mentaler Modelle und damit für neuartige Lösungskonzepte. Allerdings besteht dann die Gefahr, dass vorhandenes Erfahrungswissen nicht angewandt wird, da eine möglicherweise bestehende Ähnlichkeit zwischen dem neuen Problem und alten Lösungen unerkannt bleibt.

- Das mentale Modell der Problemsituation verändert sich im Laufe der Produktentwicklung, in der sowohl Mehrdeutigkeit als auch Unsicherheit abgebaut werden. Wie und in welchem Umfang dies geschieht, wird – ebenso wie das ursprüngliche „framing" des Problems – durch vorherige Problemlösungserfahrung, organisatorische Rahmenbedingungen und vorhandene Ressourcen beeinflusst, wie Abbildung B 2-2 (vgl. Seite 46) verdeutlicht. Wenn Entscheider **positive Problemlösungserfahrungen** haben – wenn sich ihre mentalen Modelle in ähnlich gelagerten Situation bereits bewährt haben und Unsicherheit erfolgreich abgebaut werden konnte – tendieren sie dazu, diese Erfahrungen bzw. mentalen Modelle erneut anzuwenden. Probleme werden daher als wenig mehrdeutig wahrgenommen. Unsicherheit gilt als unkritisch, da sie in der Vergangenheit bereits bewältigt werden konnte. Entsprechend werden sowohl geringe als auch hohe Unsicherheitsniveaus akzeptiert.

- **Organisatorische Strukturen** nehmen ebenfalls Einfluss auf die Problemeingrenzung. Wenn sie von starker Kontrolle und geringer horizontaler Kommunikation gekennzeichnet sind, werden Entscheider nur selten mit ggf. vorhandenen, widersprüchlichen Informationen aus anderen Fachbereichen konfrontiert und stellen die vorherrschenden mentalen Modelle kaum in Frage. Probleme werden daher mit eher geringer Mehrdeutigkeit formuliert. Eine gute Verfügbarkeit von Informationen und effiziente Kommunikationsstrukturen lassen Entscheider die Erfahrung machen, dass Unsicherheit erfolgreich abgebaut werden kann, weswegen sie dazu tendieren, Probleme als Unsicherheitsproblem und nicht als Mehrdeutigkeitsproblem zu interpretieren und hohe Unsicherheitsniveaus zu akzeptieren.

- Für die Problemeingrenzung werden immaterielle Ressourcen, wie Fähigkeiten der Entscheider, ihr Fachwissen, und ihre persönliche Toleranz gegenüber Unsicherheit und Ambivalenz ebenso benötigt, wie materielle Ressourcen (Geld, Datenbanken, Expertensysteme, usw.). **Art und Umfang der verfügbaren Ressourcen** beeinflussen ebenfalls das „problem framing". Ressourcen können in unterschiedlichem Grad lösungsspezifisch sein: manche Ressourcen können vollkommen flexibel zur Problemlösung eingesetzt werden (z.B. Geld), andere sind nur dann verwendbar, wenn das zu lösende Problem in einer bestimmten Weise interpretiert wird. Das spezifische Fachwissen eines Chemikers ist z.B. nur dann einsetzbar, wenn das Problem als „Problem mit der Chemie" verstanden wird. Gleiches gilt für Laborausstattungen oder Expertensysteme. Entscheider tendieren dazu, vorhandene lösungsspezifische Ressourcen einsetzen zu wollen und interpretieren Probleme entsprechend mit geringer Mehrdeutigkeit: Weil ein Chemielabor keine konstruktiven Probleme löst, muss es sich bei der Materialermüdung um ein chemisches Problem handeln. Innerhalb dieser Problemeingrenzung, in der viele Problemlösungsressourcen zur Verfügung stehen, wird hohe Unsicherheit akzeptiert.

Ob ein Entscheider eine Situation als unsicher oder mehrdeutig begreift, hängt damit also von den spezifischen Gegebenheiten (Erfahrung, organisatorische Rahmenbedingungen und Ressourcen) der Entscheidungssituation ab und ist damit prinzipiell gestaltbar. Da die Problemauffassung darüber bestimmt, welche Art von Problemlösungsstrategie gewählt wird – Suche nach Informationen oder Veränderung bestehender mentaler Modelle –, beeinflussen die Rahmenbedingungen auch das wahrscheinliche Projektergebnis: empfundene Unsicherheit begünstigt die effiziente, nur leicht modifizierte Wiederholung bereits erfolgreicher Problemlösungen. Empfundene Mehrdeutigkeit öffnet dagegen das Tor zu innovativen Lösungen. Auf Basis dieser Überlegungen zeigen SCHRADER ET AL. Ansätze für das Management von Unsicherheit in der Produktentwicklung auf [VGL. SCHRADER ET AL.: UNCERTAINTY 1993, S. 83FF.]:

- Wenn innovative Lösungen gefragt sind oder mentale Modelle in turbulenten Umfeldern schnell veralten, sollten die Rahmenbedingungen der Produktentstehung so gestaltet werden, dass Entscheider die Entwicklungsaufgabe als mehrdeutig erkennen. Dazu können Projektteams aus Mitarbeitern zusammengestellt werden, die aufgrund ihrer Persönlichkeit oder unterschiedlicher Erfahrungen verschiedene mentale Modelle haben. Zudem sollten lösungsunspezifische Ressourcen zur Verfügung gestellt werden. Zur Lösungsfindung eignen sich tendenziell Maßnahmen, die neue, bislang nicht genutzte Ressourcen einbinden.

- Wenn Effizienzüberlegungen im Vordergrund stehen, wie es etwa beim schnellen Transfer von Wissen zwischen Projekten der Fall ist, haben lösungsspezifische Ressourcen (z.B. Standardprojektpläne, Informationssysteme) ihre Daseinsberechtigung. Sie helfen, Unsicherheit effizient abzubauen, führen tendenziell aber auch dazu, dass mehrdeutige Situationen nicht als solche erkannt werden.

Auf dieser Basis ist eine je nach Phase und Aufgabe der Produktentwicklung unterschiedliche, bewusste Dimensionierung der organisatorischen Rahmenbedingungen und Ressourcen zu fordern.

2.1.2.3 Beurteilung des integrierten Modells im Rahmen dieser Arbeit

SCHRADER ET AL. erklären, wie organisatorische Maßnahmen, Ressourcenausstattungen und projektspezifische Erfahrung das Projektergebnis beeinflussen, und beziehen sich hierbei auf die bereits in Kapitel A 1.3, Seite 29ff. angesprochene Frage von Wissen, Lernen und Kognition. Ihr Ansatz ist damit als Grundlage des Unsicherheitsmanagements in der Produktentwicklung äußert interessant.

Zudem gibt es Hinweise, dass der Zusammenhang zwischen Rahmenbedingungen und Problemformulierung in der Praxis tatsächlich eine Rolle spielt: In einer Untersuchung von 40 Neuproduktentwicklungsprozessen gingen ADAMS ET AL. der Frage nach, warum vorhandene Marktinformationen nicht erfolgreich eingesetzt werden und stellten dabei die Tendenz fest,

Probleme als unsicher, aber nicht als mehrdeutig aufzufassen [VGL. ADAMS ET AL.: ENHANCING NPD 1998, S. 406FF.]. Dies wurde durch etablierte Routinen und die Organisationsstruktur in Unternehmen begünstigt, die dazu führten, dass nur Marktinformationen berücksichtigt wurden, die aus vertrauten Methoden oder der eigenen Abteilung stammten und den schon bekannten Informationen entsprachen. Andere Informationen wurden übermäßig kritisch als wenig vertrauenswürdig beurteilt und kaum genutzt oder zu einfachen und eindeutigen Informationen uminterpretiert. Lernen in Bezug auf existierende Marktdynamik wurde dadurch verhindert [VGL. ADAMS ET AL.: ENHANCING NPD 1998, S. 406FF.]. Es fand also, begünstigt von den Rahmenbedingungen, tatsächlich eine Problemeingrenzung statt, die Mehrdeutigkeit nicht zuließ und sich auf den Abbau von Informationsdefiziten in Bezug auf alt bekannte Problemvariablen beschränkte – in den von *ADAMS ET AL.* untersuchten Fällen meist mit negativen Konsequenzen für den Produkterfolg.

Damit existieren Indizien, dass das Modell von *SCHRADER ET AL.*, dessen empirische Überprüfung noch aussteht, sich zur Erklärung der Bestimmungsgrößen von Unsicherheit tatsächlich bewährt. Kritisch anzumerken ist allerdings, dass die Aufspaltung des Phänomens „Unsicherheit" in drei Teilaspekte künstlich erscheint. Insbesondere die beiden Mehrdeutigkeitsaspekte sind sowohl in ihrem Inhalt als auch in der angewandten Lösungsstrategie so ähnlich, dass sich der Nutzen für ihre Differenzierung nicht erschließt.

Nachfolgend soll **Unsicherheit daher als zweigeteiltes Phänomen betrachtet werden**: sie beruht auf einem **Mangel an Informationen**, wenn dem Entscheider bekannt ist, welche Informationen für seine Entscheidung relevant sind, er deren Ausprägung aber nicht kennt. Sie beruht zudem auf Schwierigkeiten beim „problem framing", wenn dem Entscheider nicht alle entscheidungsrelevanten Aspekte oder deren Wechselwirkung untereinander bekannt sind, also **Mängel im mentalen Modell** des Entscheiders bestehen. Beide Aspekte können gemeinsam auftreten und liefern aber jeder für sich einen anderen Ansatzpunkt für das Unsicherheitsmanagement.

2.2 Strategien für das Unsicherheitsmanagement

In den vorangegangenen Abschnitten wurden unterschiedliche Sichten auf das Phänomen Unsicherheit dargestellt und daraus abgeleitete Ansätze zum Unsicherheitsmanagement skizziert. Die Darstellung fiel knapp aus, da im Rahmen dieser Arbeit weniger die konkreten Lösungen als vielmehr die dahinter liegenden „Leitgedanken" interessieren. Sie dienen im Folgenden als Grundlage für die Entwicklung von Lösungsstrategien.

Viele der genannten Maßnahmen zur Unsicherheitsbewältigung beziehen sich eindeutig auf den **Abbau von Informationsmängeln**, z.B. durch prototypgestützte Kundenbefragungen, Informationssysteme und Standardprojektpläne. Hierzu gehört auch ein geplantes „Ausprobieren", das sich erkennen lässt, wenn ein früher Markteintritt mit dem Ziel erfolgt, das Produkt auf Basis der gemachten Erfahrungen zu modifizieren, wenn Projektbudgets stufenweise auf Grundlage der Ergebnisse der Vorphase freigegeben werden oder wenn alternative Lösungsansätze parallel verfolgt werden.

Andere Methoden zielen dagegen darauf ab, flexibel auf neue Informationsstände reagieren zu können, also die **Unsicherheitstoleranz zu erhöhen**. Zu diesen Maßnahmen gehören die Einplanung von Puffern zur Abfederung von Varianz, so dass auf kleine Planabweichungen überhaupt nicht reagiert werden muss, die Erstellung von Eventualplänen, so dass auf Änderungen schnell reagiert werden kann, der bewusste Aufbau von Flexibilität bei allen Projektbeteiligten und die Bereitstellung flexibel einsetzbarer, lösungsunspezifischer Ressourcen. Beide Strategiegruppen werden in den letzten Jahren in Theorie und Praxis umfangreich diskutiert [VGL. JETTER: EDUCATING THE GUESS 2003, S. 262FF.]. Abbildung B 2-5 ordnet sie in einen Gesamtzusammenhang ein.

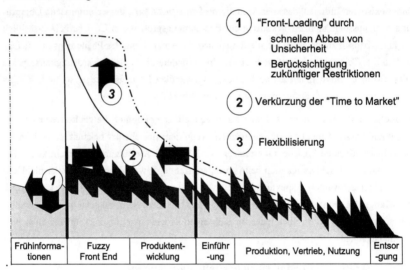

Abbildung B 2-5: Unsicherheitsmanagement durch Abbau von Unsicherheit und Erhöhung der Unsicherheitstoleranz.

Das dunkelgraue, gezackte Feld in Abbildung B 2-5 kennzeichnet den Bereich bestehender Unsicherheit. Zu Beginn des Entwicklungsprojektes (am Anfang des Fuzzy Front Ends) ist die Unsicherheit sehr hoch: Zielmärkte, Produkteigenschaften, eingesetzte Technologien, mögliche Reaktionen von Kunden und Konkurrenten usw. sind unbekannt. Durch Informationssammlung und Festlegung von Produktkonzept, Fertigungstechnologien, Vertriebswegen usw. sinkt die Unsicherheit sukzessive. Wenn das Produkt seinen Marktzyklus durchlaufen hat und entsorgt wird, liegen zu allen Aspekten des Produktes Informationen vor und die Unsicherheit erreicht Null. Der Abbau von Unsicherheit erfolgt allerdings nicht linear, da aufgrund von Umfeldturbulenz während des gesamten Lebenszyklus immer wieder neue Unsicherheiten auftreten, die durch die Zacken repräsentiert werden.

Der hohen Unsicherheit zu Beginn des Entwicklungsprojektes steht ein hoher Handlungsspielraum gegenüber (siehe durchgezogenen Linie in Abbildung B 2-5): Da das Produkt zunächst nur in den Köpfen und Skizzen des Entwicklungsteams besteht, sind nahezu beliebige Änderungen möglich. Entsprechend unproblematisch ist die bestehende Unsicherheit, da auf geänderte Informationsstände flexibel reagiert werden kann. Allerdings baut sich der Handlungsspielraum sehr schnell ab. Je mehr Festlegungen getroffen werden (z.b. Detailkonstruktion des Produktes, Investition in Fertigungsanlagen, Beschaffung von Material, Abschluss von Vertriebsvereinbarungen), desto „teurer" wird der Wechsel von einer gewählten Lösung zu einer anderen. Sowohl Entwicklungs- und Investitionsbudgets, als auch die Zeitfenster, in denen Produkte erfolgreich auf den Markt treten können, sind beschränkt. Damit ist ein „Zurückrudern" einmal getroffener Entscheidungen in manchen Fällen nicht nur teuer, sondern überhaupt nicht mehr möglich.

Kernproblem der Produktentwicklung ist es damit, dass sich der Handlungsspielraum deutlich schneller abbaut als die Unsicherheit. Zur Lösung dieses Dilemmas existieren die bereits angesprochenen Ansätze eines schnelleren Abbaus von Unsicherheit sowie einer Erhöhung der Unsicherheitstoleranz durch längeren Erhalt von Handlungsspielräumen. Der erste Ansatz, der Abbau von Unsicherheit, wird durch die Verkürzung der **„time to market"** und durch das sog. **"front-loading"** realisiert (siehe Strategie 1 und 2 in Abbildung B 2-5). Die zweite Möglichkeit einer Erhöhung der Unsicherheitstoleranz erfolgt durch **Flexibilisierung** (siehe Strategie 3 in Abbildung B 2-5). Alle drei Aspekte werden nachfolgend kurz dargestellt.

2.2.1.1 Unsicherheitsabbau durch Verkürzung der „time to market"

Unsicherheit lässt sich maßgeblich durch Sammlung von genügend, ausreichend aktuellen und präzisen Informationen reduzieren. Dies ist im Fall turbulenter Umfelder allerdings problematisch, da unterschiedliche und weit verteilte Quellen genutzt werden müssen und Informationen schnell veralten.

Dem Problem der Informationsdynamik wird daher u.a. begegnet, indem sich abzeichnende Informationsveränderungen möglichst früh und unabhängig von einer bereits konkretisierten Entscheidungssituation erfasst werden. Hierzu eignen sich Frühinformationssysteme, durch die der **Unsicherheitsabbau früher beginnt** (vgl. Strategie 1 in Abbildung B 2-5): Der ursprüngliche Unsicherheitsabbau (grau) wird vor das Fuzzy Front End vorverlegt (schraffierte Fläche). In Einzelfällen lässt sich zudem die Veränderlichkeit des Unternehmensumfelds (und damit von Informationen) in Teilbereichen bewusst gestalten. So liegt der unternehmensübergreifenden Definition von Industrienormen und Standards der Wunsch nach Unsicherheitsabbau zugrunde.

Zentrales Instrument zur Bewältigung der durch Informationsdynamik verursachten Unsicherheit ist allerdings die Verkürzung der „time to market", also jenes Zeitraums, der zwischen Produktidee bzw. Produktkonzeptfindung und Markteinführung liegt (vgl. Strategie 2 in Abbildung B 2-5). Sie ermöglicht Unternehmen die strategische Perspektive, den für sie optimalen Zeitpunkt für den Markteintritt auswählen zu können. So können sie bspw. als Pionier auf den Markt treten oder die Position eines frühen Folgers wählen [SMITH, REINERTSEN: HALF THE TIME 1991, S. 3FF. UND VOIGT: STRATEGIEN 1998, S. 90FF.].

Eine Verkürzung der bis zur Marktreife erforderlichen Zeit ist aber auch als Aspekt des Unsicherheitsmanagements von Bedeutung: Je kürzer die „time to market", desto geringer ist die Wahrscheinlichkeit, dass sich Kundenanforderungen oder verfügbare Technologien zwischen Produktkonzeptfestlegung und Markteintritt gravierend verändern. Damit liegen selbst in sehr dynamischen Umfeldern ausreichend sichere Informationen vor [SMITH, REINERTSEN: HALF THE TIME 1991, S. 3FF].

2.2.1.2 Unsicherheitsabbau durch „front-loading"

„Front-loading" bezeichnet eine Strategie, zukünftige **Entwicklungsprobleme möglichst früh** im Produktentstehungsprozess **zu identifizieren und zu lösen** [VGL. THOMKE, FUJIMOTO: FRONT-LOADING 2000, S. 129]. Damit wird der Umfang der Unsicherheit in den frühen Phasen reduziert (vgl. die aus Strategie 1 resultierende kleinere schraffierte Fläche in Abbildung B 2-5), wobei zwei zentrale Ansätze existieren:

Der **Wissenstransfer von Projekt zu Projekt** setzt vor allem auf der Ebene der Problemidentifikation an. So sollen die Ähnlichkeiten zwischen neuen und bereits abgewickelten Entwicklungsprojekten **möglichst früh erkannt** werden, damit Lösungen aus den vorangegangenen Projekten in das neue Projekt übernommen werden können, bevor dort Probleme auftreten. Damit reduziert sich die Gesamtzahl der in einem Projekt neu zu lösenden Probleme [VGL. THOMKE, FUJIMOTO: FRONT-LOADING 2000, S. 132 UND 134; VERGANTI: SYSTEMIC LEARNING 1997, INSB. S. 386F.].

Rapid Problem Solving zielt dagegen nicht auf eine Problemvermeidung, sondern auf eine frühe Lösung von Problemen ab. Hierzu werden die Problemlösungskapazitäten in den frühen Phasen ausgeweitet, die Zahl der frühen Tests erhöht und Testpläne so erstellt, dass Experimente überlappend oder parallel erfolgen. Damit können in kurzer Zeit mehr Tests durchgeführt und Probleme offen gelegt werden als bei herkömmlichen Entwicklungsprojekten. Eine zentrale Rolle für das Rapid Problem Solving spielen zudem neue Technologien, wie die Simulation auf Basis von CAD-Daten, virtuelle Prototypen, Rapid Prototyping, Digital mockups, parametrische Konstruktion, High-Throughput Screening, die konsequent genutzt werden, um Tests vor der Existenz physischer Modelle, Prototypen oder Produkte durchführen zu können und zukünftig relevante Probleme zu erkennen [VGL. SMITH, REINERTSEN: HALF THE TIME

1991, S. 153FF.; VERGANTI: SYSTEMIC LEARNING 1997, INSB. S. 382F.; THOMKE, FUJIMOTO: FRONT-LOADING 2000, S. 132F. UND 134FF.]. Thomke bezeichnet dieses Vorgehen als „**enlightened experimentation**" [VGL. THOMKE: ENLIGHTENED EXPERIMENTATION 2001].

2.2.1.3 Erhöhung der Unsicherheitstoleranz durch Flexibilisierung

Bei allen Bemühungen wird ein Abbau von Unsicherheit nie vollständig gelingen. Ein zweiter Ansatz des Unsicherheitsmanagements zielt daher auf die Eindämmung der negativen Auswirkungen von Unsicherheit ab, indem er durch **Flexibilisierung** Handlungsspielräume möglichst lang zu erhalten sucht (vgl. gestrichelte Linie; Strategie 3 in Abbildung B 2-5).

Im Rahmen der Produktentwicklung bedeutet dies, dass **mehr als ein Produktkonzept parallel** entwickelt, Konzeptauswahl und **Design Freeze relativ spät** erfolgen und dass ausreichend Zeit und Budget für das **Ausprobieren unterschiedlicher Alternativen** zur Verfügung gestellt werden [VGL. VERGANTI: SYSTEMIC LEARNING 1997, S. 385 UND THOMKE, REINERTSEN: AGILE PRODUKTENTWICKLER 1999, S. 40]. Wirtschaftlich ist dies möglich, da die für das „front-loading" typischen Instrumente (Simulation, Rapid Prototyping usw.) Entwicklungskosten senken. Zudem werden für das einzelne Entwicklungsprojekt nicht sofort Endziele formuliert und komplette, entsprechend große Projektbudgets freigegeben, die beim Scheitern eines Projektes hohe Verluste verursachen. Vielmehr erfolgen die Zielformulierung und Mittelbewilligung in Stufen und unter Berücksichtigung der jeweils vorhandenen Teilergebnisse. Damit ist es möglich, zunächst mehrere Projekte bzw. Lösungen parallel zu verfolgen und dann informierte Entscheidungen über ihre Weiterführung bzw. Einstellungen zu treffen. [VERGANTI: SYSTEMIC LEARNING 1997, S. 385 UND MULLINS, SUTHERLAND: RAPIDLY CHANGING 1998, S. 229FF.].

Flexibilität wird zudem durch die **Architektur des Produktes** bestimmt: Während die Änderung integrierter Produktarchitekturen mit hohem Aufwand verbunden ist, liefern modulare Strukturen die Möglichkeit, auf zukünftig geänderte Bedingungen flexibel durch den Austausch einzelner, von der Änderung betroffener Module des Produktes zu reagieren, andere Bestandteile aber unverändert zu lassen [VGL. THOMKE, REINERTSEN: AGILE PRODUKTENTWICKLER 1999, S. 42F.]. Dies setzt allerdings voraus, dass bereits in der Produktkonzeptfindung erkannt wird, welche Produktbestandteile langfristig stabil bleiben und daher in einer Produktplattform zusammengefasst werden sollten und welche Bestandteile voraussichtlich zukünftigen Änderungen unterliegen werden. Letztere sollten durch Module mit wohl definierten Schnittstellen zur Plattform realisiert werden. Ein Ansatz zur antizipativen Berücksichtigung künftiger Änderungen bei der Festlegung der Produktarchitektur findet sich bei SCHRÖDER [VGL. SCHRÖDER: PLANUNG VON PRODUKTPLATTFORMEN 2002]. Weitere Flexibilitätspotenziale liefern **Fertigungstechnologien**, die für unterschiedliche Produkte einsetzbar sind [VGL. THOMKE, REINERTSEN: AGILE PRODUKTENTWICKLER 1999, S. 42F.]. So kann es bspw. sinnvoll sein, statt einer integrierten Fertigungsstrasse mehrere automatische Bearbeitungszentren zu planen, die für viele unterschiedliche Produkte genutzt werden können und trotzdem eine Automatisierung zulassen.

2.3 Fazit: Unsicherheitsmanagement in den frühen Phasen der Produktentstehung

Das vorliegende Kapitel zeigt, dass Unsicherheit auf einen **Mangel an Informationen** und auf einen **Mangel in der Informationsverarbeitung** zurückgeführt werden kann. Letzterer wird durch die mentalen Modelle der Entscheider bestimmt.

Beide Unsicherheitsursachen sind aufgrund turbulenter Umfelder und zahlreicher Interdependenzen im Produktentwicklungsgeschehen unvermeidbar. Eine gezielte Anwendung von Strategien zur Unsicherheitsbewältigung kann ihre Auswirkungen jedoch eindämmen. Dabei spricht die Strategie der **Verkürzung der „time to market"** vor allem das Problem mangelnder Informationen in dynamisch veränderlichen Umfeldern an, indem sie den Zeitraum, in dem veränderliche Informationen neue Unsicherheiten erzeugen, möglichst gering hält. **„front-loading" Strategien** versuchen dagegen, Probleme früh im Entwicklungsprozess offensichtlich werden zu lassen und geeignete Problemlösungen zu erarbeiten. Sie zielen also zusätzlich auf die Problemwahrnehmung der Entscheider ab, wobei Hilfsmittel wie z.B. virtuelle Prototypen es dem Entscheider ermöglichen, Experimente und Tests durchzuführen, bevor Prototypen oder Produkte existieren. Die Strategie der **Flexibilisierung** zielt, anders als „front-loading" und kurze „time to market", nicht auf eine Reduktion von Unsicherheit, sondern auf eine **Erhöhung der Unsicherheitstoleranz** ab, indem Handlungsspielräume möglichst lange erhalten werden.

Welche Strategie in der Produktentwicklung jeweils gewählt werden sollte, ist situationsspezifisch festzulegen: VERGANTI empfiehlt, „front-loading" anzuwenden, wenn Unsicherheit dadurch maßgeblich abgebaut werden kann. Ist dies nicht der Fall, sollte besser früh in Flexibilität investiert werden, um die Konsequenzen späterer Korrekturmaßnahmen möglichst gering zu halten [VGL. VERGANTI: SYSTEMIC LEARNING 1997, S.385]. Die Anwendung dieser Strategien muss bewusst geplant werden, so lange noch „verplanbare" Handlungsspielräume existieren. Damit rücken die frühen Phasen der Produktentwicklung, in denen das Produkt zunächst nur in Form von Ideen und ersten Plänen besteht und Änderungen nahezu beliebig zu geringen Kosten erfolgen können, in den Mittelpunkt des Interesses: Keine andere Produktentstehungsphase operiert unter so hoher Unsicherheit und weist gleichzeitig einen so großen Handlungsspielraum auf, wie das Fuzzy Front End. Es liefert damit einen Hebel für das Management von Unsicherheit und damit die Möglichkeit, den Erfolg des gesamten Produktentstehungsprojektes positiv zu beeinflussen.

3 Theorie und Praxis der frühen Produktentstehungsphasen

Die in den vorherigen Kapiteln beschriebenen gewachsenen Anforderungen an die Produktentwicklung und die Notwendigkeit zum Unsicherheitsmanagement führen zu einem erhöhten Interesse speziell an den frühen Entwicklungsphasen, in denen das Produkt nur „in Köpfen oder auf Papier" existiert und Änderungen mit relativ geringem zeitlichen und materiellen Aufwand durchführbar sind. Das nachfolgende Kapitel dient der Charakterisierung dieser frühen Produktentwicklungsphasen – dem „fuzzy front end" (FFE) – und der Darstellung des aktuellen Forschungsstandes.

In Abschnitt B 3.1 werden zunächst Modelle des FFE dargestellt, um damit einerseits die frühen Produktentwicklungsphasen zu beschreiben und von späteren Phasen abzugrenzen und um andererseits aufzuzeigen, mit welchen Erkenntniszielen die aktuelle Forschung im FFE erfolgt. Abschnitt B 3.2 befasst sich darauf aufbauend mit den bislang vorliegenden Erkenntnissen – allen voran mit der Frage, wie sich die frühen Produktenwicklungsphasen praktisch, d.h. in der betrieblichen Realität derzeit gestalten. Sie wird, soweit möglich, auf Basis der wenigen empirischen Arbeiten zum Thema beantwortet. Im Anschluss wird in Abschnitt B 3.3 ein Bezugsrahmen für die frühen Phasen der Produktentwicklung im Rahmen dieser Arbeit entwickelt.

3.1 Modelle der frühen Produktentstehungsphasen

In der Literatur existiert eine wachsende Zahl von Modellen der frühen Phasen der Produktentwicklung, die sich – je nach Erkenntnisziel ihrer Autoren – z.T. erheblich unterscheiden, aber nicht immer inhaltlich widersprechen. Unterschiede erklären sich vielmehr zumeist aus unterschiedlichen Fragestellungen, die mit Hilfe der Modelle untersucht werden. Ein Vergleich der unterschiedlichen Modelltypen gibt damit Auskunft darüber, mit welchen Aspekten sich die Forschung zum FFE befasst. Nachfolgend werden daher bestehende Modelle anhand ihrer zentralen Zielsetzung gruppiert und auf dieser Basis der Stand der Forschung erläutert.

3.1.1 Aktivitätenmodelle

Die frühen Produktentwicklungsphasen werden in der Literatur zumeist durch eine Auflistung der im FFE stattfindenden Aktivitäten beschrieben. So charakterisiert VERGANTI die frühen Projektphasen als „the phases where the product concept is generated, the product specifications are defined and basic project decisions are taken, concerning the product architecture, the major components, the process technology and the project organization."[VERGANTI: SYSTEMIC LEARNING 1997, S. 377]. Über diese **zentralen** Aktivitäten herrscht in der Literatur weitgehend Einigkeit, wie Tabelle B 3-1 zeigt.

Autoren	Hauptaktivitäten	Teilaktivitäten
1997-MURPHY, KUMAR [VGL. MURPHY, KUMAR: CANADIAN SURVEY 1997]	Idea Generation Product Definition Project Evaluation	Environmental Scanning, Innovative Organizational Culture, Joint Research, Demonstrate organizational fit, internal promotion, perform formal analyses, demonstrate clear set of objectives, top management support, securing finances, favourable market timing
1997-COOPER [VGL. COOPER: FIXING THE FFE 1997]	Idea Generation Preliminary Investigation Detailed Investigation (Business case preparation)	preliminary assessment (market, technical, business), detailed market study (market analysis, user needs-and-wants study, concept test), detailed technical assessment, operations assessment, detailed financial analysis
1997-WILLAMS, KOCHHAR [VGL. WILLIAMS, KOCHHAR: REFERENCE MODEL 1997].	New Product Trigger Product Feasibility	Market Orientated Product Strategy, Market Research & Product Opportunity Definition, Business Approval, Technical Approval, Product Approval & Full Specification
1999-HERSTATT [VGL. HERSTATT: FRÜHE PHASEN 1998]	Ideengenerierung und -bewertung Konzepterarbeitung, Produktplanung	Ideengenerierung (kunden-, technologie-, kostenbezogen), Ideenbewertung (Attraktivität, Risiko), Abgleich mit bestehenden Projekten, Neuausrichtung Projektportfolio, Marktanalysen, Ausarbeitung eines Produktkonzeptes, Produktplanung (Stückzahlen, Kosten, Timing, Investments), Produktspezifikation, Produktarchitektur

Tabelle B 3-1: Haupt- und Teilaktivitäten der frühen Phasen der Produktentwicklung

Je nach Autor werden die Aktivitäten aber unterschiedlich benannt, in unterschiedlichen Teilphasen des FFE zusammengefasst und mehr oder minder umfassend detailliert.[14] Ein Blick auf die Tabelle der Aktivitäten zeigt damit Gemeinsamkeiten und Unterschiede:

- Zum Teil findet sich eine Dreiteilung des FFE, wobei am Ende jeder Phase eine Entscheidung steht. So werden zunächst Ideen generiert und diejenigen ausgewählt, die Erfolg versprechen, dann Ideen zu Produktkonzepten ausgearbeitet und hinsichtlich ihrer technischen und wirtschaftlichen Machbarkeit vorbewertet und schließlich mehr oder minder detaillierte Planungen (Zeit, Kosten, Absatz, Gewinn etc.) erstellt, auf deren Basis entschieden wird, ob das Produkt entwickelt werden und damit die frühen Phasen verlassen werden soll [VGL. MURPHY, KUMAR: CANADIAN SURVEY 1997 UND COOPER: FIXING THE FFE 1997]. Andere Autoren ordnen die im Prinzip gleichen Aktivitäten zwei Phasen zu: der Ideengenerierung und der Konzeptausarbeitung und –bewertung [VGL. WILLIAMS, KOCHHAR: REFERENCE MODEL 1997 UND HERSTATT: FRÜHE PHASEN 1998].

---

[14] Eine Schilderung zentraler Front-End Aktivitäten, Methoden und Instrumente erfolgt in Kapitel C 1.

- Bei einigen Autoren findet sich der Hinweis, dass im FFE ein „Brückenschlag" zwischen projektübergreifenden, strategischen Aktivitäten (z.B. kontinuierliche Umfeldbeobachtung, Portfolioplanung) und konkreten, auf das einzelne Projekt bezogene Aktivitäten stattfindet [VGL. MURPHY, KUMAR: CANADIAN SURVEY 1997 UND HERSTATT: FRÜHE PHASEN 1998].

- Manche der im FFE genannten Aktivitäten beziehen sich weniger auf den Ablauf von Produktentwicklungsprojekten, sondern auf Aspekte der unternehmensweiten Rahmenbedingungen (z.b. innovationsfreundliche Unternehmenskultur, Unterstützung durch das Top Management) [VGL. MURPHY, KUMAR: CANADIAN SURVEY 1997].

Die letzten beiden Punkte führen zur zentralen Kritik an den vorhandenen Aktivitätenmodellen: sie sind nicht in der Lage, zwischen projektspezifischen Tätigkeiten – wie z.b. der Ausarbeitung eines Produktkonzepts – und zwischen projektunabhängigen Front-End Aktivitäten, wie z.B. Portfolioentscheidungen, zu unterscheiden und mischen teilweise ablauforganisatorische Aspekte und projektübergreifende Rahmenbedingungen.

Eine differenzierte Betrachtung ist aber wünschenswert, da sich für projektspezifische und projektübergreifende Aktivitäten unterschiedliche Ansatzpunkte für das Management ergeben [VGL. KHURANA, ROSENTHAL: INTEGRATING THE FFE 1997, S. 104]. Erfolgreiches Front-End Management erfordert zudem eine gedankliche Trennung zwischen beeinfluss- und „managebaren" Unternehmensaktivitäten und deren externen Rahmenbedingungen, die sich durch das Unternehmen gar nicht oder nur geringfügig beeinflussen lassen [VGL. ZHANG, DOLL: CAUSAL MODEL 2001].

Weitere Probleme ergeben sich aus der Tatsache, dass sich die einfachen Aktivitätenmodelle auf eine Beschreibung von Phaseninhalten beschränken, ohne Abhängigkeiten und Erfolgswirkung der Teilaktivitäten zu thematisieren und damit dazu verleiten, Teilaspekte des FFE zu isoliert zu betrachten. Zudem suggerieren sie einen sequenziell-linearen Ablauf, der in den von großer Kreativität geprägten frühen Phasen nicht immer durchführbar oder erstrebenswert ist [VGL. KOEN ET AL.: COMMON LANGUAGE 2001, S. 48F.]. Ihr Nutzen ist daher vor allem in der inhaltlichen Kennzeichnung des FFEs und seiner Abgrenzung von anderen Phasen des Produktentwicklungsprozesses zu sehen.

3.1.2 Integrierte Front-End Modelle

Integrierte Front-End Modelle haben in erster Linie das Ziel, eine Gesamtsicht auf das FFE zu entwickeln, die sowohl die projektübergreifenden Rahmenbedingungen als auch einzelprojektspezifische Aktivitäten umfasst und deren Zusammenhänge und gegenseitige Beeinflussung aufzuzeigen.

3.1.2.1 Front-End Modell von KHURANA und ROSENTHAL

Das Front-End Modell von *Khurana und Rosenthal* [VGL. KHURANA, ROSENTHAL: INTEGRATING THE FFE 1997 UND HOLISTIC FRONT ENDS 1998] hat in der Literatur mehrfach Resonanz gefunden [VGL. Z.B. KOEN ET AL.: COMMON LANGUAGE 2001, S. 49; ZHANG, DOLL: CAUSAL MODEL 2001, S. 95F.; HERSTATT: FRÜHE PHASEN 1998, S. 82]. Es unterscheidet kontinuierliche, projektunabhängige Aktivitäten („Foundation Elements"), zwei projektspezifische Hauptphasen („Phase Zero" und „Phase One") und eine dem eigentlichen Projekt vor gelagerte Phase („Pre-Phase Zero) – vgl. Abbildung B 3-1.

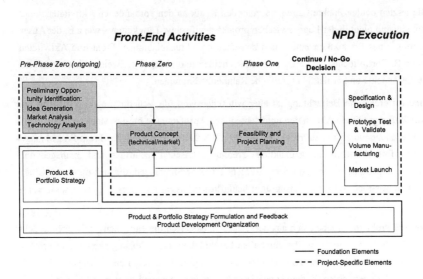

Abbildung B 3-1: Front-End Modell von KHURANA UND ROSENTHAL [VGL. KHURANA, ROSENTHAL: INTEGRATING THE FFE 1997 UND HOLISTIC FRONT ENDS 1998]

In der **Pre-Phase Zero** werden mögliche neue Geschäftsfelder erkannt, Produktideen generiert und die Entscheidung zum Start eines Entwicklungsprojektes getroffen. Dabei erfolgt ein Abgleich von Unternehmensstrategie, Produktportfolioplanung und Produktidee. [VGL. KHURANA, ROSENTHAL: HOLISTIC FRONT ENDS 1998, S. 59F.].

In **Phase Zero** wird ein Produktentwicklungsteam zusammengestellt. Es beschafft Informationen über Kundenwünsche, Markt- und Konkurrenzbedingungen und über technologische Möglichkeiten, um ein Produktkonzept zu entwickeln. Das Konzept wird in Phase One hinsichtlich seiner wirtschaftlichen und technischen Machbarkeit überprüft. **Phase One** (und damit das FFE) endet, je nach Ergebnis der Machbarkeitsprüfung, entweder mit der Entscheidung, das Entwicklungsprojekt aufzugeben oder mit einem detaillierten Plan für seine Realisierung [VGL. KHURANA, ROSENTHAL: INTEGRATING THE FFE 1997, S. 110-112].

Der Erfolg eines Entwicklungsprojektes hängt nicht nur von der erfolgreichen Durchführung der projektspezifischen Aktivitäten ab, sondern auch von den projektübergreifenden **Foundation Elements**. Zu ihnen gehören die Produkt- und Produktportfoliostrategie des Unternehmens: Erfolgreiche Neuprodukte müssen geplante Marktstrategien unterstützen und müssen in Produktplattform-, Produktgenerationen- und Produktlinienstrategien eingebunden werden. Zudem sollte ein ausgewogenes Verhältnis zwischen konservativen, risikoarmen und innovativen, risikoreicheren sowie zwischen lang- und kurzfristigen Entwicklungsprojekten gefunden werden. Weitere wichtige Grundlagen der Produktentwicklungsaktivitäten sind die organisatorischen Rahmenbedingungen, zu denen neben der Ablauf- und Aufbauorganisation der Entwicklung auch die Unternehmenskultur, das Rollenverständnis der Mitarbeiter und Anreizsysteme gehören [VGL. KHURANA, ROSENTHAL: INTEGRATING THE FFE 1997, S. 104].

Die Phasen des FFE laufen nicht rein sequenziell ab: Zeigen die Machbarkeitstests in Phase One beispielsweise, dass ein Produktkonzept nicht umsetzbar ist, so muss auf frühere Phasen Rückgriff genommen werden, um das Konzept in Phase Zero zu überarbeiten oder um in der Pre-Phase Zero ein ganz neues Projekt in Angriff zu nehmen. Zwischen den projektspezifischen und den projektübergreifenden Aktivitäten herrschen ebenfalls Wechselbeziehungen. Wenn ein Entwicklungsprojekt eingestellt wird, weil es sich als nicht machbar oder unvorteilhaft erweist, muss diese Veränderung auch in der Produktportfolioplanung berücksichtigt werden, indem ein anderes Projekt an seine Stelle tritt [VGL. KHURANA, ROSENTHAL: INTEGRATING THE FFE 1997, S. 108].

3.1.2.2 New Concept Development Model von *KOEN ET AL.*

Das teilweise auf *KHURANA UND ROSENTHAL* basierende Modell von *KOEN ET AL.* stammt aus einem Projekt, das das Ziel hatte, unter Beteiligung von Unternehmenspraktikern, „best practices" für das FFE zu ermitteln. Während des Projektes ergaben sich Schwierigkeiten bei der inhaltlichen Abgrenzung des FFE von anderen Aktivitäten im Produktentwicklungsprozess. Das „New Concept Development Model" soll diese Probleme überwinden und den Projektbeteiligten ein gemeinsames Begriffsverständnis für das FFE ermöglichen [VGL. KOEN ET AL.: COMMON LANGUAGE 2001, S. 46F.]. In einer späteren Arbeit wird das Modell zudem genutzt, um Handlungsempfehlungen für das Innovationsmanagement, die in der Literatur dokumentiert sind, in Bezug auf das FFE zu systematisieren [VGL. KOEN ET AL.: FUZZY FRONT END 2002, S. 10FF.].[15]

Aus Sicht der Unternehmenspraktiker sind Produktentwicklungsprojekte wohl strukturiert: Ein Projektplan mit Teilzielen, Terminen und Budgets steht fest, Umsatzziele sind formuliert

---

[15] Beide Arbeiten dienen der Vorbereitung einer Studie über Front End Praktiken, deren Ergebnisse für Mai 2005 angekündigt werden. Empirische Erkenntnisse liegen damit noch nicht vor.

und werden während der Entwicklung zunehmend sicher, und Aufgaben sind einem multifunktionalen Team klar zugewiesen. Das FFE zeichnet sich dagegen durch experimentelles, „chaotisches" Arbeiten Einzelner oder kleiner Teams mit unklaren und schlecht vorhersagbaren Ergebnissen aus. Das Budget ist dabei oft variabel, da erst nach erfolgreichen Teilschritten weitere Arbeiten finanziert werden [VGL. KOEN ET AL.: COMMON LANGUAGE 2001, S. 47, TAB. 1].

Die Autoren betrachten das FFE damit als einen dem Entwicklungsprojekt vor gelagerten Prozess, der mit der Erstellung eines „Business Case" endet, durch den u.a. Marktpotentiale, Kundenbedürfnisse, Investitionsvolumina und Konkurrenzverhältnisse dokumentiert werden. Das New Concept Development Model (vgl. Abbildung B 3-2) besteht aus drei zentralen Bereichen: (1) den „key elements", (2) der „engine" und (3) den „influencing factors".

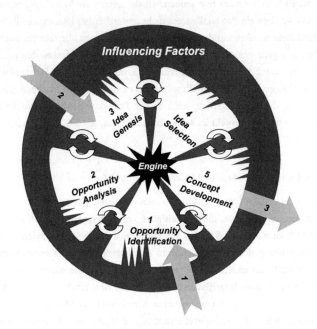

Abbildung B 3-2: „New Concept Development Model" von *KOEN ET AL.* [VGL. KOEN ET AL.: COMMON LANGUAGE 2001, S. 46F. UND KOEN ET AL.: FUZZY FRONT END 2002, S. 8FF.].

Die „key elements" entsprechen weitgehend den Aktivitäten nach Khurana und Rosenthal: Marktchancen oder ein technologisches Potential (Pfeil 1 in Abbildung B 3-2) führen zu Produktideen, die bewertet und – wenn sie Erfolg versprechend sind – im Rahmen der Konzeptentwicklung soweit spezifiziert werden, dass ein konkretes Produktentwicklungsprojekt gestartet werden kann und das FFE endet (Pfeil 3 in Abbildung B 3-2). Alternativ kann der Prozess auch durch eine Idee gestartet werden, die ohne vorherige Identifikation und Analyse von Markt- und Technologiechancen entsteht (Pfeil 2 in Abbildung B 3-2).

Voraussetzung und Motor („**engine**") des gesamten Prozesses sind Unternehmenskultur, Führung und strategische Ausrichtung des Unternehmens in Bezug auf Innovationen. Außerdem spielen Einflussfaktoren („**influencing factors**") eine Rolle, zu denen die organisatorischen Rahmenbedingungen und Fähigkeiten des Unternehmens (z.B. Fähigkeit zum internen und externen Technologieerwerb, Schnelligkeit und Flexibilität von Entscheidungsprozessen) und das Unternehmensumfeld (u.a. Konkurrenten, Kunden, rechtliches Umfeld) gehören. Sie gelten für den gesamten Innovationsprozess [VGL. KOEN ET AL.: FUZZY FRONT END 2002, S. 10FF.]. „Motor" und „Einflussfaktoren" beinhalten damit die „foundation elements" nach KHURANA UND ROSENTHAL, gehen jedoch über sie hinaus, da sie auch das Unternehmensumfeld explizit berücksichtigen.

In Abgrenzung zum Modell von KHURANA UND ROSENTHAL wird im New Concept Development Modell der nicht-sequenzielle Ablauf des FFE besonders betont: die verschiedenen Elemente werden ein- oder mehrfach in nahezu beliebiger Reihenfolge hintereinander oder parallel durchlaufen [VGL. KOEN ET AL.: COMMON LANGUAGE 2001, S. 48FF]. Anders als in der späteren Produktentwicklung, werden die Phasenübergänge nicht durch formale Entscheidungspunkte voneinander getrennt. Die Bewertung, ob eine Idee weiterhin den Front-End Prozess durchlaufen kann, in einen formalen Entwicklungsprozess überführt oder aufgegeben wird, erfolgt vorwiegend qualitativ und mit weniger strengen Anforderungen an Erfolgswahrscheinlichkeit, Risikoarmut und Strategic Fit als bei Entscheidungen in späteren Phasen. [VGL. KOEN ET AL.: COMMON LANGUAGE 2001, S. 50FF.].

Die Phase geringer Strukturierung und damit das FFE endet mit der Erstellung eines „**Business Case**", der den Eintritt in die Produktentwicklungsphase kennzeichnet. Er dokumentiert – auf Basis vorangegangener Markt-, Technologie- und Finanzanalysen – die Gründe für eine positive Bewertung des Entwicklungsprojektes und die ihr zugrunde liegenden Annahmen, definiert die Projektziele und enthält Pläne für die nachfolgenden Entwicklungsmaßnahmen sowie für mögliche andere Maßnahmen im Zusammenhang mit der Innovation, wie z.B. externen Technologieerwerb oder die Planung von Spin-offs und Joint Ventures [VGL. KOEN ET AL.: FUZZY FRONT END 2002, S. 26FF.].

Die strikte Trennung von FFE und Produktentwicklung mag aus Praktiker-Sicht plausibel sein. Aus theoretischer Sicht ist sie jedoch wenig überzeugend und widerspricht bewährten Produktentwicklungsmodellen [VGL. Z.B. COOPER: FIXING THE FFE, 1997], die die Aktivitäten des FFE explizit enthalten. Zudem bleibt die Grenzziehung zwischen den Phasen – entgegen der erklärten Absicht der Autoren – problematisch, da sie von einer organisatorischen Maßnahme, der Erstellung eines Business Case, abhängt. Wenn er nicht erstellt wird, ist das FFE nicht abgrenzbar und das Projekt tritt – zumindest theoretisch – nie in die Entwicklungsphase ein.

Wenn er erstellt wird, endet das FFE, selbst wenn weiterhin typische FFE-Aktivitäten stattfinden. Aufgrund dieser formalen Abgrenzung fallen nach KOEN ET AL nicht-produktbezogene Forschungsarbeiten – etwa zur Entwicklung einer neuen Technologie – dann in das Front-End, wenn sie explorativen Charakter haben und kein „Business Case" existiert. Wenn sich das Unternehmen dagegen bewusst entscheidet, eine bestimmte Technologie zu erforschen und dafür Projekte plant, Mittel bereitstellt und Ziele festlegt, fällt die gleiche Forschungsarbeit in die Produktentwicklung [VGL. KOEN ET AL.: COMMON LANGUAGE 2001, S. 51FF.].

In der Tendenz sind die von KOEN ET AL. gemachten Aussagen zu den Charakteristika früher und später Produktentstehungsphasen allerdings durchaus nachvollziehbar: Durchstrukturierte, sequenzielle Abläufe scheinen vor allem in späteren Produktentstehungsphasen effizient. Das FFE bedarf dagegen großer Freiheitsgrade. Neben der expliziten Berücksichtigung des Unternehmensumfelds gehört die Darstellung dieses Sachverhalts zu den Vorzügen des New Concept Development Modells.

3.1.3 Erfolgsorientierte Front-End Modelle

Aktivitätenmodelle und die dargestellten integrierten Front-End-Modelle dienen der inhaltlichen Charakterisierung und Systematisierung der Vorgänge im FFE. Erfolgsorientierte Front-End Modelle zielen dagegen auf die Erforschung derjenigen Faktoren ab, die das Ergebnis des FFE oder des gesamten Entwicklungsprojektes beeinflussen bzw. bestimmen. Sie ermöglichen damit die Formulierung konkreter Handlungsempfehlungen zur erfolgreichen Gestaltung des FFE.

3.1.3.1 „Causal Model" von ZHANG und DOLL

ZHANG UND DOLL betrachten Umfeldunsicherheit als zentrale Charakteristik der frühen Produktentwicklungsphasen, die dazu führen kann, dass die Projektbeteiligten nicht klar erkennen, welche Anforderungen an das zukünftige Produkt gestellt werden und mit welchen Technologien diese erfüllt werden könnten. Umfeldunsicherheit ist damit die Ursache einer „gefühlten" Unsicherheit des Projektteams [VGL. ZHANG, DOLL: CAUSAL MODEL 2001, S. 95F.].

Am Modell von KHURANA UND ROSENTHAL kritisieren ZHANG UND DOLL demgemäß, dass es nicht zwischen der „Fuzziness" des Front-Ends – der unvermeidbaren Umfeldunsicherheit – und der vom Projektteam empfundenen „Fuzziness" der Front-End Aufgabe unterscheidet: Letztere lässt sich aber, so die These von ZHANG UND DOLL, vom Unternehmen durch die Gestaltung der Foundation Elements aktiv beeinflussen, um damit den Projekterfolg zu verbessern [VGL. ZHANG, DOLL: CAUSAL MODEL 2001, S. 96]. Sie gründen diese Überlegung auf Literatur zum Innovationsmanagement, in der die positive Auswirkung klarer Projektziele auf den Entwicklungserfolg betont wird, und auf Arbeiten zum „Organizational Behavior", die auf die motivierende Wirkung von Zielvorgaben eingeht [VGL. ZHANG, DOLL: CAUSAL MODEL 2001, S. 95FF.].

Auf Basis dieser Arbeiten formulieren ZHANG UND DOLL ein theoretisches Kausalmodell für den Erfolg von Neuproduktentwicklungsprojekten (vgl. Abbildung B 3-3).

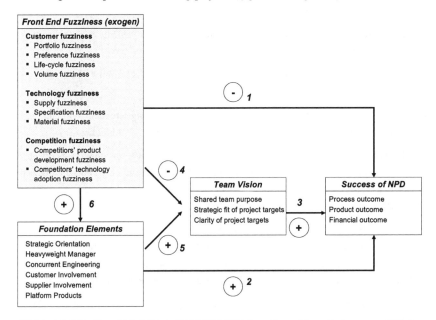

Abbildung B 3-3: „Causal Model" von ZHANG UND DOLL [VGL. ZHANG, DOLL: CAUSAL MODEL 2001, S. 106F.]

Der Erfolg wird dabei sowohl prozessbezogen („**process outcome**": Time-to-Market, Entwicklungszeiten, Kosten, etc.) als auch ergebnisbezogen („**product outcome**": Leistungsfähigkeit des Produktes, Produktkosten, Kundennutzen, etc.) bewertet. Zudem wird auch der finanzielle Erfolg des Produktes („**financial outcome**": Marktanteil, ROI, Gewinn) zur Erfolgsbeurteilung herangezogen [VGL. ZHANG, DOLL: CAUSAL MODEL 2001, S. 100FF.].

Ob ein Neuproduktentwicklungsprojekt erfolgreich ist, ist von der Unsicherheit des Umfelds („Front End Fuzziness") und von der organisatorischen Ausgestaltung des FFE („Foundation Elements") abhängig. **„Front End Fuzziness"** besteht u.a., da erforderliche Produkteigenschaften unsicher sind, zukünftige Absatzzahlen und Produktlebenszyklen (auch in Abhängigkeit vom Verhalten der Konkurrenten) prognostiziert werden müssen und die Leistung zukünftig verfügbarer Technologien unklar ist [VGL. ZHANG, DOLL: CAUSAL MODEL 2001, S. 100FF.].

Die **„Foundation Elements"** bestimmen, inwieweit in Entwicklungsprojekten interne und externe Integration erfolgt und wie gut sie – angeführt von „Heavyweight" Managern – vom Management unterstützt und mit Ressourcen ausgestattet werden. Zudem bestimmen sie die strategische Orientierung über das einzelne Projekt hinaus, wie etwa die Formulierung von Produktplattformstrategien, aber auch die prinzipielle Kunden-, Technologie- und Wettbewerbsorientierung. Damit stellen „Foundation Elements" eine Art Klammer dar, durch die unterschiedliche Funktionen, Anspruchsgruppen und Einzel(projekt)aktivitäten gebündelt und auf eine Strategie hin ausgerichtet werden [VGL. ZHANG, DOLL: CAUSAL MODEL 2001, S. 102FF.].

Aus der Analyse der Literatur ziehen *Zhang und Doll* folgende Schlüsse [VGL. ZHANG, DOLL: CAUSAL MODEL 2001, S. 106FF.]:

- Je unsicherer das Umfeld, desto geringer der Projekterfolg (vgl. Pfeil 1 in Abbildung B 3-3).

- Je ausgeprägter die „Foundation Elements" mit ihrer integrierenden Wirkung bzw. „Klammerfunktion", desto höher der Projekterfolg (vgl. Pfeil 2 in Abbildung B 3-3).

Foundation Elements und Front End Fuzziness wirken hierbei nicht nur direkt, sondern auch indirekt auf den Projekterfolg, indem sie die vom Entwicklungsteam empfundene Aufgabenklarheit und -konsistenz („**Team Vision**") beeinflussen [VGL. ZHANG, DOLL: CAUSAL MODEL 2001, S. 99F.]. Hierbei gilt prinzipiell [VGL. ZHANG, DOLL: CAUSAL MODEL 2001, S. 106FF.]:

- Je höher die „Team Vision" ausgeprägt ist, d.h. je stärker das Team in der Analyse der Aufgabenstellung und der dafür erforderlichen Maßnahmen übereinstimmt, je klarer und realistischer die Projektziele formuliert sind und je besser sie in die Gesamtstrategie des Unternehmens passen, desto höher ist der Projekterfolg (vgl. Pfeil 3 in Abbildung B 3-3).

- Je höher die „Front End Fuzziness", desto schwieriger ist es, Aufgabenstellungen klar zu umreißen, realistische Projektziele zu formulieren und langfristige Strategien zu entwickeln. Entsprechend ist bei starker „Front End Fuzziness" die „Team Vision" gering ausgeprägt (vgl. Pfeil 4 in Abbildung B 3-3).

- Je besser die integrierende Funktion der „Foundation Elements", desto stärker ist die „Team Vision" (vgl. Pfeil 5 in Abbildung B 3-3).

Durch die Gestaltung der „Foundation Elements" können Unternehmen den Projekterfolg mittelbar und unmittelbar positiv beeinflussen. Ihre jeweilige Ausprägung ist hierbei von der exogenen „Front End Fuzziness" insofern abhängig, als sich Unternehmen bemühen, unsicheren Umfeldern durch starke „Foundation Elements" zu begegnen. Eine starke Ausprägung der „Foundation Elements" soll helfen, Informationsdefizite abzubauen (z.B. durch Einbindung von Kunden und Lieferanten) und Reaktionszeiten auf unvermeidbare Umfeldänderungen zu verkürzen, u.a. indem Entscheidungen schnell durch „Heavyweight Manager" getroffen werden und entwicklungszeitverkürzende Maßnahmen des Simultaneous Engineering erfolgen. *ZHANG UND DOLL* leiten daraus ab [VGL. ZHANG, DOLL: CAUSAL MODEL 2001, S. 107]:

- Je höher die „Front End Fuzziness", desto stärker sind „Foundation Elements" ausgeprägt (vgl. Pfeil 6 in Abbildung B 3-3).

Das Front-End Modell von ZHANG UND DOLL stellt eine wichtige Erweiterung der integrierten Modelle da, indem es die Erfolgsauswirkungen von Umfeldunsicherheit einerseits und organisatorischen Maßnahmen im Front-End andererseits thematisiert. Es zeigt, dass die vom Unternehmen beeinflussbaren Foundation Elements moderierende Wirkung für die nicht-beeinflussbare Umfeldunsicherheit haben (könnten). Allerdings ist das Modell nicht ohne Mängel:

- Das Modell unterscheidet nicht zwischen dem FFE und späteren Entwicklungsphasen und impliziert damit, dass das „Front End Fuzziness" in allen Phasen des Entwicklungsprojektes direkte nachhaltige Auswirkungen hat. Gegen diese Annahme spricht die Tatsache, dass Unsicherheit in der Produktentwicklung sukzessive abgebaut wird, indem das Projektteam Informationen sammelt, Festlegungen trifft und Experimente macht. „Front End Fuzziness" verliert damit tendenziell an Bedeutung. Gleichzeitig existieren, gerade in späteren Phasen, zusätzliche Projekterfolgsfaktoren (z.b. Qualität der technischen Lösung, Markteinführungsstrategie), die in keinem unmittelbaren Zusammenhang mit den frühen Phasen stehen, den Erfolg des Projektes aber maßgeblich beeinflussen. Die Auswirkungen von „Fuzziness", „Foundation Elements" und „Team Vision" auf den Projekterfolg werden damit in späteren Phasen durch andere Faktoren ggf. erheblich moderiert, die im Modell unberücksichtigt bleiben.

- Auch innerhalb seines kleinen Betrachtungsrahmens scheint das Modell unvollständig: Ein Team, dass zur Erfüllung einer unklaren Aufgabe gezwungen ist, wird in der Praxis versuchen, die Aufgabenstellung zu interpretieren, Informationen zu sammeln, Vereinbarungen zu treffen usw. und entwickelt damit möglicherweise eine sehr starke eigenständige „Team Vision", obwohl die äußeren Rahmenbedingungen dagegen sprechen. Im Modell findet dieser mögliche Effekt keine Berücksichtigung, da die „Team Vision" ausschließlich von den „Foundation Elements" und der „Front End Fuzziness" beeinflusst wird. Ebenso ist es möglich, dass ein Unternehmen trotz hoher Umfeldunsicherheit seine „Foundation Elements" nicht stärkt, weil das Management die mögliche positive Auswirkung der Foundation Elements nicht erkennt oder bei der Umsetzung scheitert. Die in den sechs Pfeilen genannten Kausalwirkungen sind damit zwar plausibel, doch sind Situationen denkbar, in denen sie durch andere, nicht abgebildete Effekte, überlagert werden.

- Das Modell ist theoretisch abgeleitet, empirisch nicht überprüft und in dieser Form auch nicht überprüfbar, da Operationalisierungen der qualitativen Aussagen fehlen – wie stark ist bspw. eine hohe „Customer Fuzziness" oder ein starker „Heavyweight Manager" und wie lassen sich deren Auswirkungen messen?

Trotz dieser Einwände ist das Modell als Startpunkt weiterer FFE Forschung allerdings durchaus zweckmäßig, da es die unmittelbaren Auswirkungen von Umfeldunsicherheit und die sie moderierenden organisatorischen Maßnahmen thematisiert.

3.1.3.2 Bezugsrahmen der explorativen Studie von HERSTATT, VERWORN und NAGAHIRA

HERSTATT ET AL. [VGL. HERSTATT ET AL.: EXPLORATORY STUDY 2002] untersuchen die Auswirkungen projektspezifischer Front-End-Aktivitäten auf den Produktentwicklungserfolg in deutschen und japanischen Unternehmen.

Der Bezugsrahmen ihrer empirischen Untersuchung, deren Ergebnis und theoretische Grundlagen in Auszügen auch in einer weiteren Veröffentlichung VERWORNS diskutiert werden [VGL. VERWORN: FFE MASCHINENBAU ELEKTROTECHNIK 2003] ist in Abbildung B 3-4 abgebildet. Die Autoren gehen davon aus, **dass die Gestaltungsparameter des FFE** – in Abbildung B 3-4 grau hinterlegt – **Auswirkungen auf den Projekterfolg haben**: sie entscheiden unmittelbar darüber, welche Ideen überhaupt zum Projekt werden und welche Ziele und Pläne während der Projektdurchführung verfolgt werden. Damit beeinflussen sie die Effektivität und Effizienz der Produktentwicklung, die zur Messung des Erfolgs herangezogen werden.

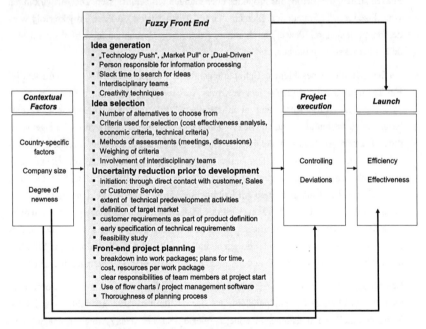

Abbildung B 3-4: Bezugsrahmen der empirischen Studie von HERSTATT, VERWORN, NAGAHIRA [HERSTATT ET AL.: EXPLORATORY STUDY 2002]

Effektivität wird hierbei anhand der Einhaltung von Gewinnzielen, des Aufbaus von Wettbewerbsvorteilen, der erreichten Kundenzufriedenheit, der Einhaltung technischer Spezifikationen und des Zugewinns an Know-how sowie der Zufriedenheit mit dem Gesamtergebnis –

jeweils aus Sicht der befragten Manager – bewertet. **Effizienz** zielt auf die Qualität der Durchführung ab und wird daran gemessen, ob die geplanten Meilensteine eingehalten wurden, finanzielle und personelle Ressourcen ausreichend waren und ob die beteiligten Manager mit der Projektdurchführung zufrieden sind [VGL. HERSTATT ET AL.: EXPLORATORY STUDY 2002, S. 18F.].

In den frühen Phasen der Produktentwicklung sind nicht nur die richtigen Projekte auszuwählen und effizient zu planen, sondern es sollen auch bestehende Unsicherheiten erkannt und möglichst weit reichend abgebaut werden. Erfolg beim Umgang mit Unsicherheit zeigt sich – unabhängig vom Endergebnis des Projektes – bereits in der **Projektdurchführung**, die bei guter Unsicherheitsbewältigung weitgehend frei von „Überraschungen" ist, so dass sich in Bezug auf das technische Konzept, den Zielmarkt und die Projektziele keine Änderungen ergeben, Projektteams weitgehend konfliktfrei und ohne Änderung der Verantwortlichen zusammenarbeiten und Projektvorgänge so durchgeführt werden, wie ursprünglich geplant. An den **Abweichungen im Controlling** ist also erkennbar, wie gut die frühen Phasen bewältigt werden. Gleichzeitig beeinflusst das Projektcontrolling das Projektergebnis, da es Informationen liefert, die es ermöglichen, möglichst früh auf Planabweichungen zu reagieren und die Projektziele, trotz geänderter Bedingungen oder falscher ursprünglicher Annahmen, zu erfüllen. [VGL. HERSTATT ET AL.: EXPLORATORY STUDY 2002, S. 6FF.].

Anders als das Modell von ZHANG UND DOLL bleiben projektübergreifende Aktivitäten, etwa die Abstimmung des Projektes mit bestehenden Produkt- und Programmstrategien, bei HERSTATT ET AL. unberücksichtigt, obgleich hier durchaus Auswirkungen sowohl auf den Erfolg als auch auf die Durchführung des Projektes zu erwarten sind.

Allerdings thematisieren HERSTATT ET AL. die Bedeutung von **Kontextfaktoren**, von denen sie im Rahmen der explorativen Studie drei situative Variablen – die Bedeutung geographisch-kultureller Unterschiede, die Rolle unterschiedlicher Unternehmensgrößen und den Einfluss der Neuheit der Projektaufgabe – gesondert betrachten [HERSTATT ET AL.: EXPLORATORY STUDY 2002, S. 1F.]. Die für die nähere Berücksichtigung gerade dieser drei Faktoren sprechenden Gründe bleiben hierbei unklar, doch ist die Auswahl plausibel: so ist bei neuen Produkten, die sich stark von ihren Vorgängern unterscheiden, die Unsicherheit im FFE sicherlich höher als bei inkrementellen Innovationen. Dies könnte sich auf die Gestaltung des Front-Ends auswirken, indem die frühe Phase länger ausfällt oder zusätzliche Aktivitäten enthält. Von der Unternehmensgröße und der jeweiligen nationalen Kultur abhängige Unterschiede im Management Stil (z.B. in Bezug auf die Zentralität von Entscheidungen und Formalisierung von Prozessen) erscheinen ebenfalls schlüssig. Ob dies allerdings **wichtige** Faktoren sind, die zur Praxis des Front End Managements einen entscheidenden Erklärungsbeitrag liefern, ist auf Basis der Veröffentlichungen nicht zu bewerten.

Der Wert des Front-End Modells von HERSTATT ET AL. ist damit vor allem in der Tatsache zu sehen, dass es die Erfolgsbedeutung von Kontextfaktoren überhaupt thematisiert und damit nicht davon ausgeht, dass die Ausgestaltung des FFE und deren Erfolg unabhängig von den spezifischen Gegebenheiten im Unternehmen bewertet werden kann. Darüber hinaus identifizieren die Autoren den Abbau von Unsicherheit als eine der zentralen Aktivitäten des FFEs und liefern mit der Betrachtung der Planabweichungen bei der Projektdurchführung einen interessanten Ansatz zur Messung seines Erfolgs.

3.1.3.3 „Framework of FFE performance" von KIM und WILEMON

KIM UND WILEMON [KIM, WILEMON: STRATEGIC ISSUES 2002, S. 28FF. UND KIM, WILEMON: FOCUSING ON THE FFE 2002, S. 269FF.] befassen sich mit der Frage, welche Faktoren den **Erfolg früher Produktentwicklungsphasen** beeinflussen und welche Ansatzpunkte und Handlungsempfehlungen sich daraus für das Management ableiten lassen. Sie unterscheiden sich mit dieser Fragestellung von ZHANG UND DOLL und HERSTATT ET AL., die sich für die Auswirkungen des FFE auf den **Projekterfolg** interessieren. Ziel der Überlegungen ist ein **Bezugsrahmen** (vgl. Abbildung B 3-5), in den sich die bislang vorliegenden Erkenntnisse zum Erfolg des FFE einordnen und in Beziehung zueinander setzen sowie „weiße Flecken" zukünftiger Forschungsbedarfe aufzeigen lassen [VGL. KIM, WILEMON: FOCUSING ON THE FFE 2002, S.271F.].

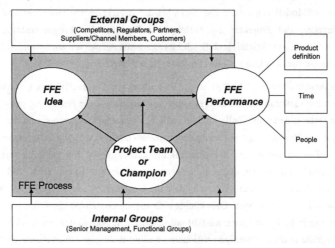

Abbildung B 3-5: Einflussfaktoren auf den FFE-Erfolg in Anlehnung an [KIM, WILEMON: STRATEGIC ISSUES 2002, S. 28FF. UND KIM, WILEMON: FOCUSING ON THE FFE 2002, S. 269FF.].

Der Erfolg der frühen Phasen der Produktentwicklung lässt sich nach KIM UND WILEMON anhand von drei Zieldimensionen bewerten – „Projektauswahl/-definition", „Zeit" und „Menschen" - die sie aus der Literatur zum Innovationsmanagement, insbesondere zur Erfolgsfaktorenforschung, ableiten [VGL. KIM, WILEMON: FOCUSING ON THE FFE 2002, S.271F.].

1. Auf der Ebene der **Projektauswahl und -definition** liefert ein erfolgreicher Front-End-Prozess zwei Ergebnisse [VGL. KIM, WILEMON: FOCUSING ON THE FFE 2002, S.271]:

    - Aus den erkannten Technologie- und Marktchancen und den daraus abgeleiteten Produktideen werden die „richtigen", d.h. potenziell erfolgreichen ausgesucht. Dabei werden nicht nur kurzfristige Erfolgsziele, sondern auch der Aufbau langfristiger strategischer Vorteile berücksichtigt.

    - Die Produktidee wird zu einem tragfähigen Produktkonzept weiterentwickelt, das technisch möglich und wirtschaftlich sinnvoll ist, aus dem sich ausreichend klare Projektziele in Bezug auf Zeit, Kosten und Qualität ableiten lassen und dessen Risiken und mögliche Problembereiche bekannt sind. Auf dieser Basis lassen sich die späteren Phasen der Produktentwicklung sinnvoll planen.

2. **Zeitziele** werden erreicht, wenn das FFE zur Verkürzung der Gesamtentwicklungszeit beiträgt und damit einen frühen Markteintritt ermöglicht. Dies kann erfolgen, indem dass FFE als solches schnell durchlaufen wird, aber auch, indem durch sorgfältige Aufgabenklärung und Vorarbeiten spätere, zeitintensive Fehler verhindert werden. [VGL. KIM; WILEMON: FOCUSING ON THE FFE 2002, S.271F.].

3. Jedes FFE-Projekt beeinflusst die **am FFE beteiligten Menschen** und wirkt damit über das FFE hinaus: gute Arbeitsbeziehungen setzen sich oft auch in späteren Entwicklungsphasen fort, während ungelöste Konflikte (z.B. zwischen Funktionsbereichen) im Front-End die Zusammenarbeit in späteren Phasen erschweren und ggf. die Nutzung der im FFE gesammelten Erkenntnisse behindern. *KIM UND WILEMON* leiten daraus als Ziel des Front End Managements ab, die an ihm beteiligten Personen so zu beeinflussen, dass die Beziehungen zwischen dem Top Management, der Projektleitung und den Teammitgliedern gut und auch in späteren Phasen beständig sind, dass potenzielle Konflikte zwischen Funktionsbereichen verhindert bzw., wo vorhanden, gelöst werden und dass im FFE Gelerntes in die nach gelagerten Phasen übertragen wird [VGL. KIM, WILEMON: FOCUSING ON THE FFE 2002, S.272].

Für jedes Projekt müssen die drei Zieldimensionen individuell festgelegt werden, wobei Zielkonflikte auftreten können. Ob die gesteckten Ziele erreicht werden, hängt vom Ablauf des FFE-Prozesses ab, für den *KIM UND WILEMON* zwei prozessinterne Bestimmungsgrößen sowie mehrere prozessexterne Faktoren identifizieren [VGL. KIM, WILEMON: STRATEGIC ISSUES 2002, S. 28F.]:

- FFE intern bestimmende Faktoren sind die **Produktidee** (im Sinne des Projektinhalts) und das **Management des Front End Prozesses** durch ein Projektteam bzw. einen „Project Champion" (vgl. Abbildung B 3-5, graues Feld.).

- Prozessextern, aber unternehmensintern erfolgt eine Einflussnahme auf das FFE durch das **Top Management**, das die Innovations-, Kommunikations- und Informationskultur des Unternehmens beeinflusst, strategische Vorgaben macht, Projekte priorisiert und auswählt und Ressourcen für das FFE zur Verfügung stellt. Weiterhin nehmen **andere Funktionsbereiche** (z.B. Marketing, Produktion, Service) Einfluss auf den FFE Prozess.

- **Unternehmensexterne Gruppen,** die den FFE-Verlauf beeinflussen (vgl. Abbildung B 3-5), sind u.a. Kunden und Vertriebspartner (als Informanten in Bezug auf erforderliche Produkteigenschaften) sowie Lieferanten und FuE-Partner, die technologische Informationen liefern können. Externe ermöglichen es damit, Produktideen zu bewerten bzw. Produktkonzepte zu entwickeln, für die im Unternehmen allein zu wenig Informationen vorliegen würden.

Das in Abbildung B 3-5 dargestellte Modell ist weniger als eigenständiger Ansatz zur Modellierung des FFE zu verstehen, als vielmehr als Bezugsrahmen zur Systematisierung von Forschungsfragen. KIM UND WILEMON stellen hierzu Überlegungen zu jedem einzelnen Modellelement und seiner Verknüpfung mit anderen Elementen an und erarbeiten auf dieser Basis eine umfangreiche Sammlung von Erkenntnissen über das FFE und die daraus abgeleiteten Handlungsempfehlungen. Diese Überlegungen stellen den besonderen Wert der Arbeiten dar und werden in Abschnitt B 3.2.3 (Seite 82ff.) im Zusammenhang mit anderen Veröffentlichungen über das FFE diskutiert.

Allerdings ermöglicht der von KIM UND WILEMON entwickelte Bezugsrahmen es nicht, die Phase der Ideengenerierung, in der Chancen erkannt und Produktideen erstmals entwickelt werden, von der Produktkonzeptfindung zu unterscheiden, in der diese Ideen ausgearbeitet werden. Eine solche Unterscheidung ist aber sinnvoll, da sich Handlungsempfehlungen für beide Phasen unterscheiden. Ein weiteres Problem des Bezugsrahmens nach KIM UND WILEMON ergibt sich aus der Tatsache, dass die Erfolgsfaktoren und Einflussgrößen des FFE aufgrund der Zielsetzung der Autoren nicht operationalisiert und auch nur wenig detailliert ausgearbeitet sind.

Trotzdem sind die Arbeiten von KIM UND WILEMON nicht nur als Sammlung des Stands der Forschung, sondern auch als Modellierungsansatz wertvoll, da sie Fragen des **FFE Erfolges** behandeln. Sie unternehmen damit den Versuch, aus den Faktoren für den Projekterfolg, die in der Literatur – z.T. auf Basis empirischer Studien, z.T. aufgrund theoretischer Überlegungen – erarbeitet wurden, Kriterien für ein erfolgreiches FFE abzuleiten. Die gewählten Erfolgsmaße („Projekt", „Zeit" und „Menschen") liefern hierbei einen konkreten Ansatzpunkt für die Handlungsfelder im Front-End.

3.1.4 Prozessauswahlorientiertes Front-End Modell nach REINERTSEN

Die bisher dargestellten Modelle sind deskriptiv und gehen mehr oder weniger von „dem" Front-End-Prozess von Unternehmen aus, der in Bezug auf Teilaspekte Unterschiede aufweisen kann (z.b. verschiedene Aktivitäten und Reihenfolgen von Aktivitäten) und in Abhängigkeit von Kontextfaktoren u.U. unterschiedliche Ergebnisse liefert, im Kern aber immer gleich verläuft. Die Arbeiten von REINERTSEN befassen sich dagegen mit der Frage, wie – und in Abhängigkeit von welchen Faktoren – Unternehmen ihren FFE-Prozess situationsspezifisch unterschiedlich gestalten sollten.

REINERTSEN [VGL. REINERTSEN: STREAMLINING THE FFE 1994 UND REINERTSEN: FUZZINESS 2000] sieht den Kern der Front-End Aufgabe in der Auswahl des „richtigen" Entwicklungsprojektes, wobei unklar bleibt, ob seine Sicht auf das FFE nur die Phase der Ideengenerierung umfasst, sich die Auswahl also auf noch nicht weiter konkretisierte Produktideen bezieht, oder auch ausgearbeitete Produktkonzepte am Ende des FFE umschließt. Seine Überlegungen sind prinzipiell allerdings sowohl auf Produktideen als auch auf Produktkonzepte anwendbar.

Die Auswahl im FFE erfolgt, indem mehrere „Filter" durchlaufen werden, wie z.B. Marktanalysen und technische Machbarkeitsstudien. Die Zahl der Filter, ihre Durchlässigkeit, ihre Anordnung im Prozessablauf und der mit jedem Filter verbundene zeitliche und finanzielle Aufwand ist weitgehend frei wählbar [VGL. REINERTSEN: FUZZINESS 2000, S. 51]. Ein Unternehmen kann z.B. sehr früh im FFE die Zahl der Ideen rigoros dezimieren, indem das Top-Managements auf Basis weniger Kriterien schlechte Ideen identifiziert und verwirft. Ein anderes Unternehmen mag den Ideen dagegen eine lange Inkubationszeit gewähren, in der sie unter Beteiligung vieler Funktionsbereiche weiterentwickelt und Markt- und Machbarkeitsstudien erstellt werden und wählt dann die guten Projekte anhand zahlreicher Kriterien aus. Ob der frühe, strikte mit geringen Auswahlkosten verbundene Filter oder die späte, fundierte Bewertung weit entwickelter Ideen, von denen viele verworfen werden, ökonomisch sinnvoller ist, hängt nicht nur vom Aufwand und der Dauer des Auswahlprozesses ab, sondern auch von dessen Effektivität und damit von der Frage, wie gut „die Spreu vom Weizen" getrennt wird [VGL. REINERTSEN: STREAMLINING THE FFE 1994, S. 5 UND REINERTSEN: FUZZINESS 2000, S. 51].

REINERTSEN betrachtet die Gesamtkosten des FFE als Summe der eigentlichen **Screeningkosten** (z.B. Kosten für Marktstudien), den **Kosten, die durch die Weiterverfolgung schlechter Projekte entstehen**, bis diese am nächsten Filter ausscheiden und der **Kosten für die Verzögerung der guten Projekte**, die erst gestartet werden können, wenn sie den letzten Filter erfolgreich überwunden haben. Die Kosten für ein fälschlich abgelehntes gutes Projekt vernachlässigt er, da er davon ausgeht, dass es jederzeit genug gute Ideen gibt, um das Projekt zu ersetzen [VGL. REINERTSEN: FUZZINESS 2000, S. 52FF.].

Die Screeningkosten können durch die Art, Anzahl und Anordnung der Filter beeinflusst werden. So gilt es als zweckmäßig, die ersten Filter kostengünstig (z.B. durch wenige Screeningkriterien, für die Informationen leicht beschafft werden können) und wenig durchlässig zu gestalten und aufwändige Analysen (z.B. technische Machbarkeit) zum Gegenstand späterer Filter zu machen, in denen dann nur noch wenige, potenziell erfolgreiche Ideen berücksichtigt werden müssen [VGL. REINERTSEN: FUZZINESS 2000, s. 54]. *REINERTSEN* weist allerdings darauf hin, dass solche einfachen Empfehlungen nicht immer gelten:

- Es sollte kein Ideal sein, alle schlechten Ideen früh und rigoros auszufiltern, wenn die Kosten für schlechte Projekte relativ gering sind und der Nutzen eines zusätzlichen erfolgreichen Projektes sehr hoch ist; in solchen Fällen ist es vielmehr sinnvoll, ein nicht ganz ideales Projekt „durchrutschen" zu lassen, da es sich später doch noch als potenziell erfolgreich erweisen könnte. Eine höhere Toleranz gegenüber schlechten Projekten empfiehlt sich auch, wenn die die Kosten eines zusätzlichen Filters (Screeningkosten und Kosten der Verzögerung) höher sind als die Ersparnis durch die ausgefilterten schlechten Projekte [VGL. REINERTSEN: FUZZINESS 2000, S. 53F.].

- Filter sollten nicht immer sequenziell (z.B. erst generelle Idee, dann Marktstudie, dann technische Machbarkeit) angeordnet werden, auch wenn sich dadurch die Zahl der zu bewertenden Projekte sukzessive verringert und damit die Gesamtscreeningkosten geringer ausfallen. Wenn die Kosten einer Verzögerung im Vergleich zum Screeningaufwand hoch sind, Schnelligkeit also zählt, ist es vielmehr sinnvoll, Filter zu parallelisieren [VGL. REINERTSEN: FUZZINESS 2000, S. 54].

Unternehmen sollten ihr FFE unter Berücksichtigung dieser Aspekte individuell und so flexibel gestalten, dass projektspezifische Besonderheiten berücksichtigt werden können. Damit sind auch Überlegungen zur projektübergreifenden Koordination des FFE erforderlich. So muss die Kapazität der einzelnen FFE-Schritte aufeinander abgestimmt werden damit bspw. ein erster Filter, der viele Ideen durchlässt, von einem zweiten Filter ergänzt wird, der diese viele Ideen bearbeiten kann. Um Warteschlangen zu vermeiden, müssen die Zahl der zeitgleich betrachteten Ideen und die Reihenfolge ihrer Berücksichtigung zudem dynamisch angepasst werden [VGL. REINERTSEN: FUZZINESS 2000, S. 54FF.].

Die Überlegungen *REINERTSENS* legen überzeugend dar, dass die „richtige" Gestaltung des Front-Ends (Länge des FFE; Zahl, Anordnung und Durchlässigkeit von Filtern) nur situationsabhängig ermittelt werden kann, da die Auswahlkosten sowie die Kosten einer verzögerten bzw. fehlerhaften Auswahl von Projekt zu Projekt variieren und Kapazitäts- und Losgrößenüberlegungen eine wichtige Rolle spielen. Allerdings trifft *REINERTSEN* aus Vereinfachungsgründen Annahmen (u.a. keine Kosten durch fälschlich abgelehnte Projekte, vollständige Informationen über Zeitbedarf, Kosten und Wirkung von Filtern) die die Übertragbarkeit seiner Empfehlungen in die Praxis stark einschränken [VGL. REINERTSEN: FUZZINESS 2000, S. 52 UND 57]. Damit ist das Modell weit davon entfernt, konkrete Auswahlhilfen bei der Gestaltung von Front-End-Prozessen geben zu können, liefert aber einen interessanten theoretischen Ansatz für die Frage, inwieweit Front-End Modelle situative Einflussgrößen berücksichtigen sollten.

3.1.5 Zusammenfassung: Forschungsansätze und Erkenntnisziele der FFE Forschung

Anhand der in den vorangegangenen Abschnitten dargestellten zehn Modelle der frühen Phasen der Produktentwicklung lassen sich die zentralen Fragestellungen der aktuellen Front End Forschung zusammenfassen:

1. **Wie gestalten sich die frühen Phasen der Produktentwicklung?** (vgl. Abschnitt B 3.1.1 „Aktivitätenmodelle", Seite 57 ff. und Abschnitt B 3.1.2 „Integrierte Front End Modelle", Seite 59ff).

2. **Wie beeinflusst das FFE den Erfolg der Produktentwicklung?** (vgl. Abschnitt B 3.1.3 „Erfolgsorientierte Front End Modelle", S. 64ff.).

3. **Welche Faktoren tragen zum Erfolg oder Misserfolg des FFE bei?** (vgl. Abschnitt B 3.1.3.3 „Framework of FFE Performance", S. 70ff.).

4. **Gibt es den „richtigen" Front End Prozess** oder muss er in Abhängigkeit bestehender Rahmenbedingungen jeweils individuell gestaltet werden? (vgl. Abschnitt B 3.1.4, Seite 73ff.).

Bei der Beantwortung dieser Fragen gehen die genannten Autoren unterschiedliche Wege: Während ein Teil der Arbeiten auf einer Analyse und (auf Plausibilitätsüberlegungen und empirische Befunde gestützten) Weiterentwicklung vorhandener theoretischer Konzepte beruhen, werten andere Autoren empirische Arbeiten im Rahmen einer Meta-Analyse aus oder betreiben empirische Feldforschung. Insgesamt ist die Zahl der Arbeiten zum FFE (noch) relativ begrenzt, wie die Übersicht in Tabelle B 3-2 zeigt.[16]

Beschränkungen ergeben sich bei den empirischen Arbeiten nicht nur aus der geringen Zahl an Veröffentlichungen, sondern auch aus dem Umfang der erhobenen Daten im Rahmen der einzelnen Studien: viele der Arbeiten haben explorativen Charakter und sind auf wenige Fallstudien – oft bezogen auf eine Branche und Unternehmensgröße – beschränkt. Großzahlige Untersuchungen und rigide Hypothesentests sind selten (vgl. Spalte 3 in Tabelle B 3-2). Ent-

---

[16] Es liegen deutlich mehr empirische Untersuchungen zur Praxis und zu den Erfolgsfaktoren des **gesamten** Entwicklungsprozesses bzw. zu isolierten Teilaspekten (z.B. Bedeutung der Unternehmenskultur, Rollen, Führung) vor. Sie werden hier nicht diskutiert, obgleich sich manche ihrer Ergebnisse auf das FFE beziehen lassen. Statt dessen sei auf die Literatur verwiesen [VGL. KHURANA, ROSENTHAL: HOLISTIC FRONT ENDS 1998, S. 61F. INSB. TAB. 1 UND 2; ZHANG, DOLL: CAUSAL MODEL 2001 UND KIM, WILEMON: STRATEGIC ISSUES 2002].

sprechend kann eine kritische Diskussion des methodischen Vorgehens in nahezu allen Fällen nur zu dem Ergebnis kommen, dass die wenigen vorliegenden Erkenntnisse kaum ausreichend gesichert und repräsentativ sind, um eine Verallgemeinerung zu erlauben. Allerdings gehören die vorliegenden Arbeiten zu den wenigen, die derzeit überhaupt existieren und sind damit „besser als nichts" bzw. beim derzeitigen Stand der Forschung die einzige Möglichkeit, überhaupt Aussagen über das Front End zu treffen. Sie werden daher im nachfolgenden Kapitel – trotz aller Bedenken – genutzt werden, wobei zur Diskussion der Qualität und Aussagekraft der Studien ausdrücklich auf verwiesen Tabelle B 3-2 sei.

Autoren/ Modellansatz	Forschungsfrage	Methodisches Vorgehen (*Bemerkungen*)	Hauptergebnisse
1997 - MURPHY, KUMAR [VGL. MURPHY, KUMAR: CANADIAN SURVEY 1997] vgl. Abschnitt B 3.1.1, S. 57ff.	(1) Beschreibung des FFEs Erfassung der Aktivitäten im FFE von high-tech Unternehmen. Zuordnung der identifizierten Aktivitäten zu den verschiedenen Phasen des FFE	Fragebogen; 53 Personen (aus FuE, Marketing, Fertigung) aus 15 high-tech Unternehmen, die in Ontario im Bereich integrierter Schaltungen aktiv sind; damit: Einengung auf eine Branche und eine Region. Die Probanden wurden gebeten, aus der Literatur abgeleitete FFE-Praktiken nach Wichtigkeit zu bewerten. Sie konnten hierbei weitere Aktivitäten ergänzen. (*Warum diese Praktiken aus Managersicht „wichtig" sind, bleibt ebenso unklar, wie die Frage, ob sie in der Praxis auch tatsächlich stattfinden*)	Besonders wichtige Praktiken des FFE, ausgewählt aus allen typischen FFE-Aktivitäten (vgl. Phasen und Aktivitäten in Tabelle B 3-1): frühe Klärung der Projektaufgabe, direkter Kundenkontakt im FFE, systematische Suche nach neuen Marktchancen, Nutzung des kreativen Potenzials und Fachwissens der eigenen Mitarbeiter zur Ideengenerierung, Auswahl von Projekten nach Übereinstimmung mit der Unternehmensstrategie und den vorhanden Kompetenzen, Durchführung von Marktstudien und technischen Machbarkeitsstudien, klare Orientierung an den Bedürfnissen des Zielmarkts, Unterstützung durch das Top Management. (In dieser Kurzdarstellung der Ergebnisse wurden alle FFE-Aktivitäten genannt, die einen Wert von mind. 2,2 auf einer Skala von 0 (not important) und 3 (extremely important) erzielt haben und für die ein „confidence level" von mind. 90% gilt.)
1997-COOPER [VGL. COOPER: FIXING THE FFE 1997] vgl. Abschnitt B 3.1.1, S. 57ff.	(1) Beschreibung des FFEs + (2) Wirkung des FFEs auf den Projekterfolg Darstellung der notwendigen FFE-Aktivitäten, um den Projekterfolg zu sichern; Empfehlungen für einen FFE-Soll-Prozess	Zusammenfassung der Ergebnisse unterschiedlicher Studien zu den Erfolgsfaktoren von Produktentwicklungsprozessen. (*Basiert auf umfangreichen Untersuchungen, die hinsichtlich des FFE allerdings wenig detailliert sind, da die „pre-development activities" meist zu einem Erfolgsfaktor aggregiert werden*)	Die Untersuchung liefert die in Tabelle B 3-1 dargestellten Phasen und Aktivitäten sowie eine Diskussion ihrer Erfolgsbedeutung. Darauf aufbauend wird ein Stage-Gate-Prozess für die frühen Phasen erarbeitet. In ihm steht am Ende von „Idea Generation", „Preliminary Investigation" und „Business Case Preparation" jeweils ein Entscheidungspunkt („Gate").
1997-WILLIAMS, KOCHHAR [VGL. WILLIAMS, KOCHHAR: REFERENCE MODEL 1997] vgl. Abschnitt B 3.1.1, S. 57ff.	(1) Beschreibung des FFEs Entwicklung eines Referenzmodells für das FFE	Theoretisch abgeleitetes Referenzmodell mit objektorientierter Darstellung; keine empirische Untersuchung	Vgl. Phasen und Aktivitäten in Tabelle B 3-1: Jede der genannten fünf Aktivitäten wird in einem objektorientierten Teilmodell abgebildet.

Tabelle B 3-2: Forschungsansätze der aktuellen Front-End-Forschung

Autoren/ Modellansatz	Forschungsfrage	Methodisches Vorgehen (Bemerkungen)	Hauptergebnisse
1999 – HERSTATT [VGL. HERSTATT: FRÜHE PHASEN 1998] vgl. Abschnitt B 3.1.1, S. 57ff	**(1) Beschreibung des FFEs** Strukturierte Darstellung der Aktivitäten und Phasen des FFE	Theoretisch abgeleitetes Modell; keine empirische Untersuchung	Vgl. Phasen und Aktivitäten in Tabelle B 3-1: Auf dieser Basis werden Überlegungen zur möglichen Verbesserung der FFE Praxis angestellt.
1998 – KHURANA, ROSENTHAL [VGL. KHURANA, ROSENTHAL: INTEGRATING THE FFE 1997 UND KHURANA, ROSENTHAL: HOLISTIC FRONT ENDS 1998] vgl. Abschnitt B 3.1.2.1, S. 60ff	**(1) Beschreibung des FFEs** Systematische Untersuchung bestehender Front-End Praktiken auf Basis eines theoretisch abgeleiteten FFE Modells	Das theoretisch abgeleitete Front-End-Modell dient der Vorbereitung von teilstrukturierten Interviews mit >90 Managern in 8 „Fortune500"-Unternehmen aus den USA und 4 vergleichbaren Unternehmen aus Japan. Für insgesamt 18 Business Units wurde gefragt, inwieweit die Modellelemente in der Praxis implementiert sind und welche Probleme im FFE auftreten. *(12 Fälle auf relativ breiter Datenbasis, unterschiedliche Branchen, jedoch nur Großunternehmen mit formalisiertem Neuproduktentwicklungsprozess. Ergebnisse stammen z.T. aus einer Vorläuferstudie von 1997 mit Schwerpunkt auf inkrementelle Produktinnovationen, d.h. im Rahmen der Studie werden keine oder nur sehr wenige radikale Innovationen berücksichtigt).*	Mangel an integrierten Front-Ends, in denen Maßnahmen aufeinander abgestimmt sind: Die FFE Teilprobleme variieren stark zwischen Unternehmen; kein Unternehmen ist in allen Aspekten durchgehend besser als andere Unternehmen. Häufig genannte Problemfelder: Abstimmung der FFE-Entscheidungen auf die Gesamtstrategie des Unternehmens, unklare Aufgaben (Produktstrategie, Produktkonzept mit allen Aspekten, Priorisierung von Projekten), Führung und Verantwortlichkeiten im FFE. Zwei alternative Herangehensweisen bei der FFE-Gestaltung: Formalisierung und kulturbezogener Ansatz
2001/2002 – KOEN ET AL. [VGL. KOEN ET AL.: COMMON LANGUAGE 2001, S. 46F. UND KOEN ET AL. FUZZY FRONT END 2002] vgl. Abschnitt B 3.1.2.2, S. 61ff.	**(1) Beschreibung des FFEs + (2) Wirkung des FFEs auf den Projekterfolg** Untersuchung zur Professionalität der Front-End Praxis und ihrer Auswirkungen auf die Innovativität von Unternehmen	Das theoretisch abgeleitete Front-End-Modell dient der Vorbereitung einer fragebogengestützten Untersuchung von 23 relativ großen Unternehmen zu Innovativität und Professionalität ihres Front-End-Managements; das gleiche Modell ist Grundlage einer aktuell in Arbeit befindlichen Best-Practice Studie. Das genaue methodische Vorgehen, insb. die Art und Anzahl der Fragen, ist nicht dokumentiert.	Hochinnovative Unternehmen unterscheiden sich signifikant gegenüber Unternehmen mit mittlerer oder geringer Innovativität in Bezug auf ihre Front-End-Praxis in der „Engine", der „Opportunity Identification" und dem „Technology Development Process". Sind auch in nahezu allen anderen Aspekten des FFE überlegen.

Tabelle B 3-2: Forschungsansätze der aktuellen Front-End-Forschung

Autoren/ Modellansatz	Forschungsfrage	Methodisches Vorgehen (*Bemerkungen*)	Hauptergebnisse
2001 – ZHANG, DOLL [VGL. ZHANG, DOLL: CAUSAL MODEL 2001, S. 106F.] vgl. Abschnitt B 3.1.3.1, S.64ff	**(2) Wirkung des FFEs auf den Projekterfolg** Untersuchung des Einfluss von FFE Praktiken und FFE Rahmenbedingungen auf den Projekterfolg	Theoretisch abgeleitetes Modell auf Basis einer umfangreichen Literaturanalyse; keine empirische Untersuchung, jedoch Berücksichtigung von empirischen Arbeiten	Siehe B 3.2.3, Seite 82ff.
2002/2003 – HERSTATT, VERWORN, NAGAHIRA [VGL. HERSTATT, ET AL.: EXPLORATORY STUDY 2002. UND VERWORN: FFE MASCHINENBAU ELEKTROTECHNIK 2003] vgl. Abschnitt B 3.1.3.2, S. 68ff.	**(2) Wirkung des FFEs auf den Projekterfolg** Untersuchung des Einfluss von FFE Praktiken und FFE Rahmenbedingungen auf den Projekterfolg	Theoretisch abgeleitetes Front-End-Modell; Durchführung einer explorativen Untersuchung von jeweils 14 Produktentwicklungsprojekten in deutschen und japanischen Unternehmen. Strukturierte Interviews mit > 40 Fragen und skalierten Antwortmöglichkeiten (z.B. „strongly disagree" – „strongly agree").	Das FFE wird in den untersuchten Unternehmen professionell gehandhabt: Ideen werden intensiv bewertet und fundiert ausgewählt; technische Unsicherheit und Marktunsicherheit werden erfolgreich abgebaut; Projektziele werden zur weitgehend Zufriedenheit der Unternehmen erreicht (26 der 28 Projekte sind erfolgreich); Probleme treten bei der Projektplanung und Effizienz der Durchführung auf. Indizien für Unterschiede der FFE Praxis je nach Größe und Land der Unternehmens
2002 – KIM, WILEMON [VGL. KIM, WILEMON: STRATEGIC ISSUES 2002, S. 28FF. UND KIM, WILEMON: FOCUSING ON THE FFE 2002, S. 269FF.] Abschnitt 0 3.1.3.3, S. 70ff.	**(3) Faktoren des FFE-Erfolgs** Untersuchung des Einflusses von FFE-Praktiken und FFE-Rahmenbedingungen auf den FFE-Erfolg	Theoretisch abgeleitetes Modell auf Basis einer umfangreichen Literaturanalyse; keine empirische Untersuchung, jedoch Berücksichtigung von empirischen Arbeiten	Siehe B 3.2.3, Seite 82ff.
1994/2000 – REINERTSEN [VGL. REINERTSEN: STREAMLINING THE FFE 1994 UND REINERTSEN: FUZZINESS 2000, S. 56] Abschnitt 0 3.1.4, S. 73ff.	**(4) Situationsabhängige FFE-Gestaltung** Untersuchung der relevanten Parameter für die FFE-Prozessgestaltung	Theoretische Überlegungen zur Art, Anzahl und Anordnung von „Filtern" im FFE in Abhängigkeit von u.a. Kosten des Screening, Kosten der Verzögerung, Zeitkritizität. (*Rein theoretische Überlegungen unter z.T. problematischen Modellannahmen*)	Siehe B 3.1.4, Seite 73ff. Der grundsätzliche FFE-Ablauf muss unternehmensindividuell gestaltet; der Durchlauf der Projekte durch das FFE projektübergreifend gesteuert werden.

Tabelle B 3-2: Forschungsansätze der aktuellen Front-End-Forschung

3.2 Praxis der frühen Produktentstehungsphasen

Wie im vorangegangenen Kapitel bereits dargestellt, kann die derzeitige Richtung der FFE Forschung auf vier – nicht vollständig überschneidungsfreie – Kernfragen zurückgeführt werden (vgl. S. 75f.): die Fragen nach der tatsächlichen Gestaltung des FFE in der Praxis und seiner Erfolgsbedeutung für die spätere Produktentwicklung, die Suche nach den Erfolgsfaktoren des FFE und schließlich die Überlegung, wie das Front-End situationsspezifisch richtig konfiguriert werden sollte. Nachfolgend werden alle vier Fragen auf Basis der in der Literatur vorliegenden Erkenntnisse beantwortet.

3.2.1 Gestaltung des Fuzzy Front Ends

Die Frage nach den Aufgaben und Abläufen im FFE wird – wie Kapitel B 3.1.1 (Seite 57ff.) gezeigt hat – von unterschiedlichen Autoren weitgehend gleich beantwortet, wenn auch verschiedene Front-End-Modelle existieren. Diese Aufgaben und Abläufe lassen sich auch empirisch nachweisen, doch sind weit reichende Aussagen über die Praxis der frühen Phasen der Produktentwicklung angesichts der Beschränkung vieler Arbeiten kaum möglich. Zumindest zwei Aussagen lassen sich allerdings mit einiger Sicherheit treffen:

1. Die Unterteilung des Produktentwicklungsprozesses in frühe und späte Phasen ist sinnvoll. Empirische Untersuchungen bestätigen, dass es sich um unterscheidbare Prozessschritte mit jeweils spezifischen Problemstellungen und Methoden handelt [VGL. MURPHY, KUMAR: CANADIAN SURVEY 1997; KIM, WILEMON: FOCUSING ON THE FFE 2002; KOEN ET AL.: COMMON LANGUAGE 2001].

2. Das FFE wird in der Praxis unternehmensspezifisch verschieden gehandhabt, denn es existieren keine weit verbreiteten Standardabläufe. Die eingesetzten Methoden und das Ausmaß der Formalisierung von Prozessschritten variieren. Auch Fragen der funktionalen Integration sowie der Integration von Produktanforderungen und Technologien werden unterschiedlich stark berücksichtigt [VGL. KHURANA, ROSENTHAL: INTEGRATING THE FFE 1997, 114FF. UND VGL. KOEN ET AL.: COMMON LANGUAGE 2001, S. 52FF.].

Aufgrund der großen Unterschiede in der Front-End Praxis ist bislang unklar, ob die frühen Phasen der Produktentwicklung in der Regel „professionell gemanagt" werden oder ein „Stiefkind der Managementbemühungen" sind. *MURPHY UND KUMAR* bemerken: „It appears that firms may still not be aware of the range of evaluation methods available, nor the importance of conducting a thorough predevelopment effort."[MURPHY, KUMAR: CANADIAN SURVEY 1997, S. 14]. Entsprechend bezeichnet *COOPER* "poor upfront homework" als eines der häufigsten Probleme in Produktentwicklungsprozessen [COOPER: SUCCESS FACTORS, 1999, S. 119]. Nach seinen Untersuchungen werden wichtige FFE-Aktivitäten nicht durchgeführt und Produktideen erreichen „ungebremst" die späteren Projektphasen. Dabei hat in 88% der Fälle kein systematisches Ideenscreening statt gefunden und in 37% der Projekte fehlt eine Geschäfts- und Finanzanalyse [COOPER: FIXING THE FFE 1997, S. 21F.] *HERSTATT ET AL.* finden in den von ihnen untersuchten Unternehmen dagegen „the fuzzy front end ... was predominantly managed proficiently" [HERSTATT ET AL.: EXPLORATORY STUDY 2002, S. 21].

Die Beurteilung der Professionalität der Front-End Praxis wird zudem erschwert, da Unternehmen nicht einfach „gut" oder „schlecht" sind, sondern oft einzelne Aspekte des Front-End-Managements professionell handhaben, während andere Aspekte nahezu vollständig fehlen. *KHURANA UND ROSENTHAL* sprechen in diesem Zusammenhang von „islands of capabilities", die zukünftig zu einem vollständig integrierten Front-End ausgebaut werden können [VGL. KHURANA, ROSENTHAL: INTEGRATING THE FFE 1997, S. 115].

Um die Defizite und drängendsten Probleme der Front-End Praxis zu identifizieren, sind weitere empirische Arbeiten erforderlich. Zur (Selbst-)Analyse von Unternehmen haben *KHURANA UND ROSENTHAL* [VGL. KHURANA, ROSENTHAL: INTEGRATING THE FFE 1997, S. 113] und *HERSTATT* [VGL. HERSTATT: FRÜHE PHASEN 1998, S. 90] Checklisten entwickelt. Großzahlige Untersuchungen, bei denen eine Vielzahl von Unternehmen mit ähnlicher Detailliertheit befragt werden, stehen dagegen noch aus.

3.2.2 Einfluss des Fuzzy Front Ends auf den Produktentwicklungserfolg

In der Literatur wird das FFE als wichtige Managementaufgabe charakterisiert, die eine hohe Bedeutung für den zeitlichen, finanziellen und qualitativen Erfolg von Entwicklungsprojekten hat. Häufig wird in diesem Zusammenhang angeführt, dass die frühen Produktentwicklungsphasen nur geringe Kosten verursachen, aber 80% der Herstellkosten des Produktes festlegen [VGL. SCHMIDT: KONZEPTFINDUNG 1996, S. 2 UND DIE DORT ANGEGEBENE LITERATUR]. Gleichzeitig haben sie entscheidenden Einfluss auf die Dauer des Produktentwicklungsprojektes und auf die zukünftigen Produkteigenschaften [VGL. COOPER, KLEINSCHMIDT: TIMELINESS 1994, S. 387].

Die frühen Phasen scheinen zudem eine Rolle für die Innovativität von Unternehmen zu spielen: *KOEN ET AL.* weisen in ihrer Untersuchung nach, dass sich hoch innovative und wenig innovative Unternehmen hinsichtlich ihrer späteren Produktentwicklungsphasen kaum, in Bezug auf das Front-End-Management aber drastisch unterscheiden. Eine professionelle Handhabung der frühen Phasen wirkt innovationsfördernd [VGL. KOEN ET AL.: COMMON LANGUAGE 2001, S. 52].

Diese Erfolgsbedeutung der frühen Phasen für den Produktentwicklungserfolg ist in mehreren Studien belegt [VGL. Z.B. COOPER, KLEINSCHMIDT: TIMELINESS 1994]. Allerdings subsumieren diese empirischen Arbeiten die vielfältigen Aktivitäten des FFE meist unter dem Begriff „pre-development activites" und untersuchen sie dementsprechend undetailliert [VGL. HERSTATT ET AL.: EXPLORATORY STUDY 2002, S. 0]. Damit lassen sich aus den o.g. Studien – trotz der durch sie belegten besonderen Bedeutung der frühen Phasen – nur schwerlich Konsequenzen für die Gestaltung des FFE ableiten.

3.2.3 Erfolgsfaktoren des Fuzzy Front Ends

Bislang existieren kaum Arbeiten, die umfassend untersuchen, welche Faktoren (oder Kombinationen von Faktoren) **im FFE** dazu führen, dass Entwicklungsprojekte erfolgreich durchlaufen werden. Die meisten Handlungsempfehlungen für das Front-End Management werden vielmehr theoretisch aus der Analyse von (teilweise empirischen) Arbeiten zu den Erfolgsfaktoren von Produktentwicklungsprojekten und aus allgemeinen Ansätzen des Innovationsmanagements abgeleitet.

Ein solches Vorgehen findet sich bei den in Abschnitt B 3.1.3 (Seite 64ff.) vorgestellten erfolgsorientierten Modellen: *KIM UND WILEMON* und *ZHANG UND DOLL* stellen in ihren Arbeiten eine Reihe von Maßnahmen zur Gestaltung der frühen Phasen vor, die sie aus einer umfangreichen Literaturanalyse ableiten. Zu deren Systematisierung bietet sich das Modell von *KHURANA UND ROSENTHAL* (vgl. Abbildung B 3-1, S. 60) an, da dieses Modell – anders als die Ansätze von *KIM UND WILEMON* und *ZHANG UND DOLL* – alle Phasen des FFE und seine projektübergreifenden Rahmenbedingungen differenziert erfasst.

Für die Einordnung der von *KIM UND WILEMON* und *ZHANG UND DOLL* dargestellten Front-End Maßnahmen ergeben sich damit drei Bereiche (vgl. Abbildung B 3-6): die Generierung und Auswahl potenziell erfolgreicher Produktideen („Pre-Phase Zero"- Bereich I.), die Produktkonzeptfindung und die Planung des Produktentwicklungsprojektes („Phase Zero und One" – Bereich II) und die organisatorischen Rahmenbedingungen sowie die strategische Unternehmensplanung („Foundation Elements" – Bereich III).

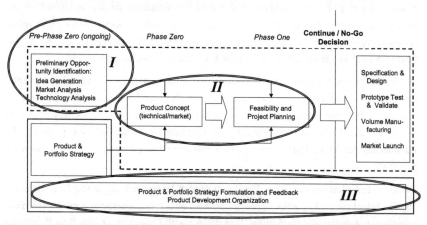

Abbildung B 3-6: Einordnung der Erfolgsfaktoren des FFE

Tabelle B 3-3 gibt den Maßnahmenkatalog von KIM UND WILEMON und ZHANG UND DOLL entsprechend dieser Systematisierung wieder.[17]

Strategieempfehlung	vgl. Quelle:
I Pre-Phase Zero	
1. Quelle von Produktideen erkennen und fördern; Innovationsbarrieren abbauen, z.B. durch Wissensnetzwerke	(1) S. 29f.
2. Kriterien für das Screening von Produktideen und die Projektauswahl anwenden, die der Unsicherheit und der potenziellen Chancen innovativer Produkte angemessen sind; kein Verharren auf einfachen, bewährten Kriterien (z.B. ROI)	(1) S. 30 (2) S. 273
II Phase Zero und Phase One	
3. Projektspezifisch optimalen FFE-Inhalt und optimale FFE-Dauer wählen (u.a. in Abhängigkeit von Kosten eines verzögerten Markteintritts, Fehlerkosten, Folgekosten bei zu geringer Abstimmung)	(1) S. 30f. (2) S. 271f.
4. Entwicklung einer einheitliche Auffassung des gemeinsamen Produktentwicklungsziels und Arbeitsplans innerhalb des Produktentwicklungsteams	(3) S. 101, Tab. II
5. Eindeutige Produktdefinition und Klärung der Entwicklungsaufgabe; Vorgabe klarer und realistischer Entwicklungsziele	(1) S. 30 (2) S. 271 (3) S. 101, Tab. II
6. Leitung des FFE durch einen „Product Champion" oder durch ein funktionsübergreifendes Team von Personen mit hohem Fach- und Kontextwissen, starker Motivation und ausreichender Autorität durch sichtbare Unterstützung durch das Top Management („Heavyweight" Projektmanager)	(1) S. 31f.; (2) S. 272 u. 273 (3) S. 102, Tab. IV
7. Projektleiter mit sozialer Kompetenz, flexibler Arbeitsweise und mit der Fähigkeit, dem Team die Projektziele deutlich zu machen und die Projektidee im Unternehmen „zu verkaufen"	(1) S. 32f.
8. Anwendung von SE-Prinzipien: enge und frühe Zusammenarbeit des FFE-Teams mit unterschiedlichen Funktionsbereichen. Integration von Produkt- und Prozessgestaltung	(1) S. 35f. (2) S. 275 (3) S. 102, Tab. IV
9. Zusammenarbeit mit externen Organisationen (FuE-Partner, Lieferanten, Vertriebspartner, Regierungen) zum Sammeln relevanter Informationen	(1) S. 36f. (2) S. 275ff.
10. Frühe Einbindung von Kunden in den Produktentwicklungsprozess; Besondere Berücksichtigung von Lead-Usern	(1) S. 36f. (2) S. 275ff. (3) S. 101, Tab. II

Tabelle B 3-3: Maßnahmen für erfolgreiches Front-End Management

---

[17] Die Zuordnung einzelner Gestaltungsparameter zu den Handlungsfeldern orientiert sich an den Arbeiten von KHURANA UND ROSENTHAL und steht dabei stellenweise im Widerspruch zur Zuordnung nach ZHANG UND DOLL. So bezeichnen ZHANG UND DOLL die Berufung eines „Heavyweight Managers" und die Anwendung von Concurrent Engineering z.B. als „Foundation Elements", während KHURANA UND ROSENTHAL diese Aktivitäten eher Phase Zero zuordnen [VGL. KHURANA, ROSENTHAL: INTEGRATING THE FFE 1997, S. 106, ABSATZ 1].

11. Übernahme von Produktentwicklungsverantwortung durch Lieferanten	(3) S, 102,Tab. IV
12. Parallele Verfolgung unterschiedlicher, ggf. konkurrierender Lösungen, bis Unsicherheit ausreichend abgebaut werden kann, um das Handlungsfeld auf eine Alternative einzuengen	(2) S. 273f.
13. Nutzung von Produktplattformen als Basis für mehrere Produktgenerationen	(3) S. 102, Tab. IV
III Foundation Elements	
14. Strategischer Weitsicht der Unternehmensleitung bei der Priorisierung und Ressourcenausstattung konkurrierender Projekte	(1) S. 33f. (2) S. 275
15. „Strategic Fit" der Projektziele und der Technologie-, Produkt- und generellen Unternehmensstrategie – gewährleistet durch starke strategische Orientierung bei der Projektauswahl und –Durchführung	(3) S. 101, Tab. II (3) S. 102, Tab. IV
16. Motivation des FFE Teams durch sichtbare Managementunterstützung, innovationsfreundliche Organisationskultur, geeignete Anreizsysteme (z.b. Toleranz gegenüber Fehlern)	(1) S. 34f. (2) S. 272f u. 275
17. Aufbau eines Informationssystem zur kontinuierlichen Sammlung von Informationen über Technologien, Märkte, organisationsinterne Entwicklungen, Wettbewerber usw.	(2) S. 274
18. Gestaltung eines ganzheitlichen, formalisierten FFE Prozessablaufs	(2) S. 274

Tabelle B 3-3: Maßnahmen für erfolgreiches Front-End Management (Fortsetzung) [18]

Die starke Übereinstimmung der Empfehlungen der unterschiedlichen Autoren zeigt, dass in theoretischen Arbeiten in weiten Teilen Konsens über die „richtigen", d.h. erfolgswirksamen Gestaltungsparameter für das Front-End herrscht. Empirische Arbeiten über deren jeweilige Ausprägung in der Praxis und deren Relevanz für den Gesamterfolg liegen jedoch kaum vor.

In **Pre-Phase Zero** sind die Abläufe bei der Ideengenerierung als Teil des FFE bislang wenig erforscht. Es gibt Anzeichen, dass in diesem Bereich aus Sicht von Unternehmenspraktikern Probleme bestehen, ohne dass deren Ausmaß und Form näher spezifiziert würde [VGL. KHURANA, ROSENTHAL: HOLISTIC FRONT ENDS 1998, S. 59].

Große Probleme existieren offensichtlich zudem im Bereich der Ideenauswahl (Empfehlung I 2 in Tabelle B 3-3):

- Die für die grobe Vorauswahl von Projektideen ggf. noch akzeptable Bewertung auf Basis von Erfahrung und Intuition des Managements wird in vielen Unternehmen nicht nur als erster Filter benutzt, sondern auch noch bei späteren Bewertungen. In manchen Fällen ist „Managerial Judgement" sogar das einzige Auswahlverfahren, wobei die angewendeten Kriterien obskur bleiben bzw. auf „Bauchgefühl" beruhen [VGL. CRAWFORD: NEW PRODUCTS

---

[18] (1): [VGL. KIM, WILEMON: STRATEGIC ISSUES 2002, S. 28FF],
(2): [VGL. KIM, WILEMON: FOCUSING ON THE FFE 2002, S. 269FF.]
(3): [VGL. ZHANG, DOLL: CAUSAL MODEL 2001, S. 95FF]

MANAGEMENT 1991, S. 181; MURPHY, KUMAR: CANADIAN SURVEY 1997, S. 14; COOPER ET AL.: PORTFOLIO MANAGEMENT 2001, S. 368 UND 374].

- Die Auswahl von Produktideen erfolgt mit einfachsten Methoden anhand weniger Kriterien (z.B. schlichte ROI Berechnung). In einer Untersuchung von COOPER ET AL. bezeichnen 40,3% der befragten großen bis sehr großen Unternehmen **Finanzkennzahlen** basierte Verfahren als **die wichtigste Methode** zur Auswahl von Projektideen und zur Zusammenstellung des Produktportfolios [VGL. COOPER ET AL.: PORTFOLIO MANAGEMENT 2001, S. 367]. Die Nutzwertanalyse als multikriterielles Bewertungsverfahren wird nur in 38% der Unternehmen überhaupt angewendet und ist nur für 5,3% der Unternehmen die wichtigste benutzte Methode. [VGL. COOPER ET AL.: PORTFOLIO MANAGEMENT 2001, S. 367]. Allgemein kommen multikriterielle Bewertungen mit gewichteten Kriterien eher selten zum Einsatz: sie wurden in den von HERSTATT ET AL. untersuchten Unternehmen, die eine Bewertung durchführten, nur in der Hälfte der Fälle eingesetzt [VGL HERSTATT ET AL.: EXPLORATORY STUDY 2002, S. 9FF.].[19]

Eine fundierte Bewertung aufgrund mehrerer Kriterien scheint den Erfolg des FFE zu verbessern. So zeigt die Untersuchung von COOPER, EDGETT UND KLEINSCHMIDT, dass sich erfolgreiche Unternehmen bei der Projektauswahl und Portfoliogestaltung weniger auf einfache Finanzkennzahlen verlassen und sich stark an klar definierten strategischen Zielen orientieren [VGL. COOPER ET AL.: PORTFOLIO MANAGEMENT 2001, S. 373FF.]. Dem entgegen zeigen sich in der Untersuchung von HERSTATT ET AL., die aufgrund der geringen Stichprobe nur bedingt aussagekräftig ist, jedoch keine nennenswerten Auswirkungen der Projektauswahl auf den späteren Projekterfolg: alle Projekte, auch die wenig umfassend bewerteten, waren relativ erfolgreich [VGL. HERSTATT ET AL.: EXPLORATORY STUDY 2002, S. 18F.].[20]

Phase Zero und Phase One sind empirisch insofern nicht erforscht, als kaum eine aktuell vorliegende Studie die in Tabelle B 3-3 genannten Maßnahmen in den **frühen** Phasen nachzuweisen sucht und den Erfolg (oder Misserfolg) des FFE dazu schlüssig in Beziehung setzt. Ob also beispielsweise eine parallele Entwicklung unterschiedlicher Lösungen, ein „Product Champion" als Manager oder eine Kunden- und Lead-User Einbindung im FFE tatsächlich zu erfolgreicher verlaufenden Front-Ends und in der Folge zu besseren Projekterfolgen führt, ist damit weitgehend unklar. Viele der in Tabelle B 3-3 genannten Empfehlungen stammen viel-

---

[19] Nicht alle der befragten Unternehmen haben überhaupt eine Bewertung durchgeführt: Sechs der 14 befragten Unternehmen gaben an, dass zu dem bestehenden Projekt keine Alternativen bestanden hätten, haben das Entwicklungsprojekt faktisch also ohne Alternativenauswahl gestartet [VGL HERSTATT ET AL.: EXPLORATORY STUDY 2002, S. 9FF.].

[20] Dies ist ein Kernproblem der Untersuchung: da keine Misserfolge erfasst wurden und alle untersuchten Projekte ähnlich erfolgreich waren, sind keine Aussagen darüber möglich, welche Faktoren die Effektivität des Projektes (u.a. gemessen in Kundenzufriedenheit) beeinflussen. Aussagen zur Effizienz (Kosten, Zeit, usw.) sind dagegen möglich, aufgrund der geringen Zahl der Untersuchungen jedoch auch problematisch.

mehr aus der Erforschung des gesamten Entwicklungsprozesses. Zunächst ist es hierbei durchaus plausibel, dass die Erfolgsfaktoren der Produktentwicklung auch für deren frühe Phasen gelten. Ebenso ist allerdings einsichtig, dass nicht jeder Erfolgsfaktor in jeder Phase wirkt: so bedarf es zumindest eines Grundverständnis der Entwicklungsaufgabe, bevor Externe (z.B. Lead-User, Lieferanten) sinnvoll ausgewählt und eingebunden, Projektziele und Verantwortlichkeiten formuliert und Plattformüberlegungen angestrengt werden können. Zudem ist manche Information aus nach gelagerten Phasen (z.B. Fertigung, Service) in den sehr frühen Phasen wohl noch nicht relevant. Eine differenzierte, auf die Teilphasen des FFE bezogene Betrachtung der Erfolgsfaktoren der Entwicklung ist daher zwingend, steht aber noch weitgehend aus.[21]

Nach KHURANA UND ROSENTHAL bestehen aus Sicht der von ihnen befragten Praktiker in Phase Zero und Phase One vor allem Probleme bei der Aufgabenklärung und Planung des Entwicklungsprojektes (siehe Empfehlungen II 3, 4, 5 in Tabelle B 3-3). Entwicklungsteams werden demnach mit unklar formulierten, nur teilweise expliziten Zielstellungen konfrontiert und finden es dementsprechend schwierig, klare und stabile Produktkonzepte zu erarbeiten. In der Folge treten zudem Projektplanungsprobleme (z.B. unklare Prioritätensetzungen, unvollständige Ressourcenplanungen) auf. Da die befragten Praktiker diese Aspekte für problematisch befinden, ist zumindest zu vermuten, dass sie negative Auswirkungen auf den Projekterfolg haben, auch wenn danach nicht explizit gefragt wurde [VGL. KHURANA, ROSENTHAL: INTEGRATING THE FFE 1997, S. 109F.].

Die Untersuchung von HERSTATT ET AL. kommt zu einem etwas anderen Ergebnis: In den befragten Unternehmen erfolgten relativ umfangreiche Aktivitäten zur Klärung der Entwicklungsaufgabe, die sich für den Abbau von Unsicherheit als weitgehend erfolgreich erwiesen. Gleiches galt, wenn auch in geringerem Maße, für die Projektplanung, die in fast allen Unternehmen erfolgte. Sie wurde von den Befragten allerdings in den frühen Phasen als nicht sehr wichtig erachtet und erfolgte in vielen Fällen mit geringer Detaillierung. Sorgfältig geplante Projekte unterschieden sich in Bezug auf das Ergebnis (Kundenzufriedenheit, Wettbewerbsvorteil etc.) nicht von anderen Projekten, kamen aber mit den ihnen zugewiesenen zeitlichen und finanziellen Ressourcen besser aus und benötigten seltener eine Anpassung des technischen Konzepts [VGL. HERSTATT ET AL.: EXPLORATORY STUDY 2002, S. 12FF. UND VERWORN: FFE MASCHINENBAU ELEKTROTECHNIK 2003, S. 291FF.].

Die Frage, **wie und durch wen ein Projekt im FFE geführt werden sollte** (siehe Empfehlungen II 6 und 7) scheint für die Praxis problematisch: „none of our case study sites were sa-

---

[21] Eine Ausnahme bildet die Untersuchung von SALOMO ET AL., die Schnittstellen in hoch-innovativen Projekten untersucht und zu dem Ergebnis kommt, dass bei diesen Projekten eine geringe Integration in den frühen Phasen und eine intensive Integration in den späten Phasen den Innovationserfolg gegenüber durchgehend

tisfied with their model of front-end leadership" [KHURANA, ROSENTHAL: HOLISTIC FRONT ENDS 1998, S. 66]. Dies ist sicherlich in der Tatsache begründet, dass die frühen Phasen in der Tat „fuzzy" sind und sich Verantwortlichkeiten daher schwer festlegen lassen: so existiert während der Ideengenerierung und -bewertung oft noch überhaupt kein „Projekt", für das jemand Verantwortung übernehmen könnte. Statt dessen muss die Idee einen Mentor finden, der sie fördert, bis sie reif genug für Entscheidungen über Projektteams und Verantwortlichkeiten ist. In der Untersuchung von HERSTATT ET AL. zeigt sich jedoch, dass klare Verantwortlichkeiten zu Beginn des Projektes trotz dieser Schwierigkeiten angestrebt werden sollten, da sie – ebenso wie eine gute Projektplanung – die Effizienz der Projekte steigern und die Zahl der notwendigen Änderungen am technischen Konzept verringern [VGL. VERWORN: FFE MASCHINENBAU ELEKTROTECHNIK 2003, S. 291FF.].

Die anderen in Tabelle B 3-3 genannten Empfehlungen zur Phase Zero und Phase One (siehe Empfehlungen II 8-13) sind empirisch kaum untersucht: In den Fallstudien von KHURANA UND ROSENTHAL deutet sich jedoch an, dass **funktionale Integration** (siehe Empfehlung II 8 in Tabelle B 3-3) eine Realität ist. So scheint in den meisten Unternehmen während des gesamten Projektes zumindest ein Kernteam zu bestehen, das sich aus unterschiedlichen Funktionsbereichen zusammensetzt und dessen frühe Existenz erfolgsfördernd ist [VGL. KHURANA, ROSENTHAL: INTEGRATING THE FFE 1997, S. 108].[22] HERSTATT ET AL. kommen für die von ihnen in diesem Zusammenhang untersuchte Phase der Ideenbewertung allerdings zu dem abweichenden Ergebnis, dass interdisziplinäre Teams nicht die Regel sind [VGL. HERSTATT ET AL.: EXPLORATORY STUDY 2002., S. 9FF.]. Über die Erfolgswirkung der wenigen in der Studie nachweisbaren interdisziplinären Teams lassen sich keine Aussagen treffen. Ebenso bleibt in beiden Studien die Frage unbeantwortet, ob eine unternehmensübergreifende Integration (siehe Empfehlungen II 9-11 in Tabelle B 3-3) erfolgt bzw. erfolgen sollte.

Aus der Studie von KHURANA UND ROSENTHAL ergeben sich Hinweise, dass die Balance zwischen Unsicherheitsreduktion (z.B. durch frühe Festlegungen im Rahmen des Design Freeze) und Flexibilität für Praktiker ein Problem darstellt und Überlegungen zur projektübergreifende Plattformplanung beinhalten (siehe Empfehlungen II 12 und 13 in Tabelle B 3-3). Auch hier ist die empirische Basis allerdings äußerst dünn, da es sich um einzelne Fälle in den untersuchten Unternehmen handelt. Zudem sind keine Aussagen über den Erfolg dieser Maßnahmen möglich [VGL. KHURANA, ROSENTHAL: INTEGRATING THE FFE 1997, S. 110].

Für die **Foundation Elements** ist die empirische Datenlage ebenfalls problematisch, jedoch zumindest in Bezug auf die Empfehlungen zur **strategischen Orientierung und Einbindung** von Projekten (Empfehlung III 14 und 15) etwas besser. So zeigt die bereits erwähnte Studie

---

hoher Integration verbessert [VGL. SALOMO ET AL.: SCHNITTSTELLENMANAGEMENT 2003].
[22] Siehe hierzu auch die Ausführungen zur Integration in Abschnitt 1.2, Seite 19ff.

von COOPER, EDGETT UND KLEINSCHMIDT, dass Unternehmen, die Projekte im Rahmen einer umfassenden Produktportfoliostrategie bewerten und mit Ressourcen ausstatten, erfolgreicher sind als andere [VGL. COOPER ET AL.: PORTFOLIO MANAGEMENT 2001, S. 373FF.]. In der Praxis scheinen Schwierigkeiten bei der Portfolioplanung weniger bei der Durchführung der Planung, als vielmehr aufgrund eines Mangels an klaren Strategien aufzutreten [VGL. KHURANA, ROSENTHAL: INTEGRATING THE FFE 1997, S. 108].

Die Empfehlung zum **Aufbau von Informationssystemen** zur systematischen Sammlung externer (Umfeld)informationen (siehe Empfehlungen III 17 in Tabelle B 3-3) scheint auf Basis empirischer Belege gerechtfertigt: Nach einer Untersuchung von *AHITUV ET AL.* unterscheiden sich Unternehmen mit erfolgreichen Produkten von weniger erfolgreichen Unternehmen durch den Umfang, mit dem sie formale Umfeldbeobachtungen in den von ihnen identifizierten unsicheren Umfeldbereichen betreiben [VGL. AHITUV ET AL.: SCANNING 1998, S. 206FF.].

Nicht bestätigt wird allerdings die Empfehlung zu ganzheitlichen, formalisierten FFE Prozessabläufen (vgl. Empfehlung III 18 in Tabelle B 3-3):

- *HERSTATT ET AL.* beobachten in der Praxis verschiedene Formen der Front-End-Gestaltung [HERSTATT ET AL.: EXPLORATORY STUDY 2002, S. 13FF.]: In japanischen Unternehmen werden relativ detaillierte Pläne erstellt, um sicherzustellen, dass alle Anforderungen an den Produktentwicklungsprozess berücksichtigt werden. Je nach Projektfortschritt ändern sich die am Front-End Beteiligten und Verantwortlichen. Die Einhaltung der Pläne wird durch striktes Controlling gesichert. Deutsche Unternehmen verzichten dagegen weitgehend auf formale Planungs- und Controllingmethoden. Sie integrieren aber bereits bei der Planerstellung unterschiedliche Funktionsbereiche und lassen die Teilnehmer des Projektteams im gesamten Front-End unverändert. Keine der beiden Herangehensweisen führt zu besseren Ergebnissen.[23]

- Auch *KHURANA UND ROSENTHAL* finden in ihren Fallstudien zwei prinzipiell unterschiedliche Herangehensweisen an das Front-End, die sie als „Formality of the front-end" und als „Culture-Driven Approach" charakterisieren [VGL. KHURANA, ROSENTHAL: HOLISTIC FRONT ENDS 1998, S. 67 FF.]. Bei der Formalisierung des Front-Ends zielen die Aktivitäten darauf ab, den Ablauf der frühen Phasen zu strukturieren, zu koordinieren und für alle beteiligten Funktionsbereiche nachvollziehbar zu machen, wobei standardisierte Verfahren (Reports, formale Freigaben, etc.) zum Einsatz kommen. Die kulturbezogene Herangehensweise setzt dagegen darauf, dass allen am Front-End Beteiligten die Ziele und Zwänge der frühen Phasen (Unternehmensstrategie, technische Machbarkeit, Kundenorientierung, Termine,

---

[23] Für die untersuchten deutschen Unternehmen ergaben sich in Abhängigkeit von der Unternehmensgröße keine gravierenden Unterschiede.

Ressourcen etc.) bekannt sind. Koordination erfolgt dann ohne formale Verfahren durch Aushandlungsprozesse zwischen den Prozessbeteiligten. Auch KHURANA UND ROSENTHAL geben keinem der beiden Ansätze für das Front-End Management den Vorzug, sondern halten prinzipiell beide für Erfolg versprechend.

Damit bestehen Indizien dafür, dass die Zweckmäßigkeit der Gestaltungsstrategien in Tabelle B 3-3 von der jeweiligen Situation abhängig ist: wenn starke Fähigkeiten zur Selbstorganisation vorliegen, weil ein gut funktionierendes Team unter starker Führung in einer offenen, innovationsfreundlichen Kultur agiert (Umsetzung der Empfehlungen II 6 bis 8 und III 16) bzw. wenn, wie wahrscheinlich im Fall der untersuchten deutschen Unternehmen, die Informationsweitergabe gewährleistet wird, indem Teams langfristig unverändert bleiben, so scheinen formalisierte Prozesse verzichtbar.

Angesichts der allgemein äußerst dünnen und z.T. widersprüchlichen empirischen Erkenntnisse ist es derzeit jedoch zweifelhaft, ob sich solchermaßen allgemeingültige Aussagen über die „richtige" Gestaltung des FFE überhaupt treffen lassen.

3.2.4 Situative Einflüsse auf die optimale FFE Gestaltung

Die theoretischen Überlegungen von REINERTSEN und die empirischen Arbeiten von HERSTATT ET AL. sowie von KHURANA UND ROSENTHAL geben Hinweise darauf, dass kein „One-size-fits-all" Front-End Prozess existiert. Aufbauend auf dieser Überlegung, gehen NOBELIUS UND TRYGG der Frage nach, wie und in Abhängigkeit von welchen Faktoren sich FFE-Prozesse in der Praxis unterscheiden. Dabei betrachten sie in drei Fallstudien die projektspezifischen Besonderheiten unterschiedlicher Projekte. Im Rahmen der Fallstudien wurde untersucht, welche Aktivitäten (Mission Statement, Concept Generation, Concept Screening, Concept Definition, Business Analysis, Project Planning) erfolgten, ob sie sequenziell, parallel oder überlappend durchgeführt wurden und wann im FFE das der Fall war, wie viel und welche personellen Ressourcen für die einzelnen Aktivitäten aufgewandt wurden und welche Bedeutung die Front-End-Manager diesen Aktivitäten zumaßen [VGL. NOBELIUS, TRYGG: STOP CHASING 2002, S. 334FF.].

Bei **Fall 1** handelte es sich um ein langfristiges, stark forschungs- und technologiegetriebenes Projekt bei einem Automobilhersteller mit dem Ziel, das Konzept für einen neuen, hybriden PKW-Antrieb zu erstellen. Die Projektplanung erfolgte früh im FFE parallel zur Ideenfindung und vor der endgültigen Ideenauswahl. Zwischen FFE und Beginn der Entwicklung i.e.S. lag keine formale Go/No-Go Entscheidung. Eine Business Analyse wurde erst im Lauf der Entwicklung (nach Ende des FFE) erstellt.

Fall 2 betrachtete ein Projekt zur Plattformentwicklung bei einem Druckerhersteller mit dem Ziel, eine sieben Jahre alte, wirtschaftlich bedeutende Produktplattform durch eine leistungsfähigere und billigere Plattform zu ersetzen. Gründe hierfür waren gestiegener Wettbewerb sowie die Veraltung der eingesetzten Technologie, für die auf absehbare Zeit keine Lieferanten mehr zur Verfügung stehen würden. Bei diesem Projekt wurde eine formale Business Analyse durchgeführt. Sie diente als Grundlage für die Ideenauswahl und eine Go/No-Go Entscheidung, die das Ende des FFE und den Beginn der Entwicklung kennzeichnete. Die Projektplanung erfolgte nach der Ideenfindung zum Ende des FFE. Der Fall entsprach damit weitgehend dem Vorgehen in den in Abschnitt B 3.1.1 (vgl. Seite 57ff.) dargestellten sequentiellen Aktivitätenmodellen.

Fall 3 beruht auf der Beobachtung eines inkrementellen Projekts bei einem Druckerhersteller mit dem Ziel, eine vorhandene Schneidevorrichtung durch eine kostengünstigere Lösung zu ersetzen, da der Kunde nicht bereit war, für diese Vorrichtung extra zu bezahlen. Eine Business Analyse fand nicht statt. Die Projektplanung erfolgte von Beginn des FFE an parallel zur Ideenfindung. Der Übergang zur Entwicklung war durch eine formale Go/No-Go-Entscheidung gekennzeichnet.

Es ergab sich also für alle drei Projekte ein höchst unterschiedliches Bild: „.. no Front End process is equivalent to another with respect to set of activities, their sequences, degree of overlap, relative time duration and perceived importance of individual tasks" [NOBELIUS, TRYGG: STOP CHASING 2002, S. 337]. Die von *KOEN ET AL.* betonte Möglichkeit, FFE-Aktivitäten in nahezu beliebiger Reihenfolge zu durchlaufen wird in der Praxis also offensichtlich genutzt. *NOBELIUS UND TRYGG* sehen in den Fallstudien zudem die Bestätigung der Überlegungen von *REINERTSEN*: Front-End Manager prüfen zu Beginn eines Projektes alternative Front-End Konfigurationen und wählen den Umfang, die Reihenfolge und die Dauer von Aktivitäten sowie die Lage von Entscheidungspunkten in Abhängigkeit des Neuheitsgrads, der Komplexität und des Ressourcenbedarfs der Projekte [VGL. NOBELIUS, TRYGG: STOP CHASING 2002, S. 339]. Allerdings bleiben sie die Antwort schuldig, welche Ursachen konkret zu unterschiedlichen Front-End Konfigurationen führen und verweisen hierfür auf zukünftigen Forschungsbedarf.

3.2.5 Zusammenfassende Betrachtung der vorliegenden Erkenntnisse

Wie die vorangegangenen Ausführungen zeigen, ist der Stand des Wissens über die frühen Phasen der Produktentwicklung derzeit uneinheitlich: Ein recht umfassendes Verständnis herrscht in Bezug auf die Kernaktivitäten, die in den frühen Phasen der Produktentwicklung durchgeführt werden und sie als „Brücke zwischen Unternehmensstrategie und Entwicklungsprojekt" bedeutsam erscheinen lassen. Aus diesem Grundverständnis lassen sich die besonderen Anforderungen des FFE, sowie seine Rahmenbedingungen auf Projekt-, Unternehmens- und Umfeldebene plausibel ableiten. Durch Fallstudien ist zudem bekannt, welche FFE Praktiken in der Praxis auftreten und welche Probleme dabei entstehen. Allerdings liegen kaum konsistente empirische Erkenntnisse darüber vor, welche dieser Praktiken und Probleme verbreitet und typisch sind und welche nicht.

Noch schwieriger ist es, empirisch gesicherte Aussagen darüber zu treffen, welche FFE-Ausprägungen zum Projekterfolg oder Projektfehlschlag führen. Hierfür gibt es mehrere Gründe:

- Es existieren insgesamt nur sehr wenige Untersuchungen, die zumeist mit Fallstudien oder kleinen Stichproben operieren und oft begrenzt auf Regionen oder Branchen sind. Damit liegen wenig Ergebnisse vor, die sich verallgemeinern lassen.

- Es herrscht ein besonderer Mangel an Untersuchungen, die sich mit den Erfolgsfaktoren für die frühen Phasen befassen. Statt dessen werden Empfehlungen für die Produktentwicklung als Ganzes ungeprüft auf das FFE übertragen.

- Das FFE ist wichtig, aber nicht alleinig ausschlaggebend für den Erfolg von Entwicklungsprojekten. Untersuchungen, die die Erfolgsfaktoren im FFE anhand des Gesamtprojekterfolgs messen, greifen daher u.U. zu kurz, da Mängel und Vorzüge des FFE in späteren Phasen ausgeglichen werden könnten. Es fehlt also an Forschungsarbeiten speziell zum Erfolg des FFE.

- Wie aus den teilweise widersprüchlichen empirischen Ergebnissen zu sehen ist, gestalten sich die frühen Phasen in der Praxis stark unterschiedlich, wobei die internen Rahmenbedingungen (Unternehmenskultur, Formalisierungsgrad des FFE-Prozesses, Branche etc.) ebenso eine Rolle zu spielen scheinen, wie das Unternehmensumfeld (schnelle Technologieentwicklung, dynamische Märkte, etc.) und die Projektcharakteristika (radikale Innovation, Plattformprojekt, Ressourcenbedarf, etc.). Diese Zusammenhänge sind empirisch kaum erforscht. So fehlen weitgehend Erklärungen darüber, **wie** sich Rahmenbedingungen auswirken und ob sie sich ggf. auf einige grundlegende Faktoren (z.B. Komplexität, Unsicherheit oder Neuartigkeit der FFE Aufgabe) zurückführen lassen.

Insbesondere in der empirischen FFE-Forschung sind damit noch viele Fragen offen. Allerdings ist das Forschungsfeld zumindest eröffnet: In den frühen Phasen der Produktentwicklung erfolgen Aktivitäten und treten Probleme auf, die sich deutlich von späteren Entwicklungsphasen unterscheiden. Die Auseinandersetzung mit Maßnahmen, Instrumenten und Methoden zur FFE Gestaltung ist damit sowohl gerechtfertigt als auch möglich.

3.3 Fazit: Die frühen Phasen der Produktentstehung im Rahmen dieser Arbeit

Aus den in den vorherigen Kapiteln diskutierten Forschungsansätzen und Erkenntnissen über die Praxis des FFE lässt sich der Bezugsrahmen für die vorliegende Arbeit ableiten (vgl. Abbildung B 3-7 auf der folgenden Seite).

Das FFE ist ein der Produktentwicklung im engeren Sinne vor gelagerter Teilprozess der Produktentstehung. **Das Front-End beginnt mit einer Produktidee**, d.h. mit einer funktionalen Beschreibung eines potentiellen Produktes. Produktideen können entstehen, wenn bislang nicht genutzte technologische Potenziale oder unbefriedigte Kundenbedürfnisse erkannt werden. Sie können sowohl aus unternehmensinternen Quellen (z.B. Mitarbeiter im Vertrieb, in der Entwicklung, etc.) als auch aus externen Quellen (Kunden, Lead-User, Vertriebspartner, Konkurrenten) stammen.

Aus der u.U. recht großen Zahl von Produktideen müssen diejenigen Ideen ausgewählt werden, die unter technologischen und wirtschaftlichen Gesichtspunkten Erfolg versprechend erscheinen. Sie werden im Rahmen der Produktkonzeptfindung konkretisiert.

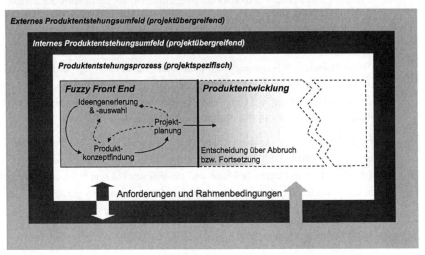

Abbildung B 3-7: Bezugsrahmen der vorliegenden Arbeit

Produktkonzepte sind (zumeist qualitative) Beschreibungen eines Produktes aus Sicht der potentiellen Kunden durch Texte, Skizzen oder Modelle. Das Produktkonzept klärt, welche Kundenbedürfnisse das Produkt zukünftig befriedigt, welche Funktionen und generelle Architektur es aufweist, welche Zielmärkte es bedient und auf welchen Produkttechnologien es gründet. Wenn Konkurrenzprodukte existieren, enthält das Produktkonzept darüber hinaus einen Vergleich zwischen dem neu zu entwickelnden Produkt und bestehenden Konkurrenzprodukten. Neben diesen vorwiegend qualitativen Beschreibungen erfolgen auch erste quantitative Analysen, wie eine technische Machbarkeitsbewertung und ggf. grobe Konzepttests in Bezug auf den Markt.

Im Rahmen der anschließenden **vorläufigen Projektplanung** wird das Produktkonzept hinsichtlich der für seine Erstellung erforderlichen Aktivitäten näher untersucht, um an vorläufige Termin-, Ressourcen- und Kostenpläne zu gelangen und ggf. Verantwortlichkeiten, z.B. in Bezug auf den Geschäftsbereich, in dem das Produkt entwickelt werden soll, zu regeln. Auf Basis dieser Planungen lassen sich u.a. Gesamtkosten und –erträge sowie mögliche Markteintrittszeitpunkte abschätzen.

Das Produkt wird abschließend erneut in Bezug auf seine technologische und wirtschaftliche Machbarkeit und seine Auswirkungen auf die Gesamtunternehmensstrategie hin beurteilt. Ist diese Beurteilung positiv, so endet das FFE und das Produkt tritt in die Entwicklungsphase ein. Ist die Beurteilung negativ, so wird das Produktkonzept entweder verworfen oder verbleibt im FFE, um überarbeitet zu werden.

Das Ziel der Ideengenerierung und –bewertung, der Produktkonzeptfindung und der vorläufigen Projektplanung ist es, die **bestehende Unsicherheit** vor Beginn der eigentlichen Entwicklung **so weit als möglich abzubauen bzw. ihre möglichen negativen Effekte durch Flexibilisierung einzudämmen.** Die Teilphasen werden dazu nicht rein sequenziell durchlaufen. Vielmehr entstehen immer wieder neue Fragestellungen und Unsicherheiten, die eine Rückkehr zu bereits durchlaufenen Front-End Phasen erfordern. Das Ergebnis des FFE entsteht also in vielen Fällen durch Iteration.

Das projektspezifische Front-End ist nicht losgelöst von **den projektübergreifenden, internen Umfeldbedingungen** der Produktentstehung, zu denen die Unternehmensstrategie, die Produkt- und Portfolioplanung, der organisatorische Aufbau der Produktentwicklung und die Unternehmenskultur gehören. Diese sind vom Unternehmen zwar langfristig gestaltbar, jedoch kurz- und mittelfristig konstant und müssen daher bei der Gestaltung des FFE als Rahmenbedingungen berücksichtigt werden. So müssen Produktkonzepte bspw. die bestehende Unternehmensstrategie unterstützen und Projektpläne auf die vorhandene Ressourcenausstattung abgestimmt werden. Zudem ist die Herangehensweise an das FFE so zu wählen, dass sie der Unternehmenskultur entspricht.

Das FFE stellt seinerseits Anforderungen an das interne Produktentstehungsumfeld. Der FFE-Prozess macht bspw. die kontinuierliche Sammlung und Verarbeitung von Informationen erforderlich, ohne die der Abbau von Unsicherheit im Front-End nicht erfolgen kann. Anforderungen ergeben sich auch aus der engen Verzahnung von Produktentstehung und Unternehmensstrategie. Wenn beispielsweise ein Produktkonzept im Front End verworfen wird, muss die entstehende Lücke in der Produktportfolioplanung erkannt und geschlossen werden. Das interne Produktentstehungsumfeld setzt also nicht nur den Rahmen für das FFE, sondern wird auch an dessen Erfordernisse angepasst.

Das **externe Produktentstehungsumfeld** ist vom Unternehmen dagegen nur in äußerst geringem Maße beeinflussbar. Allerdings kann eine umfeldgerechte Gestaltung des FFE dafür sorgen, dass auch „schwierige", d.h. turbulente und unsichere externe Unternehmensumfelder bewältigt werden und der Einfluss von Konkurrenten, Gesetzgebern, Kunden, Lieferanten, Vertriebspartnern usw. auf den Erfolg eines Produktes bereits in den frühen Phasen antizipativ berücksichtigt werden kann. Somit stellt das externe Umfeld ebenfalls Anforderungen an die Gestaltung des Front-End Prozesses.

C
Methoden und Instrumente für die frühen Phasen der Produktentwicklung

C

1 Herkömmliche Methoden und Instrumente für die frühen Phasen der Produktentstehung

Im vorangegangenen Hauptkapitel wurden die generellen Anforderungen und Aufgabenstellungen des FFE sowie vorliegende Erkenntnisse über dessen Erscheinungsformen und Erfolgswirkungen dargestellt. Die Ausführungen gleichen hierbei in einem Punkt vielen Arbeiten über die frühen Phasen der Produktentstehung: Sie beschreiben das FFE und geben generelle Empfehlungen für seine Gestaltung, thematisieren konkrete Instrumente und Methoden[24] zu seiner Unterstützung jedoch nicht. Bislang existieren in der Literatur damit kaum Instrumente und Methoden, die **speziell** für den Einsatz im Fuzzy Front End konzipiert wurden – wohl nicht zuletzt, weil die frühen Phasen der Produktentwicklung aufgrund ihrer geringen Formalisierung und Strukturierung als „unmanagebar" gelten. [VGL. MURPHY, KUMAR: CANADIAN SURVEY 1997, S. 5].

Allerdings sind aus der Marketingliteratur und den Ingenieurwissenschaften **allgemeine Ansätze** zur Bewältigung der vielfältigen Produktentwicklungsaufgaben bekannt, **die prinzipiell im FFE genutzt werden können**. Sie liefern die Grundlagen für die in Abschnitt C 1.1 dargestellten allgemeinen Methoden und Instrumente zur **Generierung und Auswahl von Produktideen** (Abschnitt C 1.1.1), zur **Erstellung und Bewertung von Produktkonzepten** (Abschnitt C 1.1.2) und zur **vorläufigen Projektplanung** (Abschnitt C 1.1.3).

Anschließend werden in Abschnitt C 1.2. zwei Ansätze vorgestellt, die im Gegensatz zu den herkömmlichen Methoden und Instrumenten keinen allgemeinen Charakter haben, sondern **speziell für das FFE** entwickelt wurden.

---

[24] Der Begriff der „Methode" bezeichnen im Folgenden allgemeine Herangehensweisen und Verfahren, wie z.B. die Szenarioplanung oder das Customer-Sort-Verfahren. Der Begriff „Instrument" wird für konkrete Werkzeuge benutzt, die beim Methodeneinsatz zur Anwendung kommen und die Methode ganzheitlich oder in Teilschritten unterstützen. Hierzu gehören Formblätter (z.B. Konsistenzmatrix, und Co-occurrence Matrix) und Softwaretools.

1.1 Allgemeine Methoden und Instrumente

In den frühen Phasen der Produktentwicklung – der Ideengenerierung, der Produktkonzeptfindung und der Projektplanung – werden die gleichen Aktivitäten teilweise mehrfach durchgeführt. Sowohl die Ideengenerierung als auch die Produktkonzeptfindung beinhaltet bspw. die Analyse von Trends, die Erfassung von Kundenbedürfnissen sowie die Ermittlung von Produktfunktionen. Beide Teilphasen erfordern zudem eine kreative Lösungssuche und enden mit einem Bewertungsschritt zur Beurteilung der erarbeiteten Produktideen bzw. Produktkonzepte (siehe Abbildung C 1-1). Entsprechend kommen die **allgemeinen Methoden und Instrumente** des Marketings und der Ingenieurwissenschaften **im FFE mehrmals zum Einsatz**. Meist können sie daher keiner der Teilphasen eindeutig zugeordnet werden.

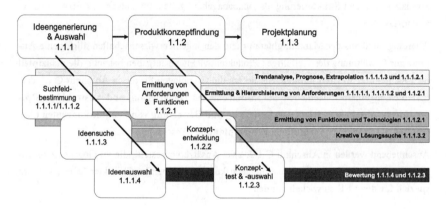

Abbildung C 1-1: Wiederkehrende Aktivitäten im Rahmen des FFE - die Nummern der Teilphasen bezeichnen die relevanten Abschnitte.

Abbildung C 1-1 gibt einen Überblick über die nachfolgenden Abschnitte, die der Darstellung allgemeiner FFE Methoden und Instrumente dienen: die hellen Rechtecke zeigen, in welche Abschnitte sich die folgenden Kapitel unterteilen. Die Unterteilung orientiert sich hierbei an den Teilphasen des FFE. Die grau hinterlegten Aktivitäten kommen, wie die Grafik zeigt, in mehreren Teilphasen zum Einsatz und werden daher mehrmals angesprochen. Die Kapitelnummer gibt jeweils an, in welchen Abschnitten die zu den Aktivitäten gehörigen Methoden und Instrumente schwerpunktmäßig dargestellt werden.

1.1.1 Methoden und Instrumente für die Phase der Ideengenerierung und -auswahl

Initialzündung der **Ideenfindung** sind ungenutzte Markt- oder Technologiepotenziale, die durch Produktideen erschlossen werden (könnten). **Produktideen** sind „denkbare" Produkte. Sie können sich sowohl auf Produktmodifikationen beziehen, durch die bestehende Produkte verbessert werden, als auch auf neuartige Produkte, die in dieser Form objektiv, d.h. für alle Anbieter oder subjektiv, d.h. für das produzierende Unternehmen neu sind [VGL. SCHRÖDER: INNOVATIONSPLANUNG 1999, S. 999].

Produktideen können zufällig ohne gerichtete Suche entstehen, wenn bspw. innovative Kunden mit ihren Vorschlägen an ein Unternehmen herantreten oder eigene Mitarbeiter spontane Einfälle haben. Angesichts der Bedeutung von Produktinnovationen genügt ein „Hoffen auf den Glücksfall", d.h. auf zufällig angebotene Ideen, jedoch nicht. Vielmehr ist eine **systematische Erschließung von Suchfeldern** erforderlich, innerhalb derer vorhandene Produktideen gesammelt bzw. neue Ideen unter Zuhilfenahme von Kreativitätstechniken gezielt entwickelt werden. [VGL. CRAWFORD: NEW PRODUCTS MANAGEMENT 1991, S. 27FF. UND 80FF.].

Suchfelder für Produktideen erschließen sich durch die Ermittlung dringender Kundenbedürfnisse, die im Markt aktuell oder zukünftig nicht erfüllt werden. In diesem Fall – dem sog. Nachfragesog, Market Pull bzw. **„Demand Pull"** – verursacht die vorhandene Nachfrage nach Produkten, die bislang unbefriedigte Bedürfnisse erfüllen können, die Entwicklung eines solchen Produkts. Die Nachfrage „zieht" ein neues Produkt also in den Markt [VGL. SCHRÖDER: INNOVATIONSPLANUNG 1999, S. 1000FF.].

Ein alternativer Suchweg wird durch Angebotsdruck bzw. **„Technology Push"** charakterisiert. In diesem Fall existieren attraktive Technologien, deren Leistungsfähigkeit und Kosteneffizienz sich schnell entwickeln und für die breite Anwendungsspektren denkbar sind. Sie sind der Ausgangspunkt für die Suche nach neuen Produkten, die diese Technologien nutzen. Somit „schiebt" die Technologieentwicklung das Produkt in den Markt [VGL. SCHRÖDER: INNOVATIONSPLANUNG 1999, S. 1000FF.].

Beide Ansätze haben Vor- und Nachteile: Innovationen, die auf „Demand Pull" basieren haben zwar eine gute Chance, auch tatsächlich auf einen aufnahmebereiten Absatzmarkt zu treffen, laufen aber Gefahr, immer nur relativ kurzfristige Reaktionen auf sich abzeichnende Bedarfe zu sein. Der Erhalt und die Entwicklung strategischer Erfolgspotenziale kann dadurch aus dem Blickfeld geraten [VGL. SCHRÖDER: INNOVATIONSPLANUNG 1999, S. 1002].

Der „Technology Push"-Ansatz beruht dagegen auf einer längerfristigen Betrachtung von Technologieentwicklungen und kann den Aufbau einer schwer imitierbaren, breiten Kompetenzbasis fördern. Eine starke Technologieorientierung birgt jedoch die Gefahr, dass ein Produkt zwar technologisch überzeugend ist und „dem Ingenieur gefällt", aber keine dringenden Kundenbedürfnisse befriedigt und auf dem Markt versagt. Zudem kann die Technologieorientierung bewirken, dass sehr unterschiedliche Märkte bedient werden, in denen zwar jeweils die gleiche Technologie, aber verschiedene Vertriebsstrukturen, Logistikkonzepte, Serviceangebote, usw. erforderlich sind. Solchermaßen fragmentierte Märkte fördern die Turbulenz des Unternehmensumfelds [VGL. SCHRÖDER: INNOVATIONSPLANUNG 1999, S. 1002].Technologieinduzierte Innovationen sind daher öfter erfolglos, als bedürfnisinduzierte [VGL. CRAWFORD: NEW PRODUCTS MANAGEMENT 1991, S. 77F.].

Prinzipiell sind sowohl „Demand Pull" als auch „Technology Push" zweckmäßige Leitlinien für die **Suchfeldbestimmung**, die am Beginn der Produktentstehung steht und auf der Ermittlung von Kundenbedürfnissen bzw. der Ermittlung technologischer Potenziale beruht [VGL. SCHRÖDER: INNOVATIONSPLANUNG 1999, S. 1002F.]. Nicht alle im Suchfeld identifizierten potenziellen Produkte sind technisch realisierbar und wirtschaftlich sinnvoll. Zur Ideengenerierung gehört neben der **Ideensuche** damit auch die **Auswahl** derjenigen Produktideen, die den größten Erfolg versprechen [VGL. Z.B. CRAWFORD: NEW PRODUCTS MANAGEMENT 1991, S. 180F.].

1.1.1.1 Suchfeldbestimmung durch Ermittlung von Kundenbedürfnissen („Demand Pull")

Startpunkt eines am „Demand Pull" orientierten Vorgehens ist die **Identifikation von Kundenbedürfnissen bzw. Kundenforderungen**. Sie sind gedanklich von Produkteigenschaften bzw. technischen Lösungen zu trennen: der Wunsch, einen Raum zu beleuchten, ist ein Bedürfnis, das durch die Forderung nach einer optisch ansprechenden, flackerfreien und sicheren Leuchte weiter konkretisiert werden kann [VGL. SCHMIDT: KONZEPTFINDUNG 1996, S. 44FF.]. Das Bedürfnis kann durch verschiedene Produkte (Gaslampe, Glühbirne, Leuchtstoffröhre usw.) mit unterschiedlichen Eigenschaften befriedigt werden.

Produkteigenschaften sind objektive Eigenschaften (z.b. das für eine Leuchtstoffröhre verwendete Edelgas), Produktfeatures bzw. Ausstattungsmerkmale und **Funktionen** eines Produktes (z.B. „akustischer An-/Aus-Schalter" oder „Dimmer-Funktion"). Zu den Produkteigenschaften gehören zudem die subjektiv vom Nutzer wahrnehmbaren Attribute, wie das Design einer Leuchte oder das Empfinden in Bezug auf ihr Licht. Produkteigenschaften können je nach Nutzer unterschiedlich wahrgenommen und bewertet werden (z.B. „gemütliches" versus „schummeriges" Licht) [VGL. SCHMIDT: KONZEPTFINDUNG 1996, S. 48FF.]. Die Wahrnehmung von Produkteigenschaften hängt von der **Einstellung des Nutzers** gegenüber dem Produkt ab und ist nicht vollständig stabil: emotionale Elemente können sich verändern, wenn sich Nutzer z.b. an einen neuartigen Designtrend gewöhnen, weil sie diesen im Alltag immer öfter sehen oder wenn sich das Markenimage eines Produktes gesteuert oder ungesteuert verändert. Auch die **verstandesmäßige Beurteilung** eines Produktes unterliegt dem Wandel, wenn sich bspw. Nutzungsbedingungen ändern, neue technische Standards durchsetzen oder Konkurrenzangebote auf den Markt treten [VGL. SCHMIDT: KONZEPTFINDUNG 1996, S. 57FF.].

In turbulenten Umfeldern sind Bedürfnisse daher zumeist stabiler als die Wahrnehmung von Produkteigenschaften [VGL. GRIFFIN: OBTAINING CUSTOMER NEEDS 1996, S. 156F.]. Zudem können Produktnutzer relativ verlässliche Aussagen über ihre ungelösten Probleme und Bedürfnisse machen, während die Beurteilung von Produkteigenschaften voraussetzt, dass sie mit dem jeweiligen Eigenschaftsaspekt bereits Erfahrungen gemacht haben bzw. Eindrücke über die Erfahrungen Dritter gewinnen konnten. Beides ist bei grundsätzlich neuartigen Produkten nicht der Fall ist [VGL. GRIFFIN: OBTAINING CUSTOMER NEEDS 1996, S. 154FF.]. Für die Suche nach neuen Produktideen sollte daher eine Fokussierung auf die **Offenlegung nicht (ausreichend) befriedigter Bedürfnisse** erfolgen.

Hierzu bestehen mehrere Möglichkeiten, die in Abbildung C 1-2 grob systematisiert werden.

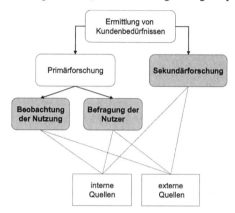

Abbildung C 1-2: Systematisierung von Möglichkeiten zur Offenlegung von Kundenbedürfnissen

Kundenbedürfnisse können prinzipiell durch Neuerhebung von Daten (**Primärforschung**) oder durch Auswertung bereits vorhandener Daten (**Sekundärforschung**) ermittelt werden, wobei jeweils interne und externe Quellen unterschieden werden.

Für die **Sekundärforschung** sind **unternehmensinterne Quellen** in Form von Vertriebsberichten, Serviceprotokollen, Beschwerden oder Nutzeranfragen relevant, die systematisch nach den ihnen zugrunde liegenden Problemen bzw. unbefriedigten Bedürfnissen ausgewertet werden können [VGL. Z.B. CRAWFORD: NEW PRODUCTS MANAGEMENT 1991, S. 511F.].

Für manche Produkte, wie z.B. Software, PDAs oder manche Automobile, bestehen im Internet zudem Nutzer-Foren, in denen sich Anwender über ihre Erfahrungen und Probleme austauschen. Vereinzelt werden diese „**Virtual Communities**" auch außerhalb des Internets präsent, so z.B. die „E-bay Community", die sich zunehmend auf Messen, Workshops oder sogar in Volkshochschulkursen trifft. Solche „Communities" können als **externe Quellen** sowohl Informationen über Bedürfnisse der Nutzer, als auch Ideen für neue Produkte liefern. Ansätze für ihre Erschließung finden sich u.a. bei *HENKEL UND SANDER* [VGL. HENKEL, SANDER: INNOVATIVE NUTZER 2003, S. 74FF.]. Andere externe Quellen der Sekundärerhebung sind u.a. Branchenreports und veröffentlichte bzw. gegen Entgelt erhältliche Marktstudien von Marktforschungsinstituten.

Bei der **Primärforschung** lassen sich grob zwei Formen der Datenerhebung unterscheiden: die **Beobachtung** der Produktnutzung und die **Befragung** des Produktnutzers bzw. Käufers. Beide Aspekte werden nachfolgend näher beleuchtet.

1.1.1.1.1 Beobachtung der Produktnutzung

Beobachtung bezeichnet die planmäßige Erhebung der Verhaltensweisen von Produktnutzern, ohne dass Fragen gestellt oder Antworten erbeten werden. Während die Konsumenten ein Produkt nutzen oder betrachten, werden ihre Handlungen sowie ihre geäußerten Gedanken und Eindrücke protokolliert oder gefilmt und anschließend ausgewertet. Dabei können Untersuchungspersonen zufällig gewählt sein, wenn z.b. die Passanten in einem Einkaufszentrum beobachtet werden, wie sie auf ein dort aufgestelltes, neues Produkt reagieren („**Murmur of the Customer**"-Verfahren) [VGL. URBAN, HAUSER: DESIGN AND MARKETING 1993, S. 227]). Es können aber auch ausgesuchte Probanden, die sich der Untersuchungssituation bewusst sind, beobachtet werden, während sie bspw. im Rahmen einer **Produktklinik oder im Marktforschungslabor** ein Produkt betrachten oder nutzen [VGL. LÜTHJE: KUNDENORIENTIERUNG 2003, S. 42F.].

Ein Kritikpunkt an diesen Verfahren ist allerdings die künstliche Befragungssituation: ein Produkt wird im Alltag unter wechselnden, im Labor nicht vollständig abbildbaren Situationen genutzt. Das in letzter Zeit verstärkt diskutierte Konzept des **Emphatic Design** setzt hier an, indem die Beobachtung in der Nutzungsumwelt des Kunden stattfindet [VGL. VGL. LEONARD, RAYPORT: EMPHATIC DESIGN 1997; LÜTHJE: KUNDENORIENTIERUNG 2003, S. 42F.].

Nutzungserfahrungen in Bezug auf Alltagsprodukte (z.B. Hygieneartikel, Haushaltsgeräte, Autos) können sich auch **im täglichen Leben des Entwicklungsteams** ergeben, wenn diese die relevanten Produkte einsetzen. Solchermaßen persönliche Erfahrungen sind wertvoll, wenn sie sich aufgrund unterschiedlicher Nutzungsaspekte langfristig aufbauen, wenn die Produktnutzung nicht beobachtet werden kann oder wenn ein Nutzer außerhalb des Entwicklungsteams Hemmungen hätte, sie zu verbalisieren [VGL. GRIFFIN: OBTAINING CUSTOMER NEEDS 1996, S. 158FF.]. Der Aufbau des nutzungsbezogenen Erfahrungswissens (nicht nur mit den eigenen Produkten) kann gefördert werden, indem dem Entwicklungsteam bestimmte Produkte zur Nutzung überlassen werden (z.B. Automobilentwickler fahren auf Dienstreisen bewusst Konkurrenzprodukte) oder indem es bei weniger alltäglichen Produkten tageweise die Rolle des Nutzers übernimmt (z.B. Scannerkassenhersteller lässt seine Mitarbeiter an Supermarktkassen arbeiten) [VGL. GRIFFIN: OBTAINING CUSTOMER NEEDS 1996, S. 159]. Da die Mitglieder des Produktentwicklungsteams während der Produktnutzung nicht beobachtet werden, sondern lediglich aufgefordert sind, ihre Eindrücke und Erfahrungen in geeigneter Form festzuhalten, handelt es sich bei dem Verfahren jedoch um einen nur wenig strukturierten Ansatz. Er kann als Form der „Selbstbeobachtung" charakterisiert werden.

1.1.1.1.2 Befragung der Nutzer

Neben der **Beobachtung der Nutzung** kann auch die **Befragung von Nutzern** Hinweise auf wichtige Bedürfnisse liefern. Sie kann durch Einzelinterviews erfolgen, deren Stoßrichtung je nach eingesetzter Methode variiert. Bei **„klassischen" Interviews** werden Kunden gebeten, bestehende Produkte zu beschreiben und zu schildern, wie sie sie nutzen und welche Bedürfnisse hierbei (nicht) erfüllt werden [VGL. URBAN, HAUSER: DESIGN AND MARKETING 1993, S. 224].

Bei sog. **VOC Interviews** („Voice-of-the-Customer"–Interviews) werden Bedürfnisse nicht unmittelbar erfragt, sondern episodische Interviews geführt. Die Probanden werden gebeten, sich eine bestimmte Nutzungssituation vor Augen zu führen und zu schildern, was ihnen mit dem Produkt passiert ist. Dabei werden gewöhnliche Nutzungssituation ebenso angesprochen, wie **„Critical Incidents"**, also ungewöhnliche Erlebnisse und Missgeschicke. Da die Untersuchungspersonen nur über persönliche Erfahrungen und nicht über abstrakte Bedürfnisse sprechen, gelten ihre Aussagen als zuverlässiger als bei klassischen Interviews [VGL. GRIFFIN: OBTAINING CUSTOMER NEEDS 1996, S. 161FF.].

Bei vielen Interviewtechniken wird **unterstützendes Material** eingesetzt, wie z.B. existierende Produkte, Produktbilder, Modelle und Prototypen. Die Einsatzpotenziale von Modellen und Prototypen haben sich hierbei in den letzten Jahren erweitert: dank verbesserter technologischer Möglichkeiten, wie CAD-Einsatz und Rapid Prototyping, können geometrische Prototypen heute schnell und früh erzeugt werden. Zudem kommen virtuelle Prototypen und Digital Mock-ups zum Einsatz [VGL. Z.B. DITTMAR: PROTOTYPGESTÜTZTE ZIELKOSTENPLANUNG 1997, S.35FF. UND DAHAN, SRINIVASAN: INTERNET-BASED PRODUCT CONCEPTS 2000]. Ein Produkt muss also noch nicht wirklich existieren, um als Stimulus bei der Kundenbefragung dienen zu können.

Manche Verfahren, wie die angesprochenen episodischen „VOC" oder „Critical-Incident" Interviews, sind wenig strukturiert, während sich andere, bspw. der **Rep Test**, durch starke Strukturierung auszeichnen. Bei diesem Test werden Kunden aufgefordert, drei Produkte unmittelbar miteinander zu vergleichen und zu erklären, welche Produkte sie für die ähnlichsten bzw. unähnlichsten halten und warum. Dies wird so lange wiederholt, bis beim Vergleich von Produkttripeln keine weiteren Produkteigenschaften als Differenzierungsmerkmal genannt werden. Die zugrunde liegende Annnahme hierbei ist, dass Kriterien, anhand derer die Kunden verschiedene Produkte unterscheiden, Hinweise auf ihre Bedürfnisstruktur geben. Allerdings besteht die Gefahr, das grundlegende Bedürfnisse, die jedes Produkt erfüllt, mit dem Verfahren unerkannt bleiben [VGL. SCHMIDT: KONZEPTFINDUNG 1996, S. 136FF.].

Verfahren zur Erfassung von Kundenbedürfnissen unterscheiden sich nicht nur in der Strukturierung, sondern auch in der Zahl der Teilnehmer. So setzen sog. **„Focus Group"**-Verfahren z.B. nicht auf Einzelinterviews, sondern auf moderierte Gruppensitzungen. Eine Fokusgruppe besteht aus 6-12 Nutzern bzw. potenziellen Kunden, die je nach Problemstellung zusammengestellt werden (z.B. Hausfrauen bei einer Handcreme, Automobilentwickler bei einem neuartigen Kunststoff für den Innenraum). In einem ca. zweistündigen Gespräch sucht die Gruppe – unter der Anleitung des Moderators – Bedürfnisse näher zu erkunden, wobei eine heterogene Gruppenzusammensetzung für vielseitige Beiträge und eine breite Abdeckung aller Bedürfnisse sorgen soll [VGL. SCHMIDT: KONZEPTFINDUNG 1996, S. 135FF. UND URBAN, HAUSER: DESIGN AND MARKETING 1993, S. 134FF.].

Unabhängig davon, ob die Befragung oder Beobachtung in Gruppen oder einzeln erfolgt und welche Techniken dazu eingesetzt werden – drei Aspekte sind immer zu beachten:

- Die **Anzahl der Befragten** darf nicht zu gering ausfallen, da kein Nutzer alle relevanten Bedürfnisse empfindet und äußert. Als Richtwert gilt, dass 20-30 Einzelpersonen befragt werden sollten, um eine gute Abdeckung aller Bedürfnisse zu erzielen. Der Grenznutzen zusätzlicher Probanden nimmt dabei mit jeder Befragung ab [VGL. URBAN, HAUSER: DESIGN AND MARKETING 1993, S. 224F.].

- Die befragten **Kunden** müssen **repräsentativ für den Markt** sein. Das ist nicht automatisch gegeben: es gibt eine natürliche Neigung, Kunden mit hoher Fachkenntnis, zu denen ein gutes Verhältnis besteht und die daher leicht zugänglich sind, eher zu befragen, als „schwierige" Kunden oder als Personen, die noch keine Kunden sind. Auch wird das Wort aktiver Kunden, die selbst Produktideen äußern, eher gehört als das passiver Kunden. Die „guten" – kompetenten, engagierten, kooperationsbereiten – Kunden unterscheiden sich in ihren Bedürfnissen aber u.U. stark vom Rest des Marktes [VGL. BROCKHOFF: CUSTOMERS' PERSPECTIVES 2003].

- Die befragten **Personen** müssen **repräsentativ für den Kunden** sein. Bei manchen Produkten sind Nutzer und Käufer unterschiedliche Personen. So wird Kindernahrung von Eltern gekauft. Investitionsgüter, wie Werkzeugmaschinen, werden ebenfalls nicht vom Bediener beschafft, sondern von sog. Buying Centern. Hieraus ergibt sich die Problematik, dass derjenige, der das Produkt aus Nutzersicht bewerten kann, nicht alle kaufentscheidenden Beurteilungen vornimmt [VGL. URBAN, HAUSER: DESIGN AND MARKETING 1993, S. 321FF.]

1.1.1.1.3 Verarbeitung und Interpretation der Befragungs- und Beobachtungsdaten

Beobachtung und Befragung ergeben eine Vielzahl von Einzelaspekten – in der Praxis durchaus 200-400 [VGL. SCHMIDT: KONZEPTFINDUNG 1996, S. 128] –, die sowohl zentrale und unabdingbare Eigenschaften des Produktes betreffen, als auch Detailanforderungen und Aspekte, die nur bei spezifischen technischen Lösungen relevant sind. Im Rahmen einer systematischen Auswertung müssen die erfassten Produkteigenschaften erst verdichtet, interpretiert und hierarchisiert werden, um so zu den ihnen zugrunde liegenden Bedürfnissen vorzustoßen.

Eine in diesem Zusammenhang neben dem sog. Kano-Modell, das Basisanforderungen, Leistungsanforderungen und Begeisterungsanforderungen unterscheidet [VGL. SCHMIDT: KONZEPTFINDUNG 1996, S. 140], übliche Strukturierung von Bedürfnissen ist die Unterscheidung nach „Primary Needs", „Secondary Needs" und „Tertiary Needs" [VGL. URBAN, HAUSER: DESIGN AND MARKETING 1993, S. 334F.]. **Primärforderungen** beziehen sich Kernbedürfnisse auf der strategischen Ebene (z. B. „angenehme Bedienung und Nutzung" für eine Autotür). **Sekundärforderungen** sind Anforderungen auf der taktischen Ebene, die Primäranforderungen weiter detaillieren (z. B. „leicht zu öffnen und zu schließen", „bietet Auflagemöglichkeit für Arme"). **Tertiärforderungen** sind auf der operativen Ebene der technischen Umsetzung angesiedelt und beziehen sich auf Möglichkeiten zur Anforderungserfüllung (z. B. „Tür ist von außen leicht zu öffnen", „Tür bleibt bergan offen", „Türinnenseite fühlt sich angenehm weich an") [VGL. SCHMIDT: KONZEPTFINDUNG 1996, S. 139FF; URBAN, HAUSER: DESIGN AND MARKETING 1993, S. 334F.]

Um die durch Sekundärforschung, Beobachtung und Befragung ermittelten Produkteigenschaften solchermaßen zu kategorisieren, kommen **Sorting-Verfahren** (siehe Exkurs in Abbildung C 1-3) zum Einsatz.

Sorting Verfahren

Grundprinzip - Strukturierung der vom Kunden genannten Produkteigenschaften, um die „dahinterliegenden" Kundenanforderungen zu identifizieren und zu hierarchisieren:

1. Dokumentation der ermittelten Eigenschaften (eine Karteikarte pro Produkteigenschaft)
2. Bildung von Stapeln ähnlicher, zusammengehörender Karten
3. Für jeden Stapel: Suche nach derjenigen Eigenschaft, die den Stapel aussagekräftig beschreibt – sie gilt als Primäranforderung.

Variante I: „Group Consensus Process": Stapelbildung und Eigenschaftszuordnung durch Gruppendiskussion des Produktentwicklungsteams; Dokumentation des Ergebnisses als sog. „**Affinity Chart**"

[VGL. URBAN, HAUSER: DESIGN AND MARKETING 1993, S. 228F.; SCHMIDT: KONZEPTFINDUNG 1996, S. 146F.]

Variante II: **„Customer Sort and Cluster Process":**
Stapelbildung und Eigenschaftszuordnung erfolgt durch Einzelbefragung von Kunden
Dokumentation und Vergleich der individuellen Ergebnisse durch „Co-occurence" Matrix, die zeigt, wie oft eine Anforderung in einer Zeile zusammen mit einer Anforderung in einer Spalte genannt wurde.
Anforderungen, die in Zeilen und Spalten oft gemeinsam genannt werden, werden mit Hilfe einer **hierarchischen Clusteranalyse** sukzessive aggregiert: es entsteht eine Hierarchie von Forderungen, wobei die stark aggregierten Hauptcluster als Primäranforderungen interpretiert werden, die durch die darunter liegenden Cluster näher spezifiziert werden.
[VGL. URBAN, HAUSER: DESIGN AND MARKETING 1993, S. 232F.].

Abbildung C 1-3: Exkurs – Sorting-Verfahren zur Hierarchisierung von Kundenanforderungen

Durch sie lassen sich mit überschaubarem Aufwand recht leistungsfähige Eigenschaftsstrukturierungen ableiten, wobei das „Customer-Sort-and-Cluster" Verfahren hierbei als zuverlässiger gilt als das Gruppenkonsensverfahren, das auf dem Urteil des Produktentwicklungsteam beruht, da sich Entwickler erfahrungsgemäß weniger an der Bedürfnisstruktur der Konsumenten als an der Baustruktur des Produktes orientieren [VGL. URBAN, HAUSER: DESIGN AND MARKETING 1993, S. 232F.].

Wenn durch das Sorting die Zahl der Eigenschaften auf 20-30 reduziert werden kann, lässt sich ergänzend das multivariate Verfahren der **Faktoranalyse** nutzen [VGL. URBAN ET AL.: ESSENTIALS 1987, S. 112F.; URBAN, HAUSER. DESIGN AND MARKETING 1993, S. 233FF.; SCHMIDT: KONZEPTFINDUNG 1996, S: 145F.]. Sie beruht auf der Annahme, dass sich **hinter den** vom Kunden **geäußerten, bewertungsrelevanten Produkteigenschaften wenige zentrale Anforderungen verbergen**. Um sie zu ermitteln, werden Konsumenten gebeten, existierende Produkte oder neue Produktkonzepte hinsichtlich konkreter Eigenschaften auf einer Skala zu bewerten. [VGL. URBAN ET AL.: ESSENTIALS 1987, S. 112F.]. Die Korrelationen zwischen den Eigenschaftsbeurteilungen der Konsumenten gibt Aufschluss, welche Eigenschaften stark bzw. weniger stark zusammenhängen. Durch den Algorithmus der Faktoranalyse wird eine kleine Zahl von unabhängigen Faktoren ermittelt, die diese Zusammenhänge möglichst gut erklären. [VGL. SCHMIDT: KONZEPTFINDUNG 1996, S. 145]. Die Interpretation der rechnerisch ermittelten unabhängigen Faktoren und ihre Benennung muss durch das Produktentwicklungsteam erfolgen [VGL. URBAN, HAUSER: DESIGN AND MARKETING 1993, S 235F.].

Die Faktoranalyse liefert nur dann sinnvolle Ergebnisse, wenn bereits bekannt ist, welche Eigenschaften ein Produkt aus Sicht des Kunden aufweist und wenn der Kunde sie getrennt voneinander auf einer Skala bewerten kann. Letzteres ist z.B. bei der „Anziehungskraft eines Parfüms" oder der „Eleganz eines Designs" problematisch [VGL. URBAN, HAUSER: DESIGN AND MARKETING 1993, S. 241].

Bei der **Multidimensionalen Skalierung (MDS)**, die ebenfalls zu den mutlivariaten Verfahren zählt, werden Produkte daher nicht anhand einzelner, vorher festgelegter Eigenschaften bewertet, sondern entsprechend der Ähnlichkeit ihres Gesamteindrucks verglichen. Dazu werden Objekte in einem niedrig dimensionierten Raum so positioniert, dass die Positionen der Objekte und ihre gegenseitige räumliche Entfernung mit den tatsächlichen Entfernungen bzw. Ähnlichkeiten der Objekte weitestgehend übereinstimmen. [VGL. URBAN, HAUSER: DESIGN AND MARKETING 1993, S. 241FF. UND SCHMIDT: KONZEPTFINDUNG 1996, S. 250FF.].

Abbildung C 1-4 (vgl. S. 107) zeigt eine Karte mit zwei Dimensionen, wie sie das Ergebnis einer MDS sein könnte. Sie zeigt, dass sich die Automarken Daihatsu und BMW sehr viel stärker unterscheiden als die Marken Daihatsu und Ford. Allerdings ist nach Anwendung der MDS zunächst unklar, in Bezug auf welche Eigenschaften sich diese Marken ähnlich oder unähnlich sind. Die durch die Achsen repräsentierten Dimensionen müssen durch das Produktentwicklungsteam interpretiert und benannt werden [VGL. URBAN, HAUSER: DESIGN AND MARKETING 1993, S. 241FF.].

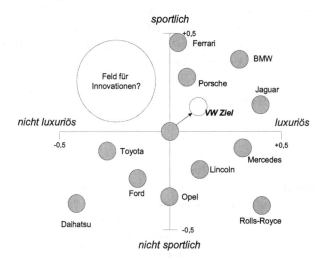

Abbildung C 1-4: Produktwahrnehmungsraum für PKW-Marken [VGL. LÜTHJE: KUNDENORIENTIERUNG 2003, S.40]

Karten wie die Karte in Abbildung C 1-4 werden als **Produktwahrnehmungskarte bzw. Perceptual Map** bezeichnet. [VGL. URBAN, HAUSER: DESIGN AND MARKETING 1993, S. 244]. Produktwahrnehmungskarten gehören zur Gruppe sog. **Positionierungsmodelle,** deren Grundidee es ist, bestehende Produkte anhand einiger zentraler Kriterien zu bewerten und miteinander zu vergleichen [VGL. LÜTHJE: KUNDENORIENTIERUNG 2003, S. 39F.]. Die Kriterien können hierbei vor Beginn der Positionierung festgelegt oder, wie im Fall von **Perceptual Maps auf Basis von MDS**, erst im Laufe der Untersuchung ermittelt werden. Bei sog. „**Determinant Gap Maps"** werden die Attribute ermittelt, anhand derer (nach Erfahrung des Produktentwicklungsteams) die Kunden ihre Kaufentscheidungen treffen und anschließend alternative Produkte entsprechend dieser Eigenschaften beurteilt und positioniert [VGL. CRAWFORD: NEW PRODUCTS MANAGEMENT 1991, S. 129].[25] Bei **Produktwahrnehmungskarten auf Basis von Faktoranalysen** werden aus einer Liste von Produkteigenschaften mit Hilfe der Faktoranalyse die zentralen Eigenschaften isoliert [VGL. CRAWFORD: NEW PRODUCTS MANAGEMENT 1991, S. 123FF.]. In manchen Modellen, z.B. den sog. **Value Maps bzw. Preference Maps,** werden bei der Positionierung auch Preise bzw. Kaufpräferenzen berücksichtigt [VGL. URBAN, HAUSER: DESIGN AND

---

[25] Dies birgt naturgemäß die Gefahr, dass die Sicht des Entwicklungsteams nicht dem realen Verhalten der Kunden entspricht [VGL. CRAWFORD: NEW PRODUCTS MANAGEMENT 1991, S. 129].

MARKETING 1993, S. 213FF. UND CRAWFORD: NEW PRODUCTS MANAGEMENT 1991, S. 129]. Lücken in Positionierungsmodellen (z.B. in Quadrant IV in Abbildung C 1-4:) geben Hinweise auf mögliche, bislang ungenutzte Marktchancen (hier: Markt für sportliche, aber nicht luxuriöse Automarken) [VGL. LÜTHJE: KUNDENORIENTIERUNG 2003, S. 39F.].[26] Sie sind damit Gegenstand der sog. **Lückenanalyse (Gap-Analysis)**, durch die die Suche nach „Lücken", die durch neue Produktideen gefüllt werden können, erfolgt [VGL. CRAWFORD: NEW PRODUCTS MANAGEMENT 1991, S 123FF.].

Allerdings sind nicht alle Lücken zweckmäßige Suchfelder für die Ideengenerierung. Positioniert man bspw. unterschiedliche Einkaufsstätten für Lebensmittel (Discounter, Supermärkte, Tankstellen, Bahnhofskiosk usw.) in einem Raum mit den Dimensionen „Öffnungszeit", „Sortimentsbreite" und „preiswertes Angebot", so wird mit ziemlicher Sicherheit im Bereich der Maximalausprägung aller drei Dimensionen kein Unternehmen zu finden sein, da es wirtschaftlich unmöglich ist, diese Lücke zu schließen. Ebenso ist die Lücke kurze Öffnungszeit, geringes Sortiment, hohe Preise wahrscheinlich unbesetzt, da sie für Kunden keine attraktive Lücke darstellt. Der Wert der identifizierten Lücken muss also berücksichtigt werden, bevor Ideen zu ihrer Schließung entwickelt werden können [VGL. CRAWFORD: NEW PRODUCTS MANAGEMENT 1991, S. 128FF.]. Hierbei ist umstritten, ob die Lückenanalyse tatsächlich auf wertvolle, d.h. bislang unbekannte und attraktive Lücken hinweisen kann, für die sich innovative Produkte entwickeln lassen, da die Positionierung anhand bestehender Produkte erfolgt: „In the early 1800s, for example, gap analysis might have led to breeding faster horses or to wagons with larger wheels, but it probably would not have suggested the automobile" [CRAWFORD: NEW PRODUCTS MANAGEMENT 1991, S. 128F.].

Unabhängig vom jeweils eingesetzten Verfahren **bestehen bei allen Ansätzen** zur Ermittlung, Strukturierung und Hierarchisierung von Kundenanforderungen sehr **ähnliche Probleme:**

- Bei der Befragung von Kunden im Rahmen der Ideenfindung besteht die bereits in Kapitel B (vgl. Kapitel B 1.2.2.1, Seite 25ff.) angesprochene prinzipielle Problematik, dass **Aussagen von Kunden nur dann ausreichend zuverlässig sind, wenn sie relevante Erfahrungen** haben. In dynamischen Märkten, in denen sich die Gegebenheiten schnell ändern, und bei radikal neuen Produkten, mit denen sich der Kunde nicht auskennt, sind Kundenaussagen daher nur sehr eingeschränkt verlässlich: der Kunde trifft seine Urteile in Bezug auf **seine aktuelle Situation**, nicht aber in Bezug auf künftige Gegebenheiten. Werden unter solchen Gegebenheiten Produktanforderungen erfragt (z.B. Reichweite eines Elektroautos pro Aufladung, Leistungsdaten eines Computerchips, der in 2 Jahren

---

[26] Zudem können Marketingziele visualisiert werden (hier: Entwicklung von VW zur Marke im Quadrant I).

auf den Markt kommt), so wird der befragte Kunde zwar in vielen Fällen eine Antwort geben, jedoch keine zuverlässige [VGL. SCHMIDT: KONZEPTFINDUNG 1996, S. 116FF.; INSB. S. 121]. Das Problem wird abgemildert, wenn der Kunde, wie in der Literatur empfohlen, nicht nach Anforderungen, sondern nach Bedürfnissen befragt wird, da diese langfristig stabiler sind [VGL. GRIFFIN: OBTAINING CUSTOMER NEEDS 1996, S. 156F.]. Allerdings können zukünftig geänderte Bedingungen auch neue Bedürfnisse verursachen.

- Die Ermittlung von Kundenbedürfnissen ist problematisch: **Bedürfnisse sind in den seltensten Fällen direkt formuliert**, sondern implizit in geäußerten Problembeschreibungen, Verbesserungsvorschlägen oder Unmutsbekundungen enthalten bzw. sie zeigen sich im Nutzungsverhalten, durch Bedienfehler und durch kundenseits erfolgte Produktmodifikationen. Sehr oft äußern sich Kunden zu gewünschten Produkteigenschaften, von denen sie auf Basis ihrer Erfahrung vermuten, dass sie ihre Bedürfnisse befriedigen werden. Diese Äußerungen müssen erst in ein Bedürfnis „übersetzt" werden. So können sich hinter dem Wunsch eines Automobilkunden nach „mehr Motorleistung" so unterschiedliche Bedürfnisse verbergen wie „schnelle Beschleunigung", „sportlicheres Fahrgefühl", „schaltarmes, ruhigeres Fahren" und „Ziehen großer Lasten". Gelingt diese Übersetzung nicht, so ist es möglich, dass Produkte entwickelt werden, die den geäußerten Anforderungen zwar entsprechen, nicht aber den tatsächlichen Bedürfnissen der Kunden.[27]

Die „Orientierung am Status Quo", die die Aussagen von Kunden in Bezug auf radikal neue Produkte bzw. für Produkte in stark veränderlichen Umfeldern problematisch macht, wird durch viele der dargestellten Verfahren gefördert. Produktklinik, Faktoranalyse, MDS, Positionierungsmodelle u.a. beruhen darauf, dass alternative Produkte oder Produktkonzepte zur Verfügung stehen. Damit sind diese Verfahren in der Phase der Ideengenerierung nur dann einsetzbar, wenn Vorgängerprodukte existieren, die für das zu entwickelnde Produkt aussagekräftig sind. Das ist nur bei inkrementellen Innovationen (z.B. neue Generation eines Küchenmixers) der Fall. Bei radikalen Innovationen sind diese Verfahren somit frühestens im Rahmen des Produktkonzepttests einsetzbar, wenn das Produktkonzept festgelegt ist und aussagekräftige Konzeptbeschreibungen, Modelle oder Prototypen bestehen. Zur Abgrenzung von Suchfeldern für radikale Innovationen sind sie nicht geeignet.

Um zu verhindern, dass sich Produktideen zu stark an aktuellen Bedürfnissen und Bewertungsdimensionen orientieren und daher nicht zukunftsrelevant und wenig innovativ sind,

---

[27] Um die Gefahr von „Übersetzungsfehlern" zu reduzieren, sollte die Auswertung durch mehrere Personen aus unterschiedlichen Funktionsbereichen erfolgen [VGL. GRIFFIN: OBTAINING CUSTOMER NEEDS 1996, S. 154F.].

muss die Suchfeldbestimmung stets um **Prognosen künftiger Kundenbedürfnisse und Anforderungen** ergänzt werden.

Sofern statistische Daten über Bedürfnisse und Anforderungen vorliegen, können **Zeitreihen- und Regressionsanalysen** zum Einsatz kommen, um zukünftige Trends abzuschätzen. Solche Daten können sich bspw. aus der regelmäßigen Befragung von Konsumenten (z.B. zur Nutzung ihres Autos, zum Freizeitverhalten, zu Werteinstellungen usw.) ergeben. Manche Bedürfnisse und Anforderungen werden zudem von Faktoren beeinflusst, die außerhalb der Marktforschung regelmäßig statistisch erfasst werden, wie z.b. Alter der Bevölkerung, Ausbildungsstand, Einkommensentwicklung und Familiengröße. Aus der Analyse dieser Daten lässt sich ableiten, wie sich die von ihnen beeinflussten Bedürfnisse und Produktanforderungen entwickeln werden.

Grundannahme aller Zeitreihen- und Regressionsanalysen ist es, dass keine Strukturbrüche auftreten und aus den Vergangenheitsdaten verlässlich auf die Zukunft geschlossen werden kann. Neue Bedürfnisse und Anforderungen sind durch sie nicht unmittelbar zu erkennen. Hierbei hilft die fallweise **Befragung interner und externer Experten** (z.b. Branchenkenner, „Trend-Scouts") und zukunftsweisender „Lead-Customer" sowie die periodische Durchführung von Panelbefragungen [VGL. U.A. WEIS: MARKETING 1990, S. 124FF]. Zudem werden relevante Veröffentlichungen, wie z.B. Branchenreports gesichtet. Um sicherzustellen, dass schwache Signale, die Trendbrüchen vorausgehen, erkannt und Trends damit frühzeitig bewertet werden, ist zudem ein kontinuierliches Scanning und Monitoring erforderlich, das durch **Frühinformationssysteme** geleistet wird [VGL. SCHRÖDER, SCHIFFER: FRÜHINFORMATION 2001].

1.1.1.2 Suchfeldbestimmung durch Ermittlung technologischer Potenziale („Technology Push")

Eine am „Technology Push" orientierte Festlegung des Suchfelds zielt auf die Offenlegung ungenutzter technologischer Potenziale ab. Solche Potenziale können in Bezug auf Produkttechnologien bestehen (z.b. eine neuartige Technologie erlaubt es, Produkte leistungsfähiger zu machen) oder im Bereich der Prozesstechnologien angesiedelt sein (z.b. ein neues Fertigungsverfahren ermöglicht eine drastische Senkung des Produktpreises). Ausgangspunkt ist jeweils die Identifikation von **attraktiven Technologien**. Sie zeichnen sich u.a. dadurch aus, dass sie viele Anwendungsmöglichkeiten (auf vielen Märkten) haben und den vom Kunden wahrgenommenen Produktnutzen entscheidend erhöhen [VGL. SCHRÖDER: INNOVATIONSPLANUNG 1999, S. 1001F.].

Welche Technologien attraktiv sind, ist im Zeitablauf veränderlich: eine z.Zt. riskante Schrittmachertechnologie, die technologisch noch nicht ausgereift ist, kann sich schnell etablieren und zur wettbewerbsbedeutsamen Schlüsseltechnologie werden, mit der sich Unternehmen von ihrer Konkurrenz absetzen können. Heutige, wettbewerbsrelevante Schlüsseltechnologien können von Konkurrenten imitiert und nach und nach zur verbreiteten Basistechnologie werden. Schlüssel- und Basistechnologien können durch andere Technologien substituiert werden, usw. [VGL. SCHRÖDER: INNOVATIONSPLANUNG 1999, S. 996]

Im Fall der Substitution spielen sog. **„Disruptive Technologies"** eine wichtige Rolle [VGL. CHRISTENSEN: INNOVATOR'S DILEMMA 1997, INSBESONDERE DIE EINFÜHRUNG IN DIE THEMATIK AUF SEITE XV-XVII.]: Hierbei handelt es sich um Technologien, die sich außerhalb des „Mainstreams" der Technologieentwicklung bewegen und in ihrer frühen Entwicklungsphase in allen herkömmlichen Leistungsdaten schlechter sind als der herrschende Stand der Technik.[28]

Diese Technologien können daher keine Massenmärkte bedienen, sondern werden – ein entsprechendes Marketing vorausgesetzt – in Nischen eingesetzt und weiterentwickelt, in denen ihre Nachteile nicht ins Gewicht fallen und in denen sie zusätzliche spezifische Vorteile (z.B. geringere Kosten, einfacheres Produktdesign) aufweisen. Sie werden „disruptiv" und damit für die Anbieter der herkömmlichen Technologie zur kritischen Bedrohung, wenn zwei Umstände eintreffen [VGL. CHRISTENSEN: INNOVATOR'S DILEMMA 1997, S. XV FF.]:

- Die herkömmliche Technologie entwickelt sich in ihrer Leistungsfähigkeit schneller als die Marktnachfrage. Technische Leistung eignet sich daher nicht mehr als Differenzierungsmerkmal gegenüber der Konkurrenz, da alle Anbieter mehr Leistung anbieten (können) als der Markt verlangt. Bei sinkenden Gewinnspannen werden andere Produkteigenschaften als die Leistung (z.B. Preis, Robustheit) wichtig.

- Die „disruptive Technology" entwickelt sich in ihrer Nische weiter, bis sie ein immer größer werdendes Segment des Massenmarktes bedienen kann, in dem sie durch ihre spezifischen Vorteile überlegen ist.

Um aktuelle und zukünftige Technologiepotenziale zu erkennen und gegen das Auftreten von Substitutionstechnologien gewappnet zu sein, muss ein Unternehmen wissen, welche Produkt- oder Prozesstechnologien es gegenwärtig einsetzt, wie gut es diese beherrscht und welche Wettbewerbsbedeutung sie haben. Gleichzeitig sind Prognosen über die zukünftige Entwicklung der jeweiligen Technologie und ihrer möglichen Substitute erforderlich.

---

[28] Disruptive Technologies werden daher regelmäßig **nicht** von den Anbietern der herkömmlichen Technologie verfolgt, da ihnen diese Nischen aufgrund geringer Größe und kleiner Gewinnmargen zu unattraktiv erscheinen. Außerdem widerspräche ein Engagement allen herkömmlichen Managementgrundsätzen, wie Kundenorientierung (für die technologisch führenden und zukunftsweisenden eigenen Kunden ist die Technologie aufgrund geringer Leistungsfähigkeit nicht akzeptabel), der Orientierung an strategischen Stärken (das Unternehmen verfügt über Kompetenzen in der überlegenen Technologie) und der Allokation von Ressourcen auf die gewinnträchtigsten Märkte (große, homogene Märkte, nicht kleine Nischen) [VGL. CHRISTENSEN: INNOVATOR'S DILEMMA 1997, S. XV FF.].

In der Literatur zum Technologiemanagement werden allerdings nur wenige Empfehlungen gegeben, wie dies konkret zu erfolgen hat. Die wenigen Hinweise zur Ermittlung relevanter Technologien und zu ihrer Bewertung werden nachfolgend dargestellt.

1.1.1.2.1 Ermittlung relevanter Technologien

Die Analyse der eigenen aktuellen Technologiebasis beginnt sinnvollerweise mit der funktionalen Zerlegung der angebotenen Produkte und der zu ihrer Erstellung erforderlichen Produktionsprozesse. Bei der Betrachtung von Produkten lassen sich **Verfahren der Funktionszerlegung** (vgl. Abbildung C 1-5) einsetzen.

Sie zerlegen Aufgaben bzw. Produkte in Funktionen und zeigen die Zusammenhänge in Funktionsstrukturen (z.b. Baustrukturen, Funktionsbäume, Flussdiagramme) [VGL. EHRLENSPIEL: INTEGRIERTE ENTWICKLUNG 2003, S. 371FF. UND S.671FF. UND OTTO, WOOD: PRODUCT DESIGN 2001, S. 147FF.]. Zur Ermittlung relevanter Technologien werden den ermittelten Produktfunktionen die für ihre Erfüllung eingesetzten bzw. einsetzbaren Technologien zugeordnet. Dadurch lassen sich die für das Unternehmen relevanten Technologien ermitteln. Für die Betrachtung von Prozesstechnologien kommen Analysen der eingesetzten Betriebsmittel sowie Wertkettenbetrachtungen in Frage [VGL. SCHRÖDER: INNOVATIONSPLANUNG 1999, S. 1034FF.].

Eine weitere Möglichkeit, relevante Technologien zu identifizieren, bietet die systematische **Untersuchung der Prozesse und Produkte anderer Unternehmen**. Im Rahmen des **Reverse Engineering** werden relevante Konkurrenzprodukte funktional analysiert, demontiert, untersucht und in ihrem technischen Aufbau bis auf das Detaillierungsniveau von Stück- und Materiallisten hin dokumentiert. Daraus lassen sich neben den bestimmenden Produkttechnologien auch Informationen über Fertigungstechnologien ableiten, die prinzipiell relevant sind und daher weiter betrachtet werden sollten [VGL. OTTO, WOOD: PRODUCT DESIGN 2001, S. 197-257]. Die Auswahl derjenigen Produkte, die einem Reverse Engineering unterzogen wurde, sollte dabei nicht zu eng erfolgen: unmittelbare Konkurrenten verfügen oft über die gleichen Basis- und ggf. einige Schlüsseltechnologien der Branche, während sich wichtige technologische Trends (Schrittmachertechnologien, aber auch disruptive Technologien) in anderen Bereichen ergeben. So könnte ein Hersteller von Bioreaktoren, der Membran-Filter benötigt, bspw. mehr über technologische Trends im Filterbau lernen, wenn er Dialysegeräte analysiert, als wenn er die Reaktoren der Konkurrenz untersucht. Zudem wird er bei Medizingeräteherstellern eher auskunftsbereite Technologieexperten finden als bei seinen Mitbewerbern.[29]

---

[29] Diese Überlegungen liegen auch den neueren Ansätzen der Lead User Methode zugrunde (vgl. Seite 116 ff.).

C1: Herkömmliche Methoden und Instrumente 113

Vorgehen der Funktionsanalyse am Beispiel FAST (Function Analysis System Technique)

1. Brainstorming zur Ermittlung aller Funktionen eines Produktes; Formulierung als Verb-Substantiv-Kombination (z. B. „Licht erzeugen").
2. Erstellung einer Hierarchie von Hauptfunktion (Produktebene) und Teilfunktionen

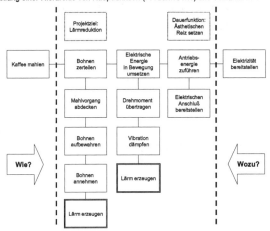

3. Erstellung eines FAST-Diagrams

   1 links, getrennt von vertikaler Linie: Hauptfunktion (bei Kaffeemühle z. B. „Kaffee mahlen")
   2 rechts davon: Funktionen, die die Hauptfunktion unmittelbar unterstützen (z. B. „Kaffeebohnen zerkleinern") = **Sekundärfunktionen**
   3 rechts davon, Funktionen, die die Unterfunktion unterstützen (z. B. „elektrische Energie in Antriebsenergie für Mahlwerk umsetzen" und „Antriebsenergie zuführen"); Fortführung bis zur ersten Unterfunktion, die nicht vom Produkt erfüllt wird (z.B. „Elektrizität einspeisen"); Absetzung durch vertikale Linie.
   4 unterhalb Sekundärfunktion (z. B. „Bohnen zerteilen"): Funktionen, die zur Erfüllung der Sekundärfunktion erforderlich sind
   5 stark umrandet: Funktionen, die unerwünscht sind (z. B. „Lärm erzeugen")

Der **„kritische Pfad"** entspricht der horizontalen Linie und beantwortet, je nach Leserichtung, die Fragen „Wie wird eine Funktion umgesetzt?" und „Wozu ist die Funktion vorhanden?".

Oberhalb vom kritischen Pfad erfolgt die **Festlegung des Entwicklungsziels** („ Lärmreduktion") und der **unabhängigen Sekundärfunktionen**. Diese werden durchgehend realisiert (z.B. „Ästhetischen Reiz setzen") oder kommen nur unter bestimmten Bedingungen zum Tragen (z. B. Überspannungsschutz).

[VGL. EHRLENSPIEL: INTEGRIERTE ENTWICKLUNG 2003, S. 371FF. UND S.671FF.; OTTO, WOOD: PRODUCT DESIGN 2001, S. 147FF.]

Abbildung C 1-5: Exkurs – Prinzip der Funktionszerlegung

In diesem Zusammenhang spielt das Konzept des **Benchmarking** eine wichtige Rolle. Es beruht auf der systematischen und kontinuierlichen Evaluierung von „Geschäftsobjekten" (Produkten, Prozessen, Technologien, Organisationsformen, etc.) anerkannt führender Unternehmen [VGL. SCHRÖDER: INNOVATIONSPLANUNG 1999, S. 1037]. Ausgangspunkt für ihre Identifikation ist wieder die Funktionsanalyse des eigenen Produktspektrums: wenn bekannt ist, dass eine wichtige Funktion „Filtrierung von Flüssigkeiten organischen Ursprungs" ist, kann auf dieser

Basis erarbeitet werden, welche Branchen diese Funktion ebenfalls ausführen und welches Unternehmen in ihnen führend ist.

Die **Analyse von Veröffentlichungen** bietet eine weitere, auf das Unternehmensumfeld fokussierte Möglichkeit, prinzipiell relevante Technologien zu erkennen. Hierbei sind in erster Linie Patente zu nennen, deren Analyse u.a. zeigt, in welchen Technologiebereichen hohe Aktivität herrscht und welche Technologien zunehmend in Beziehung zueinander stehen [VGL. SCHRÖDER: INNOVATIONSPLANUNG 1999, S. 1036F.]. Zudem lassen sich Patentierungsaktivitäten von Konkurrenten untersuchen, um daraus Rückschlüsse auf deren technologische Ausrichtung zu ziehen. Andere relevante Veröffentlichungen sind Technologiereports (z.b. von Universitäten oder Branchenverbänden) [VGL. MILLER: HUNTING GROUNDS 2002, S. 43], aber auch Ausschreibungen öffentlicher Technologieförderprogramme, die reflektieren, welche Technologien von der Politik und den sie beratenden Experten für wichtig gehalten werden. Sie existieren – anders als Patente – nicht erst, „wenn die Erfindung gemacht ist", sondern haben einen zeitlichen Vorlauf und damit höhere prognostische Kraft. Da allerdings nicht alle in den Veröffentlichungen genannten Technologien für das eigene Unternehmen von Bedeutung sind, ist eine ergänzende Relevanzanalyse, z.B. auf Basis der genannten Funktionszerlegung, unerlässlich.

1.1.1.2.2 Erstellung von Technologieprognosen

Wenn bekannt ist, welche Technologien für das Unternehmen prinzipiell relevant sind, muss in einem zweiten Schritt ermittelt werden, wie sie sich zukünftig voraussichtlich entwickeln.

Eine häufig genutzte, grundlegende Vorstellung ist hierbei das sog. **S-Kurven Konzept**: alle Technologien haben eine physikalisch-technische Leistungsgrenze, der sie sich im Verlauf ihrer Entwicklung mit unterschiedlichen Grenzzuwächsen annähern. Zu Beginn der Technologieentwicklung fallen die Leistungszuwächse gering aus. Sie steigen jedoch steil an, wenn grundlegende Technologieaspekte geklärt sind: jeder zusätzliche Entwicklungsmonat bzw. jede zusätzlich investierte Geldeinheit bewirkt in dieser Situation eine Leistungszunahme, die größer ausfällt als der vorherige Zuwachs. Technologien in diesen Phasen sind sehr attraktiv, da mit relativ kleinem Aufwand große Leistungssteigerungen erzielt werden können. Im Verlauf der weiteren Entwicklung kehrt sich der Trend um: die Grenzzuwächse sinken und zwar um so mehr, je stärker sich die Technologie ihrer natürlichen Leistungsgrenze nähert. Eine Investition in dieser Phase ist wenig lohnend: bei anderen Technologien, auf anderen S-Kurven, lassen sich ggf. höhere Leistungssteigerungen erzielen. Zudem besteht die Gefahr, dass die Technologie von einer jüngeren, schneller wachsenden Technologie eingeholt und schließlich substituiert wird [VGL. SPECHT: TECHNOLOGIE-LEBENSZYKLEN 1996].

Technologieprognosen auf der Basis des S-Kurven Konzepts haben prinzipiell das Ziel, zu ermitteln, wo in ihrer jeweiligen S-Kurve sich eine Technologie befindet, wann und in Abhängigkeit welcher Sachverhalte sie bestimmte Leistungsparameter erreicht und ob und wann sie Gefahr läuft, von einer anderen Technologie auf einer anderen S-Kurve abgelöst zu werden.

In der industriellen Praxis werden unterschiedliche Verfahren zur Trendextrapolationen i.e.S eingesetzt. Sie beruhen auf der Beobachtung der Entwicklung technischer Parameter einer Technologie (z.B. Speicherdichte, Wirkungsgrad). Die gewonnenen Daten werden genutzt, um durch Zeitreihen- bzw. Regressionsanalysen die Wachstumsfunktion der Technologie zu bestimmen bzw. um Entwicklungsmodelle[30] (z.B. das S-Kurven-Konzept) für die betrachtete Technologie zu spezifizieren. Auf dieser Basis werden Prognosen über Zeitpunkt und Ausmaß des zukünftigen Leistungszuwachs erstellt [VGL. GERYBADZE: VORHERSAGEN 1996, 2034FF. UND SCHRÖDER: INNOVATIONSPLANUNG 1999, S. 1037FF.].

Obgleich durchaus zutreffende Prognosen gelingen[31], ist dieses Vorgehen nicht unproblematisch. Schwierigkeiten bereitet insbesondere die Definition und Abgrenzung der abzubildenden Technologie, ihrer Leistungsparamter sowie des zeitlichen und geographischen Betrachtungszeitraums. So kann sich die Technologiekurve eines neuen Verbrennungsmotors bspw., je nach Betrachtung, auf alle Motoren seit Entwicklung des Automobils, auf Ottomotoren, auf Motoren mit Einspritzpumpen etc. beziehen. Entsprechend schwierig ist es, Aussagen darüber zu treffen, in welchem Bereich der S-Kurve sich eine Technologie befindet und welchen spezifischen Verlauf sie nimmt [VGL. SPECHT: TECHNOLOGIE-LEBENSZYKLEN 1996, SP. 1990F.]. Ein weiteres Problem ergibt sich aus der Annahme, dass sich die weitere Entwicklung stetig vollzieht [VGL. SCHRÖDER: INNOVATIONSPLANUNG 1999, S. 1039], was z.B. im Falle von disruptiven Technologien nicht der Fall ist. Zudem sind Zeitreihen- und Regressionsanalyse nur dann einsetzbar, wenn ausreichend historische Daten bestehen, sich die Technologie also nicht am Anfang der Entwicklung befindet [VGL. GERYBADZE: VORHERSAGEN 1996, SP. 2034F.].

In der Praxis zeigt sich eine Tendenz, das Tempo, mit dem sich eine Technologie etabliert, zu überschätzen und mögliche Widerstände sowie soziale Konsequenzen von Technologien nicht ausreichend zu berücksichtigen [VGL. Z.B. SCHNAARS ET AL.: MODERN LESSONS 1993]. Außerhalb der Trendextrapolation i.e.S. existieren mit dem **Technology Assessment** [VGL. HÜBNER, JAHNES: TECHNIKFOLGENABSCHÄTZUNG 1996] daher Prognoseansätze, die explizit eine Vielzahl von Einflussfaktoren auf die Technologieentwicklung einbeziehen. Um diese zu ermitteln, kommen u.a. Expertenbefragungen (u.a. durch die Delphi-Methode) sowie die bereits erwähnte Analyse von Veröffentlichungen zum Einsatz. Zudem werden **Technologie-Frühinformationssys-**

---

[30] Das S-Kurven-Modell ist das Ergebnis einer Zeitreihen- bzw. Regressionsanalyse. Daneben existieren Entwicklungsmodelle, die die kausale Zusammenwirkung unterschiedlicher Faktoren und ihre Auswirkungen auf die Technologie abbilden [VGL. GERYBADZE: VORHERSAGEN 1996, SP. 2030].

[31] Ein häufig erwähntes Beispiel für eine Trendanalyse mit hoher Prognosekorrektheit ist das sog. Moore'sche Gesetz, wonach sich die Speicherdichte von Computerchips etwa alle 18 Monate verdoppelt. Es hat seit 1965 Gültigkeit [VGL. BROWN, DURGUID: SOCIAL LIFE 2002, S. 14].

teme genutzt, die durch eine systematische Umfeldbeobachtung sicherstellen sollen, dass sich abzeichnende Technologietrends und neu auftretende Technologien früh erkannt werden [VGL. GERYBADZE: VORHERSAGEN 1996, SP. 203FF. UND SCHRÖDER: INNOVATIONSPLANUNG 1999, S. 1043FF.]. Sie dienen damit sowohl der Ermittlung relevanter Technologien als auch der Erstellung von Prognosen.

1.1.1.3 Ideensuche

Ist das Suchfeld bestimmt und sind damit unbefriedigende Kundenbedürfnisse bzw. ungenutzte Technologiepotenziale bekannt, so findet die eigentliche **Ideensuche** statt. Sie kann erfolgen, indem **„zufällige" Ideen**, die ohne Zutun der Produktentwicklung oder des Marketing entstehen, laufend erfasst und systematisch verarbeitet werden. Im Rahmen der Produktentwicklung erfolgt zudem eine gezielte Suche nach Ideen, um speziell für die identifizierte Markteance bzw. für das vorhandene technologische Potenzial Vorschläge zu entwickeln. Sie kann durch **Kreativitätstechniken** methodisch unterstützt werden.

1.1.1.3.1 Ideensuche durch systematische Sammlung von Ideen

Bei der Suche nach Kundenanforderungen und technologischen Potenzialen sowie im täglichen Betrieb des Unternehmens ergeben sich immer wieder **Produktideen,** die ihren Ursprung **außerhalb einer systematischen Produktentwicklung** haben. Sie sind insoweit „zufällig", als dass der Ort und Zeitpunkt ihres Vorkommens nicht planbar ist. Allerdings stehen sie nicht außerhalb des Innovationsmanagements: Produktideen, die durch Mitarbeiter außerhalb der Produktentwicklung, durch Kunden, Lieferanten, Technologiegeber usw. entstehen, müssen systematisch erfasst werden. Hierzu sind geeignete Anreize und Kommunikationsstrukturen erforderlich [VGL. CRAWFORD: NEW PRODUCTS MANAGEMENT 1991, S. 80FF. UND 146F.].

Eine besonders wichtige unternehmensexterne Ideenquelle sind **Kunden bzw. Nutzer von Produkten** [VGL. CRAWFORD: NEW PRODUCTS MANAGEMENT 1991, S. 512 UND LONSDALE ET AL.: SOURCES OF IDEAS 2002, S. 187F.]. Durch ihre Beobachtung oder Befragungen werden oft nicht nur unbefriedigte Kundenanforderungen, sondern auch (mehr oder minder) ausgearbeitete Lösungen für deren Erfüllung ermittelt. Dies ist z.B. der Fall, wenn Nutzer bestehende Produkte anders verwenden als vorgesehen (z.B. Laborbehälter als leichte und stabile Trinkflaschen auf Hiking-Touren) oder das ausgelieferte Produkt modifizieren (z.B. Einbau zusätzlicher Halterungen für Getränkeflaschen, Handy oder PDA im Auto). Zudem sind Produktideen oft Gegenstand von Kundenanfragen: Vertriebspartner, Endkunden oder Nutzer mit unbefriedigten Bedürfnissen fragen nach Produkteigenschaften, die bislang durch das angebotene Produkt nicht realisiert werden und die Grundlage für neue Produktideen liefern.

Kundenseits entwickelte Produktideen sind oft eine gute Wiedergabe aktueller Bedürfnisse, jedoch selten hoch innovativ. Da der Kunde i.d.R. mit den (aktuellen und zukünftigen) Produkttechnologien nicht vertraut ist, werden technologische Potenziale kaum genutzt. Entsprechend sind solche Ideen nicht geeignet, sich langfristig von der Konkurrenz abzugrenzen [VGL. CRAWFORD: NEW PRODUCTS DEVELOPMENT 1991, S. 81].

Dies gilt in noch stärkerem Maße für Produktideen, die **von anderen Anbietern** übernommen werden, also für Imitationen von Konkurrenzprodukten oder Produkten, die bislang nur auf ausländischen Märkten angeboten werden Als Informationsquellen dienen hierbei öffentlich zugängliche Produktunterlagen, Messeinformationen, Werbemittel oder das Produkt selbst. Solchermaßen gewonnene Produktideen sind „reif", d.h. sie nutzen aktuell vorhandene Technologien und befriedigen aktuell vorhandene Bedürfnisse. Sie sind aber, selbst wenn keine 1:1 Imitation erfolgt, wenig innovativ [VGL. CRAWFORD: NEW PRODUCTS MANAGEMENT 1991, S. 512F. UND LONSDALE ET AL.: SOURCES OF IDEAS 2002, S. 189].

Neben Kunden und Konkurrenten sind auch **Technologiegeber** potenzielle Quellen von Produktideen. So können bspw. Lieferanten Vorschläge für die Verwendung einer von ihnen angebotenen Produkttechnologie (z.B. neuartiges Verpackungsmaterial, neuer Werkstoff) unterbreiten oder Institutionen (Forschungsinstitute, Universitäten, Unternehmen) ihr technologisches Wissen als potenzielle Lizenzgeber mit dem Ziel der Verwertung anbieten. Produktideen finden sich zudem in wissenschaftlichen Publikationen und Patentschriften [VGL. CRAWFORD: NEW PRODUCTS MANAGEMENT 1991, S. 512-513, 515 UND LONSDALE ET AL.: SOURCES OF IDEAS 2002, S. 190].

Produktideen, die sich auf technologischen Potenzialen begründen, können auch durch fachkundige Kunden erarbeitet werden, die sich der technologischen Möglichkeiten ihrer Lieferanten bewusst sind und selbst über weit reichende Kompetenzen verfügen. Dies ist u.a. im Sondermaschinenbau und bei forschungsnahen Produkten, wie z.B. Laborgeräten, der Fall, bei denen der Kunde häufig eine Produktidee entwickelt und gezielt beim Lieferanten nachfragt. Kunden mit solchermaßen hoher Fachkunde nehmen eine Sonderstellung ein. In vielen Fällen handelt es sich bei ihnen um sog. **Lead User**, die sich durch zwei Eigenschaften auszeichnen:

- Lead User haben aktuell drängende Bedürfnisse, die für die Mehrzahl der Kunden erst zukünftig eine Rolle spielen werden. Anders als der Durchschnittskunde müssen sie sich also nicht in die zukünftige Nutzungssituation hineinversetzen, sondern erleben sie bereits [VGL. VON HIPPEL: SOURCES OF INNOVATION 1986, S. 796].

- Lead User erzielen einen so hohen Vorteil aus einer Innovation, die ihre Produktanforderungen erfüllt, dass sie selbst innovativ tätig werden. Die Tätigkeiten reichen hierbei von der Einreichung von Produktideen beim Hersteller über die Teilnahme an dessen Fokusgruppen und Expertenpanels bis hin zur Erstellung eigener Prototypen [VGL. VON HIPPEL: SOURCES OF INNOVATION 1986, S. 796].

Durch diese Eigenschaften können Lead User einen wichtigen Beitrag bei der Formulierung radikal neuer Produktideen und deren Ausarbeitung zu technologisch überlegenen Produktkonzepten leisten. Die systematische Suche nach Lead Usern und deren Einbindung in den Entwicklungsprozess gilt daher als Möglichkeit, radikale Innovationen zu erarbeiten, die gegenüber traditionell entwickelten Produktkonzepten ein deutlich gesteigertes Umsatzpotenzial aufweisen [VGL. HERSTATT ET AL.: BREAKTROUGH-INNOVATIONEN 2003, S. 57FF.].

In den letzten Jahren findet in der Literatur eine Ausweitung des Lead-User Konzepts statt. In älteren Arbeiten werden Lead User vor allem unter dem Gesichtspunkt betrachtet, dass sie Produktideen entwickeln und bis zu einer gewissen Konzeptreife ausarbeiten, bevor diese von Herstellern aufgegriffen werden, die die Lead User beliefern. Lead User sind also Nachfrager des von ihnen initiierten Produktes [VGL. Z.B. VON HIPPEL: SOURCES OF INNOVATION 1986]. In neueren Arbeiten werden auch Nutzer als Lead User bezeichnet, die Bedürfnisse und ggf. auch technologische Möglichkeiten haben, die so extrem sind, dass sie dem künftigen Bedarf nicht nur vorauseilen, sondern außerhalb des (künftigen) Zielmarktes liegen. So können Flugzeugbauer und NASA-Ingenieure z.b. als Lead-User für Automobilbremssysteme gelten, obwohl sie die Entwicklung dieser Bremssysteme nicht initiieren und sie für ihre eigenen Produkte auch nicht nachfragen werden [VGL. Z.B. HERSTATT ET AL.: BREAKTROUGH-INNOVATIONEN 2003 UND VON HIPPEL ET AL.: BREAKTHROUGHS AT 3M 1999]. Die Grenzen zwischen Lead-Usern und externen Experten sind damit zunehmend schwimmend. Gleichzeitig findet eine Bedeutungsverlagerung statt: Lead-User sind weniger entscheidend als Quelle der Produktidee, als vielmehr als Informanten für die Produktkonzeptfindung und –ausarbeitung. Nichtsdestotrotz gehören sie, insbesondere bei radikalen Innovationen, aber zu den wichtigen Ideenquellen.

Wichtige Quellen von Produktideen, auch außerhalb regulärer Produktplanungs- und Entwicklungsprozesse, sind zudem die **eigenen Mitarbeiter**. In ihrer täglichen, nicht entwicklungsbezogenen Arbeit (z.B. im Kundendienst, in der Qualitätssicherung, in der Produktionsplanung) und durch ihre Außenkontakte (z.B. Mitgliedschaft in Fachverbänden, Messebesuche) sammeln sie Wissen, das zu neuen Produktideen führen kann [VGL. CRAWFORD: NEW PRODUCTS MANAGEMENT 1991, S. 511 UND LONSDALE ET AL.: SOURCES OF IDEAS 2002, S. 182].

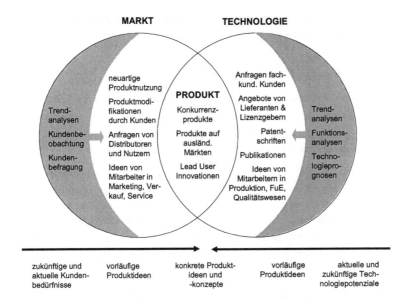

Abbildung C 1-6: „Demand-Pull" und „Technology Push" als Quellen „zufälliger" Produktideen

Abbildung C 1-6 fasst die wichtigsten Ideenquellen zusammen. Marktseitiger Anstoß für die Entwicklung von Produktideen sind Marktinformationen über Trends und unbefriedigte Kundebedürfnisse, die beim Endkunden, Vertriebspartner oder marktnahen Unternehmenseinheiten vorliegen und dort zu Produktideen führen. Technologieseitiger Anstoß für Produktideen sind Informationen über technologische Potenziale, die von Technologiegebern (z.B. Lieferanten, Forschungsinstitute), aus Publikationen und von eigenen, mit technologischen Fragen befassten Mitarbeitern stammen. Werden Markt (Kundenbedürfnis) und Technologie (technische Realisierung) kombiniert, so entsteht eine konkretisierte Produktidee bzw. ein vorläufiges Produktkonzept. Manche Produktideen erreichen das Unternehmen bereits in dieser konkreten Form: es handelt sich hierbei um aktuelle Produktangebote der Konkurrenz bzw. um Eigenentwicklungen von Lead Usern.

Die Bedeutung „zufälliger" Produktideen, die außerhalb interner Forschungs- und Entwicklungsbemühungen entstehen, ist nicht zu unterschätzen. So stammen nach einer Untersuchung von Industrie- und Konsumgüterherstellern nur 14-24% aller Ideen aus der eigenen FuE-Abteilung [VGL. CRAWFORD: NEW PRODUCTS MANAGEMENT 1991, S. 81]. Allerdings sind bei weitem nicht alle solchermaßen gesammelten Ideen verwendbar: insbesondere bei spontanen Kundenvorschlägen ist die Zahl der wirklich neuen und verwertbaren Ideen nur gering [VGL. CRAWFORD: NEW PRODUCTS MANAGEMENT 1991, S. 512][32].

1.1.1.3.2 Ideensuche durch Kreativitätstechniken

Durch die Suchfeldbestimmung werden Bereiche aufgedeckt, für die neue Produkte erstellt werden sollen. Wenn für diese Bereiche bislang nicht ausreichend viele und gute Ideen existieren, die durch die o.g. Ideenquellen geliefert wurden, findet eine gezielte Ideensuche statt, die durch Kreativitätstechniken unterstützt wird.

Kreativitätstechniken sind Heuristiken, die die Entstehung kreativer Problemlösungen fördern. Sie werden in der Literatur sehr ausführlich beschrieben und kritisch gewürdigt [VGL. Z.B. SCHLICKSUPP: KREATIVE IDEENFINDUNG 1977, S. 17FF. UND 210FF.; URBAN ET AL.: ESSENTIALS 1987, 70FF.; PEPELS: KREATIVITÄTSTECHNIKEN 1996], weswegen eine detaillierte Darstellung hier unterbleibt. Entsprechend ihrer Basisprinzipien lassen sich Kreativitätstechniken grob in zwei Gruppen unterteilen: intuitiv-assoziative und analytisch-systematische Methoden [VGL. SCHRÖDER: INNOVATIONSPLANUNG 1999, S. 1073].

Intuitiv-assoziative Methoden setzen auf die schöpferische Hervorbringung von Problemlösungen durch assoziative Prozesse, die sich unbewusst vollziehen. Hierzu werden spontane Einfälle durch geeignete Techniken (z.B. durch **Brainstorming, Brainwriting, Methode 635**) so schnell erfasst, dass sie nicht vollständig bewusst gefiltert und verarbeitet werden [VGL. SCHRÖDER: INNOVATIONSPLANUNG 1999, S. 1073].

Durch andere assoziative Methoden werden Analogiebildungen und Strukturübertragungen gefördert, indem das zu lösende Problem (z.B. „ein Werkzeug muss in ein enges Rohr geführt werden und es am Zielort aufweiten") im Rahmen der sog. **Synektik** analysiert (z.B. „das Werkzeug muss schmal sein und dann aufgespannt werden"), abstrahiert und auf ein anderes, nicht verwandtes Themengebiet, z.B. aus dem persönlichen Bereich, übertragen und dadurch verfremdet wird. Für das verfremdete Problem wird nach Analogien gesucht („ein Regenschirm wird aufgespannt"), die dann gedanklich auf das eigentliche Problem angewandt werden und somit zur Lösung („Konzept einer Spannvorrichtung des Werkzeugs") führen. Beim Verfahren der **Bionik** – einer Sonderform der Synektik – werden die Analogien im Bereich der Natur (z.B. Fresswerkzeug eines Insekts, Wabenstruktur eines Weizenhalms) gesucht [VGL. SCHLICKSUPP: KREATIVE IDEENFINDUNG 1977, S. 224FF.; PEPELS: KREATIVITÄTSTECHNIKEN 1996, S. 879F.; PAHL, BEITZ: KONSTRUKTIONSLEHRE 2003, S. 107F. UND 117FF.].

---

[32] Für eine grundlegende Diskussion der Vor- und Nachteile der Einbindung von Kunden in die Produktentstehung, vgl. [BROCKHOFF: CUSTOMERS' PERSPECTIVES 2003].

Analytisch-systematische Methoden beruhen ebenfalls darauf, in einem Problem die Ähnlichkeit mit anderen, ggf. gelösten Problemen zu erkennen und deren Lösungsprinzipien zu übertragen. Sie gründen sich jedoch nicht auf eine assoziative, unbewusste Übertragungen, sondern auf ein analytisch-systematisches Vorgehen [VGL. SCHRÖDER: INNOVATIONSPLANUNG 1999, S. 1073]. So wird beim Verfahren der **Funktionsanalyse** (vgl. Abbildung C 1-5, Seite 112) das Problem in Einzelfunktionen zerlegt, die in den Zeilen einer Matrix erfasst werden. Jeder Funktion („Kaffeebohnen zerkleinern") werden in den Matrixspalten alternative Funktionsprinzipien („mit Klinge zerhacken", „mit Stempeln zerdrücken", „zwischen Mühlsteinen zerreiben") zugeordnet. Es werden dann alternative Lösungen gebildet, indem aus jeder Zeile jeweils ein Funktionsprinzip gewählt und mit den Funktionsprinzipien der anderen Zeilen kombiniert wird [VGL. SCHLICKSUPP: KREATIVE IDEENFINDUNG 1977, S. 229F. UND PEPELS: KREATIVITÄTSTECHNIKEN 1996, S.879F.]. Beim eng verwandten **„morphologischen Kasten"** erfolgt die Zerlegung nicht nach Funktionen, sondern nach Problemparametern, wie bspw. Funktionsträgern oder Modulen eines Produktes (z.B. Wassertank, Filtervorrichtung und Heizelement bei einer Kaffeemaschine). Bei der ebenfalls verwandten **Attribute Analysis** werden Produktattribute (z.B. Form, Farbe, Verpackung) eines bestehenden Produktes aufgeführt. Für jedes Modul bzw. Attribut werden dann alternative Lösungen gesucht und anschließend kombiniert [VGL. SCHLICKSUPP: KREATIVE IDEENFINDUNG 1977, S: 229FF.].

Als Teilschritt analytisch-systematischer Kreativitätstechniken kommen des Öfteren allgemeingültige Lösungskataloge zum Einsatz. Das zu lösende Problem wird hierbei abstrakt beschrieben und in einer **Sammlung von Problemlösungen** nachgeschlagen. Solche Kataloge existieren für alternative Ausprägungen von Produktattributen im Zusammenhang mit der Attribute Analysis [VGL. CRAWFORD: NEW PRODUCTS MANAGEMENT 1991, S. 121F. UND 523FF.], für prinzipielle technische Probleme (z.B. Sammlungen physikalischer Effekte) und für konstruktive Detailprobleme (z.B. Welle-Nabe-Verbindungen, Stirnradgetriebe) [VGL. EHRLENSPIEL: INTEGRIERTE ENTWICKLUNG 2003, S. 393FF. UND PAHL, BEITZ: KONSTRUKTIONSLEHRE 2003, S. 129FF.]. Kataloge, die nicht nur Prinziplösungen, sondern konkrete Gestaltungsvarianten anbieten, sind hierbei naturgemäß thematisch begrenzt und erst in späten Phasen der Produktentwicklung einsetzbar [VGL. PAHL, BEITZ: KONSTRUKTIONSLEHRE 2003, S. 131].

Das Prinzip abstrakter Lösungssammlungen findet sich auch bei der **TRIZ Methode**. Sie beruht auf der Annahme, dass sich technische Probleme bei der Produktgestaltung auf Zielkonflikte zwischen Designparametern – sog. „technische Widersprüche" – zurückführen lassen (z.B. eine Verbesserung des Parameters „Gewicht" führt bei einem Bügeleisen zu einer unerwünschten Abnahme der Bügelkraft) und dass solche Widersprüche in vielen existenten Produkten bereits erfolgreich überwunden wurden. Um Widersprüche und Lösungsprinzipien aufzudecken, führte der Begründer der Methode – *G. ALTSCHULLER* – umfangreiche Patentanalysen durch und erstellte Matrizen, in denen die erkannten Lösungsprinzipien (und anschaulichen Beispiele für ihre Anwendung) den abstrakt formulierten Widersprüchen zugeordnet werden. Zur Lösungsfindung muss das Problem zunächst auf die ihm zugrunde liegenden technischen Widersprüche zurückgeführt werden. Dann erfolgt eine Auswahl der geeigneten Lösungsprinzipien (z.B. Prinzip der „Steckpuppe"; Prinzip der Gegenmasse) mit Hilfe der Matrix und schließlich eine Lösungssuche für das konkrete Problem durch Analogiebildung [VGL. EHRLENSPIEL: INTEGRIERTE ENTWICKLUNG 2003, S. 403F.].

Allen Kreativitätstechniken ist gemein, dass sie als Heuristiken keine (guten) Lösungen garantieren oder gar „erzwingen" können. Erfolg und Misserfolg werden zudem stark durch die Rahmenbedingungen der Anwendung beeinflusst. Insbesondere bei den intuitiv-assoziativen Methoden, die in Arbeitsgruppen durchgeführt werden, wird immer wieder auf die Notwendigkeit einer kreativitätsfördernden Umgebung hingewiesen. Hierzu gehören eine gute Moderation sowie Gruppenmitglieder mit unterschiedlichen Perspektiven und Erfahrungshorizonten, die sich gegenseitig respektieren, ohne hierarchische Barrieren kooperieren und an Spielregeln (wie der Verzicht auf „Killerphrasen") halten [VGL. Z.B. PAHL, BEITZ: KONSTRUKTIONSLEHRE 2003, S. 112F.].

Sind diese Rahmenbedingungen gegeben, so lassen sich Kreativitätstechniken nicht nur bei der Ideenfindung einsetzen, sondern auch bei der Gestaltung von Produktkonzepten und bei der Suche nach technischen Lösungen auf unterschiedlichen Detaillierungsniveaus.

1.1.1.4 Ideenauswahl

Die Ideensuche liefert meist eine große Zahl vorläufiger Produktideen. In der Phase der Ideenauswahl werden diese Ideen bewertet und diejenigen identifiziert, die Erfolg versprechen und daher weiter verfolgt werden sollen. Dadurch reduziert sich die Zahl der Ideen drastisch: von 100 Ideen „überleben" – je nach Studie – nur etwa 12 bis 27 die Phase der Ideenauswahl [VGL. WEIBER ET AL.: INNOVATIONEN 1999, S. 113 UND ANSCHUETZ: EVALUATING IDEAS AND CONCEPTS 1996, S. 196].

Eine so starke Reduktion der Ideen gilt als sinnvoll, da der Aufwand der nachfolgenden Produktentstehungsphasen hoch ist. Es sollen daher nur solche Produkte weiterverfolgt werden, die mit hoher Wahrscheinlichkeit zukünftig erfolgreich sind. Allerdings birgt die Ideenauswahl auch die Gefahr, dass mit den vielen abgelehnten Ideen auch gute Vorschläge verworfen werden. Da die Entscheidungen der Ideenselektion nicht mit absoluter Sicherheit gefällt werden können, dass verworfene Produktideen auch bei zukünftig geänderten Bedingungen oder einer erneuten Betrachtung uninteressant sind, sollten abgelehnte Ideen dokumentiert und gesammelt werden [VGL. SCHMIDT: KONZEPTFINDUNG 1996, S. 35].

Die Ideenauswahl, das sog. **Screening**, erfolgt zumeist mehrstufig: in einem ersten Schritt werden sehr schnell Ideen verworfen, die sofort als nicht realisierbar („Perpetuum Mobile") erkannt werden, keine Marktchancen haben („Free Climbing Mode für Senioren") oder zentralen strategischen Anforderungen (z.B. Größe des Zielmarkts, Nutzung vorhandener Kompetenzen) erkennbar nicht genügen. Diese „**Initial Reaction**" soll mit möglichst geringem Aufwand erfolgen und beruht sehr stark auf intern vorhandenen Informationen: es werden also (noch) keine externen Experten befragt oder Marktstudien erstellt [VGL. CRAWFORD: NEW PRODUCTS MANAGEMENT 1991, S. 180F.]. Sie ist **vorwiegend qualitativ** und beruht sehr stark auf dem **Urteil des Managements,** das abschätzt, wie gut verschiedene Produktideen die als relevant erachteten Kriterien erfüllen und sich dabei zu einem guten Teil auf Erfahrungen und „Bauchgefühl" verlässt [VGL. CRAWFORD: NEW PRODUCTS MANAGEMENT 1991, S. 180].

Für die verbleibenden Ideen werden zusätzliche Informationen (z.b. durch Kundenbefragungen) gesammelt. Die zusätzlichen Informationen ermöglichen den Einsatz quantitativ orientierter (z.b. Investitionsrechnung) und komplexer, multikriterieller Bewertungsverfahren (z.b. Nutzwertanalysen, Portfolioanalysen) und führen ggf. zum Wegfall weiterer Ideen. Gleichzeitig helfen diese Informationen, Erfolg versprechende Ideen zu konkretisieren. Der Übergang von der Ideenbewertung zur Konzeptfindung und -bewertung ist damit oft fließend [VGL. KOEN ET AL.: FUZZY FRONT END 2003, S. 9].

Die Qualität der Ideenauswahl hängt entscheidend von der Angemessenheit der Bewertungskriterien und der gewählten Methode zur Bewertung ab. Beide Aspekte werden nachfolgend näher beleuchtet.

1.1.1.4.1 Bewertungskriterien

Sowohl die Beurteilung von Produktideen als auch die Bewertung von Produktkonzepten erfolgt auf Basis von Kriterien zur Projektbeurteilung. In frühen Bewertungsschritten, wie dem Ideenscreening, werden diese Kriterien meist stark aggregiert betrachtet und zu einigen, zentralen Fragestellungen zusammengefasst. Für spätere Bewertungen, wie z.b. den Konzepttest, werden Teilkriterien detailliert beurteilt. Welche Kriterien ein Unternehmen anwendet, ist unternehmensspezifisch festzulegen. Eine einheitliche Kriterienliste findet sich in der Literatur daher nicht [VGL. Z.B. CRAWFORD: NEW PRODUCTS MANAGEMENT 1991, S. 204-205; ROCHFORD: NEW PRODUCT IDEAS 1991, S. 294, APPENDIX 2; ANSCHUETZ: EVALUATING IDEAS AND CONCEPTS 1996, S. 198].

Einige Autoren schlagen die Ableitung von Kriterien zur Projektbewertung auf Basis **empirischer Kenntnisse über die Erfolgsfaktoren** von Innovationsprojekten vor [VGL. Z.B. ROCHFORD: NEW PRODUCT IDEAS 1991, S. 292 UND WEIBER ET AL.: INNOVATIONEN 1999, S. 115F.]. Das würde allerdings voraussetzen, dass aussagekräftige und langfristig stabile Erfolgsfaktoren bekannt sind. Das ist, wenn überhaupt, nur für einige wenige, sehr allgemeine Kriterien der Fall, wie z.b. das Kriterium der Einzigartigkeit bzw. Höherwertigkeit des Produktes und das Vorhandensein technischer Fähigkeiten zu dessen Erstellung [VGL. WEIBER ET AL.: INNOVATIONEN 1999, S. 115F. UND DIE DORT GENANNTE LITERATUR]. Für eine differenzierte Ideen- bzw. Konzeptbewertung, die der individuellen Situation der Unternehmung gerecht wird, reichen solche Kriterien nicht aus.

Andere Autoren betonen daher die Notwendigkeit, Bewertungskriterien **analytisch-deduktiv aus den Zielen** der Unternehmung abzuleiten [VGL. SCHRÖDER: INNOVATIONSPLANUNG 1999, S. 1079F.]. Ausgangspunkt sind hierbei globale Ziele, aus denen die Ziele für einzelne Bereiche, darunter auch die Neuproduktentwicklung, abgeleitet und operationalisiert werden [ZUM VORGEHEN VGL. AHN: OPTIMIERUNG 1997, S. 33FF.]. Hierbei dürfen Ziele und die daraus abgeleiteten Bewertungskriterien nicht einseitig auf wirtschaftliche Erfolgsziele beschränkt bleiben, sondern sollten auch technologische, ökologische und soziale Ziele berücksichtigen [VGL. SCHRÖDER: INNOVATIONSPLANUNG 1999, S. 1081].

Prinzipiell lassen sich die in der Literatur genannten Bewertungskriterien grob in vier Gruppen zusammenfassen [VGL. Z.B. CRAWFORD: NEW PRODUCTS MANAGEMENT 1991, S. 204-205; ROCHFORD: NEW PRODUCT IDEAS 1991, S. 294, APPENDIX 2; MONTOYA-WEISS, O'DRISCOLL: SUPPORT TECHNOLOGY FOR THE FFE 2000; COOPER, ET AL.: PORTFOLIO MANAGEMENT 2001, S. 369 FIG. 9; ANSCHUETZ: EVALUATING IDEAS AND CONCEPTS 1996, S. 198]:

- **Strategische Überlegungen:** Kriterien dieser Gruppe zielen auf die Frage, ob die Produktidee die Gesamtstrategie des Unternehmens (z.B. hinsichtlich Zielmärkten, Wachstumszielen, Technologien, Marken) unterstützt, also „Strategic Fit" aufweist. Um die Idee in Bezug auf das Produktportfolio zu beurteilen, werden zudem Überlegungen zur Langfristigkeit und Reichweite der durch das Produkt realisierten Chancen (z.B. Länge des Lebenszyklus, Auswirkungen auf zukünftige Produktgeneration, Patentierbarkeit), zu bestehenden Risiken (z.B. technologische Unsicherheit, hohe erforderliche Investitionen) und zum möglichen „Timing" des Produktes (z.B. „time-to-market", mögliche Pionierstrategie) angestellt.

- **Marktliche Vorteilhaftigkeit:** Kriterien dieser Gruppe dienen der Beurteilung der wahrscheinlichen Höhe und zeitlichen Reichweite des Markterfolgs und umfassen u.a. Fragen nach dem Kundennutzen und Alleinstellungsmerkmal des Produktes, der Größe und Wachstumsdynamik des Zielmarktes, der Konkurrenzsituation, erzielbaren Preisen und erforderlichen Vertriebskanälen.

- **Ressourcenbezogene Überlegungen:** Neue Produkte können die Ressourcensituation eines Unternehmens verbessern (z.B. Ausweitung finanzieller Ressourcen durch Erträge, Verbesserung der Kompetenzbasis der Mitarbeiter), verbrauchen aber auch Ressourcen. Es wird daher geprüft, welche Ressourcen (Finanzen, Mitarbeiterqualifikationen, Laboranlagen, Fertigungsstätten usw.) für die Realisierung einer Produktidee erforderlich sind, ob sie vorhanden bzw. beschaffbar sind und wie sich die Ressourcenverfügbarkeit durch das Projekt verändert.

- **Technische Machbarkeit:** Mit diesen Kriterien wird bewertet, ob sich die Produktidee wahrscheinlich technisch realisieren lässt. Hierzu gehören u.a. die Beurteilung der Reife und des Risikos eingesetzter Produkt- und Prozesstechnologien, die Abschätzung der Komplexität der Entwicklungsaufgabe sowie Überlegungen zur Verfügbarkeit von eingesetzten Komponenten oder Materialien.

Wie bereits ausgeführt, müssen die hier genannten Beurteilungskriterien unternehmensspezifisch aus den jeweiligen Zielen abgeleitet und je nach Bewertungsaufgabe (Ideenscreening, Ideenauswahl, Konzepttest usw.) operationalisiert werden.

1.1.1.4.2 Bewertungsverfahren

Genau wie die Bewertungskriterien sind auch die Bewertungsverfahren, anhand derer eine Auswahl erfolgt, im Prinzip sowohl auf Ideen als auch auf Produktkonzepte anwendbar. Die **Nutzwertanalyse (auch: Scoring-Modell oder Punktbewertungsverfahren)** dient der multikriteriellen Bewertung von Alternativen anhand von Punktwerten, die für Entscheidungskriterien vergeben werden. Hauptkriterien setzten sich hierbei aus Teilkriterien zusammen, die im Einzelnen bewertet werden. Die „Scores" der Teilkriterien werden zu einem gemeinsamen Punktwert für das Hauptkriterium zusammengefasst, wobei der Beitrag aller Teilkriterien zum Hauptkriterium identisch ist. Aus der Summe der gewichteten Punktwerte der Hauptkriterien ergibt sich dann der Punktwert der jeweiligen Alternative. Die Alternativen mit den höchsten Punktzahlen werden weiterverfolgt [VGL. CRAWFORD: NEW PRODUCTS MANAGEMENT 1991, S. 199F. UND EISENFÜHR, WEBER: RATIONALES ENTSCHEIDEN 1993, S. 113].

Die Anwendbarkeit der Nutzwertanalyse ist an die Prämissen der einfachen und wechselseitigen Präferenzunabhängigkeit und der Differenzunabhängigkeit gebunden [VGL. EISENFÜHR, WEBER: RATIONALES ENTSCHEIDEN 1993, S. 113FF.]. Zudem setzt die Methode Sorgfalt und Fachkenntnis bei der Ermittlung von Zielgewichten und bei der Durchführung der Bewertung voraus. In der Praxis wird die Nutzwertanalyse oft „hemdsärmelig", d.h. ohne Berücksichtigung der theoretischen Prämissen eingesetzt und daher – obwohl weit verbreitet – häufig als problematisch kritisiert. Bei Berücksichtigung der Anwendungsvoraussetzungen ist sie allerdings ein durchaus leistungsfähiges, flexibles Verfahren der multikriteriellen Bewertung [VGL. CRAWFORD: NEW PRODUCTS MANAGEMENT 1991, S. 201, INSB. FUßNOTE; EISENFÜHR, WEBER: RATIONALES ENTSCHEIDEN 1993, S. 113; SCHRÖDER: INNOVATIONSPLANUNG 1999, S. 108].

Eine in der Praxis weit verbreitete Alternative zur aufwändigen multikriteriellen Bewertung ist der Einsatz **spezifischer Kennziffern**, wie etwa der Kennziffer des Return on Investments in Jahren (ROI) oder der sog. „Index of Attractiveness".[33] Diese Kennziffern sind der Ver-

---

[33] $I = \dfrac{T \times C \times P}{D}$

T bezeichnet die Wahrscheinlichkeit eines technischen Erfolgs, C die Wahrscheinlichkeit eines kommerziellen Erfolges, P den Gewinn, wenn das Produkt erfolgreich ist und D die Kosten der Entwicklung [VGL. URBAN, HAUSER: DESIGN AND MARKETING 1993, S. 158].

such, die komplexe Ideenauswahl zu vereinfachen und auf ein gut berechenbares und damit „hartes" Datum zurückzuführen. Sie suggerieren hierbei eine quantitative Genauigkeit, die in den frühen Phasen der Produktentwicklung, in denen keine verlässlichen Daten über den Entwicklungs- und Produktionsaufwand, die Größe des Absatzmarkts, Zeitpunkt und Höhe der Zahlungsrückflüsse, usw. vorliegen, nicht existiert. Zudem berücksichtigen sie nur einen kleinen Teil der Bewertungskriterien und können schon deshalb bestenfalls ergänzend zu anderen Verfahren eingesetzt werden.

Ähnliche Probleme ergeben sich bei der Projektauswahl mit Hilfe von Verfahren der **Investitionsrechnung**, durch die die Kapital- oder Endwerte von Projekten ermittelt werden. Sie liefern fundierte, mehrperiodische Bewertungen. Unsicherheit kann durch ergänzende Verfahren, wie z.B. Risikoanalysen, die die Wahrscheinlichkeitsverteilung des finanziellen Projektergebnisses ermitteln, berücksichtigt werden [VGL. KRUSCHWITZ: INVESTITIONSRECHNUNG 1993, S. 271FF.]. Auch sie bilden allerdings nur monetäre Entscheidungskriterien ab.

Die **multiattributive Nutzentheorie** (auch: **MAUT** – multi attribute utility theory) bietet dagegen einen sehr breiten Ansatz, multikriterielle Bewertungen bei Mehrfachzielsetzungen durchzuführen, bei denen, wie in der Phase der Ideenfindung der Normalfall, die Konsequenzen der zur Auswahl stehenden Alternativen unsicher sind. Die MAUT ist damit für die Ideenauswahl im FFE geeignet, hinsichtlich der Informationsbeschaffung aber problematisch: es müssen sowohl die Einzelnutzenfunktionen der Entscheidungsträger für die unterschiedlichen Teilziele, als auch die Zielgewichte bzw. Skalierungskonstanten ermittelt werden, wobei die Risikoeinstellung der Entscheider zu berücksichtigen ist. Das Verfahren ist damit aufwändig und fachlich anspruchsvoll und wird wohl nicht zuletzt deswegen in der Literatur zur Produktideenauswahl kaum erwähnt und in der Praxis nur selten genutzt [VGL. SCHRÖDER: INNOVATIONSPLANUNG 1999, S. 1084].

Als multikriterielle Bewertungsverfahren in der Praxis sind neben der bereits dargestellten Nutzwertanalyse damit vor allem **Portfolioanalysen** relevant [VGL. SCHRÖDER: INNOVATIONSPLANUNG 1999, S. 1047FF.]. Sie beruhen grundlegend auf der Überlegung, dass neben der Wahl der richtigen Einzelprojekte auch die Zusammenstellung eines geeigneten „Projekt-Mix" den Unternehmenserfolg bestimmt, wobei eine Balance aus Projekten mit u.a. unterschiedlichen Entwicklungsrisiken und -chancen, unterschiedlichem Entwicklungsaufwand und verschiedenen Zeitbedarfen bis zur Marktreife erreicht werden soll [VGL. COOPER ET AL.: PORTFOLIO PDMA 2002, S. 331FF.].

C1: Herkömmliche Methoden und Instrumente 127

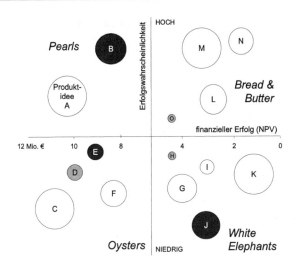

Abbildung C 1-7: Portfolio zur Projektauswahl [VGL. COOPER ET AL.: PORTFOLIO PDMA 2002, S. 341][34]

Eine übliche Visualisierung und Analysehilfe sind hierbei „**Bubble Diagrams**" (vgl. Abbildung C 1-7), die aus den klassischen Marktportfolios hervorgegangen sind [VGL. COOPER, ET AL.: PORTFOLIO MANAGEMENT 2001, S. 367F.]. Bei letzteren werden Strategische Geschäftsfelder – als Kreise repräsentiert – in ein Achsensystem eingetragen, wobei eine Achse der Darstellung der (vom Unternehmen kaum beeinflussbaren) Umfeldsituation (z.b. Marktattraktivität) und die andere Achse der Repräsentation der relativen Position des Unternehmens (z.b. relativer Marktanteil) dient [VGL. SCHRÖDER: INNOVATIONSPLANUNG 1999, S. 1047F.].

Portfoliodarstellungen zur Ideenauswahl weisen Achsenbeschriftungen auf, die aus den o.g. Gruppen von Bewertungskriterien stammen, wie z.b. Projektwert vs. Erfolgswahrscheinlichkeit, Technische Neuheit vs. Marktneuheit, Technische Machbarkeit vs. Marktattraktivität, Kosten für die Realisierung vs. Zeit zur Realisierung, Marktsog vs. Technologiedruck u.v.m. [VGL. COOPER ET AL.: PORTFOLIO PDMA 2002, S. 340FF. UND SCHRÖDER: INNOVATIONSPLANUNG 1999, S. 1084F.]. Wie diese Achsenkombinationen zeigen, werden damit selten Umfeldbedingungen und die relative Projektsituation in Beziehung gesetzt, sondern meist verschiedene Zielgrößen des Unternehmens.

Die Kreise in der Portfoliodarstellung zeigen einzelne Ideen für Neuproduktentwicklungen bzw. Projekte, die bereits in der Entwicklung sind; ihre Größe repräsentiert den Ressourcenbedarf (Geld, Personen) für die Entwicklung. Die Summe aller Kreisflächen zeigt, wie viel

---

[34] Der finanzielle Erfolg wird durch Kapitalwerte gemessen (NPV – Net Present Value).

Ressourcen das Unternehmen auf Projekte verwenden kann – wird ein Projekt verworfen oder sinkt sein Ressourcenbedarf, so werden Ressourcen frei, die auf zusätzliche Projekte (neue Kreise) verteilt werden können bzw. die Ressourcenausstattung bestehender Projekte erhöhen (größere Kreise) [VGL. COOPER ET AL.: PORTFOLIO PDMA 2002, S. 343].

Wie bei der klassischen Portfolioanalyse bestehen für Projekte innerhalb eines jeden Quadranten des Portfolios Normstrategien – so sollten „White Elephants" (Quadrant II) aufgegeben werden und möglichst viele „Pearls" (Quadrant IV) existieren. Letztere entwickeln sich häufig aus „Oysters" (Quadrant III), die den Charakter radikaler Innovationen haben. Sie sind damit risikoreich, können bei Erfolg aber zu Produkten führen, die Kundennutzen anders und sehr viel besser erzeugen als Konkurrenzprodukte. Inkrementelle Innovationen sind eher im Bereich „Bread & Butter" (Quadrant I) zu finden. Da sie sich nicht gravierend von Wettbewerbsangeboten unterscheiden, tragen sie nicht im gleichen Maße zum Erfolg bei, wie „Pearls" [VGL. COOPER ET AL.: PORTFOLIO PDMA 2002, S. 342F.].

Zweidimensionale Portfolio-Analysen können naturgemäß nur einen kleinen Ausschnitt der o.g. Bewertungskriterien berücksichtigen – im Beispiel aus Abbildung C 1-7 bspw. vier Kriterien: Erfolgswahrscheinlichkeit, Kapitalwert, Aufwand und ausgewogener Mix von Projekten. Andere Kriterien bleiben zwangsläufig außen vor. Zudem ist die exakte Positionierung einer Produktidee oder eines Projektes im Achsensystem u.U. schwierig, da ein sehr komplexer Sachverhalt, für den es keine natürlichen Dimensionen gibt (z.B. technologische Neuheit, Marktsog) bewertet werden muss. Um diese Probleme zu lösen, um also alle relevanten Kriterien berücksichtigen zu können und die Positionierung methodisch zu unterstützen, werden als Achsen des Portfolios häufig aggregierte Größen gewählt, die durch Nutzwertanalysen ermittelt werden [VGL. COOPER ET AL.: PORTFOLIO PDMA 2002, S. 345 UND SCHRÖDER: INNOVATIONSPLANUNG 1999, S. 1084F.]. So setzt sich der Projektwert in einer Form der Portfolioanalyse bspw. aus Teilnutzenwerten für u.a. Wettbewerbsvorteil, Kundeninteresse, technischer Machbarkeit und Profitabilität zusammen [VGL. COOPER ET AL.: PORTFOLIO PDMA 2002, S. 345]. Portfolioanalysen können die Unsicherheit der Bewertung berücksichtigen, indem die Intervalle, innerhalb derer die Beurteilung unsicher ist, angegeben werden [VGL. SCHRÖDER: INNOVATIONSPLANUNG 1999, S. 1085]. So zeigen in einem bei 3M entwickelten Portfolioansatz die Größe und Lage der „Bubbles", wie stark die Produktideen aus Sicht der Planer von ihrer aktuellen Lage im Diagramm abweichen könnten, wie unsicher die Angaben also sind. Ein kleiner Kreis bedeutet entsprechend eine geringe Unsicherheit [VGL. COOPER ET AL.: PORTFOLIO PDMA 2002, S. 343F.].

Portfolioanalysen sind damit ein sehr offenes Bewertungsverfahren, das zumeist andere Verfahren zur Ideenbewertung bzw. Projektauswahl (Nutzwertanalyse, Finanzkennzahlen) integriert. Allerdings liefern sie keine einfachen Rangordnungen [VGL. SCHRÖDER: INNOVATIONSPLANUNG 1999, S. 1085]. In o.g. Portfolio ist z.B. unklar, ob es günstiger ist, Projekt N durchzuführen, das eine hohe Erfolgswahrscheinlichkeit hat aber geringe Erträge erwarten lässt oder das gleichteure Projekt L, das mehr Ertrag erwirtschaftet, bei dem sich Erfolg aber nicht mit der gleichen Wahrscheinlichkeit einstellt. Ebenso ist nicht erkennbar, ob es ggf. günstig ist, auf ein „teures" Projekt wie z.b. M zu verzichten, um N und L bzw. ein Projekt aus Quadrant III ausführen zu können. Die Ergebnis der Portfolioanalyse sind ohne weiterführende Interpretation also nicht verwendbar.

Dies ist jedoch kein Nachteil gegenüber anderen Bewertungsverfahren: eine isolierte Betrachtung der „eindeutigen" Screeningergebnisse dieser Ansätze, wie z.b. Rangfolgen von Produktideen, ist nie ratsam. Vielmehr sollte der Prozess der Bewertung auch als Chance verstanden werden, Produktideen auf Relevanz, Unsicherheiten und Probleme hin zu untersuchen und in einem Produktentwicklungsteam Verständnis und Begeisterung für die Entwicklungsaufgabe zu wecken [VGL. ROCHFORD: NEW PRODUCT IDEAS 1991, S. 292]. Hier bietet die breite, projektübergreifende Sichtweise der Portfolioanalyse einen wichtigen Ansatzpunkt.

1.1.2 Methoden und Instrumente für die Phase Produktkonzeptfindung

Die Produktkonzeptfindung dient dazu, die entwickelten Produktideen bezüglich ihrer Funktionen und Eigenschaften aus Sicht des Kunden auszuarbeiten. Sie lässt sich in die Schritte **Konzeptentwicklung** und **Konzepttest** [SCHMIDT: KONZEPTFINDUNG 1996, S. 36F.] unterteilen, wobei der erste Schritt schwerpunktmäßig von den Ingenieurwissenschaften und der zweite Schritt vom Marketing betrachtet wird.

Für das Engineering ist die Konzeptentwicklung ein technisch orientierter Prozess, bei dem die vom Marketing ermittelten und im Lastenheft festgehaltenen Kundenanforderungen in Produktfunktionen aufgespalten und **Lösungsprinzipien** zugeordnet werden, die dann kombiniert und verfeinert werden. Die Konzeptentwicklung kann hierbei, so vorhanden, auf Funktionsanalysen aufbauen, die bereits während der Ideengenerierung erstellt wurden, um relevante Technologien zu ermitteln. Falls keine oder nur sehr grobe Funktionsbetrachtungen vorliegen, erfolgen sie im Rahmen der Konzeptentwicklung erstmals detailliert.

Die Autoren des Marketing setzen den Schwerpunkt ihrer Betrachtungen nicht auf die Funktionsanalyse und technische Lösungsfindung, sondern auf die ihr vor gelagerte **detaillierte Ermittlung von Kundenanforderungen** und den nach gelagerten **Konzepttest**. Bei der Ermittlung von Kundenanforderungen kommen dabei teilweise die selben Methoden zum Einsatz wie bei der Ideengenerierung. Allerdings werden nicht nur Bedürfnisse und zentrale Anforderungen ermittelt, sondern auch detaillierte Informationen über gewünschte Produkteigenschaften. Der Konzepttest ist Bestandteil der Bewertung von Produktkonzepten. Durch ihn werden bewertungsrelevante Informationen (z.B. zur Attraktivität und zum Nutzen von Produktkonzepten aus Konsumentensicht) ermittelt. Die eigentliche Bewertung und Auswahl folgen dann prinzipiell dem Vorgehen bei der Bewertung von Produktideen.

Nachfolgend werden alle drei Teilphasen der Konzeptfindung – die Ermittlung von detaillierten Anforderungen, die technische Lösungsfindung und der Konzepttest – beleuchtet und zu den Aktivitäten der Ideengenerierung und –auswahl in Beziehung gesetzt.

1.1.2.1 Ermittlung von Kundenanforderungen für Produktkonzepte

Für die relativ geringe Zahl von Produktideen, die als Ergebnis der Ideenauswahl noch übrig sind, lassen sich Informationsbedarfe gezielter formulieren als bei der Ideenfindung und externe Informationsquellen daher spezieller auswählen. Daher werden im Rahmen der Konzeptfindung interne Informationsquellen und die auf sie fokussierten Methoden und Instrumente (z.B. Ableitung von Kundenanforderung durch erfahrene Mitarbeiter, Group Consensus zur Anforderungsstrukturierung) zunehmend um eine externe Perspektive ergänzt und anspruchsvollere und aufwändigere Methoden (z.B. Kundenbefragungen, Lead User zur Ermittlung von künftigen Anforderungen, Clusteranalysen zur Anforderungsstrukturierung) mit höherem Informationsgehalt eingesetzt. Prinzipiell sind jedoch alle Methoden der Anforderungsermittlung im Rahmen der Ideenfindung auch bei der Konzeptfindung einsetzbar.

Da Kunden bei der Entscheidung für ein Produkt nicht alle erfüllten Anforderungen im gleichen Maße honorieren, ist die **jeweilige Bedeutung unterschiedlicher Anforderungen** aus Sicht des Kunden von zentralem Interesse für die Konzeptentwicklung. Durch gewichtete Anforderungen lassen sich Zielvorgaben und Schwerpunkte der Produktkonzepterstellung formulieren. Um Anforderungsgewichte zu ermitteln, existieren sowohl direkte als auch indirekte Methoden [VGL. SCHMIDT: KONZEPTFINDUNG 1996, S. 156FF.].

Methoden der direkten Messung beinhalten u.a. die nominale Messung von Eigenschaftswichtigkeiten durch **Statement Zuordnung**. Hierbei wird der Konsument gebeten, Aussagen wie „Die Eigenschaft q ist für mich besonders wichtig" zu treffen bzw. hinsichtlich ihrer Richtigkeit („stimme zu", „stimme nicht zu") zu bewerten [VGL. SCHMIDT: KONZEPTFINDUNG 1996, S. 156FF. UND 283]. Alternativ können auch **Ratingskalen** eingesetzt werden („nicht wichtig", „wenig wichtig", „sehr wichtig", usw.), anhand der Eigenschaftswichtigkeiten beurteilt werden [VGL. SCHMIDT: KONZEPTFINDUNG 1996, S. 162FF. UND 283]. Zudem kommen Verfahren zum Einsatz, bei denen die Eigenschaften in eine Rangfolge gebracht werden, die der Konsument unmittelbar (**Rangreihung**) [VGL. SCHMIDT: KONZEPTFINDUNG 1996, S. 158F.] oder durch **Paarvergleich** [VGL. SCHMIDT: KONZEPTFINDUNG 1996, S. 160FF. UND 283] bestimmt oder durch Verteilung eines „Budgets" von Punkten oder Geldeinheiten auf die verschiedenen Eigenschaften (**Konstantsummenskalen**) [VGL. SCHMIDT: KONZEPTFINDUNG 1996, S. 172F.] ermittelt.

Die direkten Methoden zur Eigenschaftsmessung unterscheiden sich erheblich im zeitlichen und finanziellen Aufwand, stellen verschiedene Anforderungen an die kognitiven Fähigkeiten der Befragten und sind mehr oder weniger anfällig für Antworttendenzen und Fehlinterpretationen. Dadurch ergeben sich für jede Methode individuelle – z.T. erhebliche – Validitätsmängel [VGL. SCHMIDT: KONZEPTFINDUNG 1996, S. 156-282]. Ein grundsätzlicher Mangel besteht aber für alle genannten Verfahren: wenn sie angewandt werden, um **Eigenschaftswichtigkeiten zu ermitteln**, werden Probanden vor eine unrealistische Beurteilungsaufgabe gestellt. Im „wirklichen Leben" sind Konsumenten normalerweise nicht gezwungen, vorgegebene Produkteigenschaften getrennt voneinander zu bewerten, zu gewichten oder gar in eine Reihenfolge zu bringen, sondern beurteilen Produkte anhand weniger individueller Kriterien in ihrer Gesamtheit.

Die **Conjoint-Analyse (CA)** als eine wichtige Methode der **indirekten Messung** setzt an dieser Stelle an, indem Kunden Produktkonzepte ganzheitlich bewerten. Ausgangspunkt der CA sind aus Kundensicht kaufentscheidende und vom Hersteller realisierbare Produkteigenschaften sowie ihre alternativen Ausprägungen [VGL. SCHMIDT: KONZEPTFINDUNG 1996, S. 192]. Kaufentscheidende Eigenschaften bei einem Computer sind bspw. das Gehäusedesign, der Prozessortyp, der Preis und die Garantieleistung. Aus der Kombination unterschiedlicher Eigenschaftsausprägungen (z.B. Gehäusedesign A, Prozessortyp A, Preis € 1000, 2 Jahre Garantie) ergeben sich alternative Produktkonzepte. Bei fünf Eigenschaften mit jeweils drei alternativen Ausprägungen lassen sich theoretisch 243 (= 3^5) Alternativen formulieren [VGL. SCHMIDT: KONZEPTFINDUNG 1996, S. 197FF.].

Diese Konzepte werden vom Kunden ganzheitlich bewertet, indem er sie in eine Rangfolge bringt, Paarvergleiche vornimmt oder Punktwerte auf Rating- oder Konstantsummenskalen zuweist. Als Stimuli dienen Beschreibungen, Modelle oder Produkte [VGL. SCHMIDT: KONZEPTFINDUNG 1996, S. 196F.]. Aus dem Vergleich der Konzeptbewertungen lässt sich ableiten, welchen Nutzen die einzelnen Eigenschaften stiften – wenn bspw. ein Wechsel von Gehäusedesign A zu Gehäusedesign B in allen Konzepten zu deutlich schlechteren Beurteilungen führt, so ist dies ein Hinweis darauf, dass das Gehäusedesign A einen hohen Nutzen stiftet.

Ziel der CA ist es, mittels statistischer Schätzverfahren und Schätzalgorithmen, den Nutzen unterschiedlicher Eigenschaftsausprägungen zu ermitteln, um dadurch Teilnutzenfunktionen der Eigenschaft zu erhalten. Ergebnis der CA sind Teilnutzenwertfunktionen für unterschiedliche Produkteigenschaften. Die Teilnutzenwerte lassen sich additiv oder multiplikativ zum Gesamtnutzen des Produktes verknüpfen und dienen als Grundlage für die Ableitung der relativen Bedeutung verschiedener Anforderungsarten [VGL. SCHMIDT: KONZEPTFINDUNG 1996, S. 197FF.].

In der Praxis ist die Bewertung von sehr vielen Konzepten aufgrund des hohen zeitlichen und kognitiven Aufwands unrealistisch. Es werden daher nicht alle 243 Konzepte aus o.g. Beispiel bewertet, sondern sehr viel weniger Alternativen als aufgrund der möglichen Eigenschaftsausprägungen existieren. Durch geschicktes Untersuchungsdesign bleibt die CA trotzdem aussagekräftig [VGL. SCHMIDT: KONZEPTFINDUNG 1996, S. 191FF., INSB. NEUERE CA-VARIANTEN AB S. 225FF.]. Mit Hilfe der ermittelten Teilnutzenfunktionen kann auf die Nutzenwerte von nicht getesteten

Produktalternativen geschlossen werden: So kann z.b. ermittelt werden, welchen Nutzen ein Computer aufweist, der den gleichen Gehäusetyp, Prozessor und die gleiche Garantieleistung aufweist, wie das getestete Konzept, aber eine 1,5fach größere Festplatte hat und um 20% billiger ist. Innerhalb gegebener technischer Möglichkeiten und Kostengrenzen können dadurch nutzenoptimale Produktkonzepte konfiguriert werden [VGL. CRAWFORD: NEW PRODUCTS MANAGEMENT 1991].

Bei allen genannten Verfahren zur Ermittlung von Kundenanforderungen muss, wenn auch in unterschiedlichem Maße, bereits bekannt sein, **welche Aspekte für das zukünftige Produktkonzept relevant sein könnten.** Um bspw. die Anforderungen an ein Automobil erfragen zu können, muss bereits bekannt sein, dass Fahrgeräusch, Benzinverbrauch, Beschleunigung, Reichweite usw. wichtige Eigenschaften zukünftiger Produkte sind. Wenn dieses Wissen nicht besteht, weil das Produktkonzept noch nicht umrissen ist und keine vergleichbaren Produkte existieren (z.b. neuartiges Elektroauto), lassen sich keine Eigenschaftslisten für Statementzuordnungen, Rangreihungen, Paarvergleiche usw. erstellen bzw. nur Listen, in denen die Eigenschaften so abstrakt formuliert sind („hohe Sicherheit", „leichte Bedienung"), dass sie kaum Informationsgehalt haben. Es muss also erst eine gewisse Klarheit über mögliche Produktkonzepte gewonnen werden, bevor die Anforderungsermittlung erfolgen kann. Dies ist in ganz besonderem Maße bei der CA der Fall, die nur einsetzbar ist, wenn Produktkonzepte existieren, die miteinander verglichen werden können.

1.1.2.2 Konzeptentwicklung

In der Konzeptentwicklung wird die Produktidee in bekannte Teilaufgaben bzw. Teilfunktionen zerlegt, für die dann prinzipielle Lösungen gesucht werden. Das Ergebnis ist eine teilweise noch abstrakte Lösung, deren Gestalt nicht im Detail geklärt ist, die jedoch alle wichtigen Funktionsanforderungen berücksichtigt. Produktkonzepte können für einzelne Produkte und für Produktsysteme, wie Plattformen oder Baukästen, erstellt werden [VGL. EHRLENSPIEL: INTEGRIERTE ENTWICKLUNG 2003, S. 236].

In der ingenieurwissenschaftlichen Literatur ist die **Konzipierung** (auch: **Produktdefinition**) [VGL. VDI 2220] vorwiegend im Bereich der Technik angesiedelt, d.h. es werden die in der Ideengenerierung (unter Beteilung des Marketing) erarbeiteten Ziele durch Ingenieure in Lösungsansätze überführt, wobei konstruktionstechnische Überlegungen im Mittelpunkt stehen und andere Produkteigenschaften (z.B. Umweltverträglichkeit) sowie Kosten noch weitgehend unberücksichtigt bleiben [VGL. EHRLENSPIEL: INTEGRIERTE ENTWICKLUNG 2003, S. 236].

Als Methoden zur Konzeptentwicklung kommen neben allgemeinen Kreativitätstechniken insbesondere die Funktionszerlegung (vgl. Abbildung C 1-5, Seite 112), und die darauf aufbauenden analytisch-systematischen Verfahren (vgl. Seite 120ff.), wie morphologische Kästen, Lösungskataloge und TRIZ zum Einsatz. [VGL. OTTO, WOOD: PRODUCT DESIGN 2001, S. 433FF. UND EHRLENSPIEL: INTEGRIERTE ENTWICKLUNG 2003, S. 236] Die marketingorientierte Literatur trennt in vielen Fällen nicht zwischen Ideen- und Konzeptfindung [VGL. SCHMIDT: KONZEPTFINDUNG 1996, S. 34F. UND DIE DORT ANGEG. LITERATUR] und betont bei beiden Aktivitäten die Notwendigkeit, sie funktionsübergreifend durchzuführen. Die einseitige technische Orientierung vieler ingenieurwissenschaftlicher Arbeiten, die Produktkonzeptfindung als reine Umsetzung von Anforderungen versteht, die das Marketing ermittelt hat wird dabei ebenso bemängelt, wie das Fehlen eines integrativen Vorgehens [VGL. SCHMIDT: KONZEPTFINDUNG 1996, S. 299FF.; CALL: ENTSTEHUNG UND MARKTEINFÜHRUNG 1997, S. 1FF.; SCHAAF: ENTWICKLUNGSMANAGEMENT 1999, S. 15FF.]. Zur Beseitigung dieser Mängel werden Vorschläge für einen verbesserten Prozessablauf unterbreitet, bei denen das **Quality Function Deployment (QFD)** immer wieder ein wichtiger oder sogar der zentrale Bestandteil ist [VGL. SCHMIDT: KONZEPTFINDUNG 1996, S. 324FF. UND CALL: ENTSTEHUNG UND MARKTEINFÜHRUNG 1997, S. 170FF.].

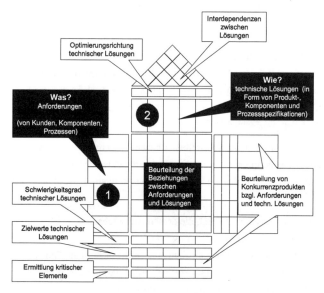

Abbildung C 1-8: House of Quality ; in Anlehnung an [SCHRÖDER, ZENZ: QFD 1996, SP. 1701-1702]

QFD ist ein strukturiertes Vorgehen zur kundenorientierten Produkt- und Prozessentwicklung, durch das Kundenforderungen in messbare technische Spezifikationen – sog. Qualitätsmerkmale – übersetzt werden, aus denen dann in mehreren Stufen die Anforderungen an Komponenten oder Teile des Produktes sowie an Produktions- und Prüfprozesse abgeleitet werden [VGL. SCHRÖDER, ZENZ: QFD 1996]. Zentrales Instrument der Planung sind mehrere miteinander verschachtelte Matrizen, die als **Houses of Quality (HoQ)** bezeichnet werden (vgl. Abbildung C 1-8). In ihnen werden jeweils Anforderungen mit Lösungen in Beziehung gesetzt (vgl. graue Felder in Abbildung C 1-8) und bewertet. Damit haben alle HoQ Matrizen prinzipiell den gleichen Aufbau, der in Abbildung C 1-8 allgemeingültig dargestellt ist.

Im **1. HoQ** werden Kundenanforderungen und Qualitätsmerkmale auf der Ebene des Gesamtproduktes betrachtet: Wenn das Gesamtprodukt bspw. eine Autotür ist, so umfassen mögliche Kundenanforderungen (in der Sprache des Kunden) „leichte Bedienung", „angenehmes Gefühl", „schickes Aussehen". Aus diesen Primäranforderungen lassen sich konkrete Forderungen ableiten: „Tür muss leicht zu öffnen sein", „Tür darf am Berg nicht zufallen", „Tür muss Straßenlärm fernhalten", „Tür muss bei Unfall schützen". Sie werden in die erste Spalte der Matrix eingetragen (vgl. ① in Abbildung C 1-8) Technische Qualitätsmerkmale, die zur Erfüllung dieser Anforderungen beitragen sind u.a. Gewicht, Steifigkeit, Lackierung, Übertragung der Fahrgestellvibration und Dichtigkeit. Sie werden in die Spaltenköpfe eingetragen (vgl. ② in Abbildung C 1-8).

Im **2. HoQ** erfolgt die Ermittlung derjenigen Komponenten bzw. Teile des Produktes (z.B. Werkstoff, Innenbeschichtung, Lackierung, Türdichtung, Scharnier), die zur Erfüllung der im 1. HoQ ermittelten Qualitätsmerkmale erforderlich sind. Die Anforderungen (z.B. Dichtigkeit) werden wieder in die Zeilen, die Lösungen (hier: Teile, Baugruppen) werden in die Spalten des HoQ eingetragen. Im **3. HoQ** liefern die Baugruppen die Anforderungen an die Produktionsprozesse. Im **4. HoQ** werden schließlich die Anforderungen der Produktionsprozesse in Prüf-, Verfahrens- und Arbeitsanweisungen übersetzt [VGL. SCHRÖDER, ZENZ: QFD 1996, SP. 1699-1707].

Damit ist das *klassische* QFD **in den frühen Phasen** bis zum 1. HoQ einsetzbar, da mit der Produktstrukturierung bereits im 2. HoQ Angaben verlangt werden, die Konstruktionsarbeiten erfordern. Diese erfolgen üblicherweise erst **nach der Konzeptauswahl** und damit außerhalb des FFE.

Eine Erweiterung des klassischen QFD, die dessen Anwendbarkeit im FFE verbessert, ist das Modell der **„Integrierten Konzeptfindung"** nach *SCHMIDT*. In ihm sind einzelne QFD-Schritte verändert (z.B. durch Ergänzung einer Bewertung technischer Grobkonzepte), so dass sich insgesamt sieben statt nur vier HoQ ergeben. Alle Schritte werden durch Diagnosehilfen unterstützt (z.B. Variantenbewertungsmatrix, Wettbewerbsvorteilsmatrix) und eng mit Marktforschungsmethoden verzahnt [VGL. SCHMIDT: KONZEPTFINDUNG 1996, S. 324FF.]. Das resultierende Modell ist im FFE bis zu seinem dritten HoQ anwendbar, in dem Secondary Needs durch lösungsneutrale Qualitätsmerkmale umgesetzt werden [VGL. SCHMIDT: KONZEPTFINDUNG 1996, S. 333F. UND 359FF.]. Die nachfolgenden Schritte, in denen für das beste der entwickelten Produktkonzepte Varianten einzelner Komponenten geprüft und zu einer Gesamtlösung integriert werden, finden jedoch ebenfalls nach Ende des Front-Ends statt und sind zu dessen methodischer Unterstützung nicht geeignet.

Unabhängig von der Frage, ob und wie weit reichend das QFD das FFE unterstützen kann, ist es als Methode nicht unumstritten. Häufig wird Kritik an der mangelhaften Umsetzung geübt: So erfolgen die Ermittlung der Kundenanforderungen, ihrer relativen Wichtigkeit und der Zielwerte für die technische Umsetzung oft durch das Produktentwicklungsteam, z.T. ohne Kundenbeteiligung. Validitätsprobleme direkter Eigenschaftsbewertungen werden häufig ignoriert und aufwändigere, aussagekräftigere Verfahren, z.b. die Conjoint-Analyse, werden nicht eingesetzt. Das Vorgehen gilt zudem als „technokratisch": Aufgrund seiner hohen Komplexität und der (vermeintlich) klaren und sicheren Ergebnisse besteht die Tendenz, alternative Lösungen und geänderte Bedingungen und Informationsstände nicht zu berücksichtigen [VGL. SCHMIDT: KONZEPTFINDUNG 1996, S. 315FF.; SCHAAF: ENTWICKLUNGSMANAGEMENT 1999, S. 15FF.; SCHRÖDER, ZENZ: QFD 1996, SP. 1709].

Während diese Probleme bei geeigneter QFD-Anwendung und Berücksichtigung der zahlreichen QFD-Erweiterungen [VGL. z.B. SCHMIDT: KONZEPTFINDUNG 1996] weitgehend gelöst werden können, besteht eine grundlegende Schwierigkeit aller QFD-Ansätze: sie sind **nur dann sinnvoll einsetzbar, wenn das Produktkonzept** sowohl dem Kunden als auch dem Entwicklungsteam **ausreichend bekannt ist**. Anderenfalls machen viele Forderungen und Qualitätsmerkmale überhaupt keinen Sinn: Für eine nach oben öffnende Autotür ist „bergan Parken" kein Problem und das Qualitätsmerkmal Lackierung ist nur bei manchen Türwerkstoffen relevant. Implizit sind damit beim Ausfüllen des HoQ bereits Festlegungen getroffen, die nicht am Anfang einer Produktkonzeptfindung stehen, sondern erst bei deren Detaillierung verfügbar sind.

Damit weisen die im vorangegangenen Abschnitt C 1.1.2.1 (Seite 130ff.) beschriebene Ermittlung von Kundenanforderungen für Konzepte und die Konzeptentwicklung ähnliche Probleme auf: Die eingesetzten Methoden – insbesondere CA und QFD – setzen voraus, dass bereits vorläufige Produktkonzepte existieren. Wenn sie bereits zu Beginn der Konzeptfindung eingesetzt werden, zwingen sie damit zu einer starken Orientierung an Vorgängerprodukten. Bei radikalen Innovationen sind sie dagegen erst einsetzbar, wenn eine Konzeptsuche schon fortgeschritten ist, wenn also lösungsunabhängige Anforderungen ermittelt und, sofern überhaupt möglich, grob gewichtet wurden, wenn diese Anforderungen unter Anwendung von Kreativitätstechniken in ein oder mehrere grobe Konzepte überführt wurden. Für diese lassen sich dann, u.a. mit CA, spezifische Anforderungen und Anforderungsgewichte erarbeiten, die beiden ersten Matrizen des QFD ausfüllen und Konzepttests durchführen, die im nächsten Abschnitt erläutert werden.

1.1.2.3 Konzepttests

Durch **Konzepttests**[35] werden Daten erhoben, um die prinzipielle Eignung eines Produktkonzeptes zu ermitteln, notwendige Konzeptänderungen aufzuzeigen und die qualifizierte Auswahl zwischen unterschiedlichen Konzeptalternativen zu ermöglichen. Konzepttests zielen dabei auf die Frage ab, wie der Kunde auf ein Produktkonzept reagieren wird, also z.B. ob und zu welchem Preis er es nachfragt und welche Produktmerkmale ihm wichtig sind. Dadurch lassen sich Marktprognosen ableiten, die es ermöglichen, die wirtschaftliche Vorteilhaftigkeit des Konzeptes zu beurteilen und Anforderungen für die Produktentwicklung, wie z.B. Kostenziele und erwartete Stückzahlen, zu formulieren [VGL. URBAN ET AL. ESSENTIALS 1987, S. 155FF.]. Konzepttests liefern damit Daten für die Bewertung von Produktkonzepten, die mit den in Abschnitt C 1.1.1.4 (Seite 122ff.) beschriebenen Verfahren und Kriterien erfolgt.

In Anlehnung an *URBAN ET AL.* und *OZER* lassen sich verschiedene Ansatzpunkte für die Datenerhebung aufzeigen:

- **Expertenmeinungen** – Die Vorteilhaftigkeit eines Konzeptes und seine Marktentwicklung wird durch interne oder externe Experten mit einschlägiger Industrieerfahrung beurteilt [VGL. OZER: PRODUCT EVALUATION 1999, S. 84FF.].

- **Auswertung von vorhandenen Sekundärdaten** – Aus vorliegenden historischen Daten vergleichbarer Produkte wird auf die Akzeptanz für das Konzept, sein Marktpotenzial sowie auf Tempo und Verlauf der Marktdurchdringung geschlossen [VGL. OZER: PRODUCT EVALUATION 1999, S. 83F.].

- **Beurteilung der Präferenz und des Nutzens von Produktkonzepten** – Die alternativen Produktkonzepte werden durch Konzeptbeschreibungen, Modelle, Prototypen etc. beschrieben und durch potenzielle Kunden beurteilt. Hierbei können typische Bewertungsverfahren (z.B. Rangreihung, Paarvergleich) zum Einsatz kommen. Zudem liefert die CA eine Möglichkeit, den Nutzen alternativer Konzepte zu ermitteln, um auf dieser Basis Prognosen von Verkaufszahlen und Marktanteilen zu erstellen [VGL. URBAN, HAUSER: DESIGN AND MARKETING 1993, S. 277F.].

- **Beurteilung der Kaufabsichten** – Die alternativen Produktkonzepte werden von potenziellen Kunden dahingehend bewertet, ob sie vorhaben, das Produkt zu kaufen. Daraus lassen sich unter Berücksichtigung der Zusammenhänge zwischen Kaufabsichten und tatsächlicher Kaufhandlung (u.a. in Abhängigkeit von der Bekanntheit des Produktes, Kauf- und Wiederkaufraten) die zukünftigen Absatzzahlen zu unterschiedlichen

---

[35] Der Konzepttest findet zu einem Zeitpunkt statt, indem das Produkt noch nicht entwickelt ist und bestenfalls Konzeptprototypen existieren. Er ist daher nicht mit späteren Tests (z.B. Pre-Launch Tests oder Verkauf des

Zeitpunkten ermitteln [VGL. URBAN, HAUSER: DESIGN AND MARKETING 1993, S. 303FF. UND OZER: PRODUCT EVALUATION 1999, S. 84].

Nicht alle genannten Ansatzpunkte sind tatsächlich „Tests": die Beurteilung von Konzepten durch Experten oder Analyse von Sekundärdaten beruht vielmehr darauf, gesammeltes Erfahrungswissen auf die Beurteilungssituation zu übertragen, ohne dass Kunden nach ihrer Meinung zum Produktkonzept gefragt werden. Entsprechend umstritten ist die Zuverlässigkeit dieses Vorgehens [VGL. OZER: PRODUCT EVALUATION 1999, S. 82F.]. Es sollte nur bei inkrementellen Innovationen in stabilen Märkten eingesetzt werden, bei denen angenommen werden kann, dass die gemachten Erfahrungen aussagekräftig für die Zukunft sind.

Die Beurteilung der Kaufabsichten beruht dagegen vollständig auf dem Urteil potenzieller Kunden, gilt im Zusammenhang mit den frühen Phasen jedoch als wenig zuverlässig. Selbst wenn ein (empirisch nicht durchgehend nachweisbarer) Zusammenhang zwischen Kaufabsicht und tatsächlicher Kaufhandlung angenommen wird, wird der Konsument bei der Beurteilung leicht überfordert, da er auf Basis von ggf. nur verbalen oder skizzenhaften Konzeptbeschreibungen ein Urteil über seine in der Zukunft liegenden und von den dann herrschenden Rahmenbedingungen abhängigen Kaufabsichten abgeben soll [VGL. SCHMIDT: KONZEPTFINDUNG 1996, S. 96FF.].

Für den **Konzepttest im FFE** gilt daher die Bewertung von Produktkonzepten nach Präferenz des Kunden bzw. nach Grad der Nutzenerfüllung als viel versprechend. Auch hier existieren jedoch die bereits mehrfach angesprochenen Schwierigkeiten bei der Bewertung radikaler Innovationen, für die der Kunde über keinen Referenzrahmen verfügt und bei dynamischen Umfeldern, die bestehenden Referenzrahmen verändern können. *OZER* schlägt daher die Nutzung des szenariobasierten Konzeptes der Information Acceleration vor [VGL. OZER: PRODUCT EVALUATION 1999, S. 80 UND 85], das allerdings nicht zu den herkömmlichen Instrumenten im FFE gerechnet werden kann. Es wird daher im folgenden Kapitel C 3.3 diskutiert.

1.1.3 Methoden und Instrumente für die Phase der Projektplanung

Das FFE endet mit einer „Go/No-Go" Entscheidung, die, wenn sie positiv ausfällt, den Beginn der eigentlichen Produktentwicklung kennzeichnet. Auf der Grenzstelle zwischen FFE und Produktentwicklung muss die Projektdurchführung hinsichtlich Zeit, Kosten und Ressourcen geplant werden. Die meisten Autoren rechnen diese Planungstätigkeit zu den Aktivitäten des Front Ends [VGL. Z.B. KHURANA, ROSENTHAL: INTEGRATING THE FFE 1997; HERSTATT ET AL.:

Produktes auf Testmärkten) zu verwechseln.

EXPLORATORY STUDY 2002; KOEN ET AL.: FUZZY FRONT END 2002] und erachten sie aus mehreren Gründen für relevant:

- Qualifizierte Bewertung innerhalb des FFE beruhen auf Planannahmen: Wenn etwa die Entwicklung zu lange dauert, um rechtzeitig in den Markt einzutreten, oder der Aufwand im Verhältnis zum Ertrag zu hoch ist, ist das Projekt per se nicht sinnvoll und sollte im FFE abgelehnt werden. Da oft die Wahl zwischen mehreren Projekten besteht, die aufgrund von Ressourcenbeschränkungen nicht alle umgesetzt werden können, ist die Projektplanung zudem Grundlage für die Zusammenstellung des Projektprogramms. Planung findet damit zwingend bereits im FFE statt.

- Eine saubere Projektplanung, d.h. die Festlegung von Zielen, die Aufspaltung von Aktivitäten und Darstellung ihres logischen Ablaufs, die Terminierung von Anfangs- und Endterminen und die Budgetierung von Ressourcen gilt als erfolgskritisch für den gesamten Entwicklungsprozess und sollte frühzeitig erfolgen. Gleichzeitig erlaubt sie, die Verantwortlichkeiten späterer Phasen klar und damit kontrollierbar zu umreißen [VGL. VERWORN: PROJEKTPLANUNG 2003, S. 237].

Allerdings ist fraglich, wie viel Planung im FFE tatsächlich sinnvoll und möglich ist und inwieweit auf typische Projektplanungsverfahren zurückgegriffen werden kann: Detaillierte Planungsverfahren setzten u.U. Informationen voraus, die in den frühen Phasen der Produktentwicklung noch nicht vorliegen. Werden sie trotzdem eingesetzt, kann es vorkommen, dass fehlende Informationen mit hohem Aufwand beschafft werden, ohne dass diese ausreichend zuverlässig sind, um den hohen Planungsaufwand zur rechtfertigen.

Detaillierte Pläne werden daher nicht als Ziel einer Projektplanung im FFE angesehen: „Die Planung während der frühen Phasen ist vor allem eine Möglichkeit, Sichtweisen und Informationen von verschiedenen Abteilungen frühzeitig einzubeziehen und ein gemeinsames Verständnis zu schaffen. Im Gegensatz zur späteren Detailplanung liegt die Betonung ... somit auf kommunikativen, „weichen" Aspekten" [VERWORN: PROJEKTPLANUNG 2003, S. 247].

Allerdings nennt *VERWORN* in ihrer Arbeit keine „weichen" Planungsmethoden, sonder greift mit einfachen und vernetzten Balkenplänen, Projektstrukturübersichten und Netzplänen vorwiegend auf das Instrumentarium der klassischer Projektplanung [VGL. Z.B. CORSTEN: PROJEKTMANAGEMENT 2000] zurück. Dabei betont sie, dass die Zweckmäßigkeit dieser Methoden jeweils in Abhängigkeit von u.a. Innovationsgrad, Komplexität, Umfang und Risiko des Projektes individuell bewertet werden muss. Zudem sollte die Planung nicht zu detailliert erfolgen, sondern als Startpunkt für spätere Plandetaillierungen verstanden werden [VGL. VERWORN: PROJEKTPLANUNG 2003, S. 237FF.].

Damit kommen im FFE keine speziellen Planungsmethoden zum Einsatz, sondern es werden bestehende Methoden „weich" ausgestaltet. Nachfolgend werden zwei Aspekte der Planungsproblematik – die Aufwandabschätzung und die Planung von Teilaktivitäten – für das FFE beleuchtet, um mögliche Ansatzpunkte für diese Ausgestaltung der FFE-Planung aufzuzeigen.

1.1.3.1 Kostenschätzung

Für eine grobe, auf Erfahrungswissen basierende Ermittlung künftiger Zeitbedarfe und Kosten werden in der Projektplanung (insbesondere von Großprojekten) schon seit langem Schätzverfahren eingesetzt, die z.T. bei geringem Informationsstand einsetzbar sind. Sie sind damit potenzielle Lösungen für die Planungsproblematik im FFE. Die Schätzmethodiken lassen sich in drei Kategorien einteilen [VGL. MADAUSS: PROJEKTMANAGEMENT 1994, S. 251FF., VON RECHBERG: KOSTENSCHÄTZUNG 1997, S. 326FF. DIETHELM: PROJEKTMANAGEMENT 2000, S. 325FF.]:

- **Expertenschätzungen:** Die Schätzung erfolgt durch interne und externe Fachleute auf Basis ihres Erfahrungswissens und ihrer Beurteilung der Situation.

- **Parametrische Schätzungen:** Auf Basis historischer Daten (Zeitaufschreibungen, Kalkulationsdaten, Messwerte) werden mittels statistischer Verfahren Schätzfunktionen – Cost Estimation Relationships (CER) – abgeleitet. In die Funktionen werden bekannte oder einfach zu schätzende Werte für sog. „Kostentreiber" eingesetzt, um so den Schätzwert für Zeitbedarf oder Aufwand zu ermitteln. Kostentreiber sind Faktoren wie Gewicht, Menge und technische Leistungsparameter (Watt, Hertz, km/h). Eine Schätzfunktion stellt dann bspw. einen Zusammenhang zwischen der installierten Leistung eines Kraftwerks und seinen Baukosten her.

- **Kalkulationsmethoden:** Das Entwicklungsprojekt wird in Arbeitspakete aufgespalt, deren Zielsetzungen, Spezifikationen und Restriktionen bekannt sind. Für jedes Paket werden Einsatzmengen der benötigten Ressourcen (Ingenieurstunden, Material) und die dafür anfallenden Kosten ermittelt. Die Kalkulationsmethode ist damit eng mit den o.g. klassischen Projektplanungsmethoden (z.B. Projektstrukturpläne, Netzpläne) verzahnt.

Für die frühen Phasen der Produktentwicklung ist der letzte Ansatz allerdings nur dann geeignet, wenn das Produktkonzept bereits so weit reichend bekannt ist, dass die Aufspaltung des Produktes in einigermaßen detaillierte Arbeitspakete möglich ist – ansonsten lassen sich insbesondere Einsatzmengen (z.B. Menge und Qualifikationsbedarf bei Ingenieurstunden) nur äußerst unzuverlässig planen.

Die Anwendbarkeit parametrischer Schätzungen ist an spezifische Anwendungsvoraussetzungen gebunden [VGL. VON RECHBERG: KOSTENSCHÄTZUNG 1997, S. 326FF.]:

- Die Kostentreiber und die Ergebnisvariablen der Schätzfunktion stehen in einem nachweisbaren **logischen und statistischen Zusammenhang**, d.h. es entstehen keine Schätzfunktionen nach dem Muster „Höhe mal Breite mal Donnerstag".[36]

- Die Zusammenhänge zwischen Kostentreibern und Ergebnisvariablen unterliegen einem starken **Kausalitätsprinzip**, d.h. ähnliche Ursachen haben auch ähnliche Wirkungen. Sie sind zudem **im Zeitablauf stabil**.

- Es liegen **genug relevante historische Daten** vor, um eine Schätzfunktion zu ermitteln, d.h. es existieren vergleichbare Vorläuferprojekte. Zudem müssen **aktuelle und ausreichend sichere Inputdaten** über die Kostentreiber vorliegen, die in die Funktion eingesetzt werden können.

Schätzfunktionen sind Ausdruck bestehenden Erfahrungswissens. Bei radikal neuen Produkten, bei denen keine vergleichbaren Vorläuferprojekte existieren, sind sie daher ebenso ungeeignet, wie beim Fehlen verlässlicher Inputdaten in sehr frühen Entwicklungsphasen. Wenn, wie im Fall inkrementeller Innovationen, relevantes und aktuelles Erfahrungswissen vorliegt, sind sie dagegen eine durchaus geeignete Möglichkeit zur fundierten Aufwandsabschätzung.

Allerdings laufen Schätzfunktionen auf hoher Betrachtungsebene (z.B. Schätzung von Baukosten anhand von Kraftwerksleistung oder von Entwicklungskosten anhand von Satellitengrößen und –leistungen) Gefahr, Zusammenhänge abzubilden, die sich nicht vollständig sachlogisch ableiten lassen. Die strengen Anwendungsvoraussetzungen der parametrischen Schätzverfahren sind eher auf Komponenten- und Bauteilebene erfüllbar als auf der Ebene des Gesamtprojektes. Damit sind sie im FFE, in dem Bauteile noch nicht festgelegt bzw. genau spezifiziert sind, von untergeordneter Bedeutung.

Eher geeignet ist die Expertenschätzung. Ihre Qualität hängt entscheidend davon ab, wie relevant das Erfahrungswissen des Experten für die Schätzaufgabe ist, wie gut er die Einflussgrößen auf den Projektaufwand versteht und wie gut die Informationen sind, die ihm im Zeitpunkt der Schätzung vorliegen. Um die Schätzgenauigkeit beurteilen zu können und spätere Abweichungen des IST vom Schätzergebnis analysieren zu können, sollte die Schätzung inklusive relevanter Hintergrundinformationen (getroffene Annahmen, genutzte Informationen, mögliche alternative Schätzergebnisse) dokumentiert werden [VGL. SINNGEMÄß: VON RECHBERG: KOSTENSCHÄTZUNG 1997, S. 327]. Wie dies konkret zu erfolgen hat, wird in der Literatur allerdings ebenso wenig diskutiert, wie die Frage, woran der geeignete Schätzexperte zu erkennen ist.

---

[36] Zur Diskussion des Phänomens insb. bei öffentlichen Großprojekten vgl. [GRÜN: HÖHE MAL BREITE 1983]

Expertenschätzungen und parametrische Schätzungen auf hoher Betrachtungsebene sind – ebenso wie die Anwendung der Kalkulationsmethode – damit zwar unerlässliche Ansätze für die Projektplanung im FFE (und beim derzeitigen Stand der Forschung die einzigen Möglichkeiten), sind allerdings in Bezug auf ihre Bewährung und konkrete Ausgestaltung in den frühen Produktentwicklungsphasen unerforscht.

1.1.3.2 Design-Struktur-Matrix

Zur Planung des FFE gehören neben der Abschätzung von Zeitbedarf und Kosten auch Überlegungen zur richtigen Abfolge der Entwicklungsaktivitäten. Ein neuerer Ansatz hierfür, der Informationsflüsse zwischen Teilaktivitäten betrachtet, ist die sog. **Design Structure Matrix (DSM)** nach EPPINGER [VGL. EPPINGER: DSM 2001], die von VERWORN in Bezug auf die Einsatzmöglichkeiten im FFE diskutiert wird [VGL. VERWORN: PROJEKTPLANUNG 2003, S. 245F.].

Die DSM (vgl. Abbildung C 1-9) ist eine quadratische Matrix in deren Zeilen- und Spaltenköpfen die in zeitlicher Abfolge geordneten Teilaufgaben eines Projektes dargestellt sind [VGL. EPPINGER: DSM 2001]. In den Feldern der Matrix werden die Informationsflüsse zwischen den Teilaufgaben durch X gekennzeichnet. In Zeilenrichtung gelesen, zeigt die Matrix, welche Informationen eine Aktivität benötigt. D benötigt bspw. Informationen von A, B und C, da der Werkzeugbau nicht erfolgen kann, bevor das Produkt spezifiziert ist. In Spaltenrichtung gelesen zeigt die Matrix, für welche Aufgaben die Teilaufgabe Informationen erzeugt. D liefert z.B. Informationen an E.

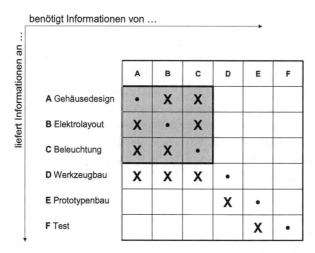

Abbildung C 1-9: Design-Struktur-Matrix nach EPPINGER [VGL. EPPINGER DSM 2001]

Die Diagonale der Matrix ist unbesetzt, da Informationsflüsse innerhalb von Teilaufgaben unberücksichtigt bleiben. Die Informationsflüsse unterhalb der Diagonalen sind vorwärtsgerichtet, d.h. die einmal erzeugten Informationen werden durch nach gelagerte Aktivitäten nicht mehr verändert. Wenn der Werkzeugbau D erfolgt ist, kann der Prototypenbau E erfolgen, ohne das dies Auswirkungen auf D hat. Entsprechend können D und E sequentiell abgearbeitet werden. Aktivitäten, zwischen denen keinerlei Informationsaustausche stattfinden (z.B. D und F) können grundsätzlich parallelisiert werden.

Oberhalb der Diagonalen existieren Feedbackbeziehungen. So kann die Festlegung der Beleuchtung in C dazu führen, dass das Gehäusedesign in A überarbeitet werden muss. Wenn möglich, sollte die Reihenfolge der Aufgaben so erfolgen, dass oberhalb der Diagonale keine Einträge existieren. Wo dies nicht möglich ist, sollten die Aktivitäten so angeordnet werden, dass alle Einträge oberhalb der Diagonalen nah an der Diagonale stehen, Iterationsschleifen also früh erfolgen, wenn noch nicht allzu viele Aktivitäten betroffen sind. Unvermeidbare Iterationen sollten geplant werden, indem diese Aktivitäten integriert durchgeführt werden (vgl. grauer Kasten in Abbildung C 1-9).

Damit ergeben sich zahlreiche Ansatzpunkte, die DSM für die Planung der Entwicklungsaufgaben einzusetzen: Sie zeigt, wo Informationsverknüpfungen bestehen und liefert damit Daten für die Festlegung von Teilaufgaben, die so erfolgen soll, dass wenige, eindeutige Informationsverknüpfungen zu anderen Aufgaben bestehen. Sie zeigt, welche Aktivitäten parallel und sequentiell durchgeführt werden können. Sie zeigt, wo durch eine Neuanordnung der Teilaufgaben Feedbackbeziehungen vermieden werden können. Und sie zeigt, welche unvermeidbaren Iterationen integriert bewältigt werden müssen. Die DSM ist damit eine konzeptionell überzeugende Möglichkeit, Entwicklungsaktivitäten zu analysieren und aufeinander abzustimmen und liefert damit potenziell einen Beitrag für die vorläufige Projektplanung am Ende des FFE. Allerdings steht die praktische Bewährung dieses Ansatz in den frühen Phasen der Entwicklung noch aus. VERWORN führt als Gründe hierfür die (insbesondere in Deutschland) geringe Verbreitung der Methode an sowie den hohe Aufwand für die Analyse der Informationsflüsse [VGL. VERWORN: PROJEKTPLANUNG 2003, S. 246]. Wie aufwändig eine solche Analyse tatsächlich ist, kann auf Basis der vorliegenden Daten jedoch nicht beurteilt werden. Möglicherweise hält sich der Aufwand in Grenzen, da für eine fundierte Erstplanung der Entwicklungsprojekte im FFE eine relativ grobe Betrachtung der Kernaktivitäten ausreicht. Zudem existieren Softwarepakete, die die Interpretation der DSM und die Optimierung der Aktivitätenreihenfolge unterstützen.

Für die Frage der Anwendbarkeit der DSM in der Projektplanungsphase des FFE gilt damit, was auch schon für den Einsatz klassischer Projektplanungsinstrumente und Schätzverfahren gesagt wurde: derzeit existieren keine Ansätze, die speziell für das FFE entwickelt wurden und nahezu keine Arbeiten, die die Eignung der genannten Planungsmethoden im FFE fundiert untersuchen. Die dargestellten Methoden und Instrumente sind damit vorläufige Empfehlungen für das FFE, keine erprobten Lösungen.

1.2 Spezifische Front-End Lösungen

Bei den in den vorangegangenen Kapiteln beschriebenen Instrumente und Methoden handelt es sich um „Einzellösungen", die nicht speziell für das FFE entwickelt wurden, sondern aus der strategischen Planung, dem Marketing, den Ingenieurwissenschaften, der Entscheidungslehre u.v.m. stammen. Keine der Methoden hat den Anspruch, das FFE durchgehend zu unterstützen.

Vereinzelt existieren jedoch auch spezielle FFE Lösungen: Der Ansatz von RICE ET AL. fokussiert auf die Ideengenerierung [VGL. RICE ET AL.: RADICAL INNOVATION 2001]. Das Tool von MONTOYA-WEISS UND O'DRISCOLL sucht Ideengenerierung und Produktkonzeptfindung zu integrieren und die Evaluation von Ideen bzw. Konzepten zu unterstützen [VGL. MONTOYA-WEISS, O'DRISCOLL: SUPPORT TECHNOLOGY IN THE FFE 2000]. Bei diesen Ansätzen, die nachfolgend erläutert werden, handelt es sich allerdings weniger um neuartige Lösungen, als vielmehr um Rahmenkonzepte speziell für das FFE, innerhalb derer traditionelle Methoden und Instrumente genutzt werden können.

1.2.1 Fragenkatalog nach RICE ET AL.

In der Phase der Ideenauswahl werden viele der ursprünglichen Ideen verworfen, da sie technisch nicht umsetzbar oder wirtschaftlich uninteressant sind. Indem sie für acht radikal neue Projekte[37] nachvollziehen, wo und wie sie initiiert werden und wie sie die Entwicklung durchlaufen, zeigen RICE ET AL., dass diesem Selektionsprozess auch attraktive Ideen zum Opfer fallen können. So zeigt sich in den Fallstudien, dass die den Projekten zugrunde liegenden Ideen oft mehrfach abgelehnt bzw. über längere Zeit ohne Wissen und Unterstützung des Managements „unter der Hand" durch einzelne engagierte Personen weiterentwickelt wurden, bevor sie zum offiziellen Entwicklungsprojekt geworden sind.

Nach RICE ET AL. treten solche „Initiierungslücken" (Initiation Gaps) häufig auf, wenn die Idee im technischen Bereich und nicht im Marketing entwickelt wird, wenn sie aus einer in mehreren Produkten einsetzbaren technologischen Neuerung besteht und wenn sie eine radikale Innovation mit entsprechend hoher Unsicherheit darstellt [VGL. RICE ET AL.: RADICAL INNOVATION 2001, S. 412FF.]. RICE ET AL. erklären dies mit der Tatsache, dass die Erfüllung üblicher Kriterien, z.B. Marktgröße, Marktattraktivität und Risikobewertung, welche Ideengeber und Manager im Falle inkrementeller Innovationen gut abschätzen können, bei radikalen,

---

[37] Als Kriterien für die „Radikalität" von Projekten dienten hierbei zwei Aspekte. Das Projekt musste ein neuartiges Leistungsangebot liefern oder mindestens eine fünffache Steigerung der Leistung oder 30% Kostensenkung verursachen. Es muss zudem aus Sicht der beteiligten Firmen so anders als übliche Entwicklungsprojekte sein, dass Standardverfahren nicht angewandt werden sollten [VGL. RICE ET AL.: RADICAL INNOVATION 2001, S. 411].

technologiegetriebenen Produktideen nur schwer zu bewerten ist. Radikale Innovationen sind zudem kompliziert und verlangen dem Unternehmen u.U. ab, bekannte Pfade zu verlassen, um z.B. neue technische Kompetenzen aufzubauen. Die Hürde für Ideengeber, im Gespräch mit dem Management Unterstützung für ein schwer einschätzbares, unsicheres und radikal anderes Projekt zu erhalten, ist damit hoch.

Radicalness of Technology
1. Can this technical insight lead to a 30% or greater reduction in cost in a current product platform?
2. Does this technical insight offer the opportunities to open a whole new line of business?
3. Can this technical insight lead to a five to ten fold improvement in known features of a current product platform?

Technology capabilities
4. Is the technology related to the firm's current technological core?
5. Are existing technology capabilities strong enough to develop this technology?
6. If the technology is outside the firm's current technological core: are there compelling reasons to expand the firm's capabilities in this direction?
7. Can needed technologies be developed or acquired easily and rapidly through external partners?
8. Is there confidence that technical problems can be overcome and feasibility proven?

Market related issues
1. Can application of the technology create a leap over substitutes in the market?
2. Is there a robust set of application possibilities?
3. Will application of the technology displace a current technology application for the firm?
4. Will the technology take the firm into new application arenas?
5. If there is only one application: is the market big enough to justify investment in this technology for this single application?
6. If the technology will cannibalize current technology: are there compelling business reasons to do so?
7. Can prototypes be developed early/quickly to demonstrate the technology's applicability?

Corporate strategy issues
1. Is the technology applicable to the firm's core business?
2. Can the technology extend to the firm's core business in new directions?
3. Can the technology be an important contributor to the continued development of the firm?
4. Can the technology be an important contributor to the firm's strategic intent (future vision)?

Abbildung C 1-10: Fragenkatalog zur Überbrückung der Initiierungslücke; in Anlehnung an Rice et al. [VGL. RICE ET AL.: RADICAL INNOVATION 2001]

RICE ET AL. sehen das Hauptproblem bei ihrer Überwindung in der mangelnden Erfahrung technisch ausgebildeter Personen bei der Bewertung von Chancen und Risiken. Dies führt dazu, dass die Ideengeber nicht beurteilen können, ob sie für ihre Idee überhaupt Unterstützung suchen sollten und dass sie bei der Präsentation ihrer Idee insofern schlecht vorbereitet sind, als dass sie nicht über die Informationen verfügen, die das Management für eine Ideenbewertung benötigt und erwartet [VGL. RICE ET AL.: RADICAL INNOVATION 2001, S. 410 UND 413FF.]. Zur Lösung des Problems schlagen RICE ET AL. einen **standardisierten Fragenkatalog** (vgl. Abbildung C 1-10) vor, der sich auf die Bereiche Technologie, Markt und Unternehmensstrategie bezieht. Der technologische Ideengeber sollte diese Fragen beantworten können, wenn er seine Idee erfolgreich an das Management kommunizieren und durch das FFE steuern will [VGL. RICE ET AL.: RADICAL INNOVATION 2001, S. 413FF.].

Wie in Abbildung C 1-10 zu sehen, haben die Fragen qualitativen Charakter und zielen darauf ab, die Meinung des Ideengebers zu erfassen. Die Fragen sollen einen Gedankenaustausch initiieren und als Grundlage für Maßnahmen gelten, die eine spätere Projektevaluation ermöglichen [VGL. RICE ET AL.: RADICAL INNOVATION 2001, S. 417F.]. Da sie den Ideengeber gleichzeitig für die Anforderung sensibilisieren, die an eine Idee gestellt werden, haben sie eine Filterfunktion: Ideen, die diese Anforderungen eindeutig nicht erfüllen, werden vom Ideengeber nach der Analyse im Normalfall wohl nicht weiterverfolgt.

Die Fragen des Fragebogens basieren auf Kriterien, die in den untersuchten Unternehmen zur Entscheidungsfindung genutzt werden: die in Abbildung C 1-10 genannten Fragen wurden von Managern als diejenigen identifiziert, mit denen sich ein Ideengeber befasst haben sollte, um seine Chancen auf Unterstützung durch das Management zu erhöhen. Bei den kursiv gedruckten Fragen handelt es sich um Fragen, von denen 65% der Manager glauben, dass ihre Beantwortung den Erfolg des Ideengebers bei der Projektinitiierung erhöht [VGL. RICE ET AL.: RADICAL INNOVATION 2001, S. 416]. Allerdings ist die Zahl der befragten Manager mit 14 Personen sehr gering. Da in der Studie zudem nicht verfolgt wurde, ob sich technische Ideengeber bei entsprechender Anleitung kompetent mit diesen Fragen auseinandersetzen (können) und sich dadurch der Erfolg bei der Projektinitiierung tatsächlich verbessert, ist die Praxistauglichkeit des Fragebogens derzeit ungewiss.

Der Wert des Fragenkataloges ist vor allem darin zu sehen, dass er sich mit den „unsichtbaren" Aktivitäten vor dem Ideenauswahlprozess befasst, deren Mängel – das Auftreten von Initiierungslücken – i.d.R. unerkannt bleiben, weil niemand weiß, wie viele gute Ideen es nie bis zu einer Auswahlentscheidung geschafft haben. Gleichzeitig trägt der Fragebogen der Tatsache Rechnung, dass radikale Innovationen oft technologieinduziert in marktfernen Funktionsbereichen entstehen und damit von Ideengebern entwickelt werden, die sich besonders schwer tun, die „üblichen", vorwiegend marktdaten- und finanzbezogenen Informationen zur Ideenbewertung zu beschaffen. Als Instrument für die Frühphase des FFE ist er daher konzeptionell viel versprechend.

1.2.2 Software-Tool „Galileo" nach *MONTOYA-WEISS UND O'DRISCOLL*

MONTOYA-WEISS UND O'DRISCOLL [VGL. MONTOYA-WEISS, O'DRISCOLL: SUPPORT TECHNOLOGY IN THE FFE 2000] schlagen zur Unterstützung des FFE eine Auswahl- und Bewertungsmethodik vor, die sie in einem **Software-Tool namens „Galileo"** technisch umsetzen. Durch die Software sollen Ideengeber angeleitet werden, ihre Ideen **entscheidungsgerecht aufzubereiten** und zu dokumentieren. Die Nutzung des Systems erfolgt in vier Schritten: Ideenbewertung, Konzeptentwicklung, Konzept-Rating und Konzeptbewertung.

Im ersten Schritt der **Ideenbewertung** werden grundsätzliche Fragen über die Idee beantwortet: Existiert die Idee bereits innerhalb des Unternehmens? Wer sind künftige Anwender? Welche Kundenbedürfnisse werden angesprochen? Welchen Kundennutzen liefert die Idee? Ist die Idee neu für den Markt? Insgesamt existieren hierzu zehn Hauptfragen. Um sie abzudecken, muss der Nutzer zu jeder Hauptfrage eine unterschiedliche Zahl an Teilfragen beantworten, wobei in jedem Themenfeld Teilfragen existieren, die durch Freitexteingabe beantwortet werden, und Fragen, bei denen der Nutzer seine Einschätzung auf einer 5-Punkt-Likert–Skala (von „strongly disagree" zu „strongly agree") bzw. einem „Cannot Answer" Feld angibt. Für das Themenfeld „Kundenbedürfnis" wird bspw. u.a. verlangt, dass der Nutzer die Bedürfnisse der Kunden in Listenform eingibt und die Aussage „This idea meets specific end-user needs" auf der 5-Punkt-Skala bewertet. Bei der Eingabe wird der Nutzer unterstützt, indem er über eine Hilfefunktion Erläuterungen über die Zielsetzung jeder Frage sowie Begriffsklärungen für Fachausdrücke und Antwortoptionen abrufen und elektronische Dokumente einsehen kann, die ihm bei der Beantwortung der Fragen helfen können. Die Ideenbewertung erfolgt mit Hilfe eines fest vorgegebenen Scoringmodells auf Basis der Punktwerte der beantworteten Fragen. Ideen, bei denen mehr als zwei Fragen mit „Cannot Answer" beantwortet werden und die weniger als 65 von 100 möglichen Punkten erreichen, werden herausgefiltert. Die Filterkriterien sind dem Ideengeber nicht bekannt, um Manipulationen zu verhindern [VGL. MONTOYA-WEISS, O'DRISCOLL: SUPPORT TECHNOLOGY IN THE FFE 2000, S. 150FF.].

Wenn die Idee diesen ersten, relativ durchlässigen Filter durchlaufen hat, erfolgt die **Konzeptentwicklung**. Dazu füllt der Ideengeber zwölf Vorlagen (Templates) mit einer unterschiedlichen Zahl von Teilfragen aus, die u.a. Aspekte der Nutzungsumgebung und Nutzercharakteristika, Konzepteigenschaften, technische Fragestellungen (z.B. zu relevanten Plattformen und Schnittstellen) und Wettbewerbsanalysen abdecken. [VGL. MONTOYA-WEISS, O'DRISCOLL: SUPPORT TECHNOLOGY IN THE FFE 2000, S. 153].

Im nächsten Schritt, dem **Konzept-Rating**, ist der Ideengeber aufgefordert, seine Idee aus vier unterschiedlichen Sichten (Marketing, Technical, Human Factors, Business) anhand von Kriterien, die durch das System vorgegeben sind, zu bewerten. Hierzu müssen bspw. Aussagen wie „Potential end-users are not very satisfied with the product they are currently using to meet their needs", "End-user needs have been identified through external sources, such as marketing research reports or books on trends", "The product meets demographic trends" durch Statementzuordnung, die in Punktwerte übersetzt werden, bewertet werden. Dabei wird auch erfasst, wie sicher sich der Ideengeber in seinem Urteil ist. Zudem besteht die Möglichkeit, erklärende Freitexte einzugeben Die Themengebiete, zu denen Bewertungen erfolgen, umfassen u.a. Marktpotentiale, Wettbewerbsanalysen, technische Machbarkeit, Synergien mit bestehenden Entwicklungsvorhaben, erforderliche vorhandene und nicht vorhandene Qualifikationen, Ressourcenbedarf und „time-to-market". Das Konzept-Rating liefert – in Punktzahlen ausgedrückt – die Teilnutzenwerte für die der Konzeptauswahl zugrunde liegende Nutzwertanalyse, die im nächsten Schritt zum Einsatz kommt [VGL. MONTOYA-WEISS, O'DRISCOLL: SUPPORT TECHNOLOGY IN THE FFE 2000, S. 153FF.].

Der vierte und letzte Schritt, die **Konzeptbewertung**, wird nicht durch den Ideengeber durchgeführt, sondern durch das Management. Entsprechend werden die im System hinterlegten Informationen aufbereitet: die vielen Einzelinformationen aus der Konzeptentwicklung werden automatisch zu kurzen Konzeptbeschreibungen verdichtet und die Punktwerte aus dem Konzept-Rating werden durch Netzdiagramme visualisiert. Zudem wird ermittelt, wie viel Prozent der möglichen Gesamtpunktzahl eine Projektidee in der Bewertung des Konzeptes und in der Urteilssicherheit des Ideengebers erreicht [VGL. MONTOYA-WEISS, O'DRISCOLL: SUPPORT TECHNOLOGY IN THE FFE 2000, S. 155FF.]. Auf dieser Basis können Entscheider vorteilhafte, d.h. gut bewertete Konzepte, bei denen der Ideengeber sichere Angaben machen kann, identifizieren. Allerdings erfolgt die Auswahl nicht automatisch. Zwar werden Entscheider im Regelfall nur die am besten bewerteten Projekte ins Kalkül ziehen, jedoch können sie eigenständig entscheiden, wie stark sie die einzelnen Kriterien gewichten wollen. Zudem haben sie Zugriff auf alle erfolgten Eingaben in das System und können damit überprüfen, inwieweit sie mit der Beurteilung des Ideengebers übereinstimmen [VGL. MONTOYA-WEISS, O'DRISCOLL: SUPPORT TECHNOLOGY IN THE FFE 2000, S. 158].

Das vorgeschlagene Software-Tool basiert auf einem Scoring-Modell und birgt damit alle Gefahren, die bei einem unsachgemäßen Einsatz der Nutzwertanalyse ohne Berücksichtigung ihrer theoretischen Voraussetzungen auftreten können: Einzelaspekte könnten überbewertet werden, da sie in mehrere Teilscores einfließen und Mängel in Teilscores könnten – sachlich nicht zutreffend – rechnerisch durch andere Scores kompensiert werden. Zudem werden Unsicherheiten und Mehrperiodizität in der klassischen Nutzwertanalyse nicht abgebildet (vgl. Abschnitt C 1.1.1.4.2, Seite 125ff.). Da der gesamte Fragenkatalog und die dem Tool zugrunde liegenden Scoring-Modelle für die Ideen- bzw. die Konzeptauswahl in der Veröffentlichung nicht dargestellt werden, sind keine Aussagen darüber möglich, ob diese Probleme im konkreten Fall auftreten. Zumindest für den letzten Aspekt – die mangelnde Berücksichtigung von Unsicherheit – scheint Vorsorge getroffen zu sein, da der Ideengeber seine Sicherheit bzw. Unsicherheit bei der Beurteilung angibt und diese bei der Ermittlung des Gesamtscores berücksichtigt wird.

Da das „Galileo"-Tool speziell für ein Unternehmen in der Telekommunikationsbranche entwickelt wurde und Fragen enthält, die nur für diese Branche oder sogar dieses Unternehmen relevant sind, ist eine Beurteilung auf der praktisch-instrumentellen Ebene zudem kaum möglich: was für das eine Unternehmen Nutzen bringt, müsste in einem anderen Unternehmen sicherlich modifiziert werden (z.B. andere Fragen, andere Gewichte), um zweckmäßig zu sein.

MONTOYA-WEISS UND O'DRISCOLL haben das erklärte Ziel, durch das „Galileo"-Tool die Nutzung interner Ideenquellen zu verbessern und zu mehr neuartigen Produktkonzepten zu gelangen [VGL. MONTOYA-WEISS, O'DRISCOLL: SUPPORT TECHNOLOGY IN THE FFE 2000, S. 144]. Bei dem gewählten, stark strukturierten Verfahren besteht jedoch prinzipiell die Gefahr, dass das standardisierte Kriterienset nicht in der Lage ist, wirklich neue, andersartige Innovationen angemessen zu beurteilen. Zudem ist die Ideenbewertung allein durch den Ideengeber problematisch: Wenn sich dieser nicht ausreichend motiviert oder kompetent fühlt oder zu wenig Zeit hat, um die aufwändigen Bewertungen durchzuführen, können „Initiation Gaps" auftreten und gute Ideen werden nie in das System gespeist. Wenn der Ideengeber das System nutzt, aber nicht ausreichend kompetent ist, besteht zudem die Möglichkeit, dass schlechte Ideen zu gut bewertet werden und gute Ideen bereits am ersten Filter scheitern, da der Ideengeber zu viele Fragen mit „Cannot Answer" beantworten muss bzw. seine Antworten nicht überzeugend aufbereiten kann.

Ungeachtet dieser möglichen Probleme definiert das Tool aber einen praktikablen und transparenten Prozess für das FFE, der dafür sorgt, dass Informationen für die Ideenauswahl, die Konzeptentwicklung und die Konzeptauswahl mit Hilfe der Formblätter und Hilfefunktionen des Tools sukzessive erarbeitet und verfeinert werden und zentral zur Verfügung stehen. Damit trägt es dem iterativen Charakter des FFE Rechnung. Zudem werden abgelehnte Ideen und Konzepte mit allen im Entscheidungszeitpunkt ins Kalkül gezogenen Informationen dokumentiert und können damit unter geänderten Bedingungen erneut betrachtet werden.

1.3 Fazit: State of the Art

In den vorangegangenen Abschnitten wurden Methoden und Instrumente zur Unterstützung des FFE diskutiert, die aus unterschiedlichen Disziplinen, wie der strategischen Planung, dem Marketing und den Ingenieurwissenschaften stammen bzw. auf dieser Grundlage speziell für die frühen Phasen entwickelt wurden. Tabelle C 1-1(vgl. Seite 150f.) fasst die genannten allgemeinen (Spalte 2) und speziellen (Spalte 3) Lösungen zusammen und ordnet sie den Haupt- und Teilphasen des FFE (Spalte 1) zu. Ein Blick auf die Tabelle und die vorangegangenen Ausführungen macht mehrere Eigenschaften aktueller Front-End Praxis offensichtlich:

Es werden **nicht alle Aktivitäten des FFE im gleichen Maße unterstützt**. Während für die Ideengenerierung, die Ermittlung von Kundenanforderungen und für Konzepttests einige Ansätze zur Verfügung stehen, werden Konzeptfindung und FFE-Projektplanung in der Literatur nur unzureichend thematisiert. Auch die speziellen FFE Ansätze schließen diese Lücke nur teilweise: der Fragenkatalog von RICE ET AL. befasst sich mit der Aufbereitung und Erstbewertung von Technology-Push Innovation in einer sehr frühen Phase, deckt also nur einen kleinen Ausschnitt des FFE ab. Er versäumt es zudem vollständig zu klären, mit welchen Methoden die erforderlichen Informationen zur Abarbeitung des Fragenkatalogs beschafft werden sollen, obgleich einige der Ansätze zur Suchfeldbestimmung hier durchaus geeignet wären. Das „Galileo"-Tool deckt die Frage der Informationsbeschaffung zumindest stärker ab, indem es klare Informationsziele definiert und über seine Hilfefunktion Hinweise darüber gibt, wo diese Informationen beschafft werden können. Es setzt aber erst an, wenn eine Idee entstanden ist und berücksichtigt dadurch nicht, dass Produktideen nicht nur „einfach so" auftreten, sondern durch eine bewusste Suche in vorher abgesteckten Suchfeldern identifiziert werden können. Damit deckt es nur einen möglichen Startpunkt des FFE ab und verlässt sich darauf, „dass die Mitarbeiter schon genug Ideen haben werden".

Viele Methoden und Instrumente unterstützen **relativ isolierte Einzelaktivitäten**, die innerhalb des FFE mehrfach durchgeführt werden, da sich die frühen Phasen der Produktentwicklung iterativ gestalten. So werden bspw. immer wieder Kundenanforderungen ermittelt, Ideen bzw. Konzepte bewertet und kreative Lösungen gesucht. Aufgrund des zunächst geringen Informationsstandes werden zu Beginn des FFE hierbei eher einfache Methoden gewählt, wie bspw. die Anforderungsstrukturierung durch das Produktentwicklungsteam oder die Erstbewertung von Ideen durch das Management. In späteren FFE-Phasen stehen anspruchsvollere Methoden, wie z.B. Conjoint-Analysen und multikriterielle Bewertungen zur Verfügung. Es werden also, wenn auch mit unterschiedlichen Methoden, von Beginn bis Ende des FFE Informationen über Kunden, Märkte, Technologien, usw. gesammelt, betrachtet, sukzessive aktualisiert und verfeinert. Trotzdem **fehlt es an phasenübergreifenden Ansätzen**, um einmal erarbeitete Informationen zu bewahren und zu aktualisieren: So erfolgt die **Dokumentation des erarbeiteten Wissens** bei jeder Methode isoliert.

Phasen des FFE	Methoden und Instrumente		Speziell
	Allgemein		
Ideengenerierung — Suchfeldbestimmung	Demand-Pull: Ermittlung von Kundenbedürfnissen	**Datenerhebung (Bedürfnisse, Anforderungen, Eigenschaften):** • *Sekundärerhebung:* Auswertung von Anfragen, Beschwerden, Serviceprotokollen, Beiträge in Nutzer-Communities etc. • *Primärerhebung durch Beobachtung:* Produktnutzung durch Entwicklungsteam, Produktklinik, Marktforschungslabor, Emphatic Design, etc. • *Primärerhebung durch Befragung:* Interviews (Voice of the Customer; Critical Incident), Rep Tests, Focus Gruppen,... **Datenauswertung (Strukturierung und Hierarchisierung von Anforderungen und Eigenschaften):** • *Sortingverfahren:* Group Consensus; Customer Sort • *Multivariate Verfahren:* Faktoranalyse, Multidimensionale Skalierung **Ermittlung von Suchfeldern für neue Produkte** • *Produktpositionierungsmodelle*, z.B. Produktwahrnehmungsräume • Gap-Analyse **Prognose von Bedürfnissen und Anforderungen** • Trendextrapolation (Zeitreihen- und Regressionsanalyse) • Expertenbefragungen / Analyse von Veröffentlichungen • Strategische Frühinformationssysteme	„Galileo" Tool nach Montoya-Weiss und O'Driscoll
Ideengenerierung — Ideensuche	Technology Push: Ermittlung technologischer Potenziale	**Ermittlung relevanter Technologien** • Funktionszerlegung • Reverse Engineering • Benchmarking (ggf. mit Lead-User Einbindung) • Analyse von Veröffentlichungen (Patente, Technologiereports, Förderprogramme) **Prognose der Entwicklung von Technologien** • Trendextrapolation (Zeitreihen- und Regressionsanalyse) • Expertenbefragungen / Analyse von Veröffentlichungen • Technologische Frühinformationssysteme	Fragenkatalog Rice et al.
	Sammlung vorhandener Ideen	• Ideen in Form von kundenseits vorgenommenen Produktmodifikationen, Nutzungsänderungen, Anfragen, etc. • Ideen von Lead-Usern • Ideen in Form von Produkten anderer Anbieter • Ideen in Form von Vorschlägen von Technologiegebern (Lieferanten, Forschungsinstitute) • Mitarbeiterideen (Service, Vertrieb, Entwicklung, etc.)	
	Gewinnung neuer Ideen durch Kreativitätstechniken	**Intuitiv-assoziative Methoden** • Brainstorming, Brainwriting, Methode 635 • Synektik, Bionik **Analytisch-systematische Methoden** • Funktionsanalyse, morphologische Kästen, Attribute Analysis • Lösungskataloge, TRIZ	

Tabelle C 1-1: Methoden und Instrumente im Fuzzy Front End

C1: Herkömmliche Methoden und Instrumente

Phasen des FFE	Methoden und Instrumente		
	Allgemein		**Speziell**
Konzeptfindung / **Auswahl**	Bewertung von Ideen	• Beurteilung durch das Management • *Spezifische Kennziffern* (Index of Attractiveness, ROI, usw.) • *Verfahren der Investitionsrechnung* (Kapitalwertmethode, Risikoanalyse, etc.) • *Multikriterielle Verfahren:* Nutzwertanalyse, Produktprofilvergleiche; Multiattribute Nutzentheorie • Portfolioanalysen	Rice et al.
Konzeptentwicklung	Ermittlung von detaillierten Kundenanforderungen	• Siehe „Demand Pull: Ermittlung von Kundenbedürfnissen" **Zur Ermittlung von Eigenschaftswichtigkeiten:** • *Direkte Einzelbewertung:* Statementzuordnungen, Ratingskalen • *Ermittlung von Rangfolgen:* Rangreihungen, Konstantsummenskalen • Paarvergleiche • *Multivariate Verfahren:* Faktoranalyse, Multidimensionale Skalierung • Conjoint Analyse	„Galileo" Tool
	Erstellung alternativer Konzepte	**Prinzipiell alle Kreativitätstechniken, insb. jedoch** • Funktionsanalysen, morphologische Kästen • Lösungskataloge • TRIZ **Quality Function Deployment**	
„Konzepttest"	Datenerhebung für die Bewertung	• Expertenmeinungen • Auswertung von vorhandenen Sekundärdaten (z.B. Absatzzahlen und Diffusionsverläufe von Vorgängerprodukten) • Direkte Einzelbewertung, Ermittlung von Rangfolgen, Paarvergleiche • Conjoint-Analyse • Beurteilung der Kaufabsichten	
	Bewertung von Konzepten	• Siehe „Bewertung von Ideen"	
Projektplanung		• Klassische Projektplanungsverfahren auf geringem Detaillierungsniveau (Netz- und Balkenpläne, Projektstrukturpläne) • Kostenschätzverfahren • Design-Structure-Matrix	

Tabelle C1-1: Methoden und Instrumente im Fuzzy Front End (Fortsetzung)

Zudem sind viele Methoden vergleichsweise **statisch**, was dazu führt, dass bei geänderten Informationen die gesamte Methode nochmals angewendet werden muss – so lässt sich ein Affinity Diagramm, ein HoQ oder ein Projekt-Rating bspw. nicht einfach um zusätzliche

Anforderungen oder Kriterien ergänzen, ohne dass vorgenommenen Bewertungen nochmals erfolgen müssen. Die **Statik der Beurteilungen** zeigt sich auch in der Tatsache dass die herkömmlichen Methoden kaum in der Lage sind, alternative Entwicklungsverläufe antizipativ zu berücksichtigen, sondern Entscheidungen einmalig auf Basis der vorliegenden Daten getroffen werden. Sehr oft erfolgt die Beurteilung zudem aufgrund von Prognosen, die aus Vergangenheitswerten gewonnen wurden (z.B. im Rahmen von Zeitreihen- und Regressionsanalysen und parametrischen Kostenschätzungen) oder anhand von Kriterien, die sich in der Vergangenheit als zweckmäßig erwiesen haben. Viele der Methoden und Instrumente ermöglichen es dem Nutzer nicht, bestehende **Unsicherheiten zu berücksichtigen** und verlangen von ihm zu einer (vermeintlich sicheren) Aussage zu kommen – so werden beispielsweise im Ansatz von MONTOYA-WEISS UND O'DRISCOLL Produktideen verworfen, wenn sich der Ideengeber seiner Sache nicht sicher genug ist. Um eine Ideenbewertung zu erhalten, darf er bestehende Unsicherheiten also nicht zu stark thematisieren.

Das Fehlen der Möglichkeit, Unsicherheit zu benennen, gaukelt eine Entscheidungssicherheit vor, die real nicht existiert. Da bei vielen Entscheidungen der **Kontext der Beurteilung** (z.B. Informationsstand im Entscheidungszeitpunkt, geprüfte und verworfene Alternativen, getroffene Annahmen) nicht dokumentiert wird, ist das Ausmaß der Unsicherheit einer getroffenen Entscheidung im nachhinein nicht mehr zu beurteilen, so dass u.U. eine Lösung als „einzig richtiger Weg" verfolgt wird, obwohl die Entscheidung für sie einmal knapp und unter großen Bedenken ausfiel.

Wenn Beurteilungen **an der Vergangenheit orientiert** und unter **Vermeidung von Unsicherheit** getroffen werden, setzen sich radikale Innovationen nur schwer durch. In turbulenten Umfeldern kann das nicht nur zu verpassten Chancen, sondern auch zu erheblichen Risiken führen.

Zwischen den verschiedenen Teilaktivitäten des FFE und den beteiligten Funktionsbereichen herrschen **starke Wechselbeziehungen**. Sie verlaufen daher nicht rein sequentiell: Produktkonzepte können nur sinnvoll definiert werden, wenn Kundenanforderungen bekannt sind, weswegen die Anforderungsermittlung vor Beginn der Konzepterstellung erfolgt. Um Kundenanforderungen zu erfragen, muss aber selbst bei den einfachsten Verfahren zumindest grob bekannt sein, für welche Art von Produkt und Markt die Anforderungen formuliert werden, da sonst weder die richtigen Untersuchungspersonen identifiziert noch die richtigen Fragen gestellt werden können. Die zahlreichen Schnittstellen und Wechselbeziehungen lassen eine integrative Arbeitsweise sehr viel zweckmäßiger erscheinen als ein isoliertes „Abarbeiten" von Teilschritten in jeweils einer Abteilung.

Ein Blick in bestehende Veröffentlichungen zeigt jedoch, dass – bis auf wenige Ausnahmen wie das QFD –, die meisten Methoden und Instrumente eindeutig **dem Marketing oder dem Engineering** zugerechnet werden. So werden Sortingverfahren, Faktoranalyse, MDS und CA

C1: Herkömmliche Methoden und Instrumente

z.B. in Standardbüchern zur Konstruktionssystematik nicht erwähnt [VGL. Z.B. EHRLENSPIEL: INTEGRIERTE ENTWICKLUNG 2003 UND PAHL, BEITZ: KONSTRUKTIONSLEHRE 2003], während marketingorientierte Veröffentlichungen nicht auf die Identifikation von Technologien und Funktionsanalysen eingehen [VGL. Z.B. URBAN, HAUSER: DESIGN AND MARKETING 1993 UND SCHMIDT: KONZEPTFINDUNG 1996]. Vielmehr scheinen die meisten Methoden und Instrumente von einem Funktionsbereich genutzt und nur vereinzelt um die Sicht eines anderen Funktionsbereichs (z.B. in Form von Kriterienkatalogen) erweitert zu werden. Eine echte funktionale Integration, bei der Marktforschung, Konstruktion, Qualitätssicherung, Produktion usw. tatsächlich kooperieren und bei der die Anforderungen späterer Produktentstehungsphasen antizipativ berücksichtigt werden, wird – mit Ausnahme der Arbeit von SCHMIDT – von keinem der vorgestellten Ansätze unterstützt.

Die in Abschnitt A entwickelten Anforderungen an die Produktentwicklung – Umfeldberücksichtigung, Unsicherheitsbewältigung, Systemsicht, multifunktionale Zusammenarbeit, Unterstützung von Lernprozessen und Dokumentation von Kontextwissen – werden damit von herkömmlichen FFE Lösungen nur unzureichend erfüllt, wie die Gegenüberstellung in Abbildung C 1-11 illustriert.

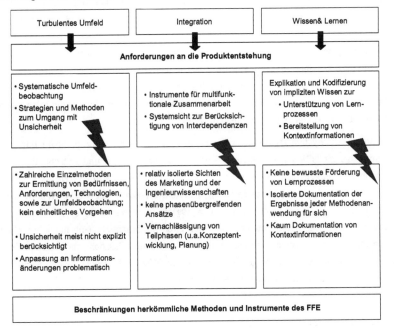

Abbildung C 1-11: Gegenüberstellung der Anforderungen der Produktentstehung und der herkömmlichen FFE-Lösungen.

2 Konzeptionelle Grundlagen neuer Methoden und Instrumente für die frühen Phasen der Produktentstehung

Im letzten Kapitel wurde gezeigt, dass die in Abschnitt B entwickelten Anforderungen der Produktentwicklung durch die derzeit existierenden Methoden und Instrumente für das FFE nur unzureichend erfüllt werden. Dies gilt auch für relativ neue Lösungen, die speziell für das Front-End entwickelt wurden, da sie lediglich Rahmenkonzepte für die Nutzung konventioneller Methoden aus dem Marketing und dem Engineering darstellen.

Für wirklich neue FFE-Lösungen, die die Anforderungen der frühen Phasen erfüllen, muss die Suche über die herkömmlichen Ansätze hinaus erweitert werden. Dies erfolgt im nachfolgenden Kapitel, in dem mit dem Systemdenken, dem Denken in Szenarien und dem „Knowledge Mapping" drei konzeptionelle und instrumentelle Grundlagen darstellt werden, die prinzipiell geeignet sind, einen Beitrag für das Front-End Management zu leisten.

2.1 Systemdenken

Systemdenken oder „Systems Thinking" charakterisiert die Fähigkeit, die Welt als ein komplexes System vernetzter Elemente zu begreifen, in dem jede Veränderung eines Systemelements Auswirkungen auf andere Elemente hat [VGL. STERMAN: BUSINESS DYNAMICS 2000, S. 3]. Diese Aufgabe ist kognitiv anspruchsvoll – Entscheider tendieren dazu, Neben-, Fern- und Langzeitwirkungen ihrer Systemeingriffe falsch einzuschätzen und die Eigendynamik des Systems zu ignorieren.[38] Die Arbeiten zum Systemdenken wollen solche Fehleinschätzungen verhindern, indem sie Entscheider bei der Identifikation und bei der Bewältigung von systeminhärenten Entwicklungsdynamiken unterstützen.

Die Vertreter der **System Dynamics** bemühen sich hierzu, komplexe Problemsituationen mathematisch zu modellieren, so dass das Systemverhalten simuliert und Entscheidungen auf Simulationsergebnisse gestützt werden können. Die Vertreter der **Soft-System Methodology** und der im deutschsprachigen Raum häufig zitierten **„Methode des Vernetzten Denkens"** [VGL. Z.B. GROSSMANN: KOMPLEXITÄTSBEWÄLTIGUNG 1992, S. 155; GÖTZE: SZENARIO-TECHNIK 1993] bezweifeln den Nutzen „harter" quantitativer Verfahren im Zusammenhang mit menschlichen Systemen. Sie setzen schwerpunktmäßig auf eine verbesserte Einsicht und Sensibilisierung der Entscheider für Systemverhalten bei Komplexität. Wie die folgenden beiden Kapitel zeigen werden, schließen sich beide Ansätze nicht aus.

---

[38] Eine ausführliche Schilderung typischer Entscheidungsmängel in komplexen, dynamischen Systemen findet sich in Kapitel D1.1.

2.1.1 System Dynamics

Die Forschungsrichtung der System Dynamics existiert seit den frühen 1960er Jahren und geht auf *J. W. Forrester* zurück. Sie operiert auf Basis von Differenzen- und Differenzialgleichungssystemen und erstellt Computersimulationen zum Verhalten von komplexen, dynamischen Systemen z.B. aus der Wirtschaft, Logistik oder Ökologie. So beruhen die Prognosen des Club of Rome zu den Grenzen des Wachstums aus den 1970er Jahren bspw. auf der System Dynamics [VGL. LIEBL: SIMULATION 1995, S. 10].

Grundannahme der System Dynamics ist es, dass eine Beobachtung der Verhaltensmuster von Systemen Rückschlüsse auf die Systemstruktur erlaubt, wobei alle geschlossenen Systeme ähnliche Grundformen von Systemverhalten aufweisen. Ist die Systemstruktur bekannt, so lassen sich das langfristige Systemverhalten antizipieren und Maßnahmen planen, die die Struktur so verändern, dass das System das erwünschte Verhalten aufweist [KIRKWOOD: SYSTEM DYNAMICS METHODS 1998, S. 2FF.].

Nach *FORRESTER* [FORRESTER: SYSTEMTHEORIE 1972, S. 23FF. UND KIRKWOOD: SYSTEM DYNAMICS METHODS 1998, S. 3FF.] sind die drei Grundformen beobachtbaren Systemverhaltens (1) positives Feedback, (2) negatives Feedback (negativer Regelkreis 1. Ordnung) und (3) negatives Feedback mit Verzögerung (negativer Regelkreis 2. Ordnung). Abbildung C 2-1 gibt diese drei Grundformen wieder.

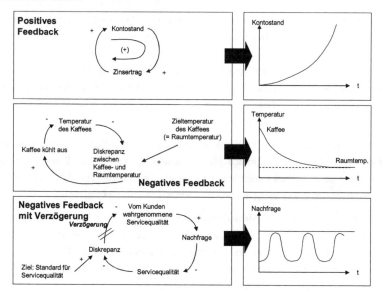

Abbildung C 2-1: Grundformen des Systemverhaltens

Durch **positives Feedback** verstärken sich Veränderungen im System eigendynamisch. Bei Geldanlagen erhöhen bspw. Zinsgutschriften den Anlagebetrag, wodurch mehr Zinsen erwirtschaftet werden und sich der Anlagebetrag immer weiter erhöht. Positives Feedback resultiert in exponentiellem Wachstum. Es wirkt destabilisierend für ein System [KIRKWOOD: SYSTEM DYNAMICS METHODS 1998, S. 9F. UND STERMAN: BUSINESS DYNAMICS 2000, S. 109FF.].

Negatives Feedback tritt auf, wenn im System Korrektureingriffe erfolgen, die dafür sorgen, dass sich die veränderliche Systemvariable einem durch das System vorgegebenen Ziel nähert. Ein solches Ziel kann natürlich vorgegeben sein (eine Tasse heißer Kaffee gibt Wärme an ihre Umgebung ab, bis die Zielgröße „Raumtemperatur" erreicht ist) oder durch Menschen festgelegt werden (z.B. der Zielbestand eines Lagers). Wachstumsverläufe bei negativem Feedback sind „goal seeking", d.h. die Entwicklung der Systemvariablen erfolgt nicht linear bis zum Ziel und bricht dann ab, sondern durch graduelle Annäherung an das Ziel. Wenn die Differenz zwischen Ziel und Ist groß ist, finden starke Korrekturen statt, ist sie klein, fallen auch die Korrekturen geringer aus. So kühlt der Kaffee bei einem starken Unterschied zur Umgebungstemperatur schneller aus als bei annähernder Raumtemperatur. Negatives Feedback hat damit systemstabilisierende Wirkung [KIRKWOOD: SYSTEM DYNAMICS METHODS 1998, S. 10F. UND STERMAN: BUSINESS DYNAMICS 2000, S. 111FF.].

In vielen Systemen mit negativem Feedback vergeht Zeit, bevor die Abweichung der Systemvariablen vom Ziel erkannt wird, Korrektureingriffe erfolgen und die eingeleiteten Korrekturen wirken. In diesen Fällen – **negatives Feedback 2. Ordnung** genannt – oszilliert der tatsächliche Wert um den Zielwert, wobei die Ausschläge relativ konstant bleiben können oder im Lauf der Zeit geringer werden und sich dem Zielwert annähern. Wenn die Nachfrage beispielsweise von der wahrgenommenen Servicequalität abhängt, eine höhere Nachfrage (gleich bleibende Ressourcenausstattung vorausgesetzt) aber zu einem schlechteren Service führt, so oszilliert die Nachfrage im Zeitablauf. [KIRKWOOD: SYSTEM DYNAMICS METHODS 1998, S. 10F. UND STERMAN: BUSINESS DYNAMICS 2000, S. 114FF.].

Die drei Grundformen des Systemverhaltens treten meist nicht in Reinform, sondern in Kombination auf, wodurch sich S-förmige Wachstumsverläufe (z.B. bei der Entwicklung neuer Technologien oder der Markeinführung von Produkten) aber auch Systemkollapse (z.B. Spekulationsblasen) erklären lassen [VGL. STERMAN: BUSINESS DYNAMICS 2000, S. 118 FF.].

SENGE vermutet, dass 12-20 **„System-Archetypen"** existieren, die in Systemen aller Art (z.B. Biologie, Psychologie, Wirtschaft, Ökologie) gleichermaßen auftreten. Wenn Entscheider erkennen, mit welchen Archetypen sie es zu tun haben, können sie dieses Wissen zur Lösung konkreter Probleme nutzen, da sie verstehen, welche Struktur das Problem hat und welche Eingriffsmöglichkeiten sich bieten [VGL. SENGE: 5TH DISCIPLINE 1990, S. 94FF. UND 378FF.]. Ob dies allerdings, wie *SENGE* vermutet, bei entsprechender Erfahrung „intuitiv" erfolgen kann, ist umstritten: „I am a strong advocate for the introduction of system dynamics and related methods at all levels of the educational system. Yet even if we all began serious study of physics in kindergarten and continued through Ph.D., it is ludicrous to suggest that we could predict the track of a hurricane or understand by intuition alone what happens when two galaxies collide. Many human systems are at least as complex. Even if children learn to think in systems terms ... it will still be necessary to develop formal models, solved by simulation, to learn about such systems" [STERMAN: BUSINESS DYNAMICS 2000, S. 38].

Für die Erstellung von System Dynamics-basierten Simulationen stehen mehrere Softwarepakete zur Verfügung[39]. Trotzdem ist die Verbreitung von Simulationsmodellen für strategische Planungsaufgaben nach wie vor eher gering.

Als Grund wird der hohe Aufwand bei der Modellierung und Modellanpassung genannt [VGL. MASON, MITROFF: STRATEGIC ASSUMPTIONS 1981]. In der Praxis sind zudem die hohen Anforderungen an die Modellierer problematisch, deren Fachkenntnis sich nicht auf mathematisches Wissen und die Bedienung der Software beschränken darf, sondern zusätzlich auf Erfahrung bei der Modellerstellung gestützt sein muss [VGL. STERMAN: BUSINESS DYNAMICS 2000, S. 81]. Der Einsatz von System Dynamics Modellen setzt damit voraus, dass Entscheider auf Fachleute zugreifen können, die diese Modelle erstellen und warten. Hierin unterscheidet sich der System Dynamics-Ansatz von einer anderen Stoßrichtung des Systemdenkens – der **Methode des Vernetzten Denkens**. Sie verspricht Entscheidern „nicht nur, zu umfassenderen Lösungen zu kommen, sondern auch im persönlichen Umgang mit komplexen Systemen sicherer zu werden" [PROBST, GOMEZ: VERNETZTES DENKEN 1991, S. 8], kommt langfristig also ohne Experten aus.

Ein auf konzeptioneller Ebene angesiedelter Kritikpunkt an System Dynamics ist die Tatsache, dass es keinen Rahmen liefert, um die Existenz unterschiedlicher Sichtweisen auf das Problem systematisch zu berücksichtigen. Ebenso bleibt die soziale Realität (Interaktionen, Machtverhältnisse), innerhalb der ein Problem untersucht und modelliert wird, weitgehend unbeachtet. System Dynamics geht damit implizit davon aus, dass sich ein Problem losgelöst vom sozialen Kontext objektiv beschreiben und lösen lässt [VGL. LANE, OLIVA: SYNTHESIS 1998, S. 223FF.]. Diese Problematik wird von der **Soft System Methodology** umfassend behandelt.

2.1.2 Methode des Vernetzten Denkens

Der Begriff des „vernetzten Denkens" geht auf eine Buchveröffentlichung *VESTERS* zurück und wurde später von *ULRICH, GOMEZ UND PROBST* aufgegriffen [VGL. GROSSMANN: KOMPLEXITÄTSBEWÄLTIGUNG 1992, S. 155]. Ziel der Arbeiten *VESTERS* ist es, ein Verfahrensmodell zur Verfügung zu stellen, „das dem Planer erlauben soll, einen menschlichen Lebensraum als

---

[39] Z.B. die Programme „Vensim" von Ventana Systems, Inc. und „Powersim" von Powersim, AS.

biokyberntisches System zu verstehen und daraus Entscheidungshilfen zu gewinnen. Entscheidungshilfen, die geeignet sind, die Lebensfähigkeit des betrachteten Systems zu erhöhen" [VESTER, VON HESLER: SENSITIVITÄTSMODELL 1980, S. 5]. ULRICH, GOMEZ UND PROBST übernehmen und modifizieren Bestandteile des Instrumentariums von VESTER und entwickeln daraus die „Methodik des vernetzen Denkens", wobei anstatt ökologischer Planungsfragen Managemententscheidungen im Mittelpunkt der Betrachtungen stehen [VGL. GROSSMANN: KOMPLEXITÄTSBEWÄLTIGUNG 1992, S. 155].

Das „Vernetzte Denken" ist als Entscheidungsheuristik zu verstehen, die durch systematische, teilweise iterative Anwendung von Vorgehensregeln die Wahrscheinlichkeit einer guten Problemlösung erhöhen soll. Die Zahl der Teilschritte ist dabei je nach Autor unterschiedlich – sechs bei ULRICH, GOMEZ UND PROBST, dreizehn bei VESTER – doch werden – zumindest in den ersten Phasen – sehr weitgehend die gleichen Aktivitäten beschrieben [VGL. GROSSMANN: KOMPLEXITÄTSBEWÄLTIGUNG 1992, S. 155F. UND 169FF.]: Nach Analyse der Problemsituation und der eigenen Ziele in Bezug auf das Problem, werden die Problemelemente und ihre Beziehungen untereinander ermittelt und das Problem modelliert. Anschließend wird überprüft, wie sich Änderungen einzelner Faktoren auf andere Faktoren auswirken, welche Wirkungsverläufe also möglich sind und wie sich diese auf die eigenen Ziele auswirken. Auf Basis dieser Informationen erfolgen dann Zukunftsprognosen und Lösungssuche, wobei sich diese Schritte weitgehend an der Szenario-Technik (vgl. Abschnitt C 2.2.2ff., Seite 171ff.) orientieren.

Zentrale Werkzeuge der Methode des Vernetzten Denkens sind das sog. „Netzwerk"[40] und die Vernetzungsmatrix. Die sog. „Netzwerke" dienen der Darstellung der Problemvariablen und ihrer Zusammenhänge. Es handelt sich hierbei um gerichtete Graphen, die die kausalen Beziehungen zwischen Systemelementen abbilden (vgl. Abbildung C 2-2). Dabei geben Pfeile die Richtung der Wirkung an, während die Vorzeichen kennzeichnen, ob ein Element das andere positiv (im Sinne einer Zunahme) oder negativ (im Sinne einer Abnahme) beeinflusst [VGL. PROBST, GOMEZ: VERNETZTES DENKEN 1994, S. 11FF.].

In anderen Darstellungen wird zudem die Dicke, Farbe oder Linienart der Pfeile variiert, um die Intensität der Beeinflussung zu kennzeichnen. Die Erstellung der Diagramme erfolgt zumeist „mit Papier und Bleistift", vereinzelt auch PC unterstützt [VGL. HUB: GANZHEITLICHES DENKEN 1994]. Feedbackschleifen sind in diesen Diagrammen als Charakteristika komplexer und dynamischer Systeme explizit erwünscht.

---

[40] Diese Karten werden von anderen Autoren auch als **Feedbackdiagramme, Wirkungsgefüge, Kognitive Karten und Kausalkarten** bezeichnet. Anders als bei den ebenfalls weit verbreiteten **Einflussdiagrammen** sind in ihnen Feedbackschleifen erlaubt [VGL. U.A. GAUSEMEIER ET AL.: SZENARIO-MANAGEMENT 1996, S. 176F. UND HOFMEISTER: EVOLUTIONÄRE SZENARIEN 2000, S. 206FF.].

Netzwerk der Publikumszeitschrift

Abbildung C 2-2 : „Netzwerk" [PROBST, GOMEZ: VERNETZTES DENKEN 1991, S. 30, ABB. 2-4]

Alternative Darstellung des „Netzwerks" ist die sog. **Vernetzungsmatrix**[41] (vgl. Abbildung C 2-3). Sie zeigt, welche Faktoren andere Faktoren besonders stark beeinflussen (Aktivfaktoren) bzw. besonders stark von anderen Faktoren beeinflusst werden (Passivfaktoren). Dadurch werden die untersuchten Elemente entsprechend ihrer Bedeutung in eine Rangfolge gebracht. Problemlösungen sollen sich an diesen Erkenntnissen orientieren, d.h. sie sollen sich nicht auf passive Faktoren konzentrieren, sondern die ranghohen (aktiven) Faktoren als Hebel zur Zielerreichung nutzen.

---

[41] Synonyme Begriffe sind **Beziehungsmatrix** [VGL. GÖTZE: SZENARIO-TECHNIK 1993, S. 145], **Einflussmatrix**, **Papiercomputer** [VGL. PROBST, GOMEZ: VERNETZTES DENKEN 1991, S. 13] und **Wirkungsmatrix** [VGL. GESCHKA: SZENARIOTECHNIK 2001, S. 309].

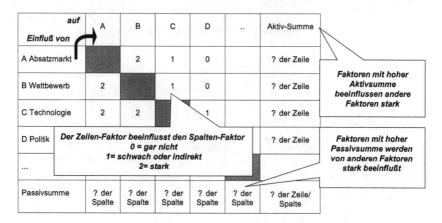

Abbildung C 2-3: Vernetzungsmatrix aus [VGL. VON REIBNITZ: SZENARIO-TECHNIK 1991, S. 35F.]

Die Ergebnisse der Vernetzungsmatrix, d.h. die Aktiv- und Passivsummen der einzelnen Elemente, können in ein Punktdiagramm („**System-Grid**") übertragen werden (vgl. Abbildung C 2-4). Durch Unterteilung der Aktiv- und Passivachsen ergeben sich im System-Grid vier Felder: das Aktivfeld (hohe Aktivsummen und geringe Passivsumme), das Passivfeld (hohe Passivsumme und geringe Aktivsumme), das „ambivalente" oder „kritische" Feld (hohe Aktiv- und Passivsummen) und das „puffernde" oder „träge" Feld (geringe Aktiv- und Passivsummen) [VGL. VON REIBNITZ, SZENARIO-TECHNIK 1991, S. 36F. UND PROBST, GOMEZ: VERNETZTES DENKEN 1991, S. 13F.]. Diese Visualisierung soll die Analyse der Hebelwirkung unterschiedlicher Faktoren erleichtern.

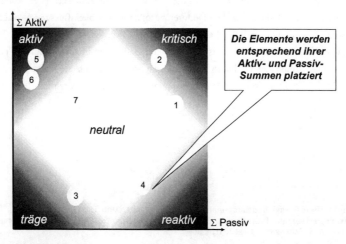

Abbildung C 2-4: System-Grid

Auf Basis der Netzwerkdarstellung werden Überlegungen über die mögliche Entwicklung von Variablen (Zunahme, Abnahme, zeitlicher Verlauf etc.) angestellt. Dabei ist es im Rahmen des Vernetzten Denkens wichtig, diese Beurteilung auf eine möglichst breite Basis zu stellen, indem Personen mit unterschiedlichen Perspektiven auf die Problemstellung in den Prozess eingebunden werden und im Konsens eine gemeinsame Sichtweise entwickeln. Hierzu werden moderierte Sitzungen abgehalten.

Das Wissen über die gegenseitige Beeinflussung der Variablen und die Identifikation der „Hebel", die das System maßgeblich beeinflussen, wird genutzt, um das Systemverhalten unter unterschiedlichen Prämissen „durchzuspielen". Ziel ist hierbei, Veränderungsmöglichkeiten in der konkreten Entscheidungssituation zu erkennen. Im Beispiel aus Abbildung C 2-2 (Seite 159) werden bspw. die aktiven und kritischen Problemelemente „redaktionelle Qualität" und „Verkaufsorganisation" als Ansatzpunkte für eine aktive, vom Unternehmen steuerbare Beeinflussung des Systems identifiziert [VGL. PROBST, GOMEZ: VERNETZTES DENKEN 1991, S. 35].

Bei der Analyse der Eingriffsmöglichkeiten existieren Unterschiede zwischen den Autoren: *PROBST UND GOMEZ* setzen darauf, dass die an der Analyse beteiligten Personen sowohl mögliche künftige Veränderungen der dargestellten Problemsituation als auch Eingriffsmöglichkeiten erkennen, wenn sie im vernetzten Denken angeleitet werden und Netzwerke sowie Vernetzungsmatrizen als Visualisierungen bzw. Analyseinstrumente nutzen. Sie verzichten daher auf die Erstellung quantitativer Modelle und auf stark strukturierte Analyseschritte [VGL. PROBST, GOMEZ: VERNETZTES DENKEN 1991, S. 14F.].

VESTER schlägt dagegen ein stärker analytisches Vorgehen vor, indem er eine **kybernetische Gesamtbewertung der Variablen** vornimmt, wozu er mathematisch exakt bestimmbare Kenngrößen (z.B. Maße für Rückkopplung, Diversität, Durchsatz) nutzt [VGL. VESTER, VON HESLER: SENSITIVITÄTSMODELL 1980, S. 116FF.]. Anders als *PROBST UND GOMEZ* nutzt *VESTER* für manche Analyseschritte zudem Simulationen, wie sie aus dem System Dynamics bekannt sind und entwickelt acht **Grundregeln zur Überlebensfähigkeit von Systemen**, deren Erfüllung für das zu untersuchende System zu überprüfen ist. Hierzu gehören z.B. die Regeln, dass negative Rückkopplungen über positive dominieren müssen und dass die Systemfunktion von quantitativem Wachstum unabhängig sein muss [VGL. GROSSMANN: KOMPLEXITÄTSBEWÄLTIGUNG 1992, S. 177F.]. Werden diese Regeln nicht erfüllt, so wird das System instabil und erreicht schnell seine Belastungsgrenze.

Beide Vorgehensweisen zum Vernetzten Denken münden in Lösungsvorschläge, die der Komplexität und Dynamik des untersuchten Systems angemessen sein sollen. *ULRICH, PROBST UND GOMEZ* legen hierbei starkes Gewicht auf die Lösung von konkreten (Management-)Problemen. Bei *VESTER* steht dagegen weniger die konkrete Handlungsempfehlung im Mittelpunkt, als vielmehr das Verständnis für das Gesamtsystem und sein Verhalten [VGL. GROSSMANN: KOMPLEXITÄTSBEWÄLTIGUNG 1992, S. 183].

2.1.3 Soft System Methodology

Ein Kritikpunkt an Systems Dynamics Ansätzen und der Methode des Vernetzten Denkens ist, dass sie über die vereinzelte Empfehlung moderierter Gruppensitzungen hinaus nur wenig Anleitung dafür geben, wie unterschiedliche Sichten auf das Problem bei der Erstellung von Systemmodellen und der Entscheidungsfindung konkret berücksichtigt werden sollen. Dies gilt selbst für ULRICH UND PROBST, die das Vernetzte Denken explizit als Möglichkeit charakterisieren, um in **sozialen** und komplexen Problemsituationen lenkend einzugreifen und nicht nur auf das System zu wirken, sondern **mit ihm zu arbeiten** [VGL. PROBST, GOMEZ: VERNETZTES DENKEN 1991, S. 5]. Sie liefern kaum Hinweise, wie unterschiedliche Interessenlagen und Machtverhältnisse überbrückt und Interaktionen von Personen berücksichtigt werden müssen, damit sich eine gemeinsame, ganzheitliche Systemsicht ergibt.

Die Soft System Methodology (SSM) setzt hier an. Sie geht auf CHECKLAND zurück [VGL. CHECKLAND: SYSTEMS THINKING 1981 UND GROSSMANN: KOMPLEXITÄTSBEWÄLTIGUNG 1992, S. 141], der natürliche Systeme von Systemen abgrenzt, die von Menschen geschaffen und damit aktiv gestaltbar sind. Zu den gestalteten Systemen gehören physikalische Systeme (z.B. Maschinen) und abstrakte Systeme (z.B. Mathematik), ebenso wie die so genannten „Human Activitiy Systems" (HAS) [VGL. CHECKLAND: SYSTEMS THINKING 1991, S. 109FF.]. Physikalische und abstrakte Systeme werden mit einer bestimmten Absicht durch den Willen von Menschen erzeugt, ohne dass die Systemelemente ein Bewusstsein hätten. Sie sind – wie auch natürliche Systeme – durch jeden beliebigen Beobachter wissenschaftlich objektivierbar. HAS entstehen dagegen durch das Zusammenwirken absichtsvoller menschlichen Aktivitäten. Die in ihnen agierenden Personen betrachten das System aus ihrem individuellen Blickwinkel und können sich ihrer Rolle im System bewusst sein. Da sie daher keine wissenschaftlich objektive Beobachterrolle einnehmen, müssen zur Untersuchung von HAS andere Verfahren zum Einsatz kommen als bei der Untersuchung natürlicher, physikalischer oder abstrakter Systeme. Einen solchen anderen Untersuchungsansatz liefert die SSM.

Der Methodik liegt ein siebenstufiges Vorgehen zugrunde, in dessen Verlauf unterschiedliche Sichtweisen auf das Problem – CHECKLAND nutzt den deutschen Begriff „Weltanschauung" – gesammelt und diskutiert werden, um auf dieser Basis ein möglichst vielschichtiges Bild der Problemsituation zu erhalten und wünschenswerte und angesichts der Beteiligten machbare Lösungen zu ermitteln (vgl. Abbildung C 2-5).

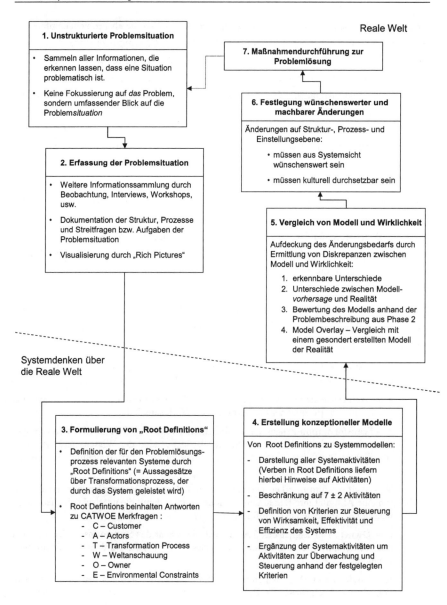

Abbildung C 2-5: Schritte der Soft Systems Methodology nach CHECKLAND [VGL. CHECKLAND: SYSTEMS THINKING 1981]

Im *ersten und zweiten Prozessschritt* werden Informationen über die als Problem empfundene Situation gesammelt und möglichst facettenreich – oft durch Cartoons oder Bilder[42] – als sog. „rich pictures" dokumentiert. Beide Schritte bewegen sich „in der realen Welt", da sie zunächst nur der Faktenfindung dienen und noch keine Modelle des betrachteten Systems erstellt werden (vgl. Abbildung C 2-5). Dies ändert sich im *dritten Schritt*, in dem die Problemsituation durch sog. „root definitions" beschrieben wird. Dabei handelt es sich um Aussagesätze, die auf einer spezifischen Weltanschauung beruhen und die Transformation von einem Input in ein Output beschreiben. Sie dienen der Identifikation der am Problemlösungsprozess beteiligten Systeme [VGL. GROSSMANN: KOMPLEXITÄTSBEWÄLTIGUNG 1992, S. 142FF.].

Root Defintions unterscheiden sich je nach dem, wer sie formuliert: So lässt sich eine Vorlesung aus Sicht eines Professors z.b. folgendermaßen charakterisieren: „Meine Vorlesung fasst den aktuellen Stand der Forschung zusammen und macht ihn für Studenten im Hauptstudium verständlich". Aus Sicht eines Studenten könnte die Root Definition dagegen lauten: „Die Vorlesung stellt die Sachverhalte dar, die ich nachlesen muss, um die Klausur zu bestehen".

Vollständige „root definitions" treffen Aussagen zu allen in der Merkformel **„CATWOE"** angegebenen Komponenten [VGL. GROSSMANN: KOMPLEXITÄTSBEWÄLTIGUNG 1992, S. 144F. UND COUPRIE ET AL.: SSM O.J.]:

C - Customer: Unter dieser Rubrik ist jeder zu berücksichtigen, der durch das System begünstigt wird oder Nachteile erfährt – im o.g. Beispiel die Studenten.

A – Actors: Akteure führen grundlegende Transformationsprozesse des Systems durch – im o.g. Beispiel der Professor, der die Vorlesung hält.

T – Transformation Process: Transformationsprozesse sind Kernaktivitäten von Systemen. Durch sie wird Input zu Output, also der „Stand der Wissenschaft" zu „verständlichem Stoff" bzw. „der Inhalt der Vorlesung" zu einer „Anleitung zum Lernen und Klausurbestehen" .

W – Weltanschauung: Die Weltanschauung liefert den Bezugsrahmen innerhalb dessen eine Aktivität ihre Bedeutung erhält und erklärt damit die unterschiedlichen Sichtweisen von Studenten und Professoren.

O – Owner: Der Eigner des Systems hat die Macht das System ins Leben zu rufen oder seine Existenz aufzuheben – im genannten Beispiel wäre der Professor Systemeigner.

E – Environmental Constraints: Constraints ergeben sich aus den externen, nicht vom System beeinflussbaren Rahmenbedingungen – aus Professorensicht könnte ein

---

[42] Solche Visualisierungen werden unter dem Begriff „System-Skizze" vereinzelt auch in der Methode des Vernetzten Denkens und in der Szenarioerstellung eingesetzt [VGL. GAUSEMEIER ET AL.: SZENARIO-TECHNIK 1996, S. 177F.].

solcher Constraint z.B. die Intelligenz oder das Vorwissen der Hauptstudiumsstudenten sein.

Bei der Formulierung von Root Defintions lässt sich, wie gezeigt, der gleiche Ausschnitt der Realität (hier: Vorlesung) – je nach Perspektive – in Systeme mit stark unterschiedlichen Transformationsprozessen zerlegen. Die Berücksichtigung solchermaßen unterschiedlicher Weltsichten ist Kernstück der SSM: „'Hard' systems methodology is concerned only with a single W[43]: a need is defined or an objective is stated, and an efficient means of meeting the need or reaching the objective is needed. In 'soft' systems methodology we are forced to work at the level at which Ws are questioned and debated, 'soft' problems being concerned with different perceptions deriving from different Ws. The formulation of root definitions provides a means of doing this, and in no study ... has it ever been possible to take as given a single root definition of a human activity system. Hence the methodology emerges not as praxeology but as a learning system....[CHECKLAND: SYSTEMS THINKING 1981, S. 219].

Aus den „root definitions" werden im *vierten Schritt* **konzeptionelle Modelle** der identifizierten Systeme abgeleitet, wobei die Lenkung und Überwachung des Systems hinsichtlich seiner Wirksamkeit, Effizienz und Effektivität explizit berücksichtigt werden. [VGL. CHECKLAND: SYSTEMS THINKING 1981, S. 286FF.].

Die Modelle werden mit der Realität verglichen, um Änderungsbedarfe und Änderungsmöglichkeiten zu identifizieren. *Schritte 5 und 6* verlassen damit die Ebene des Systemdenkens (vgl. Abbildung C 2-5). Dabei ist zu beachten, dass in HAS Personen mit ihren Weltanschauungen, Erfahrungen, Vorurteilen, usw. beteiligt sind. Damit sind nicht alle Änderungen kulturell durchsetzbar. Da diese Aspekte durch die SSM jedoch systematisch erforscht werden, können aus Systemsicht wünschenswerte und aus kultureller Sicht machbare Lösungen gewählt und im *siebten Schritt* umgesetzt werden. Der Lernprozess, der zum Ergebnis geführt hat, ist hierbei ebenso bedeutend, wie die eigentliche Problemlösung: „The outcome is never an optimal solution to a problem, it is rather a learning which leads to a decision to take certain actions, in the knowledge that this will in general not lead to 'the problem' being now 'solved' but to a new situation in which the whole process can begin again." [CHECKLAND: SYSTEMS THINKING 1981, S. 211].

Dieser „Unverbindlichkeit" in Bezug auf die Ergebnisse eines komplexen und aufwändigen Prozesses, wie ihn die SSM darstellt, ist es wahrscheinlich zuzurechnen, dass die Methode trotz vereinzelter Nennung in der Literatur keine weite Verbreitung zu erfahren scheint und konkrete Anwendungen kaum diskutiert werden.

---

[43] W steht im englischen Originaltext für das deutsche Wort „Weltanschauung".

Nichtsdestotrotz ist der Leitgedanke der SSM relevant: Menschen entscheiden und handeln in der von ihnen wahrgenommenen Realität. Ihre Wahrnehmung wird u.a. durch ihre individuellen Interessenlagen, ihre sozialen Interaktionen und bestehende Machtverhältnisse beeinflusst. Dies gilt sowohl für das HAS „Markt" bzw. „betriebliches Umfeld", für das ein Produkt entwickelt wird, als auch für das Produktentwicklungsteam selbst. Es ist daher durchaus sinnvoll, bestehende unterschiedliche Sichtweisen systematisch zu berücksichtigen und nach Lösungen zu suchen, die ihnen Rechnung tragen.

2.1.4 Potenziale des Systemdenkens zur Unterstützung der frühen Phasen

Die dargestellten Methoden des Systems Thinking lassen sich – überspitzt formuliert – zwischen „extrem formal" und „esoterisch" ansiedeln. Während System Dynamics Modelle für Realitätsausschnitte, für die quantitative Daten vorliegen, einsetzbar sind, ist die SSM in ihrer Struktur so offen, dass sie im Prinzip auf jeden Sachverhalt angewandt werden kann, bei dem Menschen interagieren und scheint damit beliebig.

Entsprechend unterschiedlich ist der Anspruch: während System Dynamics „harte" Entscheidungsgrundlagen liefern will, betont die SSM, dass es niemals „die" einheitliche Sicht auf ein HAS geben kann und immer mehr als eine Problemlösung denkbar ist. Damit steht keine konkrete Handlungsempfehlung, sondern ein Lernprozess im Mittelpunkt des Interesses. Eine „Zwitterstellung" nimmt in diesem Zusammenhang die Methode des Vernetzten Denkens ein, die einerseits analytisch vorgeht und mit der Vernetzungsmatrix und der fallweisen Anwendung von System Dynamics Modellen in Teilen quantitativ orientiert ist, andererseits aber betont, dass eine Sensibilisierung der Systembeteiligten für das jeweilige Systemverhalten unerlässlich ist.

Die genannten Ansätze schließen sich gegenseitig nicht aus, sondern können gemeinsam zum Einsatz kommen: So führt *LIEBL* beispielsweise an, dass viele Projekte zur Erstellung von formalen (System Dynamics) Modellen mit der Erstellung von Feedbackdiagrammen nach der Methode des Vernetzten Denkens beginnen [VGL. LIEBL: SIMULATION 1995, S. 117F.]. Er empfiehlt zudem, die durch das System betroffenen Personen und Parteien zu identifizieren sowie die Verteilung von Macht zu analysieren [VGL. LIEBL: SIMULATION 1995, S. 116] – beides Empfehlungen, die mit den Grundideen der SSM übereinstimmen. Bei *LANE UND OLIVA* findet sich zudem ein Vorschlag für eine Synthese aus System Dynamics und SSM: die konzeptionellen SSM Modelle sollen mit System Dynamics Methoden modelliert und auf ihre dynamische Konsistenz geprüft werden [VGL. LANE, OLIVA: SYNTHESIS 1998].

Die dargestellten Methoden sind also integrativ anwendbar und liefern somit als Denkansätze vielfältige Hilfestellungen, um Struktur und Verhalten komplexer und dynamischer Systeme zu analysieren und dadurch die in Abschnitt B (vgl. B1.2.3.2, Seite 28ff.) geforderte **„Systemsicht" auf die frühen Produktentwicklungsphasen** zu entwickeln. Dabei lassen sich unterschiedliche Sichten auf das System, wie sie sich beispielsweise aufgrund unterschiedlicher Ausbildungen oder Funktionen ergeben können, explizit berücksichtigen. Damit können die Methoden des Systems Thinking potentiell die multifunktionale Zusammenarbeit sowie **Lern- und Kognitionsprozesse** unterstützen.

Das Systems Thinking liefert damit eine Art „**Querschnitttechnologie**" für die frühen Phasen der Produktentwicklung, die auch in den im Folgenden dargestellten Konzepten immer wieder zum Einsatz kommt.

2.2 Denken in Szenarien

Das Denken in Szenarien weist eine enge Verwandtschaft zum Systemdenken auf. Szenarien sind Beschreibungen komplexer, möglicher zukünftiger Situationen („Zukunftsbilder"), deren Eintreten nicht mit Sicherheit vorhergesagt werden kann, die sich aber logisch aus der aktuellen Situation ableiten lassen. Szenarien zeigen alternative Entwicklungspfade in die Zukunft auf [VGL. GESCHKA: SZENARIOTECHNIK 2001, S. 303F. UND VON REIBNITZ: SZENARIO-TECHNIK 1991, S. 14FF.].

Szenarien können für weitläufige Themengebiete erstellt werden: Globalszenarien betreffen gesamte Volkswirtschaften oder Branchen, während Unternehmensszenarien auf unternehmensspezifische Fragestellungen zugeschnitten sind, wie z.b. die Entwicklung des Gesamtunternehmens, seiner Strategischen Geschäftseinheiten oder seiner Produktgruppen [VGL VON REIBNITZ: SZENARIO-TECHNIK 1991, S. 26FF.].

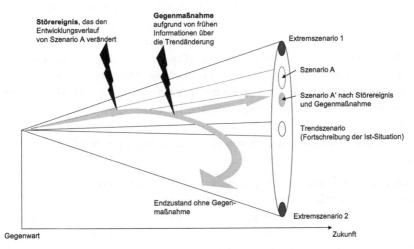

Abbildung C 2-6: Szenario Trichter

Der Grundgedanke der Szenarioanalyse wird durch den sog. **Szenariotrichter** verdeutlicht (vgl. Abbildung C 2-6): Ausgehend von der aktuellen Situation lassen sich relativ gute kurzfristige Prognosen über das Unternehmensumfeld erstellen. Wenn keine dramatischen Störereignisse wie z.b. Wirtschaftskrisen oder radikale Innovationen auftreten, sind auch mittelfristige Prognosen (3-5 Jahre) von guter Qualität möglich. Je weiter man in die Zukunft blickt, desto größer werden allerdings die Unsicherheiten und desto vielseitiger sind die möglichen Entwicklungen – der Trichter weitet sich. Legt man an einem weit entfernten zukünftigen Zeitpunkt einen Schnitt durch den Trichter, so sind in der daraus entstehenden Scheibe eine große Zahl denkbarer Szenarien enthalten. Die strategische Planung muss im Prinzip alle diese denkbaren „Zukünfte" berücksichtigen [VGL. VON REIBNITZ: SZENARIO-TECHNIK 1991, S. 26FF.].

Wegen des hohen damit verbundenen Aufwands werden üblicherweise keine gesonderten Analysen und Planungen für jeden dieser künftigen Umfeldzustände erstellt. Vielmehr wird eine überschaubare Anzahl von möglichst unterschiedlichen, in sich konsistenten Szenarien generiert, die alternative Umfeldentwicklungen abdecken. Dadurch kann die Zahl der betrachteten Szenarien deutlich eingeschränkt werden: *VON REIBNITZ* fordert eine Fokussierung auf lediglich zwei für möglich erachtete Extremszenarien; andere Autoren empfehlen zusätzlich die Erstellung eines dritten, sog. Trend-Szenarios, das auf der Fortschreibung der IST-Situation beruht und die aus Entscheidersicht wahrscheinlichste Entwicklung zeigt [VGL. VON REIBNITZ: SZENARIO-TECHNIK 1991, S. 28]. Alle Szenarien sollen widerspruchsfrei sein und müssen bei geringen Änderungen der Eingangsvariablen stabil reagieren.

Für jedes Szenario werden Chancen und Risiken abgeleitet. Auf dieser Basis lassen sich – so die Grundannahme der Szenarioanalyse – Strategien entwickeln, die bei einer großen Zahl unterschiedlicher Zukunftsbilder zum Erfolg führen. Leitgedanke ist hierbei eine sog. „robuste" Planung, die Lösungen vorsieht, die in jedem der betrachteten Szenarien erfolgreich sind. Solche Planungen sind allerdings nicht immer möglich, etwa wenn sich zwei strategische Optionen gegenseitig ausschließen und daher kein „goldener Mittelweg" existiert oder aber wenn dieser Mittelweg in jedem der Szenarien zu einer deutlich sub-optimalen Lösung führt. In diesen Fällen ist durch Formulierung von Alternativstrategien und Eventualplänen sowie durch den Einbau von (zeitlichen, finanziellen, usw.) Reserven und Anpassungsmöglichkeiten (z.B. modulare Produktkonzepte, die sich gut verändern lassen) eine flexible Planung anzustreben [VGL. GÖTZE: SZENARIO-TECHNIK 1993, S. 263FF.].

Szenarien dienen damit der Überprüfung und ggf. Neuformulierung von Unternehmensleitbildern, Unternehmenszielen und von Strategien [VGL. VON REIBNITZ: SZENARIO-PLANUNG 1989, SP. 1993FF.]. Allerdings liefern Szenarien nicht nur Input für solchermaßen fundamentale Aufgabenstellungen, sondern werden auch an konkrete Entscheidungsprobleme, wie etwa große Investitionen oder den Eintritt in neue Märkte, gekoppelt, um Planungen zu verbessern, die damit nicht nur auf Basis **einer** Zukunftsprognose erfolgen [VGL. WILSON: SCENARIO THINKING 2000, S. 24].

Für die Erstellung von Szenarien existieren zahlreiche unterschiedliche Verfahren, die jedoch alle drei Kernaktivitäten aufweisen [VGL. Z.B. MIßLER-BEHR, SZENARIOANALYSE 1993, S. 9FF.]:

- Durch eine umfassende Analyse der gegenwärtigen Situation werden Elemente im Unternehmensumfeld erkannt und hinsichtlich ihrer Wirkungszusammenhänge geprüft. So lassen sich **Schlüsselvariablen identifizieren**, die den Unternehmenserfolg stark beeinflussen.

- Für die Schlüsselvariablen werden **mögliche zukünftige Entwicklungen** vorausgesagt, wobei manche Variablen (z.B. Altersstruktur der Bevölkerung) über längere Zeiträume sicher zu prognostizieren sind, während für andere („kritische") Variablen alternative Entwicklungsmöglichkeiten bestehen. Im letzteren Fall werden diese Alternativen berücksichtigt.

- Die möglichen zukünftigen Zustände der Schlüsselvariablen werden kombiniert, so dass sich wenige, heterogene und **in sich schlüssige Zukunftsbilder** ergeben.

Nachfolgend werden alternative Methoden für alle drei Kernaktivitäten vorgestellt. Dabei zeigt sich eine große methodische Nähe zu den Ansätzen des Systemdenkens im allgemeinen und zur Methode des Vernetzen Denkens im Besonderen.

2.2.1 Methoden zur Identifikation von Schlüsselvariablen

Die Ermittlung der Schlüsselvariablen erfolgt durch Strukturanalyse des Unternehmensumfelds. Dazu werden in einem ersten Schritt die Einflussfaktoren des Unternehmensumfelds gesammelt und thematisch gruppiert, wobei möglichst viele Experten eingebunden werden. Hierbei kommen Checklisten allgemeingültig wichtiger Einflussfaktoren aus den unterschiedlichen Umfeldbereichen (zur Systematisierung vgl. Abbildung B 1-4, S.16) zum Einsatz, die unternehmensspezifisch angepasst werden [VGL. VON REIBNITZ: SZENARIO-TECHNIK 1991, S. 33]. Alternativ können u.a. Brainwriting-Methoden („Kartenumlauftechnik") genutzt [VGL. GESCHKA, VON REIBNITZ: SZENARIO-TECHNIK 1986, S. 131], die vorgenannten „Netzwerke" (vgl. Abbildung C 2-2) erstellt und analysiert werden [VGL. GAUSEMEIER ET AL.: SZENARIO-MANAGEMENT 1996, S. 176F.] und Systemskizzen bzw. „rich pictures" (vgl. Seite 164) erarbeitet werden [VGL. GAUSEMEIER ET AL.: SZENARIO-MANAGEMENT 1996, S. 178.], um eine vorläufige Liste von Einflussfaktoren zu erstellen.

Die Auswahl der **Schlüsselfaktoren** aus der Liste der Einflussfaktoren vollzieht sich in mehreren Schritten: Zunächst kommen die bereits in Abbildung C 2-3 (vgl. Seite 160) dargestellte **Vernetzungsmatrix** sowie der **System-Grid** (Abbildung C 2-4, Seite 160) zum Einsatz [VGL. GÖTZE: SZENARIO-TECHNIK 1993, S. 145FF.]. Zur Erstellung der Matrix und des daraus abgeleiteten System-Grids wird für jede Variable entschieden, welche anderen Elemente sie direkt beeinflusst und wie stark diese Beeinflussung ist [VGL. GÖTZE: SZENARIO-TECHNIK 1993, S. 146].

Das ist kognitiv anspruchsvoll, da die Befragten Wirkungsketten in isolierte Einzelschritte zerlegen müssen. Zudem ist das Verfahren zeitaufwändig: „The painstaking task of filling out this type of matrix is always a burden, whether carried out as a working committee, experts in interviews, in documentary research or even in specialized studies" [DE JOUVENEL: SCENARIO BUILDING 2000, S. 43]. Wenn vorhanden, sollten daher „Netzwerke" als Startpunkt der Analyse zu benutzt werden [VGL. WARREN: COMPETITIVE FUTURES 1995; PROBST/GOMEZ: VERNETZTES DENKEN 1991, S. 11FF.; GESCHKA: SZENARIOTECHNIK 2001, S. 309]. Sie haben den Vorteil, dass das System leichter als Ganzes wahrgenommen wird als bei der formaleren und schwerer interpretierbaren Matrixdarstellung. Dadurch sind Wirkungsverläufe, aber auch ggf. fehlende Einflussfaktoren leichter zu identifizieren. Als gerichtete Graphen lassen sie sich leicht in eine **Adjazenzmatrix** übertragen (vgl. Abbildung C 2-7), die, wenn die Pfeile gewichtet werden, die Erstellung der Vernetzungsmatrix ersetzt.

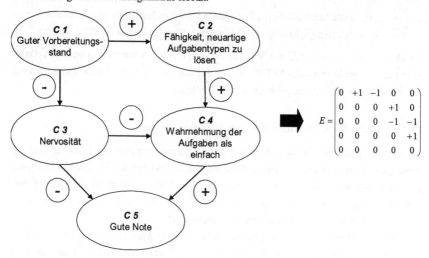

Abbildung C 2-7: gerichteter Graph und Adjazenzmatrix

Durch den Analyseschritt ergibt sich eine (ggf. ergänzte) Liste von Einflussfaktoren, deren Aktiv- und Passivsummen bekannt sind. Anhand von spezifisch festzulegenden Auswahlkriterien (z.B. Aktivsumme einer Variablen oder „Impulsindex", d.h. Quotient aus ihrer Aktiv- und Passivsumme) werden so lange unwichtige Faktoren von der Liste gestrichen, bis eine auswertbare Grundmenge von Schlüsselvariablen (üblicherweise nicht mehr als 30 Faktoren) übrig bleibt. Sie wird durch weitere Analysen (z.B. Analyse der indirekten Vernetzung und Ähnlichkeit von Faktoren) in eine endgültige Liste von Schlüsselvariablen überführt [VGL. GAUSEMEIER ET AL.: SZENARIO-MANAGEMENT 1996, S. 207FF.].

2.2.2 Methoden zur Prognose zukünftiger Entwicklungen

Nach Abschluss der Analyseaktivitäten sind alle wichtigen Einflussbereiche und ihre Schlüsselfaktoren bekannt. Ihre zukünftige Entwicklung wird nun prognostiziert. Dazu werden für jeden Einflussbereich beschreibende Kenngrößen, so genannte „Deskriptoren", festgelegt[44], und – ausgehend von der aktuellen Situation und unter Kenntnis des Umfelds – ihre möglichen Zukunftszustände ermittelt. So lässt sich z.b. der Einflussbereich „Wirtschaft" durch „Einkommensentwicklung" und „Sparquote" beschreiben. Beide Deskriptoren können mehrere mögliche Zustände annehmen, z.b. steigende und fallende Einkommen bzw. Sparneigung. Andere Deskriptoren (z.B. zukünftige Zahl der Schüler) lassen sich eindeutig aus der aktuellen Situation (z.b. Geburtenrate) ableiten und durch eine Projektion sicher darstellen. Sie gelten als „unkritisch". Für „kritische" Deskriptoren werden zwei oder drei mögliche Zustände ermittelt. Die Auswahl der Projektionen erfolgt hierbei anhand der Zielformulierung des Szenarioprojektes, so dass bspw. bei der Erstellung eines negativen Extremszenario Projektionen gewählt werden, die diesem Szenario entsprechen. Bei einigen Szenariomethoden wird zudem ihre Eintrittswahrscheinlichkeit bestimmt, wobei die Summe der Wahrscheinlichkeiten aller Zustände eines Deskriptors 1 ergeben muss [VGL. GAUSEMEIER: SZENARIO-ANALYSE 1996, S: 228FF].

Diese Wahrscheinlichkeitsangaben sind allerdings problematisch, da sie auf der Annahme beruhen, dass sich die Eintrittswahrscheinlichkeiten unterschiedlicher Schlüsselfaktorprojektionen gegenseitig nicht beeinflussen. Die **Cross-Impact-Analyse** [VGL. WELTERS: CROSS IMPACT 1989] kennzeichnet eine Gruppe von Verfahren, die solche Kreuzeinflüsse berücksichtigen. Bei der korrelierten Cross-Impact-Analyse werden Kreuzeinflüsse als bedingte Wahrscheinlichkeiten („Wahrscheinlichkeit, dass die Sparquote im Jahr 2010 gefallen ist, falls im Jahr 2010 das Wirtschaftswachstum gesunken ist") oder gemeinsame Wahrscheinlichkeiten („Wahrscheinlichkeit, dass im Jahr 2010 sowohl die Sparquote als auch das Wirtschaftswachstum niedrig sind) berücksichtigt. Bei der statisch-kausalen Cross-Impact-Analyse werden kausale Kreuzeinflüsse berücksichtigt (z.B. „Wahrscheinlichkeit, dass die Sparquote sinkt, weil und wenn vorher die Wirtschaft schrumpft"). Bei der dynamisch-kausalen Cross-Impact-Analyse wird die Entwicklung bedingter Wahrscheinlichkeiten im Zeitablauf betrachtet, also nicht nur ein Betrachtungszeitpunkt gewählt [VGL. GÖTZE: SZENARIO-TECHNIK 1993, S. 163FF. UND WELTERS: CROSS IMPACT 1989, S. 243FF; GAUSEMEIER: SZENARIO-MANAGEMENT 1996, S. 263F.].

In diesem Punkt gleicht sie den dynamischen Verfahren zur Konstruktion von Szenarien [VGL. HOFMEISTER: EVOLUTIONÄRE SZENARIEN 2000, S. 108F.], zu deren Weiterentwicklung der Ansatz zur Entwicklung evolutionärer Szenarien von *HOFMEISTER* gehört. Bei diesem Ansatz wird das

---

[44] Dabei können die ermittelten Einflussfaktoren selbst als Deskriptor fungieren [VGL. GÖTZE: SZENARIO-TECHNIK 1993:, S. 109].

Wissen, das das Szenarioteam und die von ihm befragten Experten über den betrachteten Bereich hat, in linguistische Regeln („Wenn Differenz aus Angebot und Nachfrage extrem positiv dann Veränderung des Ölpreis extrem negativ") übersetzt. Diese werden die mit Hilfe der Fuzzy Set Theorie modelliert. Das resultierende Systemmodell kann genutzt werden, um die Projektionen durch Simulation zu ermitteln [VGL. HOFMEISTER: EVOLUTIONÄRE SZENARIEN 2000].

2.2.3 Methoden zur Erstellung stimmiger Zukunftsbilder

Die Projektion von Deskriptorausprägung resultiert in einer mehr- oder minder umfangreichen Liste von Deskriptoren-Zuständen, die zu in sich schlüssigen und stabilen Zukunftsbildern kombiniert werden müssen. Hierbei sind nicht alle Kombinationen von Deskriptorausprägungen plausibel und wahrscheinlich. Da bei steigenden Einkommen die Sparquote meist steigt, ist bspw. ein Szenario „hohe Einkommen" und „niedrige Sparneigung" nicht konsistent. Die alternativen Projektionen müssen daher auf ihre „innere Logik" hin überprüft werden. Dies kann intuitiv im Rahmen moderierter Teamarbeit oder systematisch durch die so genannte **Konsistenzmatrix** (vgl. Abbildung C 2-8) erfolgen [VGL. VON REIBNITZ 1991: SZENARIO-TECHNIK, S. 256FF.].

Konsistenzmatrix		1 a b	2 a...b	3 a...b	4 a...b	5 ...
1. Neue Technologien	a) Erfolg b) Flopt					
2. Wirtschafts-entwicklung	a) Wachstum b) Rückgang	2 0 0 1				
3. Strukturwandel	a) Erfolg b) Flop	2 -1 -1 2	2 -1 0 2			
4. Arbeitslosen-quote	a) höher b) niedriger	0 1 1 0	0 2 2 -1	0 1 1 0		
5. ...						

0 = es gibt keine direkte Beziehung
+1 = die Beziehung ist widerspruchsfrei und verstärkt sich nicht
+2 = die Beziehung ist widerspruchsfrei und verstärkt sich wechselseitig
-1 = die Beziehung ist teilweise inkonsistent / widersprüchlich
-2 = die Beziehung ist absolut inkonsistent / widersprüchlich

Abbildung C 2-8: Konsistenzmatrix [VGL. VON REIBNITZ: SZENARIO-TECHNIK 1991, S. 51]

Mit Hilfe der Konsistenzmatrix werden Zukunftsprojektionen der Deskriptoren paarweise betrachtet: für jede Deskriptorausprägung wird angegeben, welche Beziehung zu anderen Deskriptoren besteht und wie stark diese ist. Die Deskriptorenpaare werden zu Bündeln zusammengefasst, wobei Bündel, die inkonsistente Paare aufweisen, in der nachfolgenden Betrachtung ignoriert werden können.[45] Aus den verbleibenden Bündeln werden mit Hilfe von mehrstufigen Cluster-Verfahren [VGL. GAUSEMEIER ET AL.: SZENARIO-MANAGEMENT 1996, 264FF. UND MIßLER-BEHR: SZENARIOANALYSE 1993] computerunterstützt diejenigen Kombinationen von Deskriptorausprägungen zusammengefasst, die sich sehr ähnlich sind, von anderen Clustern stark unterscheiden und stabile und konsistente Zukunftsbilder liefern. Alternativ erfolgt auch eine unmittelbare, nicht rechnergestützte, Auswahl von Bündeln, die sofort als Szenarien interpretiert werden [VGL. GAUSEMEIER ET AL.: SZENARIO-MANAGEMENT 1996, S. 272].

Das Ergebnis des Auswahlschrittes sind „rohe" Szenarien, die interpretiert und umfassend verbal beschrieben werden. Da sich ein Zukunftsszenario nicht „von heute auf morgen" einstellt, wird zudem der mögliche Entwicklungspfad für jedes der Szenarien dargestellt und analysiert, um evtl. Reaktionen und Anpassungsmaßnahmen im Umfeld zu erkennen. Dadurch wird sichergestellt, dass das planende Unternehmen nicht für eine weit in der Zukunft liegende mögliche Situation gerüstet ist, auf dem Weg dorthin aber scheitert. Außerdem erfolgt eine Störereignisanalyse, die zeigt, unter welchen Umständen Brüche in abgebildeten Trends auftreten könnten und wie sich Reaktionen darauf auswirken [VGL. VON REIBNITZ: SZENARIO-TECHNIK 1991, S. 53 FF.]. Auf Basis der ausgestalteten Szenarien können nun strategische Entscheidungen getroffen werden. Zudem lassen sich flankierende Maßnahmen, wie das Monitoring kritischer Variablen zum Zweck der Frühaufklärung planen [VGL. GESCHKA: SZENARIOTECHNIK 2001].

Bei dynamisch konstruierten Szenarien, wie etwa beim Ansatz von Hofmeister und nach erfolgter Cross-Impact-Analyse liegen mit Ende des Prognoseschrittes eine große Zahl unterschiedlicher Szenarien vor, die sich u.U. aber nur geringfügig unterscheiden [VGL. WELTERS: CROSS IMPACT 1989, S. 243, HOFMEISTER: EVOLUTIONÄRE SZENARIEN 2000, S. 224FF.]. Auch hier ist daher eine Auswahl erforderlich, um wenige möglichst unterschiedliche Szenarien zu erhalten. Dazu werden ähnliche Szenarien kombiniert und die wahrscheinlichsten, konsistentesten und für die Planung relevantesten ausgewählt, wobei neben der oben beschriebenen einfachen Konsistenzanalyse auch komplexere Verfahren zur Bewertung und Auswahl von Szenarien zum Einsatz kommen [VGL. MIßLER-BEHR: SZENARIO-ANALYSE 1993, S. 94FF.].

---

[45] Die Zahl der durch die Konsistenzmatrix auswertbaren Deskriptoren ist begrenzt: bei n Schlüsselfaktoren sind n/2·(n-1) Projektionspaare zu vergleichen, d.h. schon 20 Faktoren führen zu 190 erforderlichen Vergleichen. Auch die Konsistenzmatrix ist in ihrer Aussagekraft eingeschränkt, da sie Interdependenzen zwischen Deskriptoren (z.B. wechselseitige Beeinflussung) nicht vollständig abbilden kann [VGL. GÖTZE: SZENARIO-TECHNIK 1993, S. 162].

2.2.4 Potenziale des Denkens in Szenarien zur Unterstützung der frühen Phasen

Das Denken in Szenarien ist für die frühen Phasen der Produktentwicklung aus den gleichen Gründen relevant, die für die ihm zugrunde liegende Philosophie des Systemdenkens sprechen:

- Es **begreift das Umfeld als komplexes, dynamisches System**, in dem sich Systemelemente gegenseitig beeinflussen [VGL. U.A. VON REIBNITZ: SZENARIO-PLANUNG 1989, SP 1986F. UND FINK ET AL.: ZUKUNFT VORAUSDENKEN 2000, S. 38] und

- Es basiert in den meisten Fällen auf **Interaktion unterschiedlicher Personen und Integration unterschiedlicher Sichten**, z.B. im Rahmen moderierter Gruppensitzungen und Delphi-Befragungen [VGL. GÖTZE: SZENARIO-TECHNIK 1993, S. 235F.]. Den Teilnehmern wird hierbei ermöglicht, ihre eigene Sicht im Austausch mit anderen Personen zu hinterfragen und sich möglicher Konflikte gewahr zu werden und sie ggf. zu lösen [VGL. ROUBELAT: SCENARIO PLANNING 2000, S. 101].

Stärker als das Systemdenken liefert das Denken in Szenarien jedoch einen unmittelbaren Beitrag zur **Bewältigung von Unsicherheit**, indem das herkömmliche „business as usual"-Modell der Zukunft um alternative Zukunftsbilder ergänzt wird [VAN DER HEIJDEN: SCENARIOS 2000, S. 32], auf deren Basis langfristige Planung fundiert erfolgen kann. Dabei werden alle Ansätze zur Unsicherheitsbewältigung berücksichtigt: Die Ermittlung kritischer Einflussbereiche und Einflussfaktoren **unterstützt das „problem framing" und eine zielgerichtete Informationssammlung** und liefert zudem Ansatzpunkte für eine systematische Umfeldbeobachtung. Die Analyse der Auswirkungen unterschiedlicher Szenarien und Störereignisse und die Suche nach für sie adäquaten Strategien entspricht der Philosophie des **„front-loading"**, indem zukünftige Probleme antizipiert und soweit wie möglich gelöst werden. Das Konzept robuster Strategien, die in unterschiedlichen Szenarien zum Erfolg führen, ist schließlich eine Möglichkeit zur **Erhöhung der Unsicherheitstoleranz**.

2.3 „Knowledge Mapping"

Unter dem Begriff „Knowledge Mapping" werden eine Vielzahl von Methoden subsumiert, die der (vorwiegend grafischen) Abbildung von Wissen dienen. Sie stammen aus unterschiedlichen Fachrichtungen und verfolgen unterschiedliche Zielsetzungen:

- Im Bereich der Erziehungswissenschaften und im lerntheoretisch orientierten Wissensmanagement existieren Ansätze, Wissenskarten als Methode zur **Erklärung und Unterstützung von Lernprozessen** zu nutzen.

- In der mit Informationstechnik befassten Wissensmanagementliteratur wird Knowledge Mapping schwerpunktmäßig als Möglichkeit betrachtet, im Unternehmen vorhandene Wissensinhalte transparent und im Bedarfsfall zugänglich zu machen. Dies geschieht, indem sie als „**Metainformationssysteme**" in strukturierter Weise den Weg zu relevantem expliziten und impliziten Wissen aufzeigen. Wissensinhalte werden dagegen nicht abgebildet.

- Die psychologisch orientierte Forschung zur „Managerial Cognition" bemüht sich um die **Abbildung der Kognition von Managern** – ihrer inneren „Weltsicht" –, um ihre strategischen Entscheidungen vor diesem Hintergrund bewerten zu können. Wissenskarten aus diesem Bereich zielen damit nicht darauf ab, die Welt zu zeigen, wie sie ist, sondern wie sie wahrgenommen wird.

Ein über alle Fachrichtungen mehr oder minder einheitlicher Sprachgebrauch existiert bislang nicht, so dass die Begriffe „Cognitive Map", „Causal Map" und „Knowledge Map" – um nur einige zu nennen – je nach Autor vollständig austauschbar sind oder aber vollkommen unterschiedliche Konzepte bezeichnen. Allen Wissenskarten ist aber gemein, dass sie – zumindest in ihren Ursprüngen – eng mit den Theorien und Forschungsansätzen der Wissenspsychologie verbunden sind, die daher im Folgenden kurz erläutert werden. Anschließend werden Kartendarstellungen aus allen drei Disziplinen vorgestellt und hinsichtlich ihres potenziellen Nutzen für die frühen Phasen der Produktentstehung diskutiert.

2.3.1 Wissenspsychologische Grundlagen des „Knowledge Mapping"

Wissenskarten sind ein wichtiges Forschungsinstrument, durch das das Wissen einer Person in Bezug auf seinen Inhalt (Reichweite, Qualität) und seine Struktur (z.B. Zahl und Größe von Wisseneinheiten und ihre Vernetzung) erfasst und in vielen Fällen auch visualisiert wird. „Wissen" kann sich hierbei auf ganz unterschiedliche Gebiete beziehen, wie die Bedienung eines Videorekorders, die Funktion des deutschen Bundestages, das Verständnis eines chemischen Versuchaufbaus oder die kaufentscheidenden Anforderungen an Produkte. Eine grundlegende Vorstellung ist, dass Wissen im Langzeitgedächtnis gespeichert ist und im Bedarfsfall jeweils ausschnittweise im Kurzzeitgedächtnis aktiviert und verarbeitet wird. Wenn Wissenskarten erstellt werden, so erfassen sie also (maximal) die aktivierten Bestandteile des Langzeitgedächtnis, nicht das gesamte Wissen der Untersuchungsperson [VGL. KLUWE: DATEN ÜBER WISSEN 1988, S. 360F.]. Zur Abbildung von Wissen lassen sich – je nach Zielsetzung – Verfahren zur Inhalts- und zur Strukturerfassung unterscheiden.

2.3.1.1 Erfassung von Wissensinhalten

Die Erfassung von Wissensinhalten beginnt zumeist mit der **Wissensaktivierung**, durch die die Untersuchungsperson ihr im Langzeitgedächtnis gespeichertes Wissen „hervorholen" soll. Zur Aktivierung werden Probanden gebeten, sich eine bestimmte Situation vorzustellen, werden Zeuge einer Demonstration (z.B. Versuch) oder bekommen **Reizmaterialien** – sog. Stimuli – (z.B. Karten mit Begriffen, Modelle, Simulationsspiele) zur Verfügung gestellt [VGL. KLUWE: DATEN ÜBER WISSEN 1988, S. 369FF.]. Beim Verfahren der sog. **Beratung** erfolgt die Aktivierung von Wissensinhalten, indem die Untersuchungspersonen gebeten werden, ihr Wissen zu einem Thema (z.B. Bedienung eines Computerprogramms) aktiv an andere Personen weiterzugeben [VGL. KLUWE: DATEN ÜBER WISSEN 1988, S. 372F.]. Bei der **Self-Q-Technik** erfolgt die Aktivierung der Wissensinhalte, indem die Untersuchungspersonen aufgefordert werden, sich selbst Fragen zu einem Themengebiet zu stellen [VGL. BOUGON: SELF-Q-TECHNIQUE 1983, S. 182F.].

Im Anschluss an die Aktivierung wird das Wissen erfasst. Ein relativ einfaches Verfahren beruht darauf, die Probanden zu bitten, während der Lösung einer Aufgabe (z.B. Bearbeitung eines Experiments) **laut zu denken**. Hierbei sind möglichst spontane, unreflektierte Äußerungen erwünscht, die protokolliert werden. Allerdings ist die Annahme, dass aus den im Kurzzeitgedächtnis vorhandenen und durch lautes Denken verbalisierten Informationen tatsächlich auf Wissensinhalte geschlossen werden kann, nicht unproblematisch. In der Praxis schweifen Untersuchungspersonen leicht ab, so dass nicht alle Verbalisierungen thematisch relevant sind und sich viele Äußerungen überhaupt nicht auf Wissensinhalte, sondern bspw. auf Gefühle beziehen. Zudem zeigt sich, dass beim lauten Denken von den selben Personen in vergleichbaren Situationen sehr unterschiedliche Sachverhalte verbalisiert werden [VGL. KLUWE: DATEN ÜBER WISSEN 1988, S. 362FF.].

Eine bessere Abdeckung auch breiter Wissensgebiete als beim lauten Denken wird durch gezielte **Befragung** der Untersuchungspersonen erreicht. Bei der Befragung sind vollkommen offene Gespräche und teilstrukturierte Interviews möglich. In manchen Fällen werden die Antwortmöglichkeiten auch durch den Interviewleiter oder durch schriftliche Fragebogen vorgegeben [VGL. KLUWE: DATEN ÜBER WISSEN 1988, S. 369FF.].

In umfangreichen Untersuchungen werden mehrere Aktivierungs- und verschiedene Interviewtechniken kombiniert, etwa indem Probanden zunächst alles sagen sollen, was ihnen zu einem Thema einfällt und dann zu den geäußerten Wissensinhalten nach unterschiedlichen Verfahren spezifisch befragt werden [VGL. CHI, KOESKE: NETWORK REPRESENTATION 1983, S. 31]. Durch ein solches Vorgehen lassen sich Wissensinhalte sehr umfangreich erfassen. Fallweise problematisch ist allerdings, dass die Gestaltung der Befragung das Ergebnis stark verzerren kann, etwa wenn Fragen nicht verstanden werden oder aus der Fragestellung auf (vermeintlich) erwünschte Antworten geschlossen wird [VGL. KLUWE: DATEN ÜBER WISSEN 1988, S. 15F.]. Diese Probleme treten potenziell bei jeder Befragung im Rahmen der empirischen Forschung auf und stellen keine gesonderte Problematik bei der Erhebung von Wissensinhalten dar [VGL. Z.B. BORTZ, DÖRING: FORSCHUNGSMETHODEN 1995, S. 216]. Sie gelten als prinzipiell lösbar.

Die Auswertung der erhobenen Daten über Wissensinhalte (Tonbandaufnahmen des lauten Denkens und Interviews, Protokolle, Fragebögen usw.) erfolgt bei allen Methoden in ähnlicher Weise, indem die genannten Begriffe in zusammenhängende Segmente unterteilt (z.B.

Sätze als Analyseeinheit), sprachlich vereinheitlicht (z.B. durch Einsetzen von Synonymen) und Kategorien zugeordnet werden, die entweder vordefiniert oder induktiv aus den Daten abgeleitetet werden. Die Zuordnung von Textteilen zu Kategorien wird hierbei als **Kodierung** bezeichnet [VGL. BORTZ, DÖRING: FORSCHUNGSMETHODEN 1995, S. 305].

Aufgrund der Vielfalt und Mehrdeutigkeit von (mehr oder minder spontanen) Verbalisierungen hat der Forscher bei der Kodierung in gewissem Umfang Interpretationsarbeit zu leisten, die Ergebnisse verfälschen kann [VGL. KLUWE: DATEN ÜBER WISSEN 1988, S. 364]. Zur Sicherung der Objektivität werden genaue Kodierungsrichtlinien erstellt und die kodierenden Forscher geschult. Zudem wird der zu kodierende Text (oder zumindest Ausschnitte davon) zur Sicherung der Reliabilität von verschiedenen Personen kodiert. Hierbei muss sich eine Mindestübereinstimmung der Kodierer ergeben, bevor die Ergebnisse ausgewertet werden [VGL. KLUWE: DATEN ÜBER WISSEN 1988, S. 364 UND BORTZ, DÖRING: FORSCHUNGSMETHODEN 1995, S. 304FF.]. Der Aufwand bei der Datenauswertung ist entsprechend hoch [VGL. KLUWE: DATEN ÜBER WISSEN 1988, S. 364].

2.3.1.2 Erfassung von Wissensstrukturen

Für die Wissenspsychologie ist es nicht nur von Interesse, **was** eine Person weiß, sondern auch, **wie** dieses Wissen im Gedächtnis organisiert wird. Eine Darstellung der verschiedenen Theorien hierüber würde den Rahmen dieser Arbeit sprengen, doch beruhen sie überwiegend auf der Annahme, dass Wissen aus Gründen „kognitiver Ökonomie" [OPWIS: KOGNITIVE MODELLIERUNG 1992, S. 61] so organisiert wird, dass zusammengehörige Inhalte gemeinsam organisiert und entsprechend effizient als Wissenseinheit abgerufen werden können. Über Gestalt und Umfang dieser Wissenseinheiten existieren unterschiedliche Vorstellungen:

- Das Konzept der **Chunks** beruht auf der Vorstellung, dass Wissensinhalte, die über einen längeren Zeitraum erworben werden (z.B. Begriffe einer Programmiersprache bei einem Programmierer oder Schachkonstellationen bei einem erfahrenen Schachspieler) im Langzeitgedächtnis in verdichteten Wissenseinheiten organisiert werden, die als Einheit abgerufen und im Kurzzeitgedächtnis symbolisch verarbeitet werden [VGL. KLUWE: DATEN ÜBER WISSEN 1988, S. 380FF.].

- **Mentale Modelle** sind vorwiegend bildhaft-anschauliche Wissensgefüge über Realitätsausschnitte (z.B. elektrischen Strom), die langfristig erworben werden und vom Wissensträger relativ stabil immer wieder auf die Realität angewendet werden [VGL. KLUWE: DATEN ÜBER WISSEN 1988, S. 360F. UND WYNANDS: MANAGEMENTWISSEN 2002, S. 54FF.].

- **Schemata** repräsentieren verallgemeinerte Erfahrungen mit Gegenständen, Sachverhalten und Ereignissen, die durch wiederkehrende Konfrontation mit ähnlich gearteten Realitätsbereichen entstehen. Sie ermöglichen eine schnelle Beurteilung neuer Situationen dahingehend, ob diese Situation tatsächlich vollständig neu ist oder ob relevante

Erfahrungen existieren, die zur Bewältigung der Situation genutzt werden können. Schemata sind in diesem Sinne relativ abstrakte Modelle von Wirklichkeitsbereichen, die sich aus typisch wahrgenommenen Merkmalen einer Situation (=Variablen, denen im konkreten Fall ein Wert zugeordnet werden kann) und Beziehungen zwischen diesen Merkmalen (=Relationen) zusammensetzen. Schemata können aus Subschemata bestehen und mit anderen Schemata verknüpft sein, so dass sehr umfassende Wissensgefüge entstehen können [VGL. WYNANDS: MANAGEMENTWISSEN 2002, S. 54FF.].

Zur Erforschung solchermaßen unterschiedlicher Wissensstrukturen werden Verfahren der freien Reproduktion und Sorting-Verfahren eingesetzt: Bei der **freien Reproduktion** sollen Untersuchungspersonen ihr Wissen frei verbalisieren. Die entstehenden Protokolle werden dann dahingehend analysiert, welche thematischen Einheiten hintereinander verbalisiert werden und wie groß, umfangreich, abstrakt usw. sie sind [VGL. KLUWE: DATEN ÜBER WISSEN 1988, S. 380FF.]. Bei **Sorting-Verfahren** gruppieren die Probanden gezielt ausgesuchtes Reizmaterial (z.B. Begriffe auf Karten) [VGL. KLUWE: DATEN ÜBER WISSEN 1988, S. 376FF.].[46]

Die Zielsetzung ist bei beiden Verfahren ähnlich: Durch die freie Reproduktion soll erkannt werden, **wie** gespeichertes Wissen organisiert wird, ob also beispielsweise tatsächlich eine Verarbeitung in „Chunks" erkennbar ist [VGL. KLUWE: DATEN ÜBER WISSEN 1988, S. 380FF.]. Durch Sorting wird erforscht, in **welchen Kategorien** Wissensinhalte organisiert werden. So lässt sich z.B. feststellen, anhand welcher Merkmale eine Kategoriezuordnung stattfindet und aus wie vielen Unterkategorien sich eine Hauptkategorie zusammensetzt [VGL. KLUWE: DATEN ÜBER WISSEN 1988, S. 376FF.].

Methodisch ist die Strukturerfassung anspruchsvoller und problematischer als die Erhebung von Wissensinhalten, da die Gedächtnisstruktur nicht unmittelbar mess- und überprüfbar ist, sondern aus den erhobenen Daten abgeleitet werden muss. Damit besteht prinzipiell die Gefahr, dass die erfasste Struktur nicht mit der tatsächlichen Gedächtnisstruktur korrespondiert, sondern ein aus der Untersuchungssituation entstehendes, temporäres Artefakt ist.

2.3.1.3 Erfassung umfangreicher und komplexer Wissensgefüge

Die bislang genannten Verfahren werden zumeist eingesetzt, um vergleichsweise **kleine** Wissenseinheiten in Bezug auf **einen** Aspekt (z.B. die Existenz von Chunks) sehr detailliert zu erforschen. Umfangreiche Wissensinhalte und hoch komplexe Wissensstrukturen sind damit nur schwer zu erfassen. Das ist dann problematisch, wenn für einen interessierenden Reali-

---

[46] Eine spezielle Anwendung von Sorting-Verfahren aus dem Bereich des Marketing – die Strukturierung von Kundenanforderungen – wurde bereits in Abbildung C 1-3 auf S. 105 dargestellt.

tätsausschnitt vielschichtige und inhaltlich breite Abbildungen im Gedächtnis im Sinne sog. „subjektiver Theorien" erwartet werden können.

Subjektive Theorien umfassen die Welt- und Selbstsicht von Personen und bestimmen, wie sie die Realität erklären, Entwicklungen prognostizieren und Handlungen begründen und durchführen. Ein Gegenstand subjektiver Theorien eines Managers kann z.b. die Wahrnehmung des eigenen Unternehmens und der gesamten Branche sein. Subjektive Theorien enthalten daher neben prinzipiell überprüfbaren Fakten auch Vermutungen (z.b. über die Motive und künftigen Strategien von Konkurrenzunternehmen) und Meinungen. Sie müssen einer objektiven Überprüfung nicht standhalten, sondern sind das subjektive Wirklichkeitskonstrukt einer Person [VGL. WYNANDS: MANAGEMENTWISSEN 2002, S. 47FF.].

Um solchermaßen umfangreiche und komplexe Wissensgebiete zu erfassen, werden häufig verschiedene der o.g. Verfahren kombiniert. Ein verbreitetes kombiniertes Verfahren zur Erforschung subjektiver Theorien ist das **Struktur-Lege-Verfahren**, das in unterschiedlichen Formen existiert [VGL. DANN: LEGE-STRUKTUREN 1992, S. 10FF.].

Im ersten Schritt werden bei diesen Verfahren zunächst in einem Interview Wissensinhalte erfasst. Durch Auswertung der Interviewaufzeichnungen lassen sich diejenigen Begriffe und Sachverhalte – sog. Konzepte – identifizieren, die die jeweilige subjektive Theorie inhaltlich beschreiben. Sie werden auf Kärtchen festgehalten und liefern die Grundlage für ein zweites Interview mit der Untersuchungsperson. In dieser Befragung wird der Proband aufgefordert, die Kärtchen auf einer Unterlage so zu ordnen, dass Relationen zwischen den Konzepten abgebildet werden. Die Art der Relationen wird hierbei durch Symbole abgebildet, deren Bedeutung und Anwendung der Untersuchungsperson durch vorherige Schulung bekannt ist [VGL. DANN: LEGE-STRUKTUREN 1992, S. 1FF.].

Durch die **Trennung von Inhalt** (Konzeptkarten) **und Struktur** (Auslegen und Umlegen der Karten) soll eine kognitive Überforderung des Probanden verhindert und die Rekonstruktion subjektiver Theorien unterstützt werden [VGL. GROEBEN: INHALTS-STRUKTUR-TRENNUNG 1992. S. 56FF.]. Die visuelle Natur des Verfahrens vereinfacht gegenüber einer sprachlichen Darstellung zudem die Konzentration auf das Wesentliche und erlaubt eine direkte Auswertung des erhobenen Wissens [VGL. DANN: LEGE-STRUKTUREN 1992, S. 38F.].

Neben den vorgenannten Schwierigkeiten bei der Erfassung von Wissensinhalten und Wissensstrukturen ergibt sich bei subjektiven Theorien das Problem, dass viele Daten (z.B. zur Selbstsicht und Argumentationsstruktur der Untersuchungsperson) nur schwer zu ermitteln sind und dass ihre Bedeutung für den „subjektiven Theoretiker" von außen nicht verlässlich beurteilt werden kann [VGL. WYNANDS: MANAGEMENTWISSEN 2002, S. 69F.].

Vor diesem Hintergrund kommt der **kommunikativen Validierung** der erhobenen Daten eine zentrale Rolle zu. Sie erfolgt im Rahmen des sog. **Dialog-Konsens**, der auf folgenden Prinzipien gründet [VGL. WYNANDS: MANAGEMENTWISSEN 2002, S. 77FF.]:

- Zwischen Untersuchungsperson und Forscher herrschen **ideale Kommunikationsbedingungen**, d.h. es besteht gegenseitiges Vertrauen, Gleichberechtigung und Transparenz. Das setzt u.a. voraus, dass der Forscher seine Ziele und sein Vorgehen so deutlich macht, dass die Untersuchungsperson sie jederzeit verstehen kann.

- **Eine Überforderung der Untersuchungsperson ist zu verhindern**, weswegen ausreichend Zeit und ein angemessen strukturiertes Vorgehen zu wählen ist. Sehr oft findet daher die oben beschriebene Trennung der Erfassung von Inhalt und Struktur statt, wobei nach jeder Phase eine Überprüfung der Ergebnisse durch die Untersuchungsperson vorgesehen ist.

- **Der Forscher hat sicherzustellen, dass er tatsächlich versteht, was die Untersuchungsperson meint.** Dazu muss er das Gesagte immer wieder verbal und ggf. visuell zusammenfassen und den Probanden um seine Meinung bitten. Hierbei können auch vom Forscher gelegte Strukturen zum Einsatz kommen. Die Wiedergabe der subjektiven Theorie gilt als adäquat und valide, wenn sie in einer Untersuchungssituation entsteht, die allen Prinzipien des Dialog-Konsens entspricht und wenn die Untersuchungsperson ihr zustimmt.

2.3.1.4 Kartendarstellung von Wissensgefügen

Die unterschiedlichen Verfahren zur Erfassung von Wissensinhalten und Wissensstrukturen resultieren in sehr unterschiedlicher Visualisierung [VGL. KLUWE: DATEN ÜBER WISSEN 1988]:

- Die Auswertung von Textdokumenten resultiert zumeist in **Häufigkeitsverteilungen**, die zeigen, wie oft unterschiedliche Kategorien genannt wurden. Alternativ werden auch **Netzstrukturen** genutzt, die abbilden, welche Begriffe bzw. Begriffskategorien gemeinsam Erwähnung finden.

- Sorting-Verfahren liefern hierarchische **(Baum-)Strukturen**, aus denen sich Ober- und Unterklassen ablesen lassen.

- Komplexe Wissensgefüge werden oft in Strukturen abgebildet, die den **Netzwerken** der Methode des Vernetzten Denkens ähneln, oft aber sehr differenzierte Arten von Beziehungen, wie z.B. Ziel-Zweck Beziehungen und konditionale Kausalität [VGL. DANN: LEGE-STRUKTUREN 1992, U.A. S. 13FF.] abbilden.

Viele dieser Wissenskarten werden – ebenso wie Erhebungsmethoden und Begriffe der Wissenspsychologie – heute in sehr unterschiedlichen Gebieten eingesetzt und zwar zumeist ohne dass ihre Ursprünge und theoretischen Voraussetzungen beachtet werden. Nachfolgend werden **typische Karten aus den Bereichen Erziehungswissenschaften, Wissensmanagement und „Managerial Cognition"** vor diesem Hintergrund dargestellt und kritisch gewürdigt.

2.3.2 Karten zur Erklärung und Unterstützung von Lernprozessen: Concept und Mind Maps

Concept und Mind Maps sind Wissenskarten, deren wissenspsychologische Wurzeln gut zu erkennen sind. Sie beruhen auf der Modellvorstellung **semantischer Netze**. Diese Netze bilden sprachlich-begriffliche Informationen durch Propositionen ab. Propositionen sind deklarative Aussagen über sprachliche Einheiten (Konzepte) und Relationen zwischen ihnen. Der Satz „Ein Baum ist eine Pflanze" enthält zwei Konzepte (Baum, Pflanze), die durch die Relation „ist eine" verknüpft sind. Semantische Netze werden formal meist durch gerichtete Graphen repräsentiert, wobei Konzepte durch Knoten und Relationen durch Kanten abgebildet werden [VGL. OPWIS: KOGNITIVE MODELLIERUNG 1992, S. 52FF.].

Viele Wissensinhalte (z.B. historische Fakten, mathematische Formeln, die Funktion des Bundestages, die Bedeutung des Begriffs „Gerechtigkeit") werden nicht, wie beispielsweise Radfahren, durch Beobachtung und unmittelbare persönliche Erfahrung erlernt, sondern durch Sprache übermittelt. Die Sprachverarbeitung setzt dabei Vorwissen voraus: der Lernende muss das Gehörte oder Gelesene mit vorhandenem Wissen (z.B. über Wortbedeutungen) kombinieren und intern repräsentieren, d.h. in die vorhandenen Begriffsstrukturen – in sein semantisches Netz – einbinden. Dadurch wird er in die Lage versetzt, das Erlernte seinerseits durch Sprache zur repräsentieren, um es zu hinterfragen, zu erweitern oder weiterzugeben [VGL. NOVAK, GOWIN: LEARNING 1984, S. 15].

Concept Maps (vgl. Abbildung C 2-9) beruhen auf der Annahme, dass Wissen in Klassen hierarchisch organisiert wird. Oberklassen repräsentieren hierbei abstrakte Konzepte mit wenigen charakterisierenden Merkmalen. Konzepte in Unterklassen haben detaillierte individuelle Eigenschaften sowie alle Merkmale der Oberklasse. Allerdings ist eine streng hierarchische Baumstruktur für die meisten Themengebiete nicht angemessen. Vielmehr bestehen auch Relationen zwischen Konzepten unterschiedlicher Klassen. Sie werden ebenfalls durch Kanten visualisiert, so dass Netzstrukturen entstehen (vgl. z.B. Pfeil „determines" in Abbildung C 2-9).

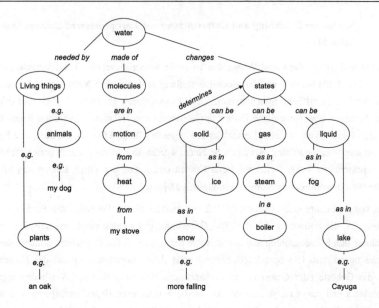

Abbildung C 2-9: Beispiel einer Concept Map [VGL. NOVAK, GOWIN: LEARNING 1984, S. 16, ABB. 2-1]

Concept Maps können in unterschiedlicher Weise eingesetzt werden, um Lernprozesse zu verbessern: Sie können Orientierung über den Verlauf von Lehrveranstaltungen geben (z.B. als Semesterübersicht) und zur Zusammenfassung von Vortragsinhalten oder Kapiteln dienen. Zudem können sie das beim Lernenden vorhandene Wissensgefüge dokumentieren, so dass der Lehrende seinen Unterricht darauf abstimmen kann. Dazu wird der Lernende entweder interviewt [VGL. NOVAK, GOWIN : LEARNING 1984, S. 138FF.] oder er erhält Reizmaterial in Form von 6-8 vom Lehrenden vorgegebenen Schlüsselkonzepte eines Wissensgebiets und wird aufgefordert, sie in einer Concept Map zu organisieren und um weitere Konzepte zu ergänzen [VGL. NOVAK, GOWIN: LEARNING 1984, S. 40F.]. Die in beiden Fällen resultierenden Concept Maps des Lernenden werden mit dem Soll-Stand des Wissens (entsprechend den Unterrichtszielen) verglichen.[47]

Schließlich können Concept Maps auch vom Lernenden selbst verwendet werden, um gelesene Texte zusammenzufassen oder beim Schreiben eigener Texte die Sammlung und Organisation von Ideen zu unterstützen [VGL. NOVAK, GOWIN: LEARNING 1984, S. 42FF.]. Diese Funktion ist für die mit den Concept Maps eng verwandten **Mind Maps** von besonderer Be-

---

[47] *NOVAK UND GOWIN* bezeichnen die individuelle Concept Map des Lernenden hierbei als „Cognitive Map", da sie nicht eine objektive (Experten)sicht auf das Wissensgebiet abbildet, sondern ein individuelles und

deutung, bei denen weniger die Abbildung sprachlicher Gedächtnisinhalte als vielmehr die Aktivierung vorhandenen Wissens im Mittelpunkt [VGL. FINK: KNOW-HOW-MANAGEMENT 2000, S. 78FF.] steht.

Ihre Erstellung erfolgt mit Papier und Bleistift oder softwareunterstützt durch einzelne Anwender oder in Arbeitsgruppen. Ausgangspunkt ist stets das zentrale Thema der Mindmap, das in die Mitte des Blatts oder der Bildschirmoberfläche eingetragen wird. Von dem Hauptthema ausgehend, werden Äste zu Schlüsselbildern oder -worten gezeichnet, die zu dem Hauptthema gehören. Jeder Ast repräsentiert ein Kernthema, das astweise weiter verzweigt wird [VGL. FINK: KNOW-HOW-MANAGEMENT 2000, S. 81FF.].

Durch die Darstellung von Themen als Äste und Zweige aus einem gemeinsamen Zentrum soll die Bildung von Assoziationsketten unterstützt werden. Zudem soll die Darstellung dafür sorgen, dass während der Detaillierung einer Idee keine Nebenaspekte „verloren gehen". Durch die räumliche Darstellung von thematischen Zusammenhängen – ein Detailthema liegt bspw. weit von der Mitte und erwächst aus dem Ast eines Hauptthemas – sind Mind Maps zudem intuitiv zugänglich und erlauben die Einordnung von Wissen in einen Gesamtkontext [VGL. FINK: KNOW-HOW-MANAGEMENT 2000, S. 90FF.]. Mind Maps sind in diesem Sinne nicht als Modelle menschlicher Denkstrukturen, sondern vielmehr als Kreativitätstechnik zu verstehen.

2.3.3 Karten im Wissensmanagement

Das Wissensmanagement greift auf die Kognitions- und Lernpsychologie zurück und übernimmt deren Konzepte zur Organisation von Gedächtnisinhalten in Form von Karten. Gleichzeitig ist es stark an der Informationstechnologie ausgerichtet, aus der Visualisierung von Datenmodellen (z.B. Entity-Relationship-Diagramme) bekannt sind [VGL. Z.B. HANSEN: WIRTSCHAFTSINFORMATIK 1992, S. 563F.]. Dementsprechend sind Karten aller Art im Wissensmanagement weit verbreitet.

In Anlehnung an *NOHR* [VGL. NOHR: WISSEN VISUALISIEREN 2000, S. 8FF.] lassen sich vier zentrale Arten von Wissenskarten unterscheiden: Wissensträgerkarten, Wissensanwendungskarten, Wissensbeschaffungskarten und Wissensstrukturkarten.

- **Wissensträgerkarten**, wie z.B. Yellow Pages, zeigen auf, welche Personen sich mit welchen Wissensgebieten auskennen, wo im Unternehmen also Expertenwissen sitzt. Sie können durch ein Verzeichnis nicht-personeller Wissensträger ergänzt werden, das z.B. Hinweise gibt, welche Handbücher, Verfahrensanweisungen und

---

möglicherweise fehlerhaftes kognitives Modell [VGL. NOVAK, GOWIN: LEARNING 1984, S. 138].

Erfahrungsberichte zu einem Thema verfügbar sind [VGL. NOHR: WISSEN VISUALISIEREN 2000, S. 8FF.].

- **Wissensanwendungskarten** bilden prozedurales Wissen ab, in dem sie Prozesse in Prozessschritte aufteilen und für jeden Teilschritt angeben, welches Wissen für ihn erforderlich ist. Durch Kombination mit Wissensträgerkarten geben Wissensanwendungskarten zudem Hinweise, wo und in welcher Form das für den Prozess erforderliche Wissen verfügbar ist.

- **Wissensbeschaffungskarten** zeigen auf, wie sich der aktuell verfügbare Wissensbestand vom Soll-Zustand unterscheidet und welche Wissenslücken existieren [VGL. NOHR: WISSEN VISUALISIEREN 2000, S. 12F.].

- **Wissensstrukturkarten** schließlich bilden Strukturwissen ab, d.h. sie machen Beziehungen zwischen Sachverhalten sichtbar [VGL. NOHR: WISSEN VISUALISIEREN 2000, S. 10FF.]. Sie beruhen – wie auch Concept Maps und Mind Maps – auf propositionalen Repräsentationssystemen und werden nachfolgend näher erläutert.

2.3.3.1 Concept- und Mind Maps im Wissensmanagement

Concept- und Mind Maps sind im Wissensmanagement verbreitet. Ein Blick auf die verfügbare Software[48] lässt erkennen, dass sich gegenüber den „klassischen" lerntheoretisch geprägten Maps zusätzliche Funktionalität ergibt: So können bei den Konzepten Links auf Ressourcen (z.B. Kontaktinformationen von Personen, erläuternde Dokumente, Handbücher, Software, Hyperlinks zu Internet-Sites) hinterlegt werden, um somit eine thematische Struktur über die Ordner- und Dateistruktur üblicher Betriebssysteme zu legen. Dadurch werden die Navigation und der Zugang zu Hintergrundinformationen vereinfacht. Dies ist insbesondere für Arbeitsgruppen von Interesse, da sich Teammitglieder durch die Strukturkarten einerseits über den Gesamtzusammenhang ihres Projektes orientieren, andererseits aber auch zu Detailinformationen navigieren können, die nur in ihrem Tätigkeitsfeld benötigt werden.

Die ursprüngliche Zielsetzung semantischer Netze – die modellhafte Abbildung sprachlicher Gedächtnisinhalte – tritt bei dieser Verwendung von Concept- und Mind Maps zugunsten eines vereinfachten Informationszugriffs in den Hintergrund. Dabei hat die vollständig offene Struktur der Maps Nachteile: sie ist nicht computerauswertbar, d.h. ein Rechner „erkennt" nicht, welche inhaltliche Struktur das durch die Karte abgebildete Thema hat. Die **Automatisierung** der Bezüge zu Ressourcen bzw. der Integration von Teil-Maps ist damit unmöglich. Topic Maps setzen an dieser Stelle an, indem sie Konzepte und Relationen standardisieren.

---

[48] z.B. das Produkt „Mindmanager" der Firma Mindjet (http://www.mindjet.com/) oder „CMap" der Universi-

2.3.3.2 Topic Maps

Topic Maps [VGL. PEPPER: TAO OF TOPIC MAPS 2000 UND RATH: TOPIC MAP HANDBOOK 2003] sind Modelle für Themen (z.B. das Thema „Literatur von Thomas Mann"), die unabhängig von beliebigen Dokumenten (Ressourcen) über das Thema (z.B. Verzeichnis der lieferbaren Bücher, Reclam-Buchausgabe „Zauberberg", Film „Die Manns", Biographie über Heinrich Mann, Website über deutsche Literatur) erzeugt und verwaltet werden. Sie repräsentieren modellhaft Wissensstrukturen, die betrachtet, erweitert und mit anderen Wissensstrukturen zusammengeführt werden können. Sie dienen der Suche und Klassifizierung.

Topic Map Modelle (siehe z.B. Abbildung C 2-10) werden nach einem einheitlichen Standard (ISO Standard 13250) in XML (eXtensible Markup Language) beschrieben.

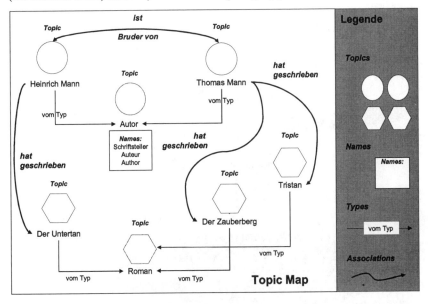

Abbildung C 2-10: Einfache Topic Map zum Thema „Thomas Mann"

Der Standard beruht auf sog. „Topics", die durch „Names", „Associations" und „Occurrences" beschrieben werden [VGL. RATH: TOPIC MAP HANDBOOK 2003, S. 11FF. UND WILDHALM, MÜCK: TOPIC MAPS 2002, S. 5FF.]:

- **Topics** sind Wissenssubjekte aller Art: Zahlen, Gegenstände, Orte, oder – wie in Abbildung C 2-10 – Berufe („Autor"), historische Personen („Thomas und Heinrich

---

tät Arizona (http://cmap.ihmc.us).

Mann"), Kategorien von literarischen Werken („Roman") und bekannte Bücher („Der Zauberberg"). Ein Topic kann einen oder mehrere Typen haben, die ihrerseits wieder Topics sind. So ist das Topic „Thomas Mann" vom Typ „Autor" und das Topic „Der Zauberberg" vom Typ „Roman".

- **Names** sind natürlichsprachliche Bezeichner für ein Topic (z.B. Synonyme, wie Autor und Schriftsteller oder Übersetzungen, wie Author und Auteur). Sie tragen der Tatsache Rechnung, dass das selbe Topic unterschiedlich benannt werden kann.
- **Associations** beschreiben die Beziehung zwischen Topics, wie z.B. „hat_geschrieben" oder „ist_Bruder_von" (vgl. dunkle Pfeile in Abbildung C 2-10). Jede dieser Assoziationen ist von einem anderen Typ. Typen von Assoziationen werden ebenfalls als Topic formuliert.
- **Occurrences** sind Informationsressourcen, die mit dem Topic verknüpft sind. Solche Ressourcen könnten z.B. eine Version des „Zauberbergs" oder eine Website über deutsche Literatur sein (vgl. Abbildung C 2-11). [49]

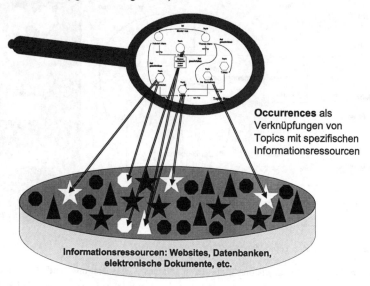

Abbildung C 2-11: Occurrences in Topic Maps

---

[49] Das Grundprinzip von Topic Maps - Datenmodelle zur Abbildung des Inhalts von Ressourcen - ist keineswegs neu [VGL. RATH: TOPIC MAP HANDBOOK, 2003, S. 45FF.]. Topic Maps dienen hier daher vor allem zur Illustration der Grundprinzipien. Im Gegensatz zu anwendungsspezifisch erstellten Datenmodellen haben sie als aktueller Modellierungsstandard den Vorteil, dass sie in unterschiedlichen Softwareprodukten angewendet werden können.

Ähnlich wie der Index eines Buches, sollen Topic Maps Orientierung in Informationsressourcen schaffen und bei der **Suche und Klassifizierung** helfen. Gegenüber einem einfachen Index weisen sie jedoch einige Vorteile auf:

- Topic Maps und Informationsressourcen existieren vollkommen unabhängig voneinander: Das Wissen, das durch eine Topic Map abgebildet wird (z.B. Thomas Mann ist Autor von „Der Zauberberg" und Bruder von Heinrich Mann) besteht unabhängig davon, ob das Thema in den betrachteten Ressourcen vorkommt. Selbst wenn in den Ressourcen nirgendwo von „Heinrich Mann" die Rede ist, kann das Topic in der Topic Map bleiben. In einem Index müssten die entsprechenden Einträge dagegen gelöscht werden. Auch zwingen Änderungen in den Informationsressourcen (z.B. Ergänzung eines Kapitels oder einer ganz neuen Ressource) nicht zu Änderungen der Topic Map. Bei einem Index müssten in der gleichen Situation die neuen Informationsressourcen dagegen zunächst nach den Index-Schlagwörtern durchsucht und ggf. die neuen Seitenzahlen ergänzt werden.

- Topic Maps orientieren sich, anders als ein hierarchisch organisierter Index, an semantischen Netzen und liefern damit die Möglichkeit, sich einem Begriff aus unterschiedlichen Richtungen systematisch zu nähern [VGL. PEPPER: TAO OF TOPIC MAPS 2000]. Zudem lassen sie sich leicht als Graphen visualisieren und dienen unter den Begriffen **Wissensnetze** oder **Wortwolken** der Navigation.

- Topic Maps ermöglichen es, bei der Suche und Klassifizierung von Dokumenten den Kontext des Suchbegriffs zu berücksichtigen [VGL. RATH: TOPIC MAP HANDBOOK 2003, S. 7]. Damit können z.B. Dokumente oder Textstellen zum Thema „Thomas Mann", die sich nicht auf den Autor beziehen (z.B. private Websites namensgleicher Personen), als nicht relevant ausgefiltert werden, da sie zwar den Namen enthalten, nicht aber andere relevante Topics aus der hinterlegten Topic Map. Umgekehrt können Dokumente über Heinrich Mann und Katia Mann als relevant erkannt werden, auch wenn sie „Thomas Mann" nicht enthalten.

Topic Maps werden stets für einen spezifischen Themenkomplex erstellt. In der Regel sind auf ein Thema aber sehr unterschiedliche Sichten möglich, z.B. der Zauberberg als Schullektüre, als Filmvorlage, oder als Rezeption der Musik Richard Wagners. Unterschiedliche Personengruppen (Schüler, Literaturwissenschaftler, Verleger, Personen ohne Deutschkenntnisse) haben für unterschiedliche Ausschnitte der Topic Map Verwendung. Dies wird durch das **Scope Konzept** modelliert, durch das der Geltungsbereich der Names, Occurrences und Associations angegeben wird. Für einen englischsprachigen Nutzer wird der Scope z.B. so definiert, dass nur englische Topic-Charakteristika zulässig sind [VGL. RATH: TOPIC MAP HANDBOOK 2003, S. 17F.].

Will man mehrere Topics oder Topic Maps vereinigen (z.B. die Topic Map „Literatur von Thomas Mann" mit der Topic Map „Schullektüre der Sekundarstufe") so greift das **Merge Konzept**. Es legt Bedingungen und Regeln für die Verknüpfung fest, die sicherstellen, dass nur tatsächlich gleiche Topics zu einem neuen Topic vereint werden [VGL. RATH: TOPIC MAP HANDBOOK 2003, S. 24F.].

Topic Maps sind damit „tragbare semantische Netze" die unabhängig von einem konkreten Bestand an Informationsressourcen erstellt, erweitert, verändert, kombiniert und ausgetauscht werden können. Damit sie allerdings einen Nutzen haben, müssen die Occurrences auf sinnvolle, aktuell vorhandene Informationsressourcen verweisen. Die manuelle Zuordnung von Informationsressourcen wäre allerdings zu aufwändig und wird daher meist automatisiert [VGL. RATH: TOPIC MAP HANDBOOK 2003, S. 36FF.]. Als Grundlage kann u.a. ein Korpus unstrukturierter Texte dienen, der mit Methoden des Text-Mining analysiert wird[50].

Ein häufig eingesetztes Verfahren zur automatischen Erstellung von Topic Maps und zur Identifikation von Informationsressourcen beruht darauf, die **Kollokationen** von Worten statistisch zu erfassen, also zu prüfen, wie oft ein Wort in Kombination mit anderen Worten auftritt. Für häufige Worte, z.B. Artikel und Personalpronomina, ergibt sich keine signifikante „co-occurrence", d.h. sie treten in beliebiger Kombination mit anderen Worten auf und können ignoriert werden. Häufig werden sie durch so genannte Stop-Listen auch schon vor Beginn der Analyse herausgefiltert [VGL. SILVERSTEIN ET AL.: SCALABLE TECHNIQUES 2000, S. 177]. Worte, die häufig gemeinsam genannt werden „haben dagegen etwas miteinander zu tun", d.h. es wird vermutet, dass es sich um Topics handelt, die in einem Beziehungszusammenhang stehen. Problematisch ist allerdings, dass Worte, die oft und in Phrasen genutzt werden („Thomas" + „Mann" oder „United" + „States") als wichtige Konzepte mit starken Beziehungen identifiziert werden können, eine solche Relation aber keinerlei Informationswert für den Nutzer hat. Eine Topic Map, in der das Topic „United" existiert, könnte z.B. automatisch um ein Topic „States" ergänzt werden und auf Informationsquellen mit dem Wort „United States" verweisen, ohne dass diese Ergänzung Sinn macht [VGL. SILVERSTEIN ET AL: SCALABLE TECHNIQUES 2000, S. 177FF.].

Eine Möglichkeit, Topics und Associations höherer Relevanz zu erhalten ist es, den Bereich der analysierten Wortkombinationen einzuengen. Dazu werden Referenzwortschatzanalysen durchgeführt und diejenigen Worte identifiziert, die im Vergleich zum deutschen Allgemeinwortschatz oder einem vordefinierten fachlichen Referenzwortschatz oft genannt werden. Sie

---

[50] Die dargestellten Verfahren werden in manchen Softwarepaketen auch genutzt, um eine Datenmodellierung durch Menschen vollständig zu ersetzen. In diesem Fall werden Wissensstrukturen aus dem Textkorpus dynamisch erzeugt und laufend angepasst.

gelten als wichtige Topics, für die dann die Kollokationsanalyse erfolgt [VGL. MAICHER ET AL.: AUTOMATISCHE ERSTELLUNG 2003, KAP. 3.2].

2.3.4 Karten in der „Managerial Cognition"

Der Forschungszweig der „Managerial Cognition" untersucht den Zusammenhang zwischen den „Weltbildern" von Managern und ihren Entscheidungen. Grundannahme hierbei ist, dass das (subjektive) Wissen von Managern bestimmt, wie sie reale Situationen wahrnehmen, Informationen interpretieren und Entscheidungen treffen.

Zur Offenlegung (Elizitierung) und Abbildung der Kognitionen von Entscheidern greift die „Managerial Cognition" auf Begriffe, Konzepte und Methoden der Wissenspsychologie zurück, wobei diese jedoch oft verändert werden. In vielen Arbeiten werden z.B. Wissenskonstrukte, die aus Sicht der Psychologie unterschiedlich sind, nicht unterschieden. Gleichzeitig findet oft eine Ausweitung der Begriffsbedeutung statt. So werden der Begriff **Cognitive Map**, der ursprünglich eine Raumvorstellung im Gehirn bezeichnete, und der Begriff des **mentalen Modells**, der sich auf bildhaft-anschauliche Wissenskonstrukte bezieht, in vielen Arbeiten als **umfassendes Modell der Realität** verstanden, die auf Erlebtem (persönliche Erfahrungen) und auf Erzähltem (durch Sprache übermittelte Sachverhalte, Bedeutungen, usw.) beruhen [VGL. LASZLO ET AL.: EVOLUTION OF COGNITIVE MAPS 1993, S. 4FF.]. Sie entsprechen damit weitgehend den o.g. Subjektiven Theorien (vgl. Abschnitt 2.3.1.3, Seite 178ff.). Im Einklang mit der betriebswirtschaftlichen Literatur werden im Rahmen dieser Arbeit individuelle, **vielschichtige Wirklichkeitskonstrukte** im Sinne subjektiver Theorien daher als **„Weltbilder" oder „mentale Modelle"** bezeichnet.

Entsprechend den wissenspsychologischen Grundlagen der „Managerial Cognition" finden sich in diesem Forschungsgebiet nahezu alle Kartendarstellungen der Psychologie, oft allerdings mit einem stark ausgeweiteten inhaltlichen Anspruch. *HUFF* nennt fünf Typen von Karten, die sich hinsichtlich der Vielschichtigkeit und Detaillierung, mit der „Weltsichten" abgebildet werden, unterscheiden. Höherer inhaltlicher Gehalt wird dabei durch höheren Interpretationsaufwand „erkauft" [VGL. HUFF: MAPPING 1990, S. 15]. Mapping-Verfahren, die gehaltvolle Karten liefern, erfordern es daher, dass Forscher oder Knowledge Engineers die Erhebung und Interpretation der mentalen Modelle stark unterstützen. Die fünf Typen von Karten sind in Abbildung C 2-12 entsprechend angeordnet.

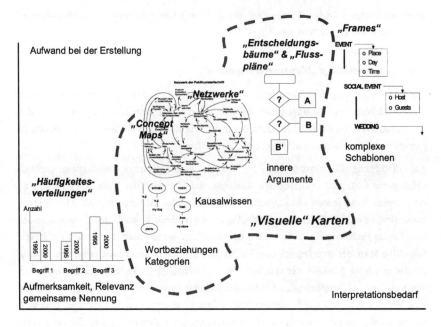

Abbildung C 2-12: Karten zur „Managerial Cognition"

Im unteren Bereich der Abbildung steht die **Untersuchung von Wortnennungen** in gesprochenen und geschriebenen Texten der Untersuchungspersonen. Dabei wird angenommen, dass sich mentale Modelle durch Sprachgebrauch zeigen, da Sachverhalte, auf die der Sprecher seine Aufmerksamkeit richtet und die er für relevant erachtet, häufiger genannt werden als andere. Themen, die für den Sprecher zusammengehören, erwähnt er zudem häufig gemeinsam. Aus Themenclustern und der Häufigkeit von Wortnennungen im Zeitablauf wird auf die zu- oder abnehmende Bedeutung für das mentale Modell geschlossen. Solche kognitiven Karten sind mit Hilfe statistischer Auswertungen einfach zu erstellen, ohne dass ein Forscher das Ergebnis stark interpretieren muss. In ihrem Aussagegehalt sind solche Karten begrenzt, da nicht davon auszugehen ist, dass Untersuchungspersonen jeden Aspekt ihrer mentalen Modelle äußern wollen und können und sich alle Äußerungen auf mentale Modelle zurückführen lassen. Das Ergebnis der Kartierung ist oft eine **Häufigkeitsverteilung**, also keine „Karte" im allgemeinen Begriffsverständnis [VGL. HUFF: MAPPING 1990, S. 15 UND 17FF.].

Eine andere Gruppe von Karten setzt ebenfalls bei Worten an, sucht deren **Beziehungen** untereinander aber stärker zu spezifizieren, indem sie untersuchen, welche **Kategorien** Probanden bilden und wie sie neue Konzepte in bestehende Kategorien einbauen. Sie beruhen auf den schon in Abschnitt 2.3.2 (vgl. Abbildung C 2-9, Seite 182) dargestellten **Concept Maps**. Ihr Aussagegehalt ist insoweit limitiert, als Personen i.d.R. keine „ordentlichen", überschneidungsfreien Kategorien bilden und neue Konzepte auch nicht nur einer Kategorie zuordnen. Der nicht-hierarchisch organisierte Teil mentaler Modelle ist damit nicht erfassbar [VGL. HUFF: MAPPING 1990, S. 15F. UND 21FF.].

Eine große Gruppe von Karten bildet **Kausalverknüpfungen innerhalb mentaler Modelle** ab. So nutzt *AXELROD* beispielsweise **Netzwerke** (vgl. Abbildung C 2-2, Seite 159 und Abbildung C 2-7, Seite 170), um die Weltsicht von Entscheidern abzubilden. Er bezeichnet diese Karten als **Cognitive Maps**, obgleich sie nicht in der Lage sind, die Kognitionen der Untersuchungspersonen vollständig abzubilden, sondern sich auf kausale Zusammenhänge beschränken [VGL. AXELROD: STRUCTURE OF DECISION 1976, S. 3FF.]. Karten dieser Art sind, wie bereits gezeigt, sowohl aus der Szenariotechnik als auch aus dem Systemdenken bekannt und für den Umgang mit komplexen und dynamischen Situationen von besonderer Bedeutung, können aber nur kausale Bestandteile mentaler Modelle berücksichtigen [VGL. HUFF: MAPPING 1990, S. 16 UND 28FF.].

Andere Karten orientieren sich stark an der Zielsetzung der „Managerial Cognition", strategische Entscheidungen mittels der mentalen Modelle der Entscheider zu erklären und zeigen die **„inneren Argumente"** der Entscheider für oder gegen eine strategische Alternative. Dazu wird untersucht, wie Fakten interpretiert werden, welche Grundannahmen Entscheider implizit voraussetzen, wie sie Argumente unterstützen und wie ihre Schlüsse weitere Schlüsse nach sich ziehen. Argumente werden damit in einen Gesamtkontext eingebettet. Die Visualisierung der Ergebnisse erfolgt durch Karten, die sich in ihrer Grundstruktur an den aus der Entscheidungstheorie bekannten **Entscheidungsbäumen bzw. an Flussplänen** orientieren, diese aber um weitere Aspekte (z.B. eine gesonderte Erfassung von Fakten, Behauptungen und Aussagen zur Unterstützung von Behauptungen) anreichern. Dabei ist umstritten, ob sie tatsächlich in der Lage sind, kognitive Prozesse abzubilden, da Argumentieren eine kommunikative Tätigkeit ist, die das Ziel hat, andere zu überzeugen. Die geäußerten Argumente müssen daher nicht den wirklichen Überzeugungen des Sprechers entsprechen. Zudem sind die Notwendigkeit und der Raum zur Interpretation durch den Forscher, der die Karte erstellt, bei Argumentationskarten sehr hoch [VGL. HUFF: MAPPING 1990, S. 16 UND 33FF.].

Die letzte Gruppe von Karten kommt dem Ideal einer vollständigen Abbildung mentaler Modelle recht nahe. Sie basieren auf der Annahme, dass einmal gemachte Erfahrungen unbewusste Erwartungen in Bezug auf vergleichbare Situationen auslösen. Erwartungen werden in **komplexen Schablonen bzw. Frames** organisiert. Neue Informationen werden in vorhandene Schablonen eingebaut, die damit „angereichert" werden. Struktur und Inhalt von Schablonen lassen sich aus sprachlichen Äußerungen ableiten. Für die „Managerial Cognition" ist hierbei von besonderem Interesse, welche Schablonen oder „Frames" in Organisationen existieren und welcher Interpretationsrahmen damit bspw. für Umfeldinformationen zur Verfügung steht. Problematisch ist allerdings der hohe Interpretationsbedarf durch den Forscher, wodurch sich eine schlechte Reproduzierbarkeit von Untersuchungsergebnissen ergibt. Anders als bei den vorgenannten Karten spielt die Visualisierung der Untersuchungsergebnisse bei komplexen Schablonen nur noch eine sehr untergeordnete Rolle [VGL. HUFF: MAPPING 1990, S. 16 UND 37FF.].

2.3.5 Potenziale des Knowledge Mapping zur Unterstützung der frühen Phasen

Die vielfältigen Verfahren und Formen des Knowledge Mapping haben das Potenzial, die frühen Phasen der Produktentstehung in unterschiedlicher Weise zu unterstützen.

Die Wissenspsychologie liefert die Grundlage für alle dargestellten Mapping-Verfahren, hat aber auch isoliert von ihnen eine hohe Relevanz für die Produktentwicklung: aus ihr stammen **erprobte Verfahren zur Offenlegung von zunächst impliziten Wissensinhalten und Wissensstrukturen**, die insbesondere hinsichtlich ihrer Validität und theoretischen Fundierung überzeugen. Auf das FFE angewandt, liefern sie Ansätze, das Wissen von Experten aus unterschiedlichen Funktionsbereichen vollständig, d.h. mit allen Wertungen, Überzeugungen und Unsicherheiten zu erfassen und hierbei kognitive, aber auch fachsprachliche Barrieren zu überwinden.

Je nach Zielsetzung der Erfassung wird das Wissen unterschiedlich visualisiert. Sprachliche Gedächtnisinhalte, also z.B. Begriffsbedeutungen und Strukturierungen von Wissensdomänen werden sinnvollerweise durch Semantische Netze bzw. Concept oder Mind Maps abgebildet. Kausalwissen kann effizient in Netzwerkdiagrammen dokumentiert werden. Damit kann das für Entscheidungen im FFE **relevante Wissen mit seinem jeweiligen Kontext** kodifiziert werden. In diesem Zusammenhang sind auch die Arbeiten der „Managerial Cognition" besonders relevant, da sie, anders als die meisten wissenspsychologischen Arbeiten, sehr breite Wissensgefüge betrachten. Diese sind, wie z.B. Wettbewerbs- und Branchenwahrnehmungen, im betrieblichen Bereich angesiedelt und spielen für die Produktentwicklung unmittelbar eine Rolle. Zudem wird in ihnen explizit untersucht, **wie sich das Wissen von Entscheidern auf ihre Handlungen** auswirkt.

Aus den Erziehungswissenschaften stammen Erkenntnisse, wie Kartendarstellungen genutzt werden können, um **Lernprozesse zu unterstützen**, indem die Lernenden ihren eigenen Wissensstand visualisieren, bevor die resultierenden Karten gegeneinander bzw. gegen eine „Soll-Karte" (=Lernziel) verglichen werden. Dieses Vorgehen lässt sich prinzipiell im FFE anwenden, um Mitglieder des Entwicklungsteams darin zu unterstützen, sich ihrer jeweiligen mentalen Modelle bewusst zu werden, sich über sie auszutauschen und sie im Licht neuer Informationen bzw. anderer Interpretationen neu zu bewerten.

Zu guter Letzt werden in vielen informationstechnisch orientierten Arbeiten des Wissensmanagement Konzepte der Wissenspsychologie, der „Managerial Cognition" und der Erziehungswissenschaften in Softwarelösungen „gegossen". So lassen sich beispielsweise Worthäufigkeiten in den Äußerungen einer Untersuchungsperson computergestützt automatisch ermitteln, wenn elektronisch vorliegende Niederschriften dieser Aussagen in Worte zerlegt werden und die Häufigkeit der einzelnen Worte gezählt wird. Die daraus resultierende Wortliste kann, ebenso wie durch Text-Mining-Algorithmen ermittelten Wortbeziehungen, als **Startpunkt für die Erstellung von Kausalkarten oder Concept Maps** dienen.

Die Erstellung solcher Karten kann ihrerseits durch Software unterstützt werden, um Knowledge Maps – gerade in der veränderlichen Situation der frühen Produktentwicklung – schnell an neue Bedingungen anpassen zu können. Zudem lassen sich Konzepte wie semantische Netze oder Concept Maps als Modelle zur **Datenhaltung** nutzen, mit deren Hilfe die Suche und Navigation in Datenbeständen erleichtert wird. Topic Maps sind ein mögliches Beispiel für diese Anwendung, das der Tatsache Rechnung trägt, dass das gleiche Thema (z.B. das FFE) von unterschiedlichen Personen mit verschiedenen Zielsetzungen und aus **verschiedenen Perspektiven** (z.B. Konstruktion, Marketing, Vertrieb usw.) betrachtet wird. Informationstechnik liefert damit prinzipiell die Möglichkeit, das als relevant erkannte, offengelegte und in Karten dokumentierte Wissen von Experten für andere Mitglieder des Entwicklungsteams effizient zugänglich zu machen.

Beim Einsatz aller Verfahren des Knowledge Mapping ist allerdings zu berücksichtigen, dass Wissen aus unterschiedlichen (sprachlichen, kausalen usw.) Komponenten besteht, die – nach derzeitigem Stand der Wissenspsychologie – sowohl in Schemata, als auch in Netzstrukturen oder Hierarchien organisiert sind. Zudem sind, wie bereits in Abschnitt B 1.3.1 (vgl. Seite 31ff.) ausgeführt, wichtige Teile des für die Produktentwicklung relevanten Wissens schwer oder gar nicht explizierbar.

Entsprechend problematisch ist es, wenn Methoden und Instrumente der Wissenskartierung angewandt werden, ohne zu berücksichtigen, dass sie stets nur einen Teil des Wissens darstellen und Gedächtnisinhalte auch nur teilweise in der Form darstellen, in der sie im Gehirn vorliegen. Daher ist ein kritischer Umgang mit allen Knowledge Mapping Verfahren und eine sorgfältige Prüfung der Validität der Ergebnisse zu fordern. Wenn dies erfolgt, bieten die Knowledge Mapping Verfahren, insbesondere wenn sie kombiniert angewandt werden, jedoch die Möglichkeit, auf Basis der Erkenntnisse der Wissenspsychologie **explizites und Teile des impliziten (Experten)wissens** aus unterschiedlichen elektronischen und nichtelektronischen Quellen **zu erfassen, strukturiert darzustellen und im Bedarfsfall abrufbar zu machen**. Dabei können **unterschiedliche Sichten** auf das dargestellte Wissensgebiet und Informationen über den **Wissenskontext** berücksichtigt werden.

2.4 Fazit – Konzeptionelle Grundlagen als Denkrichtung für neue Instrumente und Methoden

Systemdenken, Denken in Szenarien und „Knowledge Mapping" sind keine isolierten Methoden oder Instrumente, sondern **Denkrichtungen**, die sich gegenseitig beeinflussen und ergänzen. Wie gezeigt, hat jeder dieser Ansätze das Potenzial, die in den Abschnitten B1.1.2 (Seite 16ff.), B1.2.3 (Seite 27ff.) und B1.3.3 (Seite 35ff.) entwickelten Anforderungen, die in Abbildung C 2-13 oben nochmals abgebildet sind, teilweise zu erfüllen.

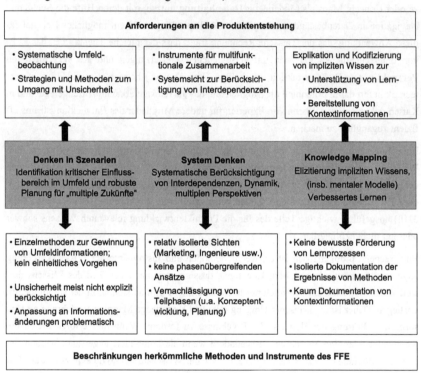

Abbildung C 2-13: Einordnung der vorgestellten konzeptionellen Grundlagen

Sie können damit jede für sich zur Lösung der Front End Aufgaben und zur Überwindung der Beschränkungen herkömmlicher FFE-Methoden und Instrumente beitragen. Kombiniert angewandt, zeigen sie einen möglichen Weg zur methodischen Unterstützung des FFE. Zentrales Konzept ist dabei das Systemdenken, das es ermöglicht, die Interdependenzen im „System FFE" und seine Einbettung in den gesamten Entwicklungsprozess, in das Unternehmen und in das Unternehmensumfeld zu verstehen und zu berücksichtigen. Um eine ganzheitliche Sicht auf das FFE und seine Umsysteme zu erzielen und zu adäquaten Systemmodellen zu gelangen, ist es erforderlich, Informationen, Wissen und Erfahrungen unterschiedlicher relevanter

Personen zu sammeln, zu integrieren und die resultierende Systemsicht immer wieder im Licht neuer Informationen zu prüfen. Die Verfahren des Knowledge Mapping leisten hierbei einen wichtigen Beitrag bei der Offenlegung von Wissen sowie bei dessen (visueller) Repräsentation.

Dynamische Systeme sind zumeist nicht deterministisch, sondern können alternative Endzustände annehmen: dies gilt auch und insbesondere für das FFE, das vor dem Hintergrund turbulenter Umfelder durchlaufen wird. Ein „Denken in alternativen Zukünften", wie es Szenarien ermöglichen, ist damit eine wichtige Möglichkeit, erfolgreich mit der Veränderlichkeit des Umfelds und der daraus resultierenden Unsicherheit umzugehen.

Die „Denkrichtungen" des Systemdenkens, des Denkens in Szenarien und des Knowledge Mapping leisten damit eine wichtige Grundlage für die Entwicklung spezifischer Lösungen zur Unterstützung des Front-Ends.

3 Anwendung der konzeptionellen Grundlagen: neue Methoden und Instrumente

Systemdenken, das Denken in Szenarien und die Kartierung von Wissen sind, wie im letzten Kapitel gezeigt, viel versprechende Konzepte zur Unterstützung der frühen Produktentstehungsphasen. Sie werden jedoch, wie der umfangreiche Überblick über aktuelle Front-End-Lösungen in Abschnitt C 1 (vgl. Seite 98ff.) bereits gezeigt hat, in keiner der herkömmlichen Instrumente und Methoden für das FFE genutzt.

Nachfolgend werden daher „neue" Front-End-Lösungen diskutiert, die mindestens auf einer der vorgestellten konzeptionellen Grundlagen beruhen. Die Beziehung dieser Instrumente und Methoden zu den Grundkonzepten zeigt Abbildung C 3-1. Die detailliere Schilderung und kritische Würdigung der neuen FFE Lösungen findet in den nachfolgenden Abschnitten C 3.2 bis C 3.5 statt.

	System-denken	Denken in Szenarien	„Knowledge Mapping"
Soft System Methodology für Innovationen Abschnitt 3.1; [vgl. Presley, Sarkis, Liles: SSM for Innovation 2000]	●	○	◐
Szenariobasierte Produktentwicklung Abschnitt 3.2; [vgl. Gausemeier et al.: Szenario in frühen Phasen 1995, Szenario Management 1996; Fink et al.: Zukunft Vorausdenken 2000]	●	●	◐
Information Acceleration Abschnitt 3.3; [vgl. Urban, Hauser: Design and Marketing 1993; Urban et al.: Premarket Forecasting 1996, Information Acceleration 1997]	◐	◐	○
Concept Maps Abschnitt 3.4; [vgl. Ramesh, Tiwana: KM in NPD Teams 1999]	●	○	●
Bayes Netze Abschnitt 3.5; [vgl. Cooper: Marketing Planning 2000; Nadkarni, Shenoy: Bayesian Network 2001]	●	●	●

Konzeptionelle Grundlage wird: ● genutzt   ◐ teilweise genutzt   ○ nicht genutzt

Abbildung C 3-1: Konzeptionelle Grundlagen und neuartige Lösungen für das FFE

3.1 Soft-System-Methodology für Innovationen

PRESLEY, SARKIS UND LILES charakterisieren Innovationsprozesse – insb. in den frühen Phasen – als schlecht strukturiert und unvollständig beschrieben und damit als die Art von Problemstellungen, bei der die Soft-System-Methodology (vgl. Abschnitt 2.1.3, S. 162ff.) sinnvoll zum Einsatz gebracht werden kann und sollte [VGL. PRESLEY, SARKIS, LILES: SSM FOR INNOVATION 2000, S. 381].

Die Autoren entwickeln eine SSM-basierte Methodik, durch die Produktanforderungen systematisch erfasst und in Produktkonzepte übersetzt werden. Die Methodik besteht, wie die SSM, aus sieben Schritten, die jeweils mit einem SSM-Schritt korrespondieren. Je nach Prozessschritt werden unterschiedliche Instrumente des Innovationsmanagements, wie z.b. das Quality Function Deployment eingesetzt.

3.1.1 Ablauf

Schritt 1 und Schritt 2 dienen der Entwicklung von „Rich Pictures" der Entwicklungsaufgabe. Hierzu werden die Rahmenbedingungen des Projektes erforscht sowie Kunden-, Experten- und Entwicklerteams zusammengestellt, die das Projekt aus unterschiedlicher Perspektive beurteilen und ihre Anforderungen formulieren. Die ermittelten Anforderungen werden zusammengefasst und entsprechend ihrer Bedeutung im Sinne von Primary, Secondary und Tertiary Needs in eine Rangfolge gebracht. Dabei nutzen die Autoren den Analytical Hierarchy Process [VGL. PRESLEY, SARKIS, LILES: SSM FOR INNOVATION 2000, S. 386]. Die Anforderungen werden in das erste House of Quality des QFD-Prozesses eingetragen, das als **Product Planning Matrix** bezeichnet wird und Kundenanforderungen und Qualitätsmerkmale beinhaltet (vgl. Seite 133ff.). Das HoQ liefert damit einen Beitrag zu der von der SSM geforderten Visualisierung der Problemsituation [VGL. PRESLEY, SARKIS, LILES: SSM FOR INNOVATION 2000, S. 381FF. UND 386FF.].

Schritt 3 dient der Formulierung von „**root definitions**" unter Nutzung der CATWOE Fragen (vgl. Seite 164ff.). Dazu wird eine Methode zur funktionalen Modellierung genutzt, die unter dem Kürzel **IDEF0**[51] bei der US Air Force entwickelt wurde [VGL. PRESLEY, SARKIS, LILES: SSM FOR INNOVATION 2000, S. 383]. Die Methode gleicht der Funktionszerlegung nach dem FAST Verfahren (vgl. Abbildung C 1-5, S. 112). Eine solche einfache Funktionszerlegung und die re-

---

[51] IDEF steht für Integrated Definition Modeling Technique, die Null für einen speziellen Standard zur Funktionsmodellierung.

sultierende, statische Funktionsstruktur hat jedoch den Nachteil, dass Restriktionen, die sich im **Funktionsablauf**, ergeben nicht erkannt werden.[52]

Solche dynamischen Aspekte werden in den verbreiteten **Konventionen zur Funktionsmodellierung** berücksichtig [VGL. EHRLENSPIEL: INTEGRIERTE ENTWICKLUNG 2003, S. 375FF. UND 671FF. UND OTTO, WOOD: PRODUCT DESIGN 2001, S. 162FF.]. Die kleinsten Bausteine der Funktionsmodellierung sind **Eingangszustände** (Inputs), **Eigenschaftsänderungen** (Operationen) und **Ausgangszustände** (Outputs). Inputs und Outputs können dahingehend unterschieden werden, ob es sich um **Energie, Informationen** bzw. **Signale oder Material** handelt [VGL. OTTO, WOOD: PRODUCT DESIGN 2001,S. 162FF.]. Operationen unterscheiden sich danach, ob Input und Output verknüpft werden („Strom leiten", „Druck in Wärme wandeln") oder getrennt werden („Wärme isolieren", „Öl abdichten") [VGL. EHRLENSPIEL: INTEGRIERTE ENTWICKLUNG 2003, S. 672]. Operationen sind durch **Relationen** mit Inputs und Outputs verknüpft, die u.a. danach unterschieden werden, ob sie eine einmalige, irreversible Eigenschaftsänderung (z.B. Strom in Licht) bewirken oder mehrfach durchlaufen werden können [VGL. EHRLENSPIEL: INTEGRIERTE ENTWICKLUNG 2003, S. 672F.].

IDEF0 liefert eine ähnliche Konvention zur Funktionsbeschreibung: beliebige Funktionen werden generisch durch fünf Aspekte beschrieben: die eigentliche Funktion („**Aktivität**") sowie **Input, Output, Constraints** und **Mechanismen bzw. Ressourcen** (vgl. Abbildung C 3-2, Seite 199). Die Funktion des Gesamtsystems (z.B. „Kaffeemühle") wird im sog. A-0-Diagramm, das die oberste Betrachtungsebene repräsentiert, durch alle fünf Aspekte beschrieben (z.B. Funktion: Kaffee mahlen; Input: Kaffeebohne, Elektrizität; Output: Kaffeepulver, Abwärme, Geräusch, Schwingung; Constraints: Baugröße, Lärmemission; Mechanismen: Mahlen.).

Das eng verwandte A0-Diagramm – die bis auf den Bindestrich gleiche Bezeichnung für zwei unterschiedliche Diagrammtypen entspricht der IDEF0 Konvention – enthält alle zentralen Teilfunktionen, aus denen sich das im A-0-Diagramm beschriebene Gesamtsystem zusammensetzt (z.B. Strom zuführen, Bohnen zuführen, Mahlen, usw.). Für jede dieser zentralen Teilfunktionen wird ein eigenes IDEF0 Diagramm erstellt (z.B. A2 für Teilfunktion 2), das die Teilfunktionen detailliert. Die Teilfunktionen können ihrerseits in Funktionen aufgespalten werden, so dass eine Hierarchie von Funktionen bzw. Aktivitäten entsteht [VGL. PRESLEY, SARKIS, LILES: SSM FOR INNOVATION 2000, S. 384 UND 387FF.].

---

[52] Dies wird im Beispiel aus Abbildung C 1-5, S. 112 offensichtlich: statisch betrachtet mag die Bohnenmenge zur Beschickung der Kaffeemühle allein von der möglichen Baugröße des Bohnenbehälters abhängen. Bei Betrachtung des Funktionsablaufs zeigt sich, dass die Bohnenmenge zudem das Mahlwerk nicht überlasten darf.

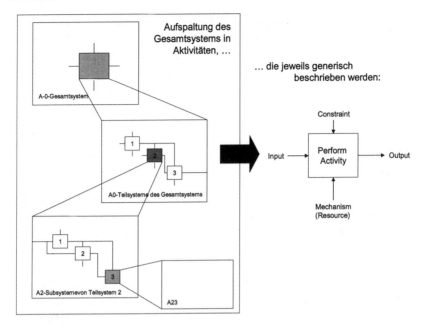

Abbildung C 3-2: Beschreibung der Aktivitäten eines Systems durch IDEF0 Modelle

PRESLEY, SARKIS UND LILES setzen dieses übliche Vorgehen bei der IDEF0 Modellierung in Beziehung zu den **CATWOE** Fragen der SSM (vgl. Seite 164): die Funktion mit ihren erforderlichen Inputs und Outputs entspricht hierbei dem **T** in CATWOE – der Charakterisierung des Transformationsprozesses. Während der Umsetzung von Input in Output bestehen Constraints, die den „Environmental Constraints" der SSM entsprechen. Constraints können sich aus externen (Kunden-)Anforderungen ergeben oder durch den Output von Systemfunktionen: so ist der Mahlgrad einer Kaffeemühle z.B. Output der Funktion „Mahlgrad einstellen" und gleichzeitig Constraint für das Mahlwerk. Funktionen, die Constraints unterliegen, entsprechen in der Logik der SSM den betroffenen Gruppen (**Customer**). Hinter dem Begriff Mechanismen verbergen sich dagegen die Akteure und Eigner (**Actors, Owner**) des Systems, also z.B. der Kunde, der Anforderungen formuliert [VGL. PRESLEY, SARKIS, LILES: SSM FOR INNOVATION 2000, S. 384].

Die unterschiedliche Weltanschauung der beteiligten Personen führt dazu, dass sie die Funktionen und Restriktionen des Systems unterschiedlich auffassen. Zunächst werden alle unterschiedlichen Auffassungen erfasst, indem die Produktfunktionen in Form von IDEF0 Diagrammen und erklärendem Text in sog. „Kits" dokumentiert werden [VGL. PRESLEY, SARKIS, LILES: SSM FOR INNOVATION 2000, S. 387].

Die Auseinandersetzung mit den durch Aktivitätsmodelle repräsentierten – je nach Weltanschauung ggf. unterschiedlichen – „Root Defintions" ermöglicht die Erstellung eines von allen Beteiligten akzeptierten „Conceptual Models" der Problemsituation. Dies bedeutet, dass sich das Entwicklungsteam über die endgültige Version des 1. HoQ einigt und die Form der A-0 und A0 Diagramme (und damit die Hauptfunktionen des Produktes) festlegt. Sind die Hauptfunktionen des Produktes bekannt, lassen sich Funktionsträger (Produktkomponenten, Baugruppen) festlegen und das 2. HoQ ausfüllen, das als **Part-Deployment-Matrix** zeigt, welchen Beitrag Funktionsträger für die Erfüllung der Qualitätsmerkmale liefern. Gleichzeitig können für Funktionsträger weitere, detaillierte IDEF0 Diagramme erstellt werden, um die Anforderungen und Constraints der jeweiligen Module besser zu verstehen.

Die Erstellung des „Conceptual Models" erfolgt in *Schritt 4*. In der klassischen SSM, die sich nicht auf Innovationen bezieht, wird das gemeinsam erstellte „Conceptual Model" der Problemsituation mit dem realen Problem verglichen, um so Ansatzpunkte für eine Verbesserung der realen Situation zu identifizieren. Bei Innovationen existiert in dieser Phase jedoch nur ein Konzept: ein Vergleich von Konzeptmodellen und „wirklicher Welt" ist nicht möglich [VGL. PRESLEY, SARKIS, LILES: SSM FOR INNOVATION 2000, S. 384]. Statt dessen wird in *Schritt 5* das „Conceptual Model" daher in „Kits" beschrieben, die unter den von der künftigen Produktentwicklung betroffenen Personen (insb. Experten und Kunden, die nicht Mitglieder des Entwicklungsteams sind) zirkulieren und von ihnen auf Verbesserungspotenziale geprüft, kommentiert und verändert werden.

Schritt 6 zielt auf die Identifikation der wünschenswerten und machbaren Veränderungen ab. Dazu werden die rücklaufenden „Kits" geprüft und in der Folge IDEF0 Modelle und die HoQs angepasst. Die Änderungen werden erneut in „Kits" beschrieben, so dass die Einigung auf ein endgültiges Produktkonzept ggf. in mehreren Iterationen erfolgt. *Schritt 7*, die Maßnahmendurchführung, entspricht der tatsächlichen Umsetzung der geplanten Aktivitäten im Rahmen der Produktentwicklung und liegt außerhalb des FFE [VGL. PRESLEY, SARKIS, LILES: SSM FOR INNOVATION 2000, S. 386FF.].

3.1.2 Bewertung

Der vorgestellte SSM-basierte Ansatz ist von den Autoren mehrfach eingesetzt worden und birgt nach ihren Angaben insbesondere dort große Potenziale, wo im Rahmen radikaler Innovationen zahlreiche unterschiedliche Perspektiven aus verteilten Arbeits- bzw. Expertengruppen integriert werden müssen [VGL. PRESLEY, SARKIS, LILES: SSM FOR INNOVATION 2000, S. 390]. So setzen sie ihn bspw. bei der Entwicklung eines Entscheidungsunterstützungssystems zur Auswahl von Technologieentwicklungsprojekten in einem industriellen Forschungsverband ein. Die Mitglieder des Verbandes (Unternehmen, private und staatliche Forschungseinrichtungen, Behörden) und die an der Auswahl und Durchführung von

Technologieprojekten beteiligten Organisationseinheiten (ein Beirat, ein Verbandsbereich, der sich mit Technologieberatung befasst, mehrere FuE Abteilungen, Projektteams) hatten stark unterschiedliche Interessen und Problemauffassungen. Die Entwicklungsaufgabe beinhaltete zudem nicht nur die softwaretechnische Entwicklung des Systems, sondern auch die Formulierung des ihm zugrunde liegenden Auswahlmodells sowie die Gestaltung der organisatorischen Prozesse, in denen das System zukünftig eingesetzt werden solle. [VGL. PRESLEY, SARKIS, LILES: SSM FOR INNOVATION 2000, S. 385F.].

In einer solchermaßen komplexen Produktentwicklungsaufgabe ist es in der Tat wahrscheinlich, dass das zu lösende Problem von unterschiedlichen Personen anders aufgefasst wird und sich Produktanforderungen und Bewertungen aufgrund unterschiedlicher Interessenlagen unterscheiden. Die Autoren halten ihren Ansatz in dieser Situation für überlegen, da herkömmliche Methoden, wie das QFD, keine Unterstützung für die Integration der unterschiedlichen Auffassungen und Anforderungen bieten, so dass unter alternativen Bewertungen u.U. relativ zufällig eine spezifische Sicht gewählt wird. Innerhalb der offenen Struktur der vorgeschlagenen Methode könnten diese und andere Methoden des Innovationsmanagement dagegen, so die Autoren, systematischer eingesetzt werden [VGL. PRESLEY, SARKIS, LILES: SSM FOR INNOVATION 2000, S. 389FF.].

Allerdings weist der Ansatz einige Schwierigkeiten auf. Auf konzeptioneller Ebene ist fraglich, ob er wirklich als SSM-Ansatz gelten kann:

- Die SSM wurde entwickelt, um **soziale** System abzubilden und beruht darauf, dass ein gemeinsames konzeptionelles Modell des problematischen sozialen Systems erstellt und mit dem realen Problem verglichen wird, um so Verbesserungspotenziale und Änderungsmöglichkeiten aufzuzeigen. *PRESLEY ET AL.* nutzen die Methode dagegen, um ein konsensfähiges Modell eines **technischen** Systems in Form eines Produktkonzeptes zu erarbeiten.

- Das konzeptionelle Modell wird nicht mit einem realen Zustand (einem bereits vorhandenen Produktkonzept) verglichen, sondern, da bei radikalen Innovationen keine Vergleichmöglichkeit besteht, ohne explizite Referenz bewertet.

- Die CATWOE Fragen werden zwar in Beziehung zur IDEF0 Funktionsmodellierung gesetzt, jedoch ohne dass erkennbar ist, dass sie dort wirklich eine zentrale Rolle einnehmen und zu zusätzlichen Erkenntnissen führen. Zudem werden mit der frühen Konzentration auf die Matrizen des QFD sicherlich keine „rich pictures" im Sinne der SSM gezeichnet, die typischerweise aus Cartoons, Collagen, o.ä. bestehen.

Damit ist von der ursprünglichen SSM-Methodik faktisch nur die Berücksichtigung unterschiedlicher „Weltanschauungen" übrig, die durch die iterative Erstellung und Verbesserung des konzeptuellen Modells mit Hilfe der zirkulierenden „Kits" gewährleistet werden soll. Da keine direkte soziale Interaktion stattfindet, gleicht das Vorgehen eher einer Delphi-

Befragung als einer SSM-Sitzung. Anders als bei Delphi-Prognosen besteht bei Produktkonzepten i.d.R. aber nicht die Möglichkeit, alternative Lösungen zuzulassen, wenn sich die Auffassungen der Experten nicht nur einer gemeinsamen Sicht annähern, sondern verschiedene Szenarien unterstützen. Die Autoren erläutern nicht, wie solche anhaltenden Konflikte gelöst werden könnten und wie und wann in solchen Fällen die Entscheidung für nur ein Produkt getroffen wird. Zudem scheint der Versand von „Kits" von den Autoren selbst in Frage gestellt zu werden, da er sehr aufwändig ist und – ebenso wie die SSM selbst – keine optimale Lösung garantieren kann. Er sollte nach Ansicht der Autoren daher nur in Situationen eingesetzt werden, wo hohe Komplexität und Unsicherheit den Einsatz von Optimierungs- und Simulationsmethoden nicht erlaubt: im FFE von radikalen Innovationen. [VGL. PRESLEY, SARKIS, LILES: SSM FOR INNOVATION 2000, S. 391].

Auf der praktischen Ebene bleiben die Autoren den Beweis schuldig, dass ihr Vorgehen tatsächlich zu einem besseren Produkt führt – ein Produkt, das für alle Beteiligten konsensfähig ist, da es ihre Wünsche berücksichtigt, könnte ebenso gut zur „eierlegenden Wollmilchsau" werden, die unbezahlbar ist und ggf. trotzdem alle Anforderungen nur suboptimal erfüllt. Zudem können die Autoren nicht zeigen, dass das Verfahren effizient ist, sondern betonen selbst den hohen Aufwand. Somit ist der Wert der von *PRESLEY ET AL.* entwickelten Methode in erster Linie in einer Sensibilisierung für die Tatsache zu sehen, dass in Entwicklungsprojekten sehr unterschiedliche Problemauffassungen existieren können und sich Entwickler nicht vorschnell auf eine mögliche „Weltanschauung" festlegen sollten.

3.2 Szenariobasierte Produktentwicklung

GAUSEMEIER ET AL. befassen sich mit der methodischen Unterstützung des FFE sowie mit der Erstellung „robuster" Produktkonzepte, die auch bei veränderten Umfeldbedingungen zum Erfolg führen. Dazu schlagen sie die Nutzung von Szenarien vor [VGL. GAUSEMEIER ET AL.: SZENARIO IN FRÜHEN PHASEN 1995, S. 183FF.]. Ebenso wie *PRESLEY, SARKIS UND LILES* entwickeln sie damit einen weiten methodischen Rahmen, in den unterschiedliche konventionelle Methoden und Instrumente der Produktplanung integriert werden können. Bei der Entwicklung der Methodik orientieren sie sich stark an der bereits beschriebenen Methode des vernetzten Denkens und der Szenariotechnik nach *VON REIBNITZ* und schlagen ein fünfstufiges Vorgehen vor, das sich nicht von dem anderer Autoren unterscheidet [VGL. GAUSEMEIER ET AL.: SZENARIO IN FRÜHEN PHASEN 1995, S. 181 UND GAUSEMEIER ET AL.: SZENARIO MANAGEMENT 1996, S. 125FF.]. Für das FFE ist die Methode weniger aufgrund ihres Vorgehens, als vielmehr aufgrund ihrer **inhaltlichen Ausrichtung** relevant: Die Autoren schlagen vor, Szenarien in den frühen Phasen der Produktentwicklung mit drei spezifischen Zielsetzungen zu erstellen: zur Ermittlung robuster Produktstrategien, zur Erstellung robuster Prinziplösungen und zur Entwicklung robuster Leitbilder [VGL. GAUSEMEIER ET AL.: SZENARIO IN FRÜHEN PHASEN 1995, S. 183F.].

Ausgangspunkt für die Erstellung von produkt- bzw. technologiebezogenen Szenarien ist die Zerlegung des Produktes in **Gestaltungsfeldkomponenten (GFK)**. Diese können sich aus Produktfunktionen (bei einem Bankautomaten beispielsweise „Bankkarte laden"), eingesetzten Technologien oder bestimmten Produkteigenschaften ableiten:

- **Produktbezogene GFK** sind Funktionseinheiten (z.B. Benutzerschnittstelle des Bankautomat), Liefereinheiten (d.h. Varianten von Funktionseinheiten, z.B. Tastatur oder Touchscreen) oder alternative Produktkonfigurationen (z.B. Bankautomat mit Tastatur und Monitor; Bankautomat mit Tastatur und Sprachausgabe) [VGL. GAUSEMEIER ET AL.: SZENARIO MANAGEMENT 1996, S. 142FF.], wobei *GAUSEMEIER ET AL.* jedoch nicht erläutern, anhand welcher Kriterien die GFK im Einzelfall festzulegen sind bzw. wie die alternativen Produktkonfigurationen ermittelt werden.[53]

- **Technologiebezogene GFK** werden aus den Funktionen des Produktes (z.B. „Bankkunde identifizieren"), den dafür denkbaren Lösungsansätzen (z.B. Chipkarte, Sprachanalyse, elektronischer Reisepass, Iris-Scan) und den für die Lösungsansätze relevanten Technologien (z.B. Spracherkennung, Biometrie) abgeleitet. [VGL. GAUSEMEIER ET AL.: SZENARIO IN FRÜHEN PHASEN 1995, S. 188F. UND GAUSEMEIER ET AL.: SZENARIO MANAGEMENT 1996, S. 326FF.].

- **GFK, die sich auf Produkteigenschaften beziehen**, lassen sich aus Kundenanforderungen (z.B. „24h Bankservice", einfache Bedienung) ableiten [VGL. GAUSEMEIER ET AL.: SZENARIO MANAGEMENT 1996, S. 144].

Ziel der Zerlegung von Produkten in GFK ist es, über handhabbare Analyseeinheiten zu verfügen, für die sich Einflussbereiche und Einflussgrößen außerhalb des Gestaltungsfelds ableiten lassen [VGL. GAUSEMEIER ET AL.: SZENARIO MANAGEMENT 1996, S. 139]. So könnte die Analyse bspw. ergeben, dass die technologische Entwicklung der GFK „biometrische Technologien" von Datenschutzbedenken der Bevölkerung gehemmt, von gestiegenen Sicherheitsanforderungen aufgrund durchlässigerer Grenzen und Terrorismusgefahr jedoch gefördert wird. GFK und die sie beeinflussenden Faktoren sind damit „Bausteine" der Szenarioerstellung.

3.2.1 Robuste Produktstrategien

Auf Basis der identifizierten GFK und ihrer Einflussgrößen werden alternative Produktszenarien erstellt. **Allgemeine Produktszenarien** setzen sich mit den Chancen, Risiken und Handlungsoptionen einer Gruppe von Produkten auseinander und sind damit in der stra-

---

[53] Vgl. Schröder [VGL. SCHRÖDER: PLANUNG VON PRODUKTPLATTFORMEN 2002] für einen Ansatz zur Zusammenstellung von Produktkonfigurationen, der hier prinzipiell anwendbar wäre.

tegischen Planung verankert. **Spezielle Produktszenarien** befassen sich mit einem konkreten Produkt, das aktuell existiert oder zu entwickeln ist. Sie lassen sich damit innerhalb eines konkreten Entwicklungsprojekts erstellen und einsetzen [VGL. GAUSEMEIER ET AL.: SZENARIO IN FRÜHEN PHASEN 1995, S. 188F.; GAUSEMEIER ET AL.: SZENARIO MANAGEMENT 1996, S. 326FF.].

Auf der Grundlage der erarbeiteten Szenarien werden robuste Strategien entwickelt: **Robuste Produktstrategien** führen in mehreren möglichen Markt- und Umfeldkonstellationen zum Erfolg [VGL. GAUSEMEIER ET AL.: SZENARIO IN FRÜHEN PHASEN 1995, S.185]. Um sie zu entwickeln, wird zunächst analysiert, wie sich die erarbeiteten Szenarien auf die GFK des Gestaltungsfeldes „Produkt" auswirken [VGL. GAUSEMEIER ET AL.: SZENARIO MANAGEMENT 1996, S. 329FF.], welche Produkteigenschaften bspw. für einen Geldautomaten bei einem der erarbeiteten Szenarien (z.B. „Rückzug ins ‚dörfliche' Private") gewünscht und technologisch machbar sind. Diese **Auswirkungsanalyse** könnte ergeben, dass weltweiter Service aufgrund geringer globaler Reisetätigkeit unnötig ist, persönlicher Service durch menschliche Ansprechpartner gewünscht wird, Iris-Scans für den Kunden keine akzeptable Identifikationsmöglichkeit sind und biometrische Technologien aufgrund ihrer breiten Ablehnung kaum weiterentwickelt werden.[54]

Anschließend werden für jede GFK und jedes Szenario **schlüssige Maßnahmenkombinationen identifiziert**. Ein zum Szenario passendes Bündel von Maßnahmen für die GFK „Benutzung Bankautomat" könnte z.B. beinhalten: reduziertes Angebot von möglichen Transaktionen durch Automaten, umfangreiche Schalterangebote, Menüführung durch Videosequenzen mit sprechendem „elektronischen Bankangestellten" und Identifikation durch akzeptiertes und unter Datenschutzgesichtspunkten als sicher wahrgenommenes Identifikationsverfahren (z.B. elektronischer Personalausweis statt Transponder oder Biometrie). Die szenariospezifischen Maßnahmen können hierbei reaktiv ausgerichtet sein, d.h. erst dann zum Einsatz kommen, wenn sich ein bestimmtes Szenario tatsächlich abzeichnet (z.B. Entwicklung eines Krisenplans) oder präventiv sein und damit darauf beruhen, dass Chancen sofort genutzt bzw. Risiken sofort gehemmt werden (z.B. sofortige Maßnahmen zur Absicherung eines gefährdeten Marktes) [VGL. GAUSEMEIER ET AL.: SZENARIO MANAGEMENT, S. 341FF.].

Da es nicht sicher ist, dass das Szenario „Rückzug ins ‚dörfliche' Private" tatsächlich eintritt, sind „robuste" Maßnahmenkombinationen wünschenswert, die in mehreren Szenarien bestand haben. Für deren Ermittlung zeigen *GAUSEMEIER ET AL.* drei Verfahren auf:

- Bei der **Entwicklung eines Robustplans aus Eventualplänen** werden für jedes Szenario gesonderte Pläne erstellt, die im „Eventualfall" des Eintretens dieses Szenarios die geeigneten Maßnahmen enthalten. Aus ihnen wird derjenigen Plan als Robustplan aus-

---

[54] Wie bei der herkömmlichen Szenariotechnik kann zudem eine Analyse von Störereignissen durchgeführt werden [VGL. GAUSEMEIER ET AL.: SZENARIO MANAGEMENT 1996, S. 333FF.].

C3: Neue Methoden und Instrumente 205

gewählt, der bei Berücksichtigung aller Szenarien die höchsten Erwartungswerte für die Zielerreichung aufweist. Das als wahrscheinlich erachtete „Erwartungsszenario" kann hierbei stärker gewichtet werden als andere Szenarien. Zudem wird die Risikoeinstellung des Entscheiders berücksichtigt [VGL. GAUSEMEIER ET AL.: SZENARIO MANAGEMENT 1996, S. 353FF.].

- Bei der **Entwicklung eines Robustplans aus Eventual- und Zusatzplänen** werden die szenariospezifischen Maßnahmen um Pläne ergänzt, die sich nicht unmittelbar aus den untersuchten Produkt- oder Technologieszenarios ableiten lassen, sondern **zusätzliche Maßnahmen** enthalten, wie z.b. eine strategische Umorientierung oder eine abwartende Vertagung der Entscheidung. Da solche Pläne i.d.R. sowohl aus Maßnahmen aus den Eventualplänen bestehen als auch aus zusätzlichen Maßnahmen, die in mehreren Szenarien angebracht erscheinen, sind sie in der Regel „robuster" und erzielen bessere Bewertungsergebnisse als Pläne, die ausschließlich aus Eventualplänen abgeleitet wurden [VGL. GAUSEMEIER ET AL.: SZENARIO MANAGEMENT 1996, S. 356FF.].

- Alternativ können **Robustpläne** ohne den „Umweg" über Eventual- und Zusatzplänen **aus spezifischen Einzelmaßnahmen entwickelt werden**, die sich aus der Einzelbetrachtung der Szenarien und der Suche nach den für sie jeweils geeigneten Maßnahmen ergeben. Die Einzelmaßnahmen werden zu konsistenten Maßnahmenbündeln zusammengefasst, die anhand ihres jeweiligen Erwartungswertes unter unterschiedlichen Szenarien (= Summe der individuellen Zielerreichungsgrade aller im Bündel enthaltenen Maßnahmen unter Berücksichtigung der Wahrscheinlichkeit des Eintretens des Szenarios) und ihrer Konsistenz bewertet werden. Das am höchsten bewertete Maßnahmenbündel gilt dabei als die beste Robustplanung, das auf Rang 2 gesetzte Bündel als ihre beste Alternative [VGL. GAUSEMEIER ET AL.: SZENARIO MANAGEMENT 1996, S. 359FF.].

Die Robustplanungen bestehen aus Maßnahmen für einzelne GFK. Um zu Strategien für das gesamte Gestaltungsfeld zu gelangen, werden zukunftsrobuste Maßnahmenplanungen erstellt, die aus konsistenten Bündeln von Robustplanungen bestehen. Hierzu werden die Robustplanungen aller GFK einer Konsistenzanalyse unterworfen und, wie bereits die Maßnahmenbündel, entsprechend ihrer Nutzwerte in eine Rangfolge gebracht [VGL. GAUSEMEIER ET AL.: SZENARIO MANAGEMENT 1996, S. 359FF.].

3.2.2 Robuste technische Prinziplösungen

Robuste technische Prinziplösungen sind gegenüber technologischen Umfeldentwicklungen unempfindlich, d.h. sie sind auch dann realisierbar, wenn heutige Technologien in der Zukunft abgelöst werden oder eine sich heute abzeichnende Technologie zukünftig doch nicht verfügbar ist. Sie verhindern damit, dass das in der Entwicklung befindliche Produkt zukünftig nicht herstellbar oder technisch veraltet ist [VGL. GAUSEMEIER ET AL.: SZENARIO IN FRÜHEN PHASEN 1995, S.188FF.].

Grundlage ihrer Erstellung sind **Technologieszenarien**. Sie werden erarbeitet, indem die ermittelten technologischen GFK (d.h. die dem Produkt zugrunde liegenden Technologien) hinsichtlich ihrer Stärken, Schwächen und möglichen zukünftigen Entwicklung bewertet werden. Dabei werden ihre jeweilige Stellung im Technologielebenszyklus, ihre gegenseitigen Abhängigkeiten und die Einflussnahme durch unterschiedliche Umfeldbereiche analysiert. Üblicherweise werden Extremszenarien erstellt. Anschließend werden die Auswirkungen der Extremszenarien auf die Technologien bewertet [VGL. GAUSEMEIER ET AL.: SZENARIO IN FRÜHEN PHASEN 1995, S. 188F. UND GAUSEMEIER ET AL.: SZENARIO MANAGEMENT 1996, S. 326FF.].

Die Entscheidung, welche Technologien Bestandteil einer zukunftsrobusten Prinziplösung werden sollen, wird anschließend davon abhängig gemacht, welche Technologien in den unterschiedlichen Szenarien zukünftig verfügbar sein werden, wie leistungsfähig diese sind, wie attraktiv sie erscheinen (d.h. wie zukunftsweisend und zukünftig vorteilhaft sie sind) und ob das Unternehmen über entsprechende Kompetenzen verfügt bzw. solche Kompetenzen aufbauen will und kann [VGL. GAUSEMEIER ET AL.: SZENARIO IN FRÜHEN PHASEN 1995, S. 189].

3.2.3 Zukunftsrobuste Produkt- und Technik-Leitbilder

Robuste Leitbilder sind langfristig wirksame und auch bei unterschiedlichen Umfeldentwicklungen gültige Visionen für das Unternehmen, seine Produkte und seine Technologien. Sie werden durch **Stakeholder-Szenarien** erstellt. Dazu werden Anspruchsgruppen, die auf das Unternehmen zukünftig Einfluss nehmen könnten, identifiziert und anhand der für sie handlungsbestimmenden Charakteristika (z.B. Wille zur Macht, Ziele) beschrieben. Im Rahmen der oben beschriebenen Szenariotechnik werden dann alternative Entwicklungen im Stakeholderumfeld und die daraus resultierenden Anforderungen an das Leitbild analysiert, um zu zukunftsrobusten Leitbildern zu gelangen. Eine solche Leitbildentwicklung kann z.B. dazu führen, dass ein Automobilunternehmen angesichts der Entwicklungen im Stakeholderumfeld, das u.a. Umweltschutzgruppen umfasst, sein Produkt („Automobil") als „Personenverkehr" neu definiert und damit den Lösungsraum innerhalb der Produktplanung und -entwicklung erweitert [VGL. GAUSEMEIER ET AL.: SZENARIO IN FRÜHEN PHASEN 1995, S. 189FF. UND GAUSEMEIER ET AL.: SZENARIO MANAGEMENT 1996, S. 365FF.].

3.2.4 Bewertung

Der Ansatz nach *GAUSEMEIER ET AL.* überträgt die aus der strategischen Unternehmensplanung wohlbekannte Szenariotechnik auf konkrete Fragestellungen der frühen Phasen der Produktentwicklung. Die vorgeschlagenen speziellen **Produktszenarien und Technologieszenarien** können projektbezogen erstellt und im jeweiligen Entwicklungsprojekt als Entscheidungsgrundlage genutzt werden. Damit bietet sich eine **wertvolle Möglichkeit**, sich der **im FFE bestehenden Unsicherheit** bewusst zu werden und sie systematisch zu erfassen und **zu bewältigen** [VGL. GAUSEMEIER ET AL.: SZENARIO IN FRÜHEN PHASEN 1995]. Dies ist dann sinnvoll, wenn eine radikal neue Produktidee bewertet werden muss, für deren Gestaltungsfelder (z.b. neue Märkte) noch nie – etwa im Rahmen einer systematischen Suchfeldbestimmung – alternative Zukunftsentwicklungen betrachtet wurden und große Unsicherheit herrscht. Bei inkrementellen Produkten bzw. in bekannten und stabilen Umfeldern ist der Aufwand projektbezogener Szenarioerstellung dagegen kaum gerechtfertigt, da es wenig „alternative Zukünfte" gibt bzw. diese wohlbekannt sein dürften.

Auch die **Erstellung von Leitbildszenarien innerhalb der Produktentwicklung** erscheint wenig realistisch. Um ihre Orientierungsfunktion zu erfüllen, müssen Leitbilder nicht nur in einzelnen Projekten, sondern umfassend und langfristig gelten. Ihre Erstellung sollte daher projektübergreifend im Rahmen der Gesamtunternehmensplanung oder der strategischen Produkt- und Technologieplanung erfolgen und die Rahmenbedingungen des FFE vorgeben. Allerdings ist das auf Stakeholder ausgerichtete Vorgehen bei der Leitbilderstellung ein interessanter Ansatz, der – möglicherweise in Kombination mit der SSM – auf Produkt- und Technologieszenarien übertragen werden kann.

Ein wichtiger Vorteil von Produkt- und Technologieszenarien ist ihre Funktion, **vorliegendes Wissen strukturiert darzustellen** und zu kommunizieren, wodurch es besser bewahrt werden kann [VGL. FINK ET AL.: ZUKUNFT VORAUS DENKEN 2000, S. 47]. Dabei dient die Erstellung robuster Pläne der Erhöhung der Unsicherheitstoleranz. Allerdings ist die praktische Durchführung der Robustplanung äußerst technokratisch und weist große Schwächen auf:

- Es ist äußerst fraglich, ob Erwartungswerte ein sinnvolles Kriterium zur Maßnahmenauswahl sind: schließlich werden Szenarien als Bilder „multipler Zukünfte" ja gerade deswegen erstellt, weil mehr als eine Zukunft für wahrscheinlich gehalten wird. Damit ist es zumindest problematisch, brauchbare Wahrscheinlichkeitsaussagen zu treffen. Zudem entscheiden Personen nicht simpel nach dem Erwartungswert [VGL. EISENFÜHR, WEBER : RATIONALES ENTSCHEIDEN 1993, S.198FF.] sondern nach dem Erwartungsnutzen. Diese Schwäche gleicht auch der Versuch, die Risikoeinstellung des Entscheiders zu berücksichtigen, nicht aus, da nicht klar wird, wie diese – wenn sie denn dann überhaupt als „absolute" situationsunabhängige Eigenschaft existieren würde – zu ermitteln wäre.

- Die Anwendung einer „Nutzwertanalyse" zur Auswahl von Maßnahmen- und Robustplanungsbündeln ist äußerst problematisch, da keinerlei Vorsorge für die Erfüllung theoretischer Voraussetzungen (vgl. Seite 125ff.) getroffen wird und die Gewichte willkürlich festgelegt werden. Zudem ist fraglich, ob sich einigermaßen brauchbare Aussagen über die Zielerfüllungsgrade isolierter Maßnahmen treffen lassen, da Entscheider wohl zumeist mehrere zusammengehörende Maßnahmen im Kopf haben.

- Die bei allen Beurteilungen zwangsläufig vorhandene Unsicherheit über die Wirksamkeit und damit die Zielerfüllungsgrade von Strategien, Wahrscheinlichkeiten, Risikoeinstellung und (genaue) Konsistenzmaße wird weitgehend ignoriert.[55]

Diese methodischen Mängel schmälern allerdings nicht den prinzipiellen Wert des Ansatzes, der mit der Erstellung von Produkt- und Technologieszenarien in hohem Maße zum grundlegenden Verständnis und der Zukunftsorientierung von FFE-Aktivitäten beitragen kann. Als Heuristik, die nicht den Anspruch hat, eine optimale Lösung garantieren zu können, ist er damit durchaus brauchbar - vorausgesetzt er wird nicht zu stark „instrumentell" betrieben, sondern beruht auf einer konsequenten Umsetzung seiner Leitgedanken.

3.3 Information Acceleration

Das Testen von Produktkonzepten und die darauf aufbauenden Marktprognosen sind immer dann problematisch, wenn das zu testende Konzept oder das Umfeld, in dem es zukünftig genutzt werden wird, so andersartig sind, dass der Kunde seine bewährten Beurteilungskriterien und -methoden nicht anwenden kann bzw. sollte. Befragt man ihn trotzdem mit herkömmlichen Methoden, so wird er normalerweise – aus Ermangelung anderer Möglichkeiten – die zukünftig geänderten Bedingungen bei seiner Bewertung außen vor lassen. Bei radikalen Innovationen oder sehr dynamischen Umfeldern ist es entsprechend problematisch, den zukünftigen Produkterfolg aus dem Produktkonzepttest abzuleiten [VGL. COOPER: MARKETING PLANNING 2000, S. 1F., 55 UND 47].

Information Acceleration (IA) [VGL. URBAN ET AL.: PREMARKET FORECASTING 1996; URBAN ET AL.: INFORMATION ACCELERATION 1997; URBAN, HAUSER: DESIGN AND MARKETING 1993, S.326FF.] versucht, dieses Problem zu lösen, indem der Kunde – im konkreten Fall Autokäufer – in eine virtuelle Welt versetzt wird, die die zukünftige Entscheidungssituation simuliert. Dazu werden alle Informationsquellen, die Kunden im „wirklichen Leben" zur Entscheidungsfindung nutzen, durch einen Multi-Media Computer zur Verfügung gestellt. Die Simulation umfasst neben Anzeigen in Zeitschriften und Tageszeitungen, Produkttests in Automobilzeitschriften und Fernsehwerbung auch Gespräche mit Verkäufern beim Automobilhändler und mit Personen, die das Auto bereits gekauft haben. Gespräche werden hierbei durch Videosequenzen, in denen Schauspieler die Rolle von Verkäufern oder Käufern einnehmen, simuliert. Der Kunde kann, wie in der Realität, frei wählen, wie und wo er sich informieren will.

Um sicherzustellen, dass Kunden ihr Urteil auf Basis ihrer zukünftigen Bedürfnisse und Wahrnehmungen bilden, werden sog. „**future-condition-stimuli**" eingesetzt. Sie sollen den

---

[55] Das Problem wird allerdings teilweise durch Anwendung von Heuristiken zur robusten Planung (u.a. Savage-Niehans-Regel) abgemildert [VGL. GAUSEMEIER ET AL.: SZENARIO MANAGEMENT 1996, S. 364].

Kunden in die Zukunft „transportieren", indem sie es ihm ermöglichen, sich vorzustellen, er sei bereits in der Zukunft. Dazu werden Informationen über zukünftige Umfeldzustände (z.B. wirtschaftliche Lage, Ausmaß der Umweltverschmutzung) zur Verfügung gestellt. Außerdem werden zukünftige Ereignisse, wie Olympische Spiele, so erwähnt, als hätten sie bereits statt gefunden [VGL. URBAN ET AL.: PREMARKET FORECASTING 1996, S. 49F.]. IA stellt damit eine Erweiterung klassischer Szenarien um die Komponente der Simulation zukünftiger Umfelder dar und zielt darauf ab, künftige Situationen zu antizipieren. Die Methode kann daher als „szenariobasiertes front-loading" gekennzeichnet werden.

Mit der virtuellen Realität des IA gelingt es, die Ressourcen, die Konsumenten bei der Informationssuche nutzen, realistischer abzubilden als bei anderen Produktkonzepttests. Die IA-basierten Prognosen zukünftiger Käufe (auch in Abhängigkeit von Änderungen im Marketingplan) gelten als valide [VGL. URBAN ET AL.: INFORMATION ACCELERATION 1997, S. 49F.]. Der Nutzen der Methode steht und fällt allerdings mit der Qualität der zugrunde liegenden Szenarien. Wenn diese die künftigen Rahmenbedingungen nicht richtig abbilden, ist auch die Prognose fehlerhaft [VGL. URBAN ET AL.: PREMARKET FORECASTING 1996, S. 58]. Damit stellt IA hohe Anforderungen an das Produktentwicklungsteam: es muss zukünftige Umfeldzustände und deren Auswirkungen prognostizieren und Aktivitäten durchführen, die typischerweise – insb. im geforderten Detaillierungsgrad – erst in späten Produktentstehungsphasen erfolgen (z.B. Erstellung eines Werbekonzepts). *URBAN, HAUSER ET AL.* stellen fest, dass die Erfüllung dieser Aufgaben die funktionale Integration verbessert [VGL. URBAN ET AL.: INFORMATION ACCELERATION 1997, S. 151]. Die erstellte Multi-Media Präsentation unterstützt das Entwicklungsteam zudem bei der Kommunikation von Projektzielen und Prämissen an das Top Management [VGL. URBAN ET AL.: INFORMATION ACCELERATION 1997, S. 152].

Das Verfahren ist mit bis zu $ 750.000 pro Projekt sehr kostenintensiv [VGL. URBAN ET AL.: INFORMATION ACCELERATION 1997, S. 151], weswegen in der Praxis i.d.R. keine virtuellen Realitäten für unterschiedliche Szenarien entwickelt werden. Vielmehr findet eine Einschränkung auf nur ein, vom Management als besonders relevant erachtetes Szenario statt [VGL. URBAN ET AL.: PREMARKET FORECASTING 1996, S. 58], für dessen Auswahl und Erstellung keine Hinweise gegeben werden. IA setzt Scenario-Thinking als „Denken in alternativen Zukünften" damit nicht vollständig um. Es beschränkt sich zudem auf einen kleinen Systemausschnitt im FFE – den Produktkonzepttest aus Kundensicht.

Allerdings ist die Idee der Simulation und multi-medialen Aufbereitung zukünftiger Entscheidungssituation durchaus reizvoll und im Prinzip erweiterbar. So können bspw. zukünftige Produktions- oder Servicebedingungen im FFE ebenfalls stärker „virtuell" abgebildet und für Entscheidungen herangezogen werden – solche Ansätze „Virtueller Produktentwicklung" entsprechen der in Kapitel B 2.2.1.2 (siehe Seite 54ff.) vorgestellten Philosophie des „front-loadings". Dass eine solche virtuelle Welt auch für erfahrene Entscheidungspraktiker wertvoll ist, zeigt die positive Wirkung der IA-Präsentationen bei der Kommunikation mit dem Management [VGL. URBAN ET AL.: INFORMATION ACCELERATION 1997, S. 152].

3.4 Concept Maps

RAMESH UND TIWANA [VGL. RAMESH, TIWANA: KM IN NPD TEAMS 1999] nutzen Concept Maps, um kooperatives Wissensmanagement in Produktentwicklungsteams zu unterstützen. Die Mitglieder des Teams tauschen Kontextwissen hierbei durch eine Softwarelösung aus, in der Informationsbedarfe, Aufgaben sowie Informationen über die getroffenen Annahmen und Entscheidungsprämissen hinterlegt werden.

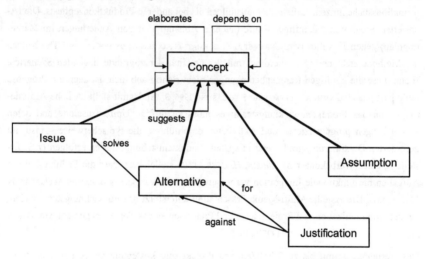

Abbildung C 3-3: Concept Map als Meta-Modell für Kontextwissen [VGL. RAMESH, TIWANA 1999]

Die Akquisition, Kodifizierung und Visualisierung des Teamwissens erfolgt durch strukturierte Concept Maps (vgl. Abbildung C 3-3). Die Concept Maps des Software-Tools werden projektindividuell erstellt, beruhen aber alle auf dem gleichen grundsätzlichen Meta-Modell des Wissens, das aus fünf Bausteinen besteht [VGL. RAMESH, TIWANA: KM IN NPD TEAMS 1999, S. 225]:

- **„Concepts"**, als elementare Wissensbausteine, die die Informationsbedarfe, Interessen und Aufgaben der Mitglieder des Entwicklungsteams repräsentieren. Dazu können Produktfunktionen, Produkteigenschaften, Preise, Märkte, technische Anforderungen usw. gehören.

- **„Issues"** sind spezielle Arten von Konzepten, die sich auf Entscheidungsprobleme beziehen (z.B. die Auswahl einer technischen Lösung für eine bestimmte Produktfunktion, wie „Leuchte ein/ausschalten").

- **„Alternatives"** liefern die möglichen Antworten zu Issues (z.B. Realisierung der Funktion „Leuchte ein/ausschalten durch die Alternativen „Kippschalter", „Dimmer", „Infrarotsensor", „akustisches Signal").

- **„Justifications"** sind die Begründungen für die Wahl einer bestimmten Alternative (z.B. „Dimmer" ist keine gute Lösung, da er nicht mit Energiesparlampen kompatibel ist).

- **„Assumptions"** sind Annahmen, auf deren Basis die Entscheidungen getroffen werden (z.B. Kunde will Energiesparlampen einsetzen).

Die Erstellung einer Concept Map wird durch Teammitglieder initiiert: so kann z.b. der Produktmanager seine Kollegen fragen, welche Faktoren sie als kritisch für die Entwicklung einer neuen Leuchte betrachten, indem er die Concept Map anlegt. Die Teammitglieder geben ihre Antworten in der Concept Map, d.h. sie füllen das in Abbildung C 3-3 dargestellte Grundmodell mit projektspezifischen Informationen. Hierbei haben Teammitglieder in unterschiedlichem Umfang das Recht, die Karte einzusehen oder sie zu verändern und zu ergänzen.

Jede Änderung (z.B. Ergänzung der Spezifikation „Schalter muss mit Energiesparlampe kompatibel sein") wird dokumentiert, so dass vorangegangene Schritte des Neuproduktentwicklungsprozesses jederzeit in ihrem Kontext nachvollzogen werden können, um zu verstehen, wie eine bestimmte Entscheidung (z.B. die Wahl des Schaltertyps) zustande kam und auf welchen Annahmen sie beruht. Dadurch soll die Entstehung einer Team-Sicht auf die gemeinsamen Entwicklungsaufgaben gefördert und ein Lernen aus vorangegangenen Fehlentscheidungen ermöglicht werden.

Die fünf Grundbausteine der Concept Maps können um zusätzliche Informationen ergänzt werden, um die Frage zu beantworten, wer ein Konzept oder eine Proposition ergänzt hat und wann und aus welchem Grund dies geschehen ist. Zudem können Wissenskomponenten mit statischen Dokumenten verlinkt werden, die im Unternehmen oder im Internet existieren (z.B. Website des Instituts für Normung, Besprechungsnotizen, Verfahrensanweisungen, Skizzen, Videoaufnahmen usw.). Darüber hinaus ist es möglich, Dokumente dynamisch zu erzeugen, indem das Intranet oder das Internet durchsucht werden, um bspw. aktuelle Hersteller einer bestimmten Komponente zu identifizieren [VGL. RAMESH, TIWANA: KM IN NPD TEAMS 1999, S. 227F.].

Die Visualisierung von Abhängigkeiten durch Concept Maps verbessert das Verständnis für die Interdependenzen innerhalb der Produktentwicklung. Das verbesserte Systemverständnis soll adäquate Reaktionen auf Informationsänderungen ermöglichen [VGL. RAMESH, TIWANA: KM IN NPD TEAMS 1999, S. 228]. Reaktionen auf die Veränderung von Informationsständen werden zudem durch Software-Agenten unterstützt. Sie verändern Concept Maps autonom, um sie an neue Informationen anzupassen oder sie unterrichten den User, dass sich Konzepte verändert haben, und dass davon beeinflusste andere Konzepte daher neu bewertet werden müssen [VGL. RAMESH, TIWANA: KM IN NPD TEAMS 1999, S. 230F.].

Das Software-Tool ist hierbei als Arbeitsumgebung für die gesamte Entwicklung von Beginn des FFE an zu verstehen, in der Informationen, die sonst in unstrukturierter Form (z.B. Besprechungsprotokolle, e-mails) ausgetauscht werden, teilstrukturiert dokumentiert und weitergegeben werden und damit an einer Stelle leicht wieder auffindbar sind. Prinzipiell lassen sich auch andere Instrumente und Methoden einbinden. So sollen z.B. die bei der Durchführung des QFD getroffenen Entscheidungen über die Relevanz einer Anforderung oder den Beitrag einer technischen Lösung zur Qualität nicht nur im Ergebnis als HoQ dokumentiert werden. Vielmehr sollen die zugrunde liegenden Diskussionen festgehalten werden, damit nachvollziehbar ist, wie es zu einer Bewertung kam und damit bei Änderungen der Rahmenbedingungen (z.B. geänderte Beurteilung einer Kundenanforderung) sofort erkannt wird, dass das HoQ überarbeitet werden muss [VGL. RAMESH, TIWANA: KM IN NPD TEAMS 1999, S. 231F.].

Konzeptionell ist die Arbeit von *RAMESH UND TIWANA* überzeugend, da sie durch relativ einfache Bausteine vorliegende Informationen soweit strukturieren kann, dass es einem Entwicklungsteam möglich ist, einen umfassenden Blick auf die Produktentwicklung zu erhalten, der funktionsabhängig unterschiedliche Aspekte umfasst, aber dennoch ein gemeinsames Verständnis der Schlüsselvariablen der Produktentwicklung fördert. Gleichzeitig wird Zugriff auf Informationen gewährt, die sonst weit verstreut vorliegen, ohne dass dazu alle Informationen erstmalig kodifiziert oder in ein anderes Format übertragen werden müssen. Vielmehr können Informationsressourcen, die bereits existieren oder sowieso erzeugt würden, mit einer Concept Map verknüpft werden. Der Ansatz trägt zudem der hohen Informationsdynamik gerade in den frühen Phasen der Produktentstehung Rechnung: anstatt Entwicklungsentscheidungen als endgültig zu betrachten, werden sie beim Eintreffen von Informationen konstant neu bewertet und, wenn nötig, revidiert.

Wie Abbildung C 3-3 zeigt, ähnelt die Struktur der Concept Maps der von Topic Maps, die ggf. einen interessanten Standard für die Umsetzung des Konzepts darstellen könnten. Derzeit ist das System ein Prototyp (auf Basis anderer technischer Standards), dessen vollständige Implementierung aussteht. Damit kann die praktische Leistungsfähigkeit und die Effizienz des Tools derzeit nicht bewertet werden. Problematisch könnte u.a. sein, dass die weitgehend hierarchische Struktur der Concept Maps es nicht erlaubt, komplexe Kausalbeziehungen innerhalb der Produktentwicklung zu modellieren und das Systemverhalten zu simulieren. Hierfür liefern Bayes-Netze einen interessanten Ansatz.

3.5 Bayes-Netze

Bayes-Netze (auch: Bayesian Networks) [VGL. COOPER: MARKETING PLANNING 2000, S. 6FF. UND NADKARNI, SHENOY: BAYESIAN NETWORK 2001, S. 482FF.] sind Kausalkarten in Form von azyklischen, gerichteten Graphen (vgl. Abbildung C 3-4), die aus Zufallsknoten und konditionalen Beziehungen bestehen[56]. Sie sind geeignet, Kausalzusammenhänge unter Unsicherheit abzubilden. Dazu zeigen sie die Wahrscheinlichkeitsverteilung einer Variablen im Netz in Abhängigkeit von der Wahrscheinlichkeitsverteilung aller anderen Variablen.

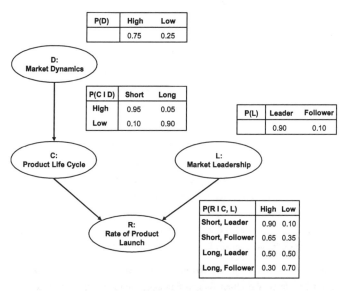

Abbildung C 3-4: Bayes-Netz mit Startwahrscheinlichkeiten und bedingten Wahrscheinlichkeiten [VGL. NADKARNI, SHENOY: BAYESIAN NETWORK 2001, S. 482]

Es existieren zwei Arten von Knoten: Knoten, die keinen Vorgänger haben und bei denen die Wahrscheinlichkeit ihrer Zustände daher nicht von anderen Knoten beeinflusst wird, sind sog. **„Root"-Knoten** (vgl. Knoten D und L in Abbildung C 3-4). Für sie werden exogene **Startwahrscheinlichkeiten** formuliert. Die Wahrscheinlichkeitsverteilung von „Nicht-Root"

---

[56] In ihrer ursprünglichen Form bestehen Bayes-Netze nur aus Zufallsknoten [VGL. CHARNIAK: WITHOUT TEARS 1991, S. 59 UND HOFMEISTER: EVOLUTIONÄRE SZENARIEN 2000, S. 208]. Sie wurden allerdings in einigen Anwendungen um Entscheidungsknoten ergänzt und können damit zur Berechnung von Einflussdiagrammen genutzt werden [VGL. CHARNIAK: WITHOUT TEARS 1991, S. 59]. Bayes-Netze können jeden Sachverhalt modellieren, der als Beeinflussung von Wahrscheinlichkeitsverteilungen in einem Netzwerk verstanden werden kann. Wenn die konditionalen Beziehungen als kausal betrachtet werden, ergeben sich einige theoretische Implikationen, die bei der Erstellung kausaler Bayes-Netze berücksichtigt werden müssen. Für Details hierzu vgl. [NADKARNI, SHENOY: BAYESIAN NETWORK 2001, S. 485FF.].

Knoten (vgl. Knoten C und R in Abbildung C 3-4) hängt von den Wahrscheinlichkeiten der sie beeinflussenden Knoten ab. Bei der Initialisierung des Bayes-Netzes werden für sie **bedingte Wahrscheinlichkeiten** angegeben. Somit lassen sich die **a-priori** Wahrscheinlichkeiten der Konzepte ermitteln.

Neue Informationen (z.B. exogene Veränderungen der Wahrscheinlichkeitsverteilung oder die Beobachtung, dass ein möglicher Konzeptzustand tatsächlich eintritt) werden verarbeitet, indem **a-posteriori** Wahrscheinlichkeiten ermittelt und mit den a-priori Wahrscheinlichkeiten verglichen werden.[57] Voraussetzung für diese Form der Inferenz ist, dass das Netz frei von Zyklen und damit von Feedback-Beziehungen ist, da eine mehrfache Beeinflussung von Konzepten (z.B. A beeinflusst die Wahrscheinlichkeit von B und C, C die Wahrscheinlichkeit von A) nicht abbildbar ist. Zudem müssen sich alle Variablen (z. B. C und L in Abbildung C 3-4) in einem vergleichbaren Zeitfenster verändern, so dass die Variablen, deren Zusammenspiel zu einer neu berechneten bedingten Wahrscheinlichkeit führen (hier: R), auch in der Realität zeitlich zusammenfallen [VGL. NADKARNI, SHENOY: BAYESIAN NETWORK 2001, S. 488 UND 493].

Nadkarni und Shenoy [VGL. NADKARNI, SHENOY: BAYESIAN NETWORK 2001, S. 491FF.] nutzen das Fallbeispiel der Produkteinführung eines Computer-Herstellers, um die Anwendbarkeit von Bayes-Netzen im FFE zu demonstrieren. Sie befragen einen Marketing-Experten nach den Charakteristika der Entscheidungssituation und fassen diese in einer einfachen Kausalkarte zusammen. Auf dieser Basis erstellen sie ein Bayes-Netz, indem sie Konzepte ergänzen und verwerfen, Zustandsvariablen definieren, Startwahrscheinlichkeiten und bedingte Wahrscheinlichkeiten ermitteln und a-priori Wahrscheinlichkeiten berechnen.

In einem zweiten Schritt werden die Auswirkungen zweier unterschiedlicher Szenarien untersucht. Dazu werden einige Variablen als gegeben angenommen und die daraus resultierenden a-posteriori Wahrscheinlichkeiten für die anderen Konzepte ermittelt. Die sich aus der Evidenz ergebenden neuen Wahrscheinlichkeiten der Entscheidungsvariablen werden mit den a-priori Wahrscheinlichkeiten verglichen. Somit lässt sich ermitteln, wie sich unterschiedliche Szenarien auf Zielvariablen auswirken. Zudem kann die Frage beantwortet werden, welche Kombinationen von Konzeptzuständen in den jeweiligen Szenarien die wahrscheinlichsten sind. In der Fallstudie stimmt für beide Überlegungen das errechnete Ergebnis gut mit der intuitiven Prognose durch den Marketingexperten überein [VGL. NADKARNI, SHENOY: BAYESIAN NETWORK 2001, S. 495]. Bayes-Netze sind damit, so die Bewertung der Autoren, als Instrument der normativen Entscheidungstheorie geeignet [VGL. NADKARNI, SHENOY: BAYESIAN NETWORK 2001, S. 497].

---

[57] Hierzu stehen mehrere Software-Pakete zur Verfügung, z.B. Hugin Expert (www.hugin.com)

Cooper nutzt Bayes-Netze, um die Produktplanung bei radikalen Innovationen zu verbessern. Er geht hierzu in zwei Stufen vor. Zunächst werden die Produktplaner zu divergentem Denken über die derzeitige Situation angeregt, indem sie das sog. **Critical-Issue-Grid** ausfüllen und ggf. – wie beim Ansatz von GAUSEMEIER ET AL. – ergänzend eine Stakeholder-Analyse durchführen. Das Critical-Issue-Grid ist eine Matrix, die Einflussbereiche des Umfelds (Politik, Wirtschaft, Technologie usw.) und verschiedene Perspektiven (Unternehmen, Infrastruktur, Geschäftsumfeld), aus denen heraus diese Einflüsse beurteilt werden können, zeigt. Sie dient dazu, die mentalen Modelle der Entscheider zu aktivieren, um kritische Einflüsse zu ermitteln [VGL. COOPER: MARKETING PLANNING 2000, S. 4F. UND 8]. Abbildung C 3-5 zeigt ein solches Raster für die Ersteinführung von Videorekordern auf dem US Markt.

Environ-ments	Focus		
	Company	Business Ecosystem	Infrastructure
Political	Copyright infringement	Lawsuits brought by Universal and Disney	Legislative copyright decisions
Behavioral	Time shift	Can people buy tapes from other companies?	Do the networks have to change anything to make taping programs possible?
Economic	Can product be priced low enough?	OEM and licensing agreements	Manufacturing capacity
Social	Will people watch movies in theaters or at home with videocassette recorder?	Can people rent movies?	Do demographic shifts favor one use versus another (cocooning)?
Technological	Picture quality and recording time	Compatibility among manufacturers	Plug compatibility with televisions

Abbildung C 3-5: „Critical-Issue-Grid" für die Ersteinführung von Videorekordern [VGL. COOPER: MARKETING PLANNING 2000, S. 5]

Zu den nahe liegenden kritischen Fragen gehören technische und wirtschaftliche Fragestellungen (z.B. Bildqualität, Kompatibilität mit vorhandenen Fernsehgeräten, Preis, Fertigungskapazitäten usw.). Für den Erfolg des Produktes sind u.a. aber auch Aspekte in Bezug auf das Verhalten und das soziale Umfeld der Nutzer entscheidend. So geht der Hersteller bspw. davon aus, dass der Kunde sich mit dem Videorekorder von den Sendezeiten der Fernsehsender für regelmäßige Sendungen (insb. Nachrichten und Dokumentationen) unabhängig machen will („Time shift"). Er muss daher prüfen, ob dies Änderungen in der Infrastruktur des Fernsehnetzes, wie z. B. geänderte technische Sendeformate, erforderlich macht. Gleichzeitig hat dies Konsequenzen für seine technischen Spezifikationen – es reichen 60 Minuten Kassetten und eine mittlere Bildqualität. Der Hersteller ist sich unsicher, ob Spielfilme für den Videorekorder relevant sein werden, oder ob Kunden diese weiterhin im Kino sehen werden. Er muss daher untersuchen, welche demographischen Trends („Cocooning": Freizeit wird zu Hause mit der Kleinfamilie verbracht) und welche Infrastruktur (Videoverleih für

Spielfilme) solche Verhaltensänderungen beeinflussen könnten. Dies wirft wiederum neue politisch-rechtlich Fragen auf, z. B. Copyrights.[58]

Durch das „Critical-Issue-Grid" werden Zusammenhänge und Problembereiche der Produktplanung analysiert und dokumentiert. In einem zweiten Schritt werden die kritischen Einflussgrößen und ihre gegenseitige Beeinflussung als Kausalkarte dargestellt. Dadurch werden vermutete Kausalbeziehungen und bestehende Unsicherheiten expliziert. Die **Kausalkarte wird in ein Bayes-Netz** übersetzt, das aktualisiert wird, wenn neue Informationen verfügbar werden.

Die von NADKARNI UND SHENOY und von COOPER vorgestellten Ansätze sind viel versprechende und leistungsfähige Möglichkeiten, qualitatives Kausalwissen in quantitative Modelle zu überführen, durch die wahrscheinliche Konsequenzen von Informationsveränderungen und Entscheidungen simuliert werden können. Die Critical-Issue-Matrix liefert zudem die Möglichkeit zur Offenlegung mentaler Modelle. Damit sind quantitative Modelle möglich, die auf Basis von qualitativen Aussagen erstellt werden und das Wissen und die innere Weltsicht von unterschiedlichen Experten beinhalten. Die quantitativen Modelle können zur Simulation zukünftiger Systemzustände und damit zur Szenarioerstellung genutzt werden, wobei Unsicherheit durch Wahrscheinlichkeiten explizit berücksichtigt wird. Auf der Basis von Critical-Issue-Grids erstellte Bayes-Netze vereinigen damit alle die im letzten Kapitel vorgestellten konzeptionellen Grundlagen und erfüllen die Anforderungen an Methoden und Instrumente für das FFE sehr weit reichend. Entsprechend werden sie von COOPER als Ansatz charakterisiert, der genau das liefert, was in den frühen Phasen der strategischen Marktplanung benötigt wird: "a place to start, a direction for improvement, and a way to update continually a dynamic planning document" [COOPER: MARKETING PLANNING 2000, S. 11].

Allerdings weisen sie einige praktische Beschränkungen auf, die diese positive Beurteilung fraglich erscheinen lassen. Die Voraussetzungen der Zyklenfreiheit und des zeitgleichen Auftretens aller Effekte sind bei der Modellierung dynamischer Feedbacksysteme nur schwerlich zu erfüllen. Bayes-Netze zwingen den Knowledge Engineer zudem dazu, sich auf einige wenige Kausalbeziehungen zu beschränken, da die Zahl der bedingten Wahrscheinlichkeiten, die für ein Konzept ermittelt werden müssen, multiplikativ mit der Anzahl der Knoten wächst, die das Konzept beeinflussen [VGL. COOPER: MARKETING PLANNING 2000, S. 8]. Zudem müssen die Wahrscheinlichkeiten sorgfältig ermittelt werden, da sich Fehler im Netz vervielfachen [VGL. COOPER: MARKETING PLANNING 2000, S.9]. Dabei ist vollkommen offen, wie man im Fall radikal

---

[58] Die genannten Beispiele sind nur Teile einer umfangreichen Analyse der kritischen Themen, die sich bei Einführung des Sony Videorekorders nach BetaMax Standard ergaben. Für eine vollständige Darstellung vgl. [COOPER: MARKETING PLANNING 2000, S. 4FF.].

neuer Produkte zu sinnvollen Wahrscheinlichkeitsaussagen gelangt. Die Methode ist in der praktischen Handhabung daher zumindest äußerst anspruchsvoll.

Gleichzeitig ist es fraglich, ob das Bayes-Netz tatsächlich, wie von Cooper behauptet, einfach aktualisiert werden kann und damit so dynamisch ist, wie das Planungsumfeld [VGL. COOPER: MARKETING PLANNING 2000, S. 11]. In der Tat können Eingangswahrscheinlichkeiten beliebig verändert und die daraus resultierenden bedingten Wahrscheinlichkeiten neu berechnet werden. Informationsdynamik ergibt sich jedoch nicht nur, wenn Variablen neue Werte annehmen, sondern auch, wenn erkannt wird, dass zusätzliche oder andere Einflussgrößen existieren als zunächst angenommen. Solche „Updates" sind in Bayes-Netzen aufwändig, da die Ergänzung neuer Konzepte es erforderlich macht, bedingte a-priori Wahrscheinlichkeiten für alle Konzepte zu ermitteln, die direkt oder indirekt von dem neuen Konzept kausal beeinflusst werden.

3.6 Fazit

In Abschnitt B wurden Anforderungen an die Produktentwicklung formuliert, die durch die in Abschnitt C 2 dargestellten konzeptionellen Grundlagen – Systemdenken, Denken in Szenarien und Knowledge Mapping – zumindest theoretisch erfüllt werden können (vgl. Abbildung C 2-13, Seite 194 und Abbildung C 3-1, Seite 196). Nachfolgend soll geprüft werden, inwieweit sich die diskutierten neueren Ansätze zur Unterstützung des FFE diese Grundlagen zu eigen machen und wie gut sie die genannten Anforderungen erfüllen. Die Diskussion beschränkt sich hierbei auf den konzeptionellen Anspruch der einzelnen Methoden, da Fragen der praktischen Umsetzung bei der detaillierten Darstellung der neuen FFE-Ansätze in den Abschnitten C3.1-C3.5 bereits behandelt wurden.

Die **SSM für Innovationen** beruht auf einer Anwendung des Systemdenkens, wobei der Schwerpunkt auf der systematischen Sammlung und Berücksichtigung unterschiedlicher Problemsichten liegt. Dies wird durch die sog. „Kits" bewerkstelligt, bei denen es sich um Dokumentationen der Entwicklungsaufgabe handelt, die durch Expertenteams (Kunden, Fachexperten, Entwickler) sukzessive verändert, ergänzt und kommentiert werden. Eine ähnliche Funktion erfüllen die IDEF0-Diagramme und die HoQ, durch die das Wissen der Entwickler – insb. über Interdependenzen innerhalb der Entwicklungsaufgabe – strukturiert festgehalten wird. Das Verfahren fördert damit das Verständnis für das Gesamtsystem. Die Nutzung der „Kits", IDEF0-Analyse und QFD liefert instrumentelle Unterstützung für die multifunktionale Zusammenarbeit und die Bereitstellung von Kontextinformationen. Da der Prozess iterativ ausgelegt ist und getroffene Entscheidungen im Licht neuer Erkenntnisse auf Basis der aktuellen Versionen der „Kits" revidiert werden können, fördert es zudem prinzipiell Lernprozesse. Allerdings werden keine Ansatzpunkte aufgezeigt, wie mit Unsicherheit umzugehen ist. Die Autoren scheinen vielmehr davon auszugehen, dass der Einsatz der SSM für Innovationen über mehrer Iterationsstufen dazu führt, dass sich die Wahrnehmung der Problemsituation bei allen Prozessbeteiligten soweit annähert, dass die notwendigen Informationen objektiv ermittelt und in der Folge beschafft werden können. Da dann keine Unsicherheit mehr besteht, sind auch keine Strategien für den Umgang mit Unsicherheit erforderlich. Zudem werden keine Ansätze für eine systematische Berücksichtigung von Umfeldinformationen aufgezeigt.

Die **szenariobasierte Produktentwicklung** schließt diese Lücke: die antizipative Berücksichtigung alternativer Zukunftssituationen und die darauf basierende Entwicklung robuster Pläne liefert konkrete Hinweise, wie Unsicherheit bewältigt werden kann. Wie alle Szenario-Verfahren berücksichtig der Ansatz zudem Umfeldaspekte explizit und nimmt die Entwicklungssituation als System vernetzter Umfeld- und Entscheidungsfaktoren wahr. Ein verbessertes Verständnis für das System – also das Erzielen von Lerneffekten – wird dabei als wichtiges Ergebnis der Szenarioerstellung angesehen. Jede ausgewählte Strategie bzw. jeder Robustplan beruht auf einer Beschreibung der zugrunde liegenden Szenarien, die als dokumentierte Kontextinformationen betrachtet werden können. Allerdings erfüllt der Ansatz die Forderung nach multifunktionaler Zusammenarbeit bestenfalls indirekt, da vollkommen offen bleibt, wie verschiedene Funktionsbereiche bei der Szenarioerstellung und –nutzung zusammenarbeiten sollen und mögliche Konflikte und unterschiedliche Problemsichten lösen können.

Information Acceleration macht sich das Denken in Szenarien und das Systemdenken zu eigen, indem das Verfahren Produkttests in virtuellen Umgebungen durchführt, die zukünftige Szenarien repräsentieren. Es adressiert damit vor allem das Problem der Urteilsunsicherheit von Konsumenten, wenn diese mit radikal neuen Produkten und zukünftigen Umfeldbedingungen konfrontiert werden und liefert eine „front-loading" orientierte Form des Unsicherheitsmanagements. Die entwickelten Mulitmedia-Welten decken jedoch nur einen kleinen Teil des FFE ab, weswegen keine vollständige Systemsicht möglich ist. Zudem werden sie oft nur für eines der möglichen Szenarien erstellt, sind also auch keine konsequente Umsetzung des Szenariodenkens. Da IA keine Empfehlungen gibt, wie das Wissen des Produktentwicklungsteams erfasst werden kann, um die Multimedia-Welten zu erstellen sind, ist auch die Forderung nach Explikation und Kodifizierung von impliziten Wissen nur unzureichend erfüllt, obgleich die erstellten virtuellen Umgebungen eine interessante Dokumentation auch impliziter Wissensbestandteile sein könnten. Empfehlungen für die multifunktionale Zusammenarbeit werden im Ansatz der IA nicht thematisiert.

Letzteres ist Schwerpunkt des dargestellten Ansatzes auf Basis von **Concept Maps**, der die Entwicklung eines Instruments zur multifunktionalen Zusammenarbeit und die Bereitstellung von Kontextinformationen zum erklärten Ziel hat. Das Verfahren basiert hierbei auf einer Systemsicht auf die Produktentwicklung und bildet Interdependenzen zwischen Systemelementen explizit ab. Es sucht Unsicherheit zu bewältigen, indem Informationen bewahrt und Entscheidungen mehr oder minder automatisiert im Licht neu eintreffender Informationen beleuchtet werden. Dabei ist eine verbesserte Informationsversorgung des Entwicklungsteams das erklärte Ziel. Ein Lernen des Teams – etwa im Sinne eines besseren Verständnisses für das Gesamtsystem – steht nicht im Mittelpunkt der Überlegungen, ist aber ein möglicher Nebeneffekt. Grundsätzliche Fragen des Unsicherheitsmanagements (z.B. die Auswahl von flexibilitätserhaltenenden Strategien oder das „front-loading" von Problemlösungen) werden nicht näher unterstützt.

Die dargestellten Ansätze auf Basis von **Bayes-Netzen** liefern dagegen eine recht umfassende Erfüllung der genannten Anforderungen. Mit dem Critical-Issue-Grid liefern sie eine Möglichkeit zur systematischen Berücksichtigung von Umfeldfaktoren, wobei Unsicherheit durch Wahrscheinlichkeiten explizit formuliert wird. Die Netzwerkdarstellung von Kausalbeziehungen ist als klassisches Verfahren des Knowledge Mapping in der Lage, Wissen zu explizieren und drückt die Vernetztheit der Systemelemente visuell aus. Als einziges der vorgestellten Verfahren ist der Ansatz nicht rein qualitativ. Die quantitative Ermittlung der Folgen von Informationsänderungen (zusätzliche Konzepte, neue Wahrscheinlichkeiten) liefert sehr weit reichende Möglichkeiten, innerhalb des abgebildeten komplexen Systems Zusammenhänge und Neben- und Fernwirkungen zu erkennen, also Lernprozesse zu unterstützen. Dies eröffnet auch die Möglichkeit, alternative Szenarien quantitativ zu erstellen, indem die Eingangsparameter oder die Struktur der Bayes-Netze variiert werden. Da Aktualisierungen der Netze allerdings aufwändig sind, wenn neue Informationen nicht nur zu neuen Wahrscheinlichkeitsbeurteilungen sondern zu neuen Netzstrukturen führen, ist ihre Leistungsfähigkeit in Situationen hoher Informationsdynamik eingeschränkt. Aus dem gleichen Grund sind Erweiterungen, etwa um die spezifische Sicht eines zusätzlichen Funktionsbereichs, problematisch. Wie die Netzerstellung im Rahmen einer multifunktionalen Zusammenarbeit erfolgen sollte, bleibt unklar.

Tabelle C 3-1 auf der nachfolgenden Seite fasst diese Beurteilung im Überblick zusammen. Sie zeigt, dass keine der neueren Methoden und Instrumente für das FFE in der Lage ist, alle Anforderungen zu erfüllen. Es zeigt sich, dass insbesondere die methodische Unterstützung einer multifunktionalen Zusammenarbeit und die systematische Berücksichtigung von Umfeldinformationen problematisch sind. Zudem fehlen FFE-Lösungen, die Entscheider beim Umgang mit Unsicherheit aktiv unterstützen und Lernprozesse fördern.

Rahmenbedingungen des FFE	Turbulentes Umfeld		Integration		Wissen & Lernen	
Neue Instrumente und Methoden des FFE \ **Anforderungen**	Systematische Umfeldbeobachtung	Unsicherheitsmanagement	Multifunktionale Zusammenarbeit	Systemsicht	Wissensexplikation zur Unterstützung von Lernprozesse	Explikation von Kontextinformationen
SSM für Innovationen	○	○	●	●	●	●
Szenariobasierte Produktentwicklung	●	●	○	●	●	●
Information Acceleration	●	●	○	◐	○	◐
Concept Maps	○	◐	●	●	◐	●
Bayes Netze	●	●	○	●	●	●

Anforderung wird: ● erfüllt   ◐ eingeschränkt erfüllt   ○ nicht erfüllt

Tabelle C 3-1: Zusammenfassende Bewertung der neuen FFE-Lösungen

Im nachfolgenden Hauptkapitel wird der Versuch unternommen, diese Lücken zu schließen, und ein **Handlungsunterstützungssystem für die frühen Produktentwicklungsphasen** konzipiert.

D
Theoretische und methodische Grundlagen des Handlungsunterstützungssystems

D

Theoretische und methodische
Grundlagen des
Handlungsunterstützungssystems

1 Theoretische Grundlagen: handlungspsychologischer Bezugsrahmen

In Abschnitt B dieser Arbeit wurde gezeigt, dass die frühen Phasen der Produktentstehung durch hohe Komplexität und Dynamik gekennzeichnet sind, die Entscheider im FFE vor die Aufgabe stellen, hohe Unsicherheit zu bewältigen. Dies ist nicht allein durch Verbesserung der Informationsversorgung zu bewerkstelligen, sondern setzt eine angemessene Informationsverarbeitung voraus, die entscheidend von der Problemwahrnehmung der Entscheider beeinflusst wird. Der nachfolgende Abschnitt untersucht, wie Entscheider in schwierigen, schlecht überschaubaren Situationen Probleme eingrenzen, Informationen verarbeiten und Entscheidungen treffen. Er liefert damit die theoretische Grundlage für das zu entwickelnde Handlungsunterstützungssystem.

In komplexen und dynamischen Situationen machen Entscheider Fehler, d.h. sie treffen Entscheidungen, die ihren Zielen und Interessen zuwider laufen, obwohl dies auf Basis der vorliegenden Informationen erkannt werden könnte oder die dafür erforderlichen Informationen leicht zu beschaffen wären. Solche vermeidbaren Fehlentscheidungen aufgrund von mangelhafter Problemwahrnehmung werden u.a. für den Tschernobyl-Gau [VGL. DÖRNER: LOGIK DES MIßLINGENS 1992, S. 47FF.] und den Absturz der Ariane 5 Rakete [VGL. DÖRNER, SCHAUB: ERRORS 1993, S. 1] verantwortlich gemacht.

Entscheidungsmängel aufgrund von beschränkter Wahrnehmung, der kognitiven Verfügbarkeit von Informationen, mentaler Vorgänge bei der Informationsverarbeitung und individueller Motive (z.B. Kontrollmotiv) werden in der deskriptiven Entscheidungstheorie erforscht [VON NITZSCH: ENTSCHEIDUNGSLEHRE 2002, S. 8FF.; HAMMOND, KENNEY, RAIFFA: ENTSCHEIDUNGSFINDUNG 1999]. Typischerweise (jedoch nicht ausschließlich) werden hierbei Untersuchungssituationen betrachtet, in denen dem Entscheider die Ausgangslage bzw. Aufgabenstellung, Zielsetzung und Operatoren seiner Entscheidung klar sind [VGL. DÖRNER: LOHHAUSEN 1983, S. 100FF.]: Er soll z.B. (bedingte) Wahrscheinlichkeiten abschätzen, zwischen Lotterien wählen oder Aktienportfolios zusammenstellen, weiß also sehr genau, was er zu tun hat, was er in der gegeben Situation tun kann und was das Ziel seiner Handlung („richtige Wahrscheinlichkeit angeben"; „beste Lotterie wählen") ist. Viele Handlungssituationen im Alltag sind sehr viel „schwieriger", da diese Informationen nicht vollständig vorliegen [VGL. DÖRNER: LOHHAUSEN 1983, S. 100FF.]

Durch Simulationsspiele (z.B. das „Beer Distribution Game" des MIT [VGL. SENGE: 5TH DISCIPLINE 1990, S. 27F.] oder die „Lohhausen"- und „Tanaland"-Simulationen von *DÖRNER ET AL.* [VGL. DÖRNER: LOGIK DES MIßLINGENS 1992, S. 22 FF.]) ist in kontrollierter Umgebung erforschbar, wie Menschen in schwierigen Situationen handeln, welche Mängel auftreten und wie sich das Verhalten erfolgreicher und wenig erfolgreicher Probanden unterscheidet. Viele typische Entscheidungsfehler, ihre Ursachen und die Ansätze zu ihrer Überwindung sind aufgrund dieser Forschung bekannt. Sie werden – vorwiegend auf Basis der Arbeiten von *STERMAN UND*

DÖRNER – im Folgenden dargestellt. Hierbei ist der unterschiedliche Blickwinkel der Autoren von besonderem Interesse: STERMAN forscht an der Sloan School of Management des MIT nach Möglichkeiten, Managemententscheidungen methodisch zu unterstützen und nutzt dazu System Dynamics Modelle. DÖRNER befasst sich als Professor der Psychologie in Bamberg mit der Frage, auf welche psychologischen Ursachen sich beobachtbare Handlungsfehler zurückführen lassen, wobei er einen empirischen Ansatz auf Basis zahlreicher, breit angelegter Experimente verfolgt.

1.1 Modelle und Barrieren der Handlungsregulation

1.1.1 Lernen in komplexen Handlungssituationen nach STERMAN

STERMAN [VGL. STERMAN: BUSINESS DYNAMICS 2000, S. 14FF.] betrachtet Lernprozesse in komplexen Handlungssituationen (Abbildung D 1-1): Entscheider beziehen aus der „realen Welt" Informationen über Systemelemente und ihre Zustände, die sie in ihrer Gesamtheit nicht sinnvoll verarbeiten können. Daher entwickeln sie **mentale Modelle** (vgl. Seite 189) der Entscheidungssituation, die die reale Welt – wie jedes Modell – vereinfacht abbilden und damit schnelle Informationsverarbeitung ermöglichen. Mentale Modelle geben vor, welche Informationen für relevant erachtet und nachgefragt werden und wie sie zu interpretieren sind. Sie spannen zudem den möglichen Lösungsraum auf, indem sie festlegen, welche Entscheidungsregeln und Strategien zum Einsatz kommen.

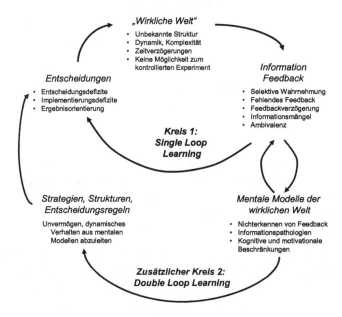

Abbildung D 1-1: Lernprozess und Lernbarrieren nach STERMAN. [VGL. STERMAN: BUSINESS DYNAMICS 2000, S. 19]

Entscheidungen führen zu Handlungen. Sie haben Auswirkungen auf die reale Welt, die sich durch sie verändert und – oft mit zeitlicher Verzögerung – neue Informationen liefert. Einfaches Lernen (**single loop learning**) erfolgt, wenn durch die neuen Informationen aus der realen Welt neue Entscheidungen ausgelöst werden. Mentale Modelle bleiben davon unberührt. Dies ist z.B. der Fall, wenn der Leiter des Vertriebs seine Absatzprognosen nach unten korrigiert, da der Verkauf auf dem Testmarkt schleppender verläuft als angenommen. So lange seine Annahmen über die kaufentscheidenden Eigenschaften des Produktes, die Bedürfnisse der Kunden, die Mechanismen des Absatzmarktes usw. unverändert bleiben, erfolgt lediglich single loop learning.

Dagegen findet das sog. **double-loop-learning** statt, wenn auf Basis der neuen Informationen die Sicht auf die Welt, d.h. das mentale Modell, und der daraus resultierende Lösungsraum verändert werden, wenn der Vertriebsmanager also bspw. erkennt, dass eine bislang als unwichtig erachtete Produkteigenschaft wichtig für die Kaufentscheidung ist.[59] Single und double loop learning ist in komplexen Handlungssituationen aufgrund von auftretenden Lernbarrieren problematisch. Sie korrespondieren mit den in Kapitel C2 (Seite 38ff.) beschriebenen Ursachen von Unsicherheit – einem Mangel an Informationen und einem Mangel in der Informationsverarbeitung:

- Ein objektiver **Mangel an Informationen**, der single-loop-learning verhindert, entsteht in vielen dynamischen Systemen durch die Tatsache, dass Feedback auf eine getroffene Entscheidung erst mit deutlicher zeitlicher Verzögerung erfolgt. Entscheider sind damit zunächst nicht über die Auswirkungen ihrer Handlungen informiert. Zudem sind Feedback Informationen mehrdeutig – in vielen Fällen ist es unmöglich, eine Änderung in der realen Welt auf eine isolierte Entscheidung zurückzuführen, da sie sich ebenso aus dem Zusammenspiel mehrerer Entscheidungen, aus der Eigendynamik des Systems oder durch einen exogenen Einfluss ergeben haben könnten [VGL. STERMAN: BUSINESS DYNAMICS 2000, S. 19FF., INSB. S. 21-26.].

- **Mängel in der Informationsverarbeitung**, die double-loop-learning behindern, beruhen auf selektiver Wahrnehmung von prinzipiell verfügbaren Informationen. Die Selektion erfolgt durch die mentalen Modelle der Entscheider (z.B. Festlegung des Messkonstrukts für „Kundenzufriedenheit"), die oft zu stark vereinfacht sind und insb. Rückkopplungsschleifen im System ignorieren.

Eine Vielzahl von Studien belegt, dass solche Mängel in mentalen Modellen bestehen und dass sie sich auch durch Erfahrung oder Anreize nicht entscheidend abstellen lassen. Sie werden daher mit der naturgegebenen Beschränkung menschlicher Rationalität erklärt [VGL. STERMAN: BUSINESS DYNAMICS 2000, S. 26F.]. **Beschränkte Rationalität** führt zudem dazu, dass selbst bei idealen Entscheidungsbedingungen, d.h. bei vollständiger Kenntnis der Struktur eines Modells und der Zustände seiner Variablen, dynamische Veränderungen falsch prognostiziert werden. So werden beispielsweise exponentielle Wachstumsverläufe trotz bekannter

---

[59] Das Konzept des „single loop" und „double loop" Lernens geht auf Argyris und Schön [VGL. ARGYRIS, SCHÖN: ORGANIZATIONAL LEARNING 1978] zurück, deren theoretischer Ansatz in Abschnitt D 1.1.3 (Seite 235ff.) diskutiert wird.

Systemstruktur regelmäßig nicht erkannt und in ihren Ergebnissen deutlich unterschätzt [VGL. STERMAN: BUSINESS DYNAMICS 2000, S. 29F.]. Beschränkte Rationalität verursacht Lernbarrieren und beeinflusst damit unmittelbar, welche Entscheidungen getroffen werden, und ob und wie sie an neue Situationen angepasst werden.

Lernbarrieren existieren darüber hinaus als Folge mangelnder Entscheidungsumsetzung: viele getroffene Entscheidungen werden nicht 1:1 umgesetzt, da bei der Realisation Schwierigkeiten auftreten (z.B. Ressourcenbeschränkungen, Gegenmaßnahmen von Konkurrenten, technische Probleme). Zudem kann es vorkommen, dass die an der Umsetzung Beteiligten gleichzeitig andere Ziele verfolgen – sei es zu ihrem persönlichen Vorteil oder weil andere Probleme aktuell drängender scheinen. In diesen Fällen bleibt unbekannt, wie sich das System bei vollständiger Umsetzung der Entscheidung entwickelt hätte, ob die Entscheidung also zweckmäßig war oder nicht [VGL. STERMAN: BUSINESS DYNAMICS 2000, S. 33].

Die genannten Lernbarrieren lassen sich auf die Besonderheiten komplexer und dynamischer Handlungssituationen zurückführen [VGL. STERMAN: BUSINESS DYNAMICS 2000, S. 21F.]:

- schwer durchschaubare Systemstrukturen bei hoher (Eigen-)Dynamik im Zeitablauf
- große Anzahl und Vernetztheit der Elemente mit entsprechend hohem Informations(verarbeitungs)bedarf
- fehlende Möglichkeit zu kontrollierten Experimenten und damit unvollständiges und verspätetes Feedback.

Darüber hinaus lassen sich Lernbarrieren identifizieren, die im menschlichen Verhalten begründet sind. Zu ihnen gehören typische Entscheidungspathologien [VGL. Z.B. STERMAN: BUSINESS DYNAMICS 2000, S. 30F. UND HAMMOND ET AL.: ENTSCHEIDUNGSFINDUNG 1999] – etwa die Tendenz, gewünschte Ergebnisse für wahrscheinlicher zu halten als unerwünschte oder die Neigung, stets nach Bestätigung für einmal getroffene Annahmen zu suchen und Untersuchungen auf dieses Ziel hin auszurichten, obgleich der Versuch der Falsifizierung zur Prüfung der Hypothese besser geeignet wäre.

1.1.2 Prozess der Handlungsregulation nach DÖRNER

Nach DÖRNER ET AL. erfolgt der Prozess der Handlungsregulation in fünf Stufen: (1) Zielausarbeitung, (2) Modellbildung und Informationssammlung, (3) Prognose und Extrapolation; (4) Planung von Aktionen, Entscheidung und Durchführung sowie (5) Effektkontrolle und Revision der Handlungsstrategie [VGL. DÖRNER: LOGIK DES MIßLINGENS 1992, S. 67]. Ausgehend von diesem Modell untersuchen DÖRNER ET AL. in zahlreichen Simulationsspielen, welche spezifischen Anforderungen sich in den jeweiligen Phasen ergeben, wie Probanden diese Phasen durchlaufen und welche typischen Fehler ihnen unterlaufen [60]. Dabei untersuchen sie auch, von welchen Faktoren (Zeitdruck, Erfahrung, Vorwissen, Intelligenz usw.) es abhängt, wie Probanden ihre Aufgabe bewältigen.

In den Untersuchungen zeigt sich, dass die Stufen der Handlungsregulation in der Realität selten vollständig bewusst und sequenziell durchlaufen werden. Vielmehr „springen" Entscheider zwischen verschiedenen Phasen hin und her, etwa wenn sie bei der Informationssammlung bemerken, dass ihnen ihre Ziele nicht ausreichend klar sind oder bei der Planung von Aktionen Informationsdefizite offensichtlich werden. Dabei unterscheiden sich Probanden sowohl in der Aufmerksamkeit und Sorgfalt, die sie einzelnen Phasen beimessen, als auch im Erfolg ihrer Entscheidung. DÖRNER ET AL. identifizieren auf dieser Basis phasentypische Mängel der Handlungsregulation und deren Gründe [VGL. DÖRNER: LOGIK DES MIBLINGENS 1992, S. 72F.].

1.1.2.1 Zielbildung

In der Phase der Zielbildung unterlassen es Entscheider oft, sich alle ihre Ziele zu vergegenwärtigen: So wird in vielen Fällen lediglich die Beseitigung eines unerwünschten Zustands, nicht aber die Beibehaltung anderer, erwünschter Zustände als Ziel formuliert. Zudem werden Komplexziele (z.B. „Benutzerfreundlichkeit", „Wohlergehen") nicht dekomponiert, d.h. in konkrete Teilziele zerlegt, wodurch evtl. bestehende Zielkonflikte nicht offensichtlich werden. Ohne vollständiges und klares Zielsystem können auch keine Kompromisse zwischen konfliktären Ziele geschlossen oder Ziele entsprechend ihrer Wichtigkeit und Dringlichkeit priorisiert werden [VGL. DÖRNER: LOGIK DES MIBLINGENS 1992, S. 74F. UND DÖRNER ET AL.: LOHHAUSEN 1983, S. 37FF.].

Mängel in der Zielbildungsphase verursachen ein Gefühl von Unsicherheit, auf das Entscheider unterschiedlich reagieren. Im Idealfall wird die mangelnde Zielkonkretisierung nachge-

---

[60] In den Simulationen wird das Verhalten von Probanden in komplexen Situationen betrachtet. Im Fall von „Lohhausen" sollen sich die Probanden in den Bürgermeister einer Kleinstadt hineinversetzen, der mit diktatorischen Vollmachten ausgestattet ist: Er kann nicht nur das Handeln der städtischen Verwaltung, sondern auch das von nahezu allen Wirtschaftsbetrieben des Ortes lenken. Ziel ist es, die Stadt zehn Jahre lang zu führen [VGL. DÖRNER ET AL.: LOHHAUSEN 1983, S. 105F.]. In der Simulation „Tanaland" kann der Proband beliebige Eingriffe (Geburtenkontrolle, Erschließung von Ackerland, Brunnenbohrungen usw.) in einem ostafrikanischen Land vorschreiben, das von sesshaften Bauern und Hirtennomaden bewohnt wird. Auch hier wird ein Zeitraum von zehn Jahren betrachtet [VGL. DÖRNER: LOGIK DES MIBLINGENS 1992, S. 22FF.]. Die den Simulationen zugrunde liegenden Computerprogramme werden vom Probanden nicht selbst benutzt. Ein Versuchsleiter ist während der jeweils zweistündigen Versuchssitzungen anwesend und beantwortet Fragen zu allen Themen, die in der Realität bei entsprechender Recherche auch beantwortet werden könnten. Er protokolliert Fragen, Aktivitäten und „Lautes Denken" der Probanden. Am Ende einer Versuchssitzung müssen die Probanden ihre Maßnahmen festlegen. Das Ergebnis wird in ihrer Abwesenheit durch das Simulationstool berechnet und wird ihnen bei der nächsten Versuchssitzung mitgeteilt. Es liefert die Ausgangssituation für die nächste Simulationsrunde [VGL. DÖRNER ET AL: LOHHAUSEN 1983, S. 105F.].

holt. Häufig wird jedoch ein Ziel als Handlungsschwerpunkt gewählt, das besonders ins Auge sticht, unabhängig davon ob es tatsächlich dringlich oder wichtig ist. DÖRNER ET AL. bezeichnen dieses Verhalten als „**Reparaturdienstprinzip**". Es führt dazu, dass die falschen (jedoch aktuell offensichtlichen) Probleme gelöst werden, während Probleme, deren zukünftiges Auftreten sich erst schwach abzeichnet, unberücksichtigt bleiben [VGL. DÖRNER: LOGIK DES MIßLINGENS 1992, S. 87FF.].

Manche Entscheider bewältigen das Gefühl der Unsicherheit auch, indem sie sich einen Handlungsschwerpunkt suchen, für den sie sich z.b. aufgrund von persönlichen Erfahrungen kompetent fühlen. Wird dieses Gefühl von Kompetenz durch einen Misserfolg gestört, werden neue Ziele gesucht. Es kommt zum „**thematischen Vagabundieren**" [VGL. DÖRNER: LOGIK DES MIßLINGENS 1992, S. 41FF. UND DÖRNER ET AL.: LOHHAUSEN 1983, S. 252FF.].

Sowohl Reparaturdienstverhalten als auch thematisches Vagabundieren können das Gefühl von Unsicherheit oft nicht nachhaltig verringern. In diesen Fällen kann es zu einer **Einkapselung** des Entscheiders kommen, der dann Aktionen um ihrer selbst willen und losgelöst vom ursprünglich zugrunde liegenden Ziel verfolgt [VGL. DÖRNER: LOGIK DES MIßLINGENS 1992, S. 94] oder sich absondert, indem er Verantwortung und Entscheidung an andere Personen delegiert [VGL. DÖRNER ET AL.: LOHHAUSEN 1983, S. 257].

Bleiben Zielkonflikte aufgrund mangelnder Zielpräzisierung unerkannt und stellen sich Misserfolge ein, weil neben dem verfolgten Ziel auch unerwünschte Wirkungen auftreten, so zeigen sich in der Untersuchungssituation drei weitere typische Verhaltensweisen [VGL. DÖRNER: LOGIK DES MIßLINGENS 1992, S. 101FF.]:

1. Entscheider stellen „**Verschwörungstheorien**" auf, mit denen sie eine Person oder Gruppe von Personen für ihr Scheitern verantwortlich machen, wobei sie ihnen bösen Willen oder charakterliche Mängel unterstellen. Diese Personen haben entweder überhaupt nicht in der entsprechenden Weise gehandelt oder haben sich in einer Weise verhalten, die nicht unbedingt unmoralisch, in jedem Fall aber systemadäquat und rational und damit vorhersehbar war. Dieser Prozess der „Sündenbocksuche" wird in der Psychologie als „fundamental attribution error" gekennzeichnet [STERMAN: BUSINESS DYNAMICS 2000, S. 28]

2. Ein weiteres typisches Verhalten ist die so genannte **Zielinversion** – die nachträgliche Anpassung des Ziels an das Ergebnis, so dass die unerwarteten Nebenwirkungen im nachhinein als erwünschtes Ziel ausgegeben werden.

3. Schließlich ist auch ein **verbales Verblenden der Widersprüche** beobachtbar – so berichtet *DÖRNER* von einer Probandin, die sich in einem Simulationsspiel entgegen ihrer ursprünglich geäußerten Überzeugung gezwungen sieht, allgemeinen Wehrdienst einzuführen und ihn als „freiwillige Wehrpflicht" [DÖRNER: LOGIK DES MIßLINGENS 1992, S. 103FF.] charakterisiert .

1.1.2.2 Informationssammlung und Modellbildung

In der Phase der Informationssammlung und Modellbildung werden Informationen über den Zustand von Systemvariablen genutzt, um Strukturwissen über das beobachtete System zu extrahieren. Bei der Modellbildung müssen Entscheider drei Dinge leisten [VGL. DÖRNER: LOGIK DES MIßLINGENS 1992, S. 116F.]:

1. Sie müssen die kausalen Abhängigkeiten zwischen den endogenen und exogenen Systemvariablen und den Zielvariablen erkennen.

2. Sie müssen wissen, in welche weiteren Bestandteile die Elemente eines Systems zerlegbar sind, um zu Hypothesen über bislang unbekannte Beziehungen zwischen Systemvariablen zu gelangen.[61]

3. Sie müssen einzelne Bestandteile des Systems soweit abstrahieren können, dass sie in der Lage sind, die ihnen unbekannte Struktur des Systems durch Analogieschlüsse zu ergänzen.[62]

Modellbildung erfolgt durch Bildung von Analogien zwischen Systemvariablen und vorhandenen Erfahrungen und durch Beobachtung und Erklärung der Veränderungen von Systemvariablen im Zeitablauf [VGL. DÖRNER: LOGIK DES MIßLINGENS 1992, S. 117]. Letzteres ist bspw. der Fall, wenn Absatzschwankungen beobachtet und z.B. durch Feiertage erklärt werden. Das mentale Modell wird damit um das Konzept „Feiertage" erweitert und verfeinert, indem es saisonale Schwankungen berücksichtigt.

Bei der Modellbildung treten die auch von STERMAN angesprochenen typischen Fehler auf: Es entstehen unvollständige Modelle ohne Feedback. DÖRNER diskutiert insb. Modelle auf Basis reduktiver Hypothesen in Folge von Übergeneralisierungen. Modelle auf Basis **reduktiver Hypothesen** sind zentralistisch um eine Variable herum organisiert („unsere Absatzprobleme liegen alle an der Einführung des Euro"), durch die sich alle anderen Variablen und das Systemverhalten erklären lassen. Sie liefern damit (vordergründig durchaus befriedigende) „Welterklärungen aus einem Guss". Andere Modellzusammenhänge werden überhaupt nicht

---

[61] Ein Beispiel, in dem diese weitere Zerlegung von Systemelementen sinnvoll ist, wird bei DÖRNER genannt: Will man eine Erklärung finden, warum ein Gartenteich umkippt und stinkt, so ist es für die Lösungssuche vielversprechend, das Systemelement „Fisch" gedanklich zu zerlegen: Fische haben ein Atmungssystem und einen Verdauungstrakt, müssen also Sauerstoff aus dem Wasser aufnehmen und Ausscheidungsprodukte in das Wasser abgegeben. Damit können „Sauerstoff" und „Verschmutzung des Wassers" als wichtige Elemente des Systems identifiziert werden [DÖRNER: LOGIK DES MIßLINGENS 1992, S. 107FF.].

[62] DÖRNER nennt als Beispiel für die sog. „Konkret-Abstrakt-Einbettung" die Überlegung einer Germanistikstudentin, die sich in einer Simulation vor die Aufgabe gestellt sah, eine Uhrenproduktion zu verbessern. Sie fand Ansatzpunkte, indem sie das Selbstdrehen von Zigaretten, das ihr bekannt war, als Beispiel für einen Produktionsprozess heranzog. Durch dessen Analyse war es ihr möglich, wichtige Bestandteile der Uhrenproduktion, wie etwa Material (Papier, Tabak), Energie (Körperkraft), Planung (Reihenfolge des Zigarettenzusammenbaus), usw. zu erkennen und gezielt zu erfragen [DÖRNER: LOGIK DES MIßLINGENS 1992, S. 113F.].

oder bestenfalls am Rande beachtet [VGL. DÖRNER: LOGIK DES MIBLINGENS 1992, S. 130FF.]. Modelle als Folge von **Übergeneralisierungen** entstehen, wenn gesammelte Erfahrungen – etwa die Beobachtung, dass eine Zinssenkung wachstumsfördernd ist – dekonditionalisiert, d.h. ohne Beachtung der im Zeitpunkt der Erfahrung vorliegenden Bedingungen für allgemeingültig erklärt wird [VGL. DÖRNER: LOGIK DES MIBLINGENS 1992, S. 135FF.].

Informationssammlung und Modellbildung sind eng verknüpft. Informationssammlung ist immer dann erforderlich, wenn die vorhandenen Informationen nicht ausreichen, um das Modellverhalten zu prognostizieren und Aktionen zu planen. Durch Informationssammlung lassen sich Unsicherheit reduzieren und die Erstellung und Nutzung fehlerhafter Modelle verhindern. Neue Informationen können allerdings auch neue Unsicherheiten erzeugen, wenn dem Entscheider klar wird, dass er bislang noch viel zu wenig über das Problem weiß. Insb. unter Zeitdruck tendieren Entscheider dazu, Informationsverweigerung zu betreiben: Schnelles Handeln scheint sinnvoller und „fühlt sich kompetenter an" als weitere Informationssammlung. Die Folge ist Aktionismus, der im Extremfall losgelöst von jeglichem informatorischen Input erfolgt – etwa wenn Entscheider sich angesichts ihrer Überforderung auf ihr „Bauchgefühl" verlassen [VGL. DÖRNER: LOGIK DES MIBLINGENS 1992, S. 144FF.].

Andere Entscheider suchen ihr Gefühl von Unsicherheit durch immer weiterreichende Informationssammlung abzubauen, wobei das zunehmende Detaillierungsniveau der Informationen für die Prognose und Planung kaum zielführend ist, da Aspekte betrachtet werden, deren Auswirkungen auf das Gesamtergebnis vernachlässigbar gering sind. Die Berücksichtigung dieser Teilaspekte erzeugt zudem immer neue Unsicherheiten, da Informationen nicht in der erwünschten Detaillierung vorliegen. Die Folge ist Entscheidungsverweigerung bzw. die Konzentration auf ein klar abgegrenztes Teilproblem, für das man sich ausreichend gut informiert fühlt. Dieses Verhalten ist bei geringem Zeitdruck häufig zu beobachten [VGL. DÖRNER: LOGIK DES MIBLINGENS 1992, S. 152F.].

1.1.2.3 Prognose und Extrapolation

Prognose und Extrapolation ermöglichen die Modellüberprüfung durch Beobachtung von Systemvariablen und liefern die Grundlage für die Planung von Aktionen. Beide Aktivitäten sind für Entscheider problematisch:

- Entscheider – auch mathematisch gebildete – **unterschätzen exponentielles Wachstum** dramatisch. Gleichzeitig werden wachstumsbegrenzende Faktoren (bspw. die Erschöpfung eingesetzter Ressourcen oder die natürliche Verlangsamung der Neuinfektionen bei Epidemien mit vielen Infizierten) nicht erkannt. Insbesondere Fachleute unterschätzen zudem Friktionen, die zu einer Verlangsamung einer prinzipiell logischen und wahrscheinlichen Entwicklung (z.B. der Verfügbarkeit einer neuen Technologie, deren Komponenten heute bereits existieren) führen. Eine intuitive Schätzung bei nicht-linearen Entwicklungsverläufen ist damit nicht möglich und selbst mit methodischer Unterstützung problematisch [VGL. DÖRNER: LOGIK DES MIßLINGENS 1992, S. 156FF.].

- Es herrscht eine starke **Tendenz zur Strukturextrapolation**, d.h. zu der Annahme, dass zukünftige Zustände sich in ihrer Struktur nicht von denen unterscheiden, die heute vorherrschen. Dieses Phänomen wird durch die Tatsache verschärft, dass sich radikale Strukturbrüche oftmals nur sehr schwach abzeichnen [VGL. DÖRNER: LOGIK DES MIßLINGENS 1992, S. 187FF.].

- Zeitliche Verzögerungen werden systematisch unterschätzt oder vollständig ignoriert, wodurch es bei Systemeingriffen zu einer Übersteuerung kommt [VGL. DÖRNER: LOGIK DES MIßLINGENS 1992, S. 200FF.].

- Vergangene Systemzustände lassen sich aus dem Gedächtnis nur unvollständig abrufen, so dass Lernen aus Systembeobachtung erschwert wird [VGL. DÖRNER: LOGIK DES MIßLINGENS 1992, S. 169FF.].

1.1.2.4 Planung, Entscheidung, Durchführung

Planung kann als „Probehandeln" verstanden werden, bei der eine Sequenz von Aktionen entsteht, die jeweils aus einem Bedingungsteil, einem Aktionsteil und einem Ergebnisteil bestehen. Wird die geplante Aktionssequenz unter den notwendigen Bedingungen durchlaufen, so wird das gewünschte Ergebnis (wahrscheinlich) erzielt [VGL. DÖRNER: LOGIK DES MIßLINGENS 1992, S. 235FF.].

Menschen sind auf schnelles Handeln „programmiert", d.h. sie bewältigen ihren Alltag, indem sie sehr schnell alternative Aktionssequenzen entwickeln und eine Entscheidung treffen. Wer den Bus verpasst und deswegen Gefahr läuft, sein Kind nicht rechtzeitig vom Kindergarten abholen zu können, hat im Prinzip sehr viele Handlungsoptionen (nächsten Bus nehmen, Taxi nehmen, zu Fuß gehen, Kindergarten informieren, Verwandte informieren, Eltern eines anderen Kindes informieren, Kind von Taxi abholen lassen, usw.) die er zu zahlreichen Aktionssequenzen zusammenfügen kann. Um schnell reagieren zu können, darf die Bildung von Aktionssequenzalternativen allerdings nicht zu lange dauern – das Suchfeld darf also nicht zu groß ausfallen. Um eine gute Entscheidung zu treffen, darf das Suchfeld aber auch nicht zu eng gezogen werden (z.B. nur „Warten auf den nächsten Bus"). In welchem Suchraum aktuelle Aktionssequenzen geplant werden, hängt vom Informationsstand ab und ist damit veränderlich. Wenn ein Blick auf den Busfahrplan zeigt, dass der nächste Bus zu spät kommt, erweitert sich der Suchraum auf „alternative Verkehrsmittel" oder „Kind abholen lassen". Die Anforderungen an Entscheider sind bei der Planung damit sehr groß – je nach Situation, d.h. mit jedem Eintreffen neuer Informationen, müssen Pläne überdacht und ggf. neue Suchräume identifiziert und Aktionssequenzen entwickelt werden. Dabei gibt es ebenso wenig stets erfolgreiche Heuristiken zur Suchraumeinengung oder -erweiterung, wie absolut „richtige" Detaillierungsniveaus der Planung existieren [DÖRNER: LOGIK DES MIßLINGENS 1992, S. 244].

In komplexen, weniger alltäglichen Situationen, lassen sich bei Entscheidern typische Fehler bei der Planung beobachten: Ähnlich der Informationssammlung kann Planung Unsicherheit erzeugen, weil dem Entscheider die Vielzahl möglicher Geschehnisse klar wird. Hier lassen sich entsprechend die Tendenzen zur **Einkapselung** und Entscheidungsverweigerung sowie zum **blinden Aktionismus** beobachten. Im ersten Fall wird eine zu detaillierte Planung erstellt, die, da ja immer noch mehr Informationen gesammelt und Teilpläne erstellt werden „müssen", nie in die Tat umgesetzt wird oder in der Realität schnell auf der Detailebene versagt, wodurch sich das Unsicherheitsgefühl weiter verstärkt [VGL. DÖRNER: LOGIK DES MIßLINGENS 1992, S. 248F.]. Im zweiten Fall erfolgt eine zu grobe, unkonkrete Planung, bei der einmal erfolgreiche Methoden dekonditionalisiert eingesetzt werden bzw. Aktionssequenzen so geplant werden, als hätten sie einen sicheren Ergebnisteil und keinen Bedingungsteil. Dieses Verhalten wird durch Situationen verstärkt, in denen Entscheider ihre Planungen nicht umsetzen (müssen) oder kaum Feedback über die Auswirkungen ihrer Entscheidungen erhalten [VGL. DÖRNER: LOGIK DES MIßLINGENS 1992, S. 251F.].

Aus dem Vergleich von erfolgreichen und weniger erfolgreichen Entscheidern ist zudem bekannt, was gute Planungen begünstigt – gute Planer „elaborieren" ihre Aktionen, d.h. sie machen spezifische Angaben zu den Zielen und zur Durchführung der geplanten Maßnahmen. Zudem geben sie die Bedingungen, die für die Planumsetzung vorhanden sein oder geschaffen werden müssen, an. Dieses Verhalten spiegelt sich auch in ihrem Sprachgebrauch wieder. Im Gegensatz zu erfolgloseren Planern verwenden sie eher Begriffe, die Entwicklungstendenzen zwar betonen, aber auch Alternativen zulassen und auf Bedingungen und Sonderfälle hinweisen, wie z.B. „häufig", „gewöhnlich", „einigermaßen". Schlechte Problemlöser nutzen dagegen eher Begriffe wie „immer", „ausnahmslos", „total" [VGL. DÖRNER: LOGIK DES MIßLINGENS 1992, S. 260FF.].

1.1.2.5 Effektkontrolle

Die Kontrolle, ob einmal getroffene Entscheidungen die gewünschte Wirkung erzielen, ermöglicht es, aus Fehlern zu lernen, also mentale Modelle anzupassen oder fehlende Informationen einzuholen. Sie macht zudem korrigierende Eingriffe erst möglich, so dass das Ziel trotz unerwarteter Entscheidungswirkungen doch noch erreicht wird.

Allerdings unterbleibt sie in sehr vielen Fällen – in Simulationsspielen überprüfen Entscheider lediglich die Wirkung von 30%-50% ihrer Beschlüsse, unter Stress in Krisensituationen sogar weniger als 10%. Der Rest der Entscheidungen wird – gleich einer Kanonenkugel – abgeschossen, aber nicht mehr gesteuert. *DÖRNER* nennt dieses Verhalten **„ballistisch"**. Es hat seine Ursache wohl vornehmlich in dem Wunsch, das Gefühl der eigenen Kompetenz aufrecht zu halten, seine Entscheidungen also **gerade nicht** in Frage zu stellen.

Wenn Problemlöser trotz dieser Tendenz mit Feedback auf ihre Entscheidungen konfrontiert werden – was in realen dynamischen Systemen oft nicht der Fall ist – so lernen sie nicht zwingend aus ihren Fehlern: Wegen der bereits angesprochenen Schwierigkeit, Wirkungsverzögerungen zu erkennen, gelingt es häufig nicht, den Zusammenhang zwischen einem Systemeingriff und einer späteren Wirkung zu erkennen. Das System scheint sich willkürlich zu verhalten.

In dem Versuch, doch noch eine Logik im System zu erkennen, werden entweder sehr einfache Regeln konstruiert, die ritualhaft angewandt werden, ohne dass widersprechende Informationen überhaupt berücksichtigt werden [VGL. DÖRNER: LOGIK DES MIßLINGENS 1992, S. 208F.]. Oder aber es entstehen „allgemeingültige" Regeln, deren Gültigkeit durch die Angabe von Ausnahmebedingungen, in denen die aufgestellte Regel zufällig nicht gilt, bewahrt wird [VGL. DÖRNER: LOGIK DES MIßLINGENS 1992, S. 211F.].

DÖRNER berichtet z.B. von einem Versuch [VGL. DÖRNER: LOGIK DES MIßLINGENS 1992, S. 201FF.], in dem Probanden durch Steuerung eines Stellrads, das mit 0-200 beschriftet war, die Temperatur in einem Kühlhaus regeln sollten. Die tatsächliche Kühlhaustemperatur wurde durch ein Thermometer gemessen, wobei sich naturgemäß eine Verzögerung zwischen der Betätigung des Stellrads und einer Veränderung des Messwerts ergab. Eine von einem Probanden erzeugte einfache Regel lautet: „wenn die Temperatur zu hoch ist, auf 0 runterschalten, wenn sie zu niedrig ist auf 200 hoch schalten". Der Proband wandte diese Regel, die zu einer starken Übersteuerung des Systems führte, „stumpf" an, wann immer er einen Messwert gemeldet bekam, selbst wenn er das Stellrad in der Zwischenzeit überhaupt nicht verstellt hatte. Zu den Regeln, die durch Konditionalisierung immer stärker ausgeweitet und dadurch „gültig gehalten" wurden, gehörte die Regel „Man muss abwechselnd 50,150 und 200 eingeben, um die Temperatur zu senken." Schließlich traten auch „magische" Regeln auf, bei denen der Proband überhaupt keinen Zusammenhang zum System herstellte, wie z.B. „23 ist eine gute Zahl!".

Wenn sich auch bei größter Mühe keine Regeln erkennen lassen, greifen die bereits im Abschnitt „Zielbildung" angesprochenen Verschwörungstheorien mit Fremdattribution („Die haben den Versuch so aufgebaut, dass die Stellradeinstellung überhaupt keinen Einfluss hat") [VGL. DÖRNER: LOGIK DES MIßLINGENS 1992, S. 213].

Feedback erzeugt aufgrund kognitiver Beschränkungen also nicht immer eine bessere Einsicht in die Systemstruktur und das Systemverhalten.

1.1.3 Exkurs: Barrieren der Handlungsregulation im organisationalen Kontext

Die Erklärungen des Handelns in komplexen Situationen von *DÖRNER* und *STERMAN* basieren beide auf der Vorstellung, dass relevante Bereiche der Realität ausgewählt und im Gedächtnis der handelnden Personen als System von exogen vorgegebenen und endogen beeinflussten Variablen und erwünschten Zielvariablen repräsentiert werden. Das Bild des Realitätsausschnittes ist nicht statisch, sondern wird auf Basis eingehender Informationen (z.B. Feedback auf einmal getroffene Entscheidungen) modifiziert. Erfolgreiches Handeln ist möglich, wenn das Abbild der Realität adäquat ist und an sich verändernde Bedingungen angepasst wird [VGL. DÖRNER ET AL.: LOHHAUSEN 1983, S. 33FF. UND STERMAN: BUSINESS DYNAMICS 2000, S. 19FF.].

STERMAN erklärt diesen Prozess der Anpassung von mentalen Modellen auf Grundlage der Arbeiten von *ARGYRIS UND SCHÖN* [VGL. ARGYRIS, SCHÖN: ORGANIZATIONAL LEARNING 1978] und nutzt die von ihnen entwickelten Konzepte des „single loop" und „double loop" Lernens, um zu erläutern, wie es zu adäquaten Realitätsabbildern (bzw. „theories of action") kommt bzw. welche Lernbarrieren auftreten können, die adäquate mentale Modelle verhindern. *DÖRNER* leitet typische Fehlentscheidungen und Lernbarrieren in komplexen Handlungssituation dagegen nicht theoretisch ab, sondern erforscht den Prozess der Handlungsregulation empirisch.

Sowohl *STERMAN* als auch *DÖRNER* fokussieren in ihren Arbeiten auf die Kognition und das Verhalten von **Einzelpersonen**. *ARGYRIS UND SCHÖN* befassen sich dagegen mit Fragen des **organisationalen Lernens** und damit mit der Problemstellung, ob Organisationen ebenfalls über handlungsbestimmende Abbilder der Realität verfügen, die durch Lernen modifiziert werden. Sie kommen zu dem Ergebnis, dass sich individuelles und organisationales Lernen ähneln, sich individuelle Lernkonzepte aber nicht einfach auf Organisationen übertragen lassen [VGL. ARGYRIS, SCHÖN: ORGANIZATIONAL LEARNING 1978, S. 20].

Organisationen sind Gruppen von Menschen, die erkennbar als Kollektiv auftreten, für und im Namen der Gruppe handeln und Entscheidungsbefugnisse an einzelne Personen delegieren. Hierzu einigen sie sich (bewusst und unbewusst) auf Regeln und Normen zur Gruppenzugehörigkeit, Machtdelegation und Entscheidungsfindung. Unternehmen sind auf Dauer angelegte Organisationen, die eine komplexe Aufgabe in einem dynamischen Umfeld bewältigen. Sie entwickeln dafür „theories of action", die neben Regeln und Normen auch Ziele, Strategien und Annahmen enthalten. In diesem Sinne hat eine Organisation also ein „mentales Modell" seiner Märkte, Konkurrenten, Aufgaben, Rahmenbedingungen usw. [VGL. ARGYRIS, SCHÖN: ORGANIZATIONAL LEARNING 1978, S. 12FF.].

Single-loop-learning von Organisationen vollzieht sich, indem Individuen eine Diskrepanz zwischen den Strategien und Normen des Unternehmens und der Realität erkennen und Maßnahmen ergreifen, um diese Abweichung zu beseitigen. Dies ist z.B. der Fall, wenn ein Qualitätsprüfer eine Diskrepanz zwischen einem Qualitätsziel und dem Ergebnis eines

Produktionsschritts identifiziert, als Ursache eine fehlerhafte Anlagenbedienung erkennt und in der Folge die Arbeitsanweisung erfolgreich so modifiziert, dass die Anlage künftig richtig bedient wird [VGL. ARGYRIS, SCHÖN: ORGANIZATIONAL LEARNING 1978, S. 18FF.]. **Double-loop-learning von Organisationen** findet dagegen statt, wenn die Organisation ihre Regeln, Normen, Strategien usw. anpassen muss, weil bspw. erkannt wird, dass die vormals absatzfördernde hohe Qualität der Produkte im Markt nicht mehr honoriert wird [VGL. ARGYRIS, SCHÖN: ORGANIZATIONAL LEARNING 1978, S. 21FF.].

Wenn Individuen erkennen, dass zwischen den Strategien und Normen des Unternehmens und ihrer praktischen Umsetzung eine Diskrepanz besteht oder dass Strategien, Normen, Ziele, usw. an geänderte Umfeldbedingungen angepasst werden müssen, so ist dies noch lange keine Garantie dafür, dass auch tatsächlich organisationales Lernen stattfindet. Vielmehr müssen die Individuen ihre Lernerfolge auch in der „theory of action" des Unternehmens verankern können. Ob ihnen dies gelingt, hängt u.a. davon ab, wie bereit sie sind, mögliche Konflikte und Widersprüche auszuhalten, welche Rolle und Machtposition sie in der Organisation einnehmen und wie „lernfähig" die Organisation ist [VGL. ARGYRIS, SCHÖN: ORGANIZATIONAL LEARNING 1978, INSB. KAPITEL 5].

SENGE diskutiert Gründe für unterschiedliche Lernfähigkeiten von Organisationen und identifiziert sieben Ursachen einer „organisationalen Lernbehinderung". Ein Teil der organisationalen Lernbehinderungen entspricht hierbei den Mängeln der Handlungsregulation, die *DÖRNER* auf individueller Ebene nachweist, so z.B. die Tendenz zur Sündenbocksuche bei Misserfolg [VGL. SENGE: 5TH DISCIPLINE 1990, S. 19F.] und die Neigung zu blindem Aktionismus aus einem Gefühl von Unsicherheit und Frustration heraus [VGL. SENGE: 5TH DISCIPLINE 1990, S. 20F.]. Weitere Ursachen für Lernbarrieren sind (die bei *DÖRNER* ebenfalls thematisierten) Probleme beim Umgang mit Zeitreihen, die zu einer Überbewertung aktueller oder erst kürzlich vergangener Geschehnisse [VGL. SENGE: 5TH DISCIPLINE 1990, S. 21F.] und zur Nichtberücksichtigung gradueller Veränderungen führen [VGL. SENGE: 5TH DISCIPLINE 1990, S. 22F.] und es damit verhindern, dass langfristige Entwicklungen erkannt werden. Lernbarrieren entstehen zudem durch die fehlende Möglichkeit, aus Feedback zu lernen, weil dieses in komplexen Systemen meist mit großer zeitlicher Verzögerung und nicht immer an der Stelle auftritt, an der die Entscheidung getroffen wurde [VGL. SENGE: 5TH DISCIPLINE 1990, S. 23F.].

Andere der von *SENGE* identifizierten Symptome bestehender Lernbarrieren sind nicht auf individuelles Handeln allein, sondern **auf organisationale Kontexte zurückzuführen**. *SENGE* nennt hier die Tendenz, sich über seine Funktion in der Organisation zu definieren und nicht über den Tellerrand hinweg zu schauen [VGL. SENGE: 5TH DISCIPLINE 1990, S. 18F., ÄHNLICH AUCH SCHOLL: INFORMATIONSPATHOLOGIEN 1992, SP. 906] sowie das häufige Fehlen eines tatsächlichen Konsens innerhalb des Managementteams. Meinungsverschiedenheiten werden oft verbrämt, weil es Teammitgliedern politisch unklug erscheint, Widerspruch zu äußern, weil sie Konflikte vermeiden wollen oder weil sie das Gefühl der eigenen Kompetenz nicht durch die zu

D1:Theoretische Grundlagen: handlungspsychologischer Bezugsrahmen 237

erwartende Kritik der anderen Teammitglieder einbüßen wollen [VGL. SENGE: 5TH DISCIPLINE 1990, S. 24F., ÄHNLICH AUCH SCHOLL: INFORMATIONSPATHOLOGIEN 1995, SP. 906, VON NITZSCH: ENTSCHEIDUNGSLEHRE 2002, S. 73F.]. Beides kann zu einem Verharren auf alten Denkmustern führen und eine Anpassung mentaler Modelle im Sinne eines „double-loop-learning" verhindern.

Darüber hinaus wird Informationsweitergabe zwischen Personen durch Hierarchie- und Machtverhältnisse beeinflusst, etwa wenn die Meinung eines Vorgesetzten aufgrund seiner Rolle unwidersprochen bleibt oder wenn Informationen bewusst zurückgehalten werden, um die eigene Position nicht zu gefährden [VGL. SCHOLL: INFORMATIONSPATHOLOGIEN 1992, SP. 906F.]. Auch die Tatsache, dass Organisationseinheiten und Individuen in Konkurrenz zueinander stehen (z.B. um Abteilungsbudgets, Einfluss oder Beförderungen), beeinflussen Meinungsaustausch und Entscheidungsfindung: Können die eigenen Interessen nicht offen und mit dem Ziel eines Interessenausgleichs diskutiert werden, so werden sie im Verborgenen durch sog. „politische" Prozesse verfolgt [VGL. SCHOLL: INFORMATIONSPATHOLOGIEN 1992, SP. 907F.]. Organisationsmitglieder erhalten daher möglicherweise nicht alle vorhandenen Informationen über die reale Welt, wodurch Lernen behindert wird.

Organisatorische Maßnahmen, wie interdisziplinäre Projektgruppen, fachübergreifende Weiterbildung, Teamarbeit, kooperative Führung, usw. sind geeignet, interaktionsbezogene Barrieren der Handlungsregulation zwar nicht zu beseitigen, doch immerhin zu reduzieren [VGL. SCHOLL: INFORMATIONSPATHOLOGIEN 1992, SP. 906FF., ÄHNLICH AUCH SENGE: 5TH DISCIPLINE 1990, KAPITEL 11 UND 12]. Dies setzt voraus, dass sich Organisationen ihres Lernverhaltens bewusst werden und erkennen, welche organisatorischen Routinen, Strukturen und Einstellungen das Unternehmen in seinem Lernen in der Vergangenheit behindert bzw. gefördert haben. *ARGYRIS UND SCHÖN* bezeichnen dieses „Lernen über Lernen" als **„deutero-learning"**. Es beinhaltet die Fähigkeit, organisationale Rahmenbedingungen zu schaffen, in denen das individuelle Lernen vom Organisationsmitgliedern und die Integration des Gelernten in die „theories of action" der Organisation gefördert werden [VGL. ARGYRIS, SCHÖN: ORGANIZATIONAL LEARNING 1978, S. 26FF.].

Solche Rahmenbedingungen sind, zumindest in Ansätzen, in der Produktentwicklung gegeben, wenn sie integrativ in multifunktionalen Teams erfolgt. Andere Aspekte der Beeinflussung organisatorischen Lernens, etwa die Förderung einer unternehmensweiten „lernfreudigen" Kultur, können dagegen nicht im einzelnen Produktentwicklungsprojekt gestaltet werden, sondern müssen als dessen (kurz- und mittelfristig unveränderbare) Rahmenbedingung angesehen werden. Vor diesem Hintergrund liefert die Betrachtung organisationaler Kontexte der Handlungsregulation keine starke theoretische Basis für die Unterstützung des FFE.

Wie gezeigt, ist jedoch **individuelles Lernen** als notwendige Bedingung allen organisationalen Lernens von äußerster Relevanz. Bei der nachfolgenden Diskussion von Lösungsstrategien für die Handlungsregulation und ihrer Übertragbarkeit auf die Anforderungen des FFE sollen daher die auf individuelle Lernprozesse fokussierten Arbeiten DÖRNERS und STERMANS im Mittelpunkt der Betrachtung stehen.

1.2 Lösungsstrategien für eine erfolgreiche Handlungsregulation

1.2.1 „Microworlds" als Lösungsstrategie nach STERMAN und SENGE

Zur Überwindung der Barrieren der Handlungsregulation schlägt STERMAN den Einsatz virtueller Welten (auch: Microworlds) vor, durch die Entscheider experimentieren und Entscheidungssituationen durchspielen können. Virtuelle Welten können aus Rollenspielen, physischen Modellen oder – insb. bei komplexen Problemsituationen – Computersimulationen bestehen [VGL. STERMAN: BUSINESS DYNAMICS 2000, S. 34].

Letztere haben den Vorteil, dass Entscheider Experimente machen können, die in der realen Welt kostspielig, langwierig, unethisch, oder schlichtweg unmöglich wären: So können Aktionen mehrfach mit unterschiedlichen Ausgangsbedingungen wiederholt werden oder verschiedene Handlungsalternativen vergleichend betrachtet werden. Durch entsprechende Eingriffe kann zudem das Extremverhalten des Systems an seiner Grenze erzeugt und beobachtet werden. Damit liefern Computersimulationen Informationen, die in der realen Welt nicht erhältlich wären und benutzt werden können, um mentale Modelle und die sie abbildenden formalen Modelle anzupassen [VGL. STERMAN: BUSINESS DYNAMICS 2000, S. 37FF.]. Virtuelle Welten leisten damit einen Beitrag zur Überwindung der in Abbildung D 1-1 (siehe Seite 225) dargestellten Lernbarrieren (vgl. Abbildung D 1-2, Seite 239).

STERMAN weist allerdings darauf hin, dass virtuelle Welten Lernerfolge nicht garantieren. Es besteht die Gefahr des „Video Game Syndroms", bei dem Entscheider sehr aktiv mit dem Simulationstool umgehen, aber die Ergebnisse nur wenig reflektiert analysieren. Der Aufbau der virtuellen Welt muss daher transparent sein und von den Simulationsteilnehmern überprüft, kritisiert und modifiziert werden können. Nutzer der Simulationssoftware sollen zudem mit wissenschaftlichen Methoden vertraut gemacht und u.a. angehalten werden, Laborbücher zu führen, Hypothesen zu formulieren und Ergebnisse vor der Gruppe zur Diskussion zu stellen. Letzteres soll helfen, individuelle kognitive Beschränkungen zu überwinden, setzt aber voraus, dass innerhalb der Arbeitsgruppe Vertrauen geschaffen und Kommunikationsfähigkeiten entwickelt werden [VGL. STERMAN: BUSINESS DYNAMICS 2000, S. 35FF.].

D1:Theoretische Grundlagen: handlungspsychologischer Bezugsrahmen

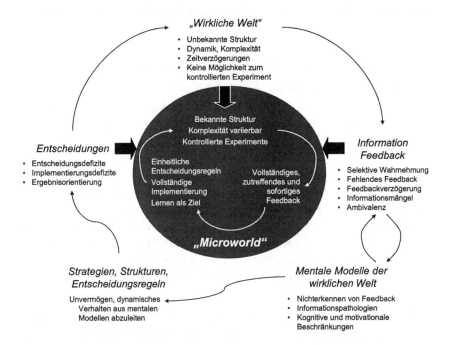

Abbildung D 1-2: Überwindung von Lernbarrieren durch Mircoworlds [VGL. STERMAN: BUSINESS DYNAMICS 2000, S. 20]

Auch *SENGE* propagiert Microworlds als die Technologie der lernenden Organisation, bettet sie aber noch stärker als *STERMAN* in einen Gesamtkontext von Vorgehensweisen und Methoden ein, durch den auf allen Ebenen die „Lernende Organisation" realisiert werden soll. Die fünf Bausteine der lernenden Organisation sind dabei (1) „systems thinking", (2) „personal mastery", (3) „mental models", (4) „building shared vision" und (5) „team learning". Jeder Baustein wird durch die ihm zugrunde liegenden Prinzipien, die bei seiner Realisierung verwendeten Methoden und durch die Resultate charakterisiert. Simulationen werden hierbei als eine Methode des Systemdenkens propagiert; Microworlds als eine Methode, die Systemdenken, den Umgang mit mentalen Modellen und das Lernen im Team unterstützt [VGL. SENGE: 5TH DISCIPLINE 1990, S. 313FF.].

Das Programm *SENGE*s auf dem Weg zur lernenden Organisation ist dabei äußerst ambitioniert und zielt auf eine Veränderung von Individuen durch Persönlichkeitsentwicklung und Selbstführung, sowie auf die Veränderung ihrer Interaktion innerhalb von Gruppen ab: „Building Learning organizations involves developing people who learn to see as systems thinkers see, who develop their own personal mastery, and who learn how to surface and restructure mental models, collaboratively. ...In that sense, learning organizations may be a tool not just for the evolution of organizations, but for the evolution of intelligence." [SENGE: 5TH DISCIPLINE 1990, S. 367].

1.2.2 Training als Lösungsstrategie nach ESPE und DÖRNER

Ohne auf SENGE Bezug zu nehmen, erteilt DÖRNER Methoden, die menschliches Denken grundlegend verändern wollen, eine deutliche Absage: „Die Wahrscheinlichkeit, dass es einen bisher geheimen Kunstgriff gibt, der das menschliche Denken mit einem Schlag fähiger macht, der es mehr in die Lage versetzt, die komplizierten Probleme, die sich darbieten zu lösen, ist praktisch wohl Null! Wir müssen mit dem Gehirn umgehen, welches wir bekommen haben. Wir haben keine 90 Prozent ungenutzte Gehirnkapazität, und wir haben keinen verschütteten Zugang zu einer Schatzhöhle der Kreativitätstechniken, die wir nur zu öffnen brauchen, um auf einen Schlag kreativ und bei weitem intelligenter zu werden. Gäbe es so etwas, es würde genutzt. Es gibt auf der Welt kein Tier, welches auf drei Beinen herumläuft und ein viertes, äußerst nützliches Bein ungebraucht mit sich herumschleppt. Die Evolution oder wer sonst immer hat uns mit einem Gehirn versehen, welches funktioniert, wie es funktioniert und nicht wesentlich anders. Wir müssen damit zurecht kommen..." [DÖRNER: LOGIK DES MIßLINGENS 1992, S. 277F.].

Die kognitiven und motivationalen Beschränkungen, die bei Komplexität und Dynamik zu Entscheidungsfehlern führen, können damit nie vollständig aufgehoben werden. Allerdings lässt sich die negative Wirkung kognitiver Beschränkungen reduzieren: vergleicht man die Ergebnisse, die Entscheidungspraktiker (Manager großer Industrie- und Handelsfirmen) und „Laien" (Studenten) in Simulationsspielen erzielen, so sind Entscheidungspraktiker im Schnitt deutlich erfolgreicher – ein Umstand, der darauf zurückzuführen ist, dass die Praktiker über operative Intelligenz verfügen, d.h. Erfahrungswissen, wie sie ihre intellektuellen Fähigkeiten und Fertigkeiten einsetzen können [VGL. DÖRNER: LOGIK DES MIßLINGENS 1992, S. 295FF.].

Das Erfahrungswissen ist kein Wissen über Regeln nach dem Muster „Immer erst alle Ziele detailliert klar machen" oder „schnell Handeln" oder „erst gründlich beobachten", da solche Regeln bestenfalls lokal gelten. Gute Entscheider sind vielmehr in der Lage, aus der Fülle der möglichen Handlungsweisen die angemessenen herauszusuchen. Da Entscheider mit Erfahrung bei gleicher Intelligenz und Motivation besser abschneiden als unerfahrene Entscheider, scheint diese Fähigkeit erlernbar [VGL. DÖRNER: LOGIK DES MIßLINGENS 1992, S. 296F., ZUR BEDEUTUNG VON INTELLIGENZ UND MOTIVATION: DÖRNER ET AL: LOHHAUSEN 1983, S. 295FF.].

Damit stellt sich die Frage nach der richtigen Lernform. ESPE entwickelt ein Schulungskonzept zur „Methode des Vernetzten Denkens" nach ULRICH UND PROBST (vgl. Kapitel C 2.1.2, Seite 157ff.), das im Rahmen einer berufsbegleitenden Qualifizierungsmaßnahme (Umfang: 20 Unterrichtsstunden) für kaufmännische und gewerbliche Auszubildende und Fachangestellte zur Anwendung kommt. Die Unterrichtsinhalte zielen hierbei insb. auf die Bestimmung von Zielen und ihren Interdependenzen, auf die Netzwerkdarstellung der Problemsituation sowie auf die Analyse von Wirkungsverläufen und Eingriffsmöglichkeiten ab und enthält damit wesentliche Inhalte der Methode des Vernetzten Denkens [VGL. ESPE: KOMPLEXES PROBLEMLÖSEN 2000, S. 190F.].

Um die Wirkung des Unterrichtskonzepts zu beurteilen, führt ESPE vor und nach dem Unterricht ein computergestütztes Simulationsspiel zum Management einer Textilfabrik durch, das auf den Arbeiten von DÖRNER ET AL. beruht. Die Probanden sollen die Fabrik leiten, also Rohstoffe ordern, Maschinen belegen, Produktionsmengen planen, Löhne festsetzen usw. Den Untersuchungspersonen stehen hierbei eine Fülle von Informationen über das System zur Verfügung (insb. Wirkungsbeziehungen zwischen Variablen und Zustände von Variablen), sie haben also beim Start des Spiels (theoretisch) schon weit reichende Kenntnis der Systemstruktur. Zudem wird ihnen das Ziel der Simulation („hoher Kapitalwert") vorgegeben [VGL. ESPE: KOMPLEXES PROBLEMLÖSEN 2000, S. 90FF.].

Die Untersuchungspersonen werden aufgefordert, für jeweils einen Monat Systemeingriffe zu planen und anzuordnen. Diese führen zur Veränderungen der Systemvariablen, über die die Probanden zu Beginn des Folgemonats, also vor Planung ihrer nächsten Systemeingriffe, informiert werden. Nach 12 Durchläufen – einem Jahr in der fiktiven Fabrik – werden die Endergebnisse des Simulationsspiels von den Forschern ausgewertet [VGL. ESPE: KOMPLEXES PROBLEMLÖSEN 2000, S. 109F.].

Während der Simulation werden umfangreiche Daten über die Systemeingriffe der Untersuchungspersonen (durch Logfiles des Simulationsspiels), über ihre Entscheidungsgründe (durch „lautes Denken" der Probanden) sowie über Ausmaß und Reihenfolge der Nutzung von Instrumenten (durch Beobachtung der Nutzung von Netzwerkdiagrammen, Notizzetteln, Taschenrechnern, Simulationsauswertungen usw.) erfasst [VGL. ESPE: KOMPLEXES PROBLEMLÖSEN 2000, S. 112FF.].

Die vor und nach der Schulung erhobenen Daten werden nach unterschiedlichen Kriterien ausgewertet [VGL. ESPE: KOMPLEXES PROBLEMLÖSEN 2000, S. 200FF.]: Es wird u.a. ermittelt, ob sich das Problemlöseverhalten der Untersuchungspersonen beobachtbar verändert und ob sich die Zielgröße „Kapitalwert" in beiden Tests unterschiedlich entwickelt. Zudem wird geprüft, ob während des lauten Denkens im Nachtest mehr Variablen thematisiert werden als im Vortest und ob sich der Anteil unterschiedlicher Aussagekategorien (z.B. Entscheidungen, Erklärungen, Analysen, Hypothesen) verändert. Die von den Probanden gezeichneten Netzwerke aus Vor- und Nachtest werden verglichen, um zu erfahren, ob die Nachtest-Karten fehlerfreier, vollständiger und verknüpfter werden und sich der der Simulation real zugrunde liegenden Kausalkarte annähern.

Die Ergebnisse sind ernüchternd: Keine der Untersuchungspersonen verändert ihr sichtbares Problemlösungsverhalten entsprechend den Schulungsinhalten. So entscheiden sich z.B. alle

Probanden, die Kausalkarte **am Ende** der Simulation zu erstellen, wenn sie keinerlei praktischen Nutzen mehr hat [VGL. ESPE: KOMPLEXES PROBLEMLÖSEN 2000, S. 159]. Die Karten, **das** zentrale Instrument der Methode des Vernetzten Denkens, werden also trotz vorheriger Schulung nicht genutzt. Auch andere Instrumente (Notizen, Taschenrechner) und verfügbare Informationen werden im Nachtest nicht systematischer genutzt als im Vortest. Im lauten Denken zeigen sich zudem keine nennenswerten Veränderungen, die auf eine systematischere Zielfindung, Hypothesenentwicklung und Lösungssuche hinweisen [VGL. ESPE: KOMPLEXES PROBLEMLÖSEN 2000, S. 207FF.]. Das unterrichtete Vorgehen findet also keinen Niederschlag im Verhalten.

Allerdings können die meisten (11 von 14) Untersuchungspersonen ihre Simulationsergebnisse zwischen Vor- und Nachtest steigern. Im Schnitt liegt der Kapitalwert des Nachtests 42% über dem des Vortests, da mehr Untersuchungspersonen es schaffen, den Kapitalwert gegenüber dem Startwert zu verbessern und da sie meist höhere Steigerungsraten erzielen. Zudem nahm die benötigte Zeit zur Aufgabenbearbeitung bei 13 der 14 Untersuchungspersonen ab – im Durchschnitt um 20%. Die Untersuchungspersonen waren ihrer Aufgabe also besser gewachsen [VGL. ESPE: KOMPLEXES PROBLEMLÖSEN 2000, S. 200F.].[63] Vergleicht man zudem die von den Probanden erstellten Kausalkarten mit der Karte, die das Simulationsmodell abbilden, so fällt auf, dass die Nachtest-Karten die Systemstruktur vollständiger und vor allem fehlerfreier abbildet als die Karten des Vortests [VGL. ESPE: KOMPLEXES PROBLEMLÖSEN 2000, S. 216FF.].[64]

Aufgrund methodischer Mängel – im Vor- und im Nachtest ist die identische Aufgabe zu bewältigen, trotzdem existiert keine „ungeschulte" Kontrollgruppe – sind zwei Interpretationen für die Verbesserung der Simulationsergebnisse denkbar:

- Die verbesserten Ergebnisse sind **allein auf Erfahrung** im Umgang mit dem System zurückzuführen, d.h. die Untersuchungspersonen haben schon im Vortest durch das laufende Feedback nach jedem Simulationsmonat gelernt, wie sich das System verhält, ihr eigenes Steuerungsverhalten kritisch hinterfragt, Systemeingriffe entsprechend angepasst, neues Feedback erhalten, usw. Dadurch haben sie Wissen über das Systemverhalten erlangt, dass sie im Nachtest erweitert und erfolgreich angewandt haben.

---

[63] Anzumerken ist aber, dass sich die Resultate von drei Probanden verschlechterten, was *ESPE* auf motivationale Probleme oder Konzentrationsmängel zurückführt [VGL. ESPE: KOMPLEXES PROBLEMLÖSEN 2000, S. 204].

[64] Allerdings enthalten auch die Karten des Nachtests nur rund 27% der Systemvariablen und rund 19% der Systemzusammenhänge. Etwas bessere Ergebnisse erzielt das Laute Denken, durch das 53% der Variablen und 25% der Zusammenhänge genannt werden. Aber auch bei Auswertung der Protokolle des lauten Denkens sind selbst die besten Untersuchungspersonen mit 67% bzw. 58% der Variablen und 32% bzw. 43% der Relationen weit von einer vollständigen Abbildung der Systemstruktur entfernt [VGL. ESPE: KOMPLEXES PROBLEMLÖSEN 2000, S. 242F.].

Möglicherweise ist für diese Art des Lernens keine verbesserte Kenntnis der Struktur des Systems erforderlich, sondern lediglich die Beobachtung des Systemverhaltens. Ein Hinweis hierauf liefert die Tatsache, dass sich zwischen der durch Kausalkarten bzw. lautes Denken dokumentierten Strukturkenntnis der Probanden und dem Erfolg bei der Problemlösung keinerlei Zusammenhang herstellen lässt, Personen mit schlechter Strukturkenntnis also durchaus erfolgreich sein können und gute Strukturkenntnis den Erfolg nicht garantiert [VGL. ESPE: KOMPLEXES PROBLEMLÖSEN 2000, S. 228].

- Die Schulung hat bei den Untersuchungspersonen zu einer ganzheitlicheren Betrachtung des Problems im Sinne des „Vernetzten Denkens" geführt. Das zeigt sich zum einen an besseren Gesamtergebnissen, vor allem aber an einer besseren Bewältigung unterschiedlicher Problembereiche (höhere Arbeitszufriedenheit, besseres Verhältnis von Lagerbestand zu Verkäufen, etc.) und umfangreicheren Strukturbeschreibungen. Auch wenn die Anwendung der Unterrichtsinhalte nicht unmittelbar beobachtbar ist, ist diese Verbesserung durch den vorherigen Unterricht mitbegründet [VGL. ESPE: KOMPLEXES PROBLEMLÖSEN 2000, S. 204F. UND 248FF.].

Die zweite, von *ESPE* zaghaft formulierte Interpretation, wird durch die Ergebnisse der Untersuchung zwar nicht gestützt, kann aufgrund des mangelhaften Untersuchungsaufbaus aber auch nicht ausgeschlossen werden. Damit bleibt fraglich, ob eine theoretisch orientierte Methodenschulung Auswirkungen auf das Verhalten in komplexen Systemen hat oder haben könnte und ob ein anderes, verbessertes Schulungskonzept, wie von *ESPE* vermutet [VGL. ESPE: KOMPLEXES PROBLEMLÖSEN 2000, S. 258FF.], verhaltensbeeinflussend gewesen wäre.

DÖRNER sieht die Potenziale einer Methodenschulung als eher gering an und berichtet von einem Versuch, bei dem Probanden vor einem Simulationsspiel in drei Gruppen eingeteilt wurden. Eine Gruppe wurde mit Grundlagen der Systemtheorie vertraut gemacht, die zweite Gruppe erhielt Methodenwissen über ein spezifisches Verfahren der Nutzwertanalyse, die dritte Gruppe wurde in Kreativitätstechniken geschult. Damit erhielt Gruppe 1 eine Anleitung, die aus Sicht der Methode des Vernetzten Denkens für den Umgang mit komplexen Systemen relevant war, während die Trainingsinhalte der anderen beiden Gruppen bestenfalls am Rande bedeutsam waren. Allerdings wies keine der Gruppen signifikant unterschiedliche Ergebnisse auf, das Training (auch das relevante systemtheoretische!) spielte für das praktische Handeln also keine erkennbare Rolle. In der Einschätzung der Probanden wurden die Schulungen, insb. in Systemtheorie und Nutzwertanalyse, allerdings positiv bewertet und als hilfreich erachtet [VGL. DÖRNER: LOGIK DES MIßLINGENS 1992, S. 302F.].

Vor diesem Hintergrund scheint der Ansatz, Entscheider in Workshops mit Netzwerkdarstellungen zu konfrontieren oder mit den Grundlagen der Systemtheorie vertraut zu machen, auf dem bspw. die Methode des Vernetzten Denkens beruht (vgl. Kapitel C 2.1.2, Seite 157ff.)

fraglich: sie erzeugen beim Teilnehmer wahrscheinlich das gute Gefühl, „etwas gelernt zu haben", zeigen u.U. aber wenig Auswirkungen auf das tatsächliche Handeln.

Hingegen scheinen persönliche Erfahrungen mit komplexen Systemen und eine aktive Auseinandersetzung mit den Ergebnissen des eigenen (Test)Handelns durchaus eine Möglichkeit zu sein, das individuelle Entscheidungsverhalten zu verbessern [VGL. DÖRNER: LOGIK DES MIBLINGENS 1992, S. 301FF.]. DÖRNER propagiert daher den Einsatz von computergestützten Simulationsspielen, in denen Entscheider mit unterschiedlichen Anforderungen konfrontiert werden und sich ihres jeweiligen Verhaltens sowie der Art und Ursache ihrer Handlungsfehler in sorgfältig vorbereiteten Nachgesprächen bewusst werden [VGL. DÖRNER: LOGIK DES MIBLINGENS 1992, S. 305].[65] Damit unterscheidet sich seine Empfehlung letztendlich nicht von den von SENGE und STERMAN propagierten Microworlds. Allerdings betont DÖRNER die Notwendigkeit eines **angeleiteten** Microworldeinsatzes, der zur Selbstreflektion anregt.

---

[65] Faktisch entspricht dies dem Vorgehen in der Untersuchung von ESPE: die Probanden haben mit jedem Simulationslauf ihre Erfahrung mit dem System „Textilfabrik" ausgeweitet und wurden zum lauten Denken aufgefordert. Die Fragen zielten hierbei auf Selbstreflektion ab: „Konnten Sie Ihre Ziele verwirklichen?" „Womit erklären Sie Abweichungen von dem von Ihnen erwarteten Ergebnis?" [VGL. ESPE: KOMPLEXES PROBLEMLÖSEN 2000, S. 113F. UND ANHANG S. 34]. Möglicherweise hat diese Form der Befragung Lernprozesse gefördert und liefert damit die Erklärung für die Erfolgsverbesserungen zwischen Vor- und Nachtest.

1.3 Fazit: Potenziale von „Microworlds" bei der Handlungsregulation im Fuzzy Front End

Microworlds (im Sinne von computergestützten Simulationen) ermöglichen es, mentale Modelle zu testen und zu verbessern, Entscheidungspraxis in unterschiedlichen komplexen Situationen zu erwerben und kognitive Beschränkungen beim Umgang mit komplexen Systemen zu überwinden. Damit leisten sie potenziell einen wichtigen Beitrag für die frühen Phasen der Produktentwicklung:

Großes Potenzial haben Microworlds bei der **Unterstützung von Entscheidungen** – Entscheider können die Auswirkungen ihrer Handlungen testweise durchspielen und die günstigste Alternative auswählen. Ebenso können die Auswirkungen unterschiedlicher Szenarien betrachtet werden, um die in allen Szenarien robuste Alternative zu identifizieren. In diesem Sinne ermöglichen sie ein früheres und schnelleres Lösen von Problemen im Sinne der dargestellten **„front-loading"**-Strategie zur Unsicherheitsbewältigung (vgl. Kapitel B 2.2.1.2 (siehe Seite 54ff.).

Das Modell muss die Realität gut wiedergeben, d.h. man muss vom Modellverhalten mit ausreichender Sicherheit und Präzision auf das Systemverhalten in der „wirklichen Welt" schließen können. Um dies zu gewährleisten, müssen – insb. bei der von funktionalen Interdependenzen geprägten Produktentwicklung – Experten aus unterschiedlichen Fachgebieten an der Modellerstellung beteiligt werden. Gelingt dies, so kodifizieren Microworlds Expertenwissen, das z.T. über das einzelne Projekt hinaus relevant ist. Sie machen dieses Wissen für andere Organisationsteilnehmer zugänglich und im Entscheidungsfall anwendbar. Entscheidungen werden damit auf eine breite Wissensbasis gestellt, die ein einzelner Entscheider ohne Microworld nicht zur Verfügung hat, weil er z.B. unter dem Zeitdruck der Entscheidung nicht alle Experten befragen kann. Microworlds übernehmen damit die wichtige Funktion eines „Wissensspeichers" und verbessern die **Informationsversorgung.** Dies beinhaltet auch das in einem Projekt gewonnene neue Wissen, das für andere, zukünftige Projekte bewahrt werden kann. Gleichzeitig verbessert sich die **Informationsverarbeitungskapazität** des Entscheiders, der komplexe Systemzusammenhänge und -dynamiken ohne methodische Unterstützung nicht verarbeiten kann.

Neben der Unterstützung im konkreten Entscheidungsfall haben Microworlds das Potenzial, das **Entscheidungsverhalten prinzipiell zu verbessern.** Sie ermöglichen es, ein „Feel" für das Systemverhalten zu entwickeln, so dass Entscheider ein umfassenderes Bild des modellierten Systems und seiner Dynamik erhalten und dadurch auch ohne Microworld-Einsatz bessere Entscheidungen treffen. Dies muss nicht auf den durch die Microworld beschriebenen Realitätsausschnitt beschränkt bleiben. Vielmehr kann sich die Fähigkeit, dynamische Systeme zu verstehen und in ihnen zu handeln, insgesamt verbessern. Im Rahmen der Produktentwicklung würde dies bedeuten, dass Entwickler durch den Einsatz von Microworlds

Qualifikationen erwerben, die sie unabhängig von der konkreten Entwicklungsaufgabe in jedem anderen Innovationsprojekt bzw. jeder anderen komplexen Handlungssituation anwenden können.

Solch weit reichende Lerneffekte sind allerdings ein äußerst ehrgeiziges Ziel. Die vorgestellten Arbeiten von DÖRNER und ESPE zeigen, dass ungesteuerte Nutzung von Microworlds nur selten eine nachhaltige Verbesserung des Entscheidungsverhaltens bewirkt, da der Entscheider nur das Ergebnis seiner Handlungen sieht, jedoch kein Feedback zu seinem Verhalten erhält – „füttert" er bspw. die Microworld mit fehlerhaften Eingangsdaten, da er zu wenig Informationen gesammelt hat, so hängt es allein von seiner Fähigkeit zur Selbstreflektion ab, ob ihm dieser Mangel auffällt und ob er seine Ursache erkennt.

Microworlds sollten daher idealerweise Anreize zur Selbstreflektion beinhalten bzw. im Rahmen eines kooperativen Vorgehens andere Teammitglieder als Korrektiv nutzen. Zudem sollten sie in ein Gesamtsystem, das alle Stufen der Handlungsregulation umfasst, eingebettet werden. Für die Erstellung von Microworlds ergeben sich damit besondere methodische Anforderungen:

- Da alle Produktentwicklungsprojekte Unterschiede aufweisen und Expertenwissen im Innovationsbereich schnell veralten kann, müssen Microworlds eine offene Struktur aufweisen, die fallweise angepasst werden kann.

- Die Modellierung muss der in den sehr frühen Phasen vorherrschenden Informationsgüte gerecht werden, d.h. sie muss auf Basis vorwiegend qualitativer, noch nicht detaillierter Daten operieren.

- Das Modellierungsverfahren muss so transparent und einfach sein, dass die an der Produktentwicklung beteiligten Nutzer der Microworld es trotz ihrer unterschiedlichen fachlichen Vorbildung schnell verstehen. Projektspezifische Anpassungen sollten idealerweise ohne spezialisiertes Personal, wie z.B. Knowledge Engineers, Modellierungsexperten oder Moderatoren möglich sein.

- Das Modellierungsverfahren muss Modelle ermöglichen, die die Realität der Produktentwicklung adäquat wiedergeben.

Die in System Dynamics verfügbaren Simulationstools sind stark quantitativ orientiert und damit nur bedingt in der Lage, die qualitativen Informationen des FFE zu verarbeiten. Zudem ist der Aufwand für die Modellerstellung und -anpassung sehr hoch (vgl. Kapitel C2.1.1, Seite 157). Die qualitativ orientierten Verfahren der „Methode des Vernetzten Denkens" und der SSM liefern dagegen nur äußerst beschränkte Möglichkeiten zur Simulation und Prognose. Das „Vernetzte Denken" und die dort eingesetzten Netzwerke (auch: Kausalkarten, Feedbackdiagramme, cognitive maps) erlauben es aber immerhin, Kausalstrukturen einfach und nachvollziehbar abzubilden, ohne dass es eines großen Schulungsaufwands bedarf.

Im nachfolgenden Kapitel wird mit **Fuzzy Cognitive Maps (FCM)** eine relativ neue Methode beschrieben, die auf diesen qualitativen Netzwerken beruht und das Potenzial hat, die genannten Anforderungen an ein Modellierungsverfahren für Microworlds in den frühen Phasen der Produktentwicklung zu erfüllen.

2 Methodische Grundlagen: Fuzzy Cognitive Maps

FCM nehmen eine Zwitterstellung zwischen den intuitiv zugänglichen, aber prognostisch schwachen „cognitive mapping"-Verfahren und den aufwendigen quantitativen Systems Dynamics Modellen ein: sie nutzen einfache, qualitative Kausalkarten, um mentale Modelle abzubilden und werten diese mit quantitativen Verfahren aus.

2.1 Fuzzy Cognitive Maps nach KOSKO

Fuzzy Cognitive Maps (FCM) wurden 1986 von BART KOSKO [VGL. KOSKO: FCM 1986] entwickelt. Sie basieren auf klassischen Kausalkarten bzw. Netzwerkdiagrammen (vgl. z.B. Abbildung C 2-2, Seite 159) und bestehen aus Knoten („Konzepten"), die durch positive und negative Pfeile miteinander verbunden werden. Pfeile repräsentieren Kausalität – ein positiver (negativer) Pfeil von Konzept A zu Konzept B bedeutet, dass A kausal eine Zunahme (Abnahme) von B bewirkt. Gegenüber herkömmlichen Kausalkarten weisen FCM zwei grundlegende Erweiterungen auf: Zum einen werden Konzepte und Konzeptbeziehungen mit Hilfe der **Fuzzy Set Theorie** abgebildet. Zum anderen wird die dynamische Veränderung des Netzwerks mit Hilfe von Verfahren aus der Theorie der **künstlichen neuronalen Netze** quantitativ ermittelt [VGL. KOSKO: FCM 1986 UND KOSKO: HIDDEN PATTERNS 1988]. Beide Erweiterungen und ihre Implikationen werden im Folgenden erläutert.

2.1.1 Erweiterung „klassischer" Cognitive Maps durch die Fuzzy Set Theorie

2.1.1.1 „Klassische" Cognitive Maps nach AXELROD

Die in Kapitel C (vgl. Seite 159) vorgestellten Netzwerke oder Feedbackdiagramme, die von AXELROD auch als „Cognitive Maps" bezeichnet werden [VGL. AXELROD: STRUCTURE OF DECISION 1976, S. 5], bilden Kausalität ab. Abbildung D 2-1 zeigt die bereits aus Kapitel C bekannte „Cognitive Map" eines Studenten (vgl. Seite 170) in einer Prüfungssituation.

D2: Methodische Grundlagen: Fuzzy Cognitive Maps 249

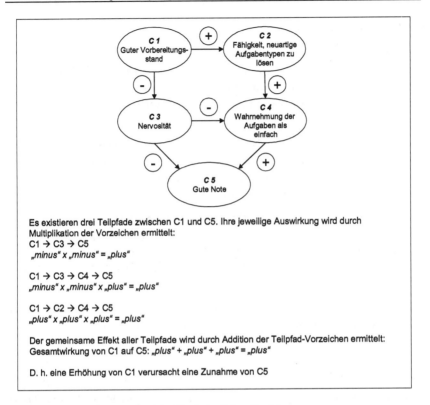

Abbildung D 2-1: Rechenoperationen in „klassischen" Cognitive Maps

Kausalität ist durch „Plus"- und „Minus"-Pfeile repräsentiert. Ein guter Vorbereitungsstand (C1) senkt die Nervosität (C3): die Konzepte werden daher durch einen „Minus"-Pfeil verknüpft. Eine gute Vorbereitung (C1) verbessert zudem die Fähigkeit, auch neuartige Aufgaben zu lösen (C2) und wird daher durch einen „Plus"-Pfeil mit C2 verknüpft. Kausalität wirkt nicht nur direkt (C1 beeinflusst C3), sondern auch indirekt über Kausalitätsketten (C1 beeinflusst C5 durch C3 und C4). Um direkte und indirekte Kausalitätswirkungen betrachten zu können, schlägt AXELROD die in Abbildung D 2-1 (unten) gezeigten graphentheoretischen Operationen vor [VGL. AXELROD: STRUCTURE OF DECISION 1976, S. 55FF.].

Sie können jedoch ein Problem nicht lösen: wenn in einer Kausalkarte auf ein Konzept sowohl ein „Plus" als auch ein „Minus" Pfeil wirken (z.B. „Export wirkt positiv auf Nachfrage" und „Sparquote wirkt negativ auf Nachfrage") besteht „Indeterminacy" – es kann keine verlässliche Aussage darüber getroffen werden, welcher Effekt überwiegt, ob die Nachfrage also steigt, fällt oder gleich bleibt [VGL. AXELROD: STRUCTURE OF DECISION 1976, S. 70F.].

2.1.1.2 Unscharfe Mengen

In der klassischen Mathematik zeichnet sich eine Menge dadurch aus, dass sich alle ihre Elemente in Bezug auf mindestens eine Eigenschaft gleichen. Diese Eigenschaft bestimmt darüber, ob ein Element zu einer Menge gehört oder nicht. Die Trennung ist eindeutig – die Eigenschaft „Rauchen" lässt bspw. einen Menschen entweder zur „Menge der Raucher" **oder** zur „Menge der Nichtraucher" gehören.

Für viele Aspekte des Alltags ist diese „Ja/Nein-Einteilung" problematisch, so etwa, wenn man versucht, einen Nichtraucher einzuordnen, der ab und zu in Gesellschaft „eine mitraucht". Er gehört weder eindeutig zu den Rauchern noch zu den Nichtrauchern. Die Grenzen der jeweiligen Mengen sind fließend, verwischt, ausgefranst – in Englisch: fuzzy.

Die Fuzzy Set Theorie (FST) berücksichtigt diese Unschärfe und nutzt einen graduellen Zugehörigkeitsbegriff: für jedes Element einer unscharfen Menge kann angegeben werden, zu welchem Grad es zu der Menge gehört. Ein Kettenraucher gehört stärker zur unscharfen Menge der Raucher als ein Gelegenheitsraucher. Formal lässt sich dies ausdrücken als [ZIMMERMANN: FST 1999, S. 24]:

Wenn X eine Menge von Objekten (z.B. rauchende Personen) ist, die hinsichtlich einer unscharfen Aussage zu bewerten sind, so ist $\tilde{A}$[66] eine unscharfe Menge auf X:

$$\tilde{A} := \{(x, \mu_{\tilde{A}}(x)), x \in X\}$$

Die Zugehörigkeitsfunktion $\mu_{\tilde{A}} : X \to R$ ordnet jedem Wert x einen reellwertigen Zugehörigkeitsgrad zur Menge $\tilde{A}$ zu. Häufig werden ihre Werte auf das Intervall von 0 bis 1 beschränkt. Man spricht dann von einer normierten unscharfen Menge.

2.1.1.3 Komplemente unscharfer Mengen

Unscharfe Mengen können überlappen. Der Gelegenheitsraucher am „Rand" der Menge der Raucher gehört nicht nur zu dieser Menge, sondern zu einem gewissen Grad auch zur Menge der Nichtraucher. Sein Rauchverhalten kann durch Zugehörigkeit zu **einer** der beiden Mengen beschrieben werden. Zu unscharfen Mengen existieren damit unscharfe Komplemente.

Für eine normierte unscharfe Menge $\tilde{A}$ wird das Komplement wie folgt gebildet [ZIMMERMANN: FST 1999, S. 25]:

$$\mu_{\tilde{A}^c}(x) = 1 - \mu_{\tilde{A}}(x) \ \forall \ x \in X$$

---

[66] Die Tilde über der Bezeichnung der Menge kennzeichnet, dass es sich um eine Fuzzy Menge handelt.

2.1.1.4 Rechenoperationen mit unscharfen Mengen

Im Prinzip sind alle Operationen der Mengenlehre – wie bspw. Durchschnitt und Vereinigung – auch auf unscharfe Mengen anwendbar. Allerdings sind sie nicht mehr eindeutig definiert, sondern es existiert eine Vielzahl alternativer Operationen. Weit verbreitet sind die einfachen Minimum- und Maximum-Operatoren.

Der Durchschnitt zweier klassischer Mengen entspricht einer logischen „UND" Verknüpfung – in der Schnittmenge weisen alle Elemente die Eigenschaften beider Teilmengen auf. Er lässt sich für unscharfe Mengen wie folgt definieren [ZIMMERMANN: FST 1999, S. 25]:

Die Zugehörigkeitsfunktion der Schnittmenge zweier unscharfer Mengen $\tilde{A}$ und $\tilde{B}$ mit den Zugehörigkeitsfunktionen $\mu_{\tilde{A}}(x)$ und $\mu_{\tilde{B}}(x)$ ist punktweise definiert durch:

$$\mu_{\tilde{A} \cap \tilde{B}}(x) = Min\ (\mu_{\tilde{A}}(x), \mu_{\tilde{B}}(x))\ \forall\ x \in X$$

Die Schnittmenge enthält damit jene Elemente, die für beide Teilmengen die niedrigsten Zugehörigkeitsgrade aufweisen (MIN Operator).

Die Vereinigungsmenge ist eine logische ODER Verknüpfung. Auf sie wird analog der MAX-Operator angewandt.

2.1.1.5 Konzepte kognitiver Karten als unscharfe Mengen

KOSKO betrachtet die Knoten bzw. Konzepte $C_{i,j}$ einer kognitiven Karte als **unscharfe** Mengen [VGL. KOSKO: FCM 1986]: Jedes Konzept C_i kann durch eine Fuzzyuntermenge Q_i und ihr Komplement $\sim Q_i$ dargestellt werden. Ein Modifikator M_i beschreibt, durch welchen Ausschnitt aus der Vereinigungsmenge von Q_i und $\sim Q_i$ das Konzept repräsentiert ist, und erlaubt es, bspw. Aussagen wie „viel", „stark" oder „gelegentlich" zu modellieren:

$$C_i = (Q_i \cup \sim Q_i) \cap M_i$$

2.1.1.6 Kausalitätsbeziehungen und unscharfe Mengen

Über einer Grundmenge B – bspw. der Grundmenge der Lungenkrebskranken – existieren eine Vielzahl von Fuzzy-Untermengen. So bilden bspw. Mediziner Untermengen, indem sie erforschen, wie viele der Lungenkrebskranken Raucher sind, wie viele Arbeitsplatzgiften ausgesetzt waren und wie viele krebskranke Vorfahren haben. Ziel solcher Untersuchungen ist es, die Ursachen für die Lungenkrebserkrankung zu identifizieren. Wenn eine große Zahl der Lungenkrebskranken Raucher sind, d.h. wenn Rauchen einen hohen Zugehörigkeitsgrad aufweist, wird ein positiver Kausalzusammenhang zwischen Rauchen und der späteren Krebserkrankung angenommen.

KOSKO definiert Kausalität analog wie folgt [VGL. KOSKO: FCM 1986, S. 71]:

C_i verursacht kausal eine Zunahme von C_j wenn $(Q_i \cap M_i) \subset (Q_j \cap M_j)$ und
$(\sim Q_i \cap M_i) \subset (\sim Q_j \cap M_j)$

C_j verursacht kausal eine Abnahme von C_j wenn $(Q_i \cap M_i) \subset (\sim Q_j \cap M_j)$ und
$(\sim Q_i \cap M_i) \subset (Q_j \cap M_j)$

Die klassischen Kausalkarten sind damit um das Konzept unscharfer Mengen erweitert. Dies hat nach KOSKO entscheidende Vorteile [VGL. KOSKO: FCM 1986, S. 72F.]: Da sich Fuzzy Konzepte auch durch ihr Komplement darstellen lassen, sind negative Kausalbeziehungen vermeidbar. Damit ist das Problem der „Indeterminacy" gelöst, ohne dass die Angabe von scharfen Pfeilgewichten erforderlich wäre.

Vorteile ergeben sich auch bei der Wissensakquisition: Experten haben häufig Schwierigkeiten, die Stärke von Kausalbeziehungen scharf festzulegen. Bei FCM können Konzeptbeziehungen natürlich-sprachlich formuliert werden, ohne dass auf eine systematische Verarbeitung verzichtet werden muss. Der Vorteil klassischer Kausalkarten der einfachen Wissensakquisition bleibt durch FCMs also gewahrt. Gleichzeitig können sie mit Rechenoperationen der Fuzzy Set Theorie formal gelöst werden. So lassen sich die aus Abbildung D 2-1 (vgl. Seite 249) bekannten graphentheoretischen Operationen auf unscharfe Konzepte und Konzeptbeziehungen übertragen – sie sind in Abbildung D 2-2 (Seite 253) dargestellt.

Ein Vergleich der beiden Abbildungen zeigt die zentralen Unterschiede zwischen kognitiven Karten nach AXELROD und FCMs: In FCMs werden negative Vorzeichen durch Komplementbildung vermieden (vgl. Konzept C3 und ~C3 in Abbildung D 2-1 bzw. Abbildung D 2-2). Zudem wird die Stärke der Kausalbeziehungen unscharf beschrieben. Sie bezeichnet den Untermengigkeitsgrad eines Konzeptes im Verhältnis zu dem von ihm kausal beeinflussten Konzept.

So enthält C5 in Abbildung D 2-2 die Fuzzy-Untermengen ~C3 und C4, die ihrerseits wieder aus Fuzzy-Untermengen bestehen. Um zu ermitteln, wie stark ein Konzept (z.B. C1) ein anderes Konzept (z.B. C5) beeinflusst, wird ermittelt, wie viel von C1 in der Fuzzy-Menge C5 enthalten ist. Die entsprechenden Rechenoperationen sind Abbildung D 2-2 (unten) zu entnehmen.

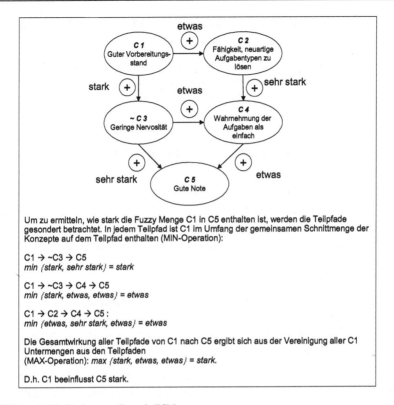

Abbildung D 2-2: Rechenoperationen in FCMs

Die gängige FCM-Praxis unterscheidet sich allerdings von dem dargestellten Vorgehen. In der Mehrzahl der Arbeiten – auch in späteren Arbeiten KOSKOS – werden sowohl positive als auch negative Kausalbeziehungen zugelassen, da sich die „Übersetzung" negativer Kausalität in positive Kausalität durch Nutzung komplementärer Konzepte in der Praxis nicht bewährt [VGL. ZHANG, CHENG, BEZDEK: POOL 2 1989, S. 32]: Zum einen erhöhen sich die kognitive Komplexität und der Speicheraufwand, da die Abbildung von Konzepten und ihrer Komplemente zu einer Verdopplung der Konzeptanzahl führen. Zum anderen entstehen wenig eingängige Konzepte wie „nicht-Transaktionskosten", die kognitiv schwer zu bewältigen sind. Das Problem der Unbestimmtheit von Ergebnissen tritt trotzdem nicht auf, da Konzeptbeziehungen gewichtet werden.

Bis auf wenige Ausnahmen [VGL. SCHNEIDER ET AL.: AUTOMATIC CONSTRUCTION 1998] wird in der FCM-Praxis auch darauf verzichtet, die Konzepte und Kausalbeziehungen durch Fuzzy Sets zu beschreiben. Die Mehrzahl der Autoren nutzt vielmehr **scharfe Werte**, wobei Konzepte beliebige Werte im Intervall [-1;1] oder [0,1] annehmen können und Kausalbeziehungen durch Werte im Intervall [-1;1] abgebildet werden (z.B. 0,7 für seine starke bis sehr starke Kausalbeziehung).[67]

Die theoretische Anwendung der Fuzzy Set Theorie auf kognitive Karten hat damit nur geringe Konsequenzen für die FCM-Nutzung, da diese auf Basis „scharfer" Zahlen erfolgt. Für die Praxis ist KOSKOS zweite Erweiterung bedeutender – die Anwendung der Theorie künstlicher neuronaler Netze.

2.1.2 Erweiterung „klassischer" Cognitive Maps durch Theorie der neuronalen Netze

FCM bilden (Experten-)Wissen in Form von einfachen Regeln ab. Eine solche Regel lautet z.B. „Wenn es regnet, steigt der Hochwasserpegel". Anders als in regelbasierten Expertensystemen, liegen die Regeln jedoch nicht in einer hierarchischen Baumstruktur, sondern in Form eines Netzwerks vor. Wenn eine Regel in Kraft tritt, hat sie Auswirkungen auf andere Regeln im Netzwerk, die daraufhin ihrerseits gültig werden können und ggf. weitere Regeln auslösen oder bereits ausgelöste Regeln erneut in Kraft setzten.

In komplexen Netzwerken ist es schwierig zu erkennen, welche Dynamik im Netz auftritt und welche Zustände einzelne Konzepte annehmen werden. KOSKO wendet zur Klärung dieser Frage Grundideen und Prinzipien künstlicher neuronaler Netze (KNN) auf FCMs an [VGL. KOSKO: HIDDEN PATTERNS 1988].

KNN [VGL. ROJAS: NEURONALE NETZE 1993, S. 5] bestehen aus primitiven Informationsprozessoren – sog. Neuronen – die ein oder mehrere Eingabesignale aufnehmen und in ein Ausgabesignal umwandeln, wenn ein vorbestimmter Schwellenwert überschritten wird. Man spricht dann davon, dass das Neuron „aktiviert" ist bzw. dass es „feuert".

Vereinfacht lässt sich ein Neuron durch seinen Input, seine Aktivierungsfunktion und ihren Schwellenwert sowie durch seinen Output beschreiben. Die Aktivierungsfunktion beschreibt den statischen Zusammenhang zwischen Ein- und Ausgängen des Neurons. Der Aktivierungswert des Neurons ergibt sich aus der Summe der gewichteten Neuronen-Inputs abzüglich des Schwellenwertes, der in jedem Fall überschritten werden muss, damit das Neuron aktiv wird[68].

---

[67] Diese FCM können trotzdem als „fuzzy" gelten, da Konzepte nicht entweder „an" oder „aus" sind, sondern Zwischenzustände annehmen können.

[68] Nicht immer wird der Aktivierungswert durch das Neuron weitergeleitet. Manchmal existiert zusätzlich eine (häufig binäre) Outputfunktion, die die Aktivierungswerte umwandelt. Die Zusammenfassung beider Funktionen wird von manchen Autoren als Transferfunktion bezeichnet [VGL. LACKES, MACK: UNTERNEHMENSPLANUNG 2000, S. 39F.]. Dies ist der hier verwendete Sprachgebrauch.

Manche Neuronen liefern Ausgabesignale, die als Eingabesignal für andere Neuronen dienen. Damit kann sich ein Eingangssignal über eine Kette von Neuronen weit im neuronalen Netz fortsetzen. In jedem betroffenen Neuron wird das neue Ausgangssignal berechnet, das sich aus den neuen Eingangswerten ergibt. Wenn keine Rückkopplungen existieren, d.h. jedes Neuron nur einmal aktiviert wird, spricht man von vorwärtsgerichteten Netzen [VGL. ROJAS: NEURONALE NETZE 1993, S. 29F.]. Neuronale Netz, in denen Rückkopplungen auftreten, heißen rekursive Netze [VGL. ROJAS: NEURONALE NETZE 1993, S. 30 UND 44-45].

KOSKO fasst FCMs als einfache Form von **rekursiven neuronalen Netzen** auf. Jedes Konzept einer FCM entspricht einem Neuron. Die Neuronen (Konzepte) sind durch Kanten (Pfeile) verknüpft, die Kausalbeziehungen abbilden. Konzepte sind nicht-lineare Funktionen, die die gewichteten Eingänge in Ausgangswerte im Intervall [0,1] transformieren [VGL. KOSKO: HIDDEN PATTERNS 1988, S. 379].

Wird ein Konzept aktiviert, so hat das Auswirkungen auf alle Konzepte, die direkt oder indirekt mit dem geänderten Konzept verknüpft sind. Die aktivierten Konzepte liefern Ausgabewerte, die als Eingabewerte weitere Konzepte aktiveren können, die dadurch ihrerseits wieder Ausgabewerte erzeugen. Der Prozess setzt sich so lange fort, wie die erzeugten Ausgabewerte die Schwellenwerte weiterer Konzepte überschreiten und sie dadurch aktivieren. Nach einigen Durchläufen durch die FCM wird aber üblicherweise ein stabiler Zustand bzw. ein wiederkehrender Zyklus erreicht [VGL. KOSKO: MACHINE INTELLIGENCE 1992, S. 154]. Vereinzelt ist jedoch auch chaotisches Verhalten zu beobachten [VGL. DICKERSON, KOSKO: VIRTUAL WORLDS 1994, S. 10F.].

Als besondere Form von KNN lassen sich FCMs im Prinzip für alle Anwendungen nutzen, in denen neuronale Netze zum Einsatz kommen: die Erschließung des Entscheidungsfeldes, die Alternativenbewertung und die Alternativenauswahl [VGL. LACKES, MACK: UNTERNEHMENSPLANUNG 2000, S. 3]: FCMs können das **Entscheidungsfeld strukturieren**, indem sie eine Berechnung der Auswirkungen von Systemelementen auf die Zielvariablen der FCM erlauben. Elemente mit geringen oder keinen Auswirkungen gelten als nicht entscheidungsrelevant und können ignoriert werden. Ein solchermaßen verengtes Entscheidungsfeld erleichtert die Lösungssuche. Die **Bewertung und Auswahl** der zu wählenden Lösung kann ebenfalls mit Hilfe von FCMs erfolgen, indem die Auswirkungen der unterschiedlichen Alternativen auf die Zielvariablen ermittelt und die Alternative mit dem höchsten Zielerreichungsgrad gewählt werden.

Nach KOSKO sind sie zudem bei der Abbildung und Nutzung von kausalem Expertenwissen sehr leistungsfähig [VGL. U.A. KOSKO: HIDDEN PATTERNS 1988, S. 379FF.; KOSKO: MACHINE INTELLIGENCE 1992, S. 152FF.; DICKERSON, KOSKO: VIRTUAL WORLDS 1994, S. 14F. UND 29.]:

- Die Akquisition des Expertenwissens durch FCM ist einfach, da Experten keine Hierarchie von Wenn-Dann-Regeln formulieren müssen, sondern Kausalzusammenhänge grafisch darstellen können. Dabei können Konzepte und Konzeptbeziehungen unscharf formuliert werden.

- Das Regelwissen, das in FCM abgelegt ist, lässt sich einfach mit dem Wissen aus den FCMs anderer Experten ergänzen, da Netzwerke leicht kombinierbar sind. Nach KOSKO sind damit Beschränkungen üblicher Expertensysteme überwindbar, die aufgrund der schlechten Kombinierbarkeit von Regelbäumen stets nur einen oder sehr wenige Experten nutzen. Bei Verwendung von FCM können umfangreiche Expertenbefragungen, z.B. Delphi-Befragungen, durchgeführt und die Ergebnisse in individuellen FCM festgehalten werden, die dann anschließend kombiniert werden. Nach KOSKO sind solchermaßen generierte Wissensbasen zuverlässiger als Wissensbasen, die das Wissen nur weniger Experten abbilden.

- Durch FCM können „Was-wäre-wenn"-Fragen beantwortet werden, da sich ermitteln lässt, auf welchen Zustand sich das System eigendynamisch einschwingt bzw. welche Zustände die unterschiedlichen Konzepte der FCM annehmen, wenn ein bestimmtes Konzept seinen Wert ändert. Damit sind Prognosen in komplexen, dynamischen Systemen möglich. Zudem lassen sich „Metaregeln" eines Systems entwickeln, d.h. es lassen sich Bereiche aufzeigen, in denen eine Änderung innerhalb einer Bandbreite immer zum selben Ergebnis führt.

2.1.3 „Simple FCM" nach KOSKO

KOSKO hat klassische Kausalkarten nicht nur theoretisch erweitert, sondern auch praktisch berechenbar gemacht: Kausalkarten lassen sich als Adjazenzmatrix darstellen, wobei üblicherweise die Beziehung zwischen zwei Konzepten durch +1, −1 oder, für den Fall einer fehlenden Beeinflussung, durch 0 abgebildet werden. Alternativ können Beziehungen auch Werte im Intervall [-1; 1] annehmen.

Um zu ermitteln, auf welchen Zustand sich das Netzwerk „einschwingt", wird ein Vektor, der für jedes Konzept den aktuellen Zustand im Intervall [0;1] abbildet, mit der Adjazenzmatrix der FCM multipliziert. Der resultierende Ergebnisvektor wird entsprechend der Abbildungsvorschrift der Transferfunktion auf das Intervall [0;1] normiert. Dadurch entsteht ein neuer Vektor, der die geänderten Zustände aller Konzepte abbildet. Dieser Vektor wird erneut mit der Adjazenzmatrix multipliziert und anschließend normiert. Der Prozess wird so lange fortgesetzt bis ein stabiler Endpunkt oder ein Abbruchkriterium erreicht wird.

Um Wissensakquisition und Modellierung möglichst einfach zu halten, schlägt KOSKO sog. "Simple Fuzzy Cognitive Maps" vor [VGL. Z.B. KOSKO: HIDDEN PATTERNS 1988; KOSKO: MACHINE INTELLIGENCE 1992; DICKERSON, KOSKO: VIRTUAL WORLDS 1994]. Sie haben zweiwertige Knoten (0,1) und dreiwertige Kanten (-1,0,1).

Experten müssen daher lediglich nach den Pfeilvorzeichen befragt werden, wodurch die Wissensakquisition relativ einfach ist. Da die Knoten zudem nur die Zustände „An" und „Aus" annehmen, gestaltet sich die Auswahl einer Transferfunktion einfach: üblicherweise wird eine klassische Binärfunktion mit Schwellenwert 0 genutzt, die Eingangswerte von größer 0 in 1, und Eingangswerte von kleiner oder gleich 0 in 0 umwandelt.

Für die Kognitive Karte aus Abbildung D 2-1(vgl. Seite 249) ergibt sich für die Adjazenzmatrix Folgendes:

$$\begin{array}{c|ccccc} & C_1 & C_2 & C_3 & C_4 & C_5 \\ \hline C_1 & 0 & +1 & -1 & 0 & 0 \\ C_2 & 0 & 0 & 0 & +1 & 0 \\ C_3 & 0 & 0 & 0 & -1 & -1 \\ C_4 & 0 & 0 & 0 & 0 & +1 \\ C_5 & 0 & 0 & 0 & 0 & 0 \end{array} \quad \text{als Matrix:} \quad E = \begin{pmatrix} 0 & +1 & -1 & 0 & 0 \\ 0 & 0 & 0 & +1 & 0 \\ 0 & 0 & 0 & -1 & -1 \\ 0 & 0 & 0 & 0 & +1 \\ 0 & 0 & 0 & 0 & 0 \end{pmatrix}$$

Wenn der „Beispiel-Student" aus Abbildung D 2-1 gut vorbereitet ist, nimmt das Konzept C1 denn Wert 1 an. Als Eingangsvektor dargestellt ergibt sich:

$$C_1 = \begin{pmatrix} 1 & 0 & 0 & 0 & 0 \end{pmatrix}$$

Um die Auswirkungen einer guten Vorbereitung auf das durch die FCM dargestellte Gesamtsystem zu ermitteln, wird der Vektor mit der Matrix multipliziert. Somit ergibt sich der Zustandsvektor S, der die Werte für die Konzepte 1-5 angibt:

$$S = C_1 \times E = \begin{pmatrix} 0 & 1 & -1 & 0 & 0 \end{pmatrix}$$

Sie müssen auf 0 und 1 normiert werden, wozu üblicherweise die o.g. klassische Binärfunktion genutzt wird:

$$S_{normiert} = \begin{pmatrix} 0 & 1 & 0 & 0 & 0 \end{pmatrix}$$

Allerdings existieren zahlreiche Verfahren zur Normierung, die im nachfolgenden Abschnitt D 2.2.2 diskutiert werden. Der normierte Zustandsvektor liefert sodann die Eingangswerte für eine erneute Multiplikation mit E. Das Netz wird in dieser Weise mehrfach durchlaufen, bis der Endzustand erreicht ist:

$$S_{Stabilität} = \begin{pmatrix} 0 & 0 & 0 & 0 & 0 \end{pmatrix}$$

Im Endzustand sind also alle Knoten aus. Dieses Ergebnis und seine Interpretation werden in Abschnitt D 2.2.3 ausführlich diskutiert.

„Simple FCM" sind in der Literatur verbreitet, doch werden durchaus auch komplexere FCM-Modelle erstellt, die die von KOSKO erarbeiten Modellierungsmöglichkeiten nicht nur nutzen, sondern auch erweitern. Der aktuelle Stand der FCM-Anwendung wird im nachfolgenden Kapitel erläutert.

2.2 Weiterentwicklungen und Einsatzgebiete von Fuzzy Cognitive Maps

Die Einsatzpotenziale von FCMs zur Simulation, Prognose und Entscheidungsunterstützung werden in der Literatur sehr positiv, vereinzelt sogar fast euphorisch bewertet. So entwickelt KOSKO in einem Interview die Idee, das Wissen der Menschheit in einer gigantischen FCM zu dokumentieren, die hilft, unterschiedliche Standpunkte kausal zu erklären und Konflikte zu lösen. Zudem stellt er fest: „Man kann also die Aussage treffen, dass bald politische Artikel zu sehen sein werden, die eine kognitive Karte als Anhang haben. In einigen Jahren – von jetzt an gerechnet – wird es genau umgekehrt sein. Die kognitive Karte wird die Hauptsache sein und der beschriebene Text der Anhang" [MCNEILL, FREIBERGER: FUZZY LOGIC 1996, S. 340].

In den rund 10 Jahren seit diesem Interview hat sich der Einsatz von FCMs bei weitem nicht so rasant entwickelt, doch liegen einige Veröffentlichungen im Bereich des Operations Research und der Künstlichen Intelligenz vor, die den KOSKO angedeuteten Bezug zu Problemstellungen aus den Sozial- oder Wirtschaftswissenschaften aufweisen.

Unabhängig von der Zielstellung umfasst jeder FCM-Einsatz fünf grundlegende Aktivitäten:

1. Das Kausalwissen des oder der Experten wird offen gelegt, um Aussagen über Konzepte und Kausalbeziehungen zu erhalten.
2. Die Expertenaussagen werden durch einen Modellierungsfachmann oder sog. „Knowledge Engineer" in ein FCM-Modell übersetzt.
3. Das Modell wird getestet und angepasst, bis es die „reale Welt" aus Sicht der Experten ausreichend gut repräsentiert.
4. Das getestete Modell wird für die eigentliche Zielstellung, also zur Simulation und Prognose genutzt.
5. Die Ergebnisse werden interpretiert.

Die nachfolgenden Unterkapitel fassen den Stand des Wissens zu jeder dieser Teilphasen auf Basis der in Tabelle D 2-1 aufgeführten Veröffentlichungen zur FCM-Anwendung aus den letzten rund 15 Jahren zusammen. Der jeweilige Schwerpunkt der Arbeiten wird durch die dunklen Felder illustriert. Leere Felder zeigen an, dass ein Thema von den Autoren nicht oder nur am Rande erwähnt wird. Die Tabelle zeigt einen deutlichen Schwerpunkt bei der Erstellung von FCM-Modellen, wobei in vielen Fällen eine Erweiterung der von KOSKO entwickelten Modellierungsmethode erfolgt. Daneben stehen die Offenlegung und Erfassung von Expertenwissen im Interesse der Forscher. Fragen der Modellprüfung und Interpretation der Ergebnisse bleiben dagegen weitgehend außen vor. In diesen Bereichen kann die FCM-Praxis potenziell von Arbeiten aus anderen Forschungsbereichen profitieren. Sie werden in den nachfolgenden Kapiteln ebenfalls diskutiert.

Jahr	Autor	Publikation	Thema	(1)	(2)	(3)	(4)	(5)
1987	Taber, Siegel	Konferenzbeitrag: Neural Networks	Ermittlung von Expertengewichten in kombinierten FCM	■				
1989	Zhang et al.	Zeitschrift: IEEE Trans. on Systems, Man & Cybern.	Erweiterung klassischer FCM um "negativ, positiv, neutral" (NPN)-Logik zur differenzierten Modellierung		■			
1991	Taber	Zeitschrift: Expert Systems with Applications.	Wissensverarbeitung durch FCM; FCM auf Basis des kombinierten Wissens mehrerer Experten		■			
1994	Craiger, Coovert	Konferenzbeitrag: Intern. Conf. on Fuzzy Systems	FCM-Modellierung dynamischer sozialer und psychologischer Probleme am Beispiel „familiäre Probleme"		■			■
1994	Taber	Zeitschrift: AI Expert	FCM Methodendarstellung und Modellierung sozialer Systeme am Beispiel Reform des Gesundheitswesens	■				
1995	Park, Kim	Zeitschrift: Int. J. Human-Computer Studies	Erweiterung klassischer FCM zur Berücksichtigung von Zeit		■			
1997	Bryson et al.	Konferenzbeitrag: Intelligent Information Systems	FCM auf Basis des kombinierten Wissens mehrerer Experten		■			
1998	Lee et al.	Zeitschrift: Simulation	Strategische Planung mittels FCM Simulation					■
1998	Stylios, Groumpos	Zeitschrift: Journal of Intelligent Manufacturing	Modellierung einer Prozessüberwachung für einen Produktionsprozess		■			
1998	Schneider et al.	Zeitschrift: Fuzzy Sets and Systems	Automatische Konstruktion von FCM			■		
1999	Kardaras, Karakostas	Zeitschrift: Information and Software Technology	Simulation des Prozesses der strategischen Informationssystemplanung (SISP)		■			
1999	Perusich et al.	Konferenzbeitrag: SPIE	Verbesserung eines Displays im AWACS-Aufklärungsflugzeug auf Basis einer FCM-Analyse über die Gründe kognitiver Überforderung				■	
1999	Hollatz, Runkler	Konferenzbeitrag: Fuzzy-Neuro Systems 99	Modellierung der Auswirkungen der Währungsunion		■			
1999	Miao et al.	Konferenzbeitrag: Tools with Artifical Intelligence	Erweiterung klassischer FCM durch Konzepte mit individuell ermittelten Wertebereichen („Dynamical Cognitive Networks")		■			
2000	Lee, Han	Zeitschrift:Information & Management	Strategische Designplanung für Electronic Data Interchange Controls; Ermittlung von Kausalbeziehungen durch LISREL Analyse			■		
2001	Taylor	Buch: American Confusion	Begleitende Analyse des Kosovo Konflikts: aus Medienberichten werden FCMs der Lage erstellt und die nächsten Aktionen (z.B. der NATO) prognostiziert				■	
2002	Lee et al.	Zeitschrift: Expert Systems with Applications	Verbesserung der Analyse von Webmining-Ergebnissen durch Darstellung und Verdichtung von Assoziationsregeln in FCM		■			

(1) Offenlegung Expertenwissen, (2) FCM-Modellierung, (3) Modelltest und –validierung, (4) Modellanwendung, (5) Interpretation; dunkle Felder = Schwerpunkt der Arbeiten.

Tabelle D 2-1:Schwerpunktsetzung ausgesuchter Veröffentlichungen zu Fuzzy Cognitive Maps

2.2.1 Offenlegung des Kausalwissens von Experten

2.2.1.1 Expertenauswahl

Die Frage, **wessen** Wissen zur Modellierung einer Problemsituation eingesetzt werden soll, ist für jedes Modellierungsprojekt entscheidend. Wenn Personen befragt oder Theorien herangezogen werden, die die Realität nicht angemessen erklären können, so ist das sorgfältigst erstellte Modell – ob Systems Dynamics Modell, Wissensbasis eines Expertensystems oder FCM – zu nichts nutze. Trotzdem wird diese Frage in der FCM-Literatur gar nicht und in anderen Bereichen nur in Ansätzen diskutiert.

Für die Entwicklung von Expertensystemen, die mit dem Ziel eingesetzt werden, das Wissen seltener Spezialisten für größere Personengruppen nutzbar zu machen, um damit deren Problembearbeitung zu verbessern und zu standardisieren [VGL. KURBEL: EXPERTENSYSTEME 1989, S. 22FF.], ist es entscheidend, nur die Expertise **echter** Experten „in Software zu gießen". Hier wird daher oft zwischen Personen mit unterschiedlichem Expertiseniveau unterschieden, wobei wahre Experten als diejenigen gelten, die eine Problemsituation blitzschnell anhand weniger Kriterien kategorisieren und aus ihrem reichen Erfahrungsschatz die für die Problemkategorie angemessene Lösung abrufen können. Dies erfolgt nicht vollständig bewusst, so dass die besten Experten oft die größten Schwierigkeiten haben, ihr Problemlösungswissen zu artikulieren [VGL. KURBEL: EXPERTENSYSTEME 1989, S. 77FF.].

Diese Form echten Expertentums ist allerdings nur für eng umrissene Problemstellungen zu erwerben (z.B. Fehlersuche in einem langjährig bekannten System oder Kreditwürdigkeitsprüfung aufgrund von Bilanzkennzahlen). Für solche Probleme ist die Identifikation der jeweiligen Experten relativ unproblematisch, auch wenn prinzipiell die Gefahr besteht, dass sie in der Praxis zu wenig fundiert erfolgt und bereits derjenige als Experte akzeptiert wird, der eine Aufgabe „irgendwie" lösen kann, selbst wenn die Qualität der Lösung zu Wünschen übrig lässt [VGL. IGNIZIO: EXPERT SYSTEMS 1991, S. 112 UND HAUSCHILDT: METHODISCHE ANFORDERUNGEN 1990, S. 524].

Die meisten FCM Anwendungen befassen sich mit sehr viel breiteren Problemdomänen, für die keine Experten im engeren Sinne, d.h. Personen mit einem quasi-automatisierten Problemlösungsverhalten, existieren. Entsprechend ist hier potenziell jeder Experte, der etwas zu der Aufgabenstellung der FCM-Modellierung beitragen kann. Damit ergibt sich die Frage, wie aus der Vielzahl potenzieller Informationsgeber diejenigen auszuwählen sind, deren Wissen in das FCM-Modell fließen soll. Kriterien hierfür lassen sich aus der Literatur zur System Dynamics Modellierung und zur Erstellung von Experten- bzw. wissensbasierten Systemen ableiten:

- Der Experte sollte **über relevantes Wissen verfügen**. Ob das der Fall ist, kann mit einer gewissen Sicherheit anhand seiner aktuellen Funktion und Tätigkeit sowie seines Ausbildungs- und Werdegangs beurteilt werden. Wichtig sind zudem seine Reputation und die Empfehlungen von Kollegen, also etwa die Antwort auf die Frage, wen im Unternehmen sie in einer bestimmten Situation um Rat fragen würden [VGL. IGNIZIO: EXPERT SYSTEMS 1991, S. 117F.].

- Der Experte muss **in der Lage sein, sein Wissen mit anderen zu teilen**. Das setzt die prinzipielle Explizierbarkeit des Wissens voraus. Zudem müssen fachliche, sprachliche und organisatorische Barrieren (z.B. zeitliche Verfügbarkeit häufig nachgefragter Experten) überwindbar sein [VGL. SINNGEMÄß KURBEL: EXPERTENSYSTEME 1989, S. 78 UND IGNIZIO: EXPERT SYSTEMS 1991, S. 112FF.].

- Der Experte muss **bereit sein, sein Wissen umfassend zur Verfügung zu stellen**. Seine Bereitschaft kann gehemmt werden, wenn er sich aus seiner Teilnahme am FCM-Modellierungsprojekt Nachteile erwartet (z.B. Verlust von Sonderstellung und Ansehen als Experte, Ertüchtigung der Konkurrenz zum eigenen wirtschaftlichen Nachteil) oder keinen ausreichenden Nutzen (z.B. Prestige, Arbeitszufriedenheit, zukünftige Arbeitserleichterung, Entlohnung) aus der Maßnahme ziehen kann. In solchen Fällen wird er die Teilnahme verweigern oder, wenn er das nicht kann, mit „gebremstem Eifer" an der Modellierung teilnehmen, so dass die Ergebnisse nur eingeschränkt nutzbar sind. In Extremfällen kann es zu einer bewusst falschen Wiedergabe des eigenen Wissens kommen [VGL. IGNIZIO: EXPERT SYSTEMS 1991, S. 112].

- Der Experte sollte dem Modellierungsprojekt gegenüber **wohlwollend, aber ergebnisoffen** sein und es nicht zur Bestätigung einer vorgefassten Meinung oder Entscheidung missbrauchen. Ist dies nicht der Fall, so tendiert er dazu, sein Wissen in einer Weise zu präsentieren, die seinem „Wunschergebnis" dient [VGL. STERMAN: BUSINESS DYNAMICS 2000, S. 84F.].

Ob ein potenzieller Experte diese Kriterien erfüllt, ist immer nur im konkreten Fall und niemals mit letzter Sicherheit zu beantworten. Für die Expertenauswahl gibt es damit zwar wichtige Hinweise, aber keinerlei Garantien, dass der richtige (fachkundige, motivierte, um Objektivität bemühte, usw.) Experte identifiziert und in das Modellierungsprojekt eingebunden werden kann.

HAUSCHILDT folgert für die Entwicklung von Expertensystemen, dass eine rein auf Expertenbefragungen (oder gar nur auf die Befragung **eines** Experten) gestützte Wissensbasis völlig unzureichend ist. Er plädiert für eine systematische Ermittlung des Informationsbedarfs als Voraussetzung für eine fundierte Suche und Bewertung von Experten und für die Entwicklung von Wissensbasen nicht nur auf Basis von Expertenaussagen, sondern auch auf Basis bestehender theoretischer Erwägungen und empirischer Erkenntnisse zur jeweiligen Problemdomäne [VGL. HAUSCHILDT: METHODISCHE ANFORDERUNGEN 1991, S. 526F.]. Diese Empfehlung lässt sich analog auf FCM anwenden: FCM sollten auf dem Kausalwissen unterschiedlicher Experten beruhen, die die o.g. Kriterien erfüllen. Ihre Aussagen sollten miteinander und mit bestehendem theoretischen Wissen über die Wissensdomäne (soweit vorhanden) verglichen werden.

Ein solches „mehrgleisiges" Vorgehen setzt die Anwendung fallspezifisch angepasster Verfahren zur Offenlegung von Kausalwissen voraus. Sie werden im nachfolgenden Abschnitt diskutiert.

2.2.1.2 Möglichkeiten zur Offenlegung von Kausalwissen

Ausgangspunkt für die FCM-Modellierung ist ein System von Aussagen über Konzepte und über die Kausalbeziehungen zwischen ihnen. Experten werden hierbei auf zwei Ebenen gefordert: sie müssen die Konzepte bzw. Knoten der FCM angeben, d.h. sie müssen festlegen, welche Sachverhalte sie der zu modellierenden Problemdomäne zuordnen und welche nicht. Dies entspricht der **inhaltlichen Ebene**.

Zudem müssen die Experten die Beziehungen zwischen den problemrelevanten Konzepten erkennen und hinsichtlich ihrer Eigenschaft (Kausalität), Richtung (Pfeilrichtung und Vorzeichen) und ggf. auch Stärke bewerten. Diese Anforderungen bewegen sich auf der Ebene der **Modellstrukturierung**.[69]

Die Autoren der FCM-Literatur erfassen Inhalt und Kausalstruktur zumeist gemeinsam, wobei sich vier Vorgehensweisen unterscheiden lassen (vgl. Tabelle D 2-2:).

	Modellierer *ist* Experte	Modellierer *befragt* Experte (offene Verfahren)	Modellierer *analysiert* Dokumente (verdeckte Verfahren)
Mentales Modell *eines* Experten	Möglichkeit 1	Möglichkeit 2	Möglichkeit 3
Mentales Modell einer *Gruppe von Experten*			
Kombination der mentalen Modelle unterschiedlicher Experten		Möglichkeit 4	

Tabelle D 2-2: Möglichkeiten zur Offenlegung von Kausalwissen

---

[69] Zur Inhalts- und Strukturtrennung vgl. auch die Ausführungen auf Seite 179f.

2.2.1.2.1 Möglichkeit 1: Keine explizite Offenlegung mentaler Modelle

In Fall 1 verfügen die Modellierer über Wissen aus dem Fachgebiet, für das sie eine FCM erstellen, und setzen es unmittelbar in eine FCM um. Sie fungieren somit gleichzeitig als Experte und als Knowledge Engineer. Dieses Vorgehen findet sich vor allem bei Arbeiten, bei denen die erstellte FCM zur Illustration der (meist weiterentwickelten) FCM-Methode und weniger zur Lösung eines realen Problems dient. Wie die Autoren ihr Wissen erlangen, Konzepte formulieren, Kausalbeziehungen bewerten und FCM erstellen, bleibt offen [VGL. Z.B. CRAIGER, COOVERT: SOCIAL PROBLEMS 1994; STYLIOS, GROUMPOS: SUPERVISORY SYSTEMS 1998; PERUSICH ET AL.: COGNITIVE ENGINEERING 1999].

Obgleich in der Literatur stark verbreitet, ist dieser Fall für die Praxis von geringem Interesse. Bei komplexen Themenstellungen findet sich selten ein Experte, der über ein so vollständiges Fachwissen verfügt, dass sich die Befragung anderer Experten erübrigt, und der darüber hinaus so viel FCM-Modellierungskenntnisse und –erfahrung hat, dass er das eigene Wissen ohne weitere methodische Unterstützung in ein FCM-Modell umsetzen kann.

2.2.1.2.2 Möglichkeit 2: Offene Verfahren zur Offenlegung mentaler Modelle

Wenn die Experten – wie im Regelfall – nicht selbst über FCM-Modellierungserfahrungen verfügen, erfragt ein Knowledge Engineer ihr Kausalwissen und setzt es in Modelle um. Dabei können Experten einzeln oder als Gruppe befragt werden, wobei die Vor- und Nachteile abzuwägen sind: Einzelbefragungen erlauben authentische, individuelle Sichten auf das Problem, ohne dass Gruppendruck oder die Intervention einzelner Gruppenteilnehmer den Rede- und Gedankenfluss hemmen. Gruppenerhebungen haben dagegen den Vorteil, dass der Diskurs der Experten zusätzliche Konzepte und Konzeptbeziehungen offen legen kann, die in dieser Form in keiner der individuellen Expertenvorstellungen enthalten war. Als Experten können sie zudem unkonventionelle Meinungen diskutieren und fachlich bewerten, während ein auf sich gestellter Knowledge Engineer solche Meinungen ggf. als „zu exotisch" unberücksichtigt lassen muss.

Zur Offenlegung von (Experten)wissen existieren, wie bereits bei der Erläuterung des Knowledge Mappings in C 2.3.1 (Seite 175ff.) ausgeführt, zahlreiche Ansätze, von denen sich viele auch in der Literatur zu FCM-Erstellung finden:

In einigen Fällen wird der Experte aufgefordert, eine **Kausalkarte** zu zeichnen, nachdem er vorher anhand eines neutralen Problems, das außerhalb des Befragungsthemas liegt, mit diesem Instrument vertraut gemacht wurde [VGL. TABER: KNOWLEDGE PROCESSING 1991 UND TABER: SOCIAL SYSTEMS 1994]. Im von *TABER* beschriebenen Fall findet jedoch keine Trennung von Inhalt und Struktur, etwa im Sinne eines Struktur-Legens statt, so dass die kognitiven Anforderungen an die Experten vermutlich sehr hoch und die entstehenden Karten entsprechend unzuverlässig sind. Zudem ist nicht dokumentiert, ob die Experten ihre Kausalkarten zusätzlich erläutern, um zu verhindern, dass Konzeptinhalte für den Knowledge Engineer unklar bleiben, weil unterschiedliche Experten die gleiche Einflussvariable unterschiedlich benennen bzw. unterschiedliche Sachverhalte unter den gleichen Begriff subsumieren.

Eine andere Möglichkeit, an Expertenwissen zu gelangen, sind **Interviews**. In der FCM-Literatur finden sich keinerlei Hinweise, **in welcher Form** eine Befragung zur FCM-Erstellung geführt werden sollte. Wissenspsychologisch orientierte Arbeiten bleiben, wie in C 2.3.1 (Seite 175ff.) zu sehen war, in ihren Empfehlungen relativ unspezifisch – prinzipiell sind alle Formen von Befragungen möglich: offene Interviews, teil- und vollstrukturierte Fragebögen, Interviews mit oder ohne Reizmaterial, usw. Es bleibt damit dem Forscher überlassen, in Abhängigkeit vom jeweiligen Untersuchungsobjekt die geeignete Interviewtechnik zur Erfassung von Expertenwissen auszuwählen. Etwas konkretere Empfehlungen finden sich für die Wissenserhebung im Rahmen der Expertensystementwicklung. Abbildung D 2-3 zeigt mit dem „**Knowledge Acquisition Grid**" eine Matrix, die Knowledge Engineers darin unterstützt, Expertenwissen mit **angepassten** Fragestellungen zu erheben.

Wissens-arten Inteview-fragen	Beispiele	Layout	(episodische) Erzählung	„Scripts"	Metapher	Faustregeln
Gesamtüber-blick geben	Können Sie mir das Aufgabengebiet eines Controllers beschreiben? Bitte beziehen Sie dabei alle Aspekte ein, auch wenn Sie ihnen unwichtig erscheinen.	X				
Kategorien bilden	Als Sie mir einen Überblick über ihr Arbeitsgebiet gaben, sprachen Sie von „Controllem". Ist das eine spezielle Form einer allgemeinen Tätigkeitsbezeichnung? Gibt es unterschiedliche Typen von Controllem?		X			
Merkmale ermitteln	Sie haben mir drei verschiedene Controllingprobleme aus dem letzten Monat beschrieben. Worin unterscheiden sich die ersten beiden von dem dritten Problem?			X		
Abhängig-keiten bestimmen	Sie haben mir den Routineablauf im Projektcontrolling beschrieben und sagten, dass immer erst der Monatsabschluss erfolgt. Warum ist das so?				X	
Um Rat fragen	Sie haben die Tätigkeit eines Controlles mit der eines Hobbypiloten verglichen: welchen Rat können sie anderen Controllem aus Ihrer Erfahrung als Hobbypilot erteilen?				X	
Gegenproben	Sie haben gesagt, dass sie bei neuen Prozessen immer 20% Puffer einplanen. Ich spiele jetzt des Teufels Advokat: Was würde denn Schlimmes passieren, wenn Sie das nicht tun?					X

Abbildung D 2-3: Knowledge-Acquisition Grid [IN ANLEHNUNG AN: LAFRANCE: KNOWLEDGE-ACQUISITION GRID 1988, S.84]

Hierbei werden fünf Wissensarten unterschieden, die die Spalten der Matrix bezeichnen [VGL. LAFRANCE: KNOWLEDGE-ACQUISTION GRID 1988, S. 84FF.]: **Layouts** beziehen sich auf die Grundstrukturen einer Wissensdomäne, also auf ihre Grenzen, zentralen Begriffe und Wirkungszusammenhänge. Episodische **Erzählungen** beinhalten typische Fallbeispiele oder auch untypische Ausreißer, denen der Experte im Laufe seiner Beschäftigung mit dem Thema begegnet ist und die er bewältigt hat. Sie enthalten, ebenso wie Scripts, Erfahrungswissen. **Scripts** beziehen sich allerdings weniger auf Lösungswissen als vielmehr auf prozessurales Wissen. Sie beantworten also bspw. die Frage, welche Objekte, Werkzeuge und Verfahrensschritte zur Bewältigung einer Aufgabe benötigt werden. **Metapher** helfen zu verstehen, welche Aspekte einer Wissensdomäne ein Experte für besonders relevant hält, da – so die Annahme – genau diese in Sprachbildern verfremdet werden. **Faustregeln** schließlich, sind Heuristiken, die der Experte zur Aufgabenbewältigung einsetzt.

Um diese unterschiedlichen Arten von Wissen zu erfassen, unterscheidet *LAFRANCE* sechs **Arten von Fragen**, die in den Zeilen der Matrix (siehe Abbildung D 2-3) abgebildet sind [VGL. LAFRANCE: KNOWLEDGE-ACQUISITION GRID 1988, S. 86FF.]. Die Matrix ist hierbei ein Hilfsmittel: der Knowledge Engineer sieht, welche Kombination aus Fragentyp und Wissensart er prinzipiell anwenden könnte bzw. bereits angewandt hat. Zudem kann er die Antworten in der Matrix dokumentieren. Ziel des „Knowledge Acquisition Grids" ist es, gleiche Sachverhalte mit unterschiedlichen Fragetypen zu erörtern, um somit eine Bestätigung und Bekräftigung von Expertenaussagen zu erhalten. Dieses Vorgehen kann als Umsetzung der Forderung nach **kommunikativer Validierung** verstanden werden (vgl. Seite 179f.).

Allerdings sind zur FCM-Modellierung nicht alle Wissensinhalte gleich relevant: so enthalten Metaphern und Faustregeln bspw. kaum Kausalwissen. Der Knowledge Engineer muss daher vor jedem Interview sorgfältig festlegen, welche Wissensgebiete er abdecken will und wie er die Befragung aufbaut. Dabei lassen sich **unterschiedliche Interviewverfahren, Fragetypen** und die **Kausalkartenerstellung** durch die Experten miteinander kombinieren. Zudem können **Interviews auch mit einer Gruppe von Experten** geführt werden [VGL. WYNANDS: MANAGEMENTWISSEN 2002, S. 167FF. UND LANGFIELD-SMITH: SHARED COGNITIVE MAP 1992]. Die offenen Verfahren zur Erhebung von Expertenwissen bieten damit sehr weit reichende Möglichkeiten, Expertenwissen und erforderliche Kontextinformationen sowohl in der Breite als auch in der Tiefe zu erfassen. Sie können jedoch keine richtigen Ergebnisse garantieren.

Bei der Durchführung von Expertenbefragungen sollte daher insb. darauf geachtet werden, dass der Interviewer den Experten Hilfestellung bei der Explizierung, Verbalisierung und Auseinandersetzung mit ihren kognitiven Modellen gibt, ohne sie dadurch zu verändern. Hierzu tragen eine offene Gesprächsatmosphäre, das systematische Durchlaufen von Interviewphasen mit bedarfsgerechten Befragungstechniken, die kognitive Anforderungen und Ziele der Befragung berücksichtigen, die Dokumentation der Interviewergebnisse und die Ergebnisvalidierung durch Rückfragen an den Probanden bei.

2.2.1.2.3 Möglichkeit 3: Verdeckte Verfahren zur Offenlegung mentaler Modelle

Wenn Experten schwer oder überhaupt nicht zugänglich sind – etwa weil sie nicht bereit sind, an einer Befragung teilzunehmen oder weil der zeitliche und finanzielle Aufwand dafür zu hoch wäre – bietet es sich an, vorhandene Dokumente (z.B. Bücher, Zeitschriftenartikel, Websites, Redeprotokolle, Fernsehaufzeichnungen) über das Themengebiet systematisch zu analysieren.

In den Arbeiten der FCM-Literatur wird diese Möglichkeit immer wieder genutzt: so stützen LEE ET AL. ihre FCM auf ein Modell zur Optimierung von Werbeausgaben, das sie einer wissenschaftlichen Veröffentlichung entnehmen [VGL. LEE ET AL.: STRATEGIC PLANNING 1998]. KOSKO verwendet einen Zeitungsartikel über die politische Situation Südafrikas zur Erstellung einer FCM über die Zukunft des Apartheidssystems [VGL. KOSKO: MACHINE INTELLIGENCE 1992, S. 153F.]. Eine gemeinsame Arbeit von KOSKO UND DICKERSON beruht auf einem Fachbuchartikel, der das Verhalten unterschiedlicher Bottlenose-Delfin-Schwärme erläutert. Die resultierende FCM wird genutzt, um die Animation eines Cartoons über einen Delfinschwarm zu steuern [VGL. DICKERSON, KOSKO: VIRTUAL WORLDS 1994]. In allen genannten Fällen werden die im jeweils verwandten Text vorliegenden Aussagen in Kausalkarten „übersetzt" und dann als FCM umgesetzt.

Wie die Autoren im jeweils konkreten Fall das Kausalwissen aus den Texten extrahiert haben, ist nicht dokumentiert. Aus der Wissenspsychologie und der empirischen Sozialforschung sind allerdings die bereits in Kapitel C 2.3.1.1 (siehe insb. Seite 177f.) angesprochenen Verfahren zur Textanalyse bekannt, die als Grundlage für eine systematische und transparente Auswertung von Dokumenten dienen können.

Die Vorteile des Vorgehens liegen auf der Hand: die Experten müssen nicht um Erlaubnis gefragt werden. Zudem können spontan entstandene Quellen genutzt werden (z.B. Redeprotokolle, Mitschnitte von Diskussionsbeiträgen eines politischen Gegners), die u.U. mehr preisgeben als Quellen, die für eine Veröffentlichung vorgesehen wurden. Der zeitliche Aufwand für den Experten und damit meist auch der finanzielle Aufwand sind niedriger als bei persönlichen Interviews. Zudem kann das Wissen schwer zugänglicher Experten genutzt werden. Bei einer geschickten Wahl der Dokumente (z.B. Positionspapiere, Studien) kann neben dem Wissen einzelner Experten auch das Wissen von Expertengruppen analysiert werden.

Das Vorgehen hat jedoch auch einige Nachteile: Beim Schreiben von Veröffentlichungen oder in Fernsehinterviews müssen sich Experten auf das Wesentliche beschränken und „filtern" kritische Aspekte oft bewusst oder unbewusst aus. Handelt es sich bei den analysierten Dokumenten um spontane Äußerungen (z.B. Mitschnitte von Debatten), so sind die darin enthaltenen kognitiven Modelle zudem oft unvollständig oder „unausgegoren". So beobachtet AXELROD bspw., dass kognitive Karten, die auf spontanen Aussagen beruhen, seltener Feedback-Beziehungen enthalten, als Karten, die auf sorgfältig erstellten Dokumenten beruhen [VGL. AXELROD: STRUCTURE OF DECISION 1976, S. 228FF.]. Problematisch ist auch, dass das dokumentierte Wissen nur einen Teil des Expertenwissens umfasst, der losgelöst vom ursprünglichen Kontext leicht falsch interpretiert werden kann. Das Problem wird verschärft, da bei den verdeckten Verfahren die Möglichkeit fehlt, das erstellte Aussagensystem mit dem Experten zu diskutieren und zu validieren.

Zudem geht ein positiver Effekt verloren, der der Methode kognitiver Karten zugesprochen wird: die Selbstreflektion des Probanden und das Erkennen des eigenen kognitiven Modells [VGL. AXELROD: STRUCTURE OF DECISION 1976, S. 245F.]. Auch ist der Aufwand für den Knowledge Engineer nicht zu unterschätzen – so geht *AXELROD* davon aus, dass für die Kodierung von 1000 Worten Text immerhin zwischen drei und sechs Arbeitsstunden anfallen [VGL. AXELROD: STRUCTURE OF DECISION 1976, S. 256].

Vor dem Hintergrund des hohen Aufwands und angesichts der engen thematischen Nähe der FCM-Literatur zu Veröffentlichungen der Künstlichen Intelligenz überrascht es, dass bislang keine Ansätze existieren, die Erstellung von FCMs teilweise zu automatisieren, indem zentrale Konzepte und Assoziationen zwischen Konzepten automatisch aus einem Textkorpus extrahiert und anschließend von Experten bewertet werden. Ansätze hierzu liefern potenziell die in Kapitel C 2.3.3.2, Seite 185ff. dargestellte automatisierte Erstellung von Topic Maps bzw. die ihr zugrunde liegenden Text-Mining-Verfahren.

2.2.1.2.4 Möglichkeit 4: Kombination offen gelegter mentaler Modelle unterschiedlicher Experten

Die Möglichkeiten, Expertenwissen systematisch, methodisch sauber und vor allem nachvollziehbar offen zu legen, werden, wie bereits ausgeführt, in der FCM-Literatur kaum genutzt. Dies ist damit zu erklären, dass es den Autoren meist um die Illustration der FCM-Methode und nicht um die möglichst vollständige Abbildung mentaler Modelle oder um die differenzierte Wiedergabe alternativer Expertensichten geht. Die Anforderungen an die Qualität und Transparenz der erstellten Modelle sind daher nicht sehr hoch.

Gleichzeitig bemühen sich einige FCM-Autoren, die Subjektivität individueller Expertenmodelle, die sich aus der individuellen „Weltsicht" der Experten und aus der Befragungsproblematik ergeben, zu überwinden, indem verschiedene, getrennt erfasste Expertensichten zu einer gemeinsamen Kausalkarte zusammengefasst werden [VGL. Z.B. TABER: KNOWLEDGE PROCESSING 1991].

Ein gängiges Verfahren hierfür ist die simple Addition der auf einheitliche Größe gebrachten Experten-FCMs [VGL. KOSKO: ADAPTIVE INFERENCE 1993, S. 889FF.]. Es ist in Abbildung D 2-4 demonstriert.

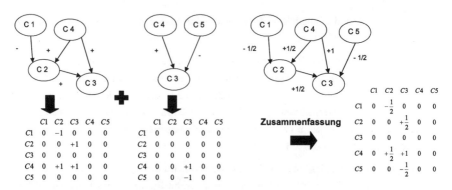

Abbildung D 2-4: Kombination individueller Experten FCMs

Experte A erstellt eine Kausalkarte mit vier Konzepten (C1-C4) und Experte B eine Karte mit drei Konzepten (C3-C5). Damit sind zwei Konzepte (C3, C4) in beiden Kausalkarten enthalten. Die Kausalkarten beider Experten lassen sich als quadratische Matrizen mit fünf Zeilen und Spalten darstellen. In dieser Matrix sind im Fall von Experte A in der fünften Zeile und Spalte nur Nullen enthalten, da er dieses Konzept nicht mit einem der anderen Konzepte verknüpft. Entsprechend sind im Fall des Experten B die ersten beiden Zeilen und Spalten leer.

Die Gesamt-Matrix beider Experten ergibt sich durch Addition der Matrizen A und B, wobei die Einträge in der Gesamtmatrix zusätzlich noch durch die Anzahl der Experten (hier: zwei) geteilt werden kann. Dieses „demokratische" Verfahren ist umstritten, da jede Expertenmeinung gleich gewichtet wird, der innovative Fachmann mit einer bahnbrechenden zukünftigen Lösung also von seinen konventionelleren Kollegen „überstimmt" wird. KOSKO schlägt daher vor, die Teil-FCM entsprechend der Vertrauenswürdigkeit der erstellenden Experten zu gewichten, wobei „Credibility Weights" w_i im Intervall von [0;1] vergeben werden [VGL. KOSKO: ADAPTIVE INFERENCE 1993, S. 889FF.]. Die individuellen Experten-FCMs F_i werden dann summiert:

$$F = \sum_{i=1}^{n} w_i F_i$$

Allerdings geht KOSKO nicht darauf ein, wie solche Gewichte zu bestimmen sind. Eine Möglichkeit ist es, die Jahre von Erfahrung, die der Experte mitbringt, in Gewichte zu übersetzen. Ein unmotivierter, erfahrener Experte produziert aber möglicherweise eine sehr viel schlechtere FCM als ein motivierter Experte mit wenig Erfahrung, der dafür sehr ausgiebig den aktuellen Stand des Wissens untersucht hat [VGL. TABER: KNOWLEDGE PROCESSING 1991, S. 86].

Auch eine direkte Beurteilung der Vertrauenswürdigkeit ist problematisch, da das Vertrauen, das einem Experten entgegengebracht wird, nicht zwingend etwas über die Qualität seines Wissens im allgemeinen und eine spezielle FCM im Besonderen aussagt. Vielmehr spielen persönliche Faktoren eine große Rolle [VGL. TABER, SIEGEL: EXPERT WEIGHTS 1987, S. 319]. In den meisten Arbeiten wird auf eine Gewichtung daher verzichtet [VGL. TABER 1991: KNOWLEDGE PROCESSING, S. 87].

Wenn Experten die Richtung oder das Vorzeichen von Beziehungen unterschiedlich beurteilen und keine Einigkeit über die der Problemdomäne zugehörigen Konzepte herrscht, ist das mit expertenindividuell unterschiedlichen Informationsständen oder Informationsinterpretationen zu erklären. In solchen Situationen bergen Gespräche der Experten miteinander das Potenzial, dass sich die unterschiedlichen Sichten annähern und ein vielschichtigeres und umfassenderes Bild des Problembereichs entsteht, als es selbst die beste der individuellen Expertenansichten bietet. Durch simple Addition der Experten FCM gehen Informationen jedoch verloren – so kompensieren sich positive und negative Pfeilvorzeichen und neue, bisher unberücksichtigte Konzepte werden weitgehend ignoriert, da sie nicht von allen Experten beurteilt wurden und nur in wenigen Teil-FCMs enthalten sind.

Eine Möglichkeit zur Lösung dieses Problems ist es, sich am Vorgehen einer Delphi-Befragung zu orientieren [VGL. DICKERSON, KOSKO: VIRTUAL WORLDS 1994, S. 29] und in einer ersten Befragungsrunde individuelle Experten-FCMs zu ermitteln, die dann zu einer (rechnerisch ermittelten) kombinierten FCM zusammengefasst werden. Diese kombinierte FCM wird in der zweiten Befragungsrunde dem Delphi-Panel zur Beurteilung vorgelegt, wobei Expertenmeinungen mit den stärksten Abweichungen gekennzeichnet und gesondert diskutiert werden können. Auf Basis der Expertenurteile kann dann eine weitere FCM erstellt werden. Der Delphi-Prozess kann mehrmals durchlaufen werden.

2.2.1.3 Ermittlung der Gewichte von Kausalbeziehungen

Durch additive Verknüpfung individueller Experten FCMs ergeben sich, wie gezeigt, für die Gesamt-FCM die Pfeilgewichte automatisch. Dabei „lernt" die FCM mit jedem zusätzlich befragten Experten dazu und passt auf Basis der neu eintreffenden Daten ihre Struktur und Gewichte an [VGL. KOSKO: HIDDEN PATTERNS 1988, S. 387FF.].

Bei der Offenlegung der individuellen Expertenmodelle hingegen, ergeben sich Aussagen über die *Stärke* von Kausalbeziehungen nicht automatisch. Der Knowledge Engineer muss den oder die Experten daher um eine Gewichtung der Kausalbeziehungen bitten. Dazu werden natürlich sprachliche Skalen, wie z.B. eine 7 Punkt Likert Skala, genutzt und in numerische Werte im Intervall [-1;1] übersetzt [VGL. HOLLATZ, RUNKLER: EFFECTS OF EMU 1999, S. 107]. Die Experten werden entweder nach der Stärke der kausalen Beeinflussung befragt [VGL. HOLLATZ, RUNKLER: EFFECTS OF EMU 1999, S. 107] oder müssen angeben, wie sicher sie sind, dass die betreffende Kausalbeziehung besteht [VGL. KARDARAS, KARAKOSTAS: SISP 1999, S. 203].

Die meisten Autoren der FCM-Literatur verzichten jedoch auf diese vergleichsweise aufwändige Befragung, die hinsichtlich der erzielbaren Antwortqualität als problematisch gilt. Sie entwickeln daher einfache Modelle mit ungewichteten Kausalbeziehungen.

2.2.1.4 Sonderfall: Analyse quantitativer Daten statt Offenlegung von Expertenwissen

In allen bisher genannten Fällen existieren Experten, die eine mehr oder minder vollständige kausale Theorie über einen Problembereich haben. Das zentrale Problem des Knowledge Engineers ist es, das Wissen der Experten – ihre mentalen Modelle – zu extrahieren.

Einen Sonderfall in der FCM-Literatur stellen Problemdomänen dar, in denen **quantitative Daten** über Konzeptzustände existieren, aus denen der Knowledge Engineer Kausalwissen ableiten kann. STYLIOS UND GROUMPOS [VGL. STYLIOS, GROUMPOS: SUPERVISORY SYSTEMS 1998] modellieren bspw. ein Prozessüberwachungssystem, bei dem im Experiment für alle Komponenten (z.B. Ventile, Behälter) Messwerte abgelesen und damit ermittelt werden kann, wie sich die Veränderung einer Komponente auf die Zustände der anderen Komponenten auswirkt. Die Konzeptbeziehungen werden dann entsprechend den Ergebnissen gewichtet. Allerdings erläutern die Autoren nicht näher, wie sie aus den Messwerten der Konzeptzustände, die in unterschiedlichen Dimensionen vorliegen, die Stärke der Kausalbeziehungen im Intervall [-1;1] ableiten.

Eine andere Form von „Messwert" nutzen LEE UND HAN [VGL. LEE, HAN: EDI CONTROLS 2000]. Sie ermitteln zunächst durch Expertenbefragung die zentralen Konzepte des Problembereichs – im konkreten Fall handelt es sich um Konzepte, die im Zusammenhang mit der Überwachung Elektronischer Datenaustauschformate stehen (z.B. „interne formelle Kontrollen"). Zu jedem Konzept erstellen sie eine Reihe von Aussagen (z.B. „Systemänderungen werden nur nach Autorisation durch das Management vorgenommen"), deren Wahrheitsgehalt in einer großzahligen Fragebogenaktion von Experten auf einer 7-Punkt Likertskala beurteilt wird. Die erhobenen Daten (im Anwendungsfall 110 verwertbare Fragebögen) werden mit Strukturgleichungsverfahren mit LISREL analysiert, um signifikante Kausalbeziehungen zu identifizieren und ihre Stärke zu ermitteln. Die FCM wird dann auf Basis dieser Ergebnisse erstellt.

SCHNEIDER ET AL. [VGL. SCHNEIDER ET AL: AUTOMATIC CONSTRUCTION 1998] verwenden die statistischen Daten des World Reports der Vereinten Nationen, um eine FCM zur ökonomischen und demographischen Entwicklung unterschiedlicher Länder zu erstellen. Als Datenbasis nutzen sie Informationen über 18 Konzepte (z.B. Geburtenrate, Wirtschaftswachstum, Analphabetismus) aus 106 Ländern. Für jedes Konzept existiert ein numerischer Vektor, bestehend aus den Werten aus allen Ländern, der in ein Fuzzy Set übertragen wird. Für jedes Land ist damit zu ermitteln, mit welchem Zugehörigkeitsgrad es zu den einzelnen Konzepten gehört. Es wird nun nach Mustern in der Verteilung der Zugehörigkeitsgrade gesucht: wenn bspw. für alle oder die meisten Länder, die in Bezug auf ein Konzept (z.B. Geburtenrate) einen hohen Zugehörigkeitsgrad aufweisen, auch ein hoher Zugehörigkeitsgrad bei einem anderen Konzept (z.B. Bevölkerungswachstum) nachgewiesen werden kann, so ist das ein Indiz dafür, dass die Konzepte miteinander in positiver Kausalbeziehung stehen. Die Erstellung der FCM erfolgt auf Basis eines paarweisen Vergleichs aller Vektoren aus dem sich auch die Richtung und Stärke von Kausalbeziehungen ableiten lassen. Die FCM wird somit „automatisch" aus den vorliegenden quantitativen Daten konstruiert.

Die genannten Beispiele zeigen, dass FCM-Modelle aus bestehenden quantitativen Daten extrahiert werden können. Wenn ausreichend viele Daten vorliegen, bietet sich zudem die Möglichkeit, Lernregeln aus dem Gebiet der KNN anzuwenden, um Pfeilvorzeichen und Pfeilgewichte so zu verändern, dass die FCM Konzeptwerte ausgibt, die möglichst geringe Fehler gegenüber real erhobenen IST-Werten aufweisen [VGL. U.A. KOSKO: HIDDEN PATTERNS 1988 UND KOSKO: ADAPTIVE INFERENCE 1993]. Für Anwendungen wie bei *STYLIOS UND GROMPOS* und *SCHNEIDER ET AL.* bietet sich damit die Möglichkeit, die extrahierten FCM auf Basis zusätzlicher Daten zu verbessern.

Allerdings ist die Verfügbarkeit von quantitativen Daten eher Glücks- als Regelfall. Wo sie, wie bei *LEE UND HAN*, nicht existieren, ist ihre Erhebung äußerst aufwändig und kann nur für eng eingegrenzte Themenbereiche genutzt werden. Hier stellt sich die Frage, ob die Erfassung des Kausalwissens einer kleinen Zahl von Experten nicht günstiger zu ähnlichen Ergebnissen führt. Wo, wie im Fall des World Reports bei *SCHNEIDER ET AL.*, gute quantitative Daten verfügbar sind, muss sorgfältig abgewogen werden, ob das vergleichsweise grobe, qualitativ orientierte Modellierungsverfahren der FCMs das adäquate Verfahren ist, diese Daten zu nutzen oder ob andere Modelle (z.B. auf Basis von System Dynamics) nicht aussagekräftiger sind.

Als Ansatz zur Generierung von Kausalwissen, der möglicherweise mit den in diesem Abschnitt vorgestellten, expertenorientierten Methoden kombiniert werden kann, sind die auf quantitativen Daten beruhenden FCM jedoch prinzipiell eine interessante Option.

2.2.2 Erstellung des FCM-Modells

Ist es gelungen, das Kausalwissen der Experten in ein Aussagensystem über Konzepte und Konzeptbeziehungen zu übersetzen und durch einen gerichteten Graphen zu repräsentieren, so müssen diese Aussagen in eine FCM umgesetzt werden.

Für den Fall simpler FCM ist diese Aufgabe, wie am Beispiel der Kausalkarte eines Studenten in Kapitel C 2.1.3 (Seite 256ff.) gezeigt wurde, sehr einfach. Simple FCMs weisen jedoch einige Beschränkungen auf, die im Folgenden erörtert werden:

1. Die Kausalbeziehungen sind ungewichtet. Positive und negative Impulse auf ein Konzept heben sich vollständig auf, wodurch Informationen verloren gehen. Eine

Gewichtung der Pfeilvorzeichen wird daher als notwendig erachtet [VGL. Z.B. MIAO ET AL.: EXTENSION OF FCM 1999, S. 44].[70]

2. Konzepte können nur den Wert 0 oder 1 annehmen, d.h. sie sind entweder aktiv (und geben die Aktivierung an andere Konzepte weiter) oder sie sind inaktiv. Dadurch werden meist nach wenigen Zyklen stabile und extreme Endzustände erreicht. Zwischen Aktivität und Inaktivität liegt durch die binäre Transferfunktion ein schmaler Grad: in der Nähe des Thresholds führen kleine Inputvariationen zu sehr starke Outputänderungen. Dies widerspricht der „Philosophie" der Fuzziness, die auf graduellen Übergängen beruht.

3. Die Aktivierung von Konzepten erfolgt in jedem Knoten gleich, obwohl die Kausalzusammenhänge zwischen Konzepten sehr unterschiedlich ausgeprägt sein können. Umsatz und Gewinn wachsen beispielsweise meist im gleichen Verhältnis, während bei einem Rückgang der Kriminalität erst ein hoher Schwellenwert überschritten werden muss, bevor sich Auswirkungen auf das Sicherheitsgefühl der Bevölkerung zeigen.

4. Alle Kausalbeziehungen einer FCM gelten unabhängig voneinander: Wenn A und B auf C wirken, dann verändert sich C, wenn A wirkt oder B wirkt oder A und B wirken. Konditionale Kausalaussagen, wie „die Strasse wird eisglatt wenn es regnet *und* die Straßentemperatur nicht mehr als 0° C beträgt" werden nicht berücksichtigt. Ebenso fehlt die Möglichkeit, situative Aspekte zu berücksichtigen, d.h. A erzeugt immer B. Reale Systeme weisen aber Kausalbeziehungen der Art auf, dass ein großes A zu B führt, ein kleines A aber zu B'.

5. Simple FCMs ignorieren den Faktor Zeit, d.h. sie vernachlässigen, dass manche Auswirkungen einer Änderung sofort und andere verzögert eintreten.

Die Beschränkungen einfacher FCM haben zu zahlreichen Erweiterungen der Methode geführt, die sich schwerpunktmäßig drei Themenbereichen zuordnen lassen: Wahl der Transferfunktion, Modellierung konditionaler Beziehungen und Berücksichtigung von Zeit.

---

[70] Eine umfassender Lösung der Problematik findet sich bei ZHANG, CHEN und BEZDEK [ZHANG ET AL.: POOL 2, 1989]: Die von ihnen für die FCM-Berechnung gewählte Inferenz beruht auf einer getrennten Gewichtung und Berücksichtigung von positiven und negativen Kausalbeziehungen. Dieser Ansatz geht jedoch hinsichtlich seines Anspruchs und seiner Komplexität weit über die ursprüngliche Idee KOSKOS einer einfachen, qualitativ orientierten Modellierungsmethode hinaus.

2.2.2.1 Wahl der Transferfunktion

Die Wahl der Transferfunktion bestimmt, wie ein Konzept eine Aktivierung an andere Konzepte weitergibt. Bei simplen FCMs kommen, wie bereits ausgeführt, als einfache nichtlineare Transferfunktionen zumeist einfache Binärfunktionen zum Einsatz, wie z.B. Binärfunktion 1 [VGL. Z.B. KOSKO: ADAPTIVE INFERENCE 1993, S. 889]:

Binärfunktion 1

$S_i(x_i) = 0$ für $x_i \leq 0$

$S_i(x_i) = 1$ für $x_i > 0$

Ebenfalls weit verbreitet ist auch Binärfunktion 2 [VGL. Z.B. PERUSICH ET AL.: COGNITIVE ENGINEERING 1999, S. 24]:

Binärfunktion 2

$S_i(x_i) = -1$ für $x_i \leq -0,5$

$S_i(x_i) = 0$ für $-0,5 < x_i < 0,5$

$S_i(x_i) = 1$ für $x_i \geq 0,5$

Hierbei ist $S_i(x_i)$ die Summe aller Inputs in einen Knoten C vor der Normalisierung. Der Wert eines Knotens $C_{i,n+1}$ wird ermittelt durch: $C_{i,n+1}$ = S $(C_{i,n}, E)$ wobei E die Adjazenzmatrix repräsentiert.

Die erste Binärfunktion normalisiert Konzeptwerte in 0 (Konzept ist nicht vorhanden, „aus") und 1 (Konzept ist „an"). Bei der zweiten Binärfunktion ist ein Konzept mit den Werten -1 aus, $+1$ an und 0 in einer ambivalenten Mittelstellung. Damit können z.B. Konzepte wie „Einstellung zu klassischer Musik" differenzierter wiedergegeben werden: Ablehnung, Zustimmung, keine Meinung.

Um graduelle Übergänge abzubilden, wird häufig die Sigmoidfunktion verwandt, die sich für große $c > 0$ der einfachen Binärfunktion (Binärfunktion 1) annähert, aber entsprechend der Idee der Fuzziness graduelle Outputvariationen liefert:

Sigmoidfunktion

$$S_i(x_i) = \frac{1}{1 + e^{-c(x_i - y_i)}}$$

Der Schwellenwert y_i legt die Mindestgrenze fest, die der Inputwert erreichen muss, um einen Knoten überhaupt zu aktivieren. Damit kann beispielsweise der o.g. Zusammenhang zwischen Kriminalitätsrückgang und Sicherheitsgefühl modelliert werden.

Die Sigmoidfunktion normalisiert Konzeptwerte in beliebige Werte im Intervall [0;1], wobei die Wahl von $c > 0$ beeinflusst, ob Konzeptwerte eher in der Mitte oder an den Rändern des Intervalls liegen. Bei der Anwendung der Funktion ist zu beachten, dass die Aktivierungswerte des Startvektors aus [−1;1] gewählt, Ergebnisse aber im Intervall [0;1] dargestellt werden. Da die Sigmoidfunktion dem Eingangswert 0 einen Ausgangswert 0,5 zuordnet, liefert ein „ausgeschalteter" Knoten einen Impuls für nach gelagerte Knoten [VGL. LACKES, MACK: UNTERNEHMENSPLANUNG 2000, S. 35FF.].

In der Literatur wird dieses Phänomen nicht problematisiert, wofür unterschiedliche Gründe denkbar sind: Auf der **inhaltlichen Ebene** kann eine solche Impulsweitergabe trotz Nichtaktivierung durchaus Sinn machen: Wenn ein Experte in einer FCM zwei Knoten durch eine Kante verbindet, so trifft er damit die Aussage, dass beide Knoten für das System relevant und damit prinzipiell existent sind und dass sie in Beziehung zueinander stehen – und zwar unabhängig von einem konkreten Änderungsimpuls. Es macht also einen Unterschied, ob ein Knoten überhaupt kein Bestandteil des Netzes ist oder ob er Bestandteil ist, aber nicht aktiviert wird. Die Impulsweitergabe eines existenten aber nicht aktivierten Knoten durch die Sigmoidfunktion berücksichtigt diesen Unterschied.

Auf der **Ebene der Modellierungstechnik** ist es einfach, eine inhibitorische Wirkung des ausgeschalteten Knoten abzubilden. Dazu kann, wie bei KNN üblich, die Transferfunktion in eine Aktivierungsfunktion – die Sigmoidfunktion – und eine Outputfunktion aufgespalten werden. Letztere normiert die Resultate der Aktivierungsfunktion auf 0 oder 1, wozu eine Limitgrenze ξ_i unter- bzw. überschritten werden muss [VGL. LACKES, MACK: UNTERNEHMENSPLANUNG 2000, S. 35FF.].

Schließlich besteht auch die Möglichkeit, die Sigmoidfunktion durch die Tangenshyperbolicus-Funktion zu ersetzten, die einen sigmoiden Verlauf in [−1,1] vorsieht [VGL. LACKES, MACK: UNTERNEHMENSPLANUNG 2000, S. 37F.].

Tangenshyperbolicus-Funktion

$$S_i(x_i) = \frac{e^{-c(x_i - y_i)} - e^{-c(x_i - y_i)}}{e^{-c(x_i - y_i)} + e^{-c(x_i - y_i)}}$$

Die Binärfunktion und die Sigmoidfunktion repräsentieren die häufigste Form von Kausalitätsbeziehung – Monotonie. Allerdings sind auch umgekehrt u-förmige Kausalitätsverläufe denkbar, bei denen eine Zunahme des Inputs zunächst eine Zu- und dann eine Abnahme des Outputs bewirken. Sie können aufgrund der offenen Struktur von FCM durch beliebige nicht-lineare Transferfunktionen modelliert werden. Diese Möglichkeit wird in der bestehenden FCM-Literatur jedoch kaum genutzt[71].

2.2.2.2 Modellierung konditionaler Aussagen

Um konditionale Aussagen modellieren zu können, müssen FCM um Konzepte, die die Konditionen beschreiben, ergänzt und in geeigneter Weise mit den bestehenden Konzepten verknüpft werden.

Differenzierte konditionale Aussagen vom Typ „Wenn A groß, dann B und wenn A klein dann B' " werden von DICKERSON UND KOSKO mit Hilfe von „nested FCM" modelliert [VGL. DICKERSON, KOSKO: VIRTUAL WORLDS 1994, S. 15F]. Durch sie wird ein Konzept in Subkonzepte zerlegt, wodurch sich das Systemverhalten genauer differenzieren lässt. Es wird in einer gesonderten, kleinen FCM berechnet, die ihre Ergebniswerte in die Haupt-FCM speist und somit „nested" ist. Abbildung D 2-5 illustriert das am Verhalten von Delfinen aus der bereits erwähnten FCM-Anwendung zur Steuerung einer Animation.

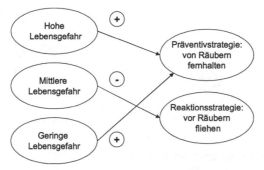

Abbildung D 2-5: „Nested FCM" zur Abbildung konditionaler Aussagen [VGL. DICKERSON, KOSKO: VIRTUAL WORLDS 1994, S. 16]

Delfine fliehen nicht in jedem Fall vor Räubern oder versuchen um jeden Preis, ein Zusammentreffen mit diesen zu verhindern, sondern wenden differenzierte Strategien an, je nachdem, ob eine hohe, mittlere oder geringe Lebensgefahr besteht.

Konditionale Aussagen vom Typ „Wenn A UND B, dann C" lassen sich durch geschickte Wahl des Schwellenwerts y_t und der Transferfunktion modellieren, indem er so gewählt wird, dass weder A noch B ihn eigenständig überschreiten und damit C aktivieren können.[VGL. PERUSICH ET AL.: COGNITIVE ENGINEERING 1999, S. 245].

---

[71] Das einzige derzeit verfügbare Softwareprodukt zur Berechnung von FCM – der Fuzzy Thought Amplifier

2.2.2.3 Berücksichtigung von Zeit

PARK UND KIM [VGL. PARK, KIM: TIME RELATIONSHIPS 1995] schlagen vor, den Faktor Zeit zu berücksichtigen, indem sie Experten auf einer natürlichsprachlichen Skala (z.B. „Sofort", „Normal", „Lang") abschätzen lassen, wie schnell sich die Änderung eines Konzeptes auf ein anderes auswirkt. Damit müssen sie keine absoluten Aussagen z.b. in Monaten oder Jahren treffen, sondern können die Konzepte relativ zueinander beurteilen.[72] Die Angaben lassen sich in Fuzzy Werte, wie z.B. {1, 2, 3}, übersetzen, wobei die Zahl jeweils für die Anzahl der Verzögerungseinheiten steht.

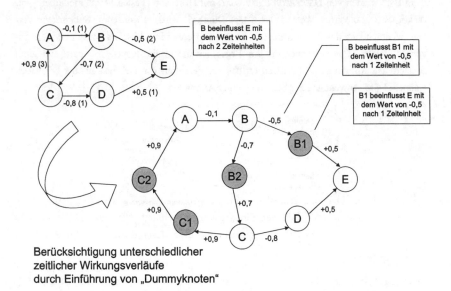

Berücksichtigung unterschiedlicher
zeitlicher Wirkungsverläufe
durch Einführung von „Dummyknoten"

Abbildung D 2-6: Berücksichtigung von Time-Lags durch „Dummy Knoten" [VGL. PARK, KIM: TIME RELATIONSHIPS 1995, S.163 und 165]

---

von Fuzzy Systems Engineering – sieht diese Möglichkeit vor, wird aber in keiner Veröffentlichung genutzt.

[72] Es scheint für Probanden relativ unproblematisch zu sein, Zeitdauern entsprechend abzuschätzen. So werden z.B. in der Methode des Vernetzten Denkens regelmäßig qualitative (kurz-, mittel-, langfristig) und quantitative Zeitangaben (Wochen, Monate, Jahre) erfragt [VGL. HUB: GANZHEITLICHES DENKEN 1994, S. 118F.].

Um die FCM berechnen zu können, müssen alle Konzepte der FCM so angepasst werden, dass sie die gleiche Verzögerung aufweisen.[73] Dies erfolgt durch die Einführung von „Dummy-Knoten" (vgl. Abbildung D 2-6). Das Vorzeichen muss dabei so gewählt werden, dass der Wert der ursprünglichen Konzeptbeziehung erhalten bleibt.

2.2.3 Modelltest, Modellanwendung und Modellanpassung

Modelltest und -anpassung setzen immer auch eine testweise Modellanwendung voraus, weswegen beide Phasen des FCM Einsatzes gemeinsam diskutiert werden sollten. Für den Modelltest ist die zentrale Frage, ob sich das System in erwarteter Weise verhält, ob es also „die Welt" (entsprechend den mentalen Modellen der Experten) richtig wiedergibt. Da das Systemverhalten naturgemäß von der Wahl des Eingangsvektors abhängig ist, ist es zudem entscheidend, mit welchen Eingangswerten das Modell genutzt bzw. auf seine Funktion getestet wird. Beide Aspekte werden im Folgenden diskutiert.

2.2.3.1 Beobachtbares Systemverhalten

In FCMs treten unterschiedliche Formen von Systemverhalten auf. Um sie zu prüfen, wird – analog zu dem Vorgehen in Abschnitt D 2.1.3 – ein Eingangsvektor mit der Adjazenzmatrix multipliziert und normiert. Der resultierende Ausgangsvektor wird dann erneut als Eingangsvektor genutzt. Der Vorgang wird beliebig wiederholt.

Welches Systemverhalten sich hierbei zeigt, wird von der Struktur der FCM, ihren Transferfunktionen und dem eingespeisten Eingangsvektor bestimmt. Abbildung D 2-7 soll dies exemplarisch veranschaulichen. Sie zeigt für die o. g. Kausalkarte eines Studenten aus Abbildung D 2-2 drei unterschiedlichen Darstellungen der Kausalstruktur sowie die stabilen Endzustände, auf die sich das jeweilige Netz einschwingt, wenn der Student gut vorbereitet ist, d.h. der Startvektor (1 0 0 0 0) beträgt.

---

[73] PARK UND KIM wenden die von KOSKO beschriebene Inferenz für Fuzzy Zahlen (vgl. Abschnitt 2.1.1.6) an, doch ist analog auch die gebräuchlichere Inferenz durch Multiplikation des State-Vektors mit der Adjazenzmatrix (vgl. Abschnitt 2.1.3) anwendbar.

Alternative Darstellungen der Struktur einer Kausalkarte

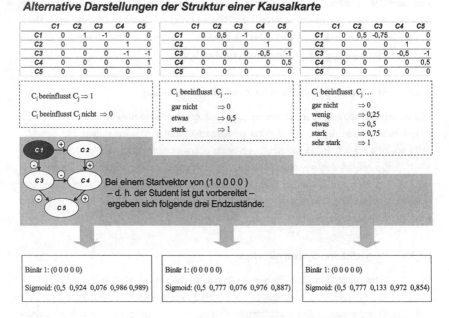

Abbildung D 2-7: Alternative FCMs zur Kausalkarte „Prüfungsergebnisse eines Studenten"

Während die binäre Transferfunktion dazu führt, dass alle Konzepte auf Null gesetzt werden, zeigt die identische Karte bei einer Sigmoiden Transferfunktion mit $c = 5$ ein anderes Verhalten: drei Konzepte sind an, eines aus und eines in Mittelstellung. Bei der Sigmoiden Funktion führen die gleichen Eingabewerte zudem zu unterschiedlichen Endzuständen, je nachdem, wie die Netzstruktur beschrieben wurde. Der Rechenweg ist in Anhang D 2.1 dargestellt.

Das Beispiel zeigt, dass selbst in dieser sehr einfachen FCM – je nach Wahl der Parameter – unterschiedliche Resultate möglich sind: zwar schwingt sich die FCM im Beispiel jeweils auf einen stabilen Zustand ein, doch mit unterschiedlichen Aktivierungszuständen der Konzepte. Entsprechend problematisch sind allgemeingültige Aussagen über das Systemverhalten von FCM.

Allgemein lässt sich jedoch zumindest festhalten, dass einfache FCM mit Konzeptwerten von {0;1} oder {-1;0;1} sog. „finite-state machines" sind, die in einem Fixpunkt („fixed point") oder einem Zyklus („limit cycle") resultieren [VGL. TABER: SOCIAL SYSTEM 1994, S. 22]. Die Inferenz liefert, wie im obigen Beispiel, nach einigen Durchläufen einen Ausgangsvektor, der, wenn er als Eingangsvektor nochmals mit der Adjazenzmatrix multipliziert wird, wieder zum selben Ergebnis führt. Dieser Ausgangsvektor repräsentiert damit die Zustände der Konzepte der FCM, die sich ohne exogene Änderung nicht mehr verändern. Im Falle eines begrenzten Zyklus existiert eine Abfolge von Ausgangsvektoren, die in mehreren Stufen wieder auf den ursprünglichen Ausgangsvektor zurückführen. Dieser Zyklus wird ohne exogene Änderung mit dem gleichen Ergebnis immer wieder durchlaufen.

FCM mit Konzeptwerten von [0;1] oder [-1; 1] sind „contininous state machines". Neben Fixpunkten und begrenzten Zyklen kann in solchen FCM auch chaotisches Verhalten auftreten, d.h. es wird keine Form von Stabilität erreicht [VGL. TABER: SOCIAL SYSTEM 1994, S. 22]. Fixpunkte, Zyklen und Chaos treten immer nur für bestimmte Eingabebereich bzw. Attraktorregionen auf: Dieselbe FCM kann damit für manche Eingangsvektoren in einem spezifischen Fixpunkt resultieren und für andere in Chaos. Die FCM weist damit versteckte Muster auf, die sich als **Meta-Regeln** des Systems verstehen lassen. Sie geben an, für welche Eingabebereiche welcher Attraktor gilt [VGL. DICKERSON, KOSKO: VIRTUAL WORLDS 1994, S.9FF.].

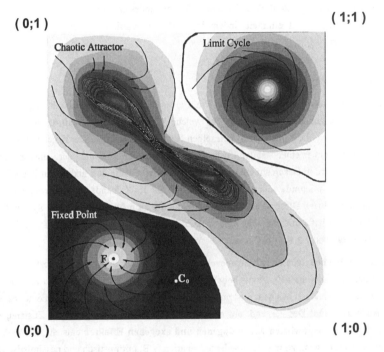

Abbildung D 2-8: Attraktorregionen und Metaregeln einer FCM [VGL. DICKERSON, KOSKO: VIRTUAL WORLDS 1994, S. 11]

Abbildung D 2-8 illustriert die Existenz von Meta-Regeln für eine FCM mit zwei Knoten, die beliebige Zustände zwischen 0 und 1 annehmen können. Im Beispiel existieren drei Meta-Regeln: Der Eingangsvektor C_0 liegt im dunkelgrauen Bereich. Für ihn existiert ein Attraktor F, der aus einem einzelnen Punkt besteht und der alle Eingaben in diesem Bereich „attrahiert". Bildlich gesprochen ähnelt er einer Senke in einem Sandkasten. Wenn irgendwo im grauen Bereich eine Murmel in den Sand gesetzt wird, rollt sie in diese Vertiefung. Für den Bereich rechts oben existiert ein Attraktor in Form eines Zyklus. Im mittleren Bereich findet sich ein chaotischer Attraktor [VGL. DICKERSON, KOSKO: VIRTUAL WORLDS 1994, S. 11].

Da es sich bei FCMs um nicht-lineare Systeme handelt, sind die Möglichkeiten, aus der Struktur einer FCM auf das Systemverhalten zu schließen und beispielsweise Meta-Regeln analytisch zu ermitteln, äußerst begrenzt. *MIAO UND LIU* entwickeln ein Vorgehen, bei dem FCMs in Sub-FCMs zerlegt und hinsichtlich ihrer möglichen Systemzustände getrennt analysiert werden, bevor diese dann zusammengefasst werden. Das Verfahren ist allerdings nur unter engen Restriktionen anwendbar: so darf z.b. nur die einfache Binärfunktion zum Einsatz kommen und es dürfen keine anhaltenden Konzeptänderungen modelliert werden [VGL. MIAO, LIU: ON CAUSAL INFERENCE 2000]. Wie sich eine FCM im konkreten Fall verhält, wird daher üblicherweise experimentell ermittelt, indem Inputvektoren variiert werden [VGL. Z.B. KOSKO: HIDDEN PATTERNS 1988].

2.2.3.2 Wahl des Eingangsvektors

Modelltest und -anwendung erfordern die Wahl eines Eingangsvektors. Eine häufig genutzte Möglichkeit ist, zunächst zu ermitteln, auf welche Werte sich das System eigendynamisch einschwingt, wenn alle Konzepte auf den selben Wert gesetzt werden. Der Ergebnisvektor im Stabilitätspunkt (so es einen stabilen Zustand gibt) ist dann der Startpunkt der weiteren Untersuchungen: er wird in Bezug auf ein oder mehrere Konzepte verändert und erneut in die FCM gespeist. Der resultierende neue stabile Zustand gilt als der Zustand, der aus **exogenen** Veränderungen resultiert. Dieses Verfahren ist sinnvoll, um zu prüfen, wie sich ein System (z.B. eine Volkswirtschaft) mit und ohne eine spezifische Einflussgröße (z.B. Einführung des Euros) entwickelt [VGL. Z.B. HOLLATZ, RUNKLER: EFFECTS OF EMU 1999].

Andere Autoren erzeugen einen Eingabevektor, bei dem sie für jedes Konzept festlegen, welchen Zustand es annimmt (0, 1 bzw. beliebige Werte dazwischen), unabhängig davon, ob sich diese Zustände endogen aus dem Systemverhalten ergeben (haben) oder Resultat einer exogenen Änderung sind. Der Zustand, auf den sich die FCM einschwingt ist der Zustand, der durch das **Zusammenwirken von endogenen und exogenen Effekten** entsteht. Dieses Verfahren wird meist genutzt, um verschiedene Szenarien (z.B. optimistisch und pessimistisch) in Hinblick auf ihre Auswirkungen auf Zielvariablen vergleichend zu beurteilen [VGL. Z.B. LEE, HAN: EDI CONTROLS 2000 UND PERUSICH ET AL.: COGNITIVE ENGINEERING 1999].

Wenn Konzepte aktiviert werden, so kann dies auf einem einmaligen Ereignis beruhen, das einen Änderungsimpuls liefert (z.B. Attentat vom 11. September) oder ein andauernder Zustand sein, der über mehrere Zyklen wirkt (z.B. Steuersenkung). Im letzen Fall wird das eingeschaltete Konzept **fixiert** („clamped"), d.h. es wird unabhängig vom rechnerischen

Ergebnis in jedem Zyklus auf den Wert aus dem Eingangsvektor gesetzt [VGL. TABER: SOCIAL SYSTEMS, 1999, S. 21].

2.2.3.3 Eingangsvektor und Systemverhaltens im Testfall

Jede FCM-Simulation und -Prognose ist nur so gut, wie die ihr zugrunde liegende FCM. FCM-Modelle müssen daher mit einer Reihe von Eingangsvektoren getestet und hinsichtlich ihres Systemverhaltens untersucht werden. Bevor diese Aufgabe aus theoretischer Perspektive beleuchtet wird, soll im Folgenden zunächst ein Modelltest für das o.g. Beispiel eines Studenten in einer Prüfung gedanklich nachvollzogen werden.

Die in Abbildung D 2-7 gezeigten drei FCMs sind **mögliche** Repräsentationen der Kausalkarte aus Abbildung D 2-2 (Seite 253 oben). Im Rahmen von Tests wird geprüft, inwieweit das Systemverhalten dieser FCMs eine plausible Wiedergabe der Realität ist.

Hierbei erweisen sich die Ergebnisse für die FCMs mit **binärer Transferfunktion** als unbefriedigend, wie Abbildung D 2-7 zeigt: Das System steuert in allen drei FCMs auf einen Endzustand zu, bei dem der vorbereitete Student zwar nicht nervös, aber trotzdem nicht in der Lage ist, neuartige Aufgabentypen zu lösen bzw. die Aufgaben als einfach zu erkennen. Er erzielt, trotz ursprünglich guter Vorbereitung, auch keine guten Noten. Schlimmer noch, sein Vorbereitungsstand fällt von gut auf schlecht ab. Dies ist wenig plausibel.

Die **sigmoide Funktion** liefert hier schon bessere Ergebnisse: der Student kann neue Aufgabentypen lösen, ist nicht nervös, empfindet Aufgaben als leicht und erzielt gute Noten. Auf den ersten Blick liefern die FCMs mit sigmoiden Funktionen also deutlich plausiblere Werte. Prüft man allerdings einen Startvektor, bei dem der Student schlecht vorbereitet ist (-1 0 0 0 0), so schwingen sich die FCM Netze auf genau die gleichen stabilen Endzustände ein – trotz schlechter Vorbereitung gute Noten!

Diese Ergebnisse sind äußerst stabil: selbst wenn man zusätzlich zu einer schlechten Vorbereitung auch noch eine hohe Nervosität einschaltet – Startvektor (-1 0 1 0 0) – und dem Student die Fähigkeit nimmt, neuartige Aufgabentypen zu lösen – Startvektor (-1 -1 1 0 0): Bei den binären FCMs zeigen sich als Ergebnis jeweils ausgeschaltete Konzepte und bei den sigmoiden FCMs gute Noten.

Bei einem solchen Testergebnis gibt es zwei Möglichkeiten: die Überprüfung und Überarbeitung der **Struktur der FCM** und die Überprüfung der Annahmen, unter denen der **Eingangsvektor** in die FCM gespeist wurde. Die erste Möglichkeit ergibt im Beispielfall keine neuen Erkenntnisse: Das Modell ist vollständig, d.h. es fehlen keine ggf. moderierend wirkenden Konzepte. Die Pfeile zwischen den Konzepten und deren Vorzeichen scheinen eine angemessene Wiedergabe der Realität; die Gewichtung der Pfeile hat, wie Abbildung D 2-7 zeigt, keine nennenswerten Auswirkungen auf das Ergebnis: Bei der binären Funktion ergeben sich keinerlei Ergebnisunterschiede, bei der sigmoiden Funktion liefert die Berechnung je nach Pfeilgewichten etwas andere Werte, doch sind immer die gleichen Konzepte an bzw. aus. Die zweite Möglichkeit bietet dagegen durchaus einen neuen Aspekt. In der Realität ist der gute Vorbereitungsstand eines Students während der Bearbeitung der Klausur **kein Einmalereignis, sondern ein Dauerzustand**, der während der gesamten Prüfung anhält. Im Startvektor sollte dieses Konzept daher fixiert werden.[74]

Wenn dies erfolgt, ergeben sich, wie Spalten (2)-(5) in Tabelle D 2-3 zeigen, sowohl für eine schlechte als auch eine gute Vorbereitung bei allen FCMs durchaus plausible Ergebnisse.

	Startwerte	Endwerte			
	(1)	(2) Binäre FCMs	(3) Sigmoide FCM1	(4) Sigmoide FCM2	(5) Sigmoide FCM3
C1 „guter Vorbereitungsstand"	a) 1 (fix)	1	1	1	1
	b) -1 (fix)	-1	-1	-1	-1
C2 „neuer Aufgabentyp ist lösbar"	a) 0	1	0,993	0,924	0,924
	b) 0	0	0,007	0,076	0,076
C3 „Nervosität"	a) 0	0	0,007	0,007	0,923
	b) 0	1	0,993	0,993	0,977
C4 „Aufgaben sind leicht"	a) 0	1	0,993	0,990	0,990
	b) 0	0	0,007	0,109	0,113
C5 „gute Note"	a) 0	1	0,993	0,920	0,914
	b) 0	0	0,007	0,009	0,001

Tabelle D 2-3: Ergebnisse der alternativen FCMs zur Kausalkarte „Prüfungsergebnisse eines Studenten" bei fixierten Eingangswerten

Unter dieser Annahme sind auch weitergehende Analysen möglich. So lässt sich z. B. untersuchen, wie sich Nervosität bei einem gut vorbereiteten Student auswirkt[75]– im Ergebnis überhaupt nicht. Anders dagegen ausgewachsene Prüfungsangst, durch die die Nervosität auch dann hoch bleibt, wenn die Prüfung eigentlich gut laufen könnte.[76] Sie führt in allen FCMs zu schlechten Noten.

Der gezeigte Systemtest ist in dieser Form selbstverständlich nicht vollständig. Bei einer differenzierten Erfassung von Pfeilgewichten und der Anwendung einer Sigmoiden Transferfunktion wie z. B. in FCM 3 ist es zweckmäßig, auch differenzierte Eingangswerte zu untersuchen, also etwa die Frage, ob, und wenn ja, wie viel ein mittelmäßig vorbereiteter

---

[74] Startvektor (1^{fix} 0 0 0 0) – Rechenweg jeweils in Anhang D 2.1
[75] Startvektor (1^{fix} 0 1 0 0)
[76] Startvektor (1^{fix} 0 1^{fix} 0 0)

Schüler besser abschneidet als ein unvorbereiteter. Das Beispiel macht es aber deutlich, wie entscheidend ein **fundierter, zielgerichteter Modelltest** ist, bei dem die Modellergebnisse mit unterschiedlichen Eingangswerten geprüft werden.

Vor diesem Hintergrund ist das gewählte „herantastende" Vorgehen unbefriedigend. In der FCM-Literatur gibt es allerdings kaum Hinweise, wie und mit welchen Eingangsvektoren ein systematischer Test erfolgen sollte. Die Literatur zur Erstellung von Simulationen gibt dagegen zahlreiche Ansätze [VGL. Z. B. STERMAN: BUSINESS DYNAMICS 2000, S. 858FF. UND LIEBL: SIMULATION 1995, S. 143FF.]. *STERMAN* stellt zwölf unterschiedliche Testtypen für System Dynamics Modelle vor (vgl. Tabelle D 2-4 auf der Folgeseite), für die in den meisten Fällen mehrere alternative Testverfahren existieren. Sie werden in Bezug auf ihre Anwendbarkeit auf FCM-Tests nachfolgend diskutiert, wobei sich die nachfolgenden Kapitel allerdings nicht strikt an der Systematisierung *STERMANS* orientieren. [77]

2.2.3.3.1 Vergleich mit historischen Daten

Ein nahe liegender Test von Modellen, der in Tabelle D 2-4 (Folgeseite) nicht explizit erwähnt, aber teilweise in Test 7 enthalten ist, ist der Vergleich von Modellergebnissen mit **historischen Daten.** Hierzu wird der Eingangsvektor entsprechend den in der Vergangenheit aufgetretenen Variablenkonstellationen gewählt und geprüft, ob das System das gleiche Verhalten prognostiziert, das sich in der der Realität gezeigt hat. Nach *STERMAN* kann dies jedoch bestenfalls ein Teil des Modelltests sein: „many widely used models ... violate basic laws of physics, even though they might replicate historical data quite well" [STERMAN: BUSINESS DYNAMICS 2000, S. 103]. Ein systematischer, vollständiger FCM Test erfordert damit erheblich mehr als ein Vergleich von Modellprognosen und historischen Daten, die noch dazu bei vielen FCM-Projekten nicht verfügbar sind.

---

[77] Die Test der „Modellfamilienzugehörigkeit" und der „Systemverbesserung" werden erst in Abschnitt 2.2.5 behandelt, da sie kein Modelltest im engeren Sinne sind, sondern der externen Sicherung der Validität dienen.

TEST	KERNFRAGEN DES TESTS
1 Adäquanz der Modellgrenzen (Boundary Adequacy)	Sind alle wichtigen Problemparameter im Modell enthalten? Verändert sich das Verhalten des Models entscheidend, wenn Modellgrenzen anders gezogen werden? Hat dies Auswirkungen auf die Modellempfehlungen?
2 Strukturanalyse (Structure Assessment)	Entspricht die Modellstruktur dem Wissen, das über die Systemstruktur vorliegt? Entspricht das Modell grundlegenden physikalischen Gesetzen, z. B. dem Massenerhaltungssatz? Entsprechen Entscheidungsregeln des Modells dem tatsächlichen Verhalten der Akteure im System?
3 Dimensionale Konsistenz (Dimensional Consistency)	Sind alle Gleichungen dimensional konsistent, ohne dass Parameter benutzt werden, die in der Realität keine Bedeutung haben?
4 Parameteranalyse (Parameter Assessment)	Entsprechen die Werte der Modellparameter dem deskriptiven und numerischen Wissen über das System? Haben alle Modellparameter eine Entsprechung in der Realität?
5 Extrembedingungen (Extreme Conditions)	Macht jede Gleichung auch dann Sinn, wenn der Input Extremwerte annimmt? Verhält sich das Modell auch dann plausibel, wenn extreme Modelleingriffe, Störungen und Parametervariationen erfolgen?
6 Integrationsfehler (Integration Error)	Reagieren Modellergebnisse sensitiv auf die Wahl von Periodenlängen oder der Methode zur numerischen Integration?
7 Reproduktion von Verhalten (Behavior Reproduction)	Reproduziert das Modell das relevante qualitative und quantitative Systemverhalten? Erzeugt das Modell die gleichen Arten von Verhalten, die im realen System auftreten?
8 Verhaltensanomalien (Behavior Anomaly)	Tritt anormales Verhalten auf, wenn Modellannahmen geändert werden oder unberücksichtigt bleiben?
9 Modellfamilienzugehörigkeit (Family Member)	Kann das Modell Verhalten darstellen, das in anderen Situationen im realen System beobachtet wurde?
10 Überraschendes Verhalten (Surprise Behavior)	Weist das Modell Verhalten auf, das vorher nicht beobachtet wurde bzw. unerwartet ist? Sagt das Modell Reaktionen auf neue Bedingungen richtig voraus?
11 Sensitivitätsananlyse (Sensitivity Analysis)	Verändern sich Variablenwerte, Systemverhalten und Handlungsempfehlungen, wenn Modellvariablen und -grenzen innerhalb plausibler Bandbreiten verändert werden?
12 Systemverbesserung (System Improvement)	Hat der Modellierungsprozess die Verbesserung des realen Systems unterstützt?

Tabelle D 2-4: Stoßrichtungen von Modelltests [VGL. STERMAN: BUSINESS DYNAMICS 2000, S. 858FF.]

2.2.3.3.2 Test auf Adäquanz der Modellgrenzen

Der Test zur **Adäquanz der Modellgrenzen** (Test 1 in Tabelle D 2-4) untersucht die Angemessenheit des „problem-framing" durch Sichtung der verfügbaren Dokumentation über die Ziele des Modellierungsprojektes und die hierfür verwendeten Informationen sowie durch Workshops und Interviews. Zudem soll das Modell testweise mit erweiterten bzw. engeren Modellgrenzen berechnet werden. Dadurch lässt sich erkennen, ob die weggelassenen Modellvariablen zur Vereinfachung des Modells ignoriert werden können, da sie keine Auswirkungen auf das Modellergebnis haben. Zudem zeigt sich, ob die ergänzten Variablen das Systemverhalten beeinflussen und daher im Modell berücksichtigt werden sollten [VGL. STERMAN: BUSINESS DYNAMICS 2000 S. 861FF.]. Dieser Modelltest ist analog auf FCMs anwendbar.

2.2.3.3.3 Strukturanalyse

Die **Strukturanalyse** (Test 2 in Tabelle D 2-4) zielt darauf ab, Modellsachverhalte zu identifizieren, die der realen Struktur des Problems widersprechen. Hierbei ist „gesunder Menschenverstand" gefragt, um u.a. zu erkennen, dass (Lager)bestände nicht negativ werden können, die meisten Prozessergebnisse (z.b. die Umwandlung von Kühen in Leder) nicht reversibel sind und es keine „free lunch" Prozesse gibt, die ohne Ressourcenverbrauch ablaufen [VGL.: STERMAN: BUSINESS DYNAMICS 2000, S. 863F.].

Um solche Mängel aufzudecken, kommen die selben Verfahren zum Einsatz, wie beim Test der Modelladäquanz, d.h. es werden Modelldokumentationen analysiert und Modellgrenzen testweise variiert. Zusätzlich werden Bestandteile des Modells in Sub-Modelle zerlegt und hinsichtlich ihres Verhaltens untersucht. Wenn das Verhalten auf der Sub-Modell-Ebene anders ist als auf der aggregierten Ebene, ist das ein Hinweis darauf, dass die Modellstruktur zu grob ist und angepasst werden sollte [VGL. STERMAN: BUSINESS DYNAMICS 2000 S. 863FF]. Diese Überlegungen sind prinzipiell auch auf FCMs anwendbar, doch existieren hier einige Besonderheiten:

Systems Dynamics Modelle bestehen aus Differentialgleichungen für Bestände („Stocks") und Bestandsbewegungen („Flows"), die Parameter wie z.B. Zahl der Kunden, Lagerwert und Bestellrate enthalten. Sie können (und müssen) daher auf der Ebene jeder einzelnen Gleichung geprüft werden, um bspw. sicherzustellen, dass die Lagergleichung nur nicht negative Werte ausgibt und Bestände nicht ins Unendliche wachsen. Stock- und Flow-Überlegungen sind in FCM-Knoten dagegen oft **implizit** enthalten, etwa wenn die Transferfunktion des Knotens „Rückgang der Kriminalität" erst einen Schwellenwert überschreiten muss, bevor das Konzept „Sicherheitsgefühl der Bevölkerung" aktiviert wird. Zudem sind FCMs quasi dimensionslos, d.h. eine Modellvariable kann nur „an", „aus" oder „irgendetwas dazwischen" sein.

Naturgemäß kommt es bei einer FCM-Simulation daher **nicht auf den genauen Zustandswert eines einzelnen Knotens an**, sondern auf eine qualitative Beschreibung des Gesamtsystems und seines Verhaltens. Die inhaltliche Untersuchung der Modellstruktur fällt bei FCMs daher weniger formal und quantitativ aus als bei System Dynamics und kann auch nicht mittels statistischer Verfahren erfolgen. Entsprechend sind die Untersuchungen der dimensionalen Konsistenz, die Parameter-Beurteilung und die Prüfung der Integration (Test 3, 4, 6 in Tabelle D 2-4) für FCM nicht zweckmäßig.

2.2.3.3.4 Extremwerttests und Sensitivitätsanalysen

Für den **Test des Modellverhaltens unter Extrembedingungen** (Test 5 in Tabelle D 2-4) wird geprüft, wie sich das Modell verhält, wenn Variablen Extremwerte annehmen. So lässt bspw. das Absatzmodell eines Automobilherstellers bei millionenfach erhöhten Verkaufspreisen testen, um zu prüfen, ob der Absatz, wie in der Realität anzunehmen, tatsächlich auf Null sinkt, aber nicht darunter [VGL. STERMAN: BUSINESS DYNAMICS 2000, S. 103].

Durch **Sensitivitätsanalysen** (vgl. Test 11 in Tabelle D 2-4) wird ermittelt, **auf welche Faktoren das Modell sensibel reagiert**. Sensitivität tritt auf unterschiedlichen Ebenen auf: **Numerische Sensitivität** besteht in allen Modellen, da Variationen von Parametern immer zu neuen Variablenwerten führen. **„Behavior Mode" Sensitivität** tritt auf, wenn Variationen zu einem geänderten Systemverhalten führen. Diese Änderungen können dazu führen, dass andere Handlungsstrategien vorteilhaft werden. Ist dies der Fall, so spricht man von **„Policy" Sensitivität** [VGL. STERMAN: BUSINESS DYNAMICS 2000, S. 883].

Sensitivitätstest sollen Unsicherheit dämpfen: durch Variation unsicherer Variablen innerhalb der für möglich befundenen Bandbreite wird erkannt, in welcher Bandbreite sich die ebenfalls unsicheren Modellergebnisse bewegen [VGL. STERMAN: BUSINESS DYNAMICS 2000, S. 883FF.]. Sensitivitätsanalysen helfen zudem bei der angemessenen Detaillierung des Modells: Faktoren, die detailliert ins Modell einbezogen wurden, sollten sich im Test als wirkungsvolle Stellschrauben bewähren, während grob abgebildete Faktoren nur bei starker Variation zu einer Veränderung führen sollten [VGL. LIEBL: SIMULATION 1995, S. 214F.].

Um zu ermitteln, welche Variablen Gegenstand einer Sensitivitätsanalyse sein sollten, empfiehlt *STERMAN*, **Unsicherheiten in Bezug auf die Modellgrenzen** zu untersuchen, da die Änderung von Modellgrenzen in der Regel sehr viel stärkere Auswirkungen auf das Modellverhalten hat als die Variation von Variablenwerten [VGL. STERMAN: BUSINESS DYNAMICS 2000, S. 884]. Eine andere Möglichkeit, Parameter für Sensitivitätsanalysen zu bestimmen, ist es, alternative Szenarien (Best-case, Worst-case, Trend usw.) zu vergleichen und zu ermitteln, in welchen Variablen sie sich jeweils unterscheiden [VGL. STERMAN: BUSINESS DYNAMICS 2000, S. 885F.]. Ziel ist jeweils, diejenigen Variablen im System zu identifizieren, die als **besonders unsicher** gelten **und besonders einflussreich** erscheinen. Da Unsicherheit regelmäßig unterschätzt wird, sollten diese Variablen im Rahmen eines Sensitivitätstests mindestens doppelt so stark verändert werden, wie es das von den Experten vorgegebene (unsichere) Wertintervall der Variablen vorgibt [VGL. STERMAN: BUSINESS DYNAMICS 2000, S. 884].

Extremwerttests sind auch im Zusammenhang mit FCMs möglich und aufschlussreich. Sie erfolgen, indem einerseits **für jeden FCM-Knoten** und für das **gesamte Modell** geprüft wird, wie sie auf extreme Eingangswerte reagieren. Ebenso können im Rahmen eines Tests mehrere Eingangsvektoren und/oder Kantengewichte so variiert werden, dass die jeweilige Konstellation „Worst-Case" oder „Best-Case" Szenarien entspricht [VGL. STERMAN: BUSINESS DYNAMICS 2000, S. 885F.].

Die Untersuchungsgegenstände einer **FCM-Sensitivitätsanalyse** sind, wie auch bei Extremwerttests, Knoten und Kantengewichte. Anders als bei Systems Dynamics Modellen ist es allerdings gut möglich, dass sich für manche Variablen **keine numerische Sensitivität** zeigt, da Variationen innerhalb einer Attraktorregion das gleiche Endergebnis liefern, wenn auch über unterschiedliche Zwischenschritte. Angesichts der qualitativen Ausrichtung und vergleichsweise „groben" Quantifizierung von FCM-Modellen sind Untersuchungen ausschließlich der *numerischen* Sensitivität, selbst wenn sie auftritt, zudem kaum sinnvoll. Es bringt wenig, zu erkennen, „dass ein Knoten ‚um 0,003 mehr an ist', wenn Variable X variiert wird". Dagegen sind numerische Variationen, die auch den Charakter des Systemverhaltens („Knoten ist nicht mehr an, sondern aus") und der aus dem Modell resultierenden Handlungsempfehlungen verändern, äußerst relevant.

Zur Identifikation der Variablen für aussagekräftige Sensitivitätstest lässt sich ggf. die aus der Methode des Vernetzten Denkens bekannte Einteilung in **aktive, passive, kritische und träge Variablen** (vgl. Seite 160f.) nutzen – intuitiv ist einsichtig, dass Konzepte, die eine starke Hebelwirkung auf das System ausüben, dies in einer für Experten nachvollziehbaren Weise tun müssen. Als einflussreiche Elemente sollten sie daher in jedem Fall Gegenstand eines Modelltests sein. Zudem ist zu prüfen, ob sie auch unsicher sind. Hierbei lassen sich zwei Überlegungen anstellen:

- Die **Zustände der Knoten** der FCM sind per se unsicher – entweder sie werden exogen erregt, wobei die exogenen Einflüsse i.d.R. in ihrer Ausprägung nicht bekannt sind, oder sie werden im nicht-linearen System einer FCM endogen und damit nicht prognostizierbar beeinflusst. Die Auswirkungen unterschiedlicher Knotenzustände müssen daher zwingend getestet werden.

- Die **Konzeptgewichte** und damit die Hebelwirkungen der Konzepte können ebenfalls unsicher sein, wobei die Beurteilung aufgrund von Expertenurteilen erfolgen muss. Die Auswirkungen dieser Unsicherheit können gravierend sein. Wenn ein Konzept ein anderes nicht stark, sondern nur noch mittelmäßig beeinflusst, verringert das seine Bedeutung innerhalb der FCM und hat möglicherweise auch Konsequenzen auf das

Verhalten des Gesamtsystems. Sensitivitätstests müssen daher auch die Kanten der einflussreichen Knoten berücksichtigen, wenn Experten diese für unsicher halten.

Ob Knotenzustände und Kantengewichten hierbei im Sinne STERMANs wirklich innerhalb einer (ggf. verdoppelten) Unsicherheitsbandbreite sinnvoll variiert werden können, bleibt allerdings fraglich: bei einer sehr detaillierten FCM-Modellierung können sich so geringfügige Variationen ergeben, dass sie für die qualitativ orientierten FCMs kaum einen Informationswert haben. Bei weniger detaillierten FCM-Modellen wird die doppelte Unsicherheitsbandbreite dagegen in vielen Fällen deckungsgleich mit den Extremwerten sein. Für die im Vergleich zu Systems Dynamics Modellen „grobschlächtigen" FCM mit ihrem Fokus auf qualitative Aussagen sind die Grenzen von Extremwert- und Sensitivitätstest damit in der Praxis wohl fließend.

2.2.3.3.5 Tests des allgemeinen Systemverhaltens

Tests des Systemverhaltens zielen darauf ab, das Verhalten des Gesamtsystems auf der Meta-Ebene zu untersuchen. Beim **Test der Verhaltensreproduktion** (Test 7 in Tabelle D 2-4) werden statistische Verfahren angewandt, um zu erkennen ob ein Modell das reale Systemverhalten quantitativ richtig reproduziert, ob also z.B. Variablen in ihrer Höhe und dem Zeitpunkt ihres Eintretens richtig prognostiziert werden [VGL. STERMAN: BUSINESS DYNAMICS 2000, S. 874FF.]. Für FCMs, für die qualitative Aussagen im Mittelpunkt stehen, sind diese Tests nicht geeignet.

Eine in der Grundidee ähnliche Möglichkeit ergibt sich aber aus der **Identifikation von Meta-Regeln der FCMs**, aus denen sich ablesen lässt, welche Arten von Modellverhalten auftreten (vgl. Seite 279). Sie können mit dem beobachteten oder von Experten erwarteten Verhalten des realen Systems verglichen werden. Alternativ kann untersucht werden, ob sich die Eingabebereiche, die zu einem Fixpunkt oder Zyklus führen, in stimmige, inhaltliche Szenarien übersetzen lassen. Experten können dann befragt werden, welche Entwicklung sie bei einem gegebenen Szenario für wahrscheinlich halten bzw. ob sie die Meta-Regel für das genutzte Szenario plausibel finden.

Dies setzt jedoch eine Software voraus, die Eingangsvektoren automatisch erzeugt, auf die zu testende FCM anwendet und entsprechend der Ergebnisse zu Attraktorregionen zusammenfasst. Eine solche Software ist kommerziell derzeit nicht verfügbar. Da sich möglicherweise auch Meta-Regeln für Eingabebereiche ergeben, die mathematisch möglich, aber nicht plausibel sind (bspw. eine Meta-Regel für den Fall sehr starken Wirtschaftswachstums, hoher Arbeitslosigkeit, geringer Konsumneigung und niedriger Exporte), können Experten eine Bewertung zudem u.U. nicht für alle Attraktor-Szenarien leisten.

Um das Systemverhalten trotzdem erkunden zu können, bietet es sich an, das FCM-System experimentell zu stören, indem z.B. Feedback-Schleifen ausgeschaltet werden. Solche **Tests** auf **Verhaltensanomalien** (Test 8 in) sind aus der System Dynamics bekannt und haben das Ziel, ein für das System anormales Verhalten zu erzeugen, um damit die Bedeutung des gestörten Teil des Modells für das Gesamtsystem zu erkennen [VGL. STERMAN: BUSINESS DYNAMICS 2000, S. 880F.]. Das komplexe Modell mit seinen vielfältigen Wirkungen und daraus resultierenden Metaregeln lässt sich damit in kleinere, besser beherrschbare Analyseeinheiten aufteilen.

Zum Test des allgemeinen Systemverhaltens gehört es auch, Ausschau nach unerwarteten Modellergebnissen bei jeder beliebigen Variable (nicht nur den als kritisch erkannten) zu halten, dieses Verhalten zu dokumentieren und seinen Ursachen auf den Grund zu gehen. Solche **Tests auf überraschendes Verhalten** (Test 10 in Tabelle D 2-4) können Aufschluss über Mängel im formalen Modell geben, das die Realität nicht angemessen wiedergibt, ihre Ursache aber auch in unvollständigen mentalen Modellen finden, die verhindern, dass das Verhalten des realen Systems erkannt wird [VGL. STERMAN: BUSINESS DYNAMICS 2000, S. 882F.]

2.2.4 Interpretation der Ergebnisse

Die Interpretation der FCM-Ergebnisse ist kognitiv anspruchsvoll, da eine FCM-Simulation sehr viele Daten (Zwischen- und Endzustände für alle Konzepte) liefert und ggf. überraschende oder schlecht nachvollziehbare Ergebnisse aufzeigt. Damit Entscheider die Ergebnisse sinnvoll nutzen können, sollten sie sich einerseits darüber im Klaren sein, welche Schlüsse sie aus einer FCM-Simulation ziehen können (und welche nicht!), und anderseits Hilfe bei der Bewältigung der Informationsflut erhalten.

Die datengetriebene Inferenz von FCM erlaubt nur eine **Vorwärtsverkettung**, d.h. ausgehend von den Eingangsdaten (der Aktivierung bzw. Nicht-Aktivierung von Konzepten) kann geprüft werden, welche Regeln (welche anderen Knoten) in Kraft gesetzt werden. FCM ermittelt damit einen unbekannten Zielzustand im Sinne einer „Was wäre wenn?"-Frage. Sie erlauben keine **Rückwärtsverkettung** und können daher nicht zielgetrieben oder „diagnostisch" genutzt werden – die Frage, welche Regeln zu einem bestimmten Zielzustand geführt haben, also „Warum?"-Fragen" (z.B. „Warum ist die Produktqualität so niedrig ausgefallen?") lassen sich aus FCM nicht beantworten [VGL. DICKERSON, .KOSKO: VIRTUAL WORLDS 1994, S. 9F.].

Trotz dieser Einschränkung existieren verschiedene Möglichkeiten, FCM zur Interpretation von Daten zu nutzen:

- Entscheider können **nicht entscheidungsrelevante Informationen identifizieren**, indem sie untersuchen, welche Eingangsdaten Auswirkungen auf „interessante" Konzepte der FCM (z.B. Zielvariablen) haben und welche nicht. Konzepte, die sich beliebig ändern können, ohne Zielvariablen zu beeinflussen, müssen bei der Entscheidung nicht berücksichtigt werden [VGL. LEE ET AL.: STRATEGIC PLANNING 1998, S. 319].

- Entscheider können unerwartete FCM-Ergebnisse als Hinweis auf wichtige, in ihrer Relevanz **bislang unerkannte Konzepte** interpretieren. Verhält sich eine FCM nicht wie erwartetet, etwa weil ein Konzept zunimmt, obwohl die es beeinflussenden Konzepte intuitiv eine Abnahme vorgeben, so kann dies beispielsweise an der moderierenden Wirkung anderer Konzepte liegen. Sie sind bei der Entscheidung zu berücksichtigen [VGL. LEE ET AL.: STRATEGIC PLANNING 1998, S. 319].

- Entscheider können die **Wirkungen verschiedener Handlungsalternativen und Umfeldeinflüsse „durchspielen"** [VGL. LEE ET AL.: STRATEGIC PLANNING 1998, S. 319]. Wenn Zeitverzögerungen dabei angemessen modelliert werden, liefert die FCM zudem nicht nur Aussagen über zukünftige Endzustände, sondern auch über „Wege in die Zukunft".

Aus den Veröffentlichungen zur Simulationserstellung ist bekannt, dass die Präsentation von Simulationsergebnissen einen wichtigen Einfluss auf deren Interpretation hat [VGL. LIEBL: SIMULATION 1995, S. 229F.]. Besonders problematisch sind die unkommentierte Darstellung überraschender Modellergebnisse, da dies leicht Misstrauen gegenüber der Modellierung erzeugt. Ebenso führt ein sehr großes Angebot an Informationen (z.B. die Angabe aller Ergebnisläufe bei Sensitivitätsanalysen) zu Schwierigkeiten, da es Entscheider leicht überfordert. Die Problematik wird in der FCM-Literatur nicht thematisiert, obwohl die möglicherweise daraus entstehenden Reaktionen (z.B. Entscheidungsverweigerung, vgl. Abschnitt C 1.1.2.4, Seite232ff.) in der Praxis zweifelsohne relevant sind.

LIEBL empfiehlt, die Frage der Ergebnisinterpretation bereits bei der Modellerstellung zu berücksichtigen und Simulationsmodelle um so genannte **diagnostische Variablen** zu erweitern, die für das Modell zwar nicht erforderlich sind, aber wichtige Informationen über den Zustand des modellierten Systems geben. Bei einem Logistikmodell mit der Zielgröße Durchlaufzeit können solche Variablen beispielsweise die Warteschlangenlänge oder die Maschinenauslastung sein [VGL. LIEBL: SIMULATION 1995, S. 151F.]. Diese diagnostischen Variablen können als Interpretationshilfe zusammen mit dem Simulationsergebnis präsentiert werden. Dabei sollten interessante Variablenkonstellationen in sog. **„Stories"** ausführlich verbal erklärt und durch Beispiele aus dem Problembereich unterlegt werden [VGL. LIEBL: SIMULATION 1995, S. 229F.]. Diese Empfehlung ist prinzipiell auf FCM übertragbar.

2.2.5 Verifizierung und Validierung im Prozess der FCM-Simulation und Prognose

FCM geben das komplexe Kausalwissen von Experten, wie jedes Modell, vereinfacht und auf das Wesentliche reduziert wieder. Wenn das Ergebnis einer FCM-Simulation oder Prognose in der Realität **nicht** eintrifft, so gibt es hierfür prinzipiell zwei mögliche Ursachen:

1. Die FCM war mangelhaft, d.h. sie hat das Wissen der Experten über das System und sein Verhalten nicht adäquat modelliert – entweder aufgrund von Mängeln bei der Wissenserfassung, aufgrund von Fehlern bei der Modellerstellung oder aufgrund unüberwindbarerer Beschränkungen, die sich aus der Modellierungsmethode ergeben.
2. Die Experten haben sich geirrt, d.h. sie haben die Kausalzusammenhänge in der Realität nicht vollständig durchschaut und beispielsweise wichtige Faktoren ignoriert und Wirkungen über- oder unterschätzt. Zudem können Störereignisse eingetreten sein, die nicht vorhersehbar waren.

Was genau für ein schlechtes Simulations- oder Prognoseergebnis verantwortlich ist, ist im Nachhinein meist nicht zu ermitteln – insbesondere, da beide Ursachen zusammen auftreten können. Zudem hat eine nachträgliche Ursachenforschung oft keinen praktischen Nutzen: Im ungünstigen Fall wird das als fehlerhaft erkannte FCM-Modell überhaupt nicht mehr gebraucht, da die Möglichkeiten zum Systemeingriff bereits verflossen sind und sich weitere modellgestützte Entscheidungen erübrigen. Bestenfalls wird das FCM-Modell noch benötigt und lässt sich verbessern, so dass es die die Entwicklung des modellierten Systems von der Vergangenheit in die Gegenwart korrekt „prognostiziert". Das garantiert – gerade in dynamischen Umfeldern – jedoch nicht, dass das Modell auch zukünftig Gültigkeit hat. Es kann also trotz erfolgreicher Fehlerbeseitigung in künftigen Situationen wieder fehlerhaft sein.

Für die Bewertung der Modellgüte ist ein nachträglicher Vergleich der Prognose des FCM-Modells mit der Entwicklung des realen Systems praktisch also wenig hilfreich. Damit stellt sich die Frage, **wie und anhand welcher Referenzpunkte sich FCM-Modelle verifizieren und die richtigen, „validen" Modelle identifizieren lassen.** Die Antwort STERMANS in Bezug auf System Dynamics Modelle fällt hierbei deutlich aus: „The word validation should be struck from the vocabulary of modelers. All models are wrong, so no models are valid or verifiable in the sense of establishing the truth." [STERMAN: BUSINESS DYNAMICS 2000, S. 890] Er argumentiert in Anlehnung an *POPPER*, dass Modelle nie verifiziert, sondern bestenfalls falsifiziert werden können, indem gezeigt wird, dass sie in einem bestimmten Fall **nicht zutreffen** [VGL. STERMAN: BUSINESS DYNAMICS 2000, S. 846FF.]. Diese Falsifikation ist aber in vielen Fällen nicht absolut, da das Modell durch „auxiliary hypotheses" gerettet werden kann. Diese Hypothesen können z. B. zu Modellerweiterungen führen („Das Modell war richtig, bis auf den fehlenden Effekt X") oder durch die Vorgabe von Anwendungsprämissen („Das Modell darf nicht für gesättigte Volkswirtschaften angewandt werden") [VGL. STERMAN: BUSINESS DYNAMICS 2000, S. 848F.]. Solche Modellmodifikationen sind wichtig für den Erkenntnisfortschritt und das Entstehen plausibler und nützlicher Modelle, können aber in Einzelfällen der bei *DÖRNER* beschriebenen Konditionalisierung falscher Handlungsregeln entsprechen (vgl. Abschnitt D 1.1.2.5, Seite 233ff.), durch die falsche Modelle bewahrt bleiben.

Das Fehlen einer absolut bestimmbaren „Modellwahrheit" (oder Unwahrheit), das Verifikation und Falsifikation ggf. scheitern lässt, ist kein Grund, formale Modelle – ob FCM oder Systems Dynamics – als nicht objektivierbar abzulehnen: Es gibt keine Entscheidung, die **nicht** auf einem Modell der Realität beruht. Anders als implizite, mentale Modelle haben formale Modelle aber den Vorteil, dass sie überprüfbar sind [VGL. STERMAN: BUSINESS DYNAMICS 2000, S. 850]. *STERMAN* kennzeichnet das Kernproblem der Verifizierung und Validierung daher folgendermaßen: „The question facing clients and modelers is never wether a model is true but wether it is useful. The choice is never whether to use a model. The only choice is which model to use. Selecting the most appropriate model is always a value judgement to be made by reference to the purpose" [STERMAN: BUSINESS DYNAMICS 2000, S. 890].

Der Referenzpunkt für die Modellgüte liegt damit nicht in der absoluten Wahrheit des Modells, sondern in seiner Angemessenheit für eine bestimmte Aufgabenstellung – in seiner **konzeptionellen Adäquanz** [VGL. LIEBL: SIMULATION 1995, S. 207]. Um sie zu beurteilen, bieten sich zwei „externe" Referenzpunkte[78]:

- Das Modell sollte in der Lage sein, auch verwandte Systeme angemessen zu modellieren. Dieser **Test der Modellfamilienzugehörigkeit** (vgl. Test 9 in Tabelle D 2-4) prüft z.B. ob ein Modell zum Städtewachstum, bei entsprechend angepasster Parametrisierung, auf so unterschiedliche Städte wie New York, Berlin und Kalkutta anwendbar ist [VGL. STERMAN: BUSINESS DYNAMICS 2000, S. 881F.].

- Das Modell muss seinen Zweck erfüllen, d.h. es muss überprüft werden (vgl. **Systemverbesserung** – Test 12 in Tabelle D 2-4), ob durch das Modell richtige Strategien erkannt und umgesetzt wurden und ob sich das betrachtete System dadurch verbessert hat [VGL. STERMAN: BUSINESS DYNAMICS 2000, S. 887FF.]

Ob das letzte Kriterium erfüllt ist, kann allerdings nur ex-post beurteilt werden, nutzt also bei der Modellbewertung innerhalb aktueller Modellierungsprojekte wenig. Hinzu kommt das Problem, dass in der Praxis weder alle erkannten Handlungsstrategien (vollständig) umgesetzt werden, noch alle Auswirkungen (z.B. die Auswirkungen auf die mentalen Modelle von Entscheidern) eines Modellierungsprojektes messbar sind.

Konzeptionelle Adäquanz zeigt sich jedoch **nicht nur am Ergebnis, sonder auch im Prozess**, wenn die am FCM-Projekt beteiligten Personen mit ihren Erfahrungen und Erwartungen alle Transformationsschritte des Modellierungsprozess nachvollziehbar und richtig finden bzw. das Modell als glaubwürdige und nützliche Repräsentation der Realität akzeptieren. Ne-

---

[78] Zur Wahl geeigneter Referenzen bei der Validierung und Verifikation von Modellen zur Zukunftsprognose und Szenarioerstellung finden sich zudem bei Hofmeister umfangreiche Überlegungen [VGL. HOFMEISTER: EVOLUTIONÄRE SZENARIEN 2000, S. 212FF.]

ben die externen Referenzpunkte tritt damit ein „interner" Referenzpunkt: die laufende **Verifizierung aller Transformationsschritte**, durch die das mentale Modell der Experten in das formale Modell einer FCM überführt wird, durch die am Prozess beteiligten Personen [VGL. LIEBL: SIMULATION 1995, S. 200F.].

Die Verifizierung der Teilschritte und die Sicherung ihrer konzeptionellen Angemessenheit erfolgen hierbei durch zahlreiche Maßnahmen, die in vorangegangenen Abschnitten bei den einzelnen Schritten der FCM-Erstellung bereits weitgehend beschrieben wurden:

- Die **Auswahl der** an der FCM-Modellierung beteiligten **Experten** muss sorgfältig erfolgen, so dass sie fachkompetent, motiviert, ergebnisoffen und möglichst frei von Partikularinteressen ein multi-perspektivisches Bild der Problemsituation aufzeigen können. Der Knowledge Engineer sollte so gewählt werden, dass er neben Erfahrung mit der FCM-Modellierungsmethode auch über Fingerspitzengefühl bei der Wissensakquisition verfügt und möglichst objektiv arbeitet [VGL. LIEBL: SIMULATION 1995, S. 115F.].

- Alle **Transformationsschritte müssen** sorgfältig und nachvollziehbar **dokumentiert werden**, wobei umfangreiche Materialsammlungen auch in Bezug auf Kontextinformationen notwendig sind. Hierbei sollten existierende Dokumentationshilfen, wie z.B. Richtlinien, Laborbücher und standardisierte Fragebogen [VGL. Z.B. LIEBL: SIMULATION 1995, S. 228 UND ANHANG B, S.237F; STERMAN: BUSINESS DYNAMICS 2000, S. 855 UND TABELLE 21-2, S. 856] genutzt werden.

- Bei der Erfassung des Expertenwissens und seiner Darstellung als Kausalmodell müssen die eingesetzten Methoden bzw. Methodenkombinationen sehr sorgfältig gewählt werden, um die subjektive Sicht des Knowledge Engineers, aber auch Verzerrungen durch die Erhebungsmethode möglichst auszuschalten. Da es sich bei dem Wissen von Experten um deren subjektive Weltsichten handelt, die nur diese vollständig beurteilen können, kommt insbesondere der **kommunikativen Validierung** eine wichtige Rolle zu (vgl. Seite 179f.). Um die Subjektivität einzelner Expertenmeinungen zu überwinden, müssen aber gleichzeitig gesicherte (wissenschaftliche) Kenntnisse und die Ansichten unterschiedlicher Experten berücksichtigt werden.

- Der Transformationsschritt vom Kausalmodell zur softwaretechnischen Umsetzung, wie er auch bei FCM erfolgen muss, kann durch den so genannten **„structured walkthrough"** verifiziert werden, bei dem der Programmierer den von ihm angefertigten Programmteil zeilenweise präsentiert und begründet [VGL. LIEBL: SIMULATION 1995, S. 202.]. Auf FCM übertragen bedeutet das, dass eine Verifikation durch systematische Erörterung aller Konzepte (inkl. der dort hinterlegten Transferfunktionen) und aller Konzeptbeziehungen erfolgen kann.

Neben diesen auf Kommunikation gerichteten Methoden zur Gütesicherung sollten selbstverständlich die in Abschnitt D2.2.3 beschriebenen zahlreichen Möglichkeiten des **Modell-**

tests zum Einsatz kommen. Wo möglich, sollten Verifikation und Validierung[79] dabei durch unabhängige Personen erfolgen, die den zu prüfenden Transformationsschritt nicht selbst durchgeführt haben [VGL. HOFMEISTER: EVOLUTIONÄRE SZENARIEN 2000, S. 222].

---

[79] Validierung und Verifikation werden in der Literatur zumeist nicht streng unterschieden. Nachfolgend wird eine Beurteilung der Modellgüte im Vergleich zur „Realität" (z.B. Vergleich eines FCM-Modellergebnisses mit IST-Daten) als Validierung bezeichnet. Verifikation bezeichnet die Überprüfung der Angemessenheit eines Transformationsschritts (z.B. die Befragung eines Experten, ob die Übersetzung seiner Interviewäußerungen in eine Kausalkarte zutreffend ist).

2.3 Fazit: Fuzzy Cognitive Maps für die Erstellung von „Microworlds"

FCM liefern heute – nicht zu letzt aufgrund der Forschungsarbeiten der letzten Jahren (z.B. zur Berücksichtung von Zeit und von konditionalen Kausalbeziehungen) – eine sehr offene Struktur, die die Modellierung nahezu beliebiger dynamische Systeme mit Feedback erlaubt. Dies zeigt auch die große Breite der Anwendungsgebiete (vgl. Tabelle D 2-1, Seite 259). Allerdings ist bei jeder Abweichung von den einfachen FCM-Grundlagen eine sorgfältige Nutzenabwägung erforderlich, da die feinkörnigere Modellierung durch gesteigerte Modellkomplexität „erkauft" wird. Zudem sollte das Detaillierungsniveau des Modells zur Qualität der verfügbaren Daten passen. Letzteres ist, gerade im FFE, eher gering. Oft liegen nur wenige, qualitative und stark veränderliche Informationen vor.

Innerhalb der offenen FCM-Struktur können gute, aber auch sehr schlechte Modelle entwickelt werden. Letztere lassen sich verhindern, wenn eine systematische Verifizierung und Validierung aller Teilschritte der FCM-Erstellung erfolgt. Schwierigkeiten und Lösungsansätze sind dabei mit denen bei der Szenarioerstellung bzw. der Erstellung von Simulationen für komplexe und dynamische Systeme vergleichbar. Prinzipiell sind FCM damit nicht schlechter als Grundlage für „Microworlds" geeignet als beispielsweise die Techniken und Softwaretools des System Dynamics.

Gegenüber diesen weisen sie jedoch einen entscheidenden Vorteile auf, der sie für den Einsatz im FFE besonders geeignet erscheinen lässt: **Sie können qualitatives und**, wenn vorhanden, auch **quantitatives Expertenwissen in ein formales Modell überführen**. Damit sind sie für alle im Front-End verfügbaren Arten von Informationen geeignet. Zudem sind sie vergleichsweise einfach zu erstellen: sie lassen sich aus den kognitiv eingängigen und weit verbreiteten Kausalkarten ableiten und auf Basis von Grundrechenarten mit Tabellenkalkulationsprogrammen berechnen. System Dynamics Modelle mit ihren Stock- und Flow Darstellungen und komplexen Differenzialgleichungssystemen stellen hier deutlich höhere Anforderungen. Aufgrund des einfachen Modellierungsverfahrens können potenziell alle Mitglieder von Produktentwicklungsteams eine aktive Rolle bei der Modellierung übernehmen, indem sie den Knowledge Engineer in Teilaufgaben unterstützen (oder sogar ersetzen) und „in Augenhöhe" mit ihm kommunizieren. FCM haben damit das Potenzial, viele Personen an der Lernerfahrung des Modellierens teilhaben zu lassen, und können damit Lerneffekte beim Umgang mit komplexen und dynamischen Systemen erzielen, die über die Möglichkeiten eines schlichten Mircoworld-Einsatzes hinaus gehen.

Angesichts dieser Potenziale ist es viel versprechend, den Einsatz von FCM-basierten Microworlds im Rahmen der frühen Produktentwicklungsphasen detailliert zu ergründen. Im folgenden Kapitel wird daher das Grundkonzept eines Handlungsunterstützungssystems (HAUS) entwickelt, das methodisch in weiten Teilen auf FCM beruht.

3 Einsatz von FCMs zur Handlungsunterstützung im FFE: Das Konzept des HAUS

Das zu konzipierende HAUS [VGL. SCHRÖDER, JETTER: INTEGRATING KNOWLEDGE IN THE FFE 2003; JETTER: EDUCATING THE GUESS 2003] hat zum Ziel, alle Stationen der Handlungsregulation in der komplexen Situation der frühen Phasen der Produktentwicklung zu unterstützen, um typischen Handlungsfehlern vorzubeugen. Eine besondere Rolle spielt hierbei der Umgang mit unsicheren und dynamischen Informationen, die es erforderlich machen, Entscheidungen im Licht unterschiedlicher, ungewisser Konstellationen zu beleuchten bzw. sie angesichts neuer Informationen schnell zu bewerten und ggf. zu revidieren.

Rückgrat des HAUS ist eine FCM-basierte „Microworld", die auf einem Modell der spezifischen FFE–Situation beruht und es ermöglicht, die Auswirkungen von unsicheren oder veränderten Informationen sowie die Reaktionen darauf modellgestützt zu bewerten. Das HAUS besteht entsprechend der Stationen der Handlungsregulation aus fünf Modulen (vgl. Abbildung D 3-1), die im Rahmen des FFE teilweise mehrfach durchlaufen werden.

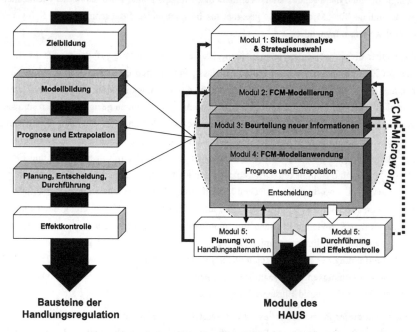

Abbildung D 3-1: Bausteine der Handlungsregulation und Module des HAUS

Modul 1 dient der Analyse der Entwicklungssituation und unterstützt den Handlungsschritt der **Zielanalyse**. Es muss zu Beginn eines Entwicklungsprojektes einmalig durchlaufen werden, kann aber ggf. auch während der HAUS Nutzung erneut zum Einsatz kommen, wenn Informationsänderungen so gravierend sind, dass eine grundsätzliche Überprüfung des Projektziels notwendig wird.

Modul 2 beinhaltet die Modellierung der Entwicklungssituation und umfasst damit die **Modellbildung**. Es muss zu Beginn des Projektes durchlaufen werden und immer dann, wenn Informationsänderungen dazu führen, dass das bestehende Modell im Sinne eines „double loop learning" überarbeitet werden muss.

Module 3 und 4 dienen der eigentlichen Handlungsunterstützung und nutzen das erstellte FCM-Modell der Entwicklungssituation, um eintreffende Informationen hinsichtlich ihrer Relevanz zu bewerten, ihre Auswirkungen zu prognostizieren und Entscheidungen zu fundieren. Sie unterstützen die **Prognose und Extrapolation** sowie die **Entscheidungsfindung** und werden im gesamten FFE immer wieder durchlaufen.

Modul 5 dient der **Suche nach möglichen Handlungsstrategien**, die in Modul 4 überprüft werden. Außerdem dient es der **Umsetzung der Entscheidungen** und der **Kontrolle** der aus der Umsetzung resultierenden Effekte. Das Modul wird aktiviert, wenn die Beurteilung in Modul 3 und Modul 4 ergibt, dass bestehende Strategien verändert werden müssen, um die Ziele des Projektes zu erfüllen.

Modul 1 und Modul 5 sind vollständig „**in der wirklichen Welt**" angesiedelt: Entscheidungen können nur in der Realität umgesetzt werden; verlässliche Informationen über eine spezifische Handlungssituation, mögliche Alternativen und beobachtbare Effekte stammen aus dem realen Betrachtungsobjekt, nicht aus dem Modell. Modul 2, 3 und 4 bewegen sich dagegen auf der Modellebene: eine **FCM-Microworld** ermöglicht es, zukünftige Situationen gedanklich vorwegzunehmen, alternative Szenarien zu betrachten und verschiedene Handlungsalternativen experimentell durchzuspielen. Dadurch können nicht nur Entscheidungen fundiert werden, sondern auch implizite Erfahrungen über die Einflussgrößen und Wirkungszusammenhänge im FFE gewonnen werden.

Nachfolgend wird das Konzept aller fünf Module des HAUS kurz erläutert. Die detaillierte Ausgestaltung des HAUS erfolgt in Hauptkapitel E.

3.1 Modul 1: Situationsanalyse und Strategieauswahl

Ziel von Modul 1 ist es, die Situation des zu betrachtende Entwicklungsprojekts sorgfältig zu analysieren und auf bestehende Unsicherheiten zu untersuchen. Letztere können, wie in Kapitel B 2.1.1 (vgl. Seite 39ff. ausgeführt), z.b. in Bezug auf zukünftige Kundenanforderungen, künftig verfügbare Technologien, technische Umsetzungsmöglichkeiten der Produktidee sowie in Bezug auf Zeit, Kosten und Erfolg des Projektes bestehen.

Zudem müssen die vorläufigen Ziele des Produktentwicklungsprojektes festgelegt werden, die sich aus den Kundenforderungen, den Anforderungen an die Produkttechnologien und aus allgemeingültigen Sachzielen (z. B. Kosten, Zeit, Qualität) ableiten und zu Teilzielen aufspalten lassen. Jedes Ziel wird mit einem Soll-Wert und zulässigen Soll-Wert-Abweichungen bewertet und hinsichtlich möglicher Zielkonflikte analysiert.

Aus Zielen und Unsicherheiten in Bezug auf die Zielerreichung lassen sich Überlegungen zur richtigen Gestaltung des FFE festlegen: Welche alternativen zukünftigen Entwicklungen müssen berücksichtigt werden? Für welchen Zeitraum? Muss das Entwicklungsprojekt als Teil einer (zukünftigen) Produktfamilie verstanden werden? Sollen alternative Lösungen parallel oder sukzessive verfolgt werden? Soll das Produkt modular aufgebaut werden? etc.

Auf Basis dieser Überlegungen kann der Gegenstand des FFEs grundlegend geplant und bestimmt werden, welches Produktentwicklungsprojekt bzw. welche alternativen Projekte im Rahmen der nachfolgenden Modellierung abgebildet werden, welche Zeiträume dabei betrachtet werden und welchen Unsicherheiten und Zielen dabei Augenmerk geschenkt werden muss.

3.2 Modul 2: FCM-Modellierung

Im Rahmen des 2. Moduls des HAUS werden FCM-Modelle erstellt, die es erlauben, eintreffende Informationsänderungen ganzheitlich zu beurteilen. Sie setzen sich aus Teilmodellen zusammen, die in den jeweils kompetenten Fachbereichen **dezentral erstellt und anschließend verbunden werden**. Die Einzelmodelle lassen sich entsprechend der von ihnen abgedeckten Bereiche auf drei unterschiedlichen Ebenen einordnen (vgl. Abbildung D 3-2, Seite 299).

Modelle der ersten Ebene sind das **Umfeld-Anforderungs-Modell** und das **Technologie-Machbarkeits-Modell**. Sie liefern Informationen über Produktanforderungen und über technologische Möglichkeiten zu deren Umsetzung und dienen hauptsächlich der Abbildung von Umfeldinformationen.

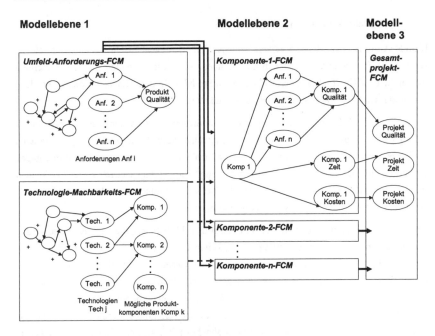

Abbildung D 3-2: Teilmodelle und Gesamtzusammenhang der FCM-Modelle im HAUS

Die in den Modellen der 1. Ebene erarbeiteten Informationen werden an die nach gelagerte zweite Modell-Ebene weitergegeben, die produktspezifische Aspekte berücksichtigt. Sie besteht aus **Komponentenmodellen**, die für jede Komponente des Produktgrobkonzepts abbilden, welchen Beitrag sie zur Erfüllung der Produktanforderungen leisten und in welchem Umfang sie Entwicklungszeit und Entwicklungskosten beeinflussen. Das **Projektmodell** auf der dritten Modell-Ebene bildet gesamtprojektrelevante Informationen ab und bewertet sie. Dazu werden die FCM-Einzelmodelle integriert.

Durch die Verzahnung der drei Modell-Ebenen entsteht ein konsistentes Gesamtmodell. Die Modelle der unterschiedlichen Modellebenen werden durch Zielvariablen verbunden, wobei Output-Variablen der obersten Ebene als Input-Variablen der darunter liegenden Ebene fungieren (vgl. Abbildung D 3-2). Die Inhalte der Einzelmodelle werden im Folgenden kurz erläutert.

3.2.1 Umfeld-Anforderungs-Modell

Umfeld-Anforderungs-Modelle zeigen, welche Veränderungen im Unternehmensumfeld zu veränderten Produktanforderungen führen können. Als Ausgangspunkte für ihre Erstellung dienen die dem Unternehmen bereits bekannten Produktanforderungen sowie das vorhandene Umfeldwissen über Einflussgrößen und ihre Indikatoren.

Für eine Windkraftanlage, die hier zur Illustration dienen soll, sind solche zentralen Produktanforderungen bspw. „Wirtschaftlichkeit", „Umweltverträglichkeit" und „hohe Sicherheit". Sie lassen sich weiter spezifizieren – „Wirtschaftlichkeit" lässt sich u.a. in die Anforderungen „hohe Lebensdauer", „einfache Energieeinspeisung" und „geringe Betriebskosten" aufspalten [VGL. SCHMIDT: KONZEPTFINDUNG 1996, S. 349F.]. Die so ermittelten Anforderungen bilden die Grundlage für die Erstellung des Produktgrobkonzeptes.

Als Teil der Modellerstellung werden Einflussgrößen identifiziert, die zu einer Veränderung von Anforderungen und Anforderungswichtigkeiten führen – so z.B. die so genannte „Einspeiserichtlinie" auf Basis des „erneuerbare Energien Gesetz", das regelt, zu welchen Konditionen Windstrom ins öffentliche Netz abgegeben und von den Energieversorgungsunternehmen (EVU) vergütet werden muss. Die Anforderung „einfache Energieeinspeisung ins öffentliche Netz" verliert an Bedeutung, wenn die Einspeiserichtlinie verändert wird und die Garantiepreise, zu denen die EVU den Strom abnehmen müssen, drastisch sinken. In diesem Fall trägt die Energieeinspeisung nur noch in geringem Maß zur Erfüllung der Anforderung „Wirtschaftlichkeit" bei.

Die Zusammenhänge zwischen Umfeldaspekten und Anforderungen an das Produkt werden durch eine Kausalkarte abgebildet, hinsichtlich ihrer Stärke bewertet und in eine FCM übersetzt. Ein Ausschnitt aus dem so entstehenden Umfeld-Anforderungs-Modell ist in Abbildung D 3-3 abgebildet.

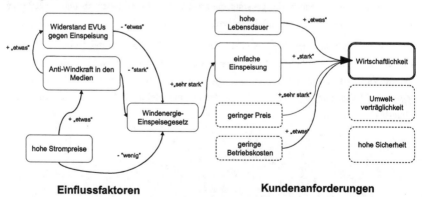

Abbildung D 3-3: Ausschnitt aus einem Umfeld-Anforderungs-Modell

3.2.2 Technologie-Machbarkeits-Modell

Technologie-Machbarkeits-Modelle zeigen, welche technologischen Entwicklungen zu erwarten sind und welche Auswirkungen sie auf die geplanten technischen Lösungen haben. Ausgangspunkt ist eine Liste aller aus Unternehmenssicht prinzipiell interessanten Produkttechnologien oder, sofern bereits vorhanden, die im Grob-Produktkonzept verwandten Funktionsträger und deren Technologien. Im letzten Fall enthält diese Liste zum überwiegenden Teil Technologien, die bereits entwickelt und verfügbar sind und im Rahmen der Produktentwicklung lediglich aufgabenbezogen angepasst werden müssen. Für diese Technologien ist eine Szenarioerstellung nur dann sinnvoll, wenn sie zukünftig durch andere Technologien abgelöst werden könnten.

Bei weit in die Zukunft gerichteten Projekten kann es allerdings sein, dass man Produkte auf Basis von Technologien plant, deren Entwicklung noch nicht abgeschlossen ist. In diesem Fall müssen Einflussgrößen auf die spätere Verfügbarkeit der Technologie berücksichtigt werden. Nur so ist zu verhindern, dass sich ein geplantes Produkt zukünftig überraschend nicht realisieren lässt. Ein solcher Fall im Beispiel der Windkraftanlage ist die Brennstoffzellen-Technologie. Prinzipiell ist es denkbar, überschüssigen Windstrom zur Herstellung von Wasserstoff zu nutzen, der in Zeiten der Flaute in einer Brennstoffzelle zur Elektrizitätsgewinnung verwendet wird. Ein Hersteller, der mittelfristig eine solche Brennstoffzellen-Windkraft-Kombination als „Puffer" unterschiedlicher Elektrizitätsproduktion vorsieht, muss beobachten, ob sich seine (positiven) Annahmen über die Entwicklung der Brennstoffzellentechnologie auch tatsächlich erhärten.

Wie Abbildung D 3-4 (vgl. Seite 302) zeigt, hängt die Entwicklung der Technologie von ihrer Wirtschaftlichkeit ab, die u.a. von ihren Betriebskosten und den Kosten alternativer Energiequellen beeinflusst wird Diese Einflussgrößen und ihre Auswirkungen auf die im Produktgrobkonzept enthaltenen Komponenten werden im Technologie-Machbarkeits-Modell abgebildet. Eine Änderung der Einflussgrößen kann zur Folge haben, dass für manche Komponenten alternative technische Lösungen gesucht werden müssen .

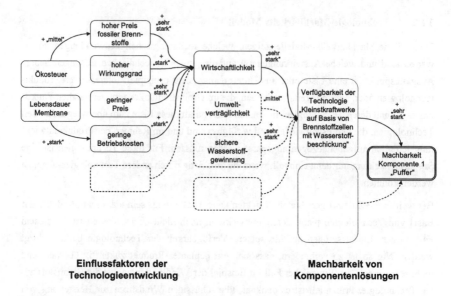

Abbildung D 3-4: Ausschnitt aus einem Technologie-Machbarkeits-Modell

Sowohl das Technologie-Machbarkeits-Modell als auch das Umfeld-Anforderungs-Modell enthalten Elemente, die für das Unternehmen projektübergreifend relevant sein können, da i.d.R. mehr als ein Projekt im gleichen Umfeld angesiedelt ist bzw. die gleichen Technologien nutzt. Sie sollten daher als projektneutrale FCM-Modelle auch dann weiter gepflegt werden, wenn das Produktentwicklungsprojekt in späte Phasen eintritt und detailliertere Planungstools zur Verfügung stehen.

3.2.3 Komponentenmodell

Komponentenmodelle zeigen, welchen Beitrag einzelne Komponenten bzw. Funktionsträger zur Erfüllung der Produktanforderungen und damit für die Qualität leisten und wie sie Entwicklungszeit und Entwicklungskosten beeinflussen.

Sie werden für alle Hauptkomponenten (im Windkraft-Beispiel: Rotor, Turm, Gondel, Steuerung, User-Interface der Prozessüberwachung usw.) erstellt. Die Anforderungen und ihre möglichen Interdependenzen werden dabei aus dem Umfeld-Anforderungs-Modell übernommen. Für jede Komponente (z.B. Komponente 5 „Bedienung") wird untersucht, ob und, wenn ja, wie sie die Teil-Anforderungen (z.B. hohe Lebensdauer, geringer Preis) erfüllt und welchen Beitrag sie damit zur Erfüllung der Hauptanforderung (z.B. Wirtschaftlichkeit) leistet. Zudem wird bewertet, wie hoch der Entwicklungsbedarf ist und wie stark dieser das Kosten- und Zeitbudget beansprucht.

D3: Das Konzept des HAUS

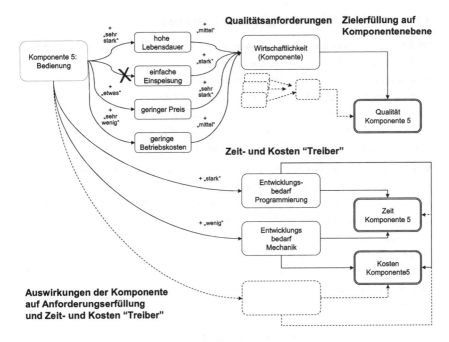

Abbildung D 3-5: Ausschnitt aus einem Komponentenmodell

3.2.4 Gesamtprojektmodell

Das Gesamtprojektmodell verdichtet die Outputs der Komponentenmodelle und liefert damit qualitative Aussagen über die Qualität des Projektergebnisses (= Ausmaß, in dem die Produktanforderungen erfüllt werden), die Entwicklungsdauer und die Entwicklungskosten. Damit zeigt es, wie das Projekt insgesamt abschneidet. Dies kann den Anstoß für detaillierte Überprüfungen der Entwicklungssituation außerhalb des HAUS liefern, in deren Verlauf Kosten durch Kalkulationen quantifiziert und Termine und Kapazitätsauswirkungen in Projektplänen analysiert werden. Im Ablauf der Produktentwicklung wird das Gesamtprojektmodell als erstes der Einzelmodelle durch andere Planungsmethoden ersetzt: sobald ein ausreichend spezifizierter Projektplan existiert, können die Zeit-, Kapazitäts- und Kostenwirkungen von Informationsänderungen genauer ermittelt werden als durch die qualitative Abschätzung des FCM-Modells.

3.3 Modul 3: Beurteilung neuer Informationen

Da für ein Entwicklungsprojekt u.U. mehrere Sätze von FCMs erstellt werden, um alternative Produktkonzepte oder alternative Nutzungsszenarien abbilden zu können, werden eintreffende Informationen zunächst demjenigen Satz von FCMs zugeordnet, für den sie relevant sein könnten. Anschließend wird die Information in Bezug auf ihre Relevanz für das Umfeld-Anforderungs-Modell und das Technologie-Machbarkeits-Modell beurteilt. Als Relevanzkriterium gilt dabei, dass eine Informationsänderung ein in einer der beiden FCMs enthaltenes Konzept unmittelbar verändert oder es kausal beeinflusst.

Neue Informationen können zu einer Veränderung von unabhängigen Konzeptwerten führen (z.B. „Widerstand EVUs gegen Einspeisung" wird stärker). In diesem Fall schließt sich Modul 4 an, durch das die Auswirkungen dieser Änderungen auf andere Systemvariablen berechnet wird. Informationen können aber auch das Ausmaß der Beeinflussung zwischen zwei Konzepten verändern (z.B. „Betriebskosten" wirken nicht mehr „mittel", sondern „stark" auf „Wirtschaftlichkeit") oder die Aufnahme neuer Konzepte in die FCM erfordern. In diesen Fällen erfolgt eine Rückkehr zu Modul 2 und eine entsprechende Anpassung des Modells. Ist keine dieser Wirkungen gegeben, so gilt die Informationsänderung als nicht relevant und wird ignoriert.

3.4 Modul 4: FCM Modellanwendung

Modul 4 dient zur Prognose und Extrapolation zukünftiger Entwicklungen durch FCM-Simulation. Ausgangsbasis hierfür sind die Informationen, die in Modul 3 als relevant identifiziert wurden. Im ersten Schritt werden die Auswirkungen der Informationsänderung auf die Zielgrößen („Anforderungswichtigkeit" und „Machbarkeit der Komponente") der FCM-Modelle der 1. Ebene simuliert. Nur wenn die Auswirkungen ein kritisches Maß erreichen, d.h. die in Modul 1 festgelegten Zielwerte und ihre Toleranzen verfehlen, ist eine weitere Prüfung der Auswirkungen erforderlich.

In diesem Fall werden auch die FCM-Modelle der Ebenen 2 und 3 unter Zugrundelegung der neuen Informationen durchlaufen. Wenn auch diese Simulation ergibt, dass Zielwerte (Qualität, Zeit, Kosten auf Komponenten und auf Gesamtprojektebene) kritisch werden, ist eine Reaktion auf die Informationsänderung erforderlich und Modul 5 wird durchlaufen.

3.5 Modul 5: Planung, Durchführung und Effektkontrolle

Durch das FCM-Modell kann mit den Modulen 3 und 4 festgestellt werden, dass einmal gesetzte Ziele nicht erreicht werden, weil sich z.B. Umfeldsituationen verändert haben oder weil die ursprünglichen Planannahmen fehlerhaft waren. In solchen Situationen müssen geeignete Handlungsstrategien gefunden werden, um die Ziele auf anderem Weg zu erreichen oder die Nichterfüllung in ihren negativen Auswirkungen zumindest abzufedern. Dies erfolgt außer-

D3: Das Konzept des HAUS   305

halb des FCM-Modells in Modul 5, das die Ergebnisse der Microworld-Anwendung in das reale System überführt.

Ausgangspunkt ist hierbei die Untersuchung der identifizierten unerwünschten Situationen und die Suche nach Möglichkeiten, sie abzustellen. Die verschiedenen Problemlösungsideen müssen dann zu konsistenten Lösungsbündeln zusammengefasst werden, innerhalb derer alle Maßnahmen aufeinander abgestimmt sind.

Die prinzipielle Eignung der Maßnahmenbündel wird durch Rückkehr zu Modul 4 geprüft: die FCM-Simulation zeigt, wie die Zielvariablen des Gesamtsystems auf die Maßnahmen reagieren. Dabei ist insbesondere von Interesse, ob alle Zielvariablen bei Anwendung der Maßnahmen im erlaubten Bereich bleiben bzw. in ihn zurückkehren oder ob unerwartete Neben- und Fernwirkungen auftreten. Die Auswahl der besten Alternative erfolgt durch Vergleich der Zielerreichungsgrade bei Anwendung der alternativen Maßnahmenbündel. Die FCM-Simulation hat somit entscheidungsunterstützende und prognostische Funktion. Sie ermöglicht ferner die Antizipation und Revision von Entscheidungen.

Die Durchführung der Maßnahme wird in Modul 5 geplant. Zu einer vollständigen Planung gehören auch Überlegungen zur Effektkontrolle. Hierzu muss die Sammlung und regelmäßige Auswertung aussagekräftiger Informationen veranlasst werden, wodurch sich der Kreis zu Modul 3 schließt: die in Modul 5 festgelegten Informationen müssen in jedem Fall in Modul 3 berücksichtigt werden, wenn sie sich verändern.

Wenn Modul 5 zu neuen Maßnahmen führt, ist dafür zu sorgen, dass die geänderten Handlungsstrategien auch in der Microworld repräsentiert werden. Hierzu ist eine Rückkehr zu Modul 2 erforderlich.

3.6 Vorläufige Beurteilung des HAUS

Das dargestellte Konzept des HAUS liefert prinzipiell die Möglichkeit, alle für das FFE relevanten Entscheidungen über alternative Produkteigenschaften, Technologien und Komponenten durch FCM-Modelle abzubilden.

Dabei werden die Einflüsse des Unternehmensumfelds auf diese Entscheidungen ebenso dargestellt, wie ihre Auswirkungen auf das Ergebnis des geplanten Produktentwicklungsprojektes in Bezug auf Zeit, Kosten und Qualität. Damit schlägt das HAUS die Brücke zwischen der strategischen, projektübergreifenden Planung und der taktisch-operativen Ebene des einzelnen Projektes. Der besonderen Situation im FFE wird hierbei Rechnung getragen:

- Die Modellierung mit FCM erlaubt es, vielfältige Informationen im FFE berechenbar zu machen, obgleich sie sowohl qualitativ als auch quantitativ vorliegen und unterschiedliche Dimensionen haben. Damit lassen sich die Stärken modellgestützter Simulationen und Prognosen in komplexen Entscheidungssituationen auch in den frühen Phasen der Produktentwicklung nutzen.

- Die benötigten FCM-Modelle sind modular aufgebaut und können dezentral im jeweiligen Fachbereich erstellt werden. Ihre Integration zu einem Gesamtmodell ist durch Input-Output-Beziehungen einfach gelöst. Damit kann das Fachwissen unterschiedlicher Funktionsbereiche genutzt werden, gleichzeitig aber eine gemeinsame Sicht auf das Projekt entwickelt und als Entscheidungsgrundlage verwendet werden.

- Der hohen Informationsdynamik im FFE entsprechend, können die Auswirkungen von eintreffenden Umfeldinformationen sehr schnell beurteilt werden. Dabei muss nicht jedes Mal das gesamte Modell neu berechnet werden – nur wenn die Information überhaupt als relevant erachtet wird und in der ersten Modellebene kritische Veränderungen zeigt, werden nach gelagerte Modelebenen überhaupt durchlaufen.

- Die Unsicherheit im FFE wird gedämpft, indem unterschiedliche Szenarien innerhalb der Unsicherheitsbandbreite erstellt und bewertet werden können. Das – zumindest in seiner Grundform – relativ grobkörnige FCM-Modellierungsverfahren, das auch für Laien schnell verständlich ist, verringert gleichzeitig die Gefahr von Zahlenillusionen. Bestehende Unsicherheit bleibt damit gut erkennbar.

Um diese potenziellen Vorteile des HAUS-Konzeptes allerdings auch in der Praxis realisieren zu können, muss es in Bezug auf wichtige Details näher spezifiziert und umsetzungsnah ausgestaltet werden. Dies erfolgt im nachfolgenden Hauptkapitel.

E
Ausgestaltung des Handlungsunterstützungssystems

1 Vorüberlegungen zur Ausgestaltung des HAUS

Im vorangegangenen Kapitel wurde die grundlegende Architektur des HAUS dargestellt, dessen Kernstück die Erstellung und Anwendung von FCM-Modellen bildet. Die Wahl dieser Modellierungsmethode begründet sich aus der Fähigkeit von FCMs, qualitative Daten und Daten unterschiedlicher Dimension quantitativ auszuwerten. Das Modellierungsverfahren ist damit äußerst flexibel einsetzbar und insbesondere geeignet, die meist qualitativen und veränderlichen Informationen in den frühen Phasen der Produktentwicklung zu verarbeiten. Die enge Verwandtschaft von FCMs mit den weit verbreiteten Kausalkarten lässt zudem hoffen, dass die FCM-Modellierung relativ unkompliziert und für Praktiker schnell erlernbar ist.

Die Vielseitigkeit und Flexibilität von FCMs birgt allerdings auch die Gefahr einer gewissen Beliebigkeit in der Anwendung: Ohne geeignete Formen der Qualitätssicherung können in FCMs wichtige Konzepte fehlen, unbedeutende Konzepte überbewertet werden, Konzeptbeziehungen bestehenden Erfahrungen widersprechen und Modellergebnisse fehlinterpretiert werden. Die in Kapitel D1.1 (Seite 225ff.) beschriebenen Handlungsfehler werden dann durch den Einsatz von FCMs nicht verringert, sondern sogar festgeschrieben.

Um dies zu verhindern, müssen alle Schritte der FCM-Modellierung systematisch und methodisch sauber durchlaufen und anhand nachvollziehbarer Kriterien bewertet werden. Allerdings ist über eine „good practice" zur FCM-Erstellung nahezu nichts bekannt, da bestehende Veröffentlichungen meist mehr an einer Weiterentwicklung der FCM-Methode als an ihrer Anwendung interessiert sind und sich oft nur auf Teilausschnitte der FCM-Modellierung beziehen (vgl. Kapitel D2.2, Seite 258ff.). Eine geeignete Vorgehensmethodik ist daher erst zu entwickeln.

Hierzu wurden im Rahmen dieser Arbeit **drei explorative Vorstudien** durchgeführt, die sich mit unterschiedlichen Aspekten der FCM-Modellierung auseinandersetzten und im nachfolgenden Abschnitt E 1.1 dargestellt werden. Sie dienen in Abschnitt E 1.2 als Grundlage für die **Entwicklung einer Vorgehensmethodik** sowie für die Ableitung genereller **Gestaltungsempfehlungen für eine softwaretechnische Unterstützung** der FCM-Modellierung. Abschnitt E 1.3 wendet die entwickelte Methodik zur FCM-Modellierung auf das im letzen Hauptkapitel skizzierte Handlungsunterstützungssystem an.

1.1 Vorstudien zur Erstellung von FCM-Modellen

1.1.1 Motivation und Zielsetzung der Vorstudien

Für alle FCM-Modelle des HAUS stellt sich die Frage, wie und durch wen sie erstellt werden sollten. In Fällen, in denen Experten über Erfahrungen mit der FCM-Modellierung verfügen, können sie ihr Kausalwissen unmittelbar in eine FCM umsetzen. Wo dies, wie wohl in der Mehrzahl der Fälle, nicht möglich ist, muss das Expertenwissen in einem ersten Schritt offen gelegt, „FCM-gerecht" in Form einer Kausalkarte dargestellt und dann in ein Modell überführt werden.

Für eine theoretisch fundierte Offenlegung und Darstellung von Wissensinhalten und -strukturen wurden in Kapitel C 2.3.1 (vgl. Seite 175ff.) die Grundlagen aus wissenspsychologischer Perspektive gelegt. In Kapitel D 2.2.1 (vgl. Seite 262ff.) wurden verschiedene Möglichkeiten im Zusammenhang mit der Erstellung von FCMs diskutiert, wobei **Experteninterviews** einen wichtigen Ansatzpunkt darstellen. Damit Interviewer und befragter Experte „auf Augenhöhe" miteinander kommunizieren können – eine Grundvoraussetzung der kommunikativen Validierung in der Dialog-Konsens Methode (vgl. Seite 179ff.) und zugleich wichtiges Instrument zur Sicherung der Modellqualität (vgl. Kapitel D 2.2.5, Seite 290ff.) – muss der befragte Experte die Darstellung seiner Wissensstrukturen als Kausalkarte nachvollziehen können. Er muss daher in die Erstellung von Kausalkarten zumindest eingewiesen werden [VGL. DANN: LEGE-STRUKTUREN 1992, S. 7]. Manche Autoren fordern darüber hinaus, dass der Befragte seine Wissensstrukturen selbst als Karte darstellen kann, die Abbildung also aktiv beherrscht. Sie schlagen vor, die Kartendarstellung des Experten mit der des Interviewers zu vergleichen, um die Interviewergebnisse zu validieren [VGL. GROEBEN: INHALTS-STRUKTUR-TRENNUNG 1992, S. 58F].

Wenn der befragte Experte zur Vorbereitung auf ein Interview ohnehin darin unterwiesen wird, Wissensstrukturen als Kausalkarten abzubilden, liegt es nahe, die Kausalkartenerstellung eigenständig und (zunächst) ohne Unterstützung eines Interviewers durchführen zu lassen. Diese Praxis, die sich bei einigen Arbeiten in der FCM-Literatur [VGL. Z.B. TABER: KNOWLEDGE PROCESSING 1991, TABER: SOCIAL SYSTEMS 1994] findet, hat - wie bereits erwähnt - eine Reihe von Vorteilen:

- Anders als Interviewprotokolle lassen sich Kausalkarten unmittelbar in einfache FCMs übersetzen. Pfeilgewichte ergeben sich automatisch, wenn die einfachen FCMs unterschiedlicher Experten nach dem in Kapitel D 2.2.1.2.4 (vgl. Seite 267ff.) beschriebenen Verfahren kombiniert werden. Wenn Experten ihr Wissen in Form von Kausalkarten zur Verfügung stellen, kann daher – zumindest theoretisch – für einfache Modellierungsprojekte auf einen Knowledge Engineer vollständig verzichtet werden.

E1: Vorüberlegungen zur Ausgestaltung des HAUS 311

- Wenn ein Knowledge Engineer hinzugezogen wird, kann er sich anhand von experten-erstellten Kausalkarten schnell über die „Weltsichten" der Experten (zentrale Konzepte, Beziehungen) informieren und schon vor einem ersten Experteninterview FCMs erstellen, die im Rahmen des Interviews geprüft werden. Damit lässt sich sein Arbeitsaufwand (und damit ein potenzieller „Bottleneck" der FCM-Erstellung) reduzieren.

- Die Visualisierung durch Kausalkarten gilt in der Szenarioerstellung und im „vernetzten Denken" als erprobt und ermöglicht es dem Experten, das eigene mentale Modell besser zu durchdringen als dies im Gespräch oder bei der Anfertigung von Textdokumenten der Fall ist. So sollen insbesondere Feedbackbeziehungen besser erkannt werden (vgl. Seite 170).

Betrachtet man allerdings Kausalkarten, die im Rahmen der Methode des vernetzten Denkens durch Probanden erstellt werden, so zeigen sich oft Mängel: So scheinen einige Kausalkarten unzulässig stark vereinfacht, unvollständig und begrifflich unklar. Zudem wird nicht zwischen Entscheidungsvariablen und nicht-beeinflussbaren Konzepten unterschieden. [VGL. LIEBL: STRATEGISCHE FRÜHAUFKLÄRUNG 1996, S. 176FF]. Solche Mängel der Kausalkarte hätten, wenn sie tatsächlich auftreten, zweifelsohne Auswirkungen auf das durch die FCM modellierte Systemverhalten und damit auf die Qualität der Simulation. Die Annahme, dass Experten (selbst nach vorheriger Einweisung in die Erstellung von Kausalkarten) tatsächlich in der Lage sind, ihr Wissen durch solche Karten angemessen und in einer für die spätere FCM-Erstellung geeigneten Form darzustellen, ist damit ungeprüft nicht haltbar und insbesondere dann fragwürdig, wenn die Kausalkartenerstellung ohne Hilfestellung durch einen Knowledge Engineer erfolgt, wie in der FCM Literatur vorgeschlagen [VGL. Z.B. TABER: KNOWLEDGE PROCESSING 1991, TABER: SOCIAL SYSTEMS 1994]. Im Rahmen dieser Arbeit wurden daher drei **explorative Vorstudien** zum Komplex „Kausalkartenerstellung durch Experten" durchgeführt.

Ziel der ersten Vorstudie (Kapitel E 1.1.2, Seite 313ff.) war es, zu erforschen, ob Untersuchungspersonen, ihr Wissen selbständig, d.h. mit minimaler Unterstützung durch einen Knowledge Engineer bzw. Versuchsleiter in Kausalkarten dokumentieren können und in welcher Qualität dies erfolgt. Die Vorstudie befasste sich also mit der prinzipiellen Machbarkeit einer Kausalkartenerstellung durch **Einzelexperten**, wobei folgende Fragenkomplexe im Vordergrund standen:

- **Fragen nach dem Prozess der Kausalkartenerstellung** - Wie schwer oder leicht fällt es Experten, ihr Wissen über ein Themengebiet in Kausalkarten zu erfassen? Welche Methoden zur eigenständigen Kausalkartenerstellung lassen sich anwenden? Welche Schwierigkeiten treten auf? In welcher Weise sollte das HAUS den Prozess der Kartenerstellung unterstützen?

- **Fragen nach der Qualität der erzeugten Kausalkarten** - Wie „gut" sind die von Experten erstellten Karten? Bilden sie eine Wissensdomäne überzeugend ab? Sind sie vollständig? Lassen sie sich in FCMs übersetzen? Weisen die erstellten FCMs ein sinnvolles Systemverhalten auf?

Die **zweite Vorstudie** (Kapitel E 1.1.4, S. 340ff.) baut auf die Daten der ersten Vorstudie auf und befasst sich mit der Frage, wie eine **Gruppe von Experten** befragt werden sollte. Sie untersucht, welchen Effekt Gruppen auf den Prozess und das Ergebnis der Kausalkartenerstellung haben, ob von Gruppen erstellte Karten „besser" als Individualkarten sind und ob sich bestehende Mängel in Individualkarten, wie von manchen Autoren in der FCM-Literatur angenommen [VGL. Z.B. TABER: KNOWLEDGE PROCESSING 1991], abschwächen oder sogar aufheben lassen, wenn sie nachträglich zu Gruppenkarten kombiniert werden.

Die **dritte Vorstudie** (Kapitel E 1.1.5, S. 348ff.) erweitert das offene Verfahren der Experten(selbst)befragung, das der Kausalkartenerstellung zugrunde liegt, um ein verdecktes Verfahren der Wissensakquisition: die Auswertung schriftlicher Dokumente, wie Zeitungsartikel, Webseiten und Veröffentlichungen. Hierzu werden problemrelevante Begriffe mittels Text-Mining-Verfahren aus einem Textkorpus herausgefiltert (vgl. Kapitel D 2.2.1.2.3, Seite 265f.). Sie können den Prozess der Kausalkartenerstellung potenziell unterstützten, indem sie bei der Expertenbefragung als Reizmaterial eingesetzt werden (vgl. Kapitel C 2.3.1.1, Seite 175). Die Vorstudie konzentriert sich auf die Frage, ob Text-Mining prinzipiell eine effiziente Möglichkeit liefert, geeignetes Reizmaterial zu erstellen und die Qualität der erstellten Karten zu verbessern.

1.1.2 Vorstudie 1: „Kausalkartenerstellung durch Experten"

Die nachfolgend beschriebene erste Vorstudie beruht auf einer Untersuchung der eigenständigen Kausalkartenerstellung durch Probanden. Abschnitt E 1.1.2.1 schildert die Auswahl der Probanden und des Befragungsthemas. Abschnitt E 1.1.2.2 stellt das allgemeine Vorgehen der Studie dar, das auf einem zweistufigen Verfahren beruhte: Im ersten Schritt (vgl. Abschnitt E 1.1.2.2.1) wurden **Wissensinhalte** (Konzepte des abzubildenden Wissensgebiet und deren Bedeutung) auf Karteikarten erfasst. Im zweiten Schritt (vgl. Abschnitt E 1.1.2.2.2) wurden die Karteikarten durch Struktur-Legen in einen kausalen Beziehungszusammenhang gebracht und das Ergebnis als Kausalkarte dokumentiert, um **Wissensstrukturen** (Kausalbeziehungen zwischen Konzepten) zu erfassen. Dieses Vorgehen liefert Daten, die auch für Vorstudie 2 und 3 relevant sind und wird daher relativ ausführlich beschrieben.

Die nachfolgenden Abschnitte befassen sich mit der Auswertung der erhobenen Daten unter den beiden zentralen Fragestellungen der ersten Vorstudie – der Frage nach dem **Prozess der Kausalkartenerstellung** (vgl. Abschnitt E 1.1.2.3) und der Frage nach der **Qualität der erstellten Karten** (vgl. Abschnitt E 1.1.2.4). Beide Aspekte werden für die zentralen Vorgehensschritten – Erfassung von Wissensinhalten und Erfassung von Wissensstrukturen – gesondert diskutiert.

1.1.2.1 Probanden- und Themenwahl

Ziel der explorativen Studie war nicht die Erstellung einer Kausalkarte, die einen Problembereich aus Expertensicht umfassend und richtig abdeckt, sondern die **Erforschung des Prozesses der Kausalkartenerstellung**. Als Probanden wurden daher keine echten Experten, sondern Studierende unterschiedlicher Fachbereiche und Mitarbeiter des Lehrstuhls für Technologie- und Innovationsmanagement der RWTH gewonnen, die durch Aushänge bzw. persönliche Ansprache auf die Studie aufmerksam gemacht wurden. Für diese Gruppe musste eine geeignete Themenstellung gewählt werden:

- Das Thema sollte in der öffentlichen Diskussion langjährig bekannt sein, damit sich alle Untersuchungspersonen trotz möglicherweise unterschiedlicher Bildungsgänge und Interessen dazu äußern konnten.

- Es musste ausreichend interessant sein, um für die Teilnahme an der Studie zu motivieren.

- Es durfte nicht zu „einfach" sein, sondern sollte vielfältige Einflussgrößen und Wirkungsbeziehungen beinhalten, damit vielseitige, komplexe Kausalkarten zu erwarten waren.

- Es sollte (zumindest in Teilbereichen) kontrovers sein und breit gefächerte Erklärungsmodelle zulassen, damit nicht nahezu gleiche Kausalkarten entstehen.

Als ein solches Thema wurde die Frage nach den Ursachen für „Rechtsextremismus unter Jugendlichen" identifiziert, dass seit mindestens zehn Jahren immer wieder und phasenweise recht massiv in den Medien aufgegriffen wurde, so dass sich bei den Untersuchungspersonen langfristig Erklärungsmodelle für das Phänomen bilden konnten.

Dabei wurden in der öffentlichen Diskussion sehr unterschiedliche Ursachen für rechtsextreme Jugendliche genannt. Selbst häufig genannte und weitgehend akzeptierte Ursachen wurden in ganz unterschiedlicher Weise mit dem Phänomen Rechtsextremismus verknüpft. So wurde z.B. Arbeitslosigkeit gesehen als:

- Auslöser eines Minderwertigkeitsgefühls, das die Zugehörigkeit zu einer angeblich überlegenen Gruppe wünschenswert erscheinen lässt,
- Grund für Langeweile, die gewalttätige Konflikte auslöst,
- Begründung, Ausländer als Konkurrenten um Arbeitsplätze und Sozialleistungen wahrzunehmen,
- Ursache für eine Protesthaltung, die zu einer Abkehr von gesellschaftlichen Werten führt, etc.

Vor diesem Hintergrund war zu vermuten, dass die Untersuchungspersonen zu dem Thema viel beitragen und relativ komplexe Kausalkarten erstellen würden, die sich interindividuell stark unterscheiden. Sie waren allerdings, auch wenn sie aus Gründen der Vereinfachung nachfolgend so bezeichnet werden, keine „Experten" im engeren Sinne, sondern interessierte Laien.

Die Probandenauswahl erfolgte ausschließlich nach Verfügbarkeit, d.h. es wurden alle Personen, die sich zur Teilnahme bereit erklärten, in die Vorstudie aufgenommen. Hierbei ergab sich eine relativ gute Mischung aus Studierenden und Mitarbeitern unterschiedlicher Fachbereiche (Ingenieurwissenschaften, Anglistik, Politische Wissenschaften, Wirtschaftswissenschaften), so dass vielfältige und unterschiedliche Kausalkarten zu erwarten waren. Die Befragung erfolgte in zwei Gruppen mit sieben (Gruppe A) bzw. sechs Teilnehmern (Gruppe B) Teilnehmern.

1.1.2.2 Allgemeiner Ablauf der Untersuchung

Zur Vorbereitung der Studie wurden das erforderliche Schulungsmaterial sowie die Instruktionen, die Zeiteinteilung usw. des eigentlichen Versuchs im Rahmen von zwei **Pre-tests** mit jeweils einem Probanden geprüft, ohne dass sich Änderungsbedarfe zeigten.

Die Untersuchungspersonen nahmen an einem Vortreffen teil, das dazu diente, Ziele und Inhalte der Vorstudie zu erläutern und in die **Grundprinzipien der Erstellung von Kausalnetzwerken** einzuführen. Die Dauer der Schulung betrug ca. 20 Minuten. Im Anschluss an die Schulung hielt ein mit dem Thema befasster Politologe ein Referat, das der **Aktivierung von Wissensinhalten** diente. Hierzu wurde das Phänomen des jugendlichen Rechtsextremismus aus unterschiedlichen Blickrichtungen (z.b. Rolle rechter Parteien, Bedeutung von Gewalt in rechten Ideologien; rechte Jugendkultur; Situation in den Neuen Ländern) beleuchtet, ohne dass Erklärungen für sein Entstehen geliefert wurden. Das Referat dauerte ca. 20 Minuten.

Die **Befragung fand zeitversetzt** drei bzw. vier Tage nach der Einführungsveranstaltung in den beiden Gruppen A und B statt. Die Untersuchungspersonen erhielten **zu Beginn der Untersuchung Arbeitsanweisungen für alle Arbeitsschritte**, so dass sie nach Beendigung eines Arbeitsschritts eigenständig zum nächsten Arbeitspunkt übergehen konnten. Um Vorstudie 2 durchführen zu können (vgl. folgender Abschnitt E 1.1.4), für die sich an die Kausalkartenerstellung eine Gruppendiskussion anschloss, war es erforderlich, dass die Gruppenmitglieder ihre Aufgabe innerhalb des vorgegebenen Zeitrahmens von gut einer Stunde bewältigten. Daher wurden für jeden Arbeitsschritt Richtwerte für die Bearbeitungszeit gegeben und vom Versuchsleiter angekündigt, wenn ein neues Arbeitspaket gestartet werden sollte. Damit war die Untersuchung zeitlich relativ stark strukturiert.

1.1.2.2.1 Vorgehen zur Erfassung von Wissensinhalten

Um eine kognitive Überforderung der Untersuchungspersonen zu verhindern, wurden in Anlehnung an die Struktur-Inhalts-Trennung der Dialog-Konsens-Methoden (vgl. Seite 179ff.), **zunächst nur Wissensinhalte erhoben**, die dann später in eine Struktur gebracht wurden. Zur Aktivierung und Erfassung von Wissensinhalten fand eine **Kartenbefragung** statt. Die Untersuchungspersonen wurden aufgefordert, auf Karteikarten möglichst ungefiltert alles zu notieren, was ihnen zu der Frage „Warum sind manche Jugendliche rechtsextrem?" einfiel. Hierbei sollten möglichst kurze Formulierungen mit Hauptwörtern gewählt und jeweils nur ein Begriff pro Karte genannt werden.

Um Informationen darüber zu erhalten, was die Probanden mit den Begriffen auf den erstellten Konzeptkärtchen tatsächlich meinen, wurden sie im nächsten Schritt gebeten, auf der Rückseite der Karteikarte jeweils ein **Synonym** und ein **Antonym für den genannten Begriff** zu nennen. Dabei wurde explizit darum gebeten, weniger auf semantische Präzision oder Logik zu achten als vielmehr auf eine möglichst hohe Aussagekraft (vgl. Abbildung E 1-1, Seite 316).

Das Verfahren ist an den Vorschlag SMITHINS [VGL. SMITHIN: NEW PATHWAYS 1980] angelehnt, der Cognitive Maps mit Hilfe eines Computerprogramms erfasst, um die Kognitionen von Managern zu erforschen. Dabei werden Konzepte durch zwei entgegen gesetzte Aussagen beschrieben um die intendierte Bedeutung des Begriffs leichter zu erkennen.

> Wir benötigen diese Informationen, damit wir uns besser vorstellen können, was Du **im Zusammenhang mit dem Thema** „Rechtsextremismus bei Jugendlichen" unter den von Dir gewählten Begriffen verstehst.
> Es ist nicht wichtig, dass Deine Begriffs- und Gegensatzpaare logisch klingen. Häufig haben ungewöhnliche Begriffskombinationen, die so niemals in einem Lexikon stehen würden, sogar mehr Informationsgehalt.
>
> Beispiel:
> Du denkst über die Verschmutzung der Weltmeere nach und hast das Wort **„Öltanker"** auf eine Karteikarte geschrieben.
> Als ähnliche Begriffe fallen Dir ein: **Containerschiffe** (weil das auch Schiffe sind, die viel Öl mit sich führen, wenn auch als Treibstoff und nicht als Ladung)
> Als Gegenteil fällt Dir ein: **Ölpipeline** (weil eine Pipeline Öltransporte per Schiff unnötig machen würde)
> Also schreibst Du auf die Rückseite der Karteikarte:
> 1.) Containerschiffe
> 2.) Ölpipeline statt Transport per Tanker

Abbildung E 1-1: Instruktionen zur Angabe von Synonym und Antonym

1.1.2.2.2 Vorgehen zur Erfassung von Wissensstrukturen

Im anschließenden Schritt der **Modellstrukturierung bzw. des Struktur-Legens** zeichneten die Untersuchungspersonen eine Kausalkarte, in der die durch Kartentechnik erarbeiteten **Konzepte durch Pfeile in Beziehung zueinander gesetzt** wurden, wobei Konzepte ergänzt und verworfen werden konnten. Den Probanden wurde nahe gelegt, die Struktur mit Hilfe der Konzeptkarten zunächst auszulegen und sie dann auf Papier zu übertragen.

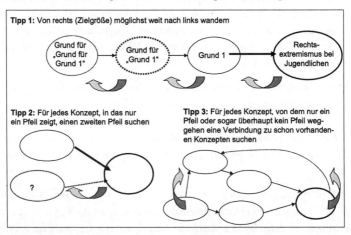

Abbildung E 1-2: Instruktionen zur Unterstützung der Wissensstrukturierung

Um Probanden in diesem Arbeitsschritt zu unterstützen, wurde ein Hilfsblatt zur Verfügung gestellt, dessen Instruktionen die Überwindung von Denkblockaden förderte (vgl. Abbildung E 1-2). Visuelle Hilfsmittel dieser Art werden auch in der Literatur vereinzelt eingesetzt, wenn während der Erhebung von Wissen der Antwortfluss stoppt und die Untersuchungsperson angeregt werden soll, das Thema aus einer etwas geänderten Perspektive zu beleuchten [VGL. BOUGON: SELF-Q-TECHNIQUE1983, S.183F.].

Im darauf folgenden Schritt sollten die Probanden die **Pfeile mit Vorzeichen bewerten**. Dabei standen insgesamt vier Vorzeichen zur Verfügung: Plus und Minus bezeichneten einen linearen Zusammenhang, zwei weitere Symbole repräsentierten einen positiven und einen negativen u-förmigen Verlauf (vgl. Abbildung E 1-3).

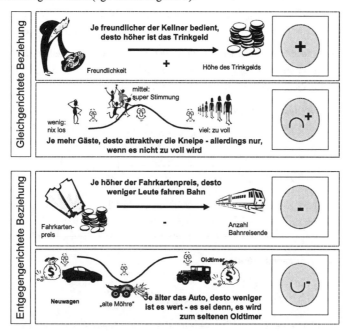

Abbildung E 1-3:Instruktionen zur Angabe von Pfeilvorzeichen

Die Einführung u-förmiger Pfeilvorzeichen stellt eine Erweiterung klassischer Kausalkarten dar, aus der sich potenziell die Möglichkeit ergibt, Kausalbeziehungen in FCMs differenziert zu erfassen.

Sie wurden in Anlehnung an *WYNANDS* gewählt, die bei der Erhebung „subjektiver Theorien" von Managern ein entsprechendes Symbol auf Anforderung einer Untersuchungsperson zusätzlich einführte, um einen genannten Sachverhalt adäquat abbilden zu können [VGL. WYNANDS: MANAGEMENTWISSEN 2002, S.132]. Selbstverständlich sind auch andere Kausalbeziehungen (z. B. exponentielles Wachstum) denkbar. Allerdings ist fraglich, ob nicht-lineare Kausalität von Untersuchungspersonen **überhaupt erkannt wird**, da sich in der psychologischen Forschung eine starke Tendenz zeigt, lineare Entwicklungsverläufe anzunehmen (vgl. Abschnitt D1.1.2.3, Seite 231f.). Um dies zu erforschen und die Befragungskomplexität gering zu halten, wurde im Rahmen der Vorstudie daher nur ein Typ nichtlinearer Kausalbeziehungen zur Auswahl gestellt.

Aus den gleichen Gründen wurden die Untersuchungspersonen auch aufgefordert, Kanten zu bewerten, obwohl die Transferfunktion in FCMs prinzipiell im Knoten hinterlegt wird. Wenn ein Proband einen Knoten A u-förmig mit Knoten B und linear mit Knoten C verknüpft, ist dies in einer FCM nicht darstellbar. Im Rahmen der Vorstudie sollte ermittelt werden, ob Probanden solche Differenzierungen überhaupt vornehmen, ob Knoten mit Kanten, die unterschiedliche Transferfunktionstypen aufweisen, in der FCM Praxis also relevant sein würden.

Im darauf folgenden Schritt wurden die Probanden aufgefordert, die Pfeilvorzeichen zu gewichten, um die Stärke des Kausalzusammenhangs auf einer 5 Punkte Skala (gar nicht, kaum, mittelmäßig, ziemlich, stark) zu bewerten (siehe Abbildung E 1-4).

Kausalbeziehungen

A → B
... beeinflusst ...
... verursacht ...
... wirkt sich aus ...

gar nicht	kaum	mittelmäßig	ziemlich	stark
--	-	o	+	++

Konzeptzustände

A ...... hat zur Zeit den Zustand
(den Wert, die Ausprägung) ......

wenig, gering, klein, leer, aus	mittel, mittelmäßig, halbvoll	viel, stark, groß, voll, an
Wenig	**M**ittel	**V**iel

Abbildung E 1-4: Instruktionen zur Vergabe von Gewichten

Im letzten Schritt der Untersuchung, war schließlich, für jedes Konzept anzugeben, ob es im aktuellen Zeitpunkt stark, mittel oder wenig vorhanden ist (siehe Abbildung E 1-4).

E1: Vorüberlegungen zur Ausgestaltung des HAUS

1.1.2.3 Ergebnisse zum Prozess der Kausalkartendarstellung

Aufgrund der starken Strukturierung der Untersuchung war nicht zu erwarten, dass Teilnehmer einzelne Arbeitsschritte vollkommen auslassen würden. Aus der Bearbeitung eines Arbeitsschritts darf daher nicht geschlossen werden, dass er aus Sicht der Untersuchungsperson sinnvoll und gut lösbar war. Entsprechend wichtig war es, Kommentare und ggf. auftretende Zeitprobleme der Probanden zu erfassen und auszuwerten:

- Die Untersuchungspersonen wurden explizit ermutigt, Fragen zur Bearbeitung zu stellen. Solche Rückfragen traten allerdings nur im Fall von Proband B02 (vgl. Seite 320ff.) auf, so dass vermutet werden kann, dass die Arbeitsanweisungen weitgehend klar waren.

- Vor dem Start jedes neuen Arbeitspaketes fragte der Versuchsleiter zudem, ob die vorherige Aufgabe von allen Personen abgeschlossen werden konnte. Dies wurde ebenfalls nur in einem Fall von Proband B02 verneint (vgl. Seite 320ff.).

Zwölf der 13 Probanden waren damit in der Lage, die an sie gestellte Aufgabe prinzipiell zu erfüllen. Allerdings zeigte eine Auswertung der von ihnen erstellten Kausalkarten z. T. Schwierigkeiten in einzelnen Phasen, die im Folgenden dargestellt werden.

1.1.2.3.1 Ergebnisse der Erfassung von Wissensinhalten

Das **Kartenbefragung** im ersten Schritt der Untersuchung wurde von allen Probanden durchgeführt und ergab im Durchschnitt zwölf Konzepte (Median 13). Mit Ausnahme eines Probanden (A07), der bei der Selbstbefragung mit Kartentechnik nur drei Konzepte nannte, von denen er anschließend wieder zwei verwarf, scheint die Methode von den Untersuchungspersonen erfolgreich zur Sammlung erster Wissensinhalte genutzt worden zu sein.

Die nachfolgende Phase des **Struktur-Legens** (zum Begriff vgl. Seite 179) führte bei den meisten Probanden dazu, dass die in der Kartentechnik genannten Konzepte modifiziert wurden: durchschnittlich wurden 4 Konzepte ergänzt, und 2 Konzepte verworfen. In den Kausalkarten finden sich damit im Durchschnitt 14 Konzepte (Median 14). Für die Mehrzahl der Probanden scheint das Struktur-Legen in Bezug auf die **Inhalte** des Wissensgebiets gegenüber der Kartenbefragung einen zusätzlichen Erkenntnisgewinn gebracht zu haben. Allerdings übernahmen vier der dreizehn Untersuchungspersonen die Konzepte aus der Kartenbefragung unverändert.

Die **Begriffsklärung durch Synonym und Antonym** wurde gut angenommen. Mit Ausnahme eines Probanden, der keine Angaben zur Begriffsklärung machte, waren die Angaben der anderen Probanden zu annährend 95% vollständig und schienen keine Probleme zu bereiten.

1.1.2.3.2 Ergebnisse der Erfassung von Wissensstrukturen

Beim **Zeichnen der Verknüpfungen zwischen Konzepten** war Untersuchungsperson B02 nicht in der Lage, die Aufgabe in der vorgegebenen Zeit zu vollenden. Dies hatte wohl zwei Ursachen: der Proband hatte mit 24 Konzepten bei der Kartenbefragung sehr viel mehr Konzepte identifiziert als die übrigen Probanden, musste bei der Kausalkartenerstellung also mehr Komplexität bewältigen. Zudem verlor er Zeit, da er alle zunächst wertfrei formulierten Konzepte (z.B. „Elternhaus", „Bildung") nicht sinnvoll verknüpfen konnte und daher begann, sie in ihrer unterschiedlichen Ausprägung als gesonderte Konzepte zu erfassen (z.B. Aufspaltung von „Elternhaus" in „gutes Elternhaus" und „schlechtes Elternhaus"). Dadurch verdoppelte sich die Konzeptzahl.

Der Proband bemerkte, dass dieses Vorgehen schnell in einer riesigen Kausalkarte resultiert, deren Aussagegehalt er selbst in Frage stellte. Er fragte daher beim Versuchsleiter nach, wie das Problem zu lösen sei und änderte die Karte, indem er die vormals getrennten Konzepte wieder zusammenlegte aber in einer möglichen Ausprägung beschrieb (z.B. „gutes Elternhaus"). In der verbleibenden Zeit konnte er die Karte jedoch nicht fertig stellen. Bei allen anderen Personen traten keine erkennbaren Schwierigkeiten auf.

Der **Umfang der resultierenden Karten** in Bezug auf Konzeptanzahl und Verknüpfungsdichte variiert von Proband zu Proband deutlich, wie an mehreren einfachen Maßzahlen zu erkennen ist. Die **Zahl der Konzepte pro Kausalkarte** beträgt, wie bereits ausgeführt, im Mittel 14 pro Karte, variiert aber zwischen 7 im Minimum und 25 im Maximum.

Die Zahl der In-Pfeile (=Verknüpfungen) multipliziert mit der Zahl der Konzepte (=Systemelemente) liefert einen **Indikator für die Größe** einer Kausalkarte. Sie variiert zwischen dem unteren Extrem 84 und dem oberen Extrem 1900. Der oberste Wert gehört zu der Kausalkarte der Untersuchungsperson B02, die nicht komplettiert werden konnte. Ohne ihre Berücksichtigung variiert die Komplexität in der Bandbreite von 84 und 702.

Zur Kennzeichnung der **Vernetzungsdichte** wurde eine Kennzahl aus der Netzwerkanalyse genutzt und ermittelt, wie viele Verknüpfungen im Verhältnis zu allen denkbaren Verknüpfungen (bei n Knoten $n \times (n-1)$ mögliche Verknüpfungen) existieren. Netzwerke mit Werten nahe 0 (bzw. nahe 1) weisen hierbei eine geringe (bzw. hohe) Dichte auf [VGL. JANSEN: NETZWERKANALYSE 2003, S. 111]. Die Dichte aller Karten war nur gering und bewegte sich im Spektrum von 0,1 bis 0,3 (Mittelwert und Median 0,2).

Die **Vergabe von Pfeilvorzeichen** mit Hilfe der in Abbildung E 1-3 (vgl. Seite 316) genannten Symbole erfolgte in allen Kausalkarten, mit Ausnahme der nicht fertig gestellten Karte B02. In 90% aller Fälle wurden hierbei **gleichgerichtete Beziehungen** formuliert („Zunahme von A führt zum Anstieg von B"). Es scheint also intuitiv einleuchtend zu sein, Kausalzusammenhänge so zu formulieren, dass eine Zunahme des einen Konzeptes auch eine Zunahme des kausal mit ihm verknüpften Konzeptes bewirkt.

Die Möglichkeit, **u-förmige Zusammenhänge** zu formulieren, wurde nur von zwei Probanden insgesamt vier Mal genutzt. Die Karte eines der beiden Probanden (A01 mit drei u-förmigen Beziehungen– siehe Abbildung E 1-5 auf S.327) zeigte allerdings, wie untenstehend ausgeführt (vgl. Seite 329ff.), so deutliche Mängel, dass hier von allgemeinen Verständnisproblemen auszugehen ist. Der andere Proband nutzte die Möglichkeit einmal, um einen Zusammenhang zwischen dem Freizeitangebot für Jugendliche (Kultur, Sport, Jugendclub) und ihrer Eigeninitiative zu modellieren. Offensichtlich trifft er hierbei die Annahme, dass ein steigendes Freizeitangebot zunächst zu einer gewissen Konsumhaltung führt, dann aber in einer steigenden Eigeninitiative resultiert. Ein solcher Zusammenhang ist plausibel, wenn man annimmt, dass ein gutes Freizeitangebot den Gestaltungswillen, die Kreativität und das Selbstbewusstsein von Jugendlichen fördert. Allerdings ist es, sollte der Proband tatsächlich diesen Zusammenhang im Blick gehabt haben, vermutlich zweckmäßiger, die involvierten Konzepte explizit zu modellieren. Vor diesem Hintergrund spricht einiges dafür, Experten ohne Modellierungserfahrung nur nach einfachen, linearen Kausalbeziehungen zu befragen – insbesondere, da andere Verläufe meist durch Ergänzung von Konzepten dargestellt werden können. Soll z.B. die erst förderliche und dann schädliche Wirkung der Düngung eines Feldes auf seinen Ertrag abgebildet werden, so kann dies an Stelle von zwei Konzepten (Düngung, Ertrag) und einer umgekehrt u-förmigen Transferfunktion auch durch drei Konzepte (Düngung, Überdüngung, Ertrag) und lineare positive und negative Transferfunktionen abgebildet werden.

Die **Gewichtung der Pfeilvorzeichen und Konzepte** (vgl. Abbildung E 1-3 und Abbildung E 1-4 auf Seite 317f.) war weitgehend unproblematisch, führte aber zu einer gewissen Unübersichtlichkeit der gezeichneten Karten, da drei verschiedene Symbole (Pfeilvorzeichen, Pfeilgewicht, Konzeptwert) auf relativ engem Raum eingezeichnet werden mussten. Wahrscheinlich ist dies die Ursache dafür, dass in manchen Karten für bis zu 2 Pfeile pro Karte einzelne Symbole fehlen. Die Konzeptwerte sind dagegen überall vollständig. Die fehlenden Pfeilvorzeichen ließen sich logisch ableiten. Bei fehlenden Pfeilgewichten wurde der mittlere Wert (o – vgl. Abbildung E 1-4 auf Seite 318) verwendet[80].

Zusammenfassend kann festgehalten werden, dass es mit dem gewählten Vorgehen 12 der 13 Teilnehmern der Untersuchung innerhalb von gut einer Stunde gelang, Kausalkarten zu erstellen, die alle Angaben enthielten, die für eine Auswertung als FCM erforderlich sind. Dabei

---

[80] Bei einer Kausalkarte (B04) fehlten allerdings gut ein Drittel aller Pfeilgewichte. Sie wurde daher nicht ausgewertet, obwohl eine Auswertung als „simple FCM" ohne Pfeilgewichte selbstverständlich möglich gewesen wäre.

zeigten sich keine gravierenden Schwierigkeiten, wohl aber Potenziale zur Verbesserung: weniger und einfachere Symbole, kein Zeitdruck und klare Instruktionen dahingehend, dass die Probanden Konzepte, die unterschiedliche Wirkung entfalten können, mit einem beschreibenden Attribut (z.B. „gute Bildung") erfassen. Die geringen Probleme bei der Kausalkartenerstellung sagen allerdings noch nichts darüber aus, wie „gut" die resultierenden Karten sind. Diese Frage wird im nächsten Abschnitt diskutiert.

1.1.2.4 Ergebnisse zur Qualität der erstellten Karten

Die Bewertung der Qualität der erstellten Karten setzt einen geeigneten Maßstab voraus. Orientiert man sich an den Zielen der FCM-Modellierung, so wäre die für das HAUS „ideale" Methode zur Erfassung von Wissensinhalten und Wissensstrukturen in der Lage, **alle relevanten Aspekte einer Wissensdomäne vollständig und sachlich zutreffend so abzubilden, dass der Aufwand für die Erfassung der Daten und ihre Übersetzung in FCM-Modelle minimal ist.**

Damit stellt sich die Frage, was relevant, vollständig und sachlich richtig ist. Bei der Erfassung komplexer Wissensstrukturen (z.B. subjektiver Theorien) ist Maßstab der Güteprüfung, ob die Karte bzw. das Modell der Wissensstruktur das abbildet, **was die befragten Personen für wahr halten.** Um dies zu überprüfen, erfolgt die kommunikative Validierung im Rahmen der Dialog-Konsens-Methode (vgl. Seite 179ff.). Bei der Erstellung von Simulationsmodellen dient hierbei als „Messlatte" das Kriterium der **konzeptionellen Adäquanz** (vgl. Seite 292f.), also die Frage, wie gut das Modell das Verhalten eines realen Systems wiedergibt und wie nützlich diese Wiedergabe für den jeweiligen Modellzweck ist. Hierzu werden umfangreiche Modelltests durchgeführt und die Ergebnisse der Modellanwendung im realen System beleuchtet (vgl. Seite 292f.). Beide Ansätze zur Güteprüfung sind bei der Erstellung der Kausalkarten durch die Experten problematisch:

Grundidee der **Dialog-Konsens-Methode** ist es, während der Erfassung von umfassenden Wissensstrukturen laufend sicherzustellen, dass das subjektive Wissen der Untersuchungspersonen zutreffend dargestellt wird. Die in der Vorstudie gewählte Methode der Kartenerstellung weißt diesbezüglich allerdings einige Beschränkungen auf:

- Die Methode **kann im Prinzip nur kausale Wissensstrukturen erfassen.** Wissen über Begriffsbedeutungen und damit über Konzeptinhalte bleibt damit unberücksichtigt. Hieran ändert auch die Erweiterung um die Begriffsklärung durch Synonym und Antonym wenig, stellt sie doch nur eine minimale Ausweitung auf sprachliche Gedächtnisinhalte dar. Damit ist das Wissen einer Untersuchungsperson über eine Wissensdomäne nicht vollständig, etwa im Sinne „subjektiver Theorien", darstellbar.

- Es findet keine Interaktion zwischen Forscher bzw. Knowledge Engineer und dem befragten Experten statt. Damit kann der Knowledge Engineer nicht zur Selbstreflektion animieren, Konzeptinhalte klären oder Probleme, die sich aus der Darstellungsform ergeben für den Probanden lösen (z.b. Symbole erklären). Auch ist eine kommunikative Validierung im Sinne der Dialog-Konsens-Methode nicht möglich.[81]

Das gewählte Verfahren kann im Prozess der Kartenerstellung also weder sicherstellen, dass alle Wissensinhalte erfasst werden – nicht-kausale Aspekte bleiben weitgehend außen vor – noch, dass die Wissensdarstellung valide im Sinne der Dialog-Konsens-Methode ist, also die reflektierte, mehrfach kommunikativ überprüfte Sicht der Untersuchungsperson wiedergibt.

Zudem bestehen Fragen in Bezug auf die prinzipielle Abbildungsqualität: die Kausalkartenerstellung erfolgt mit dem Ziel, den Input für die Erstellung von FCMs zu erheben. Sie macht daher die Angabe von Daten (z.b. Pfeilgewichte) erforderlich, die den Untersuchungspersonen, deren Gedächtnis nicht als FCM organisiert ist, künstlich vorkommen müssen. Dies birgt die Gefahr, dass **Befragungsartefakte** entstehen bzw. dass das aus Probandensicht richtig repräsentierte Wissen **für die FCM-Umsetzung nicht geeignet** ist.

Gemessen an den strengen Güteanforderungen der Dialog-Konsens-Methode können die durch die Experten erstellten Kausalkarten also Mängel aufweisen. Um deren **Tragweite** zu bewerten, bestehen prinzipiell zwei Möglichkeiten:

- Das Kausalwissen der Untersuchungspersonen könnte **mit anderen Methoden** (vgl. Methoden der Wissenserfassung in Kapitel C2.3.1, Seite 175ff.) **erfasst und mit den erstellten Kausalkarten verglichen werden**, um zu erkennen, wie stark sich die Beschränkungen der eingesetzten Methode auf das Ergebnis auswirken. Im Idealfall könnten die Befragungen mit den **gleichen Methoden zu unterschiedlichen Zeitpunkten** durchgeführt werden, um zufällige Einflüsse (z. B durch kurz zurück liegende Erlebnisse), die nichts mit der längerfristig stabilen Wissensbasis des Probanden zu tun haben, auszufiltern. Dies hätte den Rahmen der Vorstudie und dieser Arbeit jedoch gesprengt.

- Alternativ ließe sich die Abbildungsgüte ggf. durch **Selbstbeurteilung der Probanden** ermitteln. Dies kann allerdings nicht erfolgen, indem einer Untersuchungsperson schlicht die von ihr erstellte Karte zur Beurteilung vorgelegt wird, da sie sie im Normalfall wohl durchaus als plausibel und vollständig erachtet. Vielmehr ist es notwendig, die Untersuchungsperson zur **Selbstreflektion** einzuladen und ihr die Möglichkeit einzuräumen, die Kausalkarte aufgrund der dadurch gewonnenen Erkenntnisse zu modifizieren. Dies kann z.B. erfolgen, indem die Untersuchungsperson aufgefordert wird, die eigene Karte zu erläutern bzw. Fragen eines Interviewers zu beantworten. Wenn

---

[81] Die geringe Interaktion ist nicht nur negativ zu bewerten, da durch sie Interviewer- bzw. Versuchsleitereffekte sehr gering ausfallen dürften.

sich große Unterschiede zwischen der ursprünglichen Karte und der Karte nach angeleiteter Selbstreflektion ergeben, kann dies ein Hinweis darauf sein, dass das **ursprünglich** eingesetzte Verfahren (hier: die Kausalkartenerstellung durch die Experten) die Wissensinhalte der Probanden nicht ausreichend gut abbildet. Allerdings garantiert das Vorgehen weder, dass die überarbeitete Karte tatsächlich eine gute Repräsentation des Probandenwissens ist, noch dass sie wirklich besser ist als die ursprüngliche.

Vor diesem Hintergrund könnte aus den Beurteilungen der Kausalkarten durch den Vergleich der Ergebnisse unterschiedlicher Methoden zur Erfassung von Wissensgefügen bzw. durch Probandenurteilen nur sehr eingeschränkt Erkenntnisse über die Tragweite der methodeninhärenten „Messfehler" und damit die Eignung der Methode gewonnen werden. Angesichts des hohen Aufwands bei geringer Verlässlichkeit wurde daher im Rahmen der explorativen Vorstudie auf eine Beurteilung der Abbildungsgüte in Bezug auf subjektives Wissen verzichtet.

Alternativ wurde das Gütekriterium der **konzeptionellen Adäquanz** betrachtet, für das sich jedoch ebenfalls Probleme ergeben: Aus Modellbeschreibungen in Form von Kausalkarten lassen sich keine unmittelbaren Schlüsse auf das Modellverhalten ziehen. Damit sind die in Kapitel D 2.2.3.3 (Seite 281ff.) und Kapitel D 2.2.5 (Seite 290ff.) beschriebenen Testverfahren, z. B. der Tests der Reproduktion von Systemverhalten, Extremwert- und Sensitivitätsanalysen und die Suche nach Verhaltensanomalien zunächst nicht anwendbar. Allerdings könnte das **Systemverhalten einer aus einer Kausalkarte abgeleiteten FCM** untersucht werden.

Das Systemverhalten könnte hierbei durch die Untersuchungsperson selbst bewertet werden, indem diese beurteilt, inwieweit die FCM das gleiche Verhalten aufweist, das sie im realen System erwarten würde. Wie die Ausführungen im vorangegangenen Kapitel D 2.2.3 (insb. Seite 277ff.) aber gezeigt haben, können Kausalkarten identischer Struktur, je nach Wahl der Parameter und Transferfunktionen, in FCMs mit sehr unterschiedlichem Systemverhalten resultieren. Der Proband würde daher weniger die Qualität seiner Kausalkarte als vielmehr die Geschicklichkeit des Knowledge Engineers bei deren Übersetzung beurteilen. Zudem ist es aufgrund der bekannten Schwierigkeiten beim Umgang mit komplexen Systemen sehr gut möglich, dass ein Proband ein mit seinem Systemwissen übereinstimmendes Systemverhalten ablehnt, da er Neben- und Fernwirkungen nicht richtig einschätzen kann (vgl. Kapitel D 1.1.2.3, Seite 231ff.).[82]

---

[82] Das soll freilich nicht heißen, dass eine Beurteilung der FCMs durch die Experten, deren Wissen modelliert wird, unterbleiben sollte! Sie ist nur für die Bewertung der gewählten Erhebungsmethode ungeeignet. Für die Erstellung guter FCM-Modelle ist naturgemäß unerlässlich, die Experten der modellierten Wissensdo-

Aufgrund des zu erwartenden geringen Erkenntnisgewinns einer Probandenbefragung wurden die von den Untersuchungspersonen erstellten Kausalkarten **durch die Verfasserin** bewertet. Da für das reale System „Rechtsextremismus unter Jugendlichen" keine umfangreichen Beschreibungen, historische Daten oder Schilderungen des Systemverhaltens vorliegen, durch die diese Urteile extern unterstützt werden könnten, besteht hierbei prinzipiell die Gefahr von Subjektivität.[83]

Der Test wurde auf wenige, leicht überprüfbare Kriterien beschränkt: Gegenstand des Tests von Modellgrenzen ist die Frage, ob alle wichtigen Problemparameter im Modell enthalten sind und damit die Frage nach der **Vollständigkeit** von Kausalkarten bei Berücksichtigung des jeweiligen **Modellierungsziels** (vgl. Kapitel D 2.2.3.3.2, Seite 285ff.). Die Strukturanalyse basiert auf Überlegungen zur **Plausibilität** („entspricht die Modellstruktur dem beim Probanden vorhandenen Wissen über die Systemstruktur?") sowie auf der Frage, ob und welche Sub-Modelle innerhalb der Karten existieren, welches **Detaillierungsniveau** sie also aufweisen (vgl. Kapitel D 2.2.3.3.3, Seite 285ff.). Die Tests des Systemverhaltens werden, angesichts der bereits ausgeführten Problematik bei der Übersetzung von Kausalkarten in FCMs, auf grundsätzliche Fragen beschränkt: Werden **zeitliche Abläufe** prinzipiell angemessen berücksichtigt, welches **qualitative Systemverhalten** (Stabilität, Zyklen, Chaos) ist feststellbar und **wie sensitiv reagieren die FCM-Modelle auf Inputvariationen** (vgl. Kapitel D 2.2.3.3.4 bis 2.2.3.3.5, Seite 286ff.)

Entsprechend gliedern sich die nachfolgenden Abschnitte in folgende Themen: Vollständigkeit (E 1.1.2.4.1), Plausibilität (E 1.1.2.4.2), Zielbezug (E 1.1.2.4.3), Detaillierungsniveau und Differenzierung (E 1.1.2.4.4), zeitliche Dimension (E 1.1.2.4.5) und Systemverhalten (E 1.1.2.4.6).

---

mäne zu fragen, ob sie mit der FCM übereinstimmen.

[83] Zur Diskussion der Zulässigkeit des Vorgehens und zum Problem der Subjektivität vgl. [WYNANDS: MANGAGEMENTWISSEN 2002, S. 178FF., INSB. S. 181]

1.1.2.4.1 Vollständigkeit

Die Frage nach der Vollständigkeit der erstellten Kausalkarten kann aus zweierlei Perspektiven betrachtet werden:

1. Bilden die Karten das relevante Wissen der Untersuchungspersonen vollständig ab?
2. Decken die Karten in ihrer Gesamtheit das Thema erschöpfend ab?

Die erste Frage zielt auf die Abbildungsgüte einer einzelne Kausalkarte in Bezug auf das Wissen einer Person ab. Der zweiten Frage liegt die Überlegung zugrunde, dass eine lückenhafte Abbildung individuellen Wissens für die FCM-Modellierung unter Umständen nur geringe Konsequenzen hat, da die Gesamtheit unvollständiger individueller Karten durchaus eine gute Themenabdeckung gewährleisten kann.

Vollständigkeit individueller Karten

Frage 1 nach der **Vollständigkeit individueller Karten** muss zumindest für einige Karten verneint werden: in vier der dreizehn Karten war das Konzept, nach dem explizit gefragt wurde („Rechtsextremismus unter Jugendlichen") nicht enthalten. Zu diesem Konzept hatten die Probanden aber zweifelsohne Wissen, da sie sich sonst von der Studie nicht angesprochen gefühlt hätten. Es wurden also **nicht alle relevanten Wissensinhalte** der Probanden durch die Karten abgebildet.

Das zeigt sich auch deutlich bei Untersuchungsperson A01, die im zweiten Schritt der Untersuchung zur Begriffsklärung des von ihr genannten Konzepts „Arbeitslosigkeit" auf der Rückseite der Konzeptkarte Begriffssynonyme nennen sollte (vgl. Abbildung E 1-1, S. 316) und statt dessen folgende Angaben machte: Arbeitslos→ Herumhängen → Langeweile→ Selbstmitleid → Suche nach Ursachen für die eigene Lage → Opferlamm → Ausländer.

Es handelt sich hierbei offensichtlich um Kausalzusammenhänge zwischen Arbeitslosigkeit und Ausländerhass, die zwar unausgegoren sein mögen, aber viele Teilaspekte enthalten. Die Kausalkarte der Untersuchungsperson (Abbildung E 1-5) enthält dagegen nur noch die deutlich weniger differenzierten Konzepte „Arbeitslosigkeit", „Isolation in der Gesellschaft", und „Neid". Der Proband hatte also offensichtlich Schwierigkeiten, sein Wissen in der geforderten strukturierten Form zu Papier zu bringen. **Die Karte enthält damit weniger, als der Proband weiß.**

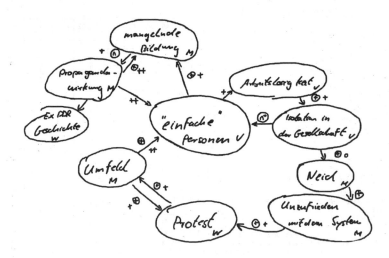

Abbildung E 1-5: Kausalkarte „Rechtsextremismus von Jugendlichen" Untersuchungsperson A01

Vollständigkeit der Gesamtheit aller Karten

Frage 2 nach der **Themenabdeckung durch die Gesamtheit aller Karten** ist nicht objektiv zu beantworten, da kein Dokument bzw. keine Kausalkarte existiert, die das Thema „Rechtsextremismus unter Jugendlichen" vollständig abdeckt und als Referenz herangezogen werden könnte. Allerdings ist das Thema sehr vielschichtig und besteht aus sehr unterschiedlichen Teilaspekten. Wenn sich aus den Kausalkarten nur wenige Konzepte ergeben würden, wäre dies zumindest ein Hinweis auf eine eher schlechte Themenabdeckung.

Um die Anzahl unterschiedlicher Konzepte zu ermitteln, wurden die in den Karten genannten Konzepte nach **Mehrfachnennungen** durchsucht. Zur Klärung der Konzeptbedeutung wurden hierbei der jeweilige Name des Konzepts, die von den Probanden genannten Synonyme und Antonyme und die Position in der Kausalkarte herangezogen.

Es konnten 107 Konzepte identifiziert werden, die in mehr als einer Karte genannt wurden. Sie wurden zusammengefasst (vgl. Anhang E1.1), wodurch 83 mehrfach genannte Konzepte wegfielen und sich die Gesamtzahl der Konzepte auf weniger als die Hälfte reduzierte. Die 24 vereinheitlichten, neuen Konzepte sind in Abbildung E 1-6 genannt. Sie sind in gewisser Weise die Schnittpunkte der individuellen Kausalkarten, an denen verschiedene Weltsichten inhaltlich (ggf. aber nicht strukturell) übereinstimmen.

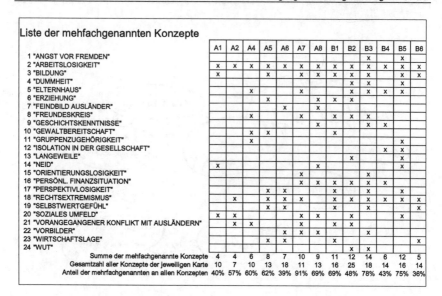

Abbildung E 1-6: Mehrfach genannte („zentrale") Konzepte aus allen Karten

Es zeigt sich, dass der Anteil von mehrfach genannten Konzepten in den Karten stark variiert. Während die Karte A7 bis auf ein Konzept nichts enthält, was nicht auch ein anderer Proband genannt hätte, sind bei B6 mehr als 60% aller Konzepte einzigartig.

Die Zahl der Konzepte, die jeweils **nur in einer** Karte genannt wurden, ist mit 76 im Vergleich zu 24 mehrfach genannten Konzepten hoch. Die Bandbreite der angesprochenen Themen ist groß: Amerikanisierung der Politik, Asylbewerber, einheimische Küche, Emanzipation der Frau, fehlende Auslandserfahrung, Nationalstolz, rechte Popkultur, Wohnungsnot, usw. (vgl. Anhang E1.1). Vor diesem Hintergrund ist zu vermuten, dass das Thema durch die Kausalkarten recht umfangreich abgedeckt wurde. Allerdings wäre es falsch, aus der Existenz von nur 24 mehrfach genannten Konzepten (im Vergleich zu 76 nicht mehrfach genannten) abzuleiten, dass sich die Karten inhaltlich kaum gleichen: Das Vorgehen bei der Zusammenfassung der Konzepte war eher restriktiv, so dass das Potenzial zur Vereinheitlichung von Begriffen vermutlich nicht vollständig ausgeschöpft wurde. Grund hierfür war die Sorge, die Untersuchungspersonen, die nicht nochmals befragt werden sollten, falsch zu interpretieren. Daher erfolgte die Konzeptintegration mit der Maßgabe, eher ein Konzept zu wenig als eines zu viel zusammenzufassen. Hierzu bewerteten zwei Personen die Konzepte unabhängig voneinander Nur wenn beide eine Zusammenfassung für sinnvoll hielten, wurden die Konzepte kombiniert.

Bei näherer Betrachtung zeigt sich zudem eine enge Verwandtschaft vieler einmal genannter Konzepte mit den 24 zentralen Begriffen. So sind wiederkehrende „Leitmotive" zu identifizieren, die als Ursachen für Rechtsextremismus gelten. Hierzu gehören u.a.:

- Suche nach Selbstbestätigung, die durch Misserfolgserlebnisse (z.b. Ablehnung auf dem Arbeitsmarkt, im Elternhaus, in der Schule), Fehlen von Rollen- und Vorbildern (z.B. Männlichkeit), fehlende sinnstiftende Betätigung (Arbeit, Freizeitangebote), usw. erschwert wird

- Gefühl, am Rand der Gesellschaft (Armut, soziales Umfeld) gefangen zu sein oder dort landen zu können

- Jugendliche Protesthaltung gegenüber „erwachsenen" Werten und Spaß an der Provokation, ausgedrückt durch eine entsprechenden Jugendkultur mit ihrer Kleidung und Musik

- Verbreitete Unzufriedenheit mit dem bestehenden politischen System, insbesondere den Parteien und Politikern, in deren Folge rechte Ideologien gesellschaftsfähig werden

- Mangelnde Fähigkeit zur Reflektion aufgrund von Bildungs- und Intelligenzdefiziten und starker Vereinfachungstendenzen in den Medien bzw. in der politischen Kultur

- Angst- und Bedrohungsgefühl gegenüber Ausländern als Folge mangelnder Auslandserfahrung, Erfahrungen mit Gewalt ausländischer Jugendbanden, usw.

Die Erklärungsmuster der Probanden sind damit thematisch zwar sehr breit angelegt, aber nicht so „zerfleddert", wie die lange Liste nur einmal genannter Konzepte auf den ersten Blick vermuten lässt. Alles in allem scheint die Themenabdeckung damit **durchaus umfangreich und dem Thema angemessen** zu sein – insbesondere in Anbetracht der Tatsache, dass es sich bei den Probanden, wie bereits ausgeführt, nicht um Experten i.e.S. handelt, sondern um interessierte Laien aus unterschiedlichen Fachbereichen.

1.1.2.4.2 Plausibilität

Ein wichtiges Kriterium zur Ergebnisbeurteilung ergibt sich aus der Frage, ob die erstellten Karten das Phänomen des Rechtsextremismus unter Jugendlichen plausibel erklären können. Dies ist allerdings nicht mit der Frage nach dem Wahrheitsgehalt der Kausalkarten zu verwechseln, da auch eine falsche Theorie durchaus plausibel sein kann.

Betrachtet man unter diesem Aspekt die erstellten Kausalkarten, so fällt erneut Proband A01 auf (vgl. Abbildung E 1-5), dessen Karte einen Verbindungspfeil zwischen „Propagandawirkung" und „Ex-DDR Geschichte" aufweist: er ist für die Kausalkarte unnötig, da er in einer Sackgasse endet. Zudem ist es nicht plausibel, dass die Geschichte eines nicht mehr existierenden Staates überhaupt noch durch irgendetwas kausal beeinflusst wird.

Eine solchermaßen offensichtlich mangelhafte Karte ist allerdings ein Einzelfall. Die Kausalverknüpfungen der Karten erscheinen zum ganz überwiegenden Teil insoweit plausibel, als es aus Forschersicht nachvollziehbar ist, dass eine Untersuchungsperson „die Dinge so sieht, wie sie abgebildet sind". Das Urteil über die Plausibilität einer Kausalverknüpfung hängt allerdings stark vom Erfahrungshorizont und der Interpretationsbereitschaft desjenigen ab, der die Karte bewertet.

So verknüpfen zwei Probanden Arbeitslosigkeit und Rechtsextremismus unmittelbar. Ein solcher „Schnellschuss" kann abgelehnt werden, da ein unmittelbarer Kausalzusammenhang zwischen diesen beiden Konzepten nicht erkennbar ist. Ebenso kann die Verknüpfung für plausibel befunden werden, da zwischen ihnen mittelbare Zusammenhänge bestehen können. Solche Zusammenhänge werden von anderen Probanden abgebildet, die Auswirkungen der Arbeitslosigkeit u.a. auf die Konzepte „Perspektivlosigkeit", „persönliche Finanzsituation" und „Selbstwertgefühl" vermuten, die dann ihrerseits wieder auf den Rechtsextremismus wirken. Bei dieser Interpretation ist die Verknüpfung zwischen Arbeitslosigkeit und Rechtsextremismus als plausibel zu akzeptieren, die Kausalkarte jedoch als äußerst grob und ggf. unvollständig zu bewerten.

Plausibilität ist damit kein „hartes" Qualitätskriterium, das vollständig unabhängig von Interpretation und Detaillierungsniveau der Kausalkarte besteht. Es kann jedoch genutzt werden, um Kausalverknüpfungen, die jeglicher Intuition und Erfahrung zuwider laufen, als falsch zu erkennen.

1.1.2.4.3 Zielbezug

Eine Analyse der Kausalkarten zeigt, dass sich einige Probanden **nicht bewusst zu machen scheinen, was das Ziel ihrer Überlegungen ist.** Nur so ist zu erklären, dass sie das Konzept Rechtsextremismus vergessen. Andere Probanden platzieren das Konzept dagegen am rechten Rand des Blattes und führen links davon alle Einflussvariablen auf. Sie scheinen bei der Arbeit ein klares Ziel vor Augen zu haben.

Die Karten scheinen **meist organisch gewachsen.** Die Probanden tragen zunächst einige Konzepte ein, die sie dann um weitere Begriffe und Verknüpfungen ergänzen. Dies zeigt sich in Einzelfällen auch am Aufbau der Karten: sie bestehen aus Clustern stark verknüpfter Konzepte, die relativ isoliert voneinander stehen und durch nachträglich am Blattrand vorbei geführte Pfeilen verknüpft wurden. Ein solches „organisches" Vorgehen entspricht der Arbeitsanweisung in Abbildung E 1-2 und kann dahingehend interpretiert werden, dass die Untersuchungspersonen durch die Kausalkartendarstellung zunehmend Klarheit über (vorher nicht erkannte) Zusammenhänge erlangen. Dies ist wünschenswert und erforderlich, da die Untersuchungspersonen zu Beginn der Wissensstrukturierung sicherlich kein System mit klar

E1: Vorüberlegungen zur Ausgestaltung des HAUS

umrissenen Systemgrenzen vor Augen haben, das sie als Kausalkarten darstellen, sondern sich ihres Systemwissens Stück für Stück bewusst werden.

Eine geringe anfängliche Zielorientierung und ein organisches Vorgehen bei der Kartenerstellung bergen allerdings auch die Gefahr von Erhebungsartefakten: manche Konzepte und Verknüpfungen könnten dem unbewussten Wunsch entspringen „alles mit allem" zu verknüpfen, ohne dass tatsächliches Systemwissen angesprochen wird und ohne dass diese Ergebnisse beim gleichen Probanden reproduzierbar wären. Zudem besteht die Gefahr ausufernder „Weltmodelle": Ein Proband, der ausreichend motiviert ist, über genügend Zeit verfügt und die Arbeitsanweisung aus Abbildung E 1-2 befolgt, kann immer wieder neue Konzepte finden, die „irgendwie" mit einem Konzept in der Kausalkarte zu tun haben. Ein solches Vorgehen kann zu „richtigen" Modellen führen, die trotzdem konzeptionell nicht adäquat sind, da ihnen die Kerneigenschaft der zweckmäßigen **Beschränkung auf wesentliche Problemparameter** (vgl. Kapitel C) fehlt und sie in der Datenbeschaffung und Anwendung zu aufwändig und sperrig sind. STERMAN nennt entsprechend als zentralen Regel der Simulationserstellung: „Always model a problem. Never model a system" [STERMAN 2000: BUSINESS DYNAMICS, S. 90].

In der Vorstudie war ein solcher Hang zu „Weltmodellen", statt zu „Problemmodellen" nicht zu beobachten – möglicherweise, da die Zeit für die Kartenerstellung knapp bemessen war. Trotzdem ist dieses Problem in der Praxis sicherlich nicht vollständig irrelevant – die Frage nach den **Grenzen der Kausalkarten** ist damit ebenso wichtig, wie die Frage nach dem geforderten Detaillierungs- und Differenzierungsniveau.

1.1.2.4.4 Detaillierungsniveau und Differenzierung

Innerhalb von Kausalkarten und im Vergleich miteinander zeigen sich Unterschiede bei der Detaillierung von Konzepten. Sie könnten ein Hinweis darauf sein, dass die Untersuchungspersonen die Sachverhalte unterschiedlich gut durchdacht haben. Allerdings könnten sie auch eher zufällig entstehen, weil unter dem Zeitdruck der Befragung nicht alle Aspekte mit gleicher Sorgfalt dargestellt werden können und der Proband eine Auswahl trifft, welche Kausalzusammenhänge er näher spezifiziert. Diese Auswahl kann unbewusst, z.B. nach Interesse für einen Themenaspekt getroffen werden oder bewusst, indem z.B. schwierig zu verstehende Zusammenhänge genauer beschrieben werden. In diesem Zusammenhang fallen zwei Arten von Konzeptbeziehungen auf, die sich als **„definitorisch"** und **„diagnostisch"** charakterisieren lassen.

„Definitorische" Konzeptbeziehungen

Der Wunsch, **Konzeptbedeutungen** in einer Kausalkarte **deutlich zu machen**, kann in „definitorischen" Konzeptbeziehungen resultieren, wie beispielsweise die Verknüpfungen zwischen unterschiedlichen Erlösarten („Verkaufserlöse" und „Anzeigenerlöse"), die zusammen das Konzept „Gesamterlöse" beeinflussen. Ein entsprechender Zusammenhang ist in dem in Kapitel C angesprochenen Netzwerkdiagramm nach PROBST ET AL. zu finden (vgl. Abbildung C 2-2, Seite 159). Es handelt sich hierbei nicht um „echte" Kausalität - ein Ereignis tritt ein und bewirkt dadurch und zeitlich versetzt das Eintreten eines anderen Ereignisses – sondern um einen definitorischen Zusammenhang.

Ein solcher Wunsch, Konzeptinhalte näher zu beschreiben, könnte auch bei Proband A06 eine Rolle gespielt haben. Wie der Kartenausschnitt in Abbildung E 1-7 zeigt, beschreibt er ein thematisch relativ enges Gebiet – veränderte Selbstbilder von Männern und den daraus folgenden Wunsch, Stärke zu beweisen – mit vier Konzepten (rund 20% der Gesamtkarte) sehr detailliert.

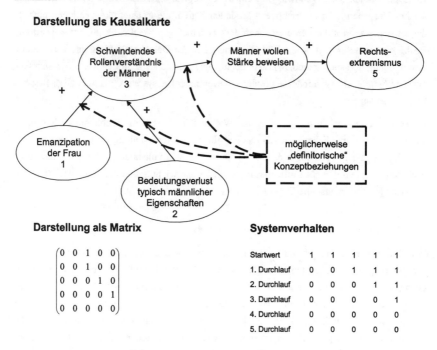

Abbildung E 1-7: Kartenausschnitt A06 – Matrixdarstellung und Systemverhalten

Dieses Detaillierungsniveau hat Auswirkungen auf das Systemverhalten der resultierenden FCM: so trifft die Wirkung der Emanzipation der Frau erst nach drei Durchläufen durch das FCM-Netz beim Konzept „Rechtsextremismus" ein (vgl. Abbildung E 1-7) und damit u.U. zu einem Zeitpunkt, in dem sich andere Impulse auf den Rechtsextremismus bereits wieder abgeschwächt haben. Wenn dies der Wahrnehmung der Untersuchungsperson entspricht – erst Emanzipation der Frau, **dann** verändertes Rollenverständnis des Mannes, **dann** (quasi als Gegenreaktion) der Wunsch, Stärke zu beweisen – so ist dies adäquat.

E1: Vorüberlegungen zur Ausgestaltung des HAUS 333

Allerdings ist auch möglich, dass die Untersuchungsperson die Konzepte „Emanzipation", „typische Eigenschaften" und „Rollenverständnis" als **Symptome des gleichen gesellschaftlichen Wandels** betrachtet, den er durch diese Konzepte lediglich näher beschreiben will.[84] Sie würden dann gemeinsam auf den Wunsch der Männer einwirken, Stärke zu beweisen und die Kausalkarte müsste entsprechend modifiziert werden – entweder, indem sie als gemeinsame Vorläufer von Konzept 4 gelten (vgl. Möglichkeit 1 in Abbildung E 1-8) oder indem sie als definitorische Variablen, die das Phänomen „Männer wollen Stärke beweisen" näher erläutern, überhaupt nicht zur Berechnung herangezogen werden. Die Kanten zwischen den Konzepten sind dann, wie in einer **Concept Map** (vgl. Seite 181ff.), Ausdruck einer Begriffshierarchie und spezifizieren den Oberbegriff (Konzept 4). Das Konzept wird in der FCM als exogen betrachtet (vgl. Möglichkeit 2 in Abbildung E 1-8).

Berücksichtigung definitorischer Variablen...

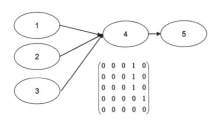

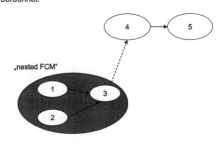

Möglichkeit 2: Konzept 1-3 werden überhaupt nicht zur Berechnung genutzt oder in „nested FCM" gesondert berechnet:

Möglichkeit 1: alle Variablen beeinflussen Konzept 4 gemeinsam

Startwert	1	1	1	1	1
1. Durchlauf	0	0	0	1	1
2. Durchlauf	0	0	0	0	1
3. Durchlauf	0	0	0	0	0
4. Durchlauf	0	0	0	0	0
5. Durchlauf	0	0	0	0	0

Abbildung E 1-8: Kartenausschnitt A06 – alternative Übersetzungen der Kausalkarte in FCMs

Alternativ ließe sich der Zustand, den Konzept 4 annimmt, auch in einer gesonderten, „nested" FCM berechnen (vgl. Möglichkeit 2 in Abbildung E 1-8; zum Begriff vgl. Seite 275f.). Wie die Adjazenzmatrizen in Abbildung E 1-8 zeigen, ist die Struktur der FCM und damit ihr Systemverhalten in allen Fällen unterschiedlich. Für eine adäquate FCM-Model-

---

[84] Ggf. liefern diese Konzepte jedoch auch den Hinweis auf eine latente Variable, die in der Kausalkarte nicht genannt ist, aber sowohl die Emanzipation der Frau, den Bedeutungsverlust männlicher Eigen–schaften als auch das schwindende Rollenverständnis der Männer auslöst und an Stelle dieser Konzepte berücksichtigt werden sollte.

lierung ist es also sehr wichtig, Konzeptbeziehungen zu identifizieren, die keine echte Kausalität abbilden, sondern lediglich der Erläuterung von Konzepten dienen.

„Diagnostische" Konzeptbeziehungen

Neben definitorischen Konzepten fallen in den Karten auch Konzepte auf, die zwar von den Konzepten der Kausalkarte beeinflusst werden, selbst aber keines ihrer Konzepte beeinflussen, obwohl sie keine Zielvariablen i. e. S. sind.

So findet sich in einer Karte (A05) z.B. das Konzept „Gewaltbereitschaft". Es wird, genau wie das Konzept „Rechtsextreme Jugendliche", von den Konzepten „fehlenden Perspektiven" und „Einfluss rechter Parteien" beeinflusst, hat selbst aber keine Auswirkungen auf den Rechtsextremismus oder irgendein anderes Konzept. Dies kann ein Hinweis auf eine vergessene Verknüpfung sein, könnte aber auch auf der bewussten Entscheidung der Untersuchungsperson beruhen. In diesem Fall würden Rechtsextremismus und Gewaltbereitschaft als zwei **voneinander unabhängige Symptome** einer ähnlichen gesellschaftlicher Entwicklung verstanden werden. Gewaltbereitschaft diente damit als **„diagnostische Variable"**, die Informationen über den Zustand des Systems gibt.

Solche Diagnosevariablen sind – so sie tatsächlich als solche gedacht sind – für das Systemverhalten der FCM unkritisch, erhöhen aber die Komplexität und (minimal) den Speicher- und Berechnungsaufwand. Sie sollten daher restriktiv eingesetzt werden. Zudem sollten sie so gewählt werden, dass sie **objektivierbare** Informationen über den Zustand des Systems liefern. Somit wäre „Gewaltbereitschaft" als diagnostische Variable bspw. weniger gut geeignet als die messbare Größe „Gewaltdelikte Jugendlicher laut Polizeistatistik".

1.1.2.4.5 Zeitliche Dimension

FCMs in ihrer klassischen Form berücksichtigen Zeit nicht – die Impulsweitergabe zwischen zwei Knoten erfolgt immer im gleichen Takt, der sich durch die Multiplikation des Start- oder Ergebnisvektors mit der Adjazenzmatrix ergibt. Daher ist es problematisch, wenn in einer FCM Konzeptbeziehungen enthalten sind, deren Wirkung sich in stark unterschiedlichem Tempo entfaltet.

Die bereits beschriebenen definitorischen Kausalzusammenhänge ausgenommen, scheint das in den Karten der Probanden jedoch nicht der Fall zu sein. Wie auch ein Blick auf die mehrfach genannten Konzepte (vgl. Abbildung E 1-6) zeigt, handelt es sich durchgehend um Konzepte, die sich nicht innerhalb von Stunden oder Tagen verändern, sondern allenfalls über mehrere Monate hinweg. Zwar wäre es im Einzelfall denkbar, dass prägende Erlebnisse (plötzlicher Arbeitsplatzverlust, Konflikte mit Ausländern, usw.) spontane Gefühle und extreme Reaktionen hervorrufen könnten – für die Entwicklung einer Geisteshaltung, die als „rechtsextrem" charakterisiert und als gesellschaftliches Phänomen wahrgenommen wird, bedürfte es aber längerfristiger Faktoren. Im Rahmen der qualitativen Analyse, die durch FCMs ermöglicht werden, kann daher bei er FCM-Erstellung – zumindest für das untersuchte Thema – auf eine explizite Berücksichtigung von Zeit, etwa durch „Dummy-Konzepte" (vgl. Seite 277f.) verzichtet werden.

1.1.2.4.6 Systemverhalten

In der FCM-Literatur werden FCMs auf sehr unterschiedliche Themenstellungen erfolgreich angewendet (vgl. Tabelle D 2-1, Seite 259). Trotzdem besteht grundsätzlich die Möglichkeit, dass das mit ihnen modellierbare Systemverhalten nicht geeignet sein könnte, reale Themen angemessen abzubilden. Hierbei gibt es zwei Befürchtungen:

- Die FCMs könnten **zu träge** sein, d.h. auf Inputänderungen zu wenig reagieren. Dies ist besonders dann zu erwarten, wenn Transferfunktionen, wie etwa einfache Binärfunktionen (vgl. Seite 273) gewählt werden, die in extremen Konzeptzuständen resultieren.

- Die FCMs könnten **chaotisches Verhalten** aufweisen, d.h. auf geringste Inputänderungen extrem und unerwartet reagieren. Dies ist nur möglich, wenn es sich bei der jeweiligen FCM um eine „continuous-state-machine" handelt (vgl. Seite 279).

Wie die Ausführungen in Kapitel D 2.2.3 (vgl. Seite 277ff.) gezeigt haben, kann das Verhalten von FCMs durch Modifikation der (konzeptindividuell bestimmbaren) Transferfunktionen, durch Veränderung der Pfeilgewichte und durch Variation der Inputvektoren stark verändert werden, weswegen allgemeingültige Aussagen über das Systemverhalten einer FCM allein auf Basis der ihr zugrunde liegenden Kausalkarte nicht möglich sind.

Versetzt man sich in die Rolle eines Knowledge Engineers, der eine Kausalkarte in eine FCM übersetzt, so ist ein logischer erster Schritt, zunächst eine einfache FCM zu erstellen und sie dann nach und nach zu verfeinern. Dieser erste Arbeitsschritt wurde zum **Test des Systemverhaltens der Vorstudien-Kausalkarten** durchgeführt, um zu erkennen, welches Verhalten die noch „ungetunten" Rohkarten aufweisen.

Die Kausalkarten wurden dazu in jeweils zwei FCMs übersetzt: eine FCM mit einer **Sigmoidfunktion** mit $c = 5$ (vgl. Seite 273), die graduelle Übergänge der Konzeptzustände erlaubt und eine FCM mit **einfacher Binärfunktion** (Binärfunktion 1 – vgl. Seite 273), durch die Konzepte entweder „ein" oder „aus" geschaltet werden. Die Auswertung erfolgte mit Microsoft Excel.

Für die FCMs wurde zunächst untersucht, ob, und wenn ja, auf welchen **stabilen Zustand** sie sich einschwingen, wenn der Startvektor variiert wird. Es zeigte sich, dass bei allen FCMs ein stabiler Endpunkt erreicht wird, also keine Zyklen oder chaotisches Verhalten auftreten. Der Endzustand der geprüften FCM war äußerst stabil und zeigte keine Veränderungen, egal ob die Konzepte mit 0.5, 1.0 oder den durch die Probanden vorgegebenen Startwerten aus der Menge {0,25; 0,5; 1,0} aktiviert wurden. Allerdings wurde je nach Startvektor der Endpunkt früher oder später, d.h. nach mehr oder weniger Netzdurchläufen erreicht. Nach neun Durchläufen durch das Netz war die FCM aber in allen Fällen stabil.

Ein solchermaßen stabiles Verhalten ist angesichts der relativ geringen Dichte der FCMs (vgl. Abschnitt E 1.1.2.3.2, S. 320ff.) nicht überraschend: in einem kleinen, wenig verknüpften Netz überlagern sich die Impulse des Startvektors kaum und können ihre Wirkung daher nicht potenzieren. Sie werden einmalig ins Netz gespeist und setzen sich dann über mehrere Durchläufe fort, bis sie „versanden".

Solche Einmalimpulse dürften in realen Systemen eher selten sein – wenn beispielsweise die Arbeitslosigkeit steigt, bleibt diese Änderung meist für einige Perioden wirksam. Um längerfristig wirkende Konzeptänderungen zu simulieren, können Konzepte „fixiert" werden. Sie nehmen dann nach jedem Durchlauf den Wert aus dem Startvektor an. Wurden in den vorliegenden FCMs mit Sigmoidfunktionen einzelne Konzeptwerte fixiert, ergaben sich in vielen, aber nicht in allen Fällen, **neue** stabile Endpunkte. Sie wichen in einigen Fällen nur gering vom ursprünglichen Stabilitätspunkt ab, ergaben aber durchaus auch starke Veränderungen, indem sie z.B. Konzepte von „ein" auf „aus" schalteten. Zyklen oder Chaos traten nicht auf.

Im Rahmen des Tests erfolgte die Auswahl der zu fixierenden Variablen anhand des **System Grid aus der Methode des vernetzten Denkens** (vgl. Seite 160ff.), durch das Konzepte als aktive, passive, kritische und träge Variablen kategorisiert werden. Aus jeder Gruppe wurde ein Konzept ausgewählt und in die FCM eingespeist. Die Erwartung war hierbei, dass eine Fixierung aktiver oder kritischer Variablen zu Endpunkten führen würden, die sich stärker vom ermittelten Stabilitätspunkt ohne Fixierung unterscheiden würden, als dies bei einer Fixierung von trägen oder passiven Variablen der Fall ist. Diese Vermutung bestätigte sich in der Tendenz, d.h. im Durchschnitt führte die Fixierung der aktiven Variablen zur größten und die Fixierung der passiven Variablen zur geringsten Variation. In einigen Fällen waren die größten und geringsten Änderungen aber auch bei kritischen Variablen feststellbar. Für einen Modelltest unter Extrembedingungen ergibt sich damit eine „Daumenregel" zur Variation der Inputfaktoren: „Suche nach den Variablen mit den höchsten Aktivwerten (egal, ob aktiv oder kritisch) und variiere sie im Eingangsvektor so, dass sie maximal von dem Zustand abweichen, auf den sie sich eigendynamisch eingeschwungen hätten".

Die Auswertung der auf den Kausalkarten basierenden FCMs ergibt damit zwei wichtige Erkenntnisse:

- Das generelle Systemverhalten (hier: das Erreichen stabiler Endpunkte und das Ausbleiben von Zyklen bzw. Chaos) ist äußerst stabil. Welche konkreten Endzustände eine FCM allerdings erreicht, hängt, wie erwartet, entscheidend von der Parametrisierung ab: Dieselbe Kausalkarte liefert bei binärer FCM ein anderes Ergebnis

E1: Vorüberlegungen zur Ausgestaltung des HAUS 337

als bei sigmoider. Eine Bewertung der Qualität der Kausalkarte allein anhand des Systemverhaltens der auf ihr basierenden FCM ist damit nicht zielführend. Vielmehr muss die Kausalkarte getrennt von der FCM validiert und dann bestmöglich in eine FCM übersetzt werden. Hierzu ist es sinnvoll, vom Experten nicht nur Informationen über Wissensinhalte und -strukturen zu erfragen, sondern ihn auch nach dem von ihm erwarteten Systemverhalten – seinen so genannten dynamischen Hypothesen [VGL. STERMAN: BUSINESS DYNAMICS 2000, S. 94FF.] – zu befragen.

- Aufgrund der Parameterabhängigkeit des Modellverhaltens sind Befürchtungen, dass FCMs prinzipiell zu träge oder zu sensibel auf Inputänderungen reagieren könnten, um auf reale Probleme anwendbar zu sein, nicht angebracht. Wenn überhaupt, sind Probleme in der Praxis wohl eher aufgrund der Stabilität der auf Probandenkarten beruhenden Systeme zu erwarten als aufgrund von Chaos.

1.1.3 Fazit: Verbesserungspotenziale auf Basis der vorliegenden Ergebnisse

Das dargestellte Verfahren zur Kausalkartenerstellung ist in der Lage, mit geringem Aufwand Kausalkarten zu erheben, die strukturell weitgehend plausibel und für die FCM-Erstellung auswertbar sind. Allerdings fehlten in einigen Karten Konzepte, obwohl sie vom Probanden als zum Thema gehörend erkannt wurden. Ebenso wurden Pfeilvorzeichen, Pfeilgewichte und Konzeptwerte gelegentlich nicht angegeben. Das Verfahren scheint also, zumindest vereinzelt, **zu hohe kognitive Anforderungen** an die Untersuchungspersonen zu stellen, so dass ihr Wissen nicht in vollem Umfang wiedergegeben wird.

Die Gesamtheit aller Karten ergab dagegen ein facettenreiches Bild mit einer relativ breiten thematischen Abdeckung. Damit scheint die **Kausalkartenerstellung durch die Experten insbesondere dann geeignet**, wenn das relevante Wissen breit gestreut und in Ausschnitten bei vielen Personen vorliegt, wenn also **eher die Breite als die Tiefe des Wissens interessiert**.

Die Karten variierten stark in der Breite der Themenabdeckung, der Verknüpfungsdichte und dem Detaillierungs- bzw. Differenzierungsgrad. Ihre „Übersetzung" in FCMs sollte daher nicht automatisch, sondern **durch einen Modellierungsexperten erfolgen**[85], der u.a. Plausibilitäten prüft, Detaillierungsniveaus anpasst und definitorische Beziehungen erkennt. Dazu benötigt der Knowledge Engineer zusätzliche Informationen (z.B. zum vom Experten vermuteten Systemverhalten), die in der Vorstudie nur unzureichend erfasst wurden. Um die kogni-

---

[85] In Abschnitt E 1.2.2 (S. 364ff.) wird jedoch das Konzept einer Softwarelösung dargestellt, durch die sich die Anforderungen an die Experten möglicherweise so weit reduzieren lassen, dass Kausalkarten hoher Güte auch ohne Unterstützung durch einen Knowledge Engineer erstellt werden können.

tiven Anforderungen für die Untersuchungspersonen gering zu halten und um die für den Modellierer relevanten Aspekte umfangreicher als bisher abzubilden, existieren mehrere Lösungsansätze:

Zur **Verhinderung einer möglichen Überforderung der Experten** sollte die Befragung nicht, wie in der Vorstudie, unter Zeitdruck erfolgen. Zudem sollte eine umfassendere Methodeneinführung stattfinden als in den knapp 20 Minuten des Vortreffens. Hierbei sollten die **Experten nicht nur theoretisch geschult werden**, sondern selbst eine Kausalkarte zeichnen. Dadurch lassen sich, bei geringem zeitlichen Mehraufwand, Probleme, wie sie Proband B02 hatte, verhindern und ein systematischeres, d.h. stärker an den Zielen der Befragung orientiertes Vorgehen erzielen.

Da die auf den Kausalkarten beruhenden FCMs, wie gezeigt, bestenfalls geringfügig auf (nicht fixierte) Inputvariationen reagieren und der Knowledge Engineer ihr Systemverhalten sinnvollerweise mit einer ganzen Palette unterschiedlicher Eingangsvektoren testet, kann darauf verzichtet werden, die Experten nach Startwerten für die Konzeptzustände zu befragen. Zudem scheinen u-förmige Transferfunktionen in den mentalen Modellen der Experten keine nennenswerte Rolle zu spielen, weswegen die Wahl der Transferfunktion ebenfalls dem Knowledge Engineer überlassen werden sollte. Die Experten müssen daher lediglich Pfeilvorzeichen und Pfeilgewichte angeben. Damit lässt sich **die Zahl der notwendigen Angaben und Symbole reduzieren**.

Zur weiteren Vereinfachung sollten im Rahmen der Wissensaktivierung die **Zielvariablen des Themas** sowie einige **allgemein anerkannte Einflussvariablen** explizit (z. B. als vorgefertigte Kärtchen bei der Kartenbefragung) genannt werden, bevor die Probanden sie durch ihre eigenen Wissensinhalte ergänzen. Dadurch wird sichergestellt, dass Zielvariablen nicht vergessen und Einflussvariablen nicht unter verschiedenen Begriffen mehrfach erfasst werden. Beides erleichtert die Auswertung durch den Knowledge Engineer. Die vorgegebenen Ziel- und Einflussvariablen sollten in einer für den Probanden verständlichen Form erläutert werden. Die Gefahr, dass die Vorgabe von Konzepten zu einer zu starken Kanalisierung des Gedankenflusses führt, ist hierbei wohl nicht allzu hoch, erfolgt sie doch in der psychologischen Forschung regelmäßig– und zwar auch dann, wenn die Zielsetzung der Arbeit die detaillierte Erfassung eines **individuellen** Wissensstandes ist, eine Beeinflussung der Probanden also stark verfälschend wirken würde [VGL. Z. B. KLUWE: DATEN ÜBER WISSEN 1988, S. 376FF.]. Allerdings sollten die Untersuchungspersonen in jedem Fall die Möglichkeit erhalten, vorgegebene Konzepte (außer Zielvariablen) in ihren Karten zu ignorieren.

Manche der vorgegebenen **Konzepte sollten durch Attribute hinsichtlich ihres Konzeptzustands näher beschrieben werden**, um zu verhindern, dass sich die bei Proband B02 aufgetretenen Probleme wiederholen. Hierbei sind zwei Aspekte zu beachten: Einige Konzepte, z. B. „Arbeitslosigkeit" sind in ihrer Ausprägung eindeutig. Hier sind Adjektive nicht erforderlich und ggf. sogar verwirrend: Was heißt es z. B., wenn eine „niedrige Arbeitslosigkeit" sinkt – wird sie dann noch kleiner oder nimmt sie zu? Solche Konzepte sollten ohne Adjektive beschrieben werden. Andere Konzepte sind in ihrer Ausprägung nicht eindeutig und sollten näher spezifiziert werden (z. B. „**gutes** Elternhaus"). Dabei sollten sie so formuliert werden, dass sie zu einer Zunahme der mit ihnen verknüpften Zielvariablen führen, da dies dem Denken der Untersuchungspersonen entsprechen dürfte. Dies ist selbstverständlich nicht als allgemeine Regel anwendbar, da dies voraussetzen würde, dass im Vorfeld bekannt ist, wie die Probanden die Wirkungszusammenhänge sehen. Wo sie sich erahnen lassen, sollte dies bei der Formulierung der Startkonzepte aber berücksichtigt werden: da „gute Elternhäuser" in den Augen der meisten Probanden Rechtsextremismus wahrscheinlich verringern, sollte das Konzept als „schlechtes Elternhaus" formuliert werden, damit die intuitiv einsichtige Plus-Verknüpfung möglich ist.

Der Klärung der Konzeptinhalte sollte ein hoher Stellenwert eingeräumt werden, damit Probleme bei der Interpretation (insbesondere) ähnlicher Begriffe verhindert und das Auftreten definitorischer Variablen reduziert werden. Hierfür können in Erweiterung der genutzten Synonym-Antonym-Methode **Wörterbücher und Thesauri** angelegt, oder Begriffshierarchien wie die in Abschnitt C vorgestellten **Concept Maps** (vgl. Seite 181f.) genutzt werden. Allerdings ist hier eine sorgfältige Abschätzung des kognitiven Aufwands aus Sicht der befragten Personen erforderlich.

Zur Verbesserung des strukturellen Aussagegehalts der Karten bietet es sich an, die **Experten** während der Kartenerstellung **zur Selbstreflektion zu motivieren**. Dies kann erfolgen, indem die Experten einem fiktiven Gegenüber jede ihrer Verknüpfung schriftlich kurz erläutern oder durch „Lautes Denken" kommentieren. Beides kann dazu führen, dass gezeichnete Pfeile überdacht werden. Dadurch lassen sich Erhebungsartefakte möglicherweise verringern.[86] Zudem liefern diese Informationen wertvolle Hinweise für den modellierenden Knowledge Engineer. Auch hier ist allerdings sorgfältig abzuwägen, ob der erhöhte Aufwand für die Experten in jedem Fall gerechtfertigt ist. Die Experten müssen zudem nach ihren „**dynamischen Hypothesen**", also nach dem von ihnen vermuteten Verhalten des durch die Kausalkarten abgebildeten Systems befragt werden, damit der Knowledge Engineer die FCMs entsprechend parametrisieren kann.

---

[86] Ein zusätzliche Wirkung hat möglicherweise der Verzicht auf die Instruktionen in Abbildung E 1-2, da diese das Entstehen von Befragungsartefakten u.U. begünstigen.

1.1.4 Vorstudie 2: „Gruppenkarten vs. kombinierte Individualkarten"

Vorstudie 2 befasst sich mit der Frage, wie das Wissen einer **Gruppe von Experten** erfasst werden sollte, um die darauf aufbauende FCM auf eine möglichst breite Basis zu stellen, in der Mängel individueller mentaler Modelle nicht (stark) ins Gewicht fallen. Hierzu besteht prinzipiell die Möglichkeit, die Gruppenkarte aus der Kombination von Einzelkarten abzuleiten (vgl. Abschnitt E 1.1.4.1) und diese ggf. sukzessive um das Wissen weiterer Experten zu ergänzen (vgl. Abschnitt E 1.1.4.2) oder die Gruppenkarte im Rahmen einer moderierten Sitzung durch das Expertenteam erstellen zu lassen (vgl. Abschnitt E 1.1.4.3). Die Vor- und Nachteile des jeweiligen Vorgehens und die Konsequenzen für die Praxis der Kausalkartenerstellung werden in Abschnitt E 1.1.4.4 diskutiert.

1.1.4.1 Kombination von Einzelkarten

Eine Annahme der FCM-Literatur ist, dass Mängel in individuellen Kausalkarten und den daraus resultierenden FCMs nivelliert werden, wenn individuelle Karten rechnerisch miteinander verknüpft werden (vgl. Kapitel D2.2.1.2.4, Seite 267ff.).

Testweise wurden daher im Rahmen der explorativen Vorstudie die Kausalkarten der Gruppe A miteinander verknüpft. Hierbei wurden inhaltlich gleiche Konzepte, wie im vorangegangenen Abschnitt E 1.1.2.4.1 beschrieben, zusammengefasst und in einheitliche Konzeptbegriffe übersetzt. Dies hatte z.T. Konsequenzen für die Vorzeichen der mit den Konzepten verbundenen Pfeile: manche Untersuchungspersonen hatten zwar das gleiche Konzept (z.B. Wirtschaftslage) benannt, es in ihren jeweiligen Karten aber mit unterschiedlicher Ausprägung („gute Wirtschaftslage" bzw. „schlechte Wirtschaftslage") dargestellt. In diesen Fällen wurden die Pfeilvorzeichen entsprechend angepasst. Anschließend wurde geprüft, ob mehrfach genannte Kausalbeziehungen in allen Kausalkarten die gleiche Richtung und die gleichen Vorzeichen aufwiesen oder ob sich Pfeile zwischen Konzepten ggf. kompensieren würden. Es zeigte sich, dass sich die Probanden in allen Fällen, in denen sie Konzepte miteinander verknüpften, über die Richtung der Kausalbeziehung einig waren.

Die Erstellung einer kombinierten Adjazenzmatrix aller Karten erfolgte dann nach sehr einfachen Regeln:

- Wenn keine individuelle Kausalkarte eine Beziehung zwischen Konzept A und Konzept B enthielt, war das entsprechende Feld der Matrix 0.
- Wenn mindestens eine Kausalkarte eine positive (bzw. negative) Beziehung zwischen Konzept A und B enthielt, war das entsprechende Feld der Matrix +1 (bzw. −1).

Die durch die Untersuchungspersonen vorgenommene **Gewichtung** der Konzeptbeziehungen wurde damit **nicht in die FCM übersetzt**. Die Anpassung der Pfeilvorzeichen bei gleichen Konzepten unterschiedlicher Ausprägung hätte nämlich unter der Annahme erfolgen müssen, dass ein Proband den Kausalzusammenhang zwischen zwei Konzepten unabhängig von der konkreten Formulierung immer gleich bewertet. Die Formulierung „eine gute Wirtschaftslage verursacht einen mittleren Rückgang der Arbeitslosigkeit" wäre dann vollständig gleich mit der Aussage „eine schlechte Wirtschaftslage führt zu einer mittleren Zunahme der Arbeitslosigkeit". Es ist fraglich, ob diese Annahme einer Überprüfung in der Praxis Stand halten würde. Daher wurde auf die Kombination gewichteter Kausalkarten verzichtet.

Das Ergebnis der Zusammenfassung ist ein Netzwerk aus 51 Knoten und 117 Pfeilen, das alle (auch die wenig plausibel erscheinenden) Konzepte und Konzeptbeziehungen der Probandenkarten enthält. Durch das gewählte Kombinationsverfahren waren die Kausalverknüpfungen zwar nach der Art des Zusammenhangs (positiv oder negativ) bewertet, aber ungewichtet.

Für diese kombinierte Kausalkarte wurde das Systemverhalten einer auf ihr basierenden einfachen FCM mit binärer Transferfunktion (Binärfunktion 1, vgl. Seite 273) überprüft, wobei sich das Auftreten von Zyklen zeigte: 12 der 51 Konzepte verändern ihren Zustand bei jedem dritten Durchlauf. Das Zielkonzept „Rechtsextremismus" ist damit immer für zwei Zyklen „an", für einen Zyklus „aus", für zwei Zyklen „an" usw. Abbildung E 1-9 zeigt für 16 zentrale Konzepte, die in den unterschiedlichen Karten mehr als einmal genannt worden sind, in welchen Kombinationen sie jeweils an bzw. aus sind.

In diesem labilen Zustand, in dem Rechtsextremismus zyklisch aufflammt, können Veränderungen einzelner Konzepte den Ausschlag zu einer Manifestation des Rechtsextremismus geben bzw. sein dauerhaftes Verschwinden verursachen. Wenn in Zyklus 1 und 3 die Arbeitslosigkeit einmalig steigt (Konzept an) oder das Bildungsniveau sinkt (Konzept aus), entwickelt sich der stabile Endzustand 1 (vgl. Abbildung E 1-9). Wenn im Zyklus 2 die Arbeitslosigkeit sinkt, ergibt sich der stabile Zustand 2. Bei einer experimentellen Variation des Inputvektors zeigt sich hierbei, dass der Endzustand 1 in deutlich mehr Fällen erreicht wird, als der Endzustand 2. Das System scheint also über eine dominante Metaregel zu Gunsten dieses Zustands zu verfügen.[87]

---

[87] Die Suche nach Metaregeln für unterschiedliche Eingabebereiche erfolgte nur für wenige alternative Eingangsvektoren und stellt keine umfassende Analyse dar. Dies hätte eine geeignete Softwareunterstützung vorausgesetzt, die derzeit nicht existiert.

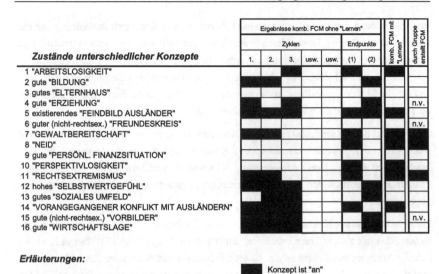

Abbildung E 1-9: Systemverhalten der untersuchten Kombinations- und Gruppenkarten

Beide Endzustände (Endpunkt 1 und 2 in Abbildung E 1-9) sind als Szenarien plausibel – so geht in Endpunkt 2 ein gutes Bildungsniveau bspw. mit einer guten Erziehung, einem guten sozialen Umfeld, der Existenz guter Vorbilder und mit einem hohen Selbstwertgefühl einher. In Endpunkt 1 treten dagegen Feindbilder, Gewaltbereitschaft, Neid, Perspektivlosigkeit und Rechtsextremismus gemeinsam auf, wobei als Rahmenbedingungen eine schlechte Wirtschaftslage und hohe Arbeitslosigkeit herrschen.

Allerdings existieren auch Konzepte, die sich nicht verändern, obwohl sie eine wichtige Rolle spielen könnten (z.B. persönliche finanzielle Situation). Zudem besteht die Karte aus sehr viel mehr als diesen 16 zentralen Konzepten, deren Verhalten hier nicht detailliert diskutiert wurde. Sie ist damit sicherlich keine vollständig plausible Repräsentation der Ursachen für den Rechtsextremismus von Jugendlichen, doch ist sie angesichts der gezeigten hohen Konsistenz der beiden gezeigten alternativen Endpunkte als Ausgangspunkt einer Analyse und Weiterentwicklung durchaus geeignet.

1.1.4.2 „Lernende" FCMs durch Kartenkombination

In der Literatur zur FCM-Erstellung findet sich die Überlegung, dass FCMs durch Experten „lernen" können, wenn das ursprüngliche Wissen und das Wissen zusätzlicher Experten in FCMs mit gleicher Zeilen- und Spaltenzahl repräsentiert und diese mathematisch verknüpft werden (vgl. Kapitel D2.2.1.2.4, Seite 267ff und die dort angegebene Literatur).

Dieser Effekt des „Lernens" wurde für die kombinierte FCM ebenfalls geprüft, indem sie um zwei Kausalkarten aus dem Pre-Test der Studie erweitert wurden. Die beiden Pre-Test Karten enthielten sieben Konzepte, die in der ursprünglichen Kombinations-FCM bislang nicht genannt worden waren. Die durch die Verknüpfung entstehende neue FCM hat damit 58 Konzepte und 158 Verknüpfungen.[88]

Auch hier wurde das Systemverhalten mit Hilfe der einfachen Binärfunktion geprüft. Das System schwingt sich auf einen stabilen Endpunkt ein, der in Bezug auf die 16 zentralen Konzepte vollständig Zustand 1 der ursprünglichen FCM (vgl. Abbildung E 1-9, vorletzte Spalte) entspricht und auch sonst kaum von diesem Stabilitätspunkt abweicht. Dieser Zustand ist auch bei Variation der Inputfaktoren äußerst stabil. Zusätzliche Probandenmeinungen haben die FCM also auf ein bereits vorher bekanntes und dominantes Systemverhalten stabilisiert.

1.1.4.3 Kombinierte Individualkarten im Vergleich mit Gruppenkarten

Ein wichtiger Kritikpunkt an der mathematischen Kombination von individuellen FCMs ist die Gleichgewichtung guter und schlechter Experten (bzw. derer Karten). Zudem wird den Experten die Möglichkeit genommen wird, im Austausch miteinander zusätzliche Erkenntnisse zu gewinnen. Unter der Annahme, dass „das Ganze mehr ist als die Summe seiner Teile" ist Interaktion aber für das Durchdringen der Problemsituation unerlässlich. Vor diesem Hintergrund ist der unmittelbare Vergleich einer durch Experten gemeinsam erstellten FCM mit ihren kombinierten Einzel-FCMs von großem Interesse. Dieser Vergleich wurde im Rahmen der explorativen Vorstudie unternommen.

Die Teilnehmer der Gruppe A nahmen an einer **moderierten Gruppensitzung** teil, in deren Verlauf die auf Karteikarten geschriebenen Konzeptbegriffe zunächst gemeinsam thematisch gruppiert wurden, indem sie an einer Moderationstafel befestigt und entsprechend der Vorgaben der Gruppenmitglieder zusammengesteckt wurden. Hierbei wurden auch die Karten aus den beiden Pre-Tests genutzt.

Für jede resultierende Gruppe von Karten wurde ein Oberbegriff gesucht, der als Konzept in die Kausalkarte übernommen wurde. Dazu wurden die Oberbegriffe auf eine zweite Moderationstafel gesteckt und mit Hilfe von langen Gummibändern, an deren Ende Stecknadeln befestigt waren, miteinander verknüpft. Die Pfeilrichtung wurde durch Symbolkärtchen repräsentiert, die an jeder Verbindung befestigt wurde. Während der Gruppenarbeit wurden Karten mehrfach umgesteckt bzw. Verknüpfungen geändert. Nachdem die Gruppe nach ca. 45 Minuten signalisierte, dass die Kausalkarte nun zu ihrer Zufriedenheit vervollständigt sei, wurden Pfeilgewichte vergeben, die – ebenfalls durch Symbolkärtchen repräsentiert – an die Tafel gesteckt wurden.

Die resultierende Kausalkarte besteht aus 28 Konzepten, wobei 13 der zentralen 16 Konzepte vertreten sind. Sie ist in Abbildung E 1-10 dargestellt.

---

[88] Die entsprechende Adjazenzmatrix ist in Anhang E1.2 abgebildet. Auf die Darstellung als Netzwerk wurde aufgrund der großen Zahl von Konzepten und Verknüpfungen verzichtet, da die Darstellung zu unübersichtlich geworden wäre.

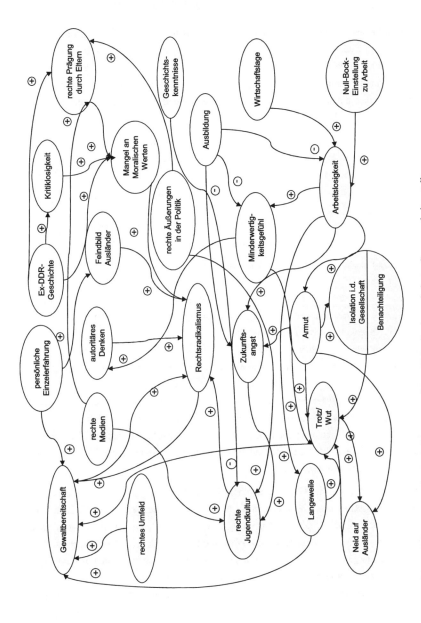

Abbildung E 1-10: Kausalkarte „Rechtsextremismus unter Jugendlichen" – in moderierter Gruppenarbeit erstellt

Drei der 28 Konzepte wurden aus den beiden Pre-Tests übernommen, obwohl die Personen, die sie in ihren Kausalkarten erwähnt hatten, an der Gruppensitzung nicht teilnahmen. Allein die Erwähnung auf den Karteikarten im ersten Teil der Moderationssitzung führte also dazu, dass die Gruppe neue Konzepte akzeptierte und in ihr Kausalmodell einband. Zudem wurde von der Gruppe ein neues Konzept („Mangel an moralischen Werten") entwickelt, das in keiner der individuellen Karten enthalten war.

Trotz dieser Ergänzung enthält die Gruppenkausalkarte erwartungsgemäß **sehr viel weniger (28 statt 58) Konzepte als die Kombinationskarte.** Dies ist sicherlich darauf zurückzuführen, dass Konzepte, die aufgrund der vorsichtigen Zusammenfassung von Begriffen bei der Kartenkombination als unterschiedlich gehandhabt wurden, in der Gruppenkarte - sachlich richtig - als **ein** Konzept erkannt wurden. So ist z.B. der Wegfall des Konzeptes „Erziehung" dadurch zu erklären, dass es nach Ansicht der Gruppe bereits ausreichend gut durch „Elternhaus" und „Bildung" repräsentiert wurde.

Der „Konzeptschwund" entsteht aber auch aus der Gruppensituation: Konzepte, die für andere Gruppenteilnehmer schwer zu verstehen sind oder auf den ersten Blick unwichtig erscheinen, bleiben – trotz Moderation – leicht unberücksichtigt, wenn ihr jeweiliger Autor sich nicht für sie einsetzt und dabei die Gruppe überzeugt. Dieses Problem wird dadurch verstärkt, dass die Gruppenkausalkarte in der gewählten Präsentationsform (Karten, Bänder und Symbole an einer Moderationswand) als groß, komplex und schwer zu durchschauen wahrgenommen wird. Dies löst naturgemäß den Wunsch nach Vereinfachung aus. Der Wegfall von Konzepten ist also **nicht nur** auf eine (erwünschte) **Informationsverdichtung,** sondern auch auf einen **Informationsverlust** zurückzuführen. Allerdings lässt sich vermuten, dass sich der Verlust von Informationen auf der Ebene der **Wissensinhalte** in Grenzen hält, da die Gruppenkarte eine gute Übereinstimmung mit der Liste der mehrfach genannten Konzepte aufweist: 13 der 16 zentralen Konzepte finden sich auch in der Gruppenkarte, die zudem sogar um ein Konzept erweitertet wurde.

Auffallend ist dagegen die Gegenüberstellung beider Karten in Hinblick auf die repräsentierten **Wissensstrukturen.** Während in der kombinierten Kausalkarte 158 Verknüpfungen auftreten, sind es in der Gruppenkarte nur 45. Die Vernetzungsdichte der Gruppenkarte ist mit 0,059 damit nur minimal höher als die der kombinierten Kausalkarte, die 0,047 beträgt. Wenn der beobachtete „Konzeptschwund" tatsächlich auf einer effizienten Zusammenfassung von ähnlich gearteten Konzepten beruht, wäre dagegen zu vermuten gewesen, dass die wenigen, als wichtig erkannten Konzepte deutlich stärker miteinander verknüpft werden. Im Vergleich zu kombinierten Karten ist die Zunahme der Verknüpfungsdichte jedoch vernachlässigbar gering. Die Gruppensitzung führte damit nicht zur Neugewinnung von **Strukturinformationen,** deren Menge insgesamt unangemessen niedrig erscheint. Dies fällt auch bei der **inhaltlichen** Betrachtung der Gruppenkarte auf – so ist z.B. nicht einzusehen, warum „rechte Medien" zwar das Elternhaus und die Jugendkultur beeinflussen, nicht aber das „rechte Umfeld" und das „Feindbild Ausländer".

Eine Analyse des Systemverhaltens der Gruppenkarte (bei Binärfunktion 1) liefert einen stabilen Endzustand, bei dem von den 13 enthaltenen zentralen Konzepten nur drei eingeschaltet sind: „Gewaltbereitschaft", „Neid" und „Rechtsextremismus" (vgl. Abbildung E 1-9, S. 342, letzte Spalte). Dieses Szenario scheint nicht vollständig plausibel, da Rechtsextremismus existiert, obgleich die von den Untersuchungspersonen als relevant erachteten Faktoren „Feindbild Ausländer" und „Vorangegangener Konflikt mit Ausländern" ausgeschaltet sind. Zudem ist die Arbeitslosigkeit trotz schlechter Wirtschaftslage niedrig.

Im untersuchten Fall ist damit die durch Kombination von Individualkarten gewonnene FCM sowohl hinsichtlich ihres Informationsgehalts als auch ihrer Erklärungsgüte überlegen und als Startpunkt für die Erstellung von differenzierten FCM-Modellen besser geeignet.

Diese Ergebnis ist möglicherweise Folge der Befragungssituation: aufgrund der vorangegangenen Kausalkartenerstellung ist eine Ermüdung der Probanden nicht auszuschließen, die dazu geführt haben könnte, dass Konzepte und Konzeptverknüpfungen nicht intensiv hinterfragt und alternative Problemsichten wenig diskutiert wurden. Einige Probanden gaben zudem an, dass sie die Visualisierung der Kausalkarten an Steckwänden unübersichtlich fänden. Eine ausgeruhte Gruppe, mehr Zeit und eine übersichtliche, komplexitätsreduzierende Präsentation hätten das Gruppenergebnis möglicherweise also verbessern können.

Zudem handelte es sich um eine Gruppe von Personen, die sich bis zum Befragungszeitpunkt untereinander zumeist nicht kannten und die nicht durch eine gemeinsame Aufgabe („wir lösen das Problem des jugendlichen Rechtsextremismus"), sondern lediglich aufgrund ähnlicher persönlicher Interessen („Teilnahme an der Vorstudie") zusammengefunden hatten. Sie konnten in dieser Situation nicht persönlich von einem guten Gruppenergebnis profitierten – für eine Arbeitsgruppe, die ein für sie wichtiges Problem als Gruppe in einer Kausalkarte abbildet, stellt sich die Situation dagegen ganz anders da. Aus den Ergebnissen darf daher auf keinen Fall geschlossen werden, dass von Gruppen erstellte Kausalkarten einer mathematisch erzeugten Kombinationskarte stets unterlegen sind.

1.1.4.4 Verbesserungspotenziale auf Basis der vorliegenden Ergebnisse

Die Vorstudie hat gezeigt, dass die Kombination von individuell erstellten Kausalkarten ein gangbarer Weg ist, um an FCMs zu gelangen, die die Sicht mehrere Probanden widerspiegeln. Er scheint insbesondere dann angebracht, wenn ein Treffen der zu befragenden Personen nicht möglich ist (z.B. geographische und zeitliche Barrieren), die Expertengruppe nicht funktional ist (z.B. Hierarchiebarrieren, unterschiedliche Sprachen, Konkurrenzdenken) oder schlicht zu groß würde. Eine dezentrale Erfassung und spätere Kombination von Expertenkarten ist zudem sinnvoll, wenn das Wissen unter vielen Experten gleich verteilt ist, der vermutliche Beitrag des einzelnen Experten also eher gering ausfällt und den Aufwand eines mehrstündigen Meetings (und ggf. einer Reise) nicht rechtfertigt.

Zentrales Problem der Kombination von Expertenkarten ist die **Vereinheitlichung von Konzepten und entsprechende Anpassung von Pfeilvorzeichen**, die sich bei der Auswertung als äußerst aufwändig erwies. Ein wichtige Verbesserung wären daher die bereits in Vorstudie 1 angeregten Maßnahmen: die Vorgabe von Ziel- und Einflussvariablen, die dann von den Experten ergänzt werden können, die Einführung einer Konvention zur Bezeichnung von Konzepten als Verbindung von Adjektiven und Hauptwörtern sowie die umfangreichere Erfassung von Konzeptbedeutungen und Begründungen.

Wünschenswert wäre zudem, dass die Experten bei der Kausalkartenerstellung die von anderen Experten bereits genannten Konzepte einsehen und in ihre Karten einbauen können. Dies würde zum einen eine leichtere Kartenkombination ermöglichen, da die Experten gleiche Konzepte tendenziell öfter gleich bezeichnen würden. Zum anderen würde es verhindern, dass relevante Aspekte, die nur von einem Experten erkannt werden, durch „simple Mathematik" neutralisiert werden, obgleich seine Kollegen die Anregung wertvoll gefunden und aufgegriffen hätten.

Je nach Situation können Gruppenbefragungen Vorteile gegenüber einer Kombination von Einzelkarten haben: So ist die Klärung von Begriffsinhalten und Begründungen für Konzeptverknüpfungen im persönlichen Gespräch schnell und effizient möglich. Zudem können Experten gemeinsam eine Problemsicht erarbeiten, die über die Summe der Einzelsichten hinaus geht. Gruppendiskussionen bietet sich damit immer dann an, wenn wenige, zur Kooperation fähige „echte" Experten existieren, deren Wissen in seiner Tiefe relevant ist und die sich gegenseitig ergänzen können.

In der Vorstudie resultierten diese (potenziellen) Vorteile von Gruppenbefragungen allerdings nicht in einer erkennbar besseren Kausalkarte. Für die Gestaltung solcher Befragungen lassen sich aus der Vorstudie vor allem zwei Empfehlungen ableiten: es sollte ausreichend Zeit (auch für Pausen) eingeplant werden, um Ermüdungskompromisse zu vermeiden und es sollte darauf geachtet werden, dass die schnell äußerst komplexen Kartendarstellungen für die Teilnehmer durchschaubar bleiben. Hierfür ist ggf. in Ergänzung zu den üblichen Metaplan-Techniken die Nutzung von PC und Beamer zweckmäßig. Eine entsprechende Software vorausgesetzt, kann die Komplexität der Präsentation reduziert werden, indem die gerade nicht interessierenden Aspekte der Karte ausgeblendet und Sachverhalte farbig kodiert werden.

1.1.5 Vorstudie 3: „Text-Mining zur Erstellung von Konzeptlisten"

In Abschnitt D 2.2.1.2.3 (Seite 265ff.) dieser Arbeit wurde die Möglichkeit diskutiert, Texte (z.B. Zeitungsveröffentlichungen, Buchpublikationen, Redeprotokolle) zu analysieren, um so verdeckt an das Wissen von Experten zu gelangen, die nicht verfügbar oder nicht kooperationsbereit sind oder deren Befragung (z.B. aufgrund geographischer Entfernung) zu aufwändig wäre. Solche Textanalysen eignen sich prinzipiell auch, Wissensinhalte zu einem Thema zu erfassen und somit an „**Startkonzepte**" zu gelangen, die den Untersuchungspersonen zu Beginn der Kausalkartenerstellung vorgelegt und von diesen ergänzt und in eine Wissensstruktur eingebunden werden. Neben der klassischen, manuellen Textauswertung (u.a. durch Kodierung, siehe Seite 177f) ist hierbei die Nutzung von **Text-Mining-Verfahren** denkbar, durch die die Auswertung teilweise automatisiert werden könnte (vgl. Abschnitt C 2.3.3.2, Seite 185ff.). Im Rahmen der dritten Vorstudie wurde in diesem Zusammenhang ein äußerst simples, rein auf Worthäufigkeiten basierendes, Mining-Verfahren auf seinen potenziellen Nutzen hin getestet. Zudem wurde die ebenfalls in Abschnitt C2.3.3.2 (vgl. Seite 185ff.) dargestellte Möglichkeit der **Kollokationsanalyse** genutzt, durch die ermittelt wird, wie oft ein Begriff statistisch zusammen mit einem anderen Begriff genannt wird, welche Begriffe also thematisch etwas „miteinander zu tun" haben.

Dazu wurden im Archiv der Zeitung „taz" für den Zeitraum 09/1986 bis 12/2003 Artikel zum Thema „Rechtsextremismus unter Jugendlichen" gesucht (Suchanfrage: „Rechtsextremismus UND Jugendliche") und zu einem Textkorpus aus insgesamt 149 Zeitungsmeldungen zusammengestellt. Die Auswahl der Meldungen erfolgte durch die Verfasserin anhand der Artikelüberschriften oder der ersten paar Textzeilen, so dass die Sichtung und Auswahl nur ca. 1,5 Stunden in Anspruch nahm, es allerdings nicht auszuschließen ist, dass der Textkorpus auch Artikel enthielt, die nur im weitesten Sinne thematisch relevant waren und bspw. den Rechtsextremismus *von Jugendlichen* nur am Rande behandelten.

Durch ein Statistikprogramm wurde die Häufigkeit aller in den Artikeln vorkommenden Wörter ermittelt, wobei Wörter, die Teil einer sog. „Stoppliste" waren, ignoriert wurden. Insgesamt wurden drei Stopplisten erstellt, die sich jeweils aus den 100, 1.000 und 10.000 häufigsten Wörtern der deutschen Sprache zusammensetzten. Die genutzten Stopplisten stammten hierbei aus dem Projekt „Der Deutsche Wortschatz" an der Universität Leipzig.[89]

Die 65 im Textkorpus am häufigsten genannten Wörter (bei Berücksichtigung gleicher Wortstämme und ohne Wörter der Stoppliste) sind in Anhang E1.3 dargestellt. Eine Analyse der Ergebnisse liefert mehrere Erkenntnisse: Die Nutzung umfangreicher Stopplisten führt zu einem stärkeren Themenbezug der ermittelten häufigsten Wörter. Während bei der Stoppliste mit 100 Wörtern unter den 10 häufigsten Wörter wie „da", „doch" und „sagt" enthalten sind, sind die **Mehrzahl der Wörter**, die sich bei einer Stoppliste mit 10.000 Einträgen ergeben,

---

[89] Das Projekt beinhaltet die Erforschung des deutschen Wortschatzes, wozu u.a. Statistiken der häufigsten deutschen Wörter erstellt werden. Zudem werden Kollokationen untersucht, d.h. es wird statistisch ermittelt, welche Wörter häufig im Zusammenhang mit anderen Wörtern genannt werden. Die Arbeit erfolgt auf Basis eines umfangreichen, täglich aktualisierten Textkorpus, der aus den Archiven großer deutscher Zeitungs- und Buchverlage besteht (nähere Informationen: www.wortschatz.uni-leipzig.de)

äußerst relevant. So werden die ersten zehn Plätze z.B. von den Wörtern Rechtsextremismus, Skinheads, Rechtsradikale, NPD, Ausländerfeindlichkeit, Übergriffe, DVU, Gewalttaten, Noteingang und Sozialarbeiter eingenommen. Allerdings gehen Wörter, die auch außerhalb des Kontexts Rechtsextremismus häufig genannt werden und für das Thema relevant sein könnten (z.B. Schule, Erziehung) verloren. Diese Begriffe sind bei der 1.000er Stoppliste unter den 65 häufigsten Wörtern zu finden, nicht aber bei der 10.000er Stoppliste. Je größer die Stoppliste, desto spezifischer und „exotischer" werden also die Begriffe der extrahierten Wortliste. Da nur einzelne Wörter, nicht aber Phrasen (z.b. „soziales Umfeld") analysiert werden, sind manche Ergebnisse zudem wenig aussagekräftig. So ist bspw. eines der häufigsten Wörter in Liste 2 (1.000 Stoppwörter) „soziale". Um diesen Begriff interpretieren zu können, wäre eine Kollokationsanalyse (vgl. Seite 188f.) erforderlich, durch die sich feststellen lässt, mit welchen anderen Begriffen er als Einheit auftritt.

Technisch ist dies möglich – Ziel der Vorstudie war es jedoch, zu ermitteln, ob Verfahren des Text-Mining **potenziell nützlich** für die Suche nach Startkonzepten bei der Kausalkartenerstellung sind. Hierfür gibt es auf Basis der Vorstudie mehrere Indizien:

Die in Anhang E1.3 Ergebnislisten liefern eine Vielzahl thematisch relevanter ähnlicher Begriffe („Rechtsextreme und Rechtsradikale"; „Ausländerfeindlichkeit und Fremdenfeindlichkeit", „Skinheads und Glatzen") von denen zu vermuten ist, dass sie auch von Untersuchungspersonen variabel gebraucht werden könnten. Sofern die genaue inhaltliche Unterscheidung (z.B. zwischen Radikalismus und Extremismus) keine Rolle spielt, können diese Begriffe im Vorfeld der Kausalkartenerstellung zusammengefasst werden. Bei der Expertenbefragung werden dann jeweils ein Begriff als Startkonzept vorgegeben und alle anderen ihm zugeordneten Begriffe als Synonym behandelt. Damit ist eine **sprachliche Vereinheitlichung** schon bei der Kausalkartenerstellung möglich.

Das Text-Mining liefert teilweise Begriffe, die „in einer Linie" mit den in den anderen Vorstudien genannten Konzepten sind, konkretisiert diese aber teilweise: so wurden in den Vorstudien mehrfach die Situation in den Neuen Ländern angesprochen und im Text-Mining konkrete geographische Lagen (Brandenburg, Hoyerswerda) ermittelt. In der Vorstudie wurden rechte Parteien erwähnt, in der Ergebnisliste des Minings die DVU und die NPD genannt. Zudem tauchen in den Mining-Ergebnissen vereinzelt Personennamen (z.B. „Heitmeyer" – ein Professor für Soziologie in Bielefeld, der sich mit dem Thema Jugend und Gewalt befasst) bzw. Eigennamen von Aktionsbündnissen gegen rechte Gewalt (z.B. „Kampagne Noteingang") auf. Wenn bei einem Modellierungsprojekt noch sehr wenig Informationen vorliegen, kann das Text-Mining dadurch Hinweise liefern, **unter welchen Stichworten weiterführende Informationen** erhältlich sein könnten bzw. welche Personen oder Gruppierungen ggf. **Expertencharakter** haben.

Möglicherweise liegt der besondere Nutzen des Text-Mining allerdings nicht in einer Vereinheitlichung und Konkretisierung von Konzepten, sondern in einer **Erweiterung der Konzeptbasis**. Vergleicht man die durch Text-Mining ermittelte Liste und die Liste der befragten Probanden, so zeigt sich, dass die Untersuchungspersonen (vermutlich aufgrund ihres persönlichen Erfahrungshintergrunds) zwei Themenaspekte so gut wie vollständig ausgeblendet und durch kein Konzept repräsentiert haben:

- Die Tatsache, dass Rechtsextremismus eine **straf- und verfassungsrechtlich relevante Komponente** hat – in den Text-Mining Ergebnissen deutet sich dies durch Begriffe wie Straftaten, Knast, Sonderkommission und Verfassungsschutz an.

- Bestehende Versuche, jugendlichen **Rechtsextremismus aktiv zu bekämpfen**, wie sich an Begriffen wie Jugendarbeit, Pädagogen und Sozialarbeiter zeigt.

Gleichzeitig lässt sich im vorliegenden Textkorpus **keinerlei Zusammenhang zwischen Arbeitslosigkeit**, also dem von den Probanden am häufigsten genannten Konzept, und **Rechtsextremismus** feststellen: der Begriff „Arbeitslosigkeit" ist in keiner der drei Ergebnislisten enthalten und spielt auch bei einer Kollokationsanalyse (vgl. Seite 188f.), die im Rahmen des Projekts „Deutscher Wortschatz" erfolgt und auf der Analyse von öffentlich zugänglichen Textdokumenten beruht, keine Rolle: der Begriff weist, wie Abbildung E 1-11 zeigt, keine signifikanten Kollokationen mit irgendwelchen Begriffen auf, die auf eine politische Radikalisierung schließen lassen würden (siehe hierzu auch Anhang E 1.4).

Umgekehrt finden sich in der Kollokationsanalyse für „Rechtsextremismus" in Abbildung E 1-12 keine Hinweise auf Armut und fehlende berufliche Perspektiven. Daraus darf freilich nicht geschlossen werden, dass es einen solchen Zusammenhang nicht gibt – er könnte z.B. offenbar werden, wenn ein anderer (spezifischerer) Textkorpus durchsucht oder geringere Signifikanzniveaus für die Kollokationen festgelegt wird. Das Text-Mining liefert aber zumindest einen interessanten Ansatzpunkt, bereits bestehende mentale Modelle zu hinterfragen („Spielt Arbeitslosigkeit wirklich eine Rolle für den Rechtsextremismus von Jugendlichen?") und sie zu erweitern („Welche Rolle spielt die Jugendarbeit?"; „Zeigen Aktionsbündnisse gegen Rechts eine Wirkung?"; „Wirkt Strafverfolgung abschreckend?").

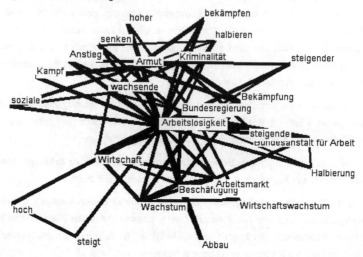

Abbildung E 1-11: Graph zur Visualisierung signifikanter Kollokationen des Begriffs „Arbeitslosigkeit" [vgl. Anhang E1.4]

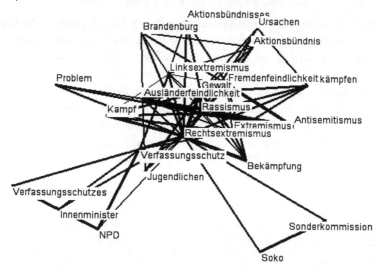

Abbildung E 1-12: Graph zur Visualisierung signifikanter Kollokationen des Begriffs „Rechtsextremismus" [vgl. Anhang E15]

Gleichzeitig liefern sowohl das einfache Text-Mining auf Basis von Worthäufigkeiten als auch die Kollokationsanalyse einen interessanten Ansatz, Startkonzepte für die Kausalkartenerstellung zu gewinnen. Allerdings handelt es sich derzeit nicht um mehr als einen **Forschungsansatz**, der einer weiteren Ausarbeitung und Prüfung bedarf, bevor er für die Praxis der FCM-Erstellung eine wichtige Rolle spielen kann. Er steht daher nicht im Mittelpunkt der nachfolgenden Überlegungen.

1.1.6 Fazit der Vorstudien: Allgemeine Leitlinien der FCM-Erstellung

Die dargestellten Vorstudien haben Probleme und konkrete Ansätze zur Verbesserung einzelner Methoden zur Kausalkartenerstellung geliefert, aber auch weiterreichende Aspekte beleuchtet. Sie lassen sich als „Leitlinien" der FCM-Erstellung zusammenfassen.

- Es gibt nicht „die richtige" Methode zur Explikation und Kausalkartendarstellung von Expertenwissen und seiner Übersetzung in FCMs, sondern zahlreiche denkbare Ansätze, die z. T. kombiniert angewendet werden können. Die **Auswahl der Methoden** muss sorgfältig **auf Basis der Zielsetzung** des Modellierungsprojekts, des daraus abgeleiteten **Informationsbedarfs** und der **Verfügbarkeit von Experten erfolgen**.

- Ein **„Drauf-Los-Modellieren"**, ohne dass die Problemstellung klar umrissen, Zielvariablen definiert und das Detaillierungsniveau und der Zeithorizont der FCM festgelegt sind, kann zu ausufernden „Weltmodellen" führen, die thematisch verzettelt und im Systemverhalten problematisch sind. Ein solches Vorgehen **muss** daher **vermieden werden.**

- Bei jeder Form der Expertenbefragung, insbesondere aber bei nicht angeleiteten Verfahren ist die Gefahr einer kognitiven Überforderung der Experten hoch. Sie kann dazu führen, dass Artefakte entstehen, die das Wissen des Experten nur unzureichend abbilden. Um dieses Problem einzudämmen, müssen die Experten **methodisch unterstützt** werden.

- **FCM-Erstellung ist ein iterativer Prozess**: jeder Teilschritt – die Erfassung und Repräsentation des Expertenwissens, seine Umsetzung in eine FCM, die Verfeinerung der FCM usw. – muss gesondert validiert werden und kann dazu führen, dass bereits durchlaufene Prozessschritte erneut durchgeführt werden müssen. Die befragten Experten und die beteiligten Modellierer sollten davon ausgehen, dass erste FCM-Modelle in der Regel noch wenig leistungsfähig sind und sukzessive verbessert werden müssen.

Um diese Leitlinien in der Praxis umzusetzen, existieren zwei wichtige Ansatzpunkte: die **Festlegung eines systematischen Vorgehens** zur FCM-Erstellung und die Entwicklung geeigneter **(Software)Instrumente**. Beide Aspekte werden im Folgenden diskutiert.

1.2 Empfehlungen zur Erstellung von FCM-Modellen - Vorgehen und technische Umsetzung

1.2.1 Vorgehensmethodik

Dem Knowledge Engineer, der die im letzten Kapitel genannten Leitlinien für eine FCM-Erstellung umsetzen muss, stehen vielfältige Methoden und Instrumente zur Verfügung. Sie wurden bereits in den vorangegangenen Kapiteln auf Basis der Literatur zum Systemdenken, zur Szenarioerstellung und zum Knowledge Mapping (vgl. Kapitel C2, Seite 154ff.) sowie zur FCM-Modellierung (vgl. Kapitel D2, Seite 248ff.) diskutiert und im Rahmen der Vorstudie in Ausschnitten getestet (vgl. Kapitel E1, Seite 310ff.).

Für die Praxis ergibt sich damit die Frage, **welche** der vielen dargestellten Methoden und Instrumente für die FCM-Erstellung tatsächlich genutzt werden sollten. Sie ist nicht allgemeingültig zu beantworten, da sich nicht nur die allgemeinen Rahmenbedingungen von FCM-Projekten unterscheiden, sondern auch jede Phase der FCM-Modellierung spezifische Anforderungen stellt. Eine Methode, die in einer Situation zweckmäßig war, kann in einer anderen daher versagen. Darüber hinaus ist es im Rahmen dieser Arbeit unmöglich, alle verfügbaren Methoden und Instrumente zu bewerten, die für die FCM-Modellierung von Interesse sein könnten. Es bleibt damit zwingend dem Knowledge Engineer oder anderen Modellierungspraktikern überlassen, FCM-Projekte in Abhängigkeit von den jeweiligen Gegebenheiten und Anforderungen zu planen und durchzuführen. Zu ihrer Unterstützung wird jedoch im Folgenden eine **allgemeine Vorgehensmethodik** entwickelt, die sicherstellen soll, dass alle Phasen der FCM-Modellierung systematisch, nachvollziehbar und zielgerichtet durchlaufen werden. Sie ist naturgemäß heuristisch und damit nur **ein** möglicher Weg, ein FCM-Projekt zu organisieren, ist durch die vorangegangenen Vorstudien aber solide empirisch fundiert und praktikabel.

Die Schritte der Vorgehensmethodik lassen sich weitgehend aus den in Kapitel D2 (Seite 258f.) genannten fünf Phasen der FCM-Erstellung sowie aus Vorgehensmodellen zur Erstellung von Simulationen, Expertensystemen und künstlichen neuronalen Netzen ableiten, die in der Literatur umfangreich beschrieben werden [VGL. LIEBL: SIMULATION 1995, S. 220FF, STERMAN: BUSINESS DYNAMICS 2000, S. 83FF; KURBEL: EXPERTENSYSTEME 1989, S. 92FF; LACKES, MACK: UNTERNEHMENSPLANUNG 2000, S. 67FF].

Abbildung E 1-13 gibt die Schritte der Vorgehensmethodik im Überblick wieder: **Phase 1 und 2** dienen der Klärung der Zielsetzung und der Rahmenbedingungen des Modellierungsprojekts sowie der Planung der dafür erforderlichen Informationsbeschaffung. Auf dieser Basis wird im **3. Schritt** das relevante Wissen der Informationsgeber (Einzelpersonen, Personengruppen, Dokumente usw.) erfasst und als Kausalkarte dargestellt.

E1: Vorüberlegungen zur Ausgestaltung des HAUS 355

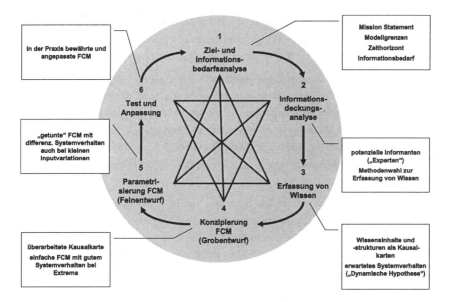

Abbildung E 1-13: Vorgehensmethodik zur Erstellung von FCM-Modellen

Die Kausalkarte wird im **4. und 5. Schritt** in eine FCM übersetzt, wobei zunächst ein grobes Layout des Modells entsteht, das dann sukzessive verfeinert wird. Die Transformationsschritte jeder Phase werden laufend geprüft und, wenn erforderlich, überarbeitet, so dass es immer wieder Rückgriffe auf vorangegangene Prozessschritte geben kann.

Der Test im letzten, **6. Schritt** erfolgt daher nicht in Bezug auf alle bisherigen Prozessschritte, sondern dient der Prüfung und Anpassung des Gesamtmodells in der Praxis. Durch ihn können sich neben Veränderungsbedarfen in Bezug auf Vorphasen auch neuartige Themenstellungen ergeben, durch die der Kreislauf neu gestartet wird.

Die Teilschritte werden, wie durch die Verbindungen in der Mitte der Abbildung angedeutet, nicht rein sequentiell durchlaufen, sondern können je nach Erfordernissen beliebig aufeinander folgen. So kann eine Überarbeitung der Zielstellung (Schritt 1) bspw. nicht nur in einer neue Informationsdeckungsanalyse resultieren (Schritt 2), sondern auch unmittelbar eine Anpassung von Kausalkarten (Schritt 3) bzw. von Zielvariablen in der konzeptionellen (Schritt 4)oder parametrisierten FCM (Schritt 5) bewirken oder zur Neubewertung von Testergebnissen (Schritt 6) führen.

1.2.1.1 Schritt 1: Ziel- und Informationsbedarfsanalyse

Zu Beginn der FCM-Modellierung muss analysiert werden, welches Problem durch die FCM-Anwendung gelöst, welche Ausschnitte des realen Systems dafür modelliert und welche Informationen hierzu beschafft werden müssen. Diese Aufgabe ist erfolgskritisch - nach Sterman ist eine klare Zielsetzung „the single most important ingredient of a successful modeling study" [STERMAN: BUSINESS DYNAMICS S. 89; ÄHNLICH AUCH LIEBL: SIMULATION 1995, S.223].

Zur Zielklärung dienen in erster Linie Gespräche mit den Auftraggebern bzw. zukünftigen Nutzern des Modells [VGL. STERMAN: BUSINESS DYNAMICS 2000, S. 90]. Hierbei können als Orientierung die aus der Entscheidungstheorie bekannten Ansätze zur Zielfindung dienen, wie die Analyse aktueller Mängel bzw. unerwünschter Zustände (ggf. durch Systembeobachtung ermittelt), der Vergleich bestehender Entscheidungsalternativen, die Betrachtung strategischer Ziele und die Befragung relevanter Anspruchsgruppen [VGL. EISENFÜHR, WEBER: RATIONALES ENTSCHEIDEN 1993, S. 53F.].

Die Zielanalyse bestimmt, **zu welchen Sachverhalten Informationen gesammelt werden müssen** und zu welchen nicht. Im genannten Beispiel sind Experten für Lehrplaninhalte z.B. notwendig, Fachleute für gesamtwirtschaftliche Theorien, trotz eines vermuteten Einfluss der Wirtschaftslage auf die Themenstellung, jedoch nicht.

Für viele Themenstellungen ist es zweckmäßig, die Ziele und die daraus abgeleiteten Informationsbedarfe der FCM-Modellierung nicht ausschließlich empirisch durch Befragung der Auftraggeber zu ermitteln, sondern sie analytisch aus dem bestehenden, in der Literatur dokumentierten, ggf. theoretisch fundierten Stand des Wissens abzuleiten [VGL. HAUSCHILDT: METHODISCHE ANFORDERUNGEN 1990, S. 526FF.]. Im obigen Beispiel könnten sich z.B. wichtige Aspekte ergeben, wenn nicht nur die Auftraggeber und Betroffenen (z.B. Lehrerverband, Kultusministerium) befragt werden, sondern wissenschaftliche Arbeiten zum Thema Rechtsextremismus und Gewaltprävention oder auch der Verfassungsschutzbericht zu Rate gezogen werden.

Das **zentrale Ziel** der jeweiligen FCM sollte als „Mission Statement" kurz und prägnant formuliert werden, wobei es sich anbietet, die Probleme, die das FCM-Modell lösen soll, als Fragen zu formulieren. Aus ihnen ergeben sich die zu betrachtenden Zielvariablen sowie relevante Informationsbedarfe. Zudem sollte die **zeitliche Reichweite** der Modellierungsaufgabe geklärt werden, also die Frage, für welche Zeiträume (Monate, Jahre, Jahrzehnte etc.) das FCM-Modell die Realität wieder geben soll.

Die Analyse der Problemstellung bzw. Zielsetzung des FCM Modells und die daraus resultierenden Informationsbedarfe sollten **vollständig dokumentiert** werden, damit die Aufgabe und die Prämissen des Modells jederzeit überprüft werden können. Ein (fiktives) Beispiel für ein Datenblatt zur Dokumentation der Ergebnisse der Ziel- und Informationsbedarfsanalyse ist in Abbildung E 1-14 dargestellt.

E1: Vorüberlegungen zur Ausgestaltung des HAUS

Zielsetzung des Modellierungsprojektes:
Abklärung des Potenzials schulischer Bildungsmaßnahmen zur Verhinderung bzw. Verringerung rechtsradikaler Tendenzen unter Jugendlichen im statistisch und strafrechtlich relevanten Alter (14-21 Jahre).

Identifizierte Fragestellungen:
- Welche Ursachen und Auslöser hat Rechtsextremismus unter Jugendlichen?
- Welche dieser Ursachen und Auslöser können durch schulische Angebote abgeschwächt werden? In welchem Umfang?
- Welche Bildungsangebote sind relevant (Geschichtsunterricht, politische Bildung, Konfliktbewältigungsseminare usw.)?
- Wie wirken bestehende schulische Bildungsangebote auf den Rechtsextremismus?
- Lässt sich die Wirkung von Maßnahmen quantifizieren, um politischen Entscheidern Erfolgsmaße an die Hand zu geben?
- Sind je nach Schülergruppe unterschiedliche Wirkungen zu erwarten?
- ....

Zeithorizont:
2 Jahre + 8 Jahre
(Maßnahmen im Bildungswesen haben einen Vorlauf von minimal zwei Jahren. Präventionserfolge lassen sich beurteilen, wenn die zum Zeitpunkt der Präventionsmaßnahme 14 jährigen Jugendlichen das Alter von 21 überschritten haben, ohne auffällig zu werden.)

Vorläufige Zielvariablen:
Rechtsextremismus unter Jugendlichen (14-21 Jahre) - RECHTSEXTREMISMUS
Erfolg schulischer Bildungsmaßnahmen – ERFOLG_BILDUNG

Vorläufige Informationsbedarfe:
- Ursachen/Auslöser des Rechtsextremismus
- Messkonzepte für Rechtsextremismus (Kriminalitätsstatistik? andere?) zur Erfolgskontrolle
- Relevante schulische Bildungsangebote (aktuell und zukünftig)
- Differenzierung nach Schülergruppen (Mädchen, Ausländer, „Linke")
- ...

Abbildung E 1-14: Datenblatt zur Dokumentation der Ziel- und Informationsbedarfsanalyse

Andere Möglichkeiten zur Dokumentation sowie zur Überprüfung der Qualität der Zielformulierung bieten standardisierte Fragebogen. So schlägt LIEBL z.B. einen Fragebogen vor, mit dem Auftraggeber nach zahlreichen Indikatoren befragt werden, die unzureichende Zielklarheit, verdeckte Zielkonflikte und unvollständige Zielsysteme offen legen können [VGL. LIEBL: SIMULATION 1995, S. 223 UND ANHANG].

1.2.1.2 Schritt 2: Informationsdeckungsanalyse

Der in Schritt 1 identifizierte Informationsbedarf muss gedeckt werden, wofür **geeignete Informanten sowie geeignete Methoden** zur Informations- bzw. Wissenserhebung ausgewählt werden müssen.

Wie bereits in Kapitel D 2.2.1.1 (vgl. Seite 260ff.) erläutert, ist der klassische Expertenbegriff, wie er etwa der Entwicklung von Expertensystemen zugrunde liegt, auf FCMs nicht sinnvoll anwendbar. In Expertensystemen wird das Entscheidungsverhalten von Personen (= Experten) abgebildet, die über eine weit überdurchschnittliche, teilweise automatisierte Problemlösungskompetenz für einen relativ kleinen, spezifischen Aufgabenbereich verfügen. FCMs basieren dagegen auf Systemwissen über komplexe und vergleichsweise große Gesamtsysteme. Ein Experte für die Erstellung einer FCM zeichnet sich also nicht durch besondere Problemlösungskompetenz, sondern durch überdurchschnittliche Systemkenntnis aus, d.h. er kennt die Struktur sowie das Verhalten des zu modellierenden realen Systems. In diesem Sinne ist ein Forscher, der sich langjährig mit Rechtsextremismus unter Jugendlichen befasst, also ein „echter" Experte i. e. S.

Bei sozialen Systemen verfügen allerdings auch die Elemente des Systems (hier: Schüler, Lehrer, Jugendarbeiter, Eltern, usw.) über Systemwissen und damit Expertentum. Zwar kennt und versteht ein Schüler das Gesamtsystem nicht gut, er kann aber sehr qualifizierte Angaben für seinen Bereich machen und bspw. erklären, wie Unterrichtsangebote auf ihn und seine Mitschüler wirken, was rechtsextremes Gedankengut für Schüler attraktiv sein lässt, welche Reaktionen von Eltern und Lehrern erfolgen, usw. In diesen Bereichen verfügt er zweifelsohne über Systemwissen, das möglicherweise über das des Forschers hinaus geht.

Als Quellen zur Informationsbedarfsdeckung kommen damit prinzipiell alle von der Thematik der FCM unmittelbar betroffenen Anspruchsgruppen in Frage. Je nach Art des Informationsbedarfs müssen diese Anspruchsgruppen ggf. detailliert betrachtet werden (z.B. ausländische Schüler, Schüler aus der linken Szene). Zudem sind auch nur mittelbar Betroffene (z.B. Eltern, außerschulische Jugendarbeiter) und interessierte Außenstehende (z.B. Forscher im Bereich „Rechtsextremismus") potenziell relevante Wissensträger. Aus praktischer Sicht ist es hierbei sinnvoll, bereits bestehende Kontakte zu Wissensträgern zu nutzen, um Wissen zu erfassen und weitere Ansprechpartner zu identifizieren [VGL. SCHRÖDER, JETTER, SCHIFFER: STRATEGISCHE FRÜHINFORMATION 2002, S. 138FF.].

Für die Informationsdeckungsanalyse stellt sich damit die Frage, welche Experten (auf Gesamtsystem- und Teilsystem-Ebene) über relevantes Wissen verfügen und wie diese Wissensquellen erschlossen werden können. Hierbei sind mehrere Aspekte zu beachten:

- Das Ausmaß des Expertentums ist nur schwer abzuschätzen: sowohl der Forscher im Bereich Rechtsextremismus als auch der Schüler können über falsches Systemwissen verfügen. Allerdings ist die Gefahr bei einem langjährig tätigen, anerkannten Forscher vermutlich geringer als bei einem Schüler. Es ist daher sinnvoll, Ressourcen bei der Wissensbeschaffung in erster Linie auf anerkannte Experten zu verwenden.

- Bei der Erfassung des Wissens besteht, wie bereits ausgeführt, ein Trade-off zwischen Präzision und Umfang des erfassten Wissens und dem Aufwand für seine Erhebung. Die genaueste Methode ist damit nicht unbedingt die (wirtschaftlich) beste, sondern sollte nur für Wissen von besonderer Bedeutung und aus verlässlichen Quellen angewandt werden.

- Einige Methoden der Wissensbeschaffung sind – unabhängig von ihrer Präzision und Wirtschaftlichkeit – auf einige Experten prinzipiell nicht anwendbar. Die eigenständige Erstellung von Kausalkarten ist bspw. für junge Schüler kognitiv zu anspruchsvoll. Sie setzt zudem, ebenso wie Interviews, die Bereitschaft des Experten zur Mitwirkung voraus: zwar kann der Leiter einer rechten Jugendorganisation sicherlich äußerst relevante Angaben über deren Struktur und die Motivation ihrer Mitglieder machen, doch ist es wohl kaum möglich, ihn für die Teilnahme an einem Projekt zur Bekämpfung des Rechtsextremismus unter Jugendlichen zu gewinnen.[90]

Die Rahmenbedingungen der Wissenserfassung (u.a. Ziele, Zeit, Budget) und die potenziell verfügbaren „Wissenslieferanten" bestimmen damit, **mit welcher Methode es erfasst werden sollte**:

- Wenn überzeugende Theorien zu einem Wissensgebiet existieren und in der Literatur beschrieben werden, kann auf Expertenbefragungen verzichtet werden: Es genügt, wenn ein Fachmann den Knowledge Engineer über den Literaturstand informiert bzw. ihn auf relevante Quellen hinweist.

- Wenn das Wissen nicht dokumentiert ist, aber „echte" Experten existieren, die bereit und in der Lage sind, ein Themengebiet in seiner Breite und Tiefe abzudecken, macht es Sinn, sie entsprechend sorgfältig und aufwändig, d.h. in (möglicherweise mehreren) vor- und nachbereiteten individuellen Interviews zu befragen.

- Wenn das Wissen zu einem Thema auf viele Personen verteilt ist, ohne dass „echte" Experten bekannt sind, ist es ökonomisch sinnvoll, deren Wissen mit geringerem Aufwand (z.B. durch Kombination individuell erstellter Kausalkarten) zu erfassen.

- Wenn wenige Experten mit überdurchschnittlichem Wissensstand bestehen, die sich in den Schwerpunkten ihres Wissens oder ihren Urteilen unterscheiden, bietet es sich an, die Interaktion dieser Experten, etwa durch Gruppendiskussionen oder Delphi-Befragungen, zu fördern.

- Wenn die Experten zu einem Thema für eine – wie auch immer geartete – Befragung nicht zur Verfügung stehen, können nur verdeckte Verfahren (z.B. Text-Mining, manuelle Auswertung von dokumentierten Äußerungen) eingesetzt werden.

Damit muss die **Auswahl der zu befragenden Experten** und der hierfür **geeigneten Methoden** in jedem FCM-Projekt **fallweise entschieden** werden. Hierbei ist zudem zu berücksichtigen, dass sich die benötigten Informationen im Laufe eines Modellierungsprojektes verändern können. In vielen Fällen ist es zweckmäßig, sich einem Thema erst in der Breite zu nähern und dann einzelne Aspekte sukzessive zu verfeinern. Entsprechend sind breit angelegte Literaturrecherchen und Text-Mining-Verfahren sowie Überblicksgespräche mit Generalisten eher am Anfang des Prozesses anzusiedeln, während detaillierte Expertenbefragungen

---

[90] Zur Diskussion der Bedeutung von Fähigkeiten und Motivation der Experten vgl. auch Kapitel D2.2.1.1, Seite 260ff.

oder Delphi-Studien eher in späteren Modellierungsphasen Sinn machen. Die Informationsdeckungsanalyse vollzieht sich damit in Phasen mit unterschiedlichen Anforderungen.

1.2.1.3 Schritt 3: Erfassung von Wissen

Die Erfassung des für die Modellierung benötigten Wissens umfasst die Sammlung relevanter Wissensinhalte, ihre Verknüpfung zu Wissensstrukturen und die Ermittlung wichtiger Hintergrundinformationen, wie z.B. die Klärung von Begriffsinhalten. Wie bereits ausgeführt (vgl. Kapitel C 2.3.1, Seite 175ff. und D 2.2.1.2, Seite 262 und die durchgeführten Vorstudien Kapitel E 1.1, S. 310ff.), können diese drei Aspekte gemeinsam erfasst oder, im Sinne einer Struktur-Inhalts-Trennung, mit unterschiedlichen Methoden gesondert ermittelt werden.

Bei der **Erhebung der Wissensinhalte** liefern die Themenkomplexe und Konzepte, die bereits in der Bedarfsanalyse als besonders relevant erkannt wurden, den Ausgangspunkt der Betrachtung. Sie können in Form von Leitfragen („Was würden sie vorschlagen, um das Ziel X zu erreichen?", „Wovon hängt es ab, ob X eintrifft?) angesprochen werden oder als „Startkonzepte" in Brainstorming, Brainwriting oder Kartenbefragung einfließen.

Die **Strukturerfassung** kann mit Hilfe des Struktur-Legens, aber auch durch gezielte Fragen in einem Interview erfolgen. Die Ergebnisse der Inhalts- und Strukturerfassung werden in Form von gewichteten oder ungewichteten Kausalkarten dokumentiert, da sich diese relativ leicht in FCMs übersetzen lassen.

Experten verfügen jedoch nicht nur über Kausalwissen, sondern auch über Wissen in Bezug auf das **Verhalten des modellierten Systems**. Sie sollten daher nach ihren dynamischen Hypothesen befragt werden, mit denen sie sich erklären, wie sich eine konkrete Problemstellung überhaupt zum Problem entwickeln konnte.

Im o. g. Beispiel könnte eine solche Hypothese beinhalten, dass die schulische Bildung abgenommen hat (z.B. aufgrund eines gesunkenen Problembewusstseins der Lehrer und Eltern oder neuer Lehrpläne) oder zwar im gleichen Umfang stattfindet, die Jugendlichen aber nicht mehr erreicht (z.B. aufgrund „altmodischer" Vermittlungskonzepte, die die Jugendlichen nicht ansprechen oder Inhalte, die die Jugendlichen nicht glaubwürdig finden). Je nach dynamischer Hypothese erwarten die Experten eine andere künftige Entwicklung bzw. eine andere Reaktion des Systems auf Systemeingriffe. Die Dokumentation des von den Experten erwarteten Systemverhaltens dient als **Referenz für den späteren Test** ihrer FCMs.

Die Wissenserhebung liefert nicht die „Wahrheit" über ein Problem: die Experten können einer plausiblen, aber falschen Theorie anhängen, unvollständige mentale Modelle haben oder ein Phänomen undifferenziert aus einer Perspektive betrachten. Solche Mängel lassen sich nicht vollständig ausschließen, jedoch abmildern: Wie bereits ausgeführt, sollten geeignete Experten gewählt werden, die über relevantes Wissen verfügen und fähig und motiviert sind, an der Wissenserhebung teilzunehmen. Sie dürfen nur nach ihrem Wissensgebiet befragt werden – ein Experte für ein Subsystem (z. B. Schüler als Experte für die Wirkung von Unterrichtskonzepten auf ihn und seine Mitschüler), sollte auch nur zu Systemzusammenhängen und Systemverhalten in Bezug auf dieses Subsystem befragt werden. Durch geeignete Methoden zur Wissenserfassung, durch Anleitung zur Reflektion (z.b. durch Provokationsfragen des Knowledge Engineers) und durch eine Verifizierung des dokumentierten Wissens durch den Experten kann zudem gewährleistet werden, dass das (möglicherweise mangelhafte) Wissen der Experten vollständig und unverfälscht erfasst wird. Daher sind in Schritt 3 Testphasen und ggf. auch die Überarbeitung einmal erhobener Wissensstrukturen einzuplanen.

Bei der Wissenserhebung kann es zudem vorkommen, dass auch die Ergebnisse früherer Vorgehensschritte überarbeitet werden müssen, etwa wenn sich vermeintliche „Experten" als unwissend erweisen, Erhebungsmethoden nicht funktionieren oder Modellgrenzen neu definiert werden müssen. Eine Rückkehr zu Schritt 1 oder 2 ist dann unvermeidbar.

1.2.1.4 Schritt 4: Konzeptionelle FCM (Grobentwurf)

Schritt 4 dient der Übersetzung der im dritten Schritt erstellten Kausalkarte in eine erste FCM. Wenn in Schritt 3 ein Verfahren gewählt wird, bei dem der Knowledge Engineer nicht oder nur sehr wenig unterstützend eingreift, ist damit zu rechnen, dass die Kausalkarten zunächst überarbeitet werden müssen, bevor sie in eine FCM umgesetzt werden können. Mögliche Arbeitsschritte umfassen hierbei:

- Elimination aller Konzepte und Konzeptbeziehungen, die **außerhalb der Modellgrenzen** liegen. Hierunter fallen Konzepte, die in Schritt 1 explizit von der Betrachtung ausgenommen wurden sowie Konzeptbeziehungen, die durch Inputpfeile in exogene Variablen dargestellt wurden. Diese Änderungen sollten jedoch kenntlich gemacht werden, falls bei einer späteren Überarbeitung der FCM die Modellgrenzen neu gezogen werden.

- Elimination von definitorischen Konzeptbeziehungen (vgl. Seite 331ff.), wobei die Informationen in anderer Weise (z.B. im Rahmen einer verbalen Begriffsklärung) bewahrt werden sollten.

- Identifikation von diagnostischen Variablen (vgl. Seite 334ff.) und Überprüfung, ob sie vom Experten tatsächlich als solche geplant und für Diagnosezwecke geeignet sind.

- Identifikation von Konzeptgruppen, die gemeinsam auf ein einziges Konzept wirken und ansonsten nicht in die FCM integriert sind. Sie sollten dahingehend geprüft werden, ob sie nicht besser als „nested FCM" (vgl. Seite. 331ff.) dargestellt werden.

Auf Basis der (modifizierten) Kausalkarten wird eine „Roh-FCM" erstellt, die in allen Knoten die gleichen, einfachen Transferfunktionen (z.B. einfache Binärfunktion oder Sigmoidfunktion) aufweist. Ihre Kanten können entweder ungewichtet bleiben oder mit Pfeilgewichten versehen werden, wenn diese im 3. Schritt erhoben wurden.

Das Systemverhalten der „Roh-FCM" wird mit Extremwerten, z.B. durch einmaliges oder anhaltendes „Ein- und Ausschalten" von Konzepten mit hohen Aktivwerten getestet und mit dem von den Experten erwarteten und in Form dynamischer Hypothesen formulierten Systemverhalten verglichen. Wenn vorhanden, können zudem historische Daten bzw. Modelldaten aus Modellen der gleichen Familie als Referenz herangezogen werden.

Bei extremer Variation von Eingangswerten (**Extremwerttest**, vgl. Seite 286ff.) ist eine gute Übereinstimmung zwischen FCM und dem erwarteten Verhalten zu fordern. Ist dies nicht der Fall, so muss die FCM – ggf. nach erneuter Konsultation des Experten – angepasst werden, bis sie diese Anforderung erfüllt. Wenn dagegen **geringfügige Inputvariationen** zu (aus Expertensicht) unerwarteten Systemreaktionen führen (**Sensitivitätsanalyse**, vgl. Seite 286ff.), so ist dies unproblematisch, da die Modellierung noch sehr grob ist und im nächsten Schritt entsprechend fein „getunt" werden kann.

Die **Transformation der Kausalkarte zur groben FCM** ist durch die Systemexperten zu verifizieren. Idealerweise spricht der Knowledge Engineer dafür sein Modell bzw. Modellausschnitte im Rahmen eines „Structured Walk Throughs" mit den jeweiligen Informanten durch (vgl. Seite 293), wobei allerdings sinnvollerweise nur Experten befragt werden, die Systemzusammenhänge und Systemverhalten auf Gesamtsystemebene bzw. auf der Ebene wichtiger Subsysteme beurteilen können. Im o.g. Beispiel würde die Verifizierung der groben FCM also durch den Forscher im Bereich Rechtsextremismus, nicht aber durch den befragten Schüler erfolgen.

Ist eine Verifizierung durch die relevanten Informanten aus organisatorischen Gründen in dieser Phase nicht möglich, so sollte der Modellierer zumindest über umfangreiche Informationen zu dem von den Experten vermuteten Systemverhalten verfügen und diese berücksichtigen. Zudem sollt er jeden seiner Schritte sorgfältig dokumentieren, so dass sich seine Eingriffe später gemeinsam mit dem oder den Experten nachvollziehen lassen.

1.2.1.5 Schritt 5: Parametrisierte FCM (Feinentwurf)

Auf Basis der „Roh-FCMs" sind noch keine differenzierten Prognosen bei geringfügigen Inputänderungen möglich. Dies setzt ein „Tuning" des Systemverhaltens durch Veränderung von Pfeilgewichten und durch die geschickte Wahl der Transferfunktion in jedem einzelnen Knoten voraus.

Parametrisierung und Test gehen hierbei Hand in Hand. Für letztere ist die gesamte Batterie der in Kapitel D 2.2.3.3 (vgl. Seite 281ff.) beschriebenen Testverfahren relevant: Variation der Modellgrenzen, Offenlegung möglicherweise impliziter, unplausibler Modellzusammenhänge (z.b. unendliche Lager), Untersuchung des allgemeinen Systemverhaltens (Meta-Regeln, Verhaltensanomalien, überraschendes Modellverhalten), Sensitivitätsanalysen sowie Extremwerttests.

Die Verifikation der Transformation vom Grob- zum Feinmodell ist hierbei (gezwungenermaßen) allein vom Knowledge Engineer zu leisten[91], da sie den Informanten bzw. Systemexperten fachlich überfordern würde. Für die Validierung des parametrisierten Systems ist der Experte dagegen unverzichtbar – er muss das FCM-Modell als konzeptionell adäquat und für seine Zwecke sinnvoll akzeptieren. Hierbei können sich Probleme ergeben, da Expertenurteile zum **detaillierten** Verhalten komplexer Systeme aufgrund kognitiver Überforderung nur eingeschränkt verlässlich sind. Es ist damit prinzipiell möglich, dass eine FCM das Systemverhalten im Rahmen des mentalen Modells des Experten richtig wiedergibt, dieser es aber als falsch ablehnt. Die in Schritt 3 erhobenen dynamischen Hypothesen sind daher in dieser Phase nur noch eingeschränkt nutzbar.

Entsprechend muss die Validierung des Modells erfolgen, indem Knowledge Engineer und Experte sich gemeinsam mit der FCM auseinandersetzen. Dabei ist darauf zu achten, dass Modellannahmen, -ergebnisse und –details dem Wissensgeber so präsentiert werden, dass er sie nachvollziehen und bewerten kann.

1.2.1.6 Schritt 6: Test und Anpassung

Wie bereits ausgeführt, finden in jeder Phase der FCM-Modellierung Tests statt, um Transformationsschritte zu verifizieren und die FCM damit **im Prozess ihrer Erstellung** zu validieren. Endgültig lässt sich deren Validität aber erst durch den Praxistest bestimmen.

Validität im Sinne konzeptioneller Adäquanz (vgl. Seite 292) zeigt sich, wenn das FCM-Modell Handlungsbedarfe und Maßnahmen aufzeigt, diese Maßnahmen umgesetzt werden, und wenn sich das reale System daraufhin verbessert. Ein solcher Test ist in der Realität nur schwer durchführbar [VGL. STERMAN: BUSINESS DYNAMICS 2000, S. 887FF., ÄHNLICH AUCH LIEBL: SIMULATION 1995, S 204FF UND 227F.]:

- Modellempfehlungen führen oft nicht sofort zu Maßnahmen, da Entscheidungsprozesse, insbesondere bei kontroversen Empfehlungen, Zeit benötigen und psychologische, wie auch organisatorische Barrieren überwunden werden müssen. In dieser

---

[91] Die Objektivität des Knowledge Engineers lässt sich sichern, indem er – ggf. mit Unterstützung eines nicht am Projekt beteiligten Modellierers – sein Modell kritisch hinterfragt und diesen Prozess dokumentiert.

Zeit können sich wichtige exogene Rahmendaten verändern, aber auch endogen neue Sachverhalte entstehen, etwa wenn Strategien umgesetzt werden, die nichts mit der Empfehlung des Modellierungsprojektes zu tun haben.

- Modellempfehlungen werden oft nicht 1:1 umgesetzt, sondern aufgrund politischer Prozesse, Ressourcenbeschränkungen, Motivationsmängeln, Kompetenzproblemen usw. bewusst oder unbewusst anders realisiert als im Modell berechnet.

- Zur Bewertung der Konsequenzen von durchgeführten Maßnahmen fehlt oft die Datenbasis, da das Rechnungswesen die bewertungsrelevanten Sachverhalte nicht abbildet. Besonders gravierend ist dieses Problem in Bezug auf erzielte Lerneffekte bei den Modellnutzern (z.B. vollständigere mentaler Modelle, verbessertes Entscheidungsverhalten). Hier besteht leicht die Gefahr, dass FCM-Modellprojekte - aus Ermangelung von Daten – auf Basis von Einzelerfahrungen, Anekdoten und Beispielen bewertet werden.

Bei allen Schwierigkeiten ist eine Bewertung des FCM-Modells auf Basis seiner Nützlichkeit für den vorgesehenen Zweck aber unerlässlich: FCM-Projekte verursachen Aufwand und müssen daher ökonomisch gerechtfertigt sein. Ohne Bewertung tritt zudem leicht das in Kapitel D 1.1.2.5 (vgl. Seite 233f.) beschriebene „ballistische Entscheidungsverhalten" auf, d.h. das FCM-Modell existiert losgelöst vom realen System, ohne dass dessen Informationsfeedback systematisch erfasst und ausgewertet wird. Das FCM-Modell ist damit „immun" gegen Änderungen und Lerneffekte können nicht erzielt werden.

Der 6. Schritt des Vorgehensmodells ist damit unverzichtbar. Er muss bereits in Schritt 1 des FCM-Projektes geplant werden, indem festgelegt wird, wie das FCM-Modell abschließend zu beurteilen ist und welche Informationsbedarfe sich hieraus ergeben. Dies kann zur Folge haben, dass die normale Informationssammlung um zusätzliche Aspekte (z.B. hinsichtlich der Veränderung mentaler Modelle von Entscheidern) ergänzt wird oder auch gesonderte Maßnahmen zur Datengewinnung durchgeführt werden. Eine interessante Möglichkeit bietet dabei der Vergleich von Arbeitsgruppen, die das FCM-Modell nutzen, mit denjenigen, bei denen es (noch) nicht eingeführt ist [VGL. STERMAN: BUSINESS DYNAMICS 2000 S. 888]. Die Befragung der Modellnutzer kann hierbei mit standardisierten Fragebögen erfolgen [VGL. LIEBL. SIMULATION 1995, S. 228], die eine gute Vergleichbarkeit der Antworten von unterschiedlichen Personen und/oder zu unterschiedlichen Zeitpunkten ermöglichen.

1.2.2 Ansatzpunkte für eine Softwarelösung zur FCM-Erstellung

Wie die Vorstudien gezeigt haben, ist die Erstellung von FCMs mit Papier und Bleistift und ihre Auswertung durch ein Tabellenkalkulationsprogramm effektiv möglich. Eine angepasste Softwarelösung, die es ermöglicht, Kausalkarten mit verringertem Aufwand zu erfassen, zu kombinieren, zu editieren, in FCM-Modelle umzusetzen und zu berechnen, könnte die Effizienz des Prozesses jedoch deutlich steigern und gleichzeitig als Instrument fungieren, durch das alle wichtigen Aspekte eines Modellierungsprojektes online dokumentiert und bewahrt werden.

Wenn die Software darüber hinaus den Modellierungsprozess strukturiert und dem Nutzer geeignete Hilfestellungen gibt, lassen sich die in den Vorstudien gezeigten Probleme einer nicht angeleiteten Kausalkartenerstellung reduzieren. Die Kausalkartenerstellung durch die Experten (ohne Knowledge Engineer) könnte damit deutlich effektiver werden.

Nachfolgend sollen Ansatzpunkte zur Verwirklichung einer solchen Software zur FCM-Modellierung kurz erörtert werden. Hierzu wird erst die Architektur einer möglichen Softwarelösung dargestellt. Anschließend werden Einsatzpotenziale und der mögliche Funktionsumfang der Software diskutiert.

1.2.2.1 Architektur einer möglichen Softwarelösung

FCM-Modellierung ist ein iterativer und multipersonaler Prozess, d.h. ggf. vorhandene FCM-Modelle (bzw. deren Bausteine) werden von unterschiedlichen Personen an unterschiedlichen Orten und zu unterschiedlichen Zeitpunkten erstellt bzw. in ihrer jeweils aktuellen Version aufgerufen, beurteilt und ggf. geändert. Zur Schaffung einer unternehmensweit zugänglichen Instanz zur Durchführung, Überwachung und Speicherung dieser Aktivitäten bietet sich daher eine Implementierung in Form einer Client-Server Architektur an, die vorhandene Informationsinfrastrukturen (z. B. Intranet) nutzt (vgl. Abbildung E 1-15, folgende Seite).

Den verschiedenen Systemnutzern werden entsprechend ihrer jeweiligen Rolle (einfacher Nutzer, Experte, Knowledge Engineer usw.) individuelle Schreib-, Lese- und Änderungsrechte eingeräumt. Sie alle greifen über eine Server-Applikation auf Konzepte, Kausalkarten bzw. FCMs, gespeicherte FCM-Ergebnisse und ein Modul zur FCM Berechnung (hier: FCM-Applikation) zu.

E1: Vorüberlegungen zur Ausgestaltung des HAUS

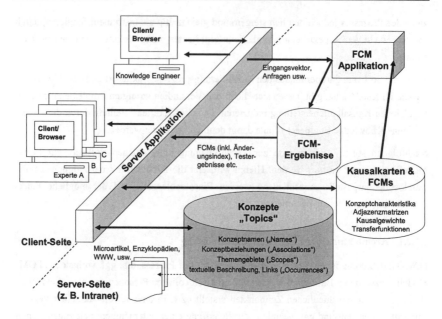

Abbildung E 1-15: Mögliche Architektur einer Softwarelösung zur FCM-Modellierung

Konzepte können in **jedem** Modellierungsprojekt vorkommen. Sie werden im **Modul Konzepte / „Topics"** in einem Standard für semantische Netze (z.B. Topic Maps - vgl. Seite 185ff.) abgebildet, da diese besonders leistungsfähig bei der Darstellung von Wissensstrukturen sind. Konzepte sind „Topics"; ihre Synonyme sind „Names". Weiterführende Informationen (z.B. Mirkoartikel oder Websites über das Konzept; Lexikoneinträge usw.) werden durch „Occurrences", also Verweis auf externe Quellen, repräsentiert. Beziehungen, die die Bedeutung von Konzepten klären, werden durch „Associations" abgebildet. Mit Hilfe des „Scope" Konzepts können Konzepte Themengebieten zugeordnet werden.

Mittels Topic Maps kann in vorhandenen FCMs navigiert, bzw. nach vorhandenen Konzepten gesucht werden. Zudem kann die gleiche Datenstruktur über andere Quellen (z.B. Websites) gelegt werden, um diese zu erschließen. Damit sind die Funktionen Text-Mining für Konzeptlisten, Ähnlichkeitsvergleich neu eingegebener Konzepte und die automatische Verlinkung von Konzepten zu Hintergrunddokumenten möglich.

Transferfunktionen von Konzepten und Kausalbeziehungen zwischen Konzepten (inkl. ihrer Gewichtung) sind – selbst für identische Konzepte – in jedem Modellierungsprojekt und bei jedem Test der erstellten FCM änderbar. Gleiches gilt für Eingangsvektoren und Konzeptcharakteristika, die Konzepte u.a. als Ziel- oder Pflichtvariable bzw. als exogene, endogene und diagnostische Variable kennzeichnen. Diese Daten werden daher getrennt von den projektübergreifenden Konzeptdaten im Modul **„Kausalkarten & FCMs"** abgelegt.

E1: Vorüberlegungen zur Ausgestaltung des HAUS

Eine Applikation greift auf die FCM-spezifischen Daten zu, berechnet die FCM und speichert die Ergebnisse in einer FCM-Datenbank. Über diese Applikation sind auch Test- und Analysefunktionen zugänglich sowie die Verknüpfung von FCMs.

Über die Benutzer-Schnittstelle müssen unterschiedliche Funktionen realisiert werden:

- Eingabe von Konzepten und Konzeptinformationen, Erstellung und Pflege von Kausalkarten und FCMs. Hierbei sind visuelle Eingabehilfen (z.b. Zeichnen der Kausalkarte am Bildschirm, Schieberegler für Pfeilgewichte etc.) unerlässlich.

- Starten der FCM Applikation (Auswahl alternativer Analysefunktionen, Eingabe von Eingangswerten, usw.)

- Ausgabe und Speicherung von Ergebnissen der Applikation (Testergebnisse, kombinierte FCMs, Ähnlichkeitsvergleiche bestehender Karten usw.)

Aufgrund dieser vielfältigen Anforderungen bietet sich die Nutzung eines Browsers zur Gestaltung der Benutzer-Schnittstelle an.

1.2.2.2 Potenziale eines Softwareeinsatzes im Rahmen der Vorgehensmethodik

Betrachtet man die Schritte der entwickelten Vorgehensmethodik und die dargestellte Software-Architektur, so wird offensichtlich, dass nicht alle Aspekte der Vorgehensmethodik gleich gut durch Software unterstützt werden können. Die Analyse von Zielen, Informationsbedarfen und Möglichkeiten zur Informationsbeschaffung (Experten, Erfassungsmethoden) in **Schritt 1 und 2** können grundsätzlich nur von menschlichen Entscheidern erbracht werden. Software könnte sie allerdings bei der strukturierten Dokumentation und Bewahrung der Überlegungen unterstützen.

Bei der Wissenserfassung in **Schritt 3** könnte eine Softwarelösung sehr weit reichende Effekte erzielen. Sie könnte durch Text-Mining-Funktionen die Erstellung von Konzeptlisten unterstützen, vor allem aber durch Verwaltung von Konzeptbegriffen einer inhaltlichen Standardisierung und Vermeidung von Dubletten dienen. Dadurch würden die Kausalkarten unterschiedlicher Experten besser verständlich und ließen sich zudem automatisch kombinieren.

Software könnte zudem die Komplexität für den erfassenden Experten oder Knowledge Engineer reduzieren, indem er durch alle erforderlichen Eingaben geleitet wird und Feedback über den Stand seiner Bearbeitung (z.B. bereits in die Kausalkarte eingebundene Konzepte oder vorhandene Pfeilgewichte) erhält. Damit würde verhindert, dass wichtige Angaben vergessen werden. Gleichzeitig könnten Analysefunktionen helfen, problematische Strukturen (z.B. definitorische und diagnostische Variablen) schon bei der Eingabe, spätestens aber in Schritt 4 zu erkennen und zu überarbeiten. Eine Software würde es zudem ermöglichen, Teile einer FCM auszublenden, um leichter die Übersicht zu bewahren. Diese Funktion wäre auch bei moderierten Gruppensitzungen von Vorteil.

Die FCM-Erstellung und die Berechnungen in **Schritt 4 und Schritt 5** durch spezialisierte Software würde gegenüber einfachen Tabellenkalkulationsprogrammen wichtige Funktionalitäten ermöglichen: Bei der Erstellung von FCM-Modellen könnten Kausalkarten unterschiedlicher Experten bzw. FCMs aus unterschiedlichen Projekten miteinander verglichen und, wo sinnvoll, automatisch verknüpft werden. Bei der Berechnung und dem Test ließen sich Feedbackschleifen und die aktiven, kritischen, passiven und trägen Variablen automatisch identifizieren und nach Bedarf variieren. Die Ergebnisse von Inputvariationen (z.B. im Rahmen von Extremwert- und Sensitivitätsanalysen) würden mitgespeichert und wären damit jederzeit einsehbar. Zudem ist eine Funktion denkbar, bei der Eingangsvektoren automatisch erzeugt und Meta-Regeln ermittelt werden.

In der Nutzungsphase **(Schritt 6)** könnte eine geeignete Software helfen, wahrgenommene Probleme oder Anomalien im Systemverhalten zu dokumentieren, damit diese Informationen für eine Verbesserung der FCM-Modelle zur Verfügung stehen.

Unabhängig davon, welche dieser möglichen Funktionen realisiert würde – bei allen Funktionen der Software wäre ein gutes Änderungsmanagement vorzusehen: Modifikationen der FCMs dürfen nicht zur (später nicht mehr nachvollziehbaren) Löschung der ursprünglichen Daten führen, sondern müssen durch einen Änderungsindex kenntlich gemacht werden, mit dessen Hilfe die Version **vor** der jeweiligen Änderung aufgerufen werden kann. Der Knowledge Engineer könnte dann anhand der Dokumentationen jederzeit nachvollziehen, unter welchen Prämissen, durch wen und zu welchem Zeitpunkt eine FCM erstellt bzw. geändert wurde und wie sie sich von vorherigen oder späteren FCM-Versionen unterscheidet. Somit ist jederzeit erkennbar, auf welchen Überlegungen des FCM-Modell beruht und läuft weniger Gefahr unreflektiert „geglaubt" zu werden.

Die genannten Funktionen lassen sich im Rahmen einer Softwarelösung zur FCM-Modellierung mehr oder minder detailliert realisieren. Zudem sind weitere Funktionen denkbar und möglich. Bei der Konfiguration des Systems ist daher eine sorgfältige Aufwand-Nutzen-Abwägung erforderlich, da nicht alles, was „mit Software geht", auch in Software realisiert werden muss: Einige Funktionen, wie das Text-Mining nach Konzepten und Assoziationen, sind per se computerbasiert und damit effektiv ausschließlich durch Software realisierbar. In anderen Fällen würden konventionelle Methoden in Software umgesetzt, um die Effizienz zu verbessern, etwa indem ein Brainwriting oder eine Kartenbefragung mittels Computertastatur erfolgt und das Struktur-Legen durch Verschieben von Symbolen auf einem Monitor. Hierdurch würden manuelle Dateneingaben bei der Übertragung von Kausalkarten in FCMs überflüssig. Wieder andere Verfahren ließen sich durch Computereinsatz zwar unterstützen, fänden im Kern aber ohne Software statt - so kann die Vorbereitung von Experteninterviews (z.B. die Gestaltung des Fragenkatalogs auf Basis des identifizierten Informationsbedarfs) und ihre Auswertung (z.B. Kategorisierung der Antworten) durch geeignete Software ggf. etwas beschleunigt werden, der Kernprozess – das eigentliche Interview – bleibt davon aber unberührt.

Es ist vor diesem Hintergrund ökonomisch sicher nicht sinnvoll, **alle** Schritte der Vorgehensmethodik komplett durch Software zu unterstützten. Im Folgenden werden daher nur einige der vielen denkbaren Softwarefunktionen und ihre jeweilige Zielsetzung näher diskutiert, wobei der Schwerpunkt auf Lösungen liegt, die den Kern der FCM-Modellierung – die Erstellung, den Test und die Feinjustage von FCMs – unterstützen können. Aufbauend auf den Ergebnissen der Vorstudie werden hierbei insbesondere Funktionen betrachtet, die es Experten erleichtern, ihr Wissen als Kausalkarte in guter Qualität verfügbar zu machen. Leitgedanke ist hierbei, die – wie die Vorstudien zeigen - unerlässliche Anleitung der Experten bei der Kausalkartenerstellung soweit als möglich durch Software zu realisieren, um damit eine dezentrale Wissenserfassung ohne Knowledge Engineer zu ermöglichen. Wird dies nicht gewünscht, so würden die vorgestellten Funktionen dem Modellierer die „Übersetzung" von Interviewprotokollen, Gruppendiskussionen und Fachartikeln in Kausalkarten und FCMs erleichtern. Damit könnte sich der „bottleneck" Knowledge Engineer stärker auf die Modellierung und Validierung der FCM konzentrieren.

1.2.2.3 Ausgewählte Funktionen einer Softwarelösung

1.2.2.3.1 Eingabe von Kausalkarten

Die Vorstudie hat gezeigt, dass das Struktur-Legen, also die gesonderte Erfassung von Konzepten und ihre anschließende Anordnung in Wissensstrukturen, ein sinnvolles Vorgehen für die Kausalkartenerstellung ist. Ein Softwaresystem sollte es den Nutzern daher ermöglichen, ähnlich der Kartenbefragung in der Vorstudie, Konzepte zunächst hintereinander zu erfassen und zu erläutern, ohne sie miteinander zu verknüpfen. Diese Erfassung wird in den nachfolgenden Abschnitten E 1.2.2.3.2 und E 1.2.2.3.3 dargestellt.

Die Verknüpfung und damit das Zeichnen einer Kausalkarte erfolgt in einem zweiten Schritt, indem der Nutzer die eingegebenen, noch unverknüpften Konzepte in einer grafischen Benutzeroberfläche als Kausalkarte anordnet (durch Anklicken und Verschieben von Konzeptsymbolen) und miteinander verknüpft (durch Zeichnen von Verbindungspfeilen). Hierbei kann es vorkommen, dass er Konzepte ergänzen muss, die bislang nicht in der Konzeptliste enthalten sind. Er muss also schnell zwischen der Konzepteingabe- und der Kausalkartenansicht wechseln können. Die in der Kausalkarte gezeichneten Verknüpfungen müssen zudem gewichtet werden. Die hierfür erforderlichen Maskeneingaben (vgl. Abschnitt E 1.2.2.3.4) müssen ebenfalls aus der Kausalkarte heraus aufgerufen werden können.

Nicht alle Nutzer erstellen erst eine Konzeptliste und ordnen diese Konzepte dann in einer Kausalkarte an. Vielmehr kann es erforderlich sein, auf Papier erstellte Kausalkarten oder

FCM, die bereits als Adjazenzmatrix vorliegen, direkt in das System zu übertragen. Entsprechende Eingabemöglichkeiten sind daher vorzusehen.

1.2.2.3.2 Eingabe von Konzepten

Die Vorstudien haben gezeigt, dass Experten ihr Kausalwissen nicht „auf der grünen Wiese" modellieren, sondern vielmehr Zielkonzepte und ggf. eine Liste relevanter Startkonzepte als Ausgangspunkt ihrer Arbeit nutzen sollten. Letztere kann u.a. durch Text-Mining-Verfahren, manuelle Auswertung von Fachliteratur oder Varianten der in der Vorstudie genutzten Kartenbefragungen ermittelt werden

Das System sollte diese für jedes Modellierungsprojekt individuell zu erstellenden Konzeptlisten für die Experten vorgeben (siehe Abbildung E 1-16 – Bereich A). Die Experten können diese Konzepte in ihre FCM übernehmen und um eigenen Angaben erweitern, oder die Konzeptliste um ganz neue Konzepte ergänzen.

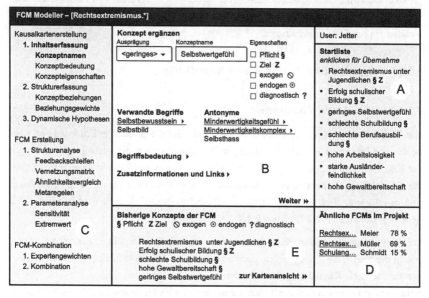

Abbildung E 1-16: Beispiel Eingabemaske zur Konzepterfassung

Dabei werden Konzepte durchgehend als zusammengesetzte Ausdrücke aus Adjektiv und Substantiv (z.B. „geringes Selbstbewusstsein") geführt. Die Adjektive können bei der Eingabe einer Standardliste entnommen werden. Die Substantive werden zur Klärung der Begriffsinhalte mit einem Eintrag in einem (ein- oder mehrsprachigen) Thesaurus verlinkt, der entweder als firmeneigener Schlagwortkatalog oder als Glossar in der jeweiligen Organisation bereits existiert, als allgemeingültiges Dokument von einem Lexikaverlag bezogen wird, oder erzeugt wird, indem die Systemnutzer bei der Ersteingabe von Konzepten Angaben zu Synonymen, Antonymen und zur Begriffsbedeutung machen (siehe Abbildung E 1-16 – Bereich B). Zudem lassen sich bei jedem Konzept weiterführende Dokumente (z.B. Links auf Mikroartikel, gescannte Fachartikel, Websites) fix hinterlegen bzw. durch entsprechende Suchfunktionen dynamisch erzeugen (siehe Abbildung E 1-16 – „Zusatzinformationen und Links"; Bereich B). Nach der Ersteingabe dieser Informationen können Anwender sie jederzeit abrufen, indem sie auf das interessierende Konzept klicken – unabhängig davon, ob es nur in einer Konzeptliste oder Experten-Kausalkarte genannt wurde, oder bereits Bestandteil der FCM geworden ist.

Bei der Eingabe jedes Konzeptbegriffs wird überprüft, ob ein gleichnamiges oder ähnliches Konzept in der Datenbank vorhanden ist. Die Ähnlichkeit kann dabei aus dem Wortstamm (ohne Deklinations- oder Pluralendungen) des Substantivs oder aus der Gleichheit von bereits genannten Synonymen oder Antonymen abgeleitet werden. Wenn gleiche Konzepte existieren, wird dem Nutzer geraten, entweder das vorhandene Konzept in der vorliegenden Ausprägung zu benutzen (und ggf. begrifflich zu ergänzen) oder das neue Konzept so differenziert zu benennen, dass eine Verwechslung mit vorhandenen Einträgen ausgeschlossen ist. Damit lassen sich Mehrfacherfassungen von Konzepten verhindern und Begriffe vereinheitlichen, um zu gewährleisten, dass gleiche Konzepte als gleich erkannt werden. Da gleiche Konzepte zudem nur in der gleichen Ausprägung vorliegen – das Konzept Selbstbewusstsein ist nach der Ersteingabe nur als „geringes Selbstbewusstsein" ansprechbar – lassen sich individuelle FCMs einfach mathematisch verknüpfen, ohne dass vor der Kombination Konzepte vereinheitlicht und Pfeilvorzeichen angepasst werden müssen.

1.2.2.3.3 Strukturierte Erfassung von ergänzenden Konzeptinformationen

Für die FCM-Modellierung sind Informationen erforderlich, die über die Begriffsbedeutung eines Konzeptes hinaus gehen – so z.B. die Information, ob eine Variable innerhalb der Modellgrenzen liegt, oder als exogen gilt. Aus diesen Angaben ergeben sich Konsequenzen für die Art und Weise, wie das Konzept in die FCM eingebunden wird.

Daher sollten bereits bei der Konzepteingabe folgende Informationen erfasst werden:

- **Kennzeichnung der Konzepte als exogene und endogene Variablen:** Eine Charakterisierung als exogene Variable führt dazu, dass für das Konzept bei der Wissensstrukturierung keine „In"-Pfeile zugelassen werden.

- **Kennzeichnung von Pflichtvariablen**, die in jedem Fall in die Kausalkarte eingebunden werden müssen, bevor diese zu FCMs weiterverarbeitet werden können.

- Definition von **Zielvariablen**, deren Zustand endogen aus dem Modell heraus berechnet wird und für die Sollwerte vorgegeben werden können.

- Kennzeichnung von Konzepten als **diagnostische Variablen**. Sie hat zur Konsequenz, dass zusätzliche Informationen zum diagnostischen Gehalt des jeweiligen Konzepts erfragt und keine „Out"-Pfeile zugelassen werden.

Wenn der Nutzer die durch die Charakterisierung der Konzepte aktivierten Modellierungsregeln verletzt (z.B. „In-Pfeile" für exogene Variablen, Fehlen von Zielvariablen), erhält er einen Warnhinweis. Hierdurch lassen sich der Aufwand für die Überarbeitung von expertenerstellten Kausalkarten zu Beginn des vierten Vorgehensschritts („Grobentwurf") reduzieren und Fehler des Knowledge Engineers minimieren. Die Eingabe der Konzeptcharakteristika, die die jeweils gültigen Modellierungsregeln in Kraft setzen, kann einfach durch Anklicken entsprechender Felder (vgl. Abbildung E 1-16; ankreuzbare Eigenschaftsfelder im Bereich B) erfolgen.

Zu den wichtigen Konzeptinformationen gehören auch Angaben über die Art der Impulsweitergabe. Hierzu bietet es sich an, den Nutzer die Richtigkeit von Aussagesätzen (z.B. „Jede Änderung von Konzept X hat sofort starke Auswirkungen auf nachfolgende Konzepte" oder „Konzept X muss sich stark verändern, bevor dies Konsequenzen für nachfolgende Konzepte hat") bewerten und kurz verbal begründen zu lassen. Dies erfolgt in Folgemasken zur Konzepterfassung (vgl. Abbildung E 1-16: „Weiter"-Funktion in Bereich B). Dem Knowledge Engineer stehen damit wichtige Informationen für die Wahl der geeigneten Transferfunktionen zur Verfügung.

1.2.2.3.4 Strukturierte Erfassung von Informationen zu Konzeptbeziehungen

Experten müssen nicht nur Konzeptinformationen liefern, sondern auch Angaben zur **Vergabe von Konzeptgewichten** machen. Sie können durch 3, 5 oder 7 Items auf natürlich sprachlichen Skalen erfolgen. Wenn stärker differenzierte Gewichte gefordert sind, ist die Anwendung eines Schiebereglers angebracht, bei dem der Experte auf einer kontinuierlichen Skala (z.B. „gar nicht" bis „sehr stark") durch Verschieben eines Pfeils anzeigt, wo in der Skala er das Pfeilgewicht ansiedeln würde.

Für den Knowledge Engineer ist zudem von Interesse, **warum** ein Experte eine bestimmte Beziehung für gegeben hält. Einerseits haben solche Kontrollfragen die Funktion der Qualitätssicherung – dem Experten kann durch sie klar werden, dass seine Argumentation nicht vollständig schlüssig ist –, anderseits dienen sie dem Knowledge Engineer als wertvolle Information bei der Erstellung der FCM und dem Test ihres Systemverhaltens.

1.2.2.3.5 Komplexitätsreduktion und Vollständigkeitskontrolle

Größere FCM Projekte werden aufgrund ihrer Komplexität schnell unübersichtlich. Eine Softwarelösung muss daher Orientierung geben, in welchem Schritt der Vorgehensmethodik sich der Nutzer befindet und welche der erforderlichen Eingaben bereits erfolgt sind bzw. noch ausstehen. Dies kann durch eine entsprechende Benutzerführung bewerkstelligt werden (vgl. Navigationsleiste im Bereich C in Abbildung E 1-16). Vor Abschluss jedes Teilschritts (z. B. vor Speicherung der Konzepteingabe) kann der Nutzer zudem auf fehlende Angaben hingewiesen werden, die er sofort oder zu einem späteren Zeitpunkt ergänzen kann.

Innerhalb einer Organisation wird ein FCM-Modellierungstool oft für ähnlich gelagerte Aufgabenstellungen genutzt werden. Es ist sinnvoll, vorhandene FCMs zu sichten, anstatt jedes Modellierungsprojekt „bei Null" zu beginnen. Die Themenstellung einer FCM muss hierzu so dokumentiert werden, dass bei Beginn eines Modellierungsprojektes zum Thema vorhandene FCMs identifiziert und als Startpunkt genutzt werden können. Sinnvollerweise sollten FCMs daher durch Texte beschrieben und gemeinsamen Themenstellungen bzw. Hauptprojekten zugeordnet werden können.

Ist ein Startpunkt in Form einer alten FCM gefunden, oder wurde eine neue Kausalkarte in das System eingegeben, die noch in eine FCM übersetzt werden muss, so sollten darüber hinaus bestehende, ähnliche FCMs erkannt werden. Ein relativ einfacher Maßstab für Ähnlichkeit ist hierbei die gemeinsame Schnittmenge für die in den verglichenen FCMs enthaltenen Konzepte. Der Prozentanteil gemeinsamer Konzepte liefert hierbei eine Relevanzzahl (vgl. Abbildung E 1-16 Bereich D). Die als ähnlich erkannten FCM können zusätzlichen Input für die Modellerstellung und den Test des Modells liefern. Zudem sind sie potenzielle Kandidaten für eine automatische, rechnerische Kombination von FCMs.

Bei allen Arbeitsschritten ist, wie bereits ausgeführt, ein schneller Wechsel zwischen detaillierten Eingabemasken und der Darstellung des Gesamtsystems als Kausalkarte bzw. FCM erforderlich. Zudem sollte jeder Darstellung zu entnehmen sein, welche der Konzepte der Konzeptliste bereits in die Kausalkarte eingebunden sind. Bei der Maskendarstellung in Abbildung E 1-16 erfolgt das in Bereich E. Bei einer grafischen Kausalkartendarstellung kann dies erfolgen, indem die noch nicht verknüpften Konzepte als Symbole am Seitenrand aufgeführt werden. Sie können dann durch Anklicken und Verschieben in die Kausalkarte integriert werden.

1.3 Fazit der Vorüberlegungen zur Ausgestaltung des HAUS

In den beiden vorangegangenen Abschnitten wurde mit der entwickelten Vorgehensmethodik und den Ideen für eine softwaretechnische Lösung ein Weg aufgezeigt, wie die Erstellung von FCM-Modellen systematisch und effizient erfolgen kann. Hierbei wurden sowohl die in den vorangegangenen Kapiteln aus der Literatur abgeleiteten Empfehlungen zum Knowledge Mapping und zur Erstellung von FCMs (vgl. Abschnitt C 2.3.1, Seite 175ff. und D 2.2, Seite 260ff) berücksichtigt als auch die Erkenntnisse über Schwierigkeiten und Verbesserungspotenziale aus den drei durchgeführten Vorstudien.

Für die Ausgestaltung des HAUS stehen damit ein Ablaufplan (vgl. Abbildung E 1-17 rechts) und – zumindest auf konzeptioneller Ebene – ein Werkzeug zur Verfügung, welche die Erfassung und Modellierung komplexer Wissensgefüge unterschiedlicher Experten ermöglichen. Damit sind auch große FCM-Projekte, wie sie die drei verknüpften Modellebenen des HAUS (vgl. Abbildung D 3-2, Seite 299) darstellen, zu bewältigen.

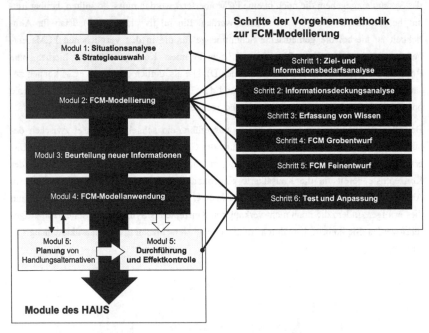

Abbildung E 1-17: Zusammenhang zwischen Vorgehensmethodik und Modulen des HAUS

In ihrer jetzigen Ausgestaltung sind Vorgehensmethodik und Software jedoch vollkommen unspezifisch: sie können **für jedes beliebige FCM-Projekt** eingesetzt werden. Zudem werden, wie Abbildung E 1-17 zeigt, **nur wenige Module des HAUS** durch sie unterstützt. So umfasst die Vorgehensmethodik zwar alle Phasen der Modellerstellung in Modul 2, streift die Module 1, 3 und 4 aber nur am Rande.

Modul 1 – die Situationsanalyse und Strategieauswahl - beinhaltet Überlegungen zu den Rahmenbedingungen, Zielen, Informationsbedarfen und möglichen Informationsquellen des Entwicklungsprojektes. Es entspricht damit dem ersten Schritt der Vorgehensmethodik, geht aber stellenweise inhaltlich darüber hinaus, da der Rahmen weiter gespannt wird: Nicht nur die für die FCM-Erstellung erforderlichen Informationen, sondern alle für das FFE relevanten Aspekte müssen hier berücksichtigt werden.

Modul 3 und **Modul 4** beziehen sich auf die eigentliche Modellnutzung im laufenden Betrieb. Da Modelltest, Modellnutzung und Modellanpassung Hand in Hand gehen, sind die Aktivitäten in diesen Modulen teilweise deckungsgleich mit dem 6. Schritt der Vorgehensmethodik. Allerdings steht bei Modul 4 des HAUS, anders als in der Vorgehensmethodik zur Modellerstellung, die Modellnutzung mit dem Ziel der Handlungsunterstützung im Vordergrund des Interesses. **Modul 5** schließlich, das sich mit der Suche und Umsetzungen von Problemlösungen befasst, wird durch die Vorgehensmethodik überhaupt nicht abgedeckt.

Für das nachfolgende Kapitel, das sich mit der Ausgestaltung der einzelnen Module des HAUS befasst, ergibt sich damit eine Zweifachzielsetzung: die Spezifikation und Darstellung aller fünf HAUS-Module und die Konkretisierung der allgemeinen FCM-Modellierungsmethodik in Bezug auf die Themenstellungen der frühen Produktentwicklungsphasen.

2 Die einzelnen Module des HAUS

In den nachfolgenden Abschnitten werden die einzelnen Module des HAUS auf Basis der Erkenntnisse vorangegangener Kapitel konkretisiert und im Gesamtzusammenhang dargestellt. Zur Illustration werden hierbei Daten verwendet, die bei der Begleitung der Frühphase einer Konzeptstudie („Laserreinigungsanlage für die Formteilformen") in einem kleinen Technologieunternehmen erhoben wurden.

Ziel dieser Untersuchung war es, **Daten aus einem konkreten FFE-Projekt in der Praxis** zu erfassen und zu prüfen, ob sie sich – im Sinne einer Machbarkeitsstudie – sinnvoll im HAUS abbilden lassen. Anwendungsüberlegungen (z.b. Können die Entwicklungsingenieure gute kognitive Karten zum Thema erstellen?) standen nicht im Mittelpunkt der Untersuchung, da diese auf der **konzeptionellen Ebene** bereits durch die Vorstudien im letzten Abschnitt berücksichtigt wurden und eine Erforschung auf der **Detailebene** einen geeigneten Softwareprototypen vorausgesetzt hätte. Ohne eine solche Software, die derzeit nicht existiert, ist die FCM-Erstellung bei großen Projekten so aufwändig und ermüdend[92], dass sich das Vorgehen in der Praxis wohl kaum bewähren und der erzielbare Nutzen des HAUS unklar bleiben würde. Ebenso war es nicht das Ziel der Studie, zu zeigen, dass der HAUS-Einsatz **zu besseren Entscheidungen im FFE** und damit zu erfolgreicheren Produkten führt. Für eine solche „Beweisführung" wären zumindest mehrere Langfristuntersuchungen erforderlich, die den HAUS-Einsatz und die mit ihm einhergehende Veränderung des Entscheidungsverhaltens von der Idee bis zum Eintritt in die Entwicklung begleiten und den späteren marktlichen und technischen Erfolg der Entwicklungsprojekte berücksichtigen. Da dies im Rahmen der Konzeptstudie nicht möglich war, sollten die erhobenen Daten daher als **Demonstrationsdaten** verstanden werden.

Nachfolgend wird die begleitete Studie zunächst grundlegend erläutert, bevor die einzelnen Module des HAUS **allgemein beschrieben** und unter Nutzung der Demonstrationsdaten **beispielhaft angewandt** werden.

---

[92] Dies zeigte sich im Rahmen der Vorstudien, bei denen Kausalkarten mit verschiedenen Medien grafisch erstellt (Pinnwand, Microsoft Powerpoint) und berechnet (Tabellenkalkulation) wurden. Jede Änderung (z.B. Ergänzung einer Kausalverknüpfung in der Kausalkarte) hatte daher manuelle Anpassungen an anderen Stellen (z.B. Änderung und Neuberechnung der Adjazenzmatrix) zur Folge. Zudem waren automatische Analysen (z.B. Identifikation von Meta-Regeln) unmöglich.

2.1 Einführung in die Konzeptstudie „Laserreinigungsanlage für Formteilformen"

Das untersuchte Unternehmen stellt Laseranlagen zur Entschichtung und Reinigung technischer Oberflächen in der Automobilzulieferer- und Gummiindustrie her. Die Produktidee, die Gegenstand der begleiteten Konzeptstudie ist, ist eine **Reinigungsanlage für Formteilvulkanisierformen**. Sie könnte zu einer neuen und für das Unternehmen wichtigen Produktplattform führen, durch die unterschiedliche Kunden weitgehend standardisiert bedient werden. Die Produktidee weist Ähnlichkeiten mit einem bestehenden Standardprodukt des Laserunternehmens auf – einer **Reinigungsanlage für Reifenvulkanisierformen** –, das nachfolgend beschrieben wird. Anschließend werden die Charakteristika des neu zu entwickelnden Produkts dargestellt.

2.1.1 Aktuelles Produkt: Mobile, automatische Reinigungsanlage für Reifenvulkanisierformen

Bei der Vulkanisation von Autoreifen bauen sich, wie auch bei anderen Gummiartikeln, Prozessrückstände in den Vulkanisierformen zu Belägen auf, die regelmäßig entfernt werden müssen. Bei herkömmlichen Reinigungsverfahren, z. B. dem Strahlen mit Sand oder Glasgranulat werden dazu die aus mehreren Teilen bestehenden Formen aus den Vulkanisierpressen ausgebaut und in die Werkstatt der Formenwartung transportiert. Dort werden sie in Strahlkabinen gereinigt. Dabei führt die abrasive Reinigung dazu, dass Profile und Gravuren in der Reifenform (z.B. für Reifenprofile und Markenlogos) sukzessive abgetragen werden, wodurch sich die Lebensdauer der Formen verringert. Zudem setzt sich oft Strahlgut in Entlüftungslöcher, die dann aufwändig freigebohrt werden müssen. Die Formenreinigung ist damit zeit- und personalintensiv: Sie benötigt, je nach Komplexität der Form und Art des Belages, zwischen 5-8 Stunden und wird von qualifiziertem Personal durchgeführt. In der Zeit, in der die Vulkanisierpressen auskühlen, die Formen ausgebaut werden, die Formenwartung stattfindet, die gereinigten Formen eingebaut werden und die Pressen auf ihre Betriebstemperatur hochfahren, stoppt die Produktion. Dadurch geht i.d.R. eine Arbeitsschicht (ca. 8 Stunden) verloren.

Gegenüber diesem konventionellen Vorgehen weist die Reinigung mit der vom betrachteten Laserunternehmen angebotenen **Reinigungsanlage für Reifenvulkanisierformen** einige Vorteile auf:

- Die Anlage ist mobil und wird in der Produktion an die jeweils zu reinigende Form herangefahren. Dort reinigt sie die **eingebaute Reifenform in der heißen Presse**, während die Produktion in der Nachbarpresse ungestört weiterläuft. Für das An- und Abdocken der Laseranlage und die Reinigung der Form werden 45 – 90 Minuten benötigt.

- Das der Anlage zugrunde liegende Reinigungsverfahren – Laserablation – ist berührungsfrei und **beeinträchtigt die Lebensdauer der Reifenformen daher nicht.**
- Die Laseranlage wird von Mitarbeitern aus der Produktion in Position gebracht und gestartet. Die eigentliche Reinigung erfolgt **voll automatisch** und ohne Überwachung durch einen Mitarbeiter. Der Personalaufwand ist daher sehr gering. Allerdings entsteht Aufwand durch den Anlagenkauf und den Betrieb.

Wirkprinzip der Anlage ist die sog. Laserablation: Das Licht eines Lasers dringt in kurzen Pulsen in die Verschmutzung auf der zu reinigenden Oberfläche ein, erwärmt sie schlagartig und bringt sie dadurch zum Abplatzen. Voraussetzung hierfür ist, dass der Belag das Laserlicht absorbiert und mit jedem „Schuss" des Lasers ausreichend viel Energie – gemessen in Joule pro cm^2 - in den Belag eingebracht wird. Wird ein Laser gewählt, dessen Licht eine Wellenlänge aufweist, die nicht absorbiert wird oder wird der Schwellenwert des erforderlichen Energieeintrags nicht erreicht, so findet keine Reinigung statt. Statt dessen kann sich das Trägermaterial erhitzen oder der Belag aufschmelzen.

Bei der Reinigung wird der gesamte Belag Stück für Stück mit Laserlicht bestrahlt und zum Abplatzen gebracht. Wirtschaftlich sinnvolle Reinigungszeiten sind daher nur möglich, wenn der Laserstrahl keinen zu geringen Querschnitt hat, also pro Puls ausreichend Fläche reinigt, und die Pulse schnell aufeinander folgen. In der Reinigungsanlage für Reifenvulkanisierformen wird ein sog. CO_2-TEA-Laser[93] mit einer Durchschnittsleistung von 200-300 Watt eingesetzt. Seine übliche Pulsfrequenz im Betrieb beträgt 100 Hertz. TEA-Laser sind Gaslaser, deren Lasermedium (CO_2 und andere Gase) durch Hochspannungsentladungen, ähnlich Blitzen, angeregt wird. Sie emittieren kurze energiereiche Pulse von ca. einer Millionstel Sekunde Länge und Pulsleistungen im Megawattbereich. Mit der für die Vulkanisierformenreinigung erforderlichen Durchschnittsleistung sind diese Laser groß und aufgrund der erforderlichen Bauteile (Hochspannungskondensatoren und -schalter, Gasumwälzung, leistungsfähige Kühlung) relativ teuer. Zudem sind sie das Nischenprodukt weniger, kleiner Anbieter, die keine großen Economies of Scale erzielen und ihre (annähernde) Monopolstellung bei der Preisgestaltung nutzen. Abbildung E 2-1 zeigt eine Vulkanisierformenreinigungsanlage im Transportzustand. Der Bearbeitungskopf liegt auf der Anlage („Wagen"), die in dieser Position mit einem Hubwagen verschoben werden kann. Die Anlage hat alle Komponenten (Laser, Filter, Kühlung usw.) „an Bord" und ist bis auf einen Stromanschluss autark.

---

[93] TEA steht für "Transversly Excited Atmposheric Pressure"; im Folgenden wird der hier beschriebenen Lasertyp CO_2-TEA-Laser in Kurzform als TEA-Laser bezeichnet.

E2: Die einzelnen Module des HAUS 379

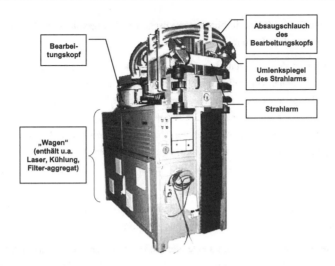

Abbildung E 2-1: Laseranlage in Transportposition (Bearbeitungskopf ruht auf der Anlage)

Abbildung E 2-2 zeigt die Anlage in Position für die Reinigung der oberen Reifenform. Während der Reinigung deckt der Bearbeitungskopf die Form ab, so dass kein Laserlicht austreten kann. Das Laserlicht wird über ein Spiegelsystem durch die Strahlführung zum Bearbeitungskopf geführt und bringt dort die Verunreinigungen zum Abplatzen. Das abgeplatzte Material wird im Kopf angesaugt und über Absaugschläuche zum Filter in der Anlage geführt.

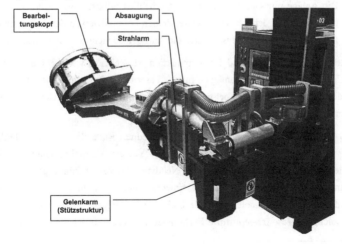

Abbildung E 2-2: Laseranlage in Reinigungsposition (Bearbeitungskopf oben für obere Presse)

2.1.2 Neue Produktidee: mobile, automatische Reinigungsanlage für kleine Formteilvulkanisierformen

Die Notwendigkeit der Reinigung von Vulkanisierformen besteht nicht nur bei Autoreifen, sondern in der gesamten Gummiindustrie, also z.B. bei der Fertigung von Dichtringen, Gummistiefeln und Pipettenköpfen. Manches Gummi-Formteil ist hierbei durchaus „high-tech" und beruht auf komplexen Geometrien und ausgeklügelten Gummimischungen. Das Laserunternehmen erhält immer wieder Anfragen von Gummiartikelherstellern, die Lösungen für ihren Reinigungsbedarf suchen. Dies ist Ausgangspunkt der Produktidee: **eine mobile, automatische Reinigungsanlage für die Vulkanisierformen, die bei der Fertigung kleiner Formteile zum Einsatz kommt.**

Im Vergleich zur Reinigungsanlage für die Reifenindustrie muss diese Anlage nach ersten Erkenntnissen allerdings deutliche Unterschiede aufweisen:

- Der Bearbeitungskopf muss eine viel größere Bandbreite unterschiedlicher Formen abdecken. Während Reifen in der Außengeometrie klar definiert sind (rund, 12-15 Zoll Durchmesser), und damit verlässlich auf das Aussehen der Reifenvulkanisierformen geschlossen werden kann, sind die Geometrien von Formteilen nahezu beliebig.

- Die Anlage muss insgesamt kleiner und wendiger sein, um an kleinere, enger stehende Vulkanisierpressen heranfahren zu können.

- Die Anlage muss in der Anschaffung erheblich billiger sein, da der Gesamtreinigungsbedarf in den vergleichsweise kleinen Formteilwerken deutlich geringer ausfällt als in der Reifenindustrie, sich die Anlage also nicht so schnell amortisiert.

Die Forderung nach Größen- und Kostenreduktion ist – ebenso wie die Idee einer multifunktionalen, kleinen Reinigungsanlage – für das Laserunternehmen nicht neu. Dank sich abzeichnender Entwicklung in der **Technologie diodengepumpter Nd:YAG Laser** scheint sie aber erstmals realisierbar.

Nd:YAG Laser[94] sind Festkörperlaser. Ihr Lasermedium ist, anders als beim TEA-Laser, kein Gas, sondern ein künstlich erzeugtes Kristall – Yttrium-Aluminium-Granat (YAG), das bei der Herstellung mit dem seltenen Metall Neodym (Nd) verunreinigt („geimpft") und dadurch zum Lasermedium wird. Um das Lasermedium anzuregen (zu „pumpen"), können u.a. **Laserdioden** – Halbleiterbauelemente, die Licht mit Lasereigenschaften abgeben – genutzt werden. Solche **laserdiodengepumpte Festkörperlaser** haben in letzter Zeit Leistungsklas-

---

[94] Nd:YAG steht für „Nedoym geimpftes Yttrium-Aluminium-Granat"; dieser Lasertyp wird nachfolgend vereinfachend als YAG-Laser bezeichnet.

sen erreicht, die mit denen von Gaslasern vergleichbar sind und werden, u.a. zum Laserschweißen, erstmals kommerziell angewendet. Sie geben allerdings kontinuierliches Licht ab. Für die Laserablation sind dagegen kurze **Pulse** erforderlich, für deren Erzeugung im Laser sog. Güteschalter eingesetzt werden, durch die die Laserentladungen in kurzen Abständen schlagartig erfolgen. Aufgrund technischer Restriktionen müssen diese Entladungen beim diodengepumpten YAG Laser sehr viel schneller aufeinander folgen, als beim TEA Laser: Die Repetitionsrate liegt bei 50-100kHz an Stelle von 10-100Hz. Bei vergleichbarer Durchschnittsleistung sind die erzielbaren Pulsenergien daher niedrig. Um trotz niedriger Pulsenergien die für die Ablation kritische Menge an Energie in den Belag einzubringen, muss der Fleck, mit dem das Licht auf die Fläche auftrifft, deutlich kleiner sein als beim TEA Laser. Entsprechend muss der Laserstrahl auf dem Belag häufiger nachgeführt werden.

Weitere Unterschiede ergeben sich durch die unterschiedlichen Wellenlängen von TEA und YAG-Laser. Sie ermöglicht es, YAG-Licht über **flexible Lichtwellenleiter** aus Glasfasern „um Ecken" zu transportieren, ohne dass Spiegelanordnungen erforderlich sind. Die billige, leichte und flexible Strahlführung des YAG Lasers gehört zu seinen entscheidenden Vorteilen. Zudem ist er deutlich **kleiner als ein TEA Laser**: Kristalle benötigen weniger Platz als Lasergas, auf Gasumwälzung und Hochspannungsaggregate kann verzichtet werden. Die **Betriebskosten sind niedriger** als beim TEA Laser: Laserdioden haben sehr lange Lebensdauern, Laserkristalle verbrauchen sich – anders als Lasergas – gar nicht. Die Investitionsausgaben für YAG und TEA Laser bewegen sich in der gleichen Größenordnung, wobei der YAG Laser (noch) etwas teurer ist. Da der YAG Laser vom grundsätzlichen Aufbau etwas einfacher ist als der TEA, in immer größeren Stückzahlen produziert wird und der Preis für Laserdioden sinkt, ist damit zu rechnen, dass der **Preis für YAG Laser mittelfristig deutlich unter den von TEA Lasern** sinkt.

Für eine kleine, mobile Anlage scheint der YAG damit prinzipiell geeignet. Eine solche Anlage ist allerdings keine „heruntskalierte Reifenformenreinigungsanlage mit anderem Laser", sondern ein vollständig neues Maschinenkonzept.

2.1.3 Charakterisierung der Konzeptstudie

Eine auf YAG-Laser basierende, kleine **automatisierte** Reinigungsanlage für die Gummiformteilindustrie wäre radikal neu. Entsprechend existieren bei einem solchen Projekt hohe Unsicherheiten, die sich nicht nur auf die technische Umsetzung beziehen:

- Der Reinigungsbedarf und die Rahmenbedingungen der Formteilfertigung sind nicht im Detail geklärt. Das Unternehmen vermutet, dass es Erfahrungen aus der Reifenindustrie übertragen kann. Es hat zudem mehrere Anfragen von Formteilherstellern auf der Suche nach Alternativen zu konventionellen Reinigungsverfahren erhalten, die als Informationsbasis genutzt werden können. Eine systematische Erfassung von Kundenanforderungen hat jedoch bislang ebenso wenig stattgefunden, wie eine Segmentierung des Formteilmarktes und eine Abschätzung der Marktgröße.

- Aufgrund des Wellenlängenbereichs des YAG Lasers wird erwartet, dass sich Trägermaterialien und Verschmutzungen bei der Reinigung anders verhalten als bei der Reinigung mit TEA Lasern. Es sind daher derzeit keine verlässlichen Aussagen über Reinigungsleistungen und mögliche Restriktionen möglich

Aufgrund dieser Unsicherheiten plant das Unternehmen eine **Konzeptstudie**, auf deren Basis entschieden wird, ob die Produktidee weiter verfolgt und ggf. zum späteren Produktentwicklungsprojekt werden soll. Wenn diese Studie nicht erfolgreich ist, wird die Produktidee aufgegeben und das FFE nicht vollständig durchlaufen. Wenn die Studie zu erfolgversprechenden Ergebnissen kommt, so kennzeichnet sie dennoch nicht den Übergang vom FFE zu späteren Entwicklungsphasen: Bevor das erarbeitete vorläufige Produktkonzept Gegenstand eines Entwicklungsprojektes wird, sind u.a. weitere Konzepttests sowie Portfolioüberlegungen erforderlich. Dem üblichen Innovationsprozess des Unternehmens entsprechend, müssen zudem Kunden akquiriert werden, die die Entwicklung fachlich und ggf. finanziell begleiten. Des weiteren sind Budget-, Ressourcen- und Zeitplanungen zu erstellen. Die Konzeptstudie deckt damit nur einen Ausschnitt des FFEs ab. Sie ist aber nichts desto trotz geeignet, die HAUS-Anwendung zu illustrieren.

2.2 Modul 1: Situationsanalyse und Strategieauswahl

2.2.1 Allgemeine Beschreibung von Modul 1

Das HAUS unterstützt die Informationssammlung und Entscheidungsfindung bei allen FFE-Aktivitäten, durch die eine Produktidee sukzessive konkretisiert und schließlich ein Produktkonzept festgelegt wird. Damit ist zu Beginn des HAUS-Einsatzes i.d.R. ein wichtiger Schritte des Front Ends bereits durchlaufen: Das Unternehmen hat Produktideen entwickelt und eine Entscheidung darüber getroffen, welche Idee(n) so Erfolg versprechend erscheinen, dass sie einer näheren Untersuchung unterzogen werden. Es liegen somit funktionale Beschreibungen eines oder mehrerer potenzieller Produkte vor[95].

Im ersten Modul des HAUS muss festgelegt werden, für welche dieser Produktidee(n) und **mit welcher konkreten Zielsetzung** die Modelle des HAUS erstellt werden sollen und **welche Informationen** für die Modellerstellung erforderlich und beschaffbar sind.

2.2.1.1 Zielanalyse

Die Informationssammlung und Analyse von Produktideen mit Hilfe des HAUS kann mit unterschiedlicher strategischer Zielsetzung erfolgen. Sie kann dazu dienen, das im HAUS dokumentierte Wissen aus vorangegangenen Projekten auf **ein** aktuelles Entwicklungsvorhaben zu übertragen und künftige Probleme und Restriktionen Modell gestützt zu antizipieren. Ein solches Vorgehen entspricht der „Philosophie" des **„front-loadings"**: Durch den HAUS-Einsatz werden Informationen früher gewonnen und verarbeitet, so dass die Lösungsfindung beschleunigt werden kann (vgl. Abschnitt B 2.2.1.2, Seit 54f.).

Gleichzeitig kann das HAUS eingesetzt werden, um Handlungsspielräume auszuloten und zu erhalten. In diesem Fall wird auf eine frühe Auswahl einer Produktidee bzw. eines Produktkonzeptes verzichtet und das HAUS genutzt, um **mehrere** alternative Produktideen parallel abzubilden und zu verfolgen bis ausreichend Informationen für eine qualifizierte Auswahlentscheidung vorliegen. Zudem können Eventualpläne erstellt werden, die bei geänderten Umfeldbedingungen Reaktionszeiten reduzieren. Diese Form des HAUS-Einsatzes entspricht der Strategie der **Flexibilisierung** (vgl. Abschnitt B 2.2.1.3, Seite 55f.).

In beiden Fällen liefert das HAUS lediglich den Rahmen bzw. das Werkzeug für die Strategieumsetzung. Im Rahmen der Zielanalyse muss für jedes Projekt individuell geklärt wer-

---

[95] Es ist allerdings auch denkbar, die ersten Modelle des HAUS bereits in der Phase der Ideengenerierung zu nutzen, um das vorhandene Wissen über sich abzeichnende Markt- und Technologiechancen abzubilden und zu bewahren.

den, ob und wenn ja welche Produktideen parallel betrachtet und wie stark vorhandenen Informationen, wie z.B. alte HAUS-Modelle, berücksichtigt werden sollen.

Prinzipiell wird **für jede betrachtete Produktidee ein kompletter Satz an FCMs** erstellt, der aus Umfeld-Anforderungs-Modell, Technologie-Machbarkeits-Modellen, Komponentenmodellen für jeden relevanten Funktionsträger des Produktes sowie einem integrierenden Gesamtprojektmodell besteht (vgl. Abschnitt D 3.2, Seite 298ff.). Allerdings sind Situationen denkbar, in denen ein Rückgriff auf FCM-Modelle aus anderen aktuellen oder abgeschlossenen HAUS-Projekten möglich ist, so dass nicht alle FCMs vollständig neu erstellt werden müssen. Dies ist z.B. der Fall, wenn die selbe Technologie in unterschiedlichen Projekten zum Einsatz kommt, so dass ein einmal erstelltes Technologie-Machbarkeits-Modell mehrfach verwendet werden kann. Auch ist es denkbar, dass sich Kundenanforderungen für unterschiedliche Produktvarianten (z.B. Varianten eines Haushaltsgeräts) und unterschiedliche Märkte (z.B. Haushaltsgerätemarkt in USA und Europa) in Teilbereichen gleichen, so dass ein für eine Situation erstelltes Umfeld-Anforderungs-Modell den Grundstock für andere benötigte Modelle dieser Art liefern kann. Im ersten Modul des HAUS ist es daher zweckmäßig, Informationsbedarfe und **Planungserfordernisse über die einzelne Produktidee hinaus** zu berücksichtigen und Zielsetzungen für die FCM-Modellierung entsprechend zu formulieren. Dies beinhaltet die Einordnung von Produktideen in bestehende oder künftige Produktplattformen.

Zur Zielformulierung gehört neben der inhaltlichen Eingrenzung der Modellierungsaufgabe und Bestimmung der zu erstellenden FCMs auch die **Festlegung des zu betrachtenden Planungszeitraums**. Er ist unter Berücksichtigung von Entwicklungs-, Markt- und Entsorgungszyklen zu bestimmen Ausgangspunkt ist jeweils ein Satz von FCMs, der die aktuelle Situation abbildet und in Abhängigkeit der veränderlichen Umfeldfaktoren in die Zukunft fortschreibt. Dies erfolgt rechnerisch, indem die FCM der aktuellen Situation mit den aktuellen Konzeptzuständen initialisiert und ermittelt wird, welche Zustände (z.B. Werte unterschiedlicher Kundeanforderungen) die Variablen der FCM zu unterschiedlichen Betrachtungszeitpunkten annehmen. So lässt sich bspw. feststellen, welche Anforderungen und technische Möglichkeiten bei der Markteinführung, im 3. Jahr des Marktzyklus, im 5. Jahr des Marktzyklus, am Ende des Entsorgungszyklus usw. bestehen. Diese Berechnung setzt allerdings zwei Dinge voraus:

- Die FCM muss von Anfang an alle Konzepte enthalten, die irgendwann einmal eine Rolle spielen. Dies bedeutet, dass Einflussfaktoren, die erst im Entsorgungszyklus bestehen werden, bereits bei der Modellierung der IST-Situation berücksichtigt, aber bei der Berechnung der FCM so lange ausgeschaltet werden, bis sie tatsächlich auftreten. Die Stärke ihrer Verknüpfung mit anderen Konzepten muss zu jedem Betrachtungszeitpunkt gleich sein.

- Alle Kausalbeziehung zwischen Konzepten müssen in etwa die gleiche Wirkgeschwindigkeit haben. Wo dies, wie bei langen Betrachtungszeiträumen zu erwarten, nicht der Fall ist, müssen sie unter Zuhilfenahme von **„Dummy-Knoten"** (vgl. Seite 277) in der entsprechenden Zeiteinheit (z. B. ein Monat oder Jahr) getaktet werden.

Die Anforderungen, insbesondere die Anforderung konstanter Beziehungsgewichte, sind schwer zu erfüllen. Zudem führt die Verwendung von „Dummy-Knoten" zwingend zu großen und komplexen Modellen. Eine alternative Möglichkeit zur Berücksichtigung zeitlicher Dynamik ist es, zu Beginn des FCM-Projektes festzulegen, **welche Betrachtungszeitpunkte besonders relevant sind** und für diese Zeitpunkte **jeweils einen Satz von FCMs** zu erstellen. Es wird also bspw. zunächst ein Satz von FCMs erstellt, der ausgehend vom IST abbildet, welche Umfeldfaktoren bis zum Zeitpunkt der Markteinführung auf Kundenanforderungen, technische Lösungen und Zielerfüllungsgrade wirken. Anschließend werden weitere Betrachtungszeitpunkt gewählt (z.b. Mitte des Marktzyklus, Beginn der Entsorgung) und geprüft, ob die bereits erstellten FCMs die Gegebenheiten zu diesen Zeitpunkten vollständig abbilden oder ob Umfeldfaktoren ergänzt, Kausalgewichte verändert, Konzepte gelöscht usw. werden müssen. Auf Basis der aktualisierten FCMs lassen sich die neuen Systemzustände im Betrachtungszeitpunkt rechnerisch ermitteln.

Die Betrachtungszeitpunkte können hierbei zeitgesteuert gewählt werden (z. B. eine gesonderte FCM für jeweils zwei Planungsjahre) oder durch Ereignisse gesteuert werden (z.B. FCM für den Zeitpunkt der Markteinführung in den USA). Die **zeitgesteuerte Auswahl von Betrachtungszeitpunkten** ist sinnvoll, wenn häufige, aber geringe Veränderungen zu erwarten sind. Die **ereignisgesteuerte Auswahl** ist zweckmäßig, wenn vermutlich wenige und starke Veränderungen auftreten werden [VGL. LIEBL: SIMULATION 1995].

Bei weit in der Zukunft liegenden Betrachtungszeitpunkten ist es denkbar, dass sich das Entwicklungsteam nicht darauf festlegen kann, wie die zukünftige Situation sein wird und welches FCM-Modell sie adäquat wiedergibt. Zusätzlich zu einer FCM-Modellierung, die auf der wahrscheinlichsten Zukunftsentwicklung beruht, können daher auch FCMs für denkbare und/oder extreme **Alternativszenarien** erstellt werden.

Die Zielformulierung, also die Problemeingrenzung und die Festlegung des Betrachtungszeitraums, ist eine anspruchsvolle Aufgabe, bei der Personen aus unterschiedlichen Funktionsbereichen unterschiedliche Auffassungen haben könne. Wenn innerhalb des Entwicklungsteams keine Zielklarheit herrscht und evtl. bestehende Zielkonflikte nicht erkannt werden, besteht die Gefahr der in Abschnitt D 1.1.2.1 (vgl. Seite 228ff.) beschriebenen typischen Mängel der Handlungsregulation, wie z.B. die „Einkapselung" und isolierte Bearbeitung kleiner Teilaufgaben oder „thematisches Vagabundieren". Gerade in den sehr frühen Phasen lassen sich Entwicklungsziele (z.B. die zu erfüllenden Anforderungen) allerdings selten detailliert und mit großer Klarheit formulieren, da sie auf Basis der im FFE beschafften

Informationen erst konkretisiert werden müssen. Zudem existieren bei den Beteiligten möglicherweise individuelle Zielsetzungen: so kann der Leiter der Elektrokonstruktion das neue Produkt bspw. als Chance betrachten, seine Mitarbeiter mit einer neuen Technologie vertraut zu machen, mit der sich das Unternehmen nach seiner Ansicht schon lange hätte befassen sollen. Die mechanische Konstruktion könnte das gleiche Projekt dagegen als Möglichkeit verstehen, die bestehende Produktplattform zu pflegen. Werden solche unterschiedlichen Zielsetzungen nicht offensichtlich, so sind Zielkonflikte zwischen einer auf Neuerung ausgerichteten Elektro- und einer auf Bewahrung fokussierten Mechanikkonstruktion unvermeidbar.

Es ist daher notwendig, dass das Entwicklungsteam ein **gemeinsames Verständnis** der Sachverhalte entwickelt, die es mit dem HAUS abzubildenden gedenkt, Ziele klar formuliert, bestehende Unsicherheiten diskutiert und implizit getroffene Annahmen thematisiert. Dazu können Sitzungen nach der Soft System Methodology beitragen, in denen die unterschiedlichen Problemsichten erörtert werden. Da das Verfahren, wie in Abschnitt C2.1.3 (vgl. Seite 162ff.) gezeigt, allerdings aufwändig ist und keine konkreten Empfehlungen gibt, wie genau ein Team zu gemeinsamen „root definitions" (vgl. Seite 164) gelangt, ist es lediglich als erster Schritt des Zielfindungsprozesses geeignet. Sein Einsatz ist gerechtfertigt, wenn stark unterschiedliche Problemsichten zu erwarten sind. Bei „normalen" Entwicklungsprojekten, die Aufgaben gleichen, die das Team üblicherweise bewerkstelligt, ist ein solches Vorgehen dagegen kaum notwendig. Allerdings sollte eine **Überprüfung der Zielauffassung** durch (Checklisten-)Befragungen erfolgen.

2.2.1.2 Informationsbedarfsanalyse und Informationsdeckungsanalyse

Mit der Festlegung der zu erstellenden Teilmodelle und der dabei zu berücksichtigenden Betrachtungszeitpunkte ist die Zielfestlegung des HAUS-Projektes abgeschlossen. Ihr schließt sich die **Informationsbedarfsanalyse** an, die auf Grundlage der generellen Informationsbedürfnissen im FFE und der im konkreten Projekt bereits vorliegenden Informationen erfolgt. Letztere unterscheiden sich von Projekt zu Projekt: Eine durch Demand-Pull entstandenen Produktidee ist in Bezug auf Kundenanforderungen möglicherweise schon sehr weit reichend umrissen, in Bezug auf die Funktionsträger und Technologien aber noch unklar. Bei einem Technology-Push-Projekt sind dagegen ggf. bereits umfassende Analysen künftiger technologischer Entwicklungen erfolgt, doch besteht möglicherweise große Unklarheit über Markterfordernisse. Eine wichtige Rolle spielt zudem, ob die Produktidee Ähnlichkeiten mit Vorläufer- und bereits bestehenden Konkurrenzprodukten aufweist, für die Informationen vorliegen, oder ob sie radikal neu ist.

Die Informationsbedarfsanalyse muss daher für jedes HAUS-Projekt individuell erfolgen. Als Orientierung dienen die Tabelle E 2-1 aufgeführten Informationsbedarfe für die Erstellung der

FCM-Teilmodelle. Wenn diese Informationen nicht vorliegen, müssen im Rahmen der Informationsdeckungsanalyse Informanten identifiziert werden, die über die fehlenden Informationen verfügen. Zudem müssen geeignete Methoden zur Erfassung des Informantenwissen ermittelt werden. Für Komponentenmodelle und Gesamtprojektmodelle kommen hierbei vor allem interne Experten in Frage, die unmittelbar befragt werden.

FCM Teilmodell	Informationsbedarf
Umfeld-Anforderungs-Modell (UAM)	Kundenanforderungen an das Produkt Einflussgrößen auf Kundenanforderungen (Umfeld)
Technologie-Machbarkeits-Modell (TMM)	Funktionsträger (Komponenten) des Produktes Mögliche Technologien zur Realisation der Funktionsträger Anforderungen an Technologien zur Realisation der Funktionsträger Einflussgrößen auf Technologieentwicklung (Umfeld)
Komponentenmodell (KM)	Qualitätsmerkmale der einzelnen Komponenten (tw. aus TMM) Anforderungen an das Gesamtprodukt (tw. aus UAM) Wirkung der Qualitätsmerkmale der jeweiligen Komponente auf Anforderungen („Komponentenqualität") Zeitbedarf für die Entwicklung der jeweiligen Komponente („Komponentenentwicklungszeit") Aufwand für die Entwicklung der jeweiligen Komponente („Komponentenentwicklungskosten") Beitrag der Komponenten zur Gesamtprojektqualität, zum Gesamtprojektaufwand und zu Gesamtprojektkosten
Gesamtprojektmodell (GPM)	Anteil jeder Komponente: • an der Produktqualität des Gesamtprojekts • am Entwicklungszeitbedarf des Gesamtprojekts • am Entwicklungsaufwand des Gesamtprojekts Qualität, Zeit, Kosten für alle Komponenten (aus KM)

Tabelle E 2-1: Informationsbedarfe für die Teilmodelle des HAUS

Zur Erstellung von Umfeld-Anforderungs- und Technologie-Machbarkeits-Modellen wurden in Kapitel C1 (vgl. Seite 97ff., insb. Zusammenfassung in Tabelle C1-1, Seite 150f.) bereits zahlreiche Methoden und Instrumente für die Ermittlung, Strukturierung und Prognose von Kundenanforderungen, für die Erstellung von Funktionsträgerstrukturen und für die Analyse und Prognose von Technologien dargestellt. Dort wurden auch mögliche Informanten diskutiert. Tabelle E 2-2 fasst die Ergebnisse dieser Überlegungen zusammen.

Informationsbedarf	Methoden und Instrumente zur Informationsbeschaffung	Informanten
Umfeld-Anforderungs-Modell — Hierarchie von Kundenanforderungen (1)	**Datenerhebung (Bedürfnisse, Anforderungen, Eigenschaften):** • *Sekundärerhebung:* Auswertung von Anfragen, Beschwerden, Serviceprotokollen, Beiträgen in Nutzer-Communities etc. • *Primärerhebung durch Beobachtung:* Produktnutzung durch Entwicklungsteam, Produktklinik, Marktforschungslabor, Emphatic Design, etc. • *Primärerhebung durch Befragung:* Interviews (Voice of the Customer; Critical Incident), Rep Tests, Focus Gruppen, etc. **Datenauswertung (Strukturierung und Hierarchisierung von Anforderungen und Eigenschaften):** • *Sortingverfahren:* Group Consensus; Customer Sort • *Direkte Einzelbewertung:* Statementzuordnungen, Ratingskalen • *Ermittlung von Rangfolgen:* Rangreihungen, Konstantsummenskalen Paarvergleiche • *Multivariate Verfahren:* Faktoranalyse, Multidimensionale Skalierung Conjoint Analyse **Prognose von Bedürfnissen und Anforderungen** • Trendextrapolation (Zeitreihen- und Regressionsanalyse) • Expertenbefragungen / Analyse von Veröffentlichungen • Strategische Frühinformationssysteme	Entwicklungsteam Mitarbeiter Kunden „Lead User" i.e.S. Produktnutzer Vertriebspartner Konkurrenten
Umfeld-Anforderungs-Modell — Einflussgrößen auf Kundenanforderungen (2)	**Identifikation von Einflussgrößen auf Anforderungen:** • Zerlegung des Umfelds in Umfeldbereiche; Nutzung von Checklisten und Kartenumlauftechnik • Betrachtung der Einflussfaktoren auf Gestaltungsfeldkomponenten; Nutzung des „System Grids" • Identifikation von Stakeholdern; Analyse von „root definitions" **Prognose von Bedürfnissen und Anforderungen** • Trendextrapolation (Zeitreihen- und Regressionsanalyse) • Expertenbefragungen / Analyse von Veröffentlichung • Strategische Frühinformationssysteme	wie (1), zzgl. „Stakeholder"

Tabelle E 2-2: Allgemeine Informationsbedarfs- und Informationsbedarfsdeckungsanalyse zu Beginn des HAUS-Einsatzes

Informationsbedarf	Methoden und Instrumente zur Informationsbeschaffung	Informanten
Technologie- Machbarkeits-Modell — Funktionsträger des Produktes (3)	**Ermittlung von Funktionsträgern des Produktes:** • Funktionsanalysen • Analyse von Vorläufer – und Konkurrenzprodukten • bereits vorhandene Dokumentation vergleichb. Produkte, insb. QFD	Entwicklungsteam Entwicklungs-partner, Lieferanten
Mögliche Technologien (4)	**Ermittlung relevanter Technologien:** • morphologische Kästen, Lösungskataloge • Reverse Engineering • Benchmarking (ggf. mit Lead-User Einbindung) • Analyse von Veröffentlichungen (Patente, Technologiereports, Förderprogr.)	wie (3), zzgl. Konkurrenten, Technologie-experten (inkl. „Lead User" u. Benchmarking-partner)
Einflussgrößen technologieent- (5)	**Identifikation von Einflussgrößen** wie (2) mit speziellem Bezug auf Technologien **Unterstützend: Prognose der Entwicklung von Technologien** • Trendextrapolation (Zeitreihen- und Regressionsanalyse) • Analyse von Veröffentlichungen (z. B. Patente) • Technologische Frühinformationssysteme	wie (4), zzgl. „Stakeholder"

Tabelle E 2-2: Allgemeine Informationsbedarfs- und Informationsbedarfsdeckungsanalyse zu Beginn des HAUS-Einsatzes (Fortsetzung)

Allerdings sind nicht alle in der Tabelle genannten Methoden und Instrumente für den Einsatz im FFE gleich gut geeignet: So setzt die Faktoranalyse zur Hierarchisierung von Kundenanforderungen bspw. voraus, dass bereits eine Liste von Anforderungen existiert, die aus Kundensicht bewertet werden kann und MDS erfordert die Existenz von Produkten bzw. Produktkonzepten, die verglichen werden können. Bei neuartigen Produkten sind diese Anforderungen in weiten Teilen des FFE nicht erfüllt. Viele der genannten Methoden sind zudem aufwändig und liefern sehr viel genauere, quantitative Daten als für die qualitativ orientierte FCM-Modelle erforderlich und auswertbar sind.

Im Regelfall werden aus allen genannten Methoden und Instrumenten zu Beginn eines HAUS Projektes daher jeweils nur die in Tabelle E 2-2 erstgenannten ein Rolle spielen: die Ermittlung von Kundenanforderungen durch Mitarbeiter des Unternehmens auf Basis von Kundenanfragen, Produktmodifikationen, Erfahrungsberichten usw. und ihre **Hierarchisierung durch Sortingverfahren,** die Ermittlung von Funktionsträgern durch **Funktionszerlegungen** und die Bestimmung relevanter Technologien durch morphologische Kästen, Lösungskataloge und Reverse Engineering relevanter Konkurrenzprodukte.[96] Wenn allerdings bereits andere, komplexere Verfahren zum Einsatz gekommen sind und entsprechende Informationen vorliegen oder wenn Informationsbedürfnisse gedeckt werden sollen, die über die Erfordernisse des HAUS hinaus gehen und daher aufwändigere Verfahren geplant sind, so können diese Informationen genutzt werden und sollten bei der Informationsdeckungsanalyse entsprechend berücksichtigt werden.

Anders als viele der herkömmlichen Verfahren des FFE berücksichtigt das HAUS auch **Umfeldaspekte** und damit die Frage, welche Einflussgrößen auf die ermittelten Kundenanforderungen und die Technologien zu ihrer Umsetzung wirken. Um den daraus resultierenden Informationsbedarf (vgl. Tabelle E 2-2, Zeilen (2) und (5)) zu decken, kommen Methoden und Instrumente aus der Szenariotechnik und dem Systemdenken in Frage:

- Das Unternehmensumfeld wird in Einflussbereiche (technologisch, ökonomisch, sozial, politisch usw.) aufgeteilt und in jedem Bereich werden mit Hilfe standardisierter **Checklisten oder durch Kartenumlauftechnik** wichtige Einflussgrößen und Trends identifiziert. Die Betrachtung der Einflussgrößen des Unternehmensumfelds erfolgt damit zunächst losgelöst von der konkreten Produktidee (vgl. Szenarioansatz in Abschnitt C2.2.1, Seite 169ff.).

- Die ermittelten Kundenanforderungen, Funktionsträger und Technologien einer konkreten Produktidee werden als Gestaltungsfeldkomponenten im Sinne von

---

[96] Für eine ausführliche Darstellung vgl. Kapitel C 1, insb. Abbildung C 1-3, Seite 105 und Abbildung C 1-5, Seite 113

GAUSEMEIER ET AL. betrachtet, für die spezifische Einflussgrößen ermittelt werden (vgl. Abschnitt C3.2, Seite 202ff.). Dies entspricht auch dem Vorgehen COOPERS, dessen „Critical Issue Grid" daher als Instrument zur Ermittlung von Einflussfaktoren genutzt werden kann (vgl. Abschnitt C3.5, Seite 213ff., insb. Abbildung C 3-5 auf Seite 215).

- Es werden „Stakeholder" gesucht, die aus ihrer spezifischen Situation und Anspruchshaltung heraus unterschiedliche Sichten auf das Produkt haben und die Umfeldentwicklung beeinflussen können und wollen. Die verschiedenen Sichten können hierbei im Sinne CHECKLANDS als „root definitions" formuliert werden, um zu erkennen, ob unterschiedliche Problemsichten auch unterschiedliche Einflussgrößen bzw. „Environmental Constraints" beinhalten (vgl. Abschnitt C2.1.3, Seite 162ff.).

Wie bei der Ermittlung von Kundenanforderungen, Funktionsträgern und Technologien gilt auch bei der Analyse von Einflussfaktoren, dass der HAUS-Einsatz i.d.R. nicht auf einem „informatorischen Nullstand" erfolgt: viele der Einflussgrößen und Umfeldtrends sind vielmehr bereits aus der strategischen Planung und der kontinuierlichen Umfeldbeobachtung bekannt und haben ggf. überhaupt erst dazu geführt, dass eine neue Produktidee entstanden ist. Bei der Planung des HAUS Einsatzes muss darauf geachtet werden, dass diese vorhandenen Informationen systematisch genutzt werden.

Entsprechend der projektbezogenen Orientierung des HAUS werden dazu in erster Linie Einflussfaktoren betrachtet, die **unmittelbar** auf die erhobenen Anforderungen und Funktionsträger einwirken: für ein Haushaltsgerät, z.B. einen Kochherd, würden **Einflussgrößen auf die Gestaltungsfeldkomponenten** „Anforderungen der Kunden" (z.B. Entwicklung von Küchengrößen, Ernährungsgewohnheiten, Verfügbarkeit gastronomischer Angebote) und auf die technologische Entwicklung für die geplanten Komponenten (für die technische Realisierung des Kochfelds durch „Induktionserhitzung" z.B. Konkurrenzaktivitäten, Entwicklung geeigneten Kochgeschirrs) betrachtet. Darüber hinaus sollten jedoch auch Umfeldänderungen in weiter entfernten Umfeldbereichen (z. B. Entstehung neuer Wohnformen, architektonische Trends, Energiepolitik), die mittelfristig Auswirkungen auf Anforderungen und Technologien haben könnten, berücksichtigt werden.

Die Festlegung von Methoden und Instrumenten zur Beschaffung der relevanten Umfeldinformationen ist eng mit der Entscheidung für spezifische Informanten verzahnt. Sie rekrutieren sich aus den bereits in Abschnitt C1.1 (vgl. Seite 97ff.) genannten und in Spalte 3 der Tabelle E 2-2 (vgl. Seite 389) aufgeführten Gruppen: eigene Mitarbeiter innerhalb und außerhalb der Produktentwicklung, Vertriebspartner, Endkunden, Produktnutzer, Lieferanten, Konkurrenten, Lizenzgeber bzw. sonstige Technologiegeber (z.B. Universitäten) und andere „Experten". Zu letzteren gehören auch Lead User i.w.S. (vgl. Seite 117f.). Für jeden potenziellen Informanten muss ermittelt werden, durch welche Methoden (verdeckte Analyse, offene Befragung, usw.) sein Wissen erfasst werden kann und ob mit kognitiven, motivationalen und zeitlichen Beschränkungen zu rechnen ist.

2.2.2 Beispielhafte Anwendung von Modul 1 auf die Konzeptstudie

Im Rahmen der Konzeptstudie sollte nur eine Produktidee – Reinigungsanlage für kleine Formteilvulkanisierformen mit YAG-Laser – untersucht werden. Das Produkt war grundlegend neu und wurde unabhängig von der bestehenden Produktplattform für Reifenvulkanisierformen geplant. Zu Beginn der Konzeptstudie war die Idee ist noch wenig umrissen, doch waren zentrale Funktionsträger, darunter ein diodengepumpter Nd:YAG-Laser bereits bekannt. Der anfängliche Informationsstand entsprach den Informationen, die in Abschnitt E 2.1 (vgl. Seite 377ff.) geschildert wurden. FCM-Modelle aus Vorläuferprojekten lagen nicht vor. Die Konzeptstudie sollte die aktuellen Umfeldbedingungen und technologischen Möglichkeiten sowie deren Entwicklung innerhalb der nächsten fünf Jahre beleuchten.

Die Konzeptstudie war grundsätzlicher Natur und darauf ausgerichtet, die prinzipielle Machbarkeit der Produktidee zu klären. Es bestand die Möglichkeit, dass das Entwicklungsprojekt nicht zustande kommt. Das Unternehmen wollte externe Experten daher möglichst informell einbinden und bei potenziellen Kunden (Formteilhersteller) und Lieferanten (insb. Hersteller von YAG Lasern) keine Erwartungen wecken. Bevor die generelle Machbarkeit des Konzeptes nicht ausreichend sicher war, sollte der Aufwand bei der Informationsbeschaffung zudem gering gehalten werden. Sie erfolgte daher vollständig informell, indem zwei Mitarbeiter des Laserunternehmens – einer aus dem Bereich Marketing/Vertrieb und einer aus dem Bereich Laserphysik/Engineering – potenzielle Kunden und Lieferanten zu Einzelaspekten befragten, Fachzeitschriften, Messebesuche und ihre Kontakte zu Fachkollegen nutzten und Experimente durchführten. Sie entwickeln sich somit sukzessive zu Experten. Die Modellierung in Modul 2 erfolgte dann ausschließlich auf Basis ihres Wissens.

Tabelle E 2-3 gibt die zu Beginn der Konzeptstudie vorhandenen Informationen für die FCMs der ersten Modellebene, die drängenden Informationsbedarfe, potenzielle Informanten aus Sicht des Unternehmens und Ansätze zu ihrer Einbindung wieder.

Informations-Bedarf	Vorhandene Informationen	Fehlende Informationen	Potenzielle Informanten	Methoden und Instrumente
(1) Hierarchie von Kundenanforderungen	**Vorläufige Anforderungen (abgeleitet aus Anforderungen der Reinigungsanlagen für Reifenvulkanisierformen und aus Kundenanfragen):** • Möglichst keine Unterbrechung der laufenden Produktion • Möglichst kein Formenverschleiß • Möglichst keine Änderungen an vorhandenen Pressen • Verzicht auf Ersatzformen • Geringer Aufwand Formenwartung • Geringer Investitions-, Betriebs- und Wartungsaufwand der Anlage	Konkretisierung und Gewichtung für Formteilvulkanisierformen: Bestehen unvermeidbare Gründe für Produktionsunterbrechungen, die nichts mit der Formenreinigung zu tun haben? (z.B. häufige Formenwechsel aufgrund geringer Losgrößen) Welche Rolle spielt der Formenverschleiß für die Wirtschaftlichkeit? Ist die wirtschaftliche Nutzungsdauer maßgeblich durch den technischen Verschleiß bestimmt oder werden technisch gute Formen aufgrund von Modellwechseln verschrottet? Wie teuer sind Formen? Welche durchschnittlichen Standzeiten werden erzielt? Werden derzeit Vorrichtungen zur Reinigung in der Presse vorgehalten? Wie unterschiedlich sind die Pressentypen (Höhe, Zugänglichkeit, Geometrie)? Unterscheiden sie sich innerhalb eines Produktionsstandorts? Wie groß sind die Unterschiede zwischen Formteilherstellern? Werden derzeit Ersatzformen vorgehalten? Aufwand? Wie häufig erfolgt die Formenreinigung? Welche sonstigen Wartungsarbeiten (außer der Formenreinigung) werden an den Formen durchgeführt? Lassen sich manche Tätigkeiten durch eine Laserreinigung vermeiden (z.B. Löcher ausbohren)? Aufwand der Wartung? Bedeutung der Wartung für die Produktqualität?	Eigene Mitarbeiter Vertrieb (auf Basis von Kundenkontakten, Anfragen, usw.) Formteilhersteller, die bereits Interesse bekundet haben Hersteller von Formteilformen Anbieter von Wartungsservice für Formen	Auswertung interner Dokumente (Anfragen, Vertriebsberichte) Befragung eigener Mitarbeiter Befragung von Formteilherstellern, Formenherstellern und Formenwartungsunternehmen Beobachtung betrieblicher Abläufe im Formteilwerk
(2) Einflussgrößen auf Kundenanforderungen		Komplette Analyse	Eigene Mitarbeiter Potenzielle Kunden: Formteilhersteller	Befragung von Mitarbeitern und Kunden Sichtung von Branchenzeitschriften und Konferenzen nach aktuellen Themen

Umfeld-Anforderungs-Modell

Tabelle E 2-3: Informationsbedarfs- und Informationsdeckungsanalyse der Konzeptstudie

	Informations-Bedarf	Vorhandene Informationen	Fehlende Informationen	Potenzielle Informanten	Methoden und Instrumente
Technologie-Machbarkeits-Modell	(3) Funktionsträger des Produktes	Funktionsträger des Produktes (abgeleitet aus Reinigungsanlage für Reifenvulkanisierformen): <ul><li>„Wagen"</li><li>Laser</li><li>Bearbeitungskopf</li><li>Strahlarm</li><li>Absaugung</li><li>Steuerung</li></ul>	Konkretisierung für Formteilvulkanisierformen: Andere oder zusätzliche Funktionsträger? Überflüssige Funktionsträger?	Eigene Mitarbeiter (Entwicklungsteam)	Befragung des Entwicklungsteams Befragung von Entwicklungspartnern, insb. Lieferanten
	(4) Mögliche Technologien	Im Prinzip komplett, mit Ausnahme „YAG-Laser", da ansonsten nur Rückgriff auf bestehende Technologien	Ist der Lasertyp zur Laserablation von Gummirückständen geeignet? Welche Abtragraten sind erzielbar? Wie verhalten sich Trägermaterialien? Wie kann die Strahlführung realisiert werden? Ergeben sich spezifische Sicherheitsanforderung (z.B. Augensicherheit)? Wenn Trägermaterial das Laserlicht absorbiert: Ist eine Schädigung zu befürchten? Sind Sicherheitsvorkehrungen (z.B. gesonderte Diagnostik, die Prozess stoppt) zu berücksichtigen? Werden bisherige Funktionsträger durch den Einsatz des neuen Lasertyps beeinflusst?	Eigene Mitarbeiter (Entwicklungsteam) Lieferanten von Funktionsträgern, insb. Laser und Strahlführung Anbieter kleiner, handgeführter Laserreinigungsgeräte Erfahrungen von Nutzern handgeführter Geräte	Experimente im Applikationslabor Studium von ProduktInformationen für Laser und Strahlführungssysteme Befragung von Lieferanten Studium von Produktinformationen für handgeführte Reinigungsgeräte Beobachtung der Nutzung handgeführter Geräten bei Kunden und auf Messen
	(5) Einflussgrößen Technologieentwicklung	Einsatz von diodengepumpten Nd:YAG-Lasern in anderen Abwendungs-Gebieten (z.B. Laserschweißen). Preisverfall Laserdioden	Sonstige Einflussgrößen auf Technologieentwicklung? Wird sich die Technologie durchsetzen? Welche Leistungen und Verfügbarkeiten sind im industriellen Einsatz erzielbar? Zu welchen Kosten? Wird die Technologie auf einer breiten Basis ruhen (mehrere Hersteller, laufende Produktentwicklung, weltweiter Service)?	Eigene Mitarbeiter (Entwicklungsteam) Laserhersteller VDMA Ausschuss „Lasertechnik" Lasermesse München	Befragung eigener Mitarbeiter Sichtung von Veröffentlichungen (VDMA, Messe-Proceedings, Fachzeitschriften Befragung Laserexperten (Hersteller u.a.)

Tabelle E 2-3: Informationsbedarfs- und Informationsdeckungsanalyse der Konzeptstudie (Fortsetzung)

2.3 Modul 2: FCM-Modellierung

2.3.1 Allgemeine Beschreibung von Modul 2

Wenn Ziele und Umfang des Modellierungsprojektes festgelegt und Informationsbedarfe, Informanten und Möglichkeiten zur Informationsbeschaffung prinzipiell abgeklärt sind, erfolgt die FCM-Modellierung. Sie vollzieht sich in drei Stufen, die bereits aus der Vorgehensmethodik zu FCM-Erstellung bekannt sind (vgl. Abschnitt E 1.2.1, S. 354ff.): Erfassung von Wissen in Form von Kausalkarten und „dynamischen Hypothesen", Erstellung einer konzeptionellen FCM als Grobentwurf und Erstellung einer parametrisierten FCM als Feinentwurf. Zur Sicherung der Qualität muss zudem jeder der Transformationsschritte im Gespräch mit dem Experten und durch Tests validiert werden.

Alle drei Schritte der Vorgehensmethodik müssen für jedes FCM-Modell (Umfeld-Anforderungs-Modell, Technologie-Machbarkeits-Modell, Komponentenmodelle, Gesamtprojektmodell) durchlaufen werden. Anders als in der allgemeinen Vorgehensmethodik sind die **Variablen der HAUS-Modelle** allerdings nicht vollständig frei wählbar, sondern aus unterschiedlichen Gründen **teilweise vorgegeben:**

- Es existieren **unternehmensindividuelle Startkonzepte**, die für alle Produktentwicklungsprojekte des Unternehmens relevant sind und daher in jedem Modellierungsprojekt berücksichtigt werden müssen.

- Es existieren Input- Output-Beziehungen zwischen Konzepten unterschiedlicher Modellebenen, durch die die Teil-FCMs des HAUS verknüpft und damit in ihrer Gesamtheit beurteilt werden können. Diese **„Scharniere"** sind zwingender Bestandteil eines jeden Modellierungsprojektes.

- Modelle der ersten Ebene liefern Strukturinformationen für nach gelagerte Modelle. Auf der ersten Modellebene sind daher **Kontrollvariablen** vorgegeben, anhand derer bestimmt werden kann, ob die Prämissen für die Anwendung der Modelle der nachfolgenden Ebene (noch) gegeben sind, oder ob die Modelle angepasst werden müssen.

Abbildung E 2-3 zeigt die drei Typen von vorgegebenen HAUS-Konzepten im Überblick.

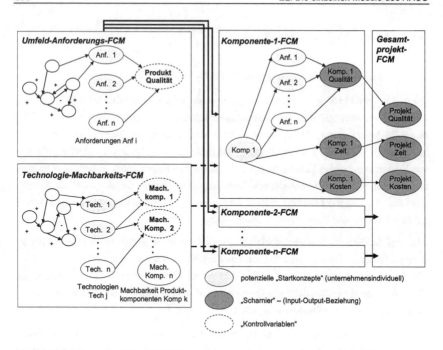

Abbildung E 2-3: vorgegebene HAUS-Konzepte

Startkonzepte ergeben sich aufgrund der Tatsache, dass Unternehmen üblicherweise ähnliche Märkte bedienen und Technologien nutzen. Beim Umfeld-Anforderungs-Modell ist bspw. davon auszugehen, dass einige **allgemeingültige Produktanforderungen** existieren, denen Kunden ggf. unterschiedliche Bedeutung beimessen, die aber prinzipiell immer eine Rolle spielen. So werden für Käufer von Werkzeugmaschinen bspw. immer Fragen der Prozessgeschwindigkeit, Präzision, Maschinenverfügbarkeit und Bedienbarkeit eine Rolle spielen – unabhängig davon, ob eine Schleifmaschine, eine Drehmaschine oder ein Bearbeitungszentrum betrachtet wird. So lang der Hersteller Werkzeugmaschinen anbietet, muss er sich bei der FCM-Modellierung mit diesen Anforderungen auseinandersetzen. Er kann sie daher als Startkonzepte des Umfeld-Anforderungs-Modells projektübergreifend definieren. Für bestimmte Produkttypen (z.B. Schleifmaschinen, Laserreinigungsanlagen) ist zudem die **Funktionsstruktur zumindest auf der obersten Betrachtungsebene immer gleich**: Wer bspw. Oberflächen mit Laserlicht reinigt, braucht immer einen Laser, einen Bearbeitungskopf, in dem das Licht auf die Oberfläche trifft und ein Strahlführungssystem, das die Distanz zwischen Strahlaustritt des Lasers und Strahlaustritt im Bearbeitungskopf überbrückt. Es spielt hierbei keine Rolle, ob das zu reinigende Werkstück eine Reifenform, ein Autoblech oder ein kleines elektronisches Bauteil ist. Damit lassen sich generelle Funktionsstrukturen erstellen, auf deren Basis rudimentäre Komponentenmodelle projektübergreifend formuliert werden können. Gleiches gilt für die Produkttechnologien, mit denen die Funktionen umgesetzt werden: da jeder Hersteller nur über eine begrenzte Zahl an Technologien verfügt, können die Einflussfaktoren auf die Verfügbarkeit und Attraktivität dieser Technologien projektübergreifend ermittelt und im Rahmen des HAUS vorgegeben werden.

„Scharniere" bestehen aufgrund des generellen Aufbaus des HAUS, bei dem Teilmodelle verknüpft werden, indem Modelle einer Ebene Inputdaten für Modelle der nach gelagerten Ebene liefern. So werden in den Komponentenmodellen Daten über Qualität, Entwicklungszeit und Entwicklungskosten für jeden Funktionsträger ermittelt, die als Input für die Betrachtung des Gesamtprojektes im Gesamtprojektmodell dienen. Die Teilmodelle werden hierbei unter Beteiligung unterschiedlicher Personen und Abteilungen erstellt (z.B. Abschätzung der Komponentenentwicklungszeit durch unterschiedliche an der Entwicklung beteiligte Fachabteilungen, wie Physik und Konstruktion). Daher ist es erforderlich, **qualitative Aussagen** inhaltlich soweit **zu standardisieren**, dass eine Kombination der Teilmodelle möglich ist. Dies beinhaltet einerseits die in den Vorstudien bereits angesprochene Notwendigkeit zur Begriffsklärung. Dies betrifft jedoch auch die Bewertung von Kausalzusammenhängen, die je nach Person und Funktionsbereich ggf. sehr unterschiedlich ausfällt: ein Entwicklungsbedarf von zwei Monaten kann einem Forscher in der Entwicklungsabteilung als gering erscheinen, einem Konstrukteur in der Anpassungsentwicklung aber als sehr hoch. Daher ist bei der Wissenserfassung die Nutzung von Item-Skalen zweckmäßig. Sie charakterisieren bspw. den Entwicklungsbedarf als hoch („mehr als 3 Mannmonate"), gering („weniger als eine Woche") und Ausprägungen dazwischen und stellen sicher, dass die Größenordnungen der qualitativen Bewertungen vergleichbar sind.

Kontrollvariable sind erforderlich, da sich im Lauf der HAUS-Anwendung nicht nur Konzeptzustände verändern können (z.B. Umfeldvariable „Wirtschaftswachstum" steigt), sondern auch die Konzeptstruktur. Änderungen im Unternehmensumfeld, die auf der ersten Modellebene modelliert werden, können z.B. dazu führen, dass vormals wichtige Kundenanforderungen an Bedeutung verlieren oder neue Technologien verfügbar werden und damit andere Komponenten realisierbar werden. In den Komponentenmodellen der zweiten Modellebene werden diejenigen Anforderungen, Technologien und Funktionsträger abgebildet, die im Zeitpunkt der Modellerstellung plausibel erscheinen. Ergeben sich nachträgliche Änderungen im Unternehmensumfeld, so ist zu prüfen, ob die Komponentenmodelle weiter Bestand haben oder modifiziert werden müssen. Die Kontrollvariablen „**Produktqualität**" und „**technische Machbarkeit**" liefern hierfür den Anstoß – wenn ein zuvor festgelegter Wertebereich über- oder unterschritten wird, werden die Komponentenmodelle überprüft und ggf. überarbeitet.

Mit Startkonzepten, „Scharnieren" und Kontrollvariablen enthält das HAUS also eine Reihe von Konzepten, die nicht vollständig frei wählbar sind, sondern bei jedem Modellierungsprojekt berücksichtigt werden müssen. Wenn, wie im Fall von Qualität, Kosten und Zeit

– den dunkelgrau hinterlegten „Scharnieren" in Abbildung E 2-3 –, teilmodellbezogenen Gesamtwerte ermittelt werden, die im Gesamtprojektmodell verdichtet werden, sind zudem Item-Skalen zur Standardisierung qualitativer Bewertungen erforderlich. Die vorgegebenen Konzepte und Item-Skalen lenken und **strukturieren die Wissenserfassung und die anschließende FCM-Modellierung**, die sowohl theoretisch als auch auf Basis der empirischen Vorstudien ausführlich in den Hauptkapiteln D 2 und E 1 beschrieben wurden. An dieser Stelle unterbleibt daher eine Darstellung.

Vielmehr soll das Vorgehen anhand der Konzeptstudie erläutert werden. Dazu wird der Prozess der Wissenserfassung für alle vier Typen von HAUS-Modellen am Beispiel der Laserreinigungsanlage für Formteilformen dargestellt. Zudem werden Aspekte der FCM-Modellierung diskutiert. Da sich das prinzipielle Vorgehen bei jedem Teilmodell wiederholt, wird hierbei allerdings nur das erste Modell – das Umfeld-Anforderungs-Modell – detailliert behandelt.

2.3.2 Beispielhafte Anwendung von Modul 2 auf die Konzeptstudie

2.3.2.1 Umfeld-Anforderungs-Modell

2.3.2.1.1 Wissenserfassung

Startpunkt der Wissenserfassung für das Umfeld-Anforderungs-Modell war die **Ermittlung von Produktanforderungen**. Als Ausgangspunkt wurde eine grobe Anforderungsliste zusammengetragen, die auf mehreren Quellen beruhte: der Befragung der Experten des Laserunternehmens, der Analyse von Lastenheften für bereits ausgelieferte Reinigungsanlagen für Reifenformen sowie dem Protokoll eines Kundenworkshops zur Anforderungsermittlung. Auf dieser Basis wurde mit Hilfe des **Gruppenkonsensverfahren** (vgl. Abbildung C 1-3, Seite 105) eine Hierarchie von Anforderungen erstellt, deren wesentliche Bestandteile in Anhang E 2.1 abgebildet sind.

Dabei zeigte sich, dass die geäußerten Kundenanforderungen (insb. die vorliegenden Lastenhefte) teilweise bereits technische Lösungen konkretisierten. Für die nachfolgende FCM-Modellierung waren solche Details (z.B. Laserfleckgröße in mm^2) bestenfalls irrelevant, hätten aber auch dazu führen können, dass sich die Produktkonzeptfindung zu stark am Status Quo orientiert.

E2: Die einzelnen Module des HAUS 399

Die Anforderungshierarchie wurde im Gespräch mit den Experten des Laserunternehmens daher verdichtet. Das Ergebnis – eine **Liste der im HAUS zu berücksichtigenden Kundenanforderungen** – ist in Abbildung E 2-4 dargestellt.[97]

> **Kundenanforderungen an das Produkt**
>
> 1 Vermeidung von Formenschäden
> 2 vollständige Reinigung
> 3 kein Schmutzschichtaufbau
> 4 kurze Rüstzeiten
> 5 kurze Reinigungsdauern
> 6 selbsterklärende Bedienung
> 7 geringe Körperkraft
> 8 geringer Zeitbedarf für Wartung
> 9 Robustheit
> 10 geringer Reparatur- & Wartungsaufwand
> 11 geringe Betriebsmittelkosten
> 12 Standard- und Wiederholteile
> 13 wenig Lärm
> 14 geschlossenes System
> 15 Infrastrukturunabhängigkeit
> 16 Prozessdatenerfassung

Abbildung E 2-4: Kundenanforderungen für die Formteilreinigung

In einem zweiten Schritt mussten **Einflussgrößen auf diese Anforderungen** bestimmt werden. Hierzu diente ein Gespräch mit den beiden Experten des Laserunternehmens, das mit Hilfe des o.g. **Critical Issue Grids** teilstrukturiert wurde.

Der in Abbildung E 2-5 dargestellte Grid diente dabei einer Sammlung von Ideen und weniger einer detaillierten Analyse, weswegen nicht alle Eintragungen vollständig erfolgten und uneingeschränkt plausibel sind.

---

[97] Der Übergang zwischen Wissenserfassung und Modellierung war fließend: zunächst wurde die in Anhang E 2.1 abgebildete Anforderungsliste erstellt und (modifziert) in eine Kausalkarte übernommen (vgl. Anhang E 2.2). Die Überarbeitung der Kausalkarte im Rahmen der FCM-Modellierung führte nicht nur zu einer neuen Kausalkarte, sondern auch zu einer Neubewertung und Verdichtung der Kundenanforderungen. Abbildung E 2-4 zeigt das Endergebnis der Anwendung von Modul 1 nach erfolgter FCM-Modellierung.

	Aufgabenumfeld des Kunden	ökonomisch	gesellschaftlich-sozial	politisch-rechtlich
Keine Schädigung der Form	kaum mehr Vorhaltung von Ersatzformen	Steigende Formenpreise aufgrund komplexerer Technik (z.B. Verzicht auf Entlüftungsbohrungen)		Produkthaftung Gummiartikel?
Gutes Reinigungs-Ergebnis	Konventionelle „Grundreinigung" verschwindet	„Hässliche" Ware ist unverkäuflich: Kosten der Nicht-Qualität steigen	Kauf nach optischer Qualität	
Schnelle Reinigung	Hängt von Reinigungskapazität und ihrer Auslastung ab, also Frage der Qualitätsstrategie (Zahl der Reinigungszyklen), Produktionsmengen, Reinigungsstrategie, usw.	Weltmarkt für Gummiartikel wächst Asien ist Wachstumsmarkt	Reinigungszyklen steigen tendenziell Verlust qualifizierter Arbeitsplätze zieht Protest nach sich!	
Leichte Bedienung	Ausbau asiatischer Werke mit geringfügig qualifizierten Bedienern; viele weibliche Bediener	Billige Löhne	Mangel an qualifiziertem Personal für Tätigkeiten in der Fertigung	
Hohe Verfügbarkeit	Mittelfristig kann die konventionelle Formenwartung nicht mehr einspringen	Formteilwerke operieren heute zumeist an ihren Kapazitätsgrenzen		
Wartungs- & Betriebskosten		Umweltbewusstsein und daraus resultierende Umweltschutzauflagen verteuern Energie- und Entsorgungskosten		
Sicherheit			Bewusstsein für Gesundheit am Arbeitsplatz	Verschärfte Regelungen zur Lärmbelastung
Infrastrukturunabhängigkeit	Flexible Werksorganisation; immer mehr Werke „auf der grünen Wiese" z.T. Probleme mit Infrastruktur in Asien			
Prozessdatenerfassung	Modernisierung der Fertigungssteuerung?			Produkthaftung Gummiartikel?

Abbildung E 2-5: Sammlung von Einflussgrößen auf Produktanforderungen (Critical Issue Grid)

Aus der Diskussion der Einflussgrößen auf Produktanforderungen ergab sich ein vorläufiges Bild der aktuellen Situation, das als Grundlage für die Erstellung eines Kausalmodells diente:

Die **Weltproduktion an Gummiartikeln wächst derzeit stark** und führt zu einem schnellen Aufbau an Produktionskapazitäten, insbesondere in Asien. Mit steigenden Produktionszahlen **wächst der Bedarf für Vulkanisierformenreinigung**, der sich zusätzlich durch ein **geändertes Qualitätsbewusstsein** erhöht: Während optische Mängel (Verfärbungen, Schlierenmuster), die sich aufgrund ungereinigter Formen ergeben, vom Kunden früher akzeptiert wurden, sind solche Produkte heute Ausschuss. Dieser Trend, der in der Reifenindustrie massiv zu bemerken ist, könnte sich auf andere Formteile ausweiten und dort zu häufigeren, planmäßigen Reinigungen führen. In der Reifenindustrie ist aufgrund einer spektakulären Rückrufaktion im Jahre 2003 zudem eine **generelle Debatte um Qualität** entbrannt. Auf dem US Markt hat sie zu schärferen gesetzlichen Regelungen geführt, was die Rückverfolgbarkeit von Produkten und ihre Zuordnung zu Werken, Produktionstagen, Schichten und Maschinen betrifft. Entsprechend bekommt das Thema einer **Prozessdatenerfassung** einen neuen Stellenwert. Zudem werden Qualitätsmanagementthemen grundsätzlich debattiert. Da viele Formteilhersteller über Konzernstrukturen mit Reifenherstellern verwandt sind, könnte dieser Trend auch auf sie wirken.

Nicht zuletzt als Folge der steigenden Qualitätsanforderungen werden **Vulkanisierformen immer komplexer und damit teurer** und mit konventionellen Reinigungsverfahren schwer zu säubern. So weisen viele Reifenformen heute keine Entlüftungsbohrungen mehr auf, sondern bestehen aus einer Vielzahl kleiner Segmente mit verdeckten Entlüftungskanälen, die sicherstellen, dass auf dem Neureifen die vormals typischen „Würstchen", die sich auf den ersten Kilometern abfahren, nicht zu sehen sind. Wenn sich dieser Trend auch bei Formteilen manifestiert, könnten zukünftig **weniger der teuren Ersatzformen vorgehalten** werden. Eine schnelle Reinigung verbessert dann die Auslastung eines teuren Produktionsguts.

Im Rahmen einer auf Flexibilität und Komplexitätsreduktion ausgerichteten Produktionsphilosophie ist es erforderlich, dass die **Reinigung möglichst unabhängig von der Werksinfrastruktur** ist, also z.B. kein Kühlwasser benötigt und keine Abluft in das Abluftsystem abgibt. Das Thema Arbeitsschutz spielt eine große Rolle, wobei relevante Verschärfungen der gesetzlichen Regelungen vor allem beim **Lärmschutz** zu erwarten sind. Steigendes **Umweltbewusstsein** und gesetzliche Regelungen zum Umweltschutz führen zu einer prinzipiellen Attraktivität des Laserreinigungsverfahrens, das aufgrund der geringen Abfallmengen und des moderaten Energiebedarfs im Vergleich zu herkömmlichen Verfahren umweltfreundlich ist. Sie führen über eine mögliche Verteuerung der **Energie- und Entsorgungskosten** aber auch zu einer wachsenden Bedeutung von Betriebskosten.

Die **Bedienung der Anlagen erfolgt durch gering qualifiziertes Personal**, in vielen asiatischen Werken von Frauen. Dies hat ökonomische Gründe (billige Löhne), wird aber durch einen Mangel an qualifiziertem Personal verursacht, da gut ausgebildete Mitarbeiter zunehmend nicht bereit sind, anstrengende und belastende Tätigkeiten in der Fertigung zu übernehmen. Die Anforderungen einer leichten Bedienbarkeit wird daher tendenziell an Bedeutung gewinnen.

Die Laserreinigung **senkt den Kapazitätsbedarf in der Formenwartung** drastisch und kann daher zu Arbeitsplatzverlusten mit entsprechenden Arbeitnehmerprotesten führen. Wenn der

Rückbau konventioneller Reinigungskapazitäten vollzogen ist, besteht in den Werken zudem kaum mehr eine Möglichkeit, den Ausfall einer Laserreinigungsanlage oder schlechte Reinigungsergebnisse (etwa der langfristige Aufbau von kleinsten Rückständen in schwer zugänglichen Formbereichen) durch konventionelle Reinigungsverfahren zu kompensieren. Entsprechend wird der **Stellenwert von Verfügbarkeit und Reinigungsergebnis** langfristig steigen.

Als Ergebnis der Gruppendiskussion wurde eine (zunächst ungewichtete) Kausalkarte erstellt, die in Anhang E2.2 abgebildet ist. Die Diskussion förderte zudem zwei relevante Erkenntnisse zu Tage, die den Anstoß zu zusätzlicher Informationsbeschaffung und weiterführenden Überlegungen lieferten:

- Implizit waren beide Experten davon ausgegangen, dass ihr Wissen über die Gegebenheiten und Trends in der Reifenindustrie auch relevant für den Formteilmarkt ist. Ihnen wurde bewusst, dass diese **Annahme erfolgskritisch, jedoch bislang kaum überprüft** ist. Insbesondere die Grundannahme, dass Formenreinigungen bei Formteilherstellern, wie in der Reifenindustrie, zu kostspieligen Unterbrechungen der im 3-Schicht-Betrieb laufenden Produktion führen, kann derzeit nicht als allgemeingültiges Faktum betrachtet werden: Es könnte durchaus sein, dass Ersatzformen in Teilen des Formteilmarktes preisgünstig sind und daher auch in großer Stückzahl vorgehalten werden können. Zudem wäre es möglich, dass Produktionslose einiger Formteile so klein sind, dass Formen ständig gewechselt werden müssen, die Formenreinigung also problemlos außerhalb der Presse erfolgen kann.

- Das Laserunternehmen muss davon ausgehen, dass sich Kundenanforderungen an die Reinigungsqualität, die Reinigungsdauer und die Anlagenverfügbarkeit in dem Maß verschärfen, in dem sich die Laserreinigung durchsetzt und Kapazitäten in der konventionellen Formenreinigung abgebaut werden. Durch diesen **sich selbst verstärkenden Effekt** könnten sich mittelfristig Verkaufsargumente verändern: während derzeit niedrige Reinigungskosten und kurze Produktionsstopps Hauptargument für die Anschaffung von Laserreinigungsanlagen sind, die Entwicklung also vorwiegend mit dem Ziel der Kostensenkung und Erhöhung der Reinigungsleistung betrieben wird, könnten Qualitätsaspekte zukünftig stärker in den Fokus der Kunden geraten. Das Unternehmen muss diese Entwicklung bei der Formulierung mittelfristiger Entwicklungsziele, beim systematischen Aufbau von Kompetenzen und bei der Festlegung der Preis- und Marketingstrategie für das neue Produkt berücksichtigen.

2.3.2.1.2 FCM-Modellierung

Die Wissenserfassung resultierte in der bereits angesprochenen ersten Kausalkarte (vgl. Anhang E2.2), die die Zusammenhänge zwischen Anforderungen und Einflussgrößen des Umfelds darstellt und die Grundlage für die Erstellung einer konzeptionellen Grob-FCM bildete.

Hierbei wurden die Aktivitäten des vierten Schritts der Vorgehensmethodik (vgl. Kapitel E1.2.1.4, S. 361f.) durchlaufen:

- Die Untersuchung der Modellgrenzen ergab keinen Änderungsbedarf – die Kausalkarte des Umfeld-Anforderungs-Modell weist sinnvolle Modellgrenzen auf, indem sie drei Variablen als exogen betrachtet, die für das Unternehmen nicht beeinflussbare Umweltaspekte beschreiben: „Qualitätsbewusstsein", „Wachstum der Weltwirtschaft" und "Sicherheitsbewusstsein".

- Die Kausalkarte enthält die dem Unternehmen bekannten Kundenanforderungen für Laserreinigungsanlagen aller Art und damit die einzigen verfügbaren Startkonzepte. Die durch das HAUS vorgegebene Kontrollvariable „Produktqualität" ist in der Karte ebenfalls enthalten.

- Die im Expertengespräch erwähnten und im Critical Issue Grid enthaltenen möglichen Arbeitnehmerproteste erschienen bei näherer Betrachtung eher unwahrscheinlich und in ihren Auswirkungen auf das Produktkonzept zudem gering. Das Konzept wurde daher nicht in die Grob-FCM übernommen.

- Die Elimination definitorischer Konzeptbeziehung führte zu einer deutlichen Veränderung der abgebildeten Kundenanforderungen (vgl. die Kausalkarten in Anhang E2.3 und Abbildung E 2-7): Hauptforderungen, wie z. B. „Leichte Bedienung" fielen weg, da sie eher definitorischen als kausalen Charakter haben. Eine „Leichte Bedienung" ist bspw. als Oberbegriff und nicht als Folge von „selbsterklärender Bedienerführung" und „geringer erforderlicher Körperkraft" zu verstehen.

- Die Suche nach diagnostischen Variablen legte offen, dass die vormalige Hauptforderung „Verfügbarkeit" einen solchen Charakter hat. Sie ist kein „Wert in sich", zeigt aber, wie oft die Laseranlage aufgrund von Störungen oder regulären Wartungsarbeiten außer Betrieb ist. Das Konzept informiert damit über die Zielvariablen „geringer Zeitbedarf Wartung" und „Robustheit" und wurde in der Kausalkarte entsprechend berücksichtigt (vgl. Abbildung E 2-7).

- Die Betrachtung der zeitlichen Wirkung der Kausalbeziehungen ergab, dass die Impulswiedergabe in etwa im gleichen Zeitraum erfolgte, weswegen auf Dummy-Knoten verzichtet werden kann.

Diese Änderungen führten zu einer neuen (vorläufigen) Kausalkarte. Zu deren Validierung erfolgte ein „structured walk through" (vgl. S. 293f.), bei dem alle Variablenbeziehungen mit den Experten überprüft und begründet wurden. Hierbei wurden sowohl falsche Pfeilvorzeichen als auch fehlende Verknüpfungen korrigiert.[98] Anschließend wurde die Kausalkarte im Gespräch mit einem der Experten mit Pfeilgewichten aus einer Item-Skala (stark, mittel, gering) versehen und in eine Grob-FCM übersetzt.

Die Erstellung einer Grob-FCM als „Simple FCM" wurde zu Gunsten einer sofortigen detaillierten Betrachtung verworfen, da die Berücksichtigung extremer Konzeptzustände (Konzept ist „an" oder „aus") für Kundenanforderungen im vorliegenden Fall keinen Sinn macht: die genannten Anforderungen bestehen immer, dürfen durch die Transferfunktion also niemals vollständig ausgeschaltet werden, verändern jedoch in Abhängigkeit vom Umfeld ihre Dringlichkeit. Ihre Stärke wird nicht ausschließlich durch Umfeldfaktoren bestimmt werden, sondern sie sollten ein „natürliches" Mindesterfüllungsniveau aufweisen:

Eine Laserreinigungsanlage, die die Form nicht vollständig (d.h. für den weiteren Fertigungseinsatz ausreichend) reinigt, die Form schädigt oder ständig defekt ist, in jedem Fall und unabhängig von den Umfeldbedingungen inakzeptabel. Für diese Anforderungen wird daher eine Mindestaktivierung von über 50% festgelegt, die unabhängig vom Input erfolgt. Dieses Mindestaktivierungsniveau wäre mit einer einfachen, binären Transferfunktion nicht ausreichend präzise darstellbar – die Konzepte wären schlicht immer „an". An Stelle einer „ simple FCM" wurde daher eine FCM erstellt, die als Transferfunktion für alle Konzepte die Tangenshyperbolicus-Funktion (vgl. Seite 274) vorsieht. Die Mindestaktivierung der drei Festanforderungen (Robustheit, vollständige Reinigung, Vermeidung von Schäden) wurde durch 0,51 modelliert, wobei der Maximalwert, den das Konzept annehmen kann, auf 1 festgelegt wurde.[99] Die FCM wurde mit unterschiedlichen Eingangsvektoren testweise berechnet; in der Folge wurden einzelne Kausalgewichte geringfügig modifiziert. Damit erfolgten Grob- und Feinentwurf in einem integrierten Bearbeitungsschritt.

Die FCM wurde anschließend mit einem Eingangsvektor berechnet, der der aktuellen Situation entspricht (alle exogene Faktoren an), um eine Rangfolge von Kundenanforderungen zu ermitteln. Sie wurde für den Validitätstest herangezogen und mit einem der Experten erörtert. Er zog hierbei mehrmals die der Berechnung zugrunde liegende Kausalkarte zu Rate, um zu verstehen, wie sich einzelne Anforderungsgewicht ergeben hatten. Z.T. führte dies dazu, dass der Experte ein für ihn auf den ersten Blick nicht einsichtiges Anforderungsgewicht akzeptierte, z.T. nahm er Änderungen in der ursprünglichen Kausalkarte vor. Die Anforderungsge-

---

[98] Die Kausalkarte in Abbildung E 2-7 (Seite 406) und das Ergebnis des „structured walk through" in Anhang E2.3 beinhalten diese und alle im Rahmen des anschließenden Feintunings und Tests erfolgten Änderungen

[99] Das gleiche Aktivierungsniveau wird für die Anforderung „Unabhängigkeit von der Infrastruktur" vorgegeben, die im Rahmen des Umfeld-Anforderungs-Modells als exogene Variable betrachtet wurde, um das Modell einfach zu halten.

wichte, die sich aus der darauf aufbauenden endgültigen FCM ergaben sind Abbildung E 2-6 (erste Spalte) zu entnehmen.

	Ausgangssituation	dyn. Hypothese 1	dyn. Hypothese 2	dyn. Hypothese 3
Robustheit	1,00	1,00	1,00	1,00
kurze Reingungsdauern	0,87 →	0,89	0,87	0,87
Vermeidung von Schäden	0,85	0,85	0,85	0,85
vollständiger Reinigung	0,84	0,84	0,84	0,84
geringer Reparatur- & Wartungsaufw.	0,83	0,83	0,83	0,83
wenig Lärm	0,72	0,72	0,72 →	-0,72
geschlossenes System	0,72	0,72	0,72	-0,72
Prozessdatenerfassung	0,66	0,66	0,66	0,33
kein Schmutzschichtaufbau	0,65	0,66	0,65	0,65
Unabhängigkeit von Infrastruktur	0,51	0,51	0,51	0,51
kurze Rüstzeiten	0,44	0,46	0,44	0,44
selbsterklärender Bedienung	0,38 →	0,38 →	0,57	0,38
geringer Zeitbedarf für Wartung	0,33	0,33	0,33	0,33
geringer Körperkraft	0,23	0,23	0,39	0,23
Standard- und Wiederholteile	0,16	0,16	0,16	0,16
geringe Betriebsmittelkosten	0,15	0,15	0,15	0,15

Ausgangssituation: Aktivierung und Fixierung der exogenen Variablen mit 1 (Qualitätsbewusstsein, Weltwirtschaft, Sicherheitbewusstsein)
dyn. Hypothese 1: wenn die Zahl der Heizzyklen gegenüber dem Ausgangszustand sinkt, wird die Reinigungsdauer wichtiger
dyn. Hypothese 2: wenn der Mangel an Fachkräften gegenüber der Ausgangssituation steigt, wird leichte Bedienung wichtiger
dyn. Hypothese 3: wenn das Sicherheitsbewusstsein gegenüber der Ausgangssituation sinkt, werden Lärmschutz und Systemabschluss weniger wichtig

Abbildung E 2-6: Anforderungsgewichte und dynamische Hypothesen im Umfeld-Anforderungs-Modell

Diese FCM wurde anhand von drei dynamischen Hypothesen geprüft, auf deren allgemeine Gültigkeit sich das Modellierungsteam im Rahmen der kommunikativen Validierung einigen konnte (vgl. Abbildung E 2-6 unten). Wie Abbildung E 2-6 zeigt, verhält sich die FCM qualitativ so, wie es die dynamischen Hypothesen vermuten lassen. Das Modellierungsteam betrachtete die FCM daher in der vorliegenden Form als zweckmäßig.

Die Kausalkarte, die dieser endgültigen FCM zugrunde liegt, ist in Abbildung E 2-7 auf der folgenden Seite abgebildet. Fett umrandete Ovale kennzeichnen Anforderungen, die vormals in definitorischen Variablen zusammengefasst wurden (vgl. Anhang E 2.2 für die ursprüngliche Karte). Alle Kausalbeziehungen sind positiv, es sei denn, sie sind durch gestrichelte Linien gekennzeichnet.

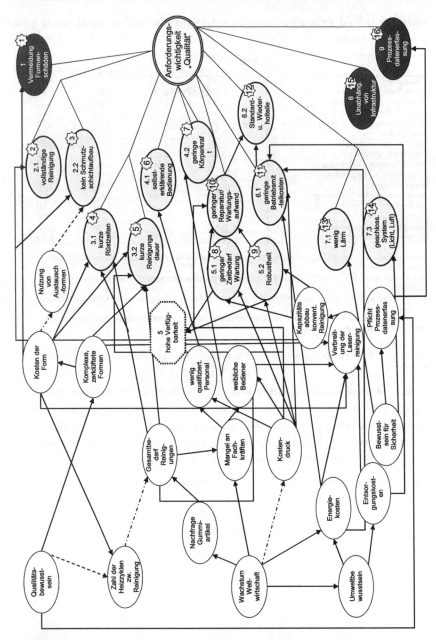

Abbildung E 2-7: Endgültige Kausalkarte des Umfeld-Anforderungs-Modells

Abschließend wurde für jede Anforderung in der FCM ein Intervall festgelegt, innerhalb dessen das Entwicklungsteam Veränderungen der Anforderungsgewichte als unkritisch betrachtet (z.B. „Die Anforderung „kurze Reinigungsdauer" darf in der Bandbreite von 0,75 bis 0,9 variieren"). Zudem wurde die aggregierte Kontrollvariable „Produktqualität" gebildet: in einer „nested FCM" (vgl. Abbildung E 2-8) wirken alle Anforderungen gleich stark auf dieses Konzept (positive Kausalverknüpfung, Konzeptwert 1, Eingangsvektor mit fixierten Eingangswerten).

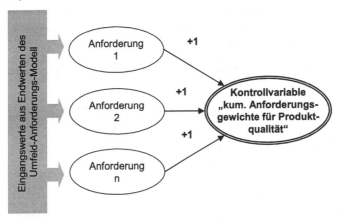

Abbildung E 2-8: „nested FCM" für die Kontrollvariable „Produktqualität"

Jede Veränderung der Eingangswerte führt zu einer Veränderung der Kontrollvariable, die anzeigt, ob die bestehende Anforderungsstruktur im Großen und Ganzen bestehen bleibt und daher in nachfolgenden FCMs unverändert eingesetzt werden kann oder nicht. Naturgemäß können sich hierbei Änderungen kompensieren: wenn Anforderung 1 im gleichen Maße steigt wie Anforderung 2 sinkt, bleibt die Kontrollvariable unverändert. Da die Kontrollvariable lediglich **ein Signal** für eine genauere Analyse der erfolgten Veränderungen ist und zudem für jede Anforderung ein individuelles erlaubtes Änderungsintervall formuliert wurde, erschien dieses Vorgehen akzeptabel. Auf eine aufwändigere Modellierung konditionaler Kausalität (vgl. Seite 275) wurde daher verzichtet.

2.3.2.2 Technologie-Machbarkeits-Modell

Ausgangspunkt des Wissenserfassung des Technologie-Machbarkeits-Modells war die **Funktionszerlegung**, die sich an die Funktionsanalyse vergleichbarer Anlagen anlehnte und grob bereits im Rahmen der Informationsbedarfsanalyse (vgl. **Fehler! Verweisquelle konnte nicht gefunden werden.**, Seite 389, Zeile 3) erfolgt war, in Modul 2 aber weiter verfeinert wurde.

Tabelle E 2-4 zeigt ausgewählte Hauptfunktionen einer beliebigen Lasereinigungsanlage sowie mögliche Funktionsträger zu ihrer Realisierung, wobei die erste Spalte die Funktionsträger der Anlage für Reifenvulkanisierformen enthält. Die Tabelle ist nicht vollständig, sondern dient lediglich der Erläuterung des Prinzips.

Funktion \ Funktionsträger	Funktionsträger „Reifenformenreinigungsanlage"	Funktionsträger B	Funktionsträger C
Laserlicht erzeugen	CO_2-TEA-Laser	Diodengepumpter Nd:YAG-Laser	Excimer Laser
Laserlicht transportieren	Spiegelsystem	Flexibler Lichtleiter	
Laserlicht beim Transport abschirmen	Leerrohre (Metall oder Kunststoff)	Schutzummantelung (Stahlgewebe)	Führung in der Stützstruktur
Laserlicht auf Werkstück aufbringen	Scanspiegel auf höhenverstellbarer Haltevorrichtung ähnlich drehbarem „Zahnarztspiegel"	Drehung des Lichtaustrittspunkts des Lichtleiters	Rotierende Prismen
Laserlicht auf Werkstück abschirmen	Hängender starrer Bearbeitungskopf	Stehende Abdeckhaube auf Dreibein	Hängende Abdeckhaube mit Faltenbalg
Stützstruktur für Bearbeitungskopf inkl. Versorgung und Entsorgung	Gelenkarm	Verzicht auf Stützstruktur (nur flexible Leitungen)	
Prozesswärme abführen	Luftkühler	Wasserkühler	Ölkühler
Reinigungsstopp bestimmen	Zeitsteuerung	Stopp durch Bediener auf Basis von Sichtkontrolle	Bilderkennung zur automatisierten Ergebniskontrolle

Tabelle E 2-4: Funktionen und Funktionsträgeralternativen von Lasereinigungsanlagen (Ausschnitt)

Im Rahmen der Konzeptstudie sollte, wie bereits ausgeführt, **vor allem ein Funktionsträger näher untersucht** werden: der **diodengepumpte Nd:YAG-Laser** (in Tabelle E 2-4 dick umrandet). Die Produktarchitektur, in die er eingebunden wird, war zu Beginn der Konzeptstudie noch nicht vollständig geklärt. Die grau hinterlegten Felder zeigen **eine** aus technischer Sicht plausible Kombination von Funktionsträgern zu einem Gesamtkonzept, das zu Beginn der Konzeptstudie als plausible und wahrscheinliche Lösung erachtet wurde und daher die Grund-

E2: Die einzelnen Module des HAUS

lage der nachfolgenden Überlegungen bildet. Andere Kombinationen und damit Produktkonzepte sind möglich.

Eine Analyse der dieser Produktarchitektur zugrunde liegenden Technologien ergab, dass nahezu alle Komponenten(alternativen) auf klassischen Technologien des Maschinenbaus beruhen und zweifelsohne aktuell verfügbar sind. Technische Weiterentwicklungen könnten dazu führen, dass sich einzelne Bauteile verändern (z.b. stärkere Gelenke für Gelenkarm, verbesserter Wirkungsgrad für Ölkühler). Sie führen aber zu keinen grundlegenden Änderungen, wie etwa die Einführung eines neuen Wirkprinzips oder eine vollständige Substitution des Funktionsträgers. Auf eine detaillierte Analyse der Funktionsträgermachbarkeit und ihrer technologischen Einflussgrößen im Rahmen von Technologie-Machbarkeits-Modellen wurde daher, mit Ausnahme der **Lasertechnologie**, im Rahmen der Konzeptstudie verzichtet.

Die Machbarkeitsanalyse für die Technologie „diodengepumpter Nd:YAG Laser" erfolgte im Gespräch mit dem Technikexperten des Laserunternehmens, der unter Kenntnis der ermittelten Kundenanforderungen erläuterte, welche Anforderungen er an die Technologie stellt bzw. welche ihm prinzipiell wichtig sind, wenn er einen Laser für den Einbau in eine Reinigungsanlage auswählt. Das Ergebnis ist in Abbildung E 2-9 festgehalten.

Anforderungen an Lasertechnologie

1 geringe Anschaffungskosten Laser
2 geringe Betriebskosten
3 hohe Energiedichte pro Puls
4 Sicherheit (Laserlicht, Lärm usw.)
5 hohe Lebensdauer der Komponenten
6 geringe Störanfälligkeit
7 industrielle Standards, keine Exotenlösung
8 ("richtige Wellenlänge")*

Grundvoraussetzung: Laserablation muss möglich sein

Abbildung E 2-9: Hauptanforderungen an die Technologie diodengepumpter Nd:YAG Laser

Die Anforderungen sind bis auf wenige Ausnahmen selbsterklärend:

- Die Forderung nach einer hohen Energiedichte pro Puls (Anforderung 3) ergibt sich aus der bereits auf Seite 381 angesprochenen Problematik, dass die Energiedichte und damit die mögliche Fleckgröße des YAG-Lasers sehr viel geringer sind als beim TEA-Laser. Höhere Pulsenergien könnten die erforderliche Reinigungsdauer verringern.

- Anforderung 7 bezieht sich auf die Erfahrung des Technologieexperten, dass Laserhersteller teilweise zu „wissenschaftsnah" arbeiten und die – bspw. im Vergleich zu Universitäten – unterschiedlichen Bedürfnisse von Industriekunden nicht ausreichend berücksichtigen, indem sie technische Lösungen („selbstgestrickte" Steuerungen, „exotische" Messgeräte usw.) und Vertragsbedingungen vorsehen, die Industriestandards nicht entsprechen.

- Anforderung 8 bezieht sich auf den Grund für die Durchführung der Konzeptstudie und damit auf ein Gebiet, in dem aus Sicht des Experten bei Start der Konzeptstudie große Unsicherheit herrschte. Noch war unklar, ob der Wellenlängenbereich des YAG-Lasers überhaupt gute Reinigungsergebnisse ohne Aufschmelzen der Beläge und Schädigung der Form ermöglichen würde. Diese Anforderung ist Pflichtanforderung, die durch keine Entwicklung im Unternehmensumfeld in Frage gestellt oder abgemildert werden kann und deren Unerfüllbarkeit jegliche weitere Prüfung des Produktkonzeptes hinfällig machen würde. Der Experte erstellte das Technologie-Machbarkeitsmodell daher unter der Prämisse, dass Anforderung 8 erfüllt ist, dokumentiert diese kritische Annahme aber im Modell.

Für die anderen Anforderungen wurden die Themenstellungen des Critical Issue Grids angesprochen. Dadurch wurden Einflussfaktoren offensichtlich, die darüber bestimmen, ob zukünftig YAG-Laser auf dem Markt erhältlich sind, die die Anforderungen an die Technologie erfüllen. Hierbei zeigte sich, dass für die Entwicklung und zukünftige Verfügbarkeit der Technologie – entgegen der Erwartung zu Beginn der Konzeptstudie - weniger technische als vielmehr marktliche Fragestellungen eine Rolle spielen:

Die Technologieentwicklung diodengepumpter Nd:YAG-Laser wird maßgeblich von der Entwicklung des **Marktes für Lasermaterialbearbeitung** (insb. Schweißen und Schneiden) getrieben, innerhalb dessen der Lasertyp ein schnell wachsendes Segment darstellt. Für diesen Markt prognostiziert der Fachverband des VDMA ein jährliches Wachstum von 13% für 2004 und 2005. Auch für die Folgejahre wird mit Wachstum gerechnet. Damit steigt die Nachfrage nach lasergestützten Werkzeugmaschinen schneller als die ebenfalls steigende Nachfrage nach herkömmlichen Anlagen. Die Gründe hierfür liegen in den Möglichkeiten, durch Lasertechnik Schweißnähte und Schnitte **hoher Qualität** auszuführen, bei denen die beeinträchtigte Materialzone gering ist. Zudem können **neuere Werkstoffe** (z.B. Aluminium im Automobilbau) verarbeitet werden, die aufgrund gewachsenen Umweltbewusstseins (z.B. Leichtbauweise) und gestiegener Qualitätsanforderungen zum Einsatz kommen. Hohes Umweltbewusstsein begünstigt zudem generell den Einsatz von Lasertechnologien, die als „sauber" gelten. In einem wachsenden Markt werden zukünftig mehr Anbieter für YAG-Laser auftreten, so dass die gestiegene Nachfrage nicht zu steigenden Preisen führen wird. Vielmehr ist mit Preiswettbewerb zu rechnen, bei dem sich die führenden Anbieter aufgrund starker Kostendegressionen durchsetzen werden. YAG-Laser- Anbieter werden professioneller und noch stärker als bisher „industrietaugliche" Produkte anbieten, d.h. robuste Produkte, die unter rauen Produktionsbedingungen zuverlässig und wirtschaftlich funktionieren und mit industrieüblichen Garantien (z.b. pönalisierte Mindestverfügbarkeiten, weltweiter 24h Service usw.) versehen sind

Die Verfügbarkeit kostengünstiger Laser wird durch Weiterentwicklungen bei einem ihrer Bauteile - den Laserdioden – begünstigt, die ihrerseits eng von **Entwicklungen in der Halbleitertechnologie** abhängen. Sie haben dazu geführt, dass Laserdioden bereits heute ein ausgereiftes Massenprodukt sind, das aufgrund großer Serien sehr günstig produziert werden kann und sehr hohe Lebensdauern von ca. 20.000 Betriebsstunden aufweist. Weitere Kostensenkungen und Leistungssteigerungen sind wahrscheinlich: je mehr Licht bzw. Laserlicht emittierende Dioden (für Anzeigetafeln, Bildschirme, Computerlaufwerke, CD-Spieler etc.) entwickelt und nachgefragt werden, desto breiter wird die technologische Basis für den spezifischen Typ von Laserdiode, die in gepumpten YAG-Lasern zum Einsatz kommt. Die grundlegende Technologie wird damit auf breiter Front außerhalb der spezifischen Laseranwendung entwickelt.

Der Preisverfall bei Laserdioden ist zudem Hauptgrund dafür, dass der Technologieexperte annimmt, dass künftig YAG-Laser mit höheren Pulsenergien verfügbar sein werden: wenn mehr Dioden den Laser pumpen, also Energie in das Lasermedium einbringen, kann dieses auch mehr Energie in Form von Laserlicht emittieren. Der Technologieexperte geht hierbei davon aus, dass Laserhersteller aufgrund des allgemein wachsenden Markts für Lasermaterialbearbeitung an einer entsprechenden Nutzung vorhandener Diodentechnologien interessiert sein werden, also nicht nur die für das Schweißen und Schneiden benötigten Dauerstrichlaser, sondern auch Pulslaser weiterentwickeln werden.

Die Diskussion im Zusammenhang mit der Kausalkartenerstellung machte deutlich, dass die technologischen Grenzen für höhere Pulsenergien bei diodengepumpten Nd:YAG Laser relativ eng gesteckt sind. Zwar kann (und wird) die Pulsenergie von YAG-Lasern bei sinkenden Diodenpreisen gesteigert werden, doch ist diese Steigerung nicht endlos möglich, da zusätzliche technische Restriktionen aufgrund des im YAG-Laser genutzten Lasermediums bestehen. Sie können nur überwunden werden, indem ein anderes Lasermedium als Nd:YAG eingesetzt wird. Der Technologieexperte schlug daher vor, im Rahmen der Konzeptstudie ergänzend zu betrachten, welche sich abzeichnenden **Entwicklungen bei anderen Typen von Festkörperlasern** bestehen, um somit die „Technologie nach dem YAG-Laser" zu ermitteln.

Die Kausalkartenerstellung ergab zudem, dass das Technologie-Machbarkeits-Modell auf der Inputseite teilweise gleiche Konzepte aufweist, wie das Umfeld-Anforderungs-Modell. So finden sich bspw. die Variablen „Wachstum der Weltwirtschaft", „Qualitätsbewusstsein" und „Umweltbewusstsein" in beiden Modellen, d.h. sie beeinflussen sowohl Kundenanforderungen als auch Technologieverfügbarkeit. Für den Produktentwickler bedeutet dies, dass er manche Möglichkeiten, die er bei Betrachtung allein des Umfeld-Anforderungs-Modells ggf. in Betracht ziehen würde, bei Betrachtung aller betroffenen FCMs verwerfen muss. So könnte er im Szenario einer schrumpfenden Weltwirtschaft z.B. auf die Idee kommen, mit einer besonders billigen Laseranlage auf den Mark treten zu wollen. Im gleichen Szenario wäre die dafür erforderliche Technologie billiger YAG-Laser aber nicht in vollem Umfang verfügbar, wie das Technologie-Machbarkeits-Modell zeigt. Für die FCM-Modellierung und Anwendung bedeutet dies, dass auf **Struktur- und Datenkonsistenz** zu achten ist. Das „Wachstum der Weltwirtschaft" darf bspw. nicht in einem Teilmodell stark positive und im anderen Teilmodell nur schwache oder keine Auswirkungen auf das Umweltbewusstsein haben und muss bei der Berechnung von Teilmodellen innerhalb des gleichen Satzes von FCMs in allen Teilmodellen den gleichen Eingangswert haben. Die Forderung nach Konsistenz zwingt den modellierenden Experten bzw. Modellanwender nicht nur, sich seine impliziten Prämissen (z.B. „billige YAG-Laser sind verfügbar") bewusst zu machen, sondern sie auch im Licht anderer Themenstellungen (anderer Teilmodelle) zu beleuchten. Dadurch kann sich die Vollständigkeit der Problemauffassung verbessern

Die Ergebnisse des Gesprächs mit dem Technologieexperten wurden in einer Kausalkarte dargestellt, die in Abbildung E 2-10 (siehe Folgeseite) abgebildet ist Das Konzept **„Machbarkeit"** hat hierbei den **Charakter einer Kontrollvariablen**, für die eine Untergrenze festgelegt wird, die überschritten werden muss, damit die Technologie als geeignet und verfügbar gelten kann. Wird sie nicht erreicht, so sollte das Maschinenkonzept auf andere Technologien gründen. Die Erstellung der auf der Kausalkarte basierenden FCM unterblieb im Rahmen dieser Arbeit - prinzipiell vollzieht sie sich in den gleichen Schritten wie die FCM-Modellierung des Umfeld-Anforderungs-Modells.

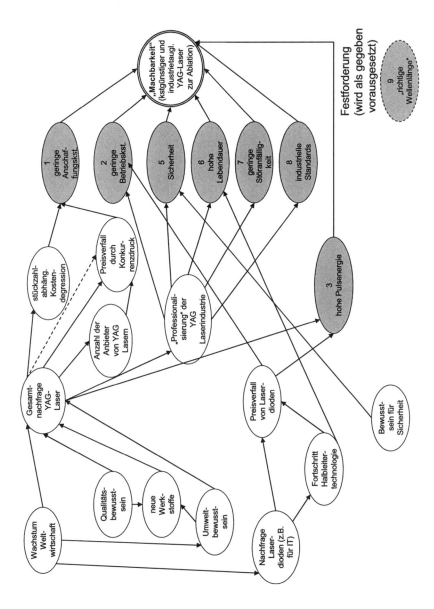

Abbildung E 2-10: Kausalkarte des Technologie-Machbarkeits-Modells

2.3.2.3 Komponentenmodell „YAG-Laser"

Komponentenmodelle sind für alle Funktionsträger der zu entwickelnden Reinigungsanlage erforderlich, also bspw. für den Bearbeitungskopf, das Strahlführungssystem und den „Wagen". Im Rahmen dieser Arbeit wurde der Technologieexperte des Laserunternehmens jedoch nur nach dem zentralen Funktionsträger der zukünftigen Anlage – dem neuartigen YAG-Laser – befragt und das dazugehörige Komponenten-Modell bis zur Kausalkarte erstellt. Abbildung E 2-11 zeigt seinen grundlegenden Aufbau. Eine exemplarische Erläuterung der detaillierten Kausalzusammenhänge aus Sicht des Technologieexperten des Unternehmens findet sich in Anhang E 2.4.

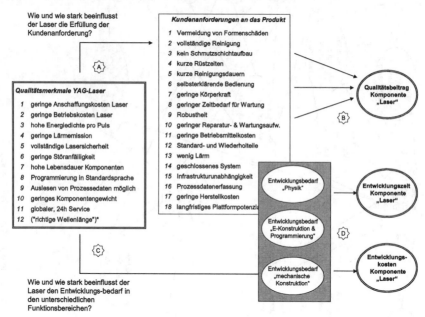

Abbildung E 2-11: Übersicht „Komponenten-Modell für Nd:YAG-Laser

Die **Qualitätsmerkmale für den Laser** ergaben sich aus den Anforderungen an die ihm zugrunde liegenden YAG-Technologie (= die Qualitätsmerkmale der Technologie) und waren daher prinzipiell aus dem Technologie-Machbarkeits-Modell bekannt. Für eine **Komponente** „YAG-Laser" ergaben sich aber noch zusätzliche Qualitätsmerkmale (u.a. „Möglichkeit zur Prozessdatenerfassung", „Gewicht der Komponente"), die nichts mit der Lasertechnologie zu tun haben und deren Vorhandensein oder Fehlen sich auch nicht aus dem technologischen Umfeld ableiten lassen. Die Qualitätsmerkmale der Komponententechnologie(n) wurden daher konkretisiert und um komponentenspezifische Anforderungen ergänzt, wie der Vergleich der Liste in Abbildung E 2-9 (vgl. Seite 409) und die Liste in Abbildung E 2-11 (links) zeigt.

Ähnlich stellte sich die Situation für **Kundenanforderungen** dar, die sich aus dem Umfeld-Anforderungs-Modell ergaben, prinzipiell also nicht nochmalig erfasst werden mussten. Allerdings stellte **das Unternehmen selbst Anforderungen** an das Produkt, wie z.B. „niedrige Herstellkosten" oder „Plattformkompatablität". Die Anforderungen aus dem Umfeld-Anforderungs-Modell mussten um diese Anforderungen ergänzt werden. Die Experten des Unternehmens mussten zudem bewerten, **ob und in welcher Weise die Komponente YAG-Laser mit ihren spezifischen Qualitätsmerkmalen zur Erfüllung der Anforderungen beiträgt** (vgl. Pfeil A in Abbildung E 2-11). Außerdem musste der Beitrag jeder Kundenanforderung zur Produktqualität ermittelt werden (vgl. Pfeil B in Abbildung E 2-11). Für Anforderungen, die sich aus Umfeldfaktoren ableiten, ergab sich dieser Wert rechnerisch aus dem Umfeld-Anforderungs-Modell und änderte sich ggf. in Abhängigkeit vom Input der vorgelagerten Modellebene. Für Anforderungen des Unternehmens mussten die Kausalgewichte durch Expertenurteil bestimmt werden. Dazu gaben die Experten an, wie stark ihrer Ansicht nach z.B. die Unternehmensanforderung „Plattformkompatabilität" zur Gesamtqualität des Produktes beiträgt.

Die Experten des Laserunternehmens mussten zudem die an der Entwicklung beteiligten Funktionsbereiche ermitteln und abschätzen, wie hoch der **komponentenbezogene Entwicklungsbedarf** sein würde (vgl. Verbindung C in Abbildung E 2-11). Der Entwicklungsbedarf musste zudem in Zeit und Kosten „übersetzt" werden, wobei es möglich gewesen wäre, dass zwei Manntage in einem Funktionsbereich anders zu bewerten waren als im anderen Funktionsbereich: zwei Versuchstage im Labor könnten sich bspw. auf einen Zeitmonat erstrecken, da nach jedem Versuch Langzeitmaterialprüfungen erfolgen. Ebenso waren stark unterschiedliche Stundensätze denkbar, so dass „wenig" Entwicklungsbedarf im Physiklabor ggf. teurer ist als „viel" Entwicklungsbedarf in der Mechanik. Es musste daher für jeden Funktionsbereich individuell festgelegt werden, wie stark sein Entwicklungsbedarf die Entwicklungskosten und die Entwicklungszeit der Komponente beeinflussen (vgl. Pfeile D in Abbildung E 2-11).

Im Rahmen dieser Arbeit wurde das Komponentenmodell lediglich als Kausalkarte erstellt und nicht zur FCM umgesetzt.

Die dafür erforderlichen (und im Rahmen der Konzeptstudie nicht erfolgten Schritte) entsprechen denen des Vorgehensmodells, wobei es insbesondere bei den Komponentenmodellen unerlässlich ist, **funktional integriert** vorzugehen. So sollte die technische Beurteilung, z.B. die Analyse der Anforderungserfüllung (Pfeil A in Abbildung E 2-11) durch Technologieexperten, die Überprüfung des Qualitätsbeitrags der Anforderungen (Pfeil B) aber in jedem Fall unter Beteiligung des Marketing erfolgen. Ebenso ist es zweckmäßig, die

Entwicklungsbedarfsabschätzungen (Pfeile C und D) durch die unterschiedlichen Funktionsbereiche vornehmen oder zumindest überprüfen zu lassen. Zudem sollten je nach Komponente unterschiedliche Experten eingebunden werden (z.B. Physiker für Laser, Elektrotechniker für Steuerung, usw.). Da Komponentenmodelle damit mehr oder minder verteilt und von unterschiedlichen Personen erstellt werden, ist es erforderlich, **Item-Skalen** zu nutzen, um qualitative Aussagen inhaltlich soweit **zu standardisieren**, dass eine Kombination der Teilmodelle möglich ist.

2.3.2.4 Gesamtprojektmodell

Das Gesamtprojektmodell fasst die Beiträge der vorgelagerten Komponentenmodelle zusammen und bewertet sie auf der Ebene des Gesamtprojekts. Wie Abbildung E 2-12 illustriert, liefern die **Ausgangswerte der Komponentenmodelle** hierbei die **Eingangswerte des Gesamtprojektmodells**.

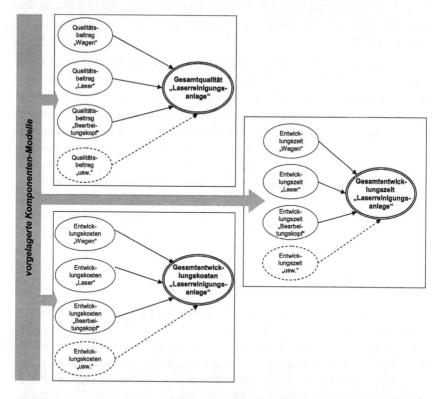

Abbildung E 2-12: Illustration Gesamtprojektmodell „Laserreinigungsanlage für Formteilformen"

Im Rahmen der begleiteten Konzeptstudie wurde nur für den Funktionsträger YAG-Laser ein Komponentenmodell erstellt. Ein Gesamtprojektmodell hätte daher nicht auf die Daten aus anderen Komponentenmodellen zurückgreifen können, weswegen auf seine Erstellung verzichtet wurde. Statt dessen wird im Folgenden erläutert, in welchen Schritten sich die Gesamtprojektmodellerstellung vollzieht:

Um das Modell erstellen zu können, müssen die Experten des Laserunternehmens angeben, **wie qualitätsbedeutend die einzelnen Funktionsträger sind**, welchen Beitrag sie also zur Gesamtqualität leisten. Ebenso müssen sie die **Auswirkungen der** jeweiligen **Komponenten auf die Gesamtentwicklungszeit und die Gesamtentwicklungskosten** angeben. Bei der Wissenserfassung bietet sich hierzu wiederum die Nutzung von Item-Skalen an. Alternativ können die Komponenten auch z.B. durch paarweisen Vergleich in eine Rangfolge gebracht werden („der Bearbeitungskopf ist qualitätsbedeutender als der Wagen") oder die relativen Beiträge der einzelnen Komponenten („20% der Entwicklungskosten entfallen auf die Komponente Laser") geschätzt werden. Die resultierende gewichtete Kausalkarte muss in eine FCM übersetzt, getestet und sukzessive verfeinert werden, wobei die in Kapitel D 2.2.3.3 (vgl. Seite 281 ff.) beschriebenen Testverfahren zum Einsatz kommen. Als Testdaten dienen variable Eingangsdaten aus den getesteten Modellen der vor gelagerten Ebenen. Es sollten im Sinne eines Sensitivitäts- und Extremwerttests sowohl einzelne Variablen gezielt variiert, als auch Eingangsvariablenkonstellationen geprüft werden.

Solche Tests dienen nicht nur der **Qualitätssicherung des Modells**, sondern ermöglichen es auch, den **verfügbaren Lösungsraum** des Entwicklungsprojektes zu beurteilen: Wenn das Gesamtprojektmodell mit allen Eingangsvariablen berechnet wird, die sich aus den vor gelagerten Modellen ergeben können, so umfasst das Ergebnis alle Ausprägungen der Produktqualität, Produktkosten und Produktentwicklungszeit, die mit der bestehenden Produktidee erzielbar sind. Es wird also offensichtlich, wie gut die Produktqualität, wie lang die Entwicklungszeit und wie hoch die Entwicklungskosten schlechtesten- und bestenfalls werden können. Ein solches experimentelles Vorgehen ist allerdings selbst bei Softwareunterstützung extrem aufwändig, weswegen sinnvollerweise nur eine begrenzte Zahl an plausiblen Variablenkonstellationen, wie z.B. Eingangswerte aus allen Modellen bei einem „Worst Case", „Best Case" oder „Realistic Case" Szenario geprüft werden sollten.

Ist die FCM getestet und feinjustiert, so werden, wie auch in den vorangegangenen Modellen für die Ergebnisvariablen (Gesamtqualität, Gesamtentwicklungskosten und Gesamtentwicklungszeit) **Zielbereiche** vorgeben, bei deren Unter- bzw. Überschreitung eine Überprüfung der aktuellen Produktidee erfolgen sollte. Anschließend wird der gesamte Satz von FCMs mit den **Startwerten initialisiert**, die das Entwicklungsteam für den Beginn des relevanten Betrachtungszeitraums für realistisch hält, und berechnet, auf welche Ergebnisvariablen sich das Gesamtprojektmodell einschwingt. Auf dieser Basis kann bereits beurteilt werden, ob die Produktidee weiter verfolgt werden soll oder ob sie, weil sie etwa sehr schlechte Qualitätsergebnisse erzielt, modifiziert oder aufgegeben werden muss. Die ermittelten Ergebniswerte dienen zudem als Vergleichswert, anhand dessen die Wirkung zukünftig auftretender Informationsänderungen bewertet wird.

Mit der Initialisierung des Gesamtprojektmodells endet die Erstmodellierung und beginnt der laufende Betrieb des HAUS.

2.4 Module 3 und 4: Beurteilung neuer Informationen und FCM-Modellanwendung

2.4.1 Allgemeine Beschreibung von Modul 3 und 4

Module 3 und 4 beinhalten die Anwendung der in den vorangegangenen Modulen erarbeiteten mentalen Modelle der Entwicklungsaufgabe und der daraus abgeleiteten FCMs. Dazu werden eintreffende Informationen auf ihre **Relevanz** hin überprüft, zur **Prognose und Extrapolation** künftiger Systemzustände (z.B. Qualität des Entwicklungsergebnisses) genutzt und auf dieser Basis **Entscheidungen** darüber getroffen, ob und wie auf die Informationsänderung reagiert werden sollte.

Informationsänderungen können bei allen „Bausteinen" der HAUS-Modelle auftreten, die in Tabelle E 2-1 (vgl. Seite 387) abgebildet sind, also z.B. bei Umfeldvariablen, bei Anforderungen, bei Produktkomponenten usw. Sie können zur Folge haben, dass sich die **Struktur der FCM-Modelle** verändert, weil neue Konzepte integriert werden müssen (z.B. zusätzliche Kundenanforderung), Konzeptbeziehungen neu gewichtet werden müssen (z.B. stärkerer Auswirkung des Entwicklungsbedarfs der Laserphysik auf die Entwicklungskosten) oder ganz neue Teilmodelle erstellt werden müssen (z.B. Ergänzung der Reinigungsanlage um ein Komponentenmodell für ein neues Modul „Diagnostik", das den Verschmutzungsgrad der Form misst und einen Reinigungsempfehlung abgibt). Solche Strukturänderungen haben jeweils eine **Rückkehr zu Modul 2** und eine Überarbeitung der dort erstellten Modelle zur Folge. Erst wenn die Modellanpassung erfolgt ist, wird in **Modul 4 durch Prognose und Extrapolation** ermittelt, welche Auswirkungen das geänderte Modell hat.

Informationsänderungen können aber auch dazu führen, dass **Konzepte** innerhalb der strukturell unveränderten Modelle **einen anderen Wert annehmen** (z.B. „Weltwirtschaftswachstum sinkt"). In diesem Fall erfolgt in Modul 4 unmittelbar die Prognose und Extrapolation der Konsequenzen solcher Änderungen der Eingangswerte. Dabei werden Informationsänderungen grundsätzlich auf der **untersten betroffenen Modellebene** berücksichtig, in der das geänderte Konzept enthalten ist. Dazu wird die jeweilige FCM mit einem Eingangsvektor berechnet, der die geänderten Eingangswerte enthält. Durch die Verknüpfung der verschiedenen Modellebenen des HAUS kann sich der Änderungsimpuls, wenn er stark genug ist, auch in FCMs höherer Modellebenen fortsetzen, so dass die Auswirkungen auf das Gesamtprojekt beurteilt werden können. Die aus der Informationsänderung resultierenden Konsequenzen werden durch die FCM-Modelle also qualitativ simuliert. Allerdings ist es nicht zweckmäßig, für jede noch so kleine Änderung das HAUS vollständig durchzuspielen. Vor der eigentlichen Prognose daher der **Relevanzprüfung eintreffender Informationen**. Sie ist Bestandteil von Modul 3 und dient dazu festzustellen, ob eine neue Information inhaltlich für das vorliegende Projekt eine Rolle spielt und ob sie gewichtig genug ist, in einem oder mehreren Teilmodellen des HAUS rechnerisch berücksichtigt zu werden. Die Berechnung der Auswirkungen relevanter Informationsänderungen und die **Entscheidung**, welche Konsequenzen aus den prognostizierten Systemzuständen zu ziehen ist, welche Komponente z.B. modifiziert werden muss oder welches Produktkonzept ausgewählt wird, fällt in Modul 4.

2.4.2 Beispielhafte Anwendung von Modul 3 und 4 auf die Konzeptstudie

In den Modulen 1 und 2 wurden zahlreiche Informationsbedarfe identifiziert, die sich u.a. auf die Frage beziehen, ob der YAG-Laser prinzipiell für die Laserablation geeignet ist und ob die Gegebenheiten der Reifenindustrie tatsächlich auf den Formteilmarkt übertragbar sind. Beim Versuch, diese und andere der in Tabelle E 2-3 (vgl. Seite 393) genannten Fragestellungen zu beantworten, sammelt das Laserunternehmen laufend Informationen. Sie können es erforderlich machen, die bislang verfolgte Produktidee zu überdenken, zu modifizieren oder ggf. durch eine andere Idee zu ersetzen. Diese Aufgabenstellungen werden im Folgenden anhand von Beispielen illustriert, die im Gespräch mit den Experten des Laserunternehmens generiert wurden. Es handelt sich hierbei **nicht** um die Wiedergabe realer Informationen, da diese aus Sicht des Unternehmens nicht zur Veröffentlichung bestimmt sind:

- **Information 1:** Die Recherchen des Technologieexperten ergeben, dass die Entwicklung neuartiger Festkörperlaser mit einem für die Laserablation besser geeigneten Wellenlängenbereich möglich ist. Ein marktfähiges Produkt wird in frühestens fünf Jahren erwartet.

- **Information 2:** Ein Artikel in einer Fachzeitschrift für die Gummiindustrie weist darauf hin, dass die Industrie derzeit im Bereich Qualität Overengineering betreibt und kommt zu dem Schluss, dass „die Qualitätswelle schon wieder abebbt".

- **Information 3:** Untersuchungen des Formteilmarktes zeigen, dass die gefertigten Losgrößen sehr klein sind, so dass die Vulkanisierformen oft schon nach 1-2 Produktionsschichten ausgetauscht werden müssen.

- **Information 4:** Labortests zeigen, dass die Laserablation mit dem YAG-Laser möglich ist, die Anforderung nach der „richtigen Wellenlänge" also erfüllt ist. Wenn der Laserstrahl nach erfolgter Reinigung weiter auf die Form gehalten wird, ohne dass noch ein Belag abzutragen ist, kommt es allerdings zu minimalen Veränderungen in der Oberfläche der Form (Musterbildung), die bei starker Vergrößerung sichtbar werden.

- **Information 5:** Ein Mitarbeiter erstellt eine vergleichende Produktübersicht für aktuelle YAG-Laser und erfasst hierbei auch deren Gewicht. Es liegt rund 30kg unter der ursprünglichen Schätzung des Technologieexperten, die im Rahmen der Komponentenmodell-Erstellung dokumentiert wurde.

- **Information 6:** Ein Elektrokonstrukteur und Programmierer des Laserunternehmens informiert sich über die Steuerungskonzepte aktuell bestehender YAG-Laser unterschiedlicher Hersteller und erkennt, dass sich diese Laser alle mit minimalem Aufwand in die Steuerung der Reinigungsanlage einbinden lassen würden. Er geht davon aus, dass dies auch bei künftigen Lasern der Fall sein wird.

2.4.2.1 Relevanzprüfung

Zunächst muss geprüft werden, ob die o.g. Informationen für die Konzeptstudie „YAG-Laser" relevant sind, ob sie also Konzepte aus einer der FCMs ansprechen oder diese zumindest beeinflussen. Information 1 (mögliche Entwicklung neuartiger Festkörperlaser) ist für den ersten für die Konzeptstudie festgelegten Betrachtungszeitpunkt (Markteintritt in ca. 6 Monaten) irrelevant und kann ignoriert werden. Als technologische Option könnte der neue Lasertyp ggf. für den zweiten Betrachtungszeitraum (5 Jahre nach Markteintritt) relevant sein. Alle anderen Informationen sprechen Konzepte an, die in den FCMs des ersten Betrachtungszeitraums prinzipiell relevant sind, müssen also näher analysiert werden:

- **Information 1** - die mögliche Verfügbarkeit eines neuen Lasertyps - ist äußerst unsicher. Um die Information beurteilen zu können, sind eine Rückkehr zu **Modul 2** und die Erstellung eines alternativen Technologie-Machbarkeits-Modells für die neuartige Lasertechnologie erforderlich. Mit dessen Hilfe lässt sich abschätzen, ob der neue Lasertyp tatsächlich in einigen Jahren verfügbar sein könnte. Ist dies nicht der Fall oder wird die neue Technologie erst nach Ende des Planungszeitraums verfügbar, so kann die Information als bedeutungslos beurteilt werden. Wenn die neue Technologie allerdings im relevanten Zeitraum verfügbar werden könnte, so ist für den Zeitpunkt zusätzlich ein alternatives Komponentenmodell „neuer Laser" erforderlich, anhand dessen die Auswirkungen der geänderten Komponente für das Gesamtprojekt ermittelt werden können. Eine so gravierende Veränderung wie der Austausch von Lasertypen könnte allerdings auch Auswirkungen auf andere Produktkomponenten haben (z.B. andere Strahlführung), weswegen das gesamte Produktkonzept überdacht werden muss. In der Folge könnte ein vollständig neues Produktkonzept entstehen, das durch einen neuen Satz von FCMs dargestellt werden muss. Aktuell ist aufgrund der eintreffenden Information allerdings nur die Erstellung und Prüfung eines neuen Technologie-Machbarkeits-Modell in Modul 2 erforderlich.

- **Information 2** - der Trend zu weniger „Qualitätsbewusstsein" – ist recht unsicher, da die Information bislang nur aus einer Quelle stammt und anderen Informationen zuwider läuft. Sie ist im aktuellen Betrachtungszeitpunkt allerdings prinzipiell relevant, da sie als Umfeldeinfluss sowohl im Umfeld-Anforderungs- als auch im YAG-Technologie-Machbarkeitsmodell enthalten ist. Zur Abschätzung der Konsequenzen eines geringen Qualitätsbewusstseins muss das Konzept in beiden Modellen testweise reduziert oder ausgeschaltet werden. Dies erfolgt in **Modul 4** im Rahmen der Prognose und Extrapolation.

- **Information 3** stammt von mehreren Experten aus Formteilwerken und ist verlässlich. Durch sie werden einmal getroffene Annahmen erschüttert, die zur Produktidee geführt haben: wenn die Vulkanisierformen sowieso häufig ausgebaut werden, kann und wird die Reinigung außerhalb der Presse erfolgen. Die Laseranlage muss dafür nicht mobil sein, sondern kann bspw. vor der Einlagerung im Formenlager erfolgen. Die Produktion läuft ungestört weiter. Entsprechend verändern sich viele Anforderungen: Reinigungszeiten dürfen ggf. länger sein, da sie keinen Produktionsstopp verursachen, die Verschiebbarkeit der Anlage mit geringer Körperkraft ist unerheblich, Lärm kann durch bauliche Maßnahmen gedämmt werden usw. Diese Sachverhalte werden durch das FCM-Modell in keiner Weise abgebildet. Das Unternehmen muss daher zu **Modul 2** zurückkehren und auf Grundlage der neuen Informationen das bestehende Umfeld-Anforderungs-Modell so anpassen, dass es die tatsächlichen Kundenanforderungen abbildet. Danach kann in Modul 4 berechnet werden, welche Produktqualität mit der bestehenden Produktidee (mobile Reinigungsanlage für die Reinigung eingebauter Formen) zu erzielen ist und ob ggf. eine grundlegende neue Produktidee (stationäre Reinigungsanlage für ausgebaute Formteilformen) in Betracht gezogen werden sollte.

- **Information 4** wird durch mehrere Laborversuche bestätigt und gilt als sicher. Sie ist hoch relevant, da sie eine mögliche Schädigung von Vulkanisierformen und damit eine Nichterfüllung einer zentralen Kundenanforderung impliziert. Beim derzeitigen Informationsstand fehlt aber die Basis für die Modifikation von Modellen oder die Erstellung von Prognosen. Hier ist eine weitere Informationssammlung (z.B. durch weiterführende Tests) erforderlich und damit die Rückkehr zu **Modul 1**.

- **Information 5** führt zu einer näheren Betrachtung des Komponentenmodells „YAG-Laser", in dem das Gewicht als Qualitätsmerkmal enthalten ist. Auf eine testweise Variation der Eingangswerte für das Lasergewicht im Rahmen von **Modul 4** wird allerdings verzichtet, da die 30 kg im Rahmen der qualitativen Abschätzung der FCMs keine beachtenswerte und abbildbare Inputveränderung darstellen.

- **Information 6:** Die Einschätzung des Experten führt dazu, dass in **Modul 4** der Eingangsvektor für den Entwicklungsbedarf der Programmierung so verändert wird, dass er gegenüber der bisher angenommenen IST-Situation einen deutlich geringeren Wert zeigt.

Die Relevanzprüfung der o.g. Beispiele führt also zu sehr unterschiedlichen Ergebnissen: Sie stößt neue Modellierungsprojekte und Informationsbeschaffungsaktivitäten an, resultiert in neuen „Weltsichten" und geänderten FCMs oder ergibt, dass eine Information ignoriert werden kann. Nur in zwei Fällen, bei Information 1 und Information 6, wird unmittelbar „gerechnet", d.h. es erfolgt eine Prognose und Extrapolation zukünftiger Systemzustände auf Basis der bestehenden FCM-Modelle. Die Berechnung muss für beide Betrachtungszeitpunkte (Markteintritt und fünf Jahre nach Markteintritt) erfolgen.

2.4.2.2 Prognose und Extrapolation

Prognose und Extrapolation sind ein mehrstufiger Prozess, der für den Fall geänderter Umfeldinformationen in Abbildung E 2-13 dargestellt ist. Wenn sich für andere Konzepte neue Eingangswerte ergeben, wenn z.B. das Qualitätsmerkmal einer Komponente (z.B. ihr Gewicht) oder, wie im Fall von Information 6, der komponentenbezogene Entwicklungsaufwand einen neuen Wert annimmt, ist der Ablauf entsprechend, beginnt jedoch auf einer späteren Modellebene (hier: Neuberechnung des betroffenen Komponentenmodells und des daraus resultierenden Gesamtprojektmodells).

Der Gesamtablauf wird für den o.g. Fall 2 - mögliche Veränderung des Qualitätsbewusstseins - im Folgenden näher erläutert (vgl. Abbildung E 2-13 auf der Folgeseite). Von der Umfeldänderung „sinkendes Qualitätsbewusstsein" sind das Umfeld-Anforderungs-Modell und das Technologie-Machbarkeits-Modell für die YAG-Laser-Technologie betroffen (vgl. Schritt 1 in Abbildung E 2-13). Im Rahmen der FCM-Modellerstellung wurde für beide FCMs bereits ermittelt, auf welchen Systemzustand sie sich einschwingen, wenn die exogenen Variablen die Eingangswerte annehmen, die das Entwicklungsteam für aktuell realistisch hält. Es liegen daher Ergebnisse für die Anforderungswichtigkeit und die Technologieverfügbarkeit für eine Situation vor, in der das Qualitätsbewusstsein hoch ist und die sich zum Zeitpunkt des Markteintritts bzw. fünf Jahre nach Markteintritt ergibt.

E2: Die einzelnen Module des HAUS 423

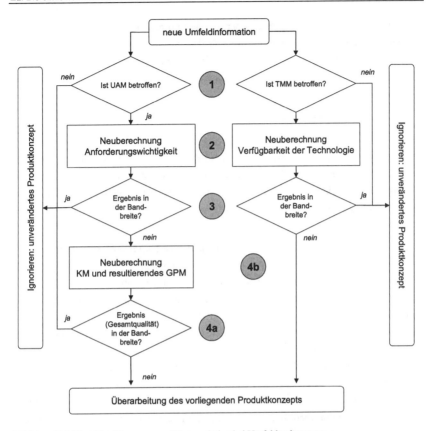

Abbildung E 2-13: Ablauf Prognose und Extrapolation bei Umfeldänderungen

Testweise werden nun beide Modelle für beide Betrachtungszeitpunkte mit Eingangsvektoren berechnet, in denen das Qualitätsbewusstsein auf Niveaus unterhalb der ursprünglichen Werte absinkt, und überprüft, wie sich dies auf die Kundenanforderungen bzw. auf die technologische Machbarkeit auswirkt (vgl. Schritt 2 in Abbildung E 2-13). Für die Wahl der Eingangsvektoren bestehen hierbei mehrere Möglichkeiten:

- Das Entwicklungsteam legt auf Basis seiner generellen Beurteilung einen Wert fest, den das Konzept „Qualitätsbewusstsein" im Eingangsvektor annehmen soll. Es hält es bspw. für unwahrscheinlich, dass sich der beobachtbare Qualitätstrend kurzfristig dramatisch verringert oder gar umkehrt. Für den Betrachtungszeitraum Markteintritt wird der Eingangswert des entsprechenden Konzeptes daher weniger stark gesenkt als für den Zeitpunkt fünf Jahre danach. Zudem hält es das Team für unrealistisch, dass das Qualitätsbewusstsein irgendwann vollständig verschwinden könnte und legt daher fest, dass das Konzept immer eingeschaltet bleiben muss.

- Das Entwicklungsteam ist sich unsicher, ob die Information überhaupt zutrifft und will sich daher nicht auf einen Eingangswert für das Qualitätsbewusstsein festlegen, da dies einem Ratespiel gleichkäme. Statt dessen variiert es den Wert des Qualitätsbewusstseins innerhalb der Bandbreite, die es für wahrscheinlich hält und beobachtet die Konsequenzen im Modell.

- Das Entwicklungsteam testet ein „Worst-Case-Szenario", bei dem das Qualitätsbewusstsein vollkommen wegfällt.

Bei allen Eingangsvariationen im Umfeld-Anforderungs-Modell gilt: so lange die Veränderungen innerhalb der in Modul 2 spezifizierten Grenzen bleiben, so lange sich also die Kontrollvariable „Produktqualitätsanforderungen" nur geringfügig ändert, kann die Informationsänderung in den FCMs der nachfolgenden Ebenen ignoriert werden (vgl. Schritt 3 in Abbildung E 2-13).

Ist dies nicht der Fall, so werden **im Fall von veränderten Kundenanforderungen** die nach gelagerten Modelebenen betrachtet (vgl. Schritt 4a in Abbildung E 2-13), da sich in der Folge von geänderten Anforderungen die Kausalgewichte, mit denen die Anforderung innerhalb der Komponentenmodelle mit der Komponentenqualität verknüpft sind (vgl. Pfeil B in Abbildung E 2-11 auf Seite 414) verändern. Hierbei sind nicht alle Anforderungen gleich stark betroffen. Die Anforderung „Infrastrukturunabhängigkeit" wird von geändertem Qualitätsbewusstsein bspw. nicht beeinflusst. Die Anforderung „vollständige Reinigung" sinkt dagegen unter ihre individuell vordefinierte Untergrenze ab (z.B. von 0,84 auf 0,27 bei Untergrenze 0,6), d.h. ihr Beitrag zur Qualität der Komponente „YAG-Laser" (und zur Qualität aller anderen Komponenten) nimmt drastisch ab. Es ergeben sich daher **für alle Komponenten neue Qualitätserfüllungsgrade**, die sich automatisch auf die durch das Gesamtprojektmodell ermittelte Gesamtqualität auswirken (vgl. Abbildung E 2-12, Seite 416). Der Wert, den das Konzept „Gesamtqualität" annimmt, bestimmt darüber, ob das Produktkonzept trotz der veränderten Kundenanforderungen weiterhin sinnvoll ist: Er darf eine definierte Untergrenze nicht unterschreiten. Tut er dies, ist eine Konzeptüberarbeitung erforderlich, wobei zunächst diejenigen Komponenten geprüft werden sollten, deren Komponentenqualität deutlich unterhalb ihr vorheriges Niveau abgesunken ist, die also am stärksten von der Anforderungsveränderung betroffen sind.

Im Fall von Kundenanforderungen führt damit nicht jede Verschlechterung der Anforderungserfüllung von einer oder mehrerer Komponenten zu einem „schlechten" Produkt auf Gesamtprojektebene. Das Produkt kann, trotz gesunkener Gesamtqualität, weiterhin eine sehr gute Lösung für den Kunden darstellen und ist ggf. sogar die einzige, die technisch realisierbar ist. Deswegen werden Veränderungen der Anforderungserfüllungsgrade, wie ausgeführt, mit Hilfe des Gesamtprojektmodells ganzheitlich auf Gesamtproduktebene analysiert.

Für den Fall, dass eine Umfeldänderung zu **veränderter Technologieverfügbarkeit** führt, stellt sich die Situation anders dar: wenn die Verfügbarkeit einer Technologie nicht mehr gegeben ist (vgl. Schritt 4b in Abbildung E 2-13) ist eine Betrachtung auf Gesamtprojektebene zwecklos, da das Gesamtprojekt in der vorliegenden Form mangels Technologie nicht realisierbar ist. Das Produktkonzept muss also in jedem Fall überarbeitet werden, wobei zunächst alle Komponenten betrachtet werden sollten, die die nicht verfügbare Technologie beinhalten. Ggf. lassen sie sich durch andere ersetzen, ohne dass auch die nicht betroffenen Komponenten ausgetauscht werden müssen.

2.4.2.3 Entscheidung

Prognose und Extrapolation legen offen, wenn Informationsänderungen dazu führen, dass ein Produktkonzept einmal gesteckte Ziele nicht erfüllt bzw. sich als technisch nicht umsetzbar erweist und daher unattraktiv wird. Sie sind kein Lösungsalgorithmus, der Entscheidungen abnimmt: wenn die Technologieverfügbarkeit unter akzeptable Niveaus fällt, die Gesamtproduktqualität ihre Untergrenze unterschreitet oder Gesamtentwicklungszeit und –kosten – gemessen am vordefinierten Zielwert der Konzepte – viel zu hoch erscheinen, so ist dies kein Grund, das Produktkonzept unbesehen zu verwerfen. Vielmehr liefern diese Informationen den Anstoß, sowohl die Eingangsvektoren und Teilmodelle, die zu diesem Ergebnis geführt haben, als auch das bestehende Produktkonzept kritisch zu hinterfragen. Was in der Folge geschieht, ob das Produktkonzept unverändert beibehalten oder verworfen wird, ob Komponenten ausgetauscht oder modifiziert werden oder ob eine Überarbeitung bestehender FCM-Modelle erfolgt, ist eine Entscheidung des Entwicklungsteams, die durch das HAUS lediglich unterstützt wird.

Wenn eine Überarbeitung des Produktkonzepts angebracht erscheint, so liefert das HAUS hierfür Ansatzpunkte, indem es „problematische" Komponenten identifiziert, die auf nicht realisierbaren Technologien beruhen oder in Bezug auf die Ziele besonders schlecht abschneiden. Die Ausarbeitung von konkreten Handlungsalternativen (z.B. die Integration neuer, besserer Komponenten oder die Erstellung vollkommen neuer Produktkonzepte) findet in **Modul 5** „in der realen Welt" statt und wird im nachfolgenden Abschnitt beschrieben.

Die **Entscheidung für eine der generierten Alternativen** wird durch Modul 4 des HAUS unterstützt, indem für alle zur Wahl stehenden Produktkonzepte die individuelle Zielerreichungsgrade ermittelt werden und das beste Konzept gewählt wird. Hierbei kann Unsicherheit berücksichtigt werden, indem geprüft wird, welches Konzept bei Variation aller unsicheren Modellbestandteile innerhalb der für wahrscheinlich befundenen Grenzen in Bezug auf die hinterlegten Zielvariablen (Zeit, Kosten, Qualität) am besten abschneidet und damit besonders robust ist. Zudem können, wie bereits ausgeführt, Produktkonzepte innerhalb unterschiedlicher (Extrem-)szenarien getestet werden.

2.5 Modul 5: Planung, Durchführung und Effektkontrolle

Wenn die erfolgte Prognose und Extrapolation nach dem Urteil des Entwicklungsteams plausibel, wahrscheinlich und im Ergebnis verlässlich ist und ergibt, dass das betrachtete Produkt in Bezug auf die Machbarkeit, die Qualität oder den Entwicklungsbedarf (Zeit, Kosten) ungünstig ist, müssen alternative Lösungen gesucht werden.

Für die Lösungssuche ergeben sich zahlreiche Ansatzpunkte, die unter Zuhilfenahme der in Kapitel C 1.1.1.3.2 (vgl. Seite 120ff.) dargestellten Kreativitätstechniken ausgearbeitet werden können:

- **Modifikation als kritisch erkannter Komponenten**, so dass sie billiger werden, spezifische Kundenanforderungen besser erfüllen, weniger aufwändig zu entwickeln sind usw.
- **Austausch als kritisch erkannter Komponenten** durch andere Funktionsträger mit besseren Eigenschaften (z.B. neuartiger Festkörperlaser statt YAG-Laser)
- **Weglassen oder Ergänzen von Funktionsträgern** (z.B. Verzicht auf Wagen bei stationärer Anlage oder Ergänzung einer Diagnostik zur Reinigungsbedarfsermittlung)
- **Entwicklung neuartiger Produktkonzepte** (z.B. stationäre Anlage, die sich von der bisher geplanten nicht nur durch den Wagen, sondern auch durch den Laser, den Bearbeitungskopf, dem Schallschutz usw. unterscheidet)
- **Platzierung in einem anderen Umfeld** (z.B. neuer Zielmarkt mit anderen, besser lösbaren Anforderungen (Hochleistungsdichtungen als High-End Formteilmarktsegment mit extremen Qualitätsanforderungen); anderer Markteintrittszeitpunkt mit bis dahin geänderten technologischen Möglichkeiten)
- **Aktive Beeinflussung des Umfelds** (z.B. eigene Entwicklung neuartiger Festkörperlaser)
- **Unterlassensalternative** (Ersatzlose Aufgabe der Produktidee)

Die Grenzen zwischen der Modifikation von Produktkonzepten und der Erarbeitung „neuer" Produktkonzepte ist hierbei fließend. Mit Ausnahme der Unterlassensalternative schließen sich die genannten Ansätze nicht aus, sondern sind (zumindest teilweise) kombinierbar. Um wirksame Strategien zu erarbeiten, sollten sie nicht isoliert angewandt, sondern zu **konsistenten Maßnahmenbündeln** zusammengefasst werden. Dies kann bspw. erfolgen, indem mehrere Komponenten aufeinander abgestimmt verändert werden oder indem das Produktkonzept, das in einem neuen Umfeld platziert werden soll, für dieses angepasst wird.

Wenn auf diese Weise eine oder mehrere Handlungsalternativen generiert wurden, ist zu prüfen, ob diese tatsächlich **zu besseren Ergebnissen führen als das vorherige Produktkonzept**. Daher werden auf Grundlage bestehender FCMs neue Sätze von Modellen erstellt, die die Handlungsalternativen abbilden (Modul 2). Die Prognose und Extrapolation der Systemzustände in Modul 4 liefert dann die individuellen Zielerreichungsgrade aller geprüften Alternativen bei unterschiedlichen Umfeldkonstellation. Sie unterstützt damit die Alternativenauswahl, indem sie zeigt, welche Alternative(n) in welchen Umfeldsituationen die jeweils besten sind. Je nach Unsicherheit des Umfelds kann die Wahl hierbei z.B. auf diejenige Alternative fallen, die im als wahrscheinlich angenommen (quasi „sicheren") Fall die günstigste ist oder aber auf diejenige, die bei allen denkbaren, unsicheren Umfeldkonstellationen im Durchschnitt am Besten abschneidet.

Für das mit Hilfe des HAUS ausgewählte Maßnahmenbündel – egal ob es sich hierbei um die ursprüngliche Produktidee oder eine neue Handlungsalternative aufgrund von Informationsänderungen handelt – muss eine **konkrete Umsetzungsplanung** erfolgen. Hierzu müssen u.a. Informationsbedarfe formuliert, Machbarkeitsüberlegungen angestellt, Komponenten konzipiert und Verantwortlichkeiten geklärt werden. Durch die Planung der Umsetzung wirken die Überlegungen der „Microworld" HAUS auf die „wirkliche Welt". Die Planung stellt sicher, dass die mit Hilfe des HAUS ausgewählte(n) Handlungsalternative(n) vom Entwicklungsteam auch tatsächlich umgesetzt werden. Gleichzeitig gewährleistet eine gute Umsetzungsplanung, dass das HAUS weiter gepflegt wird und die am Front-End beteiligten Personen Informationen und Prämissen weiterhin in den Modellen des HAUS abbilden und diese benutzten, um Informationsänderungen zu bewerten. Dadurch kann das HAUS während des gesamten Front-Ends (und darüber hinaus) als „Wissensspeicher" und Plattform für den Informationsaustausch für das Entwicklungsteam dienen und dessen Informationsverarbeitungskapazität beim Umgang mit Komplexität und Dynamik erhöhen.

Mit Fortschreiten des FFE und Konkretisierung der Produktidee bis hin zum abgestimmten Konzept werden die Modelle des HAUS sukzessive **um leistungsfähige Analysemethoden für spezifische Aufgaben ergänzt**, wie z.B. durch unterschiedliche Formen der Kundenbefragung, das Ausfüllen der ersten Häuser des QFD und Produktkonzepttests. Die **qualitativen** Ergebnisse dieser Aktivitäten werden weiterhin in den HAUS-Modellen abgebildet. Eine geeignete Software vorausgesetzt, könnten im HAUS zudem Informationen über die erfolgte Verfahrensanwendung und ihre konkreten, quantitativen Resultate bei den einzelnen Teilmodellen bzw. Konzepten hinterlegt werden, so dass es vom Entwicklungsteam als Plattform genutzt werden kann, durch die auf alle funktionsübergreifend relevanten FFE-Informationen zugegriffen wird (vgl. hierzu auch Abschnitt E 1.2.2 „Ansatzpunkte für eine Softwarelösung zur FCM-Erstellung", Seite 364ff.).

Am Ende des FFE liegen schließlich genug Informationen über Produktkonzepte und ihre Alternativen vor, um mit den in Kapitel C 1 beschriebenen Bewertungsverfahren eine abschließende „Go/No-Go" Entscheidung zu treffen. Zudem erfolgt die Erstellung von Projektplänen (ggf. unter Berücksichtigung von Informationsflüssen mit Hilfe der Design Structure Matrix) und die Abschätzung von Aufwänden und Zeitbedarfen (vgl. Kapitel C 1.1.3, Seite 137ff.). Hiermit endet das FFE und beginnt die Entwicklung i.e.S.

Sowohl bei der abschließenden Bewertung als auch bei der Planung wird auf die im HAUS gesammelten und dokumentierten Informationen zurückgegriffen, doch kommen zur Entscheidungsfindung aufgrund des zu diesem Zeitpunkt deutlich verbesserten, teilweise quantifizierten Informationsstands genauere Verfahren als die FCM-Simulation zum Einsatz. **Das HAUS wird also mit Ende des FFE durch andere Instrumente abgelöst.**

Allerdings kann es durchaus sinnvoll sein, Teile des HAUS weiter zu nutzen: Naturgemäß bringen die qualitativen Abschätzungen von Kosten und Zeit durch das HAUS keinen Nutzen mehr, wenn detaillierte Projektpläne und Kalkulationen erstellt worden sind, in denen sich Änderungen sehr viel genauer erfassen und bewerten lassen. Anders sieht es dagegen bei der Änderung von Anforderungen aus: herkömmliche Verfahren, z.B. QFD, können veränderte Kundenanforderungen nur dadurch berücksichtigen, dass der QFD-Prozess erneut durchlaufen wird. Wenn bspw. ein Konzepttest zu Tage fördert, dass Konsumenten eine bestimmte Produkteigenschaft höher bewerten als bislang angenommen, steht das Entwicklungsteam nach Durchlaufen des FFE vor der Entscheidung, ob es dies mit allen Konsequenzen für das bereits vorliegende Lasten- und Pflichtenheft berücksichtigen will oder ignorieren kann. Hier liefern die Komponentenmodelle und das abgeleitete Gesamtprojektmodell des HAUS eine gute Möglichkeit, die eintreffende Information – zumindest vorläufig – qualitativ zu bewerten, die von ihr betroffenen Komponenten zu identifizieren und sich der Gesamtzusammenhänge im Projekt bewusst zu werden. Es ist daher zweckmäßig, diese Teile des HAUS auch nach dem FFE in der Anfangszeit des Entwicklungsprozesses weiter zu nutzen. Erst wenn die Handlungsspielräume aufgrund erfolgter Detailkonstruktion, geplanter Produktionsprozesse, näher rückender Markteintrittstermine usw. so klein geworden sind, dass, wenn überhaupt, nur noch gravierende Anforderungsveränderungen berücksichtigt werden, verlieren die Komponentenmodelle und das Gesamtprojektmodell des HAUS ihren Nutzen.

Die Weiternutzung von Umfeld-Anforderungs- und Technologie-Machbarkeitsmodell ist dagegen auch zu diesem späten Zeitpunkt durchaus sinnvoll: viele Bestandteile dieser Modelle sind für mehrere Projekte des Unternehmens relevant, da üblicherweise ähnliche Marktumfelder bedient bzw. die gleichen Technologien genutzt werden. Die Pflege der umfeldbezogenen HAUS-Modelle der 1. Ebene kann daher im Sinne eines **Monitoring von Umfeldbedingungen** verstanden werden. Wenn sich hierbei Veränderungen zeigen, können diese spät im Entwicklungsprozess selbstverständlich nicht mehr berücksichtigt werden bzw. sind für diese Projekte gar nicht relevant, da sich Trends oft nur langsam entwickeln. Sie können aber wichtige Hinweise auf sich abzeichnende Markt- und Technologiechancen bieten und den Anstoß zu neuen Produktideen liefern. Für die wichtigen Umfelder und Technologien des Unternehmens sollten daher projektübergreifende FCMs erstellt und gepflegt werden, die für konkrete Entwicklungsprojekte in der Frühphase des FFE lediglich angepasst werden.

Eine geplante Weiternutzung von Teilmodellen des HAUS über das FFE oder sogar das einzelne Entwicklungsprojekt hinaus begünstigt zudem die **Effektkontrolle des FCM-Einsatzes.** Durch die laufende Auseinandersetzung mit den im FFE erstellten FCM-Modellen (und den ihnen zugrunde liegenden Annahmen) und ihre Überprüfung anhand der Realitäten in späteren Entwicklungsphasen können die Mitglieder des Entwicklungsteams erkennen, wo ihre mentalen Modelle unzureichend waren und zu falschen Vorhersagen geführt haben. Damit sind mittelfristig Verbesserungen des generellen Entscheidungsverhaltens bei Komplexität und Dynamik möglich.

Gleichzeitig kann das Entwicklungsteam den Nutzen des HAUS für das konkrete Projekt aus der Retrospektive (nach Abschluss des Projektes) bewerten und auf dieser Basis Erfahrungen sammeln, wie und in welchem Umfang es in künftigen Projekten genutzt werden sollte. Knowledge Engineers, die in die Weiternutzung des HAUS eingebunden werden, sammeln zudem praktische Erfahrung mit der Modellierung und lernen, welche Methode zur Wissenserfassung, welches Detaillierungsniveau, welche Transferfunktionen usw. sich bewährt bzw. nicht bewährt haben. Dadurch lässt sich die Qualität künftiger HAUS-Projekte sukzessive verbessern.

3 Beurteilung des HAUS

Die inhaltliche Zielsetzung des HAUS wurde bereits in Kapitel D 3.6 (vgl. Seite 305ff.) beschrieben und kritisch gewürdigt. Im vorangegangenen Kapitel wurden die Module des HAUS in Beziehung zu der im Rahmen dieser Arbeit entwickelten Vorgehensmethodik für die FCM-Erstellung gestellt, detailliert erläutert und anhand von Demonstrationsdaten auf ihre Machbarkeit hin geprüft. Damit kann die Frage nach dem Gegenstand der HAUS-Anwendung und dem dafür erforderlichen Vorgehen als geklärt betrachtet werden. Offen ist allerdings, ob die HAUS-Anwendung nützlich und sinnvoll ist.

Um diese Frage zu klären, wird das HAUS im Folgenden zunächst auf konzeptioneller Ebene anhand der in Abschnitt B entwickelten Anforderungen der Produktentwicklung beurteilt. Anschließend wird der Versuch einer praktischen Beurteilung auf Basis der durchgeführten Konzeptstudie und des in Abschnitt C dargestellten derzeitigen Stands der Forschung unternommen.

3.1 Konzeptionelle Beurteilung des HAUS anhand der Anforderungen der Produktentstehung

In Kapitel B1 (vgl. Seite 9ff.) wurden Anforderungen der Produktentwicklung identifiziert, die bei der Konzeption von Instrumenten und Methoden für das FFE zu beachten sind, in herkömmlichen FFE-Lösungen, wie Kapitel C1 (vgl. Seite 97ff.) gezeigt hat, aber nur unzureichend berücksichtigt werden.

Zu diesen Anforderungen zählt die **systematische Beobachtung von Unternehmensumfeldern**, um sich abzeichnende Veränderungen frühzeitig zu erkennen und Reaktionszeiten nutzen zu können. Durch das HAUS erfolgt zwar keine Beobachtung des Umfelds, doch wird diese unterstützt: das HAUS hilft, Umfelder in Bezug auf Kundenanforderungen und Technologien zu strukturieren und die Beobachtungsergebnisse - Umfeldvariablen, ihre wechselseitigen Beziehungen und ihre Auswirkungen auf Kundenanforderungen und Technologien – darzustellen. Zudem ermöglicht es eine fundierte Prognose der Auswirkungen von Umfeldänderungen auf Basis von FCM-Simulationen.

Die zweite Forderung nach **Strategien und Methoden zum Umgang mit Unsicherheit**, wird vom HAUS in ähnlicher Weise erfüllt. Das HAUS liefert nicht diese Strategien, aber das erforderliche Werkzeug zu ihrer Umsetzung: durch die HAUS-Anwendung werden Informationen über Einflussvariablen, Prämissen, Kausalzusammenhänge usw. gesammelt und in Form von Kausalkarten bzw. FCM-Modellen bewahrt. Die Zahl der verfügbaren Informationen wird dadurch erhöht. Durch das HAUS werden zudem die Informationsverarbeitungskapazitäten der Entscheider ausgeweitet, indem sie durch eine Microworld die Auswirkungen von Komplexität und Dynamik im konkreten Entscheidungsfall bewerten können, lange bevor das reale System Feedback geben kann. Damit können Probleme im Sinne eines „front-loadings" antizipativ gelöst werden. Gleichzeitig können mehr Handlungsalternativen (z.B. alternative Produktkonzepte) geprüft und im FFE weiter verfolgt werden, um im Sinne einer Flexibilisierungsstrategie Handlungsspielräume möglichst offen zu halten. Zudem können Entscheider generell Erfahrungen mit komplexen Systemen sammeln und dadurch ihre Informationsverarbeitung verbessern, indem sie sich an der FCM-Modellierung beteiligen, die Modelle testweise durchspielen und Modellergebnisse und spätere reale Ergebnisse immer wieder miteinander vergleichen. Die vermutete Steigerung der Informationsverarbeitungskapazität ist hierbei kein „frommer Wunsch", sondern durch Forschungen der Handlungspsychologie theoretisch begründet, wie Kapitel D 1 (vgl. Seite 223ff.) gezeigt hat.

Die Anforderung, ein **Instrument für die multifunktionale Zusammenarbeit** zu konzipieren, das eine **Systemsicht auf die Produktentwicklung** mit ihren vielfältigen Interdependenzen ermöglicht, wird durch das HAUS sehr weit reichend erfüllt: seine Teil-Modelle, die von einzelnen Fachexperten oder im Team erstellt werden können, werden zu einer integrierten Sicht vereinigt. Änderungen in einem Teilmodell (z.B. geänderte Anforderungen im Umfeld-Anforderungs-Modell) schlagen sich, wenn sie aus Gesamtsystemsicht relevant sind, auf alle nach gelagerten Modelle nieder. Teammitglieder aus einem Fachbereich können damit erkennen, welche Konsequenzen die von ihnen vorgenommenen Änderungen in anderen Fachbereichen bzw. für das Gesamtprojekt haben. Wenn sich die softwaretechnische Umsetzung des HAUS an den in Kapitel E 1.2.2 (vgl. Seite 364ff.) entwickelten Vorgaben orientiert, können sie zudem sehr weit reichende ergänzende Informationen zu den einzelnen FCM-Modellen einsehen, wie z.B. Begriffserläuterungen, Protokolle von Kundenbefragungen, Laborergebnisse und „structured walk throughs" der Kausalmodelle. Das HAUS liefert damit eine umfassende Informationsbasis für Entwicklungsteams, die mehr als das enthält, was in Kausalkarten ablegbar ist. Damit wird auch die Anforderung nach **Bereitstellung von Kontextinformationen** erfüllt und gleichzeitig eine Plattform für den projektinternen Informationsaustausch geschaffen.

Allerdings ist die Systemsicht des HAUS in einem Punkt nur eingeschränkt: die auf Kausalkarten beruhenden FCMs können nicht-kausale Restriktionen nicht abbilden. Die Tatsache, dass die Komponente „CO_2-Laser" nur mit dem Strahlführungssystem „Spiegelsystem" kombinierbar ist, lässt sich im Gesamtprojektmodell des HAUS nicht berücksichtigen. Wenn ein Teammitglied unzulässig die Komponente „Spiegelsystem" durch „Lichtleiter" ersetzt, so wird das im Gesamtprojektmodell nicht dazu führen, dass das Produktkonzept wegen technischer Unmöglichkeit verworfen wird. Damit sehen die Teammitglieder nicht alle Auswirkungen ihrer Änderungen. Dieses Problem lässt sich allerdings lösen, wenn, wie im vorangegangene Kapitel dargestellt, für jedes Produktkonzept ein individueller Satz von FCMs erstellt wird, dessen Teilmodelle erst nach vorheriger Konzeptprüfung durch andere Modelle ersetzt werden dürfen.

Eine weitere Anforderung, die **Explikation und Kodifizierung von implizitem Wissen** zur Unterstützung von Lernprozessen und zur bereits angesprochenen Bereitstellung von Kontextinformationen, wird durch das HAUS dagegen voll erfüllt. In Modul 2 wird Expertenwissen offengelegt und in einer leicht verständlichen Form als Kausalkarte dokumentiert. Damit ist es für den Experten möglich, sein eigenes mentales Modell zu überprüfen und ggf. zu verfeinern. Der Effekt wird verstärkt, wenn der Experte persönliche Erfahrung mit dem von ihm dargestellten System macht, indem er die Microworld des HAUS für Tests und Simulationen nutzt. Damit sind weit reichende **Lerneffekte** möglich.

Auf der konzeptionellen Ebene erfüllt das HAUS damit alle Anforderungen, die an eine sinnvolle Unterstützung des FFE zu stellen sind, also sehr weit reichend. Es kann daher vermutet werden, dass es ein nützliches Instrument für die frühen Phasen der Produktentwicklung ist, das viele der bestehenden Lücken bei deren methodischen Unterstützung schließt. Ob sich dies auch in der Praxis bestätigt (hat) wird im folgenden Abschnitt diskutiert.

3.2   Praktische Beurteilung des HAUS anhand der Konzeptstudie

Die Begleitung der Konzeptstudie „Laserreinigungsanlage für Formteilformen" erfolgte, ohne dass das HAUS als Software existent war, weswegen nicht alle Funktionen (z.B. online Begriffsklärung, Verweise auf weiterführendes Informationsmaterial) getestet werden konnten, und die FCM-Modellierung nur für Teilmodelle erfolgte. Die Konzeptstudie umfasst zudem nicht alle Stadien des FFE, da die endgültige Entscheidung für oder gegen die Durchführung des Entwicklungsprojektes im begleiteten Laserunternehmen bislang nicht erfolgt ist. Damit kann auf Basis der vorliegenden Daten nicht beurteilt werden, ob

- sich das HAUS praktisch insofern bewährt hat, dass sich seine Aussagen in der Praxis des Entwicklungsprojektes bestätigen, also z.B. tatsächlich die prognostizierten umfeldabhängigen Anforderungsänderungen auftreten,

- das HAUS rückblickend und unter Kenntnis des Projekterfolgs aus Sicht des Entwicklungsteams nützlich war und den Aufwand rechtfertigte,

- sich der Umgang mit Komplexität und Dynamik bei den involvierten Entscheidern durch den HAUS Einsatz im laufenden Projekt und ggf. darüber hinaus verändert hat.

Diese Aspekte wären allerdings anhand **einer** Fallstudie, selbst wenn sie das gesamte FFE abgedeckt hätte, auch nicht aussagekräftig überprüfbar gewesen. Um Aussagen über den langfristigen Projekterfolg und anhaltende Lerneffekte treffen zu können, hätte das Projekt über das FFE und die Markteinführung hinaus begleitet werden müssen. Da bei Fallstudien unternehmens-, personen- und projektbezogene Besonderheiten existieren könnten, die die Ergebnisse erheblich verfälschen, reicht es zudem nicht aus, nur eine Studie durchzuführen. Vielmehr ist ein Forschungsprogramm auf Basis mehrerer sorgfältig gewählter und projektbegleitender Fallstudien nötig. Im Rahmen dieser Arbeit kann die praktische Beurteilung des

HAUS daher nur - mit aller Vorsicht – auf Basis der während der Konzeptstudie gesammelten Erfahrungen und im Vergleich mit bestehenden FFE-Lösungen erfolgen.

Wichtige Erkenntnisse ergaben sich im Gespräch mit den Experten des Laserunternehmens. Aus ihren Kommentaren lassen sich Vorschläge für eine Modifikation der **FCM-Modelle** des HAUS ableiten:

- Bei der Entwicklung eines Standardprodukts, das in Serie gefertigt werden soll, sind neben den einmal anfallenden Entwicklungskosten auch die Herstellkosten pro Stück von Interesse. Sie werden bislang als eine von vielen Anforderungen an das Produkt behandelt. Allerdings könnten für eine detailliertere Berücksichtigung die Komponentenmodelle und das Gesamtprojektmodell auch um eine **Zielvariable „Einzelkosten"** ergänzt werden, die in gleicher Weise wie die Variablen „Qualitätsbeitrag", „Entwicklungszeit" und „Entwicklungskosten" verknüpft und berechnet wird.

- Im Komponentenmodell wird der Entwicklungsbedarf der unterschiedlichen Funktionsbereiche derzeit nur für die Gesamtkomponente geschätzt. Für eine genauerer (aber auch sehr viel aufwändigere Analyse) wäre es möglich, den **Entwicklungsbedarf für die Erfüllung der jeweiligen Qualitätsmerkmale** anzugeben (z.B. Entwicklungsbedarf Laserphysik für „geringe Lärmemission"). Die Verknüpfung mit den Variablen Entwicklungszeit und Entwicklungskosten erfolgte dabei in der gleichen Weise, wie bei der Entwicklungsbedarfsschätzung auf Komponentenebene.

- Im gezeigten Anwendungsfall werden Anforderungen, die das Unternehmen an das Produkt stellt, nicht kausal aus dem Umfeld abgeleitet, sondern im Komponentenmodell ergänzt. Für manche Anforderungen könnte es jedoch von Interesse sein, die Ursachen, die zu ihnen geführt haben, näher zu beleuchten und sie bspw. aus dem Wettbewerbsumfeld oder dem Branchenumfeld heraus zu begründen. In diesem Fall kann die **Anforderung des Unternehmens im Umfeld-Anforderungs-Modell integriert** und wie eine Kundenanforderung behandelt werden.

Die diskutierten Modifikationen des bestehenden HAUS können also mit minimalem Aufwand und logisch konsistent in das Gesamtkonzept eingebunden werden und stellen kein praktisches Hindernis für das HAUS dar. Allerdings sind solche Modifikationen komplexitätserhöhend und daher sorgfältig unter Nutzengesichtspunkten abzuwägen.

Hauptbedenken bestehen in Bezug auf den **Aufwand, der mit dem Verfahren einhergeht.** Er entfiel im konkreten Fall zu erheblichen Teilen auf die Übertragung der manuell erfassten Kausalkarten in die benutzten Grafik- und Tabellenkalkulationsprogramme sowie auf die testweise Berechnung der FCMs und damit auf Tätigkeiten, die durch eine geeignete Softwarelösung stark vereinfacht werden können.

Ob der dann geringere Aufwand des HAUS-Einsatzes gerechtfertigt ist, kann sinnvoll nur im Verhältnis zum Nutzen beurteilt werden. Auf Basis der vorliegenden Praxisdaten sind Aussagen zum **Nutzen der HAUS-Anwendung** nur äußerst eingeschränkt möglich. Ein positiver Effekt des HAUS, der sich im Rahmen der Konzeptstudie abzeichnete, war die Tatsache, dass die Auseinandersetzung mit den HAUS-Modellen tatsächlich zu vollständigeren bzw. vollständiger genutzten mentalen Modellen zu führen schien. Indizien dafür liefert die Offenlegung der impliziten Annahme zur Übertragbarkeit von Erfahrungen aus der Gummiindustrie, die Wahrnehmung eines sich verstärkenden Trends zu höheren Kundenanforderungen in Bezug auf die Produktqualität und die Anregung zu einer ergänzenden Technologiestudie „Festkörperlaser". Inwieweit diese Erkenntnisse mittelfristig auch ohne den HAUS-Einsatz gewonnen worden wären und ob sie in späteren Projektphasen tatsächlich zu besseren Entscheidungen und Projektergebnissen geführt hätten, muss naturgemäß offen bleiben.

Für die praktische Beurteilung des HAUS auf Basis der Konzeptstudie bleibt damit als zentrales Ergebnis der **Nachweis der prinzipiellen Machbarkeit**: die wichtigen Inhalte der Studie ließen sich vollständig und zur Zufriedenheit der befragten Experten im HAUS abbilden – **das HAUS ist also „machbar"**.

Das HAUS beruht konzeptionell auf den gleichen Grundlagen – Systemdenken, Denken in Szenarien und Knowledge Mapping – wie die in Kapitel C 3 dargestellten neueren Methoden und Instrumenten für das FFE, die die Grenzen des derzeitigen „State-of-the-Art" kennzeichnen. Wie die Diskussion im vorangegangenen Abschnitt und ein Rückblick auf die Bewertung bestehender FFE-Lösungen in Kapitel B 3.6 zeigt (vgl. Seite 217ff. insb. Tabelle C 3-1), ist das HAUS diesen Ansätzen konzeptionell überlegen. Ein Vergleich und eine Bewertung unter **praktischen** Gesichtspunkten lässt einige weitere Vorteile offensichtlich werden:

Anders als u.a. die Soft-System-Methodology für Innovationen (vgl. C 3.1, Seite 197ff.) und die dargestellte auf Concept Maps basierende Softwarelösung (vgl. C 3.4, Seite 210ff.) beruht das HAUS auf einer wissenspsychologisch fundierten, **konkret beschriebenen, praxiserprobten und situativ anpassbaren Methodik** zur Ermittlung von Informanten sowie zur Erfassung von Wissensinhalten und -strukturen. Zudem wird Wissen vergleichsweise breit erfasst und repräsentiert, indem – anders als bspw. bei den hierarchisch organisierten Concept Maps oder den QFD-Matrizen – Kausalwissen, Wissen über Konzeptbedeutungen und -inhalte sowie Wissen über weiterführende Informationsangebote abgebildet wird – wenn auch das Kausalwissen klar im Mittelpunkt des HAUS steht. Durch die Teilmodelle des HAUS wird zudem strukturiert vorgegeben, **welches** Wissen erfasst und welche Themenbereiche im FFE abgedeckt werden sollten. Das HAUS ist damit unter praktischen Gesichtspunkten konkreter und, trotz seines konzeptionellen Charakters, anwendungsnäher als das fallweise recht „nebulöse" Vorgehen bei anderen (neue) FFE-Instrumenten.

Mit der integrierten, ganzheitlichen Betrachtung von Umfeld und Entwicklungsprojekt greift das HAUS Grundideen der szenariobasierten Produktentwicklung (vgl. C 3.2, Seite 202ff.) auf. Gegenüber dieser hat die Microworld des HAUS allerdings den entscheidenden **Vorteil, dass mit dem System „gespielt"** werden kann, um durch Variation von Variablen unterschiedliche Szenarien zu erzeugen und ihre Konsequenzen zu beobachten und um Handlungsalternativen in unterschiedlichen Konstellationen auf ihre Vorteilhaftigkeit und mögliche Robustheit zu testen. Die aufwändige und teilweise methodisch bedenkliche Erstellung von Robust- und Eventualplänen auf Basis von Nutzwertanalysen und Erwartungswerten entfällt hierdurch. Zudem besteht – wie bereits ausgeführt – die Möglichkeit, das Entscheidungsverhalten bei Komplexität und Dynamik nachhaltig positiv zu beeinflussen. Dabei ist die **Anwendungsbreite** der HAUS-Microworld ein weiterer Vorteil gegenüber anderen FFE-Instrumenten: anders als bspw. das Verfahren der Information Acceleration (vgl. C 3.3, Seite 208ff.) ist die HAUS-Mircoworld nicht nur auf den kleinen Bereich des Produktkonzepttests beschränkt, sondern deckt das gesamte FFE und (je nach Anwendung) weitere Teile des Produktentstehungsprozesses ab.

Große praktische Ähnlichkeiten weist das HAUS zu dem auf Bayes-Netze beruhenden Ansatz von COOPER (vgl. C3.5, Seite 213ff.) auf. Gegenüber diesem hat es jedoch den entscheidenden Vorteil, bei der Modellierung **weniger restriktive Anforderungen** zu stellen (z.B. keine zyklenfreie Netzwerke; keine strenge Begrenzung der Konzeptzahlen) und auf Modellen zu beruhen, die **leicht ergänzt und aktualisiert** werden können.

Der Vergleich des HAUS mit neueren FFE-Methoden, die auf den gleichen konzeptionellen Grundlagen beruhen, zeigt also, dass das HAUS einige der **praktischen Beschränkungen** bestehender Lösungen überwinden kann. Gleichzeitig erfüllt es die **theoretisch fundierten Anforderungen** an ein Instrument zur FFE Unterstützung sehr weit reichend und überzeugender als der aktuelle „State-of-the-Art". Die **prinzipielle Machbarkeit** des HAUS wurde durch die Konzeptstudie demonstriert, wobei sich positive Effekte in Form von verbesserten mentalen Modellen zeigten. Alles in allem ist das HAUS damit ein theoretisch und konzeptionell viel versprechender und praktikabler Weg, das FFE methodisch zu unterstützen.

F
Zusammenfassung und Ausblick

1 Rückblick und Zusammenfassung

Ziel der vorliegenden Arbeit war die Konzeption eines Systems zur Handlungsunterstützung in den frühen Phasen der Produktentwicklung. Hierzu wurde in zweifacher Hinsicht Neuland betreten wurde: Die Arbeit setzte sich mit den frühen Produktentwicklungsphasen – dem „**Fuzzy Front End**" – und damit mit einem Teil des Innovationsprozesses auseinander, der bislang unzureichend erforscht ist und für den insbesondere kaum spezifische Lösungen zur methodischen Unterstützung existieren. Auf der Suche nach Möglichkeiten, diese Lücke zu schließen, wurde im Rahmen dieser Arbeit ein neuartiges Modellierungsverfahren genutzt – „**Fuzzy Cognitive Maps**" –, dessen praktische Anwendung noch weitgehend in den Kinderschuhen steckte. Entsprechend weit war der Bogen, der gespannt werden musste:

Nach einer Einleitung in Abschnitt A erfolgte in Abschnitt B die **sukzessive Entwicklung eines Bezugsrahmens** und Einbettung des Themas in den Stand der Forschung. Im ersten inhaltlichen *KAPITEL B 1* erfolgte eine Analyse **aktueller Tendenzen in der Produktentwicklung** und damit desjenigen Prozesses, dessen frühe Phasen es methodisch zu unterstützen galt. Aus den identifizierten Tendenzen - der Turbulenz von Umfeldern, der Notwendigkeit zur funktionalen und lebenszyklusbezogenen Integration und der wachsende Bedeutung von Fragen des Wissensmanagements – ließen sich **Anforderungen** ableiten, die an jedes Produktentwicklungsprojekt gestellt werden: die Notwendigkeit zur systematischen Umfeldbeobachtung, die Wahrnehmung der Produktentwicklung als System interdependenter Elemente, der Bedarf nach Instrumenten für die multifunktionale Zusammenarbeit, das Erfordernis, implizites Wissen zu explizieren und zu kodifizieren und die gezielte Entwicklung von Strategien und Methoden zum Umgang mit Unsicherheit.

Alle diese Anforderungen prägen das FFE, doch ist keine so entscheidend, wie die letztgenannte Frage des **Unsicherheitsmanagements**, die in *KAPITEL B 2* daher gesondert behandelt wurde. In keiner Phase der Produktentwicklung ist die Unsicherheit als Folge fehlender Informationen und mangelhafter Informationsverarbeitung so hoch, wie in den frühen Phasen der Produktentwicklung. Gleichzeitig bestehen in keiner Phase so umfangreiche Handlungsspielräume. Die Frage, mit welcher Strategie (kurze „time-to-market", „front-loading" oder Flexibilisierung) die bestehende Unsicherheit bewältigt werden soll, ist damit zentral für das FFE.

Dessen grundsätzliche Charakterisierung erfolgte in *KAPITEL B 3* anhand von **Front-End Modellen** aus der Literatur, die dort mit unterschiedlichem Forschungsziel dokumentiert und teilweise empirisch überprüft wurden. Insbesondere in Bezug auf empirische Erkenntnisse, ist der in der Arbeit umfassend dargestellte aktuelle Forschungsstand allerdings noch unzureichend, so dass das Themenfeld FFE bestenfalls als „gerade eröffnet" gelten kann.

Entsprechend zeigte sich in einem umfangreichen **Überblick über den Stand der Forschung** in KAPITEL C 1, dass derzeit kaum Methoden und Instrumente existieren, die speziell für das FFE entwickelt wurden. Die zahlreichen herkömmliche Lösungen für die Produktentwicklung, die u.a. aus dem Marketing und den Ingenieurwissenschaften stammen, unterstützen oftmals nur isolierte Teilaktivitäten, berücksichtigen Unsicherheit und Informationsdynamik unzureichend und sind z.T. aufgrund der für ihren Einsatz erforderlichen, aber im Front-End nur schwer verfügbaren Informationen, wenn überhaupt, erst spät im FFE einsetzbar. In KAPITEL C 2 wurde daher nach Konzepten gesucht, auf deren Basis eine sinnvolle methodische Unterstützung des FFE erfolgen kann. Mit dem **Systemdenken**, dem **Denken in Szenarien** und dem **Knowledge Mapping** wurden hierbei „Denkrichtungen" identifiziert, die das Potenzial hatten, die in Abschnitt B entwickelten Anforderungen zu erfüllen. Die in KAPITEL C 3 diskutierten fünf **neuen Methoden und Instrumente für das FFE**, die sich diese Konzepte zu eigen machen, erfüllen in der Tat Forderung nach einer Systemsicht auf die Produktentwicklung und nach Explizierung und Kodifizierung impliziten Wissens deutlich besser als die herkömmlichen Methoden. Allerdings weisen auch diese neuen Methoden Mängel bei der systematischen Berücksichtigung von Umfeldinformationen, bei der Unterstützung von Lernprozessen (insb. beim Umgang mit Unsicherheit) und bei der multifunktionalen Zusammenarbeit auf.

In den darauf folgenden Abschnitten D und E wurde daher mit einem **neuartigen Handlungsunterstützungssystem (HAUS)** eine Lösung konzipiert, die diese Mängel zu beseitigen sucht, indem sie das System „Entwicklungsprojekt" modelliert und seine Dynamik durch Simulation abbildet. Der Grundstein für das HAUS wurde in KAPITEL D 1 gelegt, in dem typische Probleme beim Umgang mit komplexen und dynamischen Systemen auf Grundlage der empirischen Forschung der **Handlungspsychologie** näher betrachtet und, darauf aufbauend, die Potenziale sog. „**Microworlds**" zur Unterstützung der frühen Phasen diskutiert wurden. Letztere ermöglichen es dem Entscheider, die Folgen von Variablenänderungen und die eigenen Entscheidungen vollständig, d.h. auch in Bezug auf Neben- und Fernwirkungen, zu erfassen und dadurch bessere Entscheidungen zu treffen, vollständigere mentale Modelle zu entwickeln und sein Entscheidungsverhalten grundsätzlich zu verbessern. Allerdings ist die Erstellung von Microworld-Modellen im FFE problematisch, da Innovationsprojekte einzigartig sind, das Modell also jeweils fallspezifisch zu erstellen ist, und da viele qualitative, dynamisch veränderliche Informationen vorliegen. Herkömmliche quantitativ orientierte Modellierungsverfahren, wie z.B. System Dynamics, sind daher nur sehr eingeschränkt einsetzbar.

In KAPITEL D 2 wurde daher ein neues, qualitatives Modellierungsverfahren vorgestellt, dass auf **Fuzzy Cognitive Maps** beruht und sowohl auf der Fuzzy Set Theorie als auch auf der Theorie künstlicher neuronaler Netze basiert. Es ermöglicht eine Übersetzung der u.a. im Systemdenken weit verbreiteten Netzwerkdiagramme bzw. Kausalkarten in quantitative Modelle.

Das Verfahren wurde in der Literatur bislang an keiner Stelle umfassend dargestellt, sondern wird, meist mit der theoretischen Zielsetzung einer Weiterentwicklung der FCM-Methode, in weit verteilten Quellen beschrieben. Mit KAPITEL D 2 ist **erstmals ein umfassender Überblick über den Stand des Wissens** erfolgt, wobei sich zeigte, dass Fragen der **praktischen FCM-Anwendung** bislang weitgehend vernachlässigt wurden und insbesondere kaum Hinweise bestehen, wie die Erfassung von Expertenwissen und dessen Übersetzung in FCM-Modelle zu erfolgen hat. Nichtsdestotrotz wurden FCMs als interessante Möglichkeit bewertet, Microworlds für das FFE zu erstellen.

Auf Basis der erarbeiteten Grundlagen – dem handlungspsychologischer Bezugsrahmen und dem Modellierungsansatz FCM – wurde in KAPITEL D 3 das zu entwickelnde **HAUS als Grobkonzept** vorgestellt: Es besteht aus fünf Modulen, die ihre Entsprechung in den Stationen der Handlungsregulation in komplexen Entscheidungssituationen finden. Kernstück des HAUS sind FCM-Modellen, die auf drei Ebenen angesiedelt und so verknüpft sind, dass die unteren Modellebenen Inhalts- und Strukturdaten für die Modelle der höheren Ebene liefern: Auf der untersten Modelebene werden Umfeldinformationen in Beziehung zu Kundenanforderungen und zur Verfügbarkeit von Technologien gesetzt. Auf der zweiten Modellebene werden Funktionsträger („Komponenten") betrachtet, die diese Technologien nutzen, um die Anforderungen zu erfüllen. Das Ausmaß der Anforderungserfüllung und der für die jeweilige Komponente erforderliche Entwicklungsbedarf wird komponentenspezifisch erfasst. Die dritte Ebene verknüpft die Teilbeiträge der Komponentenmodellen und liefert damit eine Gesamtsicht auf das zu entwickelnde Produkt: Änderungen im Umfeld können sich somit, wenn relevante Konzepte betroffen sind und der Änderungsimpuls stark genug ist, über die Komponentenmodelle auf die Gesamtqualität, die Gesamtkosten und die Gesamtentwicklungszeit des Produktes auswirken. Das HAUS liefert damit die Möglichkeit durch Simulation eintreffende **qualitative Informationen** hinsichtlich ihrer Relevanz und Auswirkungen **zu beurteilen und alternative Reaktionsmöglichkeiten** fundiert zu bewerten und **auszuwählen**.

Die durch Kapitel D 2 offensichtliche Forschungslücke – das fast vollständige Fehlen von Empfehlungen für eine fundierte Wissenserfassung und FCM-Modellierung in der Praxis – machte es allerdings erforderlich, der Ausarbeitung des HAUS-Konzeptes zunächst einige grundsätzliche Überlegungen voranzustellen. Dies erfolgte in KAPITEL E 1 in Form von **drei explorativen Vorstudien**, die auf wissenspsychologischen Erkenntnissen zum Knowledge Mapping beruhten: Vorstudie 1 befasste sich mit der prinzipiellen Machbarkeit einer eigenständigen (d.h. nur mit geringer Anleitung durch den Knowledge Engineer erfolgenden) Kausalkartenerstellung durch **Einzelexperten**. Vorstudie 2 untersuchte die Frage, wie eine **Gruppe von Experten** befragt werden sollte, um ihr Wissen umfassend und ohne schädliche Gruppeneffekte zu erfassen. Vorstudie 3 hatte das Ziel, **Potenziale des Text-Mining** für eine effizientere und inhaltlich umfassendere Wissenserfassung zu eruieren. Alle drei Vorstudien erfolgten anhand eines Themas („Rechtsextremismus unter Jugendlichen"), das außerhalb der frühen Phasen der Produktentwicklung lag, das aber u.a. den Vorteil hatte, das Probanden und Textmaterialien gut verfügbar waren. Auf Basis der Vorstudienergebnisse wurde eine **sechsstufige, allgemeine Vorgehensmethodik** zur Erstellung von FCM-Modellen entwickelt, durch die die vielfältigen Aufgaben bei der FCM-Modellierung erstmals systematisiert wurden. Zudem wurde das **Grobkonzept einer Softwarelösung** erarbeitet, durch die sich die Erstellung und Berechnung von FCM-Modellen effizient und effektiv durchführen lässt.

Die aus den Vorstudien abgeleitete allgemeine Vorgehensmethodik wurde im folgenden KAPITEL E 2 für die fünf Module des HAUS und damit **für die spezifischen Modellierungsaufgaben im FFE konkretisiert**. Dazu wurde für jedes Modul zunächst diskutiert, wie und mit welchen der vorgenannten vielfältigen Methoden zur Zielfestlegung, Informationsbedarfsanalyse, Expertensuche, Wissensakquisition, Modellerstellung, Modelltest usw., die spezifischen Teilaufgaben des jeweiligen Moduls zu erfüllen sind. Anschließend wurde das Vorgehen **am Beispiel eines realen Entwicklungsprojektes** - einer Konzeptstudie zu einer neuartigen Laserreinigungsanlage für Formteilformen - konkretisiert. Die Daten hierzu wurden in der Praxis in einem Unternehmen erhoben. Auf ihrer Basis wurde ein Umfeld-Anforderungs-Modell, ein Technologie-Machbarkeits-Modell für eine spezifische Lasertechnologie, ein Komponentenmodell („YAG-Laser") und ein Gesamtprojektmodell für das zu entwickelnde Produkt konzipiert und teilweise in FCMs umgesetzt, so dass die Machbarkeit der ersten beiden Module des Haus – Situationsanalyse und Strategieauswahl, sowie die FCM-Modellierung – bestätigt werden konnte. Zudem zeigte sich, dass die systematische Informationssammlung und visuelle Repräsentation von Wissen in Form von Kausalkarten bei den befragten Experten in der Tat eine Aktivierung bzw. Ausweitung ihrer bestehenden mentalen Modelle auszulösen schien, dass das HAUS also nicht nur eine verbesserte Informationsversorgung, sondern auch **eine verbesserte Informationsverarbeitung** gewährleistet. Da eine vollständige Abbildung des Entwicklungsprojektes und ein projektbegleitender HAUS-Einsatz aufgrund praktischer Beschränkungen (u.a. fehlende Software, Laufzeit und Umfang der begleiteten Konzeptstudie) nicht möglich war, konnten die Module 3 bis 5 (Beurteilung neuer Informationen; FCM-Modellanwendung; Planung, Durchführung & Effektkontrolle) in der Praxis nicht getestet werden. Allerdings wurde der HAUS-Einsatz anhand von mit den Experten erarbeiteten, für wahrscheinlich befundenen Fallbeispielen, die unterschiedliche Formen von **Informationsänderungen** während des Produktentwicklungsprojektes beinhalten, gedanklich nachvollzogen, so dass auch hier eine **prinzipielle Machbarkeit** des HAUS gezeigt werden konnte.

In KAPITEL E 3 erfolgte eine kritische Würdigung des HAUS anhand der in Abschnitt B entwickelten Anforderungen an die Produktentwicklung, den Ergebnissen der Konzeptstudie „Laserreinigungsanlage" und im Vergleich zum derzeitigen „State-of-the-Art". Dabei zeigte sich, **dass das HAUS eine äußerst viel versprechende Möglichkeit darstellt, Produktentwicklungsteams beim Umgang mit qualitativen, dynamisch veränderlichen In-**

F 1: Rückblick und Zusammenfassung

formationen in den frühen Phasen der Produktentwicklung zu unterstützen, die weit über die Lösungen hinaus geht, die für das FFE derzeit verfügbar sind.

Allerdings steht die praktische Bewährung des HAUS unter realen Einsatzbedingungen noch aus. Der hieraus resultierende Forschungsbedarf wird im nächsten Abschnitt diskutiert.

2 Forschungsbedarf und Ausblick

Mit der vorliegenden Arbeit ist ein Anfang gemacht, die frühen Phasen der Produktentwicklung methodisch zu unterstützen. Allerdings existiert das HAUS derzeit lediglich auf konzeptioneller Ebene. Dringender Forschungsbedarf ergibt sich damit für seine Implementierung, für die das bestehende Konzept durch Software, Handbücher und Schulungskonzepte zunächst realisiert werden muss, und für seine Überprüfung in der Praxis.

Der „Praxistest" kann als geglückt gelten, wenn das HAUS die Informationsverarbeitung im FFE verbessert und in der Folge bessere Entscheidungen getroffen werden, wenn durch das HAUS unterstützte Projekte also bspw. zukünftige Umfeldentwicklungen richtiger antizipieren, Kundenanforderungen besser erfüllen, Technologiepotenziale erfolgreicher nutzen und den Kosten– und Zeitaufwand realistischer planen als herkömmlich durchgeführte FFE-Projekte. Anhand einer Verbesserung dieser Aspekte ließe sich bewerten, ob das HAUS seine selbstgesteckten Ziele erfüllt und ob es hierbei erfolgreicher ist als aktuelle FFE-Verfahren.

In der praktischen Umsetzung ist ein solche Überprüfung allerdings problematisch. Prinzipiell ist es denkbar, den **Erfolg** von HAUS-unterstützten und anderen Projekten **ex-post**, also bei Vorliegen verlässlicher Daten über Entwicklungskosten und Markterfolg der resultierenden Produkte, zu vergleichen. Um die Effekte anderer Erfolgs- oder Misserfolgsfaktoren, die außerhalb des HAUS liegen (z.B. Eigenschaften des Zielmarkts, Schwierigkeit der Entwicklungsaufgabe, Kompetenzen des Entwicklungsteams), ausschließen zu können, müssten allerdings sehr weit reichend vergleichbare Fälle oder eine sehr große Zahl an Fällen, aus denen der Einfluss des HAUS statistisch isoliert werden kann, betrachtet werden. Beides ist wenig praktikabel.

Es ist daher sinnvoll, das HAUS auf Basis von **sorgfältig gewählten Fallstudien** zu überprüfen, bei denen Entwicklungsprojekte von der Idee bis über den Markteintritt hinaus betrachtet und unter Berücksichtigung der Sicht des Produktentwicklungsteams beurteilt wird. Um Hindsight-Bias zu vermeiden, sollte die Untersuchung projektbegleitend durchgeführt werden, d.h. es sollte zu unterschiedlichen Zeitpunkten im Projekt untersucht werden, welche Informationen im HAUS hinterlegt sind, welche Empfehlungen sich auf Basis der HAUS-Modelle ergeben, in welchem Umfang das HAUS genutzt wird und ob sich die mit Unterstützung des HAUS getroffenen Entscheidungen im FFE und darüber hinaus tatsächlich bewähren. Dazu sollte – neben dem beim HAUS-Einsatz anfallenden Aufwand, ohne den eine Effizienzbeurteilung unmöglich ist – u.a. erfasst werden, wie stark die realen Projektbedingungen (z.B. Umfeldsituation und Technologieverfügbarkeit im Zeitpunkt des Markteintritts) den durch das HAUS antizipierten entsprechen, wie sich Aufwand und Zeitbedarf im Vergleich zu den HAUS-Prognosen tatsächlich entwickeln und wie oft sich im Projektablauf Probleme und Änderungsbedarfe ergeben, die durch das HAUS nicht erkannt wurden. Von großem Interesse ist zudem die Frage, ob das Entwicklungsteam das HAUS als nützlich wahrnimmt, ob es aus dessen Sicht also tatsächlich zu einer besseren Versorgung mit benötigten Informationen und zu einer vereinfachten und vor allem angemessenen Beurteilung von Informationsveränderungen führt. Gleichzeitig ist zu prüfen, ob sich objektiv ein verbessertes Entscheidungsverhalten im jeweiligen Projekt aber auch darüber hinaus feststellen lässt. Mit der praktischen Umsetzung und Implementierung des HAUS geht auch die Frage einher, wie es in das projektübergreifende, interne Produktentwicklungsumfeld sinnvoll einzubetten ist. Hieraus ergeben sich weitere Forschungsansätze:

Eine viel versprechende Möglichkeit zur Weiterentwicklung des HAUS ist seine Anbindung an bestehende Systeme zur Erfassung, Speicherung, Verarbeitung und Weiterleitung von Informationen über das Unternehmensumfeld, wie sie **strategische Frühinformationssysteme** darstellen [VGL. SCHRÖDER, SCHIFFER: FRÜHINFORMATION 2001, S. 974]: Die Auseinandersetzung mit Umfeld-Anforderungs- und Technologie-Machbarkeits-Modellen auf der ersten Modellebene des HAUS legt Umfeldvariablen offen, die für das Entwicklungsprojekt bedeutend sind und daher einem Monitoring unterzogen werden sollten. Gleichzeitig kann sie dazu führen, dass bislang unerkannte Umfeldfaktoren als relevant erkannt und unberücksichtigte Umfeldzusammenhänge offensichtlich werden. Das HAUS kann also die Festlegung der Beobachtungsbereiche von Frühinformationssystemen unterstützen. Zudem können Informationen, die in Frühinformationssystemen gesammelt werden, bezüglich ihrer Konsequenzen für Produktkonzepte mit Hilfe des HAUS fundiert beurteilt und Reaktionsmaßnahmen geplant werden. Damit unterstützt das HAUS – zumindest für den Bereich der Produktentwicklung – wichtige Prozessschritte der strategischen Frühinformation: die Prognose künftiger Umfeldkonstellationen, die Ermittlung der Auswirkungen von Umfeldveränderungen und die „Informationsintegration", also die Planung und Initiierung von Reaktionen [VGL. SCHRÖDER, SCHIFFER: FRÜHINFORMATION 2001, S. 976FF]. Die konzeptionelle und praktische Integration von Frühinformationssystemen und HAUS stellt damit einen viel versprechenden Forschungsansatz dar, Handlungsbedarfe in der Produktentwicklung früh zu erkennen und Maßnahmen zu ergreifen, so lange noch Handlungsspielräume bestehen.

Weiterführender Forschungsbedarf ergibt sich zudem bei der Anbindung des HAUS an die **Produktplattformplanung** [VGL. SCHRÖDER: PLANUNG VON PRODUKTPLATTFORMEN 2002]. Bis lang werden bei Anwendung des HAUS für jedes Entwicklungsprojekt individuell Komponenten geplant und für unterschiedliche Betrachtungszeitpunkte und unter unterschiedlichen (Umfeld)variablenkonstellationen beurteilt. Bei der Erstellung der HAUS-Modelle werden hierbei u.U. auch Komponentenmodelle in das Produktkonzept „eingebaut", die unverändert oder leicht modifiziert aus anderen Projekten übernommen werden, da der durch sie beschriebene Funktionsträger in unterschiedlichen Produkten einsetzbar ist. Im Rahmen dieser Arbeit wurde dieser Sachverhalt nur am Rande und unter dem Aspekt der Arbeitsersparnis bei der FCM-Modellierung diskutiert. Die Frage, aus welchen Komponenten sich ein Produkt zusammensetzt und welche davon produktspezifisch entwickelt, aus Vorgängerprodukten übernommen oder ggf. neuer Standard für eine gesamte Produktfamilie werden, ist allerdings von zu hoher Relevanz, um sie „nebenbei" zu berücksichtigen. Eine Anbindung der übergreifenden Produktarchitekturplanung an das HAUS könnte dafür sorgen, dass entsprechende Entscheidungen bereits im FFE fundiert getroffen werden und die Funktionsträgerauswahl im HAUS nicht nur auf Basis von Einzelprojekten erfolgt. Dabei können die FCM-Modelle des HAUS und die mit ihnen erzielbaren Simulationsergebnisse helfen, Komponenten zu identifizieren, die in vielen verschiedenen Umfeldkonstellationen technisch realisierbar und vorteilhaft und damit potenziell (bei entsprechender technischer Eignung) plattformgeeignet sind. Ebenso lassen sich Funktionsträger identifizieren, die so sensibel auf unterschiedliche Umfeldkonstellationen reagieren, dass sie nur in einem jeweils sehr eng gesteckten Rahmen einsetzbar sind. Sie können ggf., selbst wenn sie nur Bestandteil *eines* Produktes sind, im Sinne einer Eventualplanung als schnell austauschbare Module konzipiert werden. Eine systematische Integration dieser Überlegungen in das Konzept des HAUS scheint vor dem Hintergrund der großen Nutzenpotenziale von Plattform- und Produktfamilienstrategien – darunter die Senkung von Entwicklungskosten und –dauern, die kostengünstige Befriedigung markt- und segmentspezifischer Kundenanforderungen und die Reduktion von Komplexität [VGL. SCHRÖDER: PLANUNG VON PRODUKTPLATTFORMEN 2002] äußerst viel versprechend.

Anhang

Anhang D2.1: Rechenweg zu Abbildung 2-7

Beispiel Matrix mit unterschiedlichen Konzeptgewichten

	C1	C2	C3	C4	C5
C1	0	1	-1	0	0
C2	0	0	0	1	0
C3	0	0	0	-1	-1
C4	0	0	0	0	1
C5	0	0	0	0	0

	C1	C2	C3	C4	C5
C1	0	0,5	-1	0	0
C2	0	0	0	1	0
C3	0	0	0	-0,5	-1
C4	0	0	0	0	0,5
C5	0	0	0	0	0

"nein"	0
"ja"	1

gar nicht	0
etwas	0,5
stark	1

Beispiele von Transferfunktionen

Binärfunktion 1
$x \leq 0 \Rightarrow C = 0$
$x > 0 \Rightarrow C = 1$

Binärfunktion 2
$x \leq -0,5 \Rightarrow C = -1$
$-0,5 < x < 0,5 \Rightarrow C = 0$
$x \geq 0,5 \Rightarrow C = 1$

Berechnungen

Startvektor	0	0	0	0	0	0	0	0	0	0
1. Durchlauf	0	0	0	0	0	0	0	0	0	0
1. Normierung (Binär 1)	0	0	0	0	0	0	0	0	0	0
2. Durchlauf	0	0	0	0	0	0	0	0	0	0
2. Normierung (Binär 1)	0	0	0	0	0	0	0	0	0	0
3. Durchlauf	0	0	0	0	0	0	0	0	0	0
3. Normierung (Binär 1)	0	0	0	0	0	0	0	0	0	0
4. Durchlauf	0	0	0	0	0	0	0	0	0	0
4. Normierung (Binär 1)	0	0	0	0	0	0	0	0	0	0
5. Durchlauf	0	0	0	0	0	0	0	0	0	0
5. Normierung (Binär 1)	0	0	0	0	0	0	0	0	0	0
Stabiler Endpunkt	0	0	0	0	0	0	0	0	0	0

Startvektor	0	0	0	0	0	0	0	0	0	0
1. Durchlauf	0	0	0	0	0	0	0	0	0	0
1. Normierung (Binär 2)	0	0	0	0	0	0	0	0	0	0
2. Durchlauf	0	0	0	0	0	0	0	0	0	0
2. Normierung (Binär 2)	0	0	0	0	0	0	0	0	0	0
3. Durchlauf	0	0	0	0	0	0	0	0	0	0
3. Normierung (Binär 2)	0	0	0	0	0	0	0	0	0	0
4. Durchlauf	0	0	0	0	0	0	0	0	0	0
4. Normierung (Binär 2)	0	0	0	0	0	0	0	0	0	0
5. Durchlauf	0	0	0	0	0	0	0	0	0	0
5. Normierung (Binär 2)	0	0	0	0	0	0	0	0	0	0
Stabiler Endpunkt	0	0	0	0	0	0	0	0	0	0

Startvektor	0	0	0	0	0	0	0	0	0	0
1. Durchlauf	0	0	0	0	0	0	0	0	0	0
1. Normierung (Sigmoid)	0	0,5	0,5	0,5	0,5	0	0,5	0,5	0,5	0,5
2. Durchlauf	0	0	0	0	0	0	0	0	0,25	-0,25
2. Normierung (Sigmoid)	0	0,5	0,5	0,5	0,5	0	0,5	0,5	0,777	0,223
3. Durchlauf	0	0	0	0	0	0	0	0	0,25	-0,11
3. Normierung (Sigmoid)	0	0,5	0,5	0,5	0,5	0	0,5	0,5	0,777	0,364
4. Durchlauf	0	0	0	0	0	0	0	0	0,25	-0,11
4. Normierung (Sigmoid)	0	0,5	0,5	0,5	0,5	0	0,5	0,5	0,777	0,364
5. Durchlauf	0	0	0	0	0	0	0	0	0,25	-0,11
5. Normierung (Sigmoid)	0	0,5	0,5	0,5	0,5	0	0,5	0,5	0,777	0,364
Stabiler Endpunkt	0,0	0,5	0,5	0,5	0,5	0,0	0,5	0,5	0,8	0,4

Beispiel Matrix mit unterschiedlichen Konzeptgewichten
(Forsetzung)

	C1	C2	C3	C4	C5
C1	0	0,5	-0,75	0	0
C2	0	0	0	1	0
C3	0	0	0	-0,5	-1
C4	0	0	0	0	0,5
C5	0	0	0	0	0

gar nicht	0
wenig	0,25
etwas	0,5
stark	0,75
sehr stark	1

Formel Sigmoid

$$S_i(x_i) = \frac{1}{1 + e^{-c(x_i - y_i)}}$$

Berechnungen

Startvektor	0	0	0	0	0
1. Durchlauf	0	0	0	0	0
1. Normierung (Binär 1)	0	0	0	0	0
2. Durchlauf	0	0	0	0	0
2. Normierung (Binär 1)	0	0	0	0	0
3. Durchlauf	0	0	0	0	0
3. Normierung (Binär 1)	0	0	0	0	0
4. Durchlauf	0	0	0	0	0
4. Normierung (Binär 1)	0	0	0	0	0
5. Durchlauf	0	0	0	0	0
5. Normierung (Binär 1)	0	0	0	0	0
Stabiler Endpunkt	0	0	0	0	0
Startvektor	0	0	0	0	0
1. Durchlauf	0	0	0	0	0
1. Normierung (Binär 2)	0	0	0	0	0
2. Durchlauf	0	0	0	0	0
2. Normierung (Binär 2)	0	0	0	0	0
3. Durchlauf	0	0	0	0	0
3. Normierung (Binär 2)	0	0	0	0	0
4. Durchlauf	0	0	0	0	0
4. Normierung (Binär 2)	0	0	0	0	0
5. Durchlauf	0	0	0	0	0
5. Normierung (Binär 2)	0	0	0	0	0
Stabiler Endpunkt	0	0	0	0	0
Startvektor	0	0	0	0	0
1. Durchlauf	0	0	0	0	0
1. Normierung (Sigmoid)	0	0,5	0,5	0,5	0,5
2. Durchlauf	0	0	0	0,25	-0,25
2. Normierung (Sigmoid)	0	0,5	0,5	0,777	0,223
3. Durchlauf	0	0	0	0,25	-0,11
3. Normierung (Sigmoid)	0	0,5	0,5	0,777	0,364
4. Durchlauf	0	0	0	0,25	-0,11
4. Normierung (Sigmoid)	0	0,5	0,5	0,777	0,364
5. Durchlauf	0	0	0	0,25	-0,11
5. Normierung (Sigmoid)	0	0,5	0,5	0,777	0,364
Stabiler Endpunkt	0,0	0,5	0,5	0,8	0,4

Anhang E 1.1: Konzepte und Konzeptzusammenfassungen 451

	In individueller Kausalkarte genanntes Konzept*	Vereinheitlichter Begriff
1	Angst vor Fremden B03.11	"ANGST VOR FREMDEN"
2	Angst vor fremden Kulturen B05.1	"ANGST VOR FREMDEN"
3	Arbeitslosigkeit A01.1	"ARBEITSLOSIGKEIT"
4	Arbeitslosigkeit A04.1	"ARBEITSLOSIGKEIT"
5	Arbeitslosigkeit A06.1	"ARBEITSLOSIGKEIT"
6	Arbeitslosigkeit A08.1	"ARBEITSLOSIGKEIT"
7	Arbeitslosigkeit B01.4	"ARBEITSLOSIGKEIT"
8	Arbeitslosigkeit B02.18	"ARBEITSLOSIGKEIT"
9	Arbeitslosigkeit B03.18	"ARBEITSLOSIGKEIT"
10	Arbeitslosigkeit B04.13	"ARBEITSLOSIGKEIT"
11	Arbeitslosigkeit B06.5	"ARBEITSLOSIGKEIT"
12	Arbeitslosigkeit in der Familie A02.1	"ARBEITSLOSIGKEIT"
13	Arbeitsplatz A07.1	"ARBEITSLOSIGKEIT"
14	Jugendarbeitslosigkeit A05.1	"ARBEITSLOSIGKEIT"
15	kein Job B05.3	"ARBEITSLOSIGKEIT"
16	Ausbildung B02.16	"BILDUNG"
17	Bildung A07.2	"BILDUNG"
18	Bildung A08.2	"BILDUNG"
19	Bildung B03.1	"BILDUNG"
20	geringe Bildung B01.10	"BILDUNG"
21	gute Ausbildung A05.2	"BILDUNG"
22	mangelnde Bildung A01.2	"BILDUNG"
23	niedriges persönl. Bildungsniveau B06.12	"BILDUNG"
24	schlechte Bildung B05.7	"BILDUNG"
25	Dummheit B02.11	"DUMMHEIT"
26	Dummheit einfache Lösungen für komplexe Probleme B05.13	"DUMMHEIT"
27	fehlende Intelligenz B03.16	"DUMMHEIT"
28	Einstellung der Eltern B03.3	"ELTERNHAUS"
29	Elternhaus A04.3	"ELTERNHAUS"
30	Elternhaus B02.15	"ELTERNHAUS"
31	intolerantes Elternhaus B04.9	"ELTERNHAUS"
32	kaputtes Elternhaus B05.9	"ELTERNHAUS"
33	nicht rechtes, gesichertes Elternhaus A07.3	"ELTERNHAUS"
34	Erziehung A08.5	"ERZIEHUNG"
35	Erziehung B02.17	"ERZIEHUNG"
36	Erziehung durch Eltern B01.6	"ERZIEHUNG"
37	gute Erziehung A05.4	"ERZIEHUNG"
38	Feindbild A08.6	"FEINDBILD AUSLÄNDER"
39	Übernahme von Feindbildern A06.5	"FEINDBILD AUSLÄNDER"
40	Einfluß des Bekanntenkreises B01.7	"FREUNDESKREIS"
41	Einstellung der PEER-Group B03.4	"FREUNDESKREIS"
42	Freundeskreis A04.6	"FREUNDESKREIS"
43	rechtsgerichtete Freunde A07.6	"FREUNDESKREIS"
44	Suche nach rechten Freunden B02.24	"FREUNDESKREIS"
45	fehlende Kenntnisse der Geschichte B03.14	"GESCHICHTSKENNTNISSE"
46	mangelnde Geschichtskenntnisse B04.6	"GESCHICHTSKENNTNISSE"
47	Gewaltbereitschaft A04.7	"GEWALTBEREITSCHAFT"
48	Gewaltbereitschaft A05.7	"GEWALTBEREITSCHAFT"
49	hohe Gewaltbereitschaft B01.11	"GEWALTBEREITSCHAFT"

In individueller Kausalkarte genanntes Konzept*	Vereinheitlichter Begriff
50 Gruppenzugehörigkeit A04.5	"GRUPPENZUGEHÖRIGKEIT"
51 Gruppenzugehörigkeit B05.5	"GRUPPENZUGEHÖRIGKEIT"
52 mangelnde Akzeptanz in der Gesell. B05.6	"ISOLATION IN DER GESELLSCHAFT"
53 soziale Isolation B04.12	"ISOLATION IN DER GESELLSCHAFT"
54 Langeweile B02.20	"LANGEWEILE"
55 Langeweile B05.2	"LANGEWEILE"
56 Neid A01.8	"NEID"
57 Neid A08.9	"NEID"
58 Neid auf Ausländer B05.4	"NEID"
59 Orientierungslosigkeit A07.1	"ORIENTIERUNGSLOSIGKEIT"
60 Orientierungslosigkeit B03.10	"ORIENTIERUNGSLOSIGKEIT"
61 Armut B02.14	"PERSÖNL. FINANZSITUATION"
62 Armut B03.13	"PERSÖNL. FINANZSITUATION"
63 Armut B05.8	"PERSÖNL. FINANZSITUATION"
64 finanzielle Situation A07.9	"PERSÖNL. FINANZSITUATION"
65 Leben an Armutsgrenze B01.1	"PERSÖNL. FINANZSITUATION"
66 Wohlstand A08.10	"PERSÖNL. FINANZSITUATION"
67 allg. Perspektivlosigkeit B01.8	"PERSPEKTIVLOSIGKEIT"
68 fehlende Perspektiven A05.10	"PERSPEKTIVLOSIGKEIT"
69 keine Ziele, keine Perspektiven B05.12	"PERSPEKTIVLOSIGKEIT"
70 Perspektivlosigkeit A06.10	"PERSPEKTIVLOSIGKEIT"
71 schlechte Zukunftsperspektiven B03.2	"PERSPEKTIVLOSIGKEIT"
72 Rechtsextreme Jugendliche A05.11	"RECHTSEXTREMISMUS"
73 Rechtsextremismus A02.11	"RECHTSEXTREMISMUS"
74 Rechtsextremismus B01.16	"RECHTSEXTREMISMUS"
75 Rechtsextremismus B02.25	"RECHTSEXTREMISMUS"
76 Rechtsextremismus B03.17	"RECHTSEXTREMISMUS"
77 Rechtsextremismus B04.14	"RECHTSEXTREMISMUS"
78 Rechtsextremismus B05.16	"RECHTSEXTREMISMUS"
79 Rechtsextremismus B06.14	"RECHTSEXTREMISMUS"
80 Rechtsextremismus unter Jugendlichen A06.11	"RECHTSEXTREMISMUS"
81 Rechtsextremismus unter Jugendlichen A07.11	"RECHTSEXTREMISMUS"
82 fehlendes Selbstvertrauen B03.9	"SELBSTWERTGEFÜHL"
83 geringes Selbstbewusstsein B01.12	"SELBSTWERTGEFÜHL"
84 großes Selbstbewusstsein A05.12	"SELBSTWERTGEFÜHL"
85 individuelle Minderwertigkeit B06.3	"SELBSTWERTGEFÜHL"
86 Minderwertigkeitsgefühl A06.12	"SELBSTWERTGEFÜHL"
87 Einfluss des Umfelds A02.13	"SOZIALES UMFELD"
88 gutes soziales Umfeld A07.13	"SOZIALES UMFELD"
89 Nachbarschaft B02.12	"SOZIALES UMFELD"
90 rechtes Umfeld B05.10	"SOZIALES UMFELD"
91 soziales Umfeld A08.14	"SOZIALES UMFELD"
92 Umfeld A01.13	"SOZIALES UMFELD"
93 persönliche Erfahrung B02.7	"VORANGEGANGENER KONFLIKT MIT AUSLÄNDERN"
94 persönliche negative Einzelerfahrungen mit Ausländern A07.24	"VORANGEGANGENER KONFLIKT MIT AUSLÄNDERN"
95 schlechte Erfahrungen m. Ausländern B01.9	"VORANGEGANGENER KONFLIKT MIT AUSLÄNDERN"
96 schlechte Erfahrungen mit Ausländern A02.14	"VORANGEGANGENER KONFLIKT MIT AUSLÄNDERN"

Anhang E 1.1: Konzepte und Konzeptzusammenfassungen 453

	in individueller Kausalkarte genanntes Konzept*	Vereinheitlichter Begriff
97	vorangegangener Konflikt mit Ausländern A04.14	"VORANGEGANGENER KONFLIKT MIT AUSLÄNDERN"
98	falsche Vorbilder A08.16	"VORBILDER"
99	Mangel an nachahmenswürdigen Vorbildern A06.15	"VORBILDER"
100	rechtsextreme Vorbilder A07.15	"VORBILDER"
101	Rechtspop. Äußerungen v. Vorbildern B03.5	"VORBILDER"
102	allg. wirtschaftliche Lage B01.3	"WIRTSCHAFTSLAGE"
103	gute Wirtschaftslage A05.16	"WIRTSCHAFTSLAGE"
104	konjunkturelle Probleme A06.16	"WIRTSCHAFTSLAGE"
105	konjunkturelle Situation B06.6	"WIRTSCHAFTSLAGE"
106	Wut B02.19	"WUT"
107	Wut, Hass, Frust B03.8	"WUT"
1	Amerikanisierung der Politik B06.10	nicht mehrfach genannt
2	Geschichte B02.4	nicht mehrfach genannt
3	Angst B02.10	nicht mehrfach genannt
4	Ästhetik B02.5	nicht mehrfach genannt
5	Ausländer fühlen Aggressionen gegen sich A06.3	nicht mehrfach genannt
6	Ausländer fühlen sich unerwünscht A06.2	nicht mehrfach genannt
7	Ausländerfeindlichkeit A05.1	nicht mehrfach genannt
8	autoritäres Denken A05.6	nicht mehrfach genannt
9	Bedeutungsverlust typ. männl. Eigenschaften A06.4	nicht mehrfach genannt
10	Beeinflussung durch rechte Medien B01.13	nicht mehrfach genannt
11	Benachteiligung A04.1	nicht mehrfach genannt
12	breites Angebot an rechter Ideologie B04.7	nicht mehrfach genannt
13	deutsche Musik B02.23	nicht mehrfach genannt
14	eigene Ideologie A02.7	nicht mehrfach genannt
15	Einfache Personen A01.3	nicht mehrfach genannt
16	Einfluss rechter Parteien A05.3	nicht mehrfach genannt
17	einheimische Küche B02.3	nicht mehrfach genannt
18	Einsamkeit B02.9	nicht mehrfach genannt
19	Emanzipation der Frau A06.5	nicht mehrfach genannt
20	Ex-DDR Geschichte A01.6	nicht mehrfach genannt
21	falsche moralische Werte, kein Gerechtigkeitsgefühl B05.14	nicht mehrfach genannt
22	Freizeitangebot A05.5	nicht mehrfach genannt
23	Fronten entstehen zwischen Gruppen A06.18	nicht mehrfach genannt
24	geforderte Flexibilität am Arbeitsmarkt A06.8	nicht mehrfach genannt
25	Geltungsbedürfnis B04.2	nicht mehrfach genannt
26	Geschichtskenntnisse A08.13	nicht mehrfach genannt
27	gesellschaftliche Minderwertigkeit B06.2	nicht mehrfach genannt
28	gesellschaftliche Umbrüche B06.13	nicht mehrfach genannt
29	gesellschaftsfäh. Rechtspopulismus B06.8	nicht mehrfach genannt
30	große Anzahl an Asylanten B01.15	nicht mehrfach genannt
31	Gruppe als Sicherheit B04.8	nicht mehrfach genannt
32	Identitätsfindung A08.9	nicht mehrfach genannt
33	Intellektualisierung rechter Ideologie B06.9	nicht mehrfach genannt
34	Isolation in der Gesellschaft A01.1	nicht mehrfach genannt
35	Jugendgruppe B02.8	nicht mehrfach genannt
36	jugendl. Ausländer treten oft in Gruppen auf A06.1	nicht mehrfach genannt
37	keine Auslandserfahrung B05.11	nicht mehrfach genannt

In individueller Kausalkarte genanntes Konzept*	Vereinheitlichter Begriff
38 Konsumhaltung A05.4	nicht mehrfach genannt
39 Krankheit B02.6	nicht mehrfach genannt
40 Kriminalität A04.2	nicht mehrfach genannt
41 Kritiklosigkeit A07.2	nicht mehrfach genannt
42 Kulturlosigkeit B06.4	nicht mehrfach genannt
43 Langeweile A04.6	nicht mehrfach genannt
44 leichte Beeinflussung durch andere A02.6	nicht mehrfach genannt
45 Leistungsgesellschaft B04.10	nicht mehrfach genannt
46 Machtbesessenheit B04.3	nicht mehrfach genannt
47 mangelnde Bereitschaft zur Reflexion B04.1	nicht mehrfach genannt
48 Männer wollen Stärke beweisen A06.12	nicht mehrfach genannt
49 Mitläufer, Opportunist B05.15	nicht mehrfach genannt
50 Naivität bzgl. Rechter Propaganda B04.5	nicht mehrfach genannt
51 Nationalstolz B04.11	nicht mehrfach genannt
52 niedriges gesellsch. Bildungsniveau B06.11	nicht mehrfach genannt
53 Null Bock Einstellung zur Arbeit A02.5	nicht mehrfach genannt
54 Obrigkeitsdenken B03.15	nicht mehrfach genannt
55 Outfit B02.2	nicht mehrfach genannt
56 Parteizugehörigkeit A04.4	nicht mehrfach genannt
57 Politik A08.1	nicht mehrfach genannt
58 Politikverdrossenheit B01.2	nicht mehrfach genannt
59 Präsenz rechter Gruppierungen B03.7	nicht mehrfach genannt
60 Propagandawirkung A01.5	nicht mehrfach genannt
61 Protest A01.8	nicht mehrfach genannt
62 rechte Berichte in Medien B02.22	nicht mehrfach genannt
63 rechte Politik B02.21	nicht mehrfach genannt
64 Rechte Popkultur B03.6	nicht mehrfach genannt
65 Schwinden des männl. Rollenverständnisses A06.6	nicht mehrfach genannt
66 soziale Spannungen B06.1	nicht mehrfach genannt
67 Spaß an Überschreitung ges. Grenzen B04.4	nicht mehrfach genannt
68 stärkeres Werben durch rechtsrad. Partei B01.5	nicht mehrfach genannt
69 Sündenbock A08.4	nicht mehrfach genannt
70 Tradition B02.1	nicht mehrfach genannt
71 umfassendes Asylrecht B01.14	nicht mehrfach genannt
72 Unsicherheit B06.7	nicht mehrfach genannt
73 Unzufriedenheit mit dem System A01.9	nicht mehrfach genannt
74 Weltoffenheit A08.12	nicht mehrfach genannt
75 Wohnungsnot B02.13	nicht mehrfach genannt
76 Wunsch nach Aufmerksamkeit B03.12	nicht mehrfach genannt

* Der genannte Begriff entspricht jeweils der Bezeichnung im Original; die Kennziffer zeigt Gruppe und Proband, sowie die Konzeptnummer innerhalb der jeweiligen Karte

Anhang E 1.2: „Simple FCM" (Adjazenzmatrix) der Kombinationskarte

Die 65 häufigsten Wörter des Textkorpus...

	mit Stoppliste 100	*	mit Stoppliste 1.000	*	mit Stoppliste 10.000	*
1	Alle(m)	18	Aktion	13	Alltagskultur	20
2	Andere(n)	36	Anderem	63	Antifaschistische	17
3	Arbeit	57	Auseinandersetzung	29	Aufkleber	13
4	Ausländer	37	Ausländer	6	Ausgrenzung	25
5	Berlin(er)	31	Ausländerfeindlichkeit	36	Ausländerfeindlichkeit	6
6	da	6	Bildung	59	Ausländerfragen	33
7	dabei	61	Brandenburg/er	16	Ausländerinnen	22
8	damit	51	Bundesländer	30	Autonomen	21
9	dazu	54	Bündnis	64	Autoritäre	45
10	denen	46	Debatte	35	Burkhard	46
11	denn	13	Demokratie	21	Delikte	34
12	Deutschland	47	Demokratische	65	DVU	8
13	diesem	65	Diskutieren	49	Erschreckend	59
14	doch	4	DVU	39	Fremdenfeindlich/keit	35
15	erst	35	Einstellungen	22	Gedankengut	60
16	etwa	55	Erziehung	31	Gesinnung	47
17	etwas	28	Fremdenfeindlichkeit	27	Gewaltbereitschaft	26
18	ganz	38	Fühlen	40	Gewalttaten	9
19	geht	48	Generation	50	Glatzen	18
20	Gewalt	7	Gewalttaten	41	Hakenkreuze	61
21	gibt	8	Grüne	51	Heil	48
22	hätten	40	Initiative	52	Heitmeyer	14
23	heute	32	Jemand	32	Hilflosigkeit	49
24	hier	10	Jugend	12	Hoyerswerda	29
25	ihne(n)	26	Jugendarbeit	11	Inhalten	36
26	ihrer	43	Jugendliche/r/n	1	Jugendclubs	50
27	Ihrer/n	49	Kampagne	60	Jugendgruppen	62
28	Ja	44	Klasse	42	Jugendkultur	51
29	jedoch	63	Lehrer	9	Kameradschaft(en)	27
30	jetzt	11	Maßnahmen	53	Knast	23
31	Jugendliche/r/n	1	Nazis	54	Krüger	37
32	Jungen	52	Neonazis	8	Kumpels	30
33	kein	53	Noteingang	43	Lehrer(in/nen)	12
34	kommen	56	NPD	23	Lichtenberg	52
35	Lehrer	58	Organisationen	18	Militanten	63
36	machen	20	Ostdeutschland	55	Mitläufer	40
37	mal	50	Pädago-gen/Pädagoginnen	61	Mobilen	64
38	Menschen	59	Politisch	26	Mölln	38
39	muss	45	Projekte	19	Multikulturelle	65
40	müssen	41	Rassismus	7	Neonazi/s/istisch/ismus	15
41	Neonazis	42	Rassistischen	44	Noteingang	10
42	nichts	24	Reagieren	56	NPD	4
43	ohne	62	Rechte/r/n	3	Pädago-gen/Pädagoginnen	41
44	Polizei	34	Rechtsextrem/e/ismus	2	Pädagogik	53
45	Problem	60	Rechtsradikale(n)	14	Pädagogische(n)	31
46	Rassismus	39	Reden	17	Provozieren	39
47	Rechte/r/n	3	Schulen	5	Punks	42
48	Rechts	14	Schüler(in/en)	15	Rassistische(n)	16

Anhang E 1.3: Text-Mining Ergebnisse

Die 65 häufigsten Wörter des Textkorpus...

	mit Stoppliste 100	*	mit Stoppliste 1.000	*	mit Stoppliste 10.000	*
49	Rechtsextrem/e/ismus	2	Skin(head)s	10	Rechte/r/n	5
50	sagt	5	Sozialarbeit/er	57	Rechtsextrem/e/ismus	1
51	Schule(n)	25	Soziale(n)	33	Rechtsradikal/e/ismus/en	3
52	sehr	19	Straftaten	37	Rechtsruck	54
53	seien	9	Strukturen	45	Skin(head)s	2
54	seit	15	Studie	24	Solingen	43
55	selbst	21	Szene	4	Sonderkommission	44
56	Skinheads	64	Täter	20	Sozialarbeit/er	11
57	sondern	16	Thomas	46	Sprüche	55
58	Szene	22	Übergriffe	38	Überfälle	56
59	Thema	29	Umgang	34	Übergriffe	7
60	uns	17	Ursachen	47	Verfassungsschutz	28
61	viele	12	Verbot	25	Vernetzung	57
62	waren	23	Verfassungsschutz	58	Weltbild	32
63	weil	30	Verstehen	62	Zivilcourage	19
64	wollen	27	Wagner	28	Zivilgesellschaft	24
65	wurden	33	Wolfgang	48	Zonen	58

* bezeichnet die Rangfolge nach Häufigkeit (1 = Begriff ist von allen Begriffen im Textkorpus am häufigsten enthalten)

Wortschatz : Suche : Ergebnis
Zum Haupteintrag **Arbeitslosigkeit**

Signifikante Kollokationen für Arbeitslosigkeit:
Bekämpfung (3943), Abbau (2167), hohen (1158), hoher (1130), Armut (963), Kampf (803), Anstieg (746), bekämpfen (699), steigende (636), Problem (581), Inflation (565), halbieren (496), steigender (466), hoch (411), Wachstum (396), Halbierung (390), senken (372), steigt (349), Wirtschaftswachstum (346), soziale (343), Deutschland (313), Bundesregierung (311), Beschäftigung (298), Wirtschaft (295), Arbeitsmarkt (293), Kriminalität (289), Bundesanstalt für Arbeit (282), wachsende (282), gestiegen (277), Gewerkschaften (276), sozialen (270), Probleme (268), angesichts (250), Konjunktur (246), abzubauen (238), Arbeitslosen (230), Maßnahmen (230), Senkung (225), Angesichts (223), Regierung (222), Im Osten (220), weiter (220), Themen (216), bekämpft (215), Thema (215)

Signifikante linke Nachbarn von Arbeitslosigkeit:
hoher (994), hohen (850), steigende (481), steigender (361), wachsende (153), wachsender (110), steigenden (90), höherer (74), Hohe (69), höchste (52), Armut (48), höhere (47), gestiegene (47), Steigende (47), zunehmender (43), Thema (43), wachsenden (42), drohender (38), sinkender (37), drohende (36), struktureller (34), registrierte (28), niedrige (28), strukturellen (27), sinkende (26), unverschuldeter (22), saisonbereinigte (22), niedrigste (22), grassierende (22), Wachsende (22), längerer (21), durchschnittliche (20), drohenden (20), höchsten (18), anhaltende (18), Zunehmende (18), verdeckten (16), zunehmenden (15), rekordhohen (15), ansteigende (14), saisonbereinigten (13), niedrigere (12), millionenfache (12), geringste (12), gestiegener (11), angestiegene (11), Mittel gegen (11), verdeckter (10), rekordhoher (10), grassierender (10), gestiegenen (10), Asientrip (10), nach einem Jahr (9), millionenfacher (9), massenhafter (9), anhaltender (9), Geißel (9), drückenden (8), chronische (8), Niedrige (8), Krebsübel (8), vorübergehender (7), registrierten (7), Im Falle von (7), grassierenden (7), durchschnittlichen (7), drückenderen (7), drückende (7), Wohnungsnot (7), Themen (7), Strukturelle (7), Perspektivlose (7), überdurchschnittliche (6), verfestigende (6), unfreiwilliger (6), tatsächliche (6), sechsmonatiger (6), niedriger (6), in puncto (6), geringere (6)

Signifikante rechte Nachbarn von Arbeitslosigkeit:
abzubauen (118), steigt (97), Bedrohte (66), bedroht (63), sinkt (53), Armut (36), bedrohte (34), bedrohten (31), Wohnungsnot (26), entlassen werden (23), sinke (22), wirksam (21), halbieren (21), geplagten (21), entlassen (21), bekämpft (21), Im Osten (20), Schwerbehinderter (20), beitragen (19), in den Griff (18), steige (16), gebeutelten (16), Obdachlosigkeit (15), nachhaltig (14), abbauen (13), halbiert (12), geht zurück (11), abgebaut (11), Bedrohten (11), steigt auf (10), schwerbehinderter (10), nimmt zu (10), Sozialabbau (10), verharrt (9), stagniert (9), liegt über (9), einzudämmen (9), beträgt (9), zurückgeht (8), spürbar (8), senken (8), bewahrt (8), beitrügen (8), Alkoholismus (8), steigt weiter an (7), signifikant (7), schnellte (7), runterzubekommen (7), oberste Priorität (7), nimmt weiter zu (7), nicht zu beseitigen (7), nennenswert (7), ging zurück (7), beizutragen (7), anzugehen (7), Vorruhestand (7), Lehrstellenmangel (7), Ehescheidungen (7), Überschuldung (6), voranzukommen (6), stieg auf (6), massen (6), nannten (6), liegt (6), höchste Priorität (6), herausführen (6), geprägten (6), gebeutelte (6), finanzieren (6), betroffen (6), beseitigen (6), bekämpfe (6), Staatsverschuldung (6), zunimmt (5), wächst (5), sinkende (5), saisonbedingt (5), nicht halbiert (5), mit 60 Jahren (5), knapperer (5), in die Höhe treiben (5)

http://www.wortschatz.uni-leipzig.de/cgi-bin/wort_www.exe   03.10.2004

Anhang E 1.5: Kollokationsanalyse „Rechtsextremismus"

Wortschatz: Suche: Ergebnis

Zum Haupteintrag **Rechtsextremismus**

Signifikante Kollokationen für Rechtsextremismus:
Fremdenfeindlichkeit (904), Bekämpfung (662), **Gewalt** (491), Kampf (353), Ausländerfeindlichkeit (335), Aktionsbündnis (264), Rassismus (213), Thema (184), Antisemitismus (152), Verfassungsschutz (149), Sonderkommission (141), Linksextremismus (140), Brandenburg (117), bekämpfen (107), Problem (101), Auseinandersetzung (92), Aktionsbündnisses (76), Deutschland (76), Ursachen (74), NPD (73), Soko (72), SPD (70), Extremismus (64), Innenminister (58), Verfassungsschutzes (57), Debatte (55), Jugendlichen (54), Bundeswehr (52), Maßnahmen (52), CDU (50), bekämpft (49), Verfassungsschutzbericht (48), Bündnis (48), Gesellschaft (46), Demonstration (46), Neonazismus (45), Gefahr (45), Themen (44), Neonazis (43), Zivilcourage (41), Fremdenhaß (41), Landesregierung (41), Rex (41), Gewalttaten (41), Ostdeutschland (40)

Signifikante linke Nachbarn von Rechtsextremismus:
Sonderkommission (131), **Gewalt** (112), Thema (93), zunehmenden (25), organisierten (19), **wachsenden** (15), Fremdenfeindlichkeit (15), aufkeimenden (13), **gewaltbereiten** (11), **verletzlich** (9), militanten (9), **gewalttätigen** (9), **wiedererstarkenden** (8), Linksextremismus (8), Alarmierender (7), organisierte (6), aufkommenden (6), Sonderdezernat (6), zunehmendem (5), in Sachen (5), erstarkenden (5), Gegen (5), unterstellten (4), jugendlichen (4), greifenden (4), Terminus (4), Problems (4), zunehmende (3), organisierter (3), intellektueller (3), intellektuellen (3), allgegenwärtigen (3), Soko (3), Links (3), Ausländerfeindlichkeit (3), Abteilung (3)

Signifikante rechte Nachbarn von Rechtsextremismus:
Fremdenfeindlichkeit (65), Soko (37), Rassismus (15), demonstriert (12), bekämpfen (12), vorzugehen (11), vorgehen (11), aufgerufen (11), Antisemitismus (11), im Osten (9), entgegenzutreten (9), **zur Wehr setzen** (8), Neofaschismus (8), Aussteiger-Programm (8), Ausländerfeindlichkeit (7), gerückt (6), unterschätzt (5), stagniere (5), herunterspielen (5), **gewarnt** (5), Vorschub (5), Neonazismus (5), **wirkungsvoll** (4), bekämpft (4), aufzuklären (4), Ausländerhaß (4), engagieren (3), eingeordnet (3), eindämmen (3), diskutieren (3), auseinander setzen (3), abgewandt (3)

© 1998-2004 Deutscher Wortschatz
Alle Rechte vorbehalten

Die Daten werden aus öffentlich zugänglichen Quellen automatisch erhoben. Die Kollokationen sind sorgfältig ermittelte Begriffe, die statistisch signifikant mit dem Ausgangsbegriff gemeinsam auftreten. Aus dem gemeinsamen Auftreten von Begriffen können keine Rückschlüsse über die Art eines eventuellen inhaltlichen Zusammenhangs abgeleitet werden. Auch ohne gemeinsame Kennzeichnung unterliegen im Wortschatz wiedergegebene Marken wie Gebrauchsnamen, Handelsnamen, Warenbezeichnungen usw. den gesetzlichen Bestimmungen. Die synonyme Verwendung eines Trademarks beschreibt nicht notwendigerweise produktspezifische Eigenschaften sondern kennzeichnet stattdessen die Verwendung des Begriffs im allgemeinsprachlichen Kontext.

1.) Keine Schädigung der Form

2.) Gutes Reinigungsergebnis
→ Vollständige Reinigung der Form, auch an schwierigen Stellen (Luftlöcher, Hinterschnitte)
→ Kein langfristiger Aufbau von Restverschmutzungen in lasergereinigten Form

3.) Schnelle Reinigung
→ Kurze Rüstzeiten (Andocken /Abdocken)
→ Kurze Reinigungszyklen
  → Laserleistung in J/cm^2
  → Fleckgröße in mm^2

4.) Leichte Bedienung
→ Geringer Schulungsbedarf
→ Einfaches, grafisches Benutzerinterface
→ Geringe Körperkraft erforderlich
  → Gewicht in Tonnen
  → Elektrohubwagen
  → Kraftverstärkung beim Andocken

5.) Hohe Verfügbarkeit
→ Kurze geplante Ausfallzeiten
  → Geringe Totzeiten im Betrieb (z.B. für Filterwechsel)
  → Geringer präventiver Wartungsbedarf
→ Keine ungeplanten Ausfallzeiten
  → Verhinderung von Schäden bei Fehlbedienung
  → Robustheit bei Schlag und Stossbelastung
  → Geringe Störanfälligkeit bei Schwankungen der Stromversorgung im Werk

6.) Geringe Wartungs-& Betriebskosten
→ Geringer Betriebsmittelbedarf (Lasergas, Strom, Filterpatronen)
→ Verwendung von Standardteilen

7.) Hohe Arbeitsplatzsicherheit
→ Geringe Lärmemission
  → Grenzwert in dBa
→ Vollständiger Laserabschluss (Laser Klasse 1)
  → Interlockschalter und Abschirmung
→ Keine Emission partikelhaltiger Abluft

8.) weitgeh. Infrastrukturunabhängig
  → Anschluss an Stromversorgung im Werk
  → Integrierte Luftkühlung
  → Integrierte Absaugung/Filter
  → Pufferbatterie zum Schutz vor Datenverlust bei Stromausfall

9.) Erfassung von Prozessdaten
→ Automatische Erfassung
→ Auslesbarkeit mit Notebook

Anhang E2.2: Vorläufige Kausalkarte des Umfeld-Anforderungs-Modells

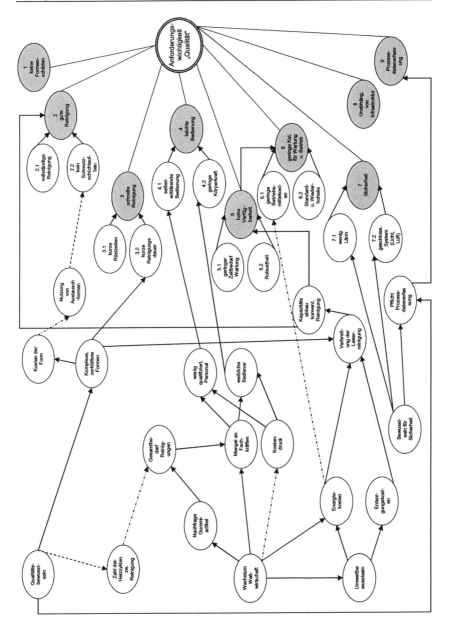

Umfeldfaktoren

Umfeldfaktoren			
Qualitätsbewusstsein	fördert	Pflicht zur Prozessdatenerfassung	da dadurch Qualitätsdaten (Statistiken, Rückverfolgbarkeit von Produkten etc.) erfasst werden
Qualitätsbewusstsein	fördert	komplexe, zerklüftete Formen	da diese optisch ansprechendere Produkte ermöglichen
Qualitätsbewusstsein	senkt	Zahl der Heizzyklen zwisch. Reinigung	da dadurch die optische Qualität der Produkte durchgehend hoch ist
Zahl der Heizzyklen zwisch. Reinigung	senkt	Gesamtbedarf an Reinigungen	da weniger gereinigt wird, je länger die Zeitdauer zwischen zwei Reinigungen ist
Wachstum der Weltwirtschaft	fördert	Nachfrage nach Gummiartikeln	da diese Bestandteil vieler technischer Produkte (z.B. Autos) und Haushaltsprodukte sind
Wachstum der Weltwirtschaft	fördert	Mangel an Fachkräften	da diese von vielen Unternehmen benötigt werden
Wachstum der Weltwirtschaft	fördert	Umweltbewusstsein	da Wohlstand steigt und Ressourcen spürbar knapp werden
Wachstum der Weltwirtschaft	fördert	Energiekosten	da die Nachfrage nach Energie steigt
Wachstum der Weltwirtschaft	senkt	Kostendruck auf Formteilhersteller	da die Nachfrage hoch ist
Umweltbewusstsein	fördert	Energiekosten	da diese durch staatliche Eingriffe verteuert werden
Umweltbewusstsein	fördert	Entsorgungskosten	da rigide Umweltschutzauflagen hohe Kosten (Deponie, Verbrennung etc.) hervorrufen
Nachfrage nach Gummiartikeln	fördert	Gesamtbedarf an Reinigungen	da mehr Produktion auch mehr Reinigung bedeutet
Energiekosten	fördert	Verbreitung der Laserreinigung	da sie vergleichsweise wenig Energie bedarf
Entsorgungskosten	fördert	Verbreitung der Laserreinigung	da nur geringe Abfallmengen entstehen
Gesamtbedarf an Reinigungen	fördert	Mangel an Fachkräften	da neue Kapazitäten mit schnellem, neuen Verfahren aufgebaut werden
Gesamtbedarf an Reinigungen	fördert	Einsatz wenig qualifizierten Personals	in den Reifenwerken, da mehr Arbeit anfällt
Mangel an Fachkräften	fördert	Einsatz weiblicher Bediener	da kein qualifiziertes Personal erhältlich bzw. bezahlbar ist
Kostendruck	fördert	Pflicht zur Prozessdatenerfassung	da neue Arbeitnehmergruppen erschlossen werden
Bewusstsein für Sicherheit	fördert	Kosten der Form	da sie insb. in asiatischen Ländern weniger verdienen als Männer
komplexe, zerklüftete Formen	fördert	Verbreitung der Laserreinigung	da Sicherheitsmängel früher erkannt und abgestellt werden können
komplexe, zerklüftete Formen	senkt	Nutzung von Austauschformen	da sie hohen Entwicklungs- und Fertigungsaufwand verursachen
Kosten der Form	fördert	Zahl der Heizzyklen zwisch. Reinigung	da diese segmentierten Formen besser reinigen kann als konventionelle Verfahren
Kosten der Form	fördert	Verbreitung der Laserreinigung	da diese zu teuer werden
Kosten der Form	fördert	Kapazitätsabbau konvent. Reinigung	da das schonene Laserreinigungsverfahren dann besonders attraktiv ist
Verbreitung der Laserreinigung	fördert		da die herkömmliche Formenwartung weniger zu tun bekommt

Fortsetzung auf Folgeseite

Anhang E2.3: Ergebnisse des „structured walk through"

Anforderungen		die Anforderung nach...		
Pflicht zur Prozessdatenerfassung	sorgt dafür, dass	Prozessdatenerfassung	Bestand hat	da gesetzliche Regelungen eingehalten werden müssen
Energiekosten	sorgen dafür, dass	geringe Betriebsmittelkosten	Bestand hat	da sie diese erhöhen
Entsorgungskosten	sorgen dafür, dass	geringe Betriebsmittelkosten	Bestand hat	da sie diese erhöhen
Gesamtbedarf an Reinigungen	sorgt dafür, dass	kurzen Rüstzeiten	Bestand hat	da die Laseranlage zum "Bottleneck" der Reinigung werden kann
Gesamtbedarf an Reinigungen	sorgt dafür, dass	kurze Reinigungsdauern	Bestand hat	da die Laseranlage zum "Bottleneck" der Reinigung werden kann
Kostendruck	sorgt dafür, dass	kurzen Rüstzeiten	Bestand hat	da die Laserreinigungsanlagen gut ausgelastet werden müssen
Kostendruck	sorgt dafür, dass	kurzen Reinigungsdauern	Bestand hat	da die Laserreinigungsanlagen gut ausgelastet werden müssen
Kostendruck	sorgt dafür, dass	geringer Reparatur- & Wartungsaufw.	Bestand hat	da auch diese Kosten minimiert werden
Kostendruck	sorgt dafür, dass	geringen Betriebsmittelkosten	Bestand hat	da auch diese Kosten minimiert werden
Kostendruck	sorgt dafür, dass	geringem Zeitbedarf für Wartung	Bestand hat	da die Laserreinigungsanlagen gut ausgelastet werden müssen und Wartungszeiten dies erschweren
Kostendruck	sorgt dafür, dass	Robustheit	Bestand hat	da die Laserreinigungsanlagen gut ausgelastet werden müssen und Reparaturen dies erschweren
Bewusstsein für Sicherheit	sorgt dafür, dass	wenig Lärm	Bestand hat	da Lärm das Unfallrisiko erhöht und zu Gesundheitsschädigungen führt
Bewusstsein für Sicherheit	sorgt dafür, dass	Elektrosicherheit	Bestand hat	damit Elektrounfälle vermieden werden
Bewusstsein für Sicherheit	sorgt dafür, dass	geschlossenen System	Bestand hat	damit keine Abgase oder schädigendes Laserlicht austritt
komplexe, zerklüftete Formen	sorgen dafür, dass	kurzen Reinigungsdauern	Bestand hat	da sie bei diesen Formen besonders problematisch ist
Kosten der Form	sorgen dafür, dass	Vermeidung von Schäden	Bestand hat	da der wirtschaftliche Schaden bei teuren Formen hoch ist
Kosten der Form	sorgen dafür, dass	kurzen Rüstzeiten	Bestand hat	da die teuren Formen möglichst gut ausgelastet werden müssen
Kosten der Form	sorgen dafür, dass	kurzen Reinigungsdauern	Bestand hat	da die teuren Formen möglichst gut ausgelastet werden müssen
Nutzung von Austauschformen	sorgt dafür, dass	kein Schmutzschichtaufbau	kaum Bestand hat	da der Effekt, wenn er auf viele Formen verteilt wird, minimal ist
Kapazitätsabbau konvent. Reinigung	sorgt dafür, dass	vollständiger Reinigung	Bestand hat	da keine konventionelle Formenwartung mehr nachreinigen kann
Kapazitätsabbau konvent. Reinigung	sorgt dafür, dass	kein Schmutzschichtaufbau	Bestand hat	da keine konventionelle Formenwartung mehr grundreinigen kann
Kapazitätsabbau konvent. Reinigung	sorgt dafür, dass	geringer Zeitbedarf Wartung	Bestand hat	da die Laseranlage zum "Bottleneck" der Reinigung werden kann
Kapazitätsabbau konvent. Reinigung	sorgt dafür, dass	Robustheit	Bestand hat	da beim Ausfall der Laseranlage keine anderen Reinigungsmöglichkeiten bestehen
geringer Zeitbedarf Wartung	sorgt dafür, dass	geringer Reparatur- & Wartungsaufw.	Bestand hat	da die Wartungszeiten Aufwand verursachen
Robustheit	sorgt dafür, dass	geringer Reparatur- & Wartungsaufw.	Bestand hat	da Reparaturen Aufwand verursachen
geringer Reparatur- & Wartungsaufw.	sorgt dafür, dass	Standard- und Wiederholteilen	Bestand hat	da sie den Aufwand verringern
geringe Betriebsmittelkosten	sorgt dafür, dass	Standard- und Wiederholteilen	Bestand hat	da sie den Aufwand verringern
weniger qualifiziertes Personal	sorgt dafür, dass	selbsterklärender Bedienung	Bestand hat	da sie auch von diesem Personal bewältigt werden kann
weibliches Bedienpersonal	sorgt dafür, dass	geringer Körperkraft	Bestand hat	da Frauen über weniger Kraft verfügen

Fortsetzung auf Folgseite

exogene Variablen
Qualitätsbewusstsein
Wachstum Weltwirtschaft
Bewusstsein für Sicherheit
Unabhängigkeit von Infrastruktur   (zugleich Anforderung)

diagnostische Variablen
geringer Zeitbedarf Wartung   fördern
Robustheit   fördern   Maschinenverfügbarkeit

dynamische Hypothesen
wenn die Zahl der Heizzyklen zwischen Formenreinigungen niedrig ist, wird die Reinigungsdauer wichtig
wenn ein Mangel an Fachkräften entsteht, wird leichte Bedienung wichtig
wenn Sicherheitsbewusstsein sinkt, ist geringer Lärm, abgeschlossenes System und Elektrosicherheit weniger wichtig

Anhang E 2.4: Kausalverküpfungen im Komponentenmodell „YAG Laser"

Zusammenhang Qualitätsmerkmale und Anforderungen	Vermeidung von Formenschäden	vollständige Reinigung	kein Schmutzschichtaufbau	kurze Rüstzeiten	kurze Reinigungsdauer	selbsterklärende Bedienung	geringe Körperkraft	geringer Zeitbedarf für Wartung	Robustheit	geringer Reparatur- & Wartungsaufwand	geringe Betriebsmittelkosten	Standard- und Wiederholteile	wenig Lärm	geschlossenes System	Infrastrukturunabhängigkeit
geringe Anschaffungskosten Laser															
geringe Betriebskosten Laser		X	X								X				
hohe Energiedichte pro Puls					X								X		
geringe Lärmemission														X	
vollständige Lasersicherheit															
geringe Störanfälligkeit									X	X					
hohe Lebensdauer Komponenten									X	X		X			
Programmierung in Standardsprache															
Auslesen von Prozessedaten möglich				X			X								
geringes Komponentengewicht															
globaler, 24h Service								X				X			
(„richtige Wellenlänge")	X??		X??												
usw.															

Ein "X" bezeichnet jeweils einen Zusammenhang zwischen dem Qualitätsmerkmal und der Anforderung, z. B.
geringe Anschaffungskosten Laser begünstigen die Erfüllung der Anforderung **geringe Herstellkosten** stark, da der Laser eine der teuersten Einzelkomponenten der Anlage ist
geringe Energiedichte pro Puls macht es etwas einfacher, eine **vollständige Reinigung** zu erzielen und den **Aufbau von Schmutzschichten** zu vermeiden und verringert sehr stark die **Reinigungsdauer**
"richtige Wellenlänge" bestimmt sehr stark, ob die **Formen geschädigt** werden und ob es zum Aufschmelzen von Belägen und damit zum **Aufbau von Schmutzschichten** kommt: beide Aspekte sind derzeit ungeklärt
geringes Gewicht begünstigt etwas **kurze Rüstzeiten** (leichtes Verschieben) und sehr stark **geringe Körperkraft**.

Der von der Komponente "YAG-Laser" verursachte...
Entwicklungsbedarf "Laser Physik" ist hoch, da die Qualifizierung der Komponente vorwiegend im Physiklabor erfolgt;
Entwicklungsbedarf "Mechanik" ist gering, da der YAG-Laser mechanisch weitgehend als „Black Box" integriert werden kann;
Entwicklungsbedarf "Messen, Steuern, Regeln" ist mittel, da der Laser über das Bedienpanel der Gesamtanlage angesteuert werden muss;

Die Wirkung des...
Entwicklungsbedarfs "Laser Physik" auf die Entwicklungszeit ist mittel;
Entwicklungsbedarfs "Laser Physik" auf die Entwicklungskosten ist hoch, da Physiker- und Laborstunden teuer sind;
Entwicklungsbedarfs "Mechanik" auf die Entwicklungszeit ist mittel;
Entwicklungsbedarfs "Mechanik" auf die Entwicklungskosten ist mittel;
Entwicklungsbedarfs "E-Konstruktion und Programmierung" auf die Entwicklungszeit ist mittel;
Entwicklungsbedarfs "Messen, Steuern, Regeln" auf die Entwicklungskosten ist mittel;

Literaturverzeichnis

[ADAM, JOHANNWILLE: KOMPLEXITÄTSFALLE 1998]
ADAM, D.; JOHANNWILLE, U.: *Die Komplexitätsfalle.* Aus: Adam, D. (Hrsg.): *Komplexitätsmanagement* Wiesbaden (Gabler) 1998. S. 5-28.

[ADAMS ET AL.: ENHANCING NPD 1998]
ADAMS, M.E.; DAY, G.S.; DOUGHERTY, D.: *Enhancing new product development performance: an organizational learning perspective.*In: *Journal of Product Innovation Management*, 15. Jg. (1998), H. 5, S. 403-422.

[AHITUV ET AL.: SCANNING 1998]
AHITUV, N.; ZIF, J.; MACHLIN, I.: *Environmental scanning and informations systems in relation to success in introducing new products.* In: *Information & Management*, 33. Jg. (1998), H. 4, S. 201-211.

[AHN: OPTIMIERUNG 1996]
AHN, H.: *Optimierung von Produktentwicklungsprozessen: Entscheidungsunterstützung bei der Umsetzung des Simultaneous Engineering.* Wiesbaden (Deutscher Universitäts Verlag) 1997

[AMELINGMEYER: WISSENSMANAGEMENT 2002]
AMELINGMEYER, J.: *Wissensmanagement: Analyse und Gestaltung der Wissensbasis von Unternehmen.* 2. Aufl. Wiesbaden (Deutscher Universitäts-Verlag) 2002.

[ANSCHUETZ: EVALUATING IDEAS AND CONCEPTS 1996]
ANSCHUETZ, N. F.: *Evaluating Ideas and Concepts for New Consumer Products.* Aus: Rosenau, M. D.; Griffin, A.; Castellion, G. A.; Anschuetz, N. F. (Hrsg.): *The PDMA Handbook of New Product Development.* New York u. a. (John Wiley & Sons) 1996. S. 195-206.

[ARGYRIS, SCHÖN: ORGANIZATIONAL LEARNING 1978]
ARGYRIS, C.; SCHÖN, D. A.: *Organizational Learning: A Theory of Action Perspective.* Reading u.a. (Addison-Wesley) 1978.

[AXELROD: STRUCTURE OF DECISION 1976]
AXELROD, R. (Hrsg.): *Structure of Decision. The Cognitive Maps of Political Elites.* Princeton (Pinceton University Press) 1976.

[BASSEN ET AL.: INTERNATIONALISIERUNG 2001]
BASSEN, A.; BEHNAM, M.; GILBERT, D. U.: *Internationalisierung des Mittelstandes. Ergebnisse einer empirischen Studie um Internationalisierungsverhalten deutscher mittelständischer Unternehmen.* In: *Zeitschrift für Betriebswirtschaft*, 71. Jg. (2001), H. 4, S. 413-432.

[BELLIVEAU ET AL.: PDMA TOOLBOOK 2002]
BELLIVEAU, P.; GRIFFIN, A.; SOMERMEYER, S. (Hrsg.): *The PDMA Tool Book for New Product Development.* New York (John Wiley & Sons) 2002.

[BMWI: LEISTUNGSFÄHIGKEIT 2002]
BUNDESMINISTERIUM FÜR WIRTSCHAFT UND TECHNOLOGIE (Hrsg.): *Leistungsfähigkeit Deutschlands: Strukturtrends bis 2001*. Berlin 2002.

[BORTZ, DÖRING: FORSCHUNGSMETHODEN 1995]
BORTZ, J.; DÖRING, N.: *Forschungsmethoden und Evaluation für Sozialwissenschaftler*. 2. Auflage Berlin u.a. (Springer) 1995.

[BOUGON: SELF-Q-TECHNIQUE 1983]
BOUGON, M. G.: *Uncovering Cognitive Maps: The "Self-Q" Technique*. Aus: Morgan, G. (Hrsg.): *Beyond Method: Strategies for Social Research*. Beverly Hills, London, New Delhi (Sage Publications) 1983. S. 173-188.

[BROCKHOFF: CUSTOMERS' PERSPECTIVES 2003]
BROCKHOFF, K.: *Customers' perspectives of involvement in new product development*. In: International Journal of Technology Management, 26. Jg. (2003), H. 5/6, S. 464-481.

[BROWN, DUGUID: SOCIAL LIFE 2002]
BROWN, J. S.; DUGUID, P.: *The Social Life of Information*. 2nd edition. Boston, MA (Harvard Business School Press) 2002.

[BRYSON ET AL.: CONSENSUS FCM 1997]
BRYSON, N.; MOBOLURIN, A.; JOSEPH, A.: *Generating consensus fuzzy cognitive maps*. Aus: Adeli, H. (Hrsg.): *Proceedings Intelligent Information Systems: IIS'97* Los Alamitos u.a. (IEEE Computer Society) 1997. S. 231-235.

[BUCHNER ET AL.: TURBULENZGERECHTE PLANUNG 1998]
BUCHNER, H.; KRAUSE, S.; WEIGAND, A.: *Turbulenzgerechte Planung: Aktueller Stand in der Praxis und Herausforderung für das Controlling*. In: Controller Magazin, Jg. 1998, H. 6, S. 451-457.

[BULLINGER: IAO-STUDIE 1990]
BULLINGER, H.-J.: *F&E - heute: Industrielle Forschung und Entwicklung in der Bundesrepublik Deutschland*. IAO Studie München (gfmt Verlags KG) 1990.

[BUND: SE 1999]
BUND, M.: *Simultaneous Engineering*. In: Das Wirtschaftsstudium, 28. Jg. (1999), H. 2, S. 177-179.

[CALL: ENTSTEHUNG UND MARKTEINFÜHRUNG 1997]
CALL, G.: *Entstehung und Markteinführung von Produktneuheiten: Entwicklung eines prozessintegrierten Konzepts*. Wiesbaden (Gabler) 1997.

[CHARNIAK: WITHOUT TEARS 1991]
CHARNIAK, E.: *Bayesian Networks without Tears*. In: AI Magazine., 12. Jg. (1991), H. 4, S. 50-63.

[CHECKLAND: SYSTEMS THINKING 1981]
CHECKLAND, P. B.: *Systems thinking, systems practice*. London (John Wiley & Sons) 1981.

[CHI, KOESKE: NETWORK REPRESENTATION 1983]
CHI, M. T. H.; KOESKE R. D.: *Network Representation of a Child's Dinosaur Knowledge.* In: *Development Psychology*, 19. Jg. (1983), H. 1, S. 29-39.

[CHRISTENSEN: INNOVATOR'S DILEMMA 1997]
CHRISTENSEN, C. M.: *The Innovator's Dilemma. When New Technologies Cause Great Firms to Fail.* Boston (Harvard Business School Press) 1997.

[CLARK, FUJIMOTO: DEVELOPMENT PERFORMANCE 1991]
CLARK, K.B.; FUJIMOTO, T.: *Product Development Performance. Strategy, Organization, and Management in the World Auto Industry.* Boston (Harvard Business School Press) 1991.

[COOPER ET AL.: PORTFOLIO MANAGEMENT 2001]
COOPER, R.; EDGETT, S.; KLEINSCHMIDT, E.: *Portfolio managment for new product development: results of an industry practice study.* In: *R&D Management*, 31. Jg. (2001), H. 4, S. 361-380.

[COOPER ET AL.: PORTFOLIO PDMA 2002]
COOPER, R.G.; SCOTT, J. E.; KLEINSCHMIDT, E. J.: *Portfolio Management: Fundamental to New Product Success.*Aus: Belliveau, P.; Griffin, A.; Somermeyer, S. (Hrsg.): *The PDMA Tool Book for New Product Development.* New York (John Wiley & Sons) 2002. S. 331-364.

[COOPER, KLEINSCHMIDT: TIMELINESS 1994]
COOPER, R. G.; KLEINSCHMIDT, E.J.: *Determinants of Timeliness in Product Development* In: *Journal of Product Innovation Management*, 11. Jg. (1994), H. 5, S. 381-396.

[COOPER: FIXING THE FFE 1997]
COOPER, R. G.: *Fixing the fuzzy front end of the new product process. Building the business case.* In: *CMA Magazine*, 71. Jg. (1997), H. 8, S. 21-23.

[COOPER: MARKETING PLANNING 2000]
COOPER, L.: *Strategic Marketing Planning for Radically New Products.* In: *Journal of Marketing*, 64. Jg. (2000), H. 1, S. 1-16.

[COOPER: SUCCESS FACTORS 1999]
COOPER, R. G.: *The Invisible Success Factors in Product Innovation.* In: *Journal of Product Innovation Management*, 16. Jg. (1999), H. 2, S. 115-133.

[CORSO: CONTINIOUS PRODUCT INNOVATION 2002]
CORSO, M.: *From product development to Continious Product Innovation: mapping the routes of corporate knowledge.* In: *International Journal of Technology Management*, 23. Jg. (2002), H. 4, S. 322-340.

[CORSTEN: PROJEKTMANAGEMENT 2000]
CORSTEN, H.: *Projektmanagement. Einführung.* Müchen, Wien (Oldenbourg) 2000.

[COUPRIE ET AL.: SSM O. J.]
COUPRIE, D.; GOODBRAND, A.; LI, B.; ZHU, D.: *Soft Systems Methodology.* Website: http://sern.ucalgary.ca/courses/seng/613/F97/grp4/ssmfinal.html *(01.10.2004)*

[COURTNEY ET AL.: STRATEGY 1997]
COURTNEY, H.; KIRKLAND, J.; VIGUERIE, P.: *Strategy Under Uncertainty*. In: *Harvard Business Review*, 75. Jg. (1997), H. 6, S. 67-79.

[CRAIGER, COOVERT: SOCIAL PROCESSES 1994]
CRAIGER, P.; COOVERT, M.: *Modeling dynamic psychological processes with fuzzy cognitive maps*. Aus: IEEE (Hrsg.): *Proceedings of the IEEE International Conference on Fuzzy Systems. June 26 - July 2, 1994 Orlando, FL* Orlando 1994. S. 1873-1877.

[CRAWFORD: NEW PRODUCTS MANAGEMENT 1991]
CRAWFORD, C. M.: *New products management. 3rd Edition* Homewood u.a. (Irwin) 1991.

[DAHAN, SRINIVASAN: INTERNET-BASED PRODUCT CONCEPTS 2000]
DAHAN, E.; SRINIVASAN, V.: *The Predictive Power of Internet- Based Product Concept Testing Using Visual Depiction and Animation*. In: *Journal of Product Innovation Management*, 17. Jg. (2000), H. 2, S. 99- 109.

[DANN: LEGE-STRUKTUREN 1992]
DANN, H.-D.: *Variation von Lege-Strukturen zur Wissensrepräsentation*. Aus: Scheele, B. (Hrsg.): *Struktur-Lege-Verfahren als Dialog-Konsens-Methodik. Ein Zwischenfazit zur Forschungsentwicklung bei der rekonstruktiven Erhebung Subjektiver Theorien*. Münster (Aschendorff) 1992. S. 2-89.

[DE JOUVENEL: SCENARIO BUILDING 2000]
DE JOUVENEL; H.: *A Brief Methodological Guide to Scenario Building*. In: *Technological Forecasting and Social Change*, 65. Jg. (2000), H. 1, S. 37-48.

[DE MEYER, LOCH, PICH: PROJECT UNCERTAINTY 2002]
DE MEYER, A.; LOCH, C. H.; PICH, M. T.: *Managing Project Uncertainty: From Variation to Chaos*. In: *Sloan Management Review*, 43. Jg. (2002), H. 2, S. 60-67.

[DICKERSON, KOSKO: VIRTUAL WORLDS 1994]
DICKERSON, J.; KOSKO, B.: *Virtual Worlds as Fuzzy Dynamical Systems*, Aus: Sheu, B. (Hrsg.): *Technology for Multimedia* o.A. (IEEE Press) 1996. S. 1-35.

[DIETHELM: PROJEKTMANAGEMENT 2000]
DIETHELM, G.: *Projektmanagement. Band 1: Grundlagen* Herne, Berlin (nwb) 2000.

[DITTMAR: PROTOTYPGESTÜTZTE ZIELKOSTENPLANUNG 1997]
DITTMAR, J.: *Prototypgestützte Zielkostenplanung*. München (Vahlen) 1997.

[DOCKENFUß: TOOLKITS UND KONFIGURATIONEN 2003]
DOCKENFUß, R.: *Praxisanwendungen von Toolkits und Konfiguratoren zur Erschließung taziten Userwissens*. Aus: Herstatt, C.; Verworn, B. (Hrsg.): *Management der frühen Innovationsphasen. Grundlagen, Methoden, Neue Ansätze*. Wiesbaden (Gabler) 2003. S. 215-232.

[DÖRNER ET AL.: LOHHAUSEN 1983]
DÖRNER, D. (Hrsg.): *Lohhausen. Vom Umgang mit Unbestimmtheit und Komplexität*. Bern u.a. (Hans Huber) 1983.

[DÖRNER, SCHAUB: ERRORS 1993]
DÖRNER, D.; SCHAUB, H:: *Errors in Planning and Decision Making and the Nature of Human Information Processing.* Arbeitsbericht, Bamberg 1993.

[DÖRNER: LOGIK DES MIßLINGENS 1992]
DÖRNER, D.: *Die Logik des Mißlingens. Strategisches Denken in komplexen Situationen.* Reinbek bei Hamburg (Rowohlt) 1992.

[DUNCAN: ORGANIZATIONAL ENVIRONMENTS 1972]
DUNCAN, R.B.: *Characteristics of organizational environment and perceived environmental uncertainty.*In: Administrative Science Quarterly, 17. Jg. (1972), S. 313-327.

[DURAND: COGNITIVE TECHNOLOGICAL MAPS 1993]
DURAND, T.: *The Dynamics of Cognitive Technological Maps.* Aus: Lorange, P.; Chakravarthy, B.; Roos, J.; Van de Van, A. (Hrsg.): *Implementing Strategic Processes. Change, Learning & Cooperation.* Oxford (Blackwell Publishers) 1993. S. 165-189.

[EHRLENSPIEL: INTEGRIERTE ENTWICKLUNG 1995]
EHRLENSPIEL, K.: *Integrierte Produktentwicklung - Methoden für Prozeßorganisation, Produkterstellung und Konstruktion.* München, Wien (Carl Hanser) 1995.

[EHRLENSPIEL: INTEGRIERTE ENTWICKLUNG, 2. AUFLAGE 2003]
EHRLENSPIEL, K.: *Integrierte Produktentwicklung. 2. überarbeitete Auflage. Denkabläufe, Methodeneinsatz, Zusammenarbeit.* München, Wien (Carl Hanser) 2003.

[EISENFÜHR, WEBER: RATIONALES ENTSCHEIDEN 1993]
EISENFÜHR, F.; WEBER, M.: *Rationales Entscheiden.* Berlin u. a. (Springer) 1993.

[EPPINGER: DSM 2001]
EPPINGER, S. D.: *Innovation at the Speed of Information.* In: Harvard Business Review, 79. Jg. (2001), H. 1, S. 149-158.

[ESPE: KOMLEXES PROBLEMLÖSEN 2000]
ESPE, C.: *Komplexes Problemlösen und Zusammenhangswissen in der beruflichen Bildung. Evaluation eines Unterrichtskonzeptes zur Verbesserung des Erwerbs von Zusammenhangswissen und dessen Anwendung beim komplexen Problemlösen mittels einer Verlaufsuntersuchung und einem computersimulierten Problemlöseszenario.* TU München, Fakultät für Wirtschafts- und Sozialwissenschaften, Lehrstuhl für Pädagogik, 2000. Als Manuskript gedruckt.

[FINK ET AL.: ZUKUNFT VORAUSDENKEN 2000]
FINK, A.; SCHLAKE, O.; SIEBE, A.: *Wie Sie mit Szenarien die Zukunft vorausdenken.* In: Harvard Business Manager, 22. Jg. (2000), H. 2, S. 34-47.

[FINK: KNOW-HOW-MANAGEMENT 2000]
FINK, K.: *Know-how-Management Architektur für den Know-how-Transfer.* München, Wien (Oldenbourg) 2000.

[FORRESTER: SYSTEMTHEORIE 1972]
FORRESTER, J. W.: *Grundsätze einer Systemtheorie.* Wiesbaden (Gabler) 1972.

[GALBRAITH: COMPLEX ORGANIZATIONS 1973]
GALBRAITH, J.: *Designing complex organizations.* Reading u.a. (Addison-Wesley) 1973.

[GAUSEMEIER ET AL.: SZENARIO IN FRÜHEN PHASEN 1995]
GAUSEMEIER, J.; SCHLAKE, O.; PAUL, M.: *Szenario-Management in den frühen Phasen der Produktentwicklung.* In: VDI. (Hrsg.): *Simulation in der Praxis – neue Produkte effizienter entwickeln; Tagung Fulda 11/12 Oktober 1995*. Düsseldorf (VDI) 1995. S. 177-193.

[GAUSEMEIER ET AL.: SZENARIO-MANAGEMENT 1996]
GAUSEMEIER, J.; FINK, A.; SCHLAKE, O.: *Szenario-Management.* München (Carl Hanser) 1996.

[GEMÜNDEN: ZEIT 1993]
GEMÜNDEN, H. G.: *Zeit - Strategischer Erfolgsfaktor in Innovationsprozessen.* Aus: Domsch, M.; Sabisch, H.; Siemers, S. (Hrsg.): *F&E-Management.* Stuttgart (Schäffer-Poeschel) 1993. S. 67-118.

[GERPOTT, WINZER: SE – KRITISCHE ANALYSE 1996]
GERPOTT, T. J.; WINZER, P.: *Simultaneous Engineering: Kritische Analyse eines Planungs- und Organisationsansatzes zur Erfolgsverbesserung industrieller Produktinnovationen.* In: Zeitschrift für Planung, 7. Jg. (1996), H. 2, S. 131-150.

[GERPOTT: SE 1996]
GERPOTT, Torsten J.: *Simultaneous Engineering.* Aus: Kern, W.; Schröder, H.-H.; Weber, J. (Hrsg.): *Handwörterbuch der Produktionswirtschaft, 2. Auflage.* Stuttgart (Schäffer-Poeschel) 1996. Sp. 1852-1861.

[GERYBADZE: VORHERSAGEN 1996]
GERYBADZE, A.: *Technologische Vohersagen (Technological Forecasting).* Aus: Kern, W.; Schröder, H.-H.; Weber, J. (Hrsg.): *Handwörterbuch der Produktionswirtschaft, 2. Auflage.* Stuttgart (Schäffer-Poeschel) 1996. Sp. 2027-2040.

[GESCHKA, VON REIBNITZ: SZENARIO-TECHNIK 1986]
GESCHKA, H.; VON REIBNITZ, U.: *Die Szenario-Technik - ein Instrument der Zukunftsanalyse und der strategischen Planung.* Aus: Töper, Afheldt (Hrsg.): *Praxis der strategischen Unternehmensplanung. 2. Auflage.* Stuttgart (Verlag Moderne Industrie) 1986. S. 125-170.

[GESCHKA: SZENARIOTECHNIK 2001]
GESCHKA, H.: *Szenariotechnik als Instrument der Frühaufklärung.* Aus: Gassmann, O.; Kobe, C.; Voit, E. (Hrsg.): *Quantensprünge in der Entwicklung erfolgreich managen.* Berlin u.a. (Springer) 2001. S. 301-316.

[GÖTZE: SZENARIO-TECHNIK 1993]
GÖTZE, U.: *Szenario-Technik in der strategischen Unternehmensplanung. 2. Auflage* Wiesbaden (Deutscher Universitäts-Verlag) 1993.

[GRIFFIN: OBTAINING CUSTOMER NEEDS 1996]
GRIFFIN, A.: *Obtaining Customer Needs for Product Development.* Aus: Rosenau, M. D.; Griffin, A.; Castellion, G. A.; Anschuetz, N. F. (Hrsg.): *The PDMA Handbook of New Product Development.* New York u. a. (John Wiley & Sons) 1996. S. 153-166.

[GROEBEN: INHALTS-STRUKTUR-TRENNUNG 1992]
GROEBEN, N.: *Die Inhalts-Struktur-Trennung als konstantes Dialog-Konsens-Prinzip?!* Aus: Scheele, B. (Hrsg.): *Struktur-Lege-Verfahren als Dialog-Konsens-Methodik. Ein Zwischenfazit zur Forschungsentwicklung bei der rekonstruktiven Erhebung Subjektiver Theorien.* Münster (Aschendorff) 1992. S. 42-89.

[GROSSMANN: KOMPLEXITÄTSBEWÄLTIGUNG 1992]
GROSSMANN, C.: *Komplexitätsbewältigung im Management. Anleitungen, integrierte Methodik und Anwendungsbeispiele.* Winterthur (Verlag CGN) 1992.

[GRÜN: HÖHE MAL BREITE 1983]
GRÜN, O.: *Höhe x Breite x Donnerstag - zur Problematik von Kostenschätzungen bei Großprojekten der öffentlichen Hand (III)* In: *Journal für Betriebswirtschaft*, 34. Jg. (1983), H. 4, S. 203 ff..

[GÜLDENBERG: WISSENSCONTROLLING 1998]
GÜLDENBERG, S.: *Wissensmanagement und Wissenscontrolling in lernenden Organisationen. Ein systemtheoretischer Ansatz. 2., durchgesehene Auflage* Wiesbaden (Deutscher Universitäts-Verlag) 1998.

[GUPTA, WILEMON: ACCELERATING 1990]
GUPTA, Ashok K.; WILEMON, David L.: *Accelerating the development of technology-based new products.* In: *California Management Review*, 32. Jg. (1990), H. 2, S. 24-44.

[HAMMOND, KEENEY, RAIFFA: ENTSCHEIDUNGSFINDUNG 1999]
HAMMOND, J.S.; KENNEY, R.L.; RAIFFA, H.: *Entscheidungsfindung: Vorsicht vor den Psychofallen.* In: *Harvard Business Manager*, 21. Jg. (1999), H. 2, S. 91-98.

[HANDLBAUER: COMPETING ON COGNITION 2000]
HANDLBAUER, G.: *Competing on Cognition? Möglichkeiten und Grenzen einer konstruktivistischen Orientierung der Strategischen Unternehmensführung.* Aus: Hinterhuber, H.; Friedrich, S.; Al-Ani, A.; Handlbauer, G. (Hrsg.): *Das Neue Strategische Management. Perspektiven und Elemente einer zeitmäßigen Unternehmensführung.* Wiesbaden (Gabler) 2000. S. 123-146.

[HANSEN: WIRTSCHAFTSINFORMATIK 1992]
HANSEN, H. R.: *Wirtschaftsinformatik I. 6. Aufl.* Stuttgart, Jena (Gustav Fischer) 1992.

[HAUSCHILDT: METHODISCHE ANFORDERUNGEN 1990]
HAUSCHILDT, J.: *Methodische Anforderungen an die Ermittlung der Wissensbasis von Expertensystemen.* In: *Die Betriebswirtschaft*, 50. Jg. (1990), H. 4, S. 525-537.

[HENKEL, SANDER: INNOVATIVE NUTZER 2003]
HENKEL, J.; SANDER, J. G.: *Identifikation innovativer Nutzer in virtuellen Communities.* Aus: Herstatt, C.; Verworn, B. (Hrsg.): *Management der frühen Innovationsphasen. Grundlagen, Methoden, Neue Ansätze.* Wiesbaden (Gabler) 2003. S. 73-99.

[HERSTATT ET AL.: BREAKTHROUGH-INNOVATIONEN 2003]
HERSTATT, C.; LÜTHJE, C.; LETTL, C.: *Fortschrittliche Kunden zu Breakthrough-Innovationen stimulieren.* Aus: Herstatt, C.; Verworn, B. (Hrsg.): *Management der frühen Innovationsphasen. Grundlagen, Methoden, Neue Ansätze.* Wiesbaden (Gabler) 2003. S. 57-71.

[HERSTATT ET AL.: EXPLORATORY STUDY 2002]
HERSTATT, C.; VERWORN, B.; NAGAHIRA, A.: *The "Fuzzy Front End" of Product Development: an Exploratory Study of German and Japanese Innovation Projects.* Working Paper Nr. 16, Hamburg 2002.

[HERSTATT, VERWORN: BEDEUTUNG UND CHARAKTERISTIKA 2003]
HERSTATT, C.; VERWORN, B.: *Bedeutung und Charakteristika der frühen Phasen des Innovationsprozesses.* Aus: Herstatt, C.; Verworn, B. (Hrsg.): *Management der frühen Innovationsphasen. Grundlagen, Methoden, Neue Ansätze.* Wiesbaden (Gabler) 2003. S. 3-13.

[HERSTATT, VERWORN: MANAGEMENT DER FRÜHEN INNOVATIONSPHASEN 2003]
HERSTATT, C.; VERWORN, B. (Hrsg.): *Management der frühen Innovationsphasen. Grundlagen, Methoden, Neue Ansätze.* Wiesbaden (Gabler) 2003.

[HERSTATT: FRÜHE PHASEN 1999]
HERSTATT, Cornelius: *Theorie und Praxis der frühen Phasen des Innovationsprozesses. Aufgaben, Gestaltungsansätze und praktische Bestandsaufnahme.* In: *io Management*, Jg. 1999, H. 10, S. 80-91.

[HILDEBRAND: MARKTBEARBEITUNG 1997]
HILDEBRAND, V. G.: *Individualisierung als strategische Option der Marktbearbeitung. Determinanten und Erfolgswirkungen kundenindividueller Marketingkonzepte.* Wiesbaden (Deutscher Universitäts-Verlag) 1997.

[HITT ET AL.: TECHNOLOGICAL LEARNING 2000]
HITT, M.A., IRELAND, R. D.; LEE, H.: *Technological learning, knowledge management, firm growth and performance: an introductory essay.* In: *Journal of Engineering and Technology Management*, 17. Jg. (2000), H. 3-4, S. 231-246.

[HÖFER: ORGANISATIONEN 1977]
HÖFER, R.: *Organisationen und ihre Umwelten: Struktur-, Konflikt- und Effizienzaspekte der Umweltanpassung sozialer Systeme.* Frankfurt, Bern, Las Vegas (Peter Lang) 1977.

[HOFMEISTER: EVOLUTIONÄRE SZENARIEN 2000]
HOFMEISTER, Peter: *Evolutionäre Szenarien. Dynamische Konstruktion alternativer Zukunftsbilder mit unscharfen Regeln.* Hamburg (Dr. Kovac) 2000.

[HOLLATZ, RUNKLER: EFFECTS OF EMU 1999]
HOLLATZ, J.; RUNKLER, T.: *Fuzzy Cognitive Maps for the Prediction of the Effects of the European Monetary Union (EMU).* Aus: Brewka, G. (Hrsg.): *Fuzzy-Neuro Systems* Leipzig (Leipziger Universitäts-Verlag) 1999. S. 105-111.

[HUB: GANZHEITLICHES DENKEN 1994]
HUB, H.: *Ganzheitliches Denken im Management: komplexe Aufgaben PC-gestützt lösen.* Wiesbaden (Gabler) 1994.

[HÜBNER, JAHNES: TECHNIKFOLGENABSCHÄTZUNG 1996]
HÜBNER, H.; JAHNES, S.: *Technikfolgenabschätzung (Technology Assessment)* Aus: Kern, W.; Schröder, H.-H.; Weber, J. (Hrsg.): *Handwörterbuch der Produktionswirtschaft, 2. Auflage.* Stuttgart (Schäffer-Poeschel) 1996. Sp. 1971-1983.

[HUFF 1990]
HUFF, A. S.: *Mapping Strategic Thought.* Aus: Huff, A. S. (Hrsg.): *Mapping Strategic Thought.* Chichester (John Wiley & Sons) 1990. S. 11-49.

[HULL ET AL.: AUDIT TOOL 2000]
HULL, R.; COOMBS, R.; PELTU, M.: *Knowledge management practices for innovation: an audit tool for improvement.* In: International Journal of Technology Management, 20. Jg. (2000), H. 5-8, S. 633-656.

[IANSITI: TECHNOLOGY INTEGRATION 1998]
IANSITI, M.: *Technology Integration. Making critical choices in a dynamic world.* Boston (Harvard Business School Press) 1998.

[IGNIZIO: EXPERT SYSTEMS 1991]
IGNIZIO, J. P.: *An Introduction to Expert Systems. The Development and Implementation of Rule-Based Expert Systems.* New York u. a. (McGraw-Hill) 1991.

[IW 2002]
INSTITUT DER DEUTSCHEN WIRTSCHAFT KÖLN (Hrsg.): *Deutschland in Zahlen 2002.* Köln (Deutscher Instituts-Verlag) 2002.

[IW 2003]
INSTITUT DER DEUTSCHEN WIRTSCHAFT KÖLN (Hrsg.): *Deutschland in Zahlen 2003.* Köln (Deutscher Instituts-Verlag) 2003.

[JAHNS: KOMPLEXITÄT UND WETTBEWERB 2001]
JAHNS, C.: *Komplexität und Wettbewerb: Herausforderungen für das Management.* In: Das Wirtschaftsstudium, Jg. 2001, H. 5, S. 690-694.

[JANSEN: NETZWERKANALYSE 2003]
JANSEN, D.: *Einführung in die Netzwerkanalyse.* 2. Auflage. Opladen (Leske+Budrich) 2003.

[JENNER: BEHARRUNGSTENDENZEN 2001]
JENNER, T.: *Beharrungstendenzen in der strategischen Unternehmensplanung.* In: Das Wirtschaftsstudium, Jg. 2001, H. 5, S. 695-700.

[JETTER: EDUCATING THE GUESS 2003]
JETTER, A.: *Educating the Guess: Strategies, Concepts and Tools for the Fuzzy Front End of Product Development.* Aus: Kocaoglu, D. F.; Anderson, T. R. (Hrsg.): *Technology Management for Reshaping the World.* Portland, OR 2003. S. 261-273.

[KAHN ET AL.: EMERGING RESEARCH QUESTIONS 2003]
KAHN, K.B.; FRANZAK, F.; GRIFFIN, A.: *Editorial: Identification and Consideration of Emerging Research Questions.* In: Journal of Product Innovation Management, 20. Jg. (2003), H. 3, S. 193-201.

[KARDARAS, KARAKOTAS: SISP 1999]
KARDARAS, D.; KARAKOTAS, B.: *The use of fuzzy cognitive maps to simulate information systems strategic planning process.* In: Information and Software Technology, 41. Jg. (1999), H. 4, S. 197-210.

[KERMALLY: KNOWLEDGE MANAGEMENT 2002]
KERMALLY, S.: *Effective Knowledge Management. A Best Practice Blueprint.* Chichester (John Wiley & Sons) 2002.

[KHURANA, ROSENTHAL: HOLISTIC FRONT ENDS 1998]
KHURANA, A.; ROSENTHAL, S. R.: *Towards Holistic "Front Ends" In New Product Development.*
In: *Journal of Product Innovation Management,* Jg. 1998, H. 15, S. 57-74.

[KHURANA, ROSENTHAL: INTEGRATING THE FFE 1997]
KHURANA, A.; ROSENTHAL, S. R.: *Integrating the fuzzy front end of new product development.* In: *Sloan Management Review,* Jg. 1997, H. Winter, S. 103-120.

[KIM, WILEMON: FOCUSING ON THE FFE 2002]
KIM, J.; WILEMON, D.: *Focusing the fuzzy front-end in new product development.* In: *R&D Management,* 34. Jg. (2002), H. 4, S. 269-279.

[KIM, WILEMON: STRATEGIC ISSUES 2002]
KIM, J.; WILEMON, D.: *Strategic issues in managing innovation's fuzzy front-end.* In: *European Journal of Innovation Management,* 5. Jg. (2002), H. 1, S. 27-39.

[KIRKWOOD: SYSTEM DYNAMICS METHODS 1998]
KIRKWOOD, C. W.: *Systems Dynamics Methods: A Quick Introduction.* o. O. 1998.

[KLIMECKI, GMÜR: STRATEGIE UND FLEXIBILITÄT 1997]
KLIMECKI, R.; GMÜR, M.: *Flexibilisierung - Strategie und Flexibilität. Wenn Erfolgspotentiale zu Risikopotentialen werden.* In: *Zeitschrift für Führung und Organisation,* 66. Jg. (1997), H. 4, S. 206-212.

[KLUWE: DATEN ÜBER WISSEN 1988]
KLUWE, R. H.: *Methoden den Psychologie zur Gewinnung von Daten über menschliches Wissen.* Aus: Mandl, H.; Spada, H. (Hrsg.): *Wissenspsychologie.* München, Weinheim (Psychologie Verlags Union) 1988. S. 359-385.

[KOEN ET AL.: COMMON LANGUAGE 2001]
KOEN, P.; AJAMIAN, G.; BURKART, P.: *Providing clarity and a common language to the "fuzzy front end".* In: *Research Technology Management,* 44. Jg. (2001), H. 2, S. 46-55.

[KOEN ET AL.: FUZZY FRONT END 2002]
KOEN, P. A.; AJAMIAN, G. M.; BOYCE, S.: *Fuzzy Front End: Effective Methods, Tools and Techniques.*
Aus: Belliveau, P.; Griffin, A.; Somermeyer, S. (Hrsg.): *The PDMA Tool Book for New Product Development.* New York (John Wiley & Sons) 2002. S. 5-35.

[KOSKO: ADAPTIVE INFERENCE 1993]
KOSKO, B.: *Adaptive Inference in Fuzzy Knowledge Networks.* Aus: Dubois, D.; Prade, H. Yager, R. R. (Hrsg.): *Readings in Fuzzy Sets for Intelligent Systems.* San Mateo (Morgan Kaufman) 1993

[KOSKO: FCM 1986]
KOSKO, B.: *Fuzzy cognitive maps.* In: *International Journal of Man-Machine Studies,* 24. Jg. (1986), H. 1, S. 65-75.

[KOSKO: HIDDEN PATTERNS 1988]
KOSKO, B.: *Hidden patterns in combined and adaptive knowledge networks.* In: *International Journal of Approximative Reasoning*, 2. Jg. (1988), H. 4, S. 377-393.

[KOSKO: MACHINE INTELLIGENCE 1992]
KOSKO, B.: *Neural networks and fuzzy systems: a dynamical systems approach to machine intelligence.* Englewood Cliffs (Prentice-Hall) 1992.

[KREILKAMP: UMWELTANALYSE 1987]
KREILKAMP, E.: *Strategisches Management und Marketing. Markt- und Wettbewerbsanalyse, Strategische Frühaufklärung, Portfolio-Management.* Berlin, New York (Walter de Gruyter) 1987.

[KRUSCHWITZ: INVESTITIONSRECHNUNG 1993]
KRUSCHWITZ, L.: *Investitionsrechnung. 5. durchgesehene Auflage.* Berlin, New York (Walter de Gruyter) 1993.

[KURBEL: EXPERTENSYSTEME 1989]
KURBEL, K.: *Entwicklung und Einsatz von Expertensystemen. Eine anwendungsorientierte Einführung in wissensbasierte Systeme.* Berlin u. a. (Springer) 1989.

[LA FRANCE: KNOWLEDGE-ACQUISTION GRID 1988]
LA FRANCE, M.: *Knowledge Acquisition Grid: a method for training knowledge engineers.* Aus: Gaines, B. R.; Boose, J. H. (Hrsg.): *Knowledge Acquisition for Knowledge-Based Systems.* London u. a. (Academic Press) 1988. S. 81-91.

[LACKES, MACK: UNTERNEHMENSPLANUNG 2000]
LACKES, R.; MACK, D.: *Neuronale Netze in der Unternehmensplanung.* München (Vahlen) 2000.

[LANE, OLIVA: SYNTHESIS 1998]
LANE, D. C.; OLIVA, R.: *The greater whole: Towards a synthesis of system dynamics and soft systems methodology.* In: *European Journal of Operational Research*, 107. Jg. (1998), S. 214-235.

[LANGFIELD-SMITH: SHARED COGNITIVE MAP 1992]
LANGFIELD-SMITH, K.: *Exploring the Need for a Shared Cognitive Map.* In: *Journal of Management Studies*, 29. Jg. (1992), S. 349-368.

[LASZLO ET AL.: EVOLUTION OF COGNITIVE MAPS 1993]
LASZLO, E., MASULLI, I. (Hrsg.): *The Evolution of Cognitive Maps. New Paradigms for the Twenty-First Century.* Luxembourg u.a. (Gordon and Breach Publishers) 1993.

[LEE ET AL.: STRATEGIC PLANNING 1998]
LEE, K. C.; LEE, W. J.; KWON, O. : *Strategic planning simulation based on fuzzy cognitive map knowledge and differential game.* In: *Simulation*, 71. Jg. (1998), H. 5, S. 316-327.

[LEE ET AL.: WEB MINING 2002]
LEE, K. C.; KIM, J. S.; CHUNG, N. H.; KWON, S. J.: *Fuzzy cognitive map approach to web-mining inference application.* In: *Expert systems with applications*, 22. Jg. (2002), S. 197-211.

[LEE, HAN: EDI CONTROLS 2000]
LEE, S.; HAN, I.: *Fuzzy cognitive map for the design of EDI controls.* In: *Information & Management*, 37. Jg. (2000), S. 37-50.

[LEONARD, RAYPORT 1997]
LEONARD, D., RAYPORT, J.F.: *Spark innovation through emphatic design.* In: *Harvard Business Review*, 75. Jg. (1997), H. 6, S. 102-108.

[LIEBL: SIMULATION 1995]
LIEBL, F.: *Simulation. Problemorientierte Einführung. 2., überarbeitete Auflage* München, Wien (Oldenbourg) 1995.

[LIEBL: STRATEGISCHE FRÜHAUFKLÄRUNG 1996]
LIEBL, F.: *Strategische Frühaufklärung: Trends - Issues -Stakeholder* München (Oldenbourg) 1996.

[LONSDALE ET AL.: SOURCES OF IDEAS 1996]
LONSDALE, R. T.; NOEL, N. M.; STASCH, S. F.: *Classification of Sources of New Product Ideas.* Aus: Rosenau, M. D.; Griffin, A.; Castellion, G. A.; Anschuetz, N. F. (Hrsg.): *The PDMA Handbook of New Product Development.* New York u. a. (John Wiley & Sons) 1996. S. 179-194.

[LÜTHJE: KUNDENORIENTIERUNG 2003]
LÜTHJE, C.: *Methoden zur Sicherstellung der Kundenorientierung in den frühen Phasen des Innovationsprozesses.* Aus: Herstatt, C.; Verworn, B. (Hrsg.): *Management der frühen Innovationsphasen. Grundlagen, Methoden, Neue Ansätze.* Wiesbaden (Gabler) 2003. S. 35-56.

[MADAUSS: PROJEKTMANAGEMENT 1994]
MADAUSS, B.J.: *Handbuch Projektmanagement. 5. Auflage* Stuttgart (Schäffer-Poeschel) 1994.

[MAICHER ET AL.: AUTOMATISCHE ERSTELLUNG 2003]
MAICHER, L.; HEYER, G.; BÖHM, K.; GRAHN, O.: *Automatische Erstellung individualisierter, domänenspezifischer Topic-Maps zur nachhaltigen Nutzung von Projektdokumentationen.* Aus: BITKOM e.V. (Hrsg.): *KnowTech 2003- 5. Konferenz zum Einsatz von Wissensmanagement in Wirtschaft und Verwaltung 20.-21.10.2003* München 2003 (www.knowtech.net).

[MARR: BETRIEB UND UMWELT 1989]
MARR, R.: *Betrieb und Umwelt.* Aus: Bitz, M. u.a. (Hrsg.): *Vahlens Kompendium der Betriebswirtschaftslehre. 2. überarbeitete und erweiterte Auflage.* München (Vahlen) 1989. S. 47-114.

[MASCITELLI: HARNESSING TACIT KNOWLEDGE 2000]
MASCITELLI, R.: *From Experience: Harnessing Tacit Knowledge to Achieve Breakthrough Innovation.* In: *Journal of Product Innovation Management*, 17. Jg. (2000), S. 179-193.

[MASON, MITROFF: STRATEGIC PLANNING ASSUMPTIONS 1981]
MASON, R.O.; MITROFF, I.I.: *Challenging Strategic Planning Assumptions.* New York (John Wiley & Sons)1981.

[MCCANN, SELSKY: HYPERTURBULENCE 1984]
MCCANN, J. E.; SELSKY, J.: *Hyperturbulence and the emergence of Type 5 environments.* In: *Academy of Management Review*, 9. Jg. (1984), H. 3, S. 460-470.

[MCNEILL, FREIBERGER: FUZZY LOGIC 1996]
MCNEILL, D.; FREIBERGER, P.: *Fuzzy Logic. Die "unscharfe" Logik erobert die Technik* München (Knaur)1996.

[MIAO ET AL.: EXTENSION OF FCM 1999]
MIAO, Y.; LIU, Z.- Q.; LI, S.; SIEW, C. K.: *Dynamical Cognitive Network - an Extension of Fuzzy Cognitive Map.* Aus: IEEE (Hrsg,): *Proceedings of the 11th IEEE International Conference on Tools with Artificial Intelligence. November 9-11, 1999; Chicago, Illinois* Los Alamitos, u.a. 1999. S. 43-46.

[MIAO, LIU: ON CASUAL INFERENCE 2000]
MIAO, Y.; LIU, Z-Q.: *On Causal Inference in Fuzzy Cognitive Maps.* In: *IEEE Transactions on Fuzzy Systems.*, 8. Jg. (2000), H. 1, S. 107-119.

[MILLER: HUNTING GROUNDS 2002]
MILLER, C. W.: *Hunting for Hunting Grounds: Forecasting the Fuzzy Front End.* Aus: Belliveau, P.; Griffin, A.; Somermeyer, S. (Hrsg.): *The PDMA Tool Book for New Product Development.* New York (John Wiley & Sons) 2002. S. 37-86.

[MILLIKEN: THREE TYPES 1987]
MILLIKEN, F.: *Three types of perceived uncertainty about the environment: state, effect, and response uncertainty.* In: *Academy of Management Review.*, 12. Jg. (1987), H. 1, S. 133-143.

[MINTZBERG: TURBULENCE 1994
MINTZBERG, H.: *That's not "turbulence" chicken little, it's really opportunity.* In: *Planning Review*, Jg. 1994, H. Nov/Dec, S. 7-9.

[MIBLER-BEHR: SZENARIOANALYSE 1993]
MIBLER-BEHR, M.: *Methoden der Szenarioanalyse* Wiesbaden (Deutscher-Universitäts-Verlag) 1993.

[MONTOYA- WEISS, O'DRISCOLL: SUPPORT TECHNOLOGY IN THE FFE 2000]
MONTOYA- WEISS, M.; O'DRISCOLL, T.: *From Experience: Applying Performance Support Technology in the Fuzzy Front End.* In: *Journal of Product Innovation Management,* 17. Jg. (2000), S. 143-161.

[MULLINS, SUTHERLAND: RAPIDLY CHANGING 1998]
MULLINS, J. W.; SUTHERLAND, D. J.: *New product development in rapidly changing markets: an exploratory study.* In: *Journal of Product Innovation Management,* 15. Jg. (1998), H. 3, S. 224-236.

[MURPHY, KUMAR: CANADIAN SURVEY 1997]
MURPHY, S. A.; KUMAR, V.: *The front end of new product development: a Canadian survey.* In: *R&D Management*, 27. Jg. (1997), H. 1, S. 5-16.

[NADKARNI, SHENOY: BAYESIAN NETWORKS 2001]
NAKARNI, S.; SHENOY, P. P.: *A Bayesian network approach to making inferences in causal maps.* In: *European Journal of Operational Research.*, Jg. 2001, S. 479-498.

[NOBELIUS, TRYGG: STOP CHASING 2002]
NOBELIUS, D.; TRYGG, L.: *Stop chasing the Front End process - management of the early phases in product development projects.* In: International Journal of Project Management 2002, 20. Jg. (2002), S. 331-340.

[NOHR: WISSEN VISUALISIEREN 2000]
NOHR, H.: *Wissen und Wissensprozesse visualisieren.* Arbeitspapiere Wissensmanagement Nr. 01/2000 Fachhochschule Stuttgart, Studiengang Informationswirtschaft. Als Manuskript gedruckt.

[NONAKA, TAKEUCHI: KNOWLEDGE CREATING 1995]
NONAKA, I.; TAKEUCHI, H.: *The Knowledge-Creating Company.* Oxford (Oxford University Press) 1995.

[NOVAK, GOWIN: LEARNING 1984]
NOVAK, J.D.; GOWIN, D.B.: *Learning how to learn.* Cambridge u.a. (Cambridge University Press) 1984.

[OECD: NEW ECONOMY 2000]
OECD (Hrsg.): *A New Economy? The changing role of innovation and information technology in growth.* Paris (OECD) 2000.

[OLSEN ET AL: PATTERNS OF COOPERATION 2001]
OLSEN, E.; WALKER, O. C.; RUEKERT, R. W.; BONNER, J. M.: *Patterns of cooperation during new product development among marketing, operations and R&D: Implications for project performance.* In: Product Innovation Management, 18. Jg. (2001), S. 258-271.

[OPWIS: KOGNITIVE MODELLIERUNG 1992]
OPWIS, K.: *Kognitive Modellierung: zur Verwendung wissensbasierter Systeme in der psychologischen Theoriebildung.* Bern u.a. (Verlag Hans Huber) 1992.

[OTTO, WOOD: PRODUCT DESIGN 2001]
OTTO, K. N.; WOOD, K. L.: *Product Design. Techniques in Reverse Engineering and New Product Development.* Upper Saddle River (Prentice Hall) 2001.

[OZER: PRODUCT EVALUATION 1999]
OZER, Muammer: *A Survey of New Product Evaluation Models.* In: *Journal of Product Innovation Management*, Jg. 1999, H. 16, S. 77- 94.

[PAHL, BEITZ: KONSTRUKTIONSLEHRE 2003]
PAHL, G.; BEITZ, W.; FELDHUSEN, J.; GROTE, K.-H.: *Konstruktionslehre. 5. neu bearb. und erweiterte Auflage. Grundlagen erfolgreicher Produktentwicklung. Methoden und Anwendungen.* Berlin u. a. (Springer) 2003.

[PARK, KIM: TIME RELATIONSHIPS 1995]
PARK, K.S.; KIM, S.H.: *Fuzzy cognitive maps considering time relationships.* In: International Journal of Human-Computer Studies, 42. Jg. (1995), S. 157-168.

[PEPELS: KREATIVITÄTSTECHNIKEN 1996]
PEPELS, W.: *Die Kreativitätstechniken.* In: WISU, Jg. 1996, H. 10, S. 871-884.

[PEPPER: TAO OF TOPIC MAPS 2000]
PEPPER, S.: *The TAO of Topic Maps: Finding the way in the age of infoglut.* Oslo 2000. (http://www.ontopia.net/topicmaps/materials/tao.html; 01.10.2004)

[PERUSICH ET AL.: COGNITIVE ENGINEERING 1999]
PERUSICH, K.; MCNEESE, M.; RENTSCH, JR.: *Qualitative modelling of complex systems for cognitive engineering.* Aus: SPIE - International Society for Optical Engineering (Hrsg.): *Enabling Technology for Simulation Science III.* Orlando, FL 6-8 April 1999 Vol. 3696 Orlando, FL, USA 1999. S. 240-249.

[POHL: LEAPFROGGING 1996]
POHL, A.: *Leapfrogging bei technologischen Innovationen.* Wiesbaden (Gabler) 1996.

[PRESLEY ET AL.: SSM FOR INNOVATION 2000]
PRESLEY, A.; SARKIS, J.; LILES, D. H.: *A Soft-Systems Methodology Approach for Product and Process Innovation.* In: *IEEE Transactions on Engineering Management,* 47. Jg. (2000), H. 3, S. 379-392.

[PROBST, GOMEZ: VERNETZTES DENKEN 1991]
PROBST, G. J. B.; GOMEZ, P.: *Die Methodik des vernetzten Denkens zur Lösung komplexer Probleme* Aus: Probst, G.; Gomez, P. (Hrsg.): *Vernetztes Denken. Ganzheitliches Führen in der Praxis.* Wiesbaden (Gabler) 1991. S. 5-20.

[PUGH: TOTAL DESIGN 1991]
PUGH, S.: *Total Design. Integrated Methods for Successful Product Engineering* Workingham et al (Addison-Wesley Publishing Company) 1991.

[RAMESH, TIWANA: KM IN NPD TEAMS 1999]
RAMESH, B.; TIWANA, A.: *Supporting Collaborative Process Knowledge Management in New Product Development Teams.* In: *Decision Support Systems,* 27. Jg. (1999), S. 213-235.

[RATH: TOPIC MAP HANDBOOK 2003]
RATH, H.: *The Topic Maps Handbook. White Paper; Version 1.1* Gütersloh 2003. (http://www.empolis.com/downloads/empolis_TopicMaps_Whitepaper20030206.pdf; 01.10.2004)

[REINERTSEN: FUZZINESS 2000]
REINERTSEN, D. G.: *Taking the Fuzziness out of the Fuzzy Front End.* In: *IEEE Engineering Management Review,* Jg. 2000, H. First Quarter, S. 51-55.

[REINERTSEN: STREAMLINING THE FFE 1997]
REINERTSEN, D.: *Streamlining the Fuzzy Front-end* In: *World Class Design to Manufacture,* 1. Jg. (1994), H. 5, S. 4-8.

[RICE ET AL.: RADICAL INNOVATION 2001]
RICE, M. P.; KELLEY, D.; PETERS, L.; COLARELLI O'CONNOR, G.: *Radical innovation: triggering initiation of opportunity recognition and evaluation.* In: *R&D Management,* 31. Jg. (2001), H. 4, S. 109420.

[ROCHFORD, RUDELIUS: FUNCTIONAL AREAS 1992]
ROCHFORD, L.; RUDELIUS, W.: *How Involving More Functional Areas Within a Firm Affects the New Product Process.* In: *Journal of Product Innovation Management,* 9. Jg. (1992), S. 287-299.

[ROCHFORD: NEW PRODUCT IDEAS 1991]
ROCHFORD, L.: *Generating and Screening New Product Ideas.* In: *Industrial Marketing Management*, 20. Jg. (1991), S. 287-296.

[ROJAS: THEORIE NEURONALER NETZE 1993]
ROJAS, R.: *Theorie der neuronalen Netze: eine systematische Einführung.* Berlin u.a. (Springer) 1993.

[ROUBELAT: SCENARIO PLANNING 2000]
ROUBELAT, F.: *Scenario Planning as a Networking Process.* In: *Technological Forecasting and Social Change*, 65. Jg. (2000), S. 99-112.

[SALOMO, ET AL: SCHNITTSTELLENMANAGEMENT 2003]
SALOMO, S.; GMÜNDEN, H. G.; BILLING F.: *Dynamisches Schnittstellenmanagement radikaler Innovationsvorhaben.* Aus: Herstatt, C.; Verworn, B. (Hrsg.): *Management der frühen Innovationsphasen. Grundlagen, Methoden, Neue Ansätze.* Wiesbaden (Gabler) 2003. S. 161-194.

[SCHAAF: ENTWICKLUNGSMANAGEMENT 1999]
SCHAAF, A.: *Marktorientiertes Entwicklungsmanagement in der Automobilindustrie: ein kundennutzenorientierter Ansatz zur Steuerung des Entwicklungsprozesses.* Wiesbaden (Deutscher Universitäts Verlag) 1999.

[SCHLICKSUPP: KREATIVE IDEENFINDUNG 1977]
SCHLICKSUPP, H.: *Kreative Ideenfindung in der Unternehmung. Methoden und Modelle* Berlin, New York (Walter de Gruyter) 1977.

[SCHMIDT: KONZEPTFINDUNG 1996]
SCHMIDT, Ralf: *Marktorientierte Konzeptfindung für langlebige Gebrauchsgüter: Messung und QFD-gestützte Umsetzung von Kundenanforderungen und Kundenurteilen.* Wiesbaden (Gabler) 1996.

[SCHNAARS ET AL.: MODERN LESSONS 1993]
SCHNAARS, S.P.; CHIA, S.L.; MALOLES, C.M.: *Five modern lessons from a 55-year-old technological forecast.* In: *Journal of Product Innovation Management*, 10. Jg. (1993), H. 1, S. 66-74.

[SCHNEIDER ET AL: AUTOMATIC CONSTRUCTION 1998]
SCHNEIDER, M., SHNAIDER, E.; KANDEL, A.; CHEW, G.: *Automatic construction of FCMs* In: *Fuzzy Sets and Systems*, 93. Jg. (1998), S. 161-172.

[SCHOLL: INFORMATIONSPATHOLOGIEN 1992]
SCHOLL, W.: *Informationspathologien.* Aus: Frese, E. et al. (Hrsg.): *Handwörterbuch der Organisation 3. Auflage* Stuttgart (Poeschel) 1992. S. 900-912.

[SCHRADER, ET AL.: UNCERTAINTY 1993]
SCHRADER, S.; RIGGS, W.M.; SMITH, R.P.: *Choice over uncertainty and ambiguity in technical problem solving.* In: *Journal of Engineering and Technology Management*, 10. Jg. (1993), H. 1/2, S. 73-99.

[SCHRÖDER, JETTER, SCHIFFER: STRATEGISCHE FRÜHINFORMATION 2002]
SCHRÖDER, H.-H.; JETTER, A.; SCHIFFER, G.: *Strategische Frühinformation. Bewältigung diskontinuierlicher Zukunftsentwicklungen in Klein- und Mittelbetrieben.* München (TCW Transfer-Centrum) 2003.

[SCHRÖDER, JETTER: INTEGRATING KNOWLEDGE IN THE FFE 2003]
SCHRÖDER, H.-H.; JETTER, A.: *Integrating market and technological knowledge in the fuzzy front-end: an FCM-based action support system.* In: *International Journal of Technology Management*, 26. Jg. (2003), H. 5/6, S. 517-539.

[SCHRÖDER, SCHIFFER: FRÜHINFORMATION 2001]
SCHRÖDER, H.-H.; SCHIFFER, G.: *Konzeptionelle Grundlagen der strategischen Frühinformation.* In: *WISU*, Jg. 2001, H. 07, S. 971-978.

[SCHRÖDER, ZENZ: QFD 1996]
SCHRÖDER, H.-H.; ZENZ, A.: *QFD (Quality Function Deployment)* Aus: Kern, W.; Schröder, H.-H.; Weber, J. (Hrsg.): *Handwörterbuch der Produktionswirtschaft, 2. Auflage.* Stuttgart (Schäffer-Poeschel) 1996. Sp. 1697-1711.

[SCHRÖDER: EINFLUßGRÖßEN 1997]
SCHRÖDER, H.-H.: *Einflußgrößen erfolgreicher Produktentwicklung aus Sicht der empirischen Forschung* Aus: Wildemann, H. (Hrsg.): *Marktführerschaft: Reorganisation und Innovation* München (TCW Transfer-Centrum) 1997. S. 303-345.

[SCHRÖDER: PLANUNG VON PRODUKTPLATTFORMEN 2002]
SCHRÖDER, H.-H.: *Ansätze zur Planung von Produktplattformen.* Aus: Albach, H.; Kaluza, B.; Kersten, W. (Hrsg.): *Wertschöpfungsmanagement als Kernkompetenz. Festschrift für Horst Wildemann.* Wiesbaden (Gabler) 2002. S. 87-119.

[SCHRÖDER: TECHNOLOGIE- UND INNOVATIONSPLANUNG 1999]
SCHRÖDER, H.-H.: *Technologie- und Innovationsplanung.* Aus: Corsten, H.; Reiß, M. (Hrsg.): *Betriebswirtschaftslehre. 3. überarb. u. erweiterte Auflage* München, Wien (Oldenbourg) 1999. S. 985-1114.

[SCOTT: CRITICAL ISSUES 2000]
SCOTT, George M.: *Critical Technology Management Issues of New Product Development in High- Tech Companies.* In: *Journal of Product Innovation Management*, 17. Jg. (2000), S. 57- 77.

[SENGE: 5TH DISCIPLINE 1990]
SENGE, P.: *The Fifth Discipline.* New York u.a. (Doubleday/Currency) 1990.

[SILVERSTEIN ET AL.: SCALABLE TECHNIQUES 2000]
SILVERSTEIN, C.; BRIN, S.; MOTWANI, R.; ULLMAN, J.: *Scalable Techniques for Mining Causal Structures.* In: *Data Mining and Knowledge Discovery*, 4. Jg. (2000), S. 163-192.

[SMITH, REINERTSEN: HALF THE TIME 1991]
SMITH, P. G.; REINERTSEN, D. G.: *Developing products in half the time.* New York (Van Nostrand Reinhold) 1991.

[SOUDER ET AL.: CONTINGENCY THEROY 1998]
SOUDER, W.; SHERMAN, J.; DAVIES-COOPER, R.: *Environmental Uncertainty, Organizational Integration, and New Product Development Effectiveness: A Test of Contigency Theory.* In: *Journal of Product Innovation Management*, 15. Jg. (1998), S. 520-533.

[SPECHT, GERHARD: BETEILIGUNG 1999]
SPECHT, G.; GERHARD, B.: *Beteiligung unternehmensinterner Funktionsbereiche am Innovationsprozeß: Determinanten des Erfolgs technischer Produktinnovationen.* Aus: Tintelnot, C.; Meißner, D.; Steinmeier, I. (Hrsg.): *Innovationsmanagement.* Heidelberg, Berlin (Springer) 1999. S. 219-234.

[SPECHT: TECHNOLOGIE-LEBENSZYKLEN 1996]
SPECHT, G.: *Technologie-Lebenszyklen.* Aus: Kern, W.; Schröder, H.-H.; Weber, J. (Hrsg.): *Handwörterbuch der Produktionswirtschaft, 2. Auflage.* Stuttgart (Schäffer-Poeschel) 1996. Sp. 1983-1994.

[STERMAN: BUSINESS DYNAMICS 2000]
STERMAN, J. D.: *Business Dynamics. Systems Thinking and Modelling for a Complex World.* Boston et al. (Irwin McGraw-Hill) 2000.

[STYLIOS, GROUMPOS: SUPERVISORY SYSTEMS 1998]
STYLIOS, C.D.; GROUMPOS, P.P.: *The challenge of modelling supervisory systems using fuzzy cognitive maps.* In: *Journal of Intelligent Manufacturing*, 9. Jg. (1998), H. 4, S. 339-345.

[TABER, SIEGEL: EXPERT WEIGHTS 1987]
TABER, R.; SIEGEL, M.: *Estimation of expert weights with fuzzy cognitive maps.* Aus: *Proceedings of 1st IEEE International Conference on Neural Networks (ICNN '87)* o.O. 1987. S. 319-325.

[TABER: KNOWLEDGE PROCESSING 1991]
TABER, R.: *Knowledge processing with fuzzy cognitive maps.* In: *Expert systems with applications*, 1. Jg. (1991), H. 2, S. 83-87.

[TABER: SOCIAL SYSTEMS 1994]
TABER, R.: *Fuzzy Cognitive Maps model Social systems.* In: *Artificial Intelligence Expert*, 9. Jg. (1994), S. 18-23.

[TATIKONDA, ROSENTHAL: TASK UNCERTAINTY 2000]
TATIKONDA, M. V.; ROSENTHAL, S. R.: *Technology Novelty, Project Complexity, and Product Development Project Execution Success: A Deeper Look at Task Uncertainty in Product Innovation.* In: *IEEE Transactions on Engineering Management*, 47. Jg. (2000), H. 1, S. 74- 87.

[THOMKE, FUJIMOTO: FRONT-LOADING 2000]
THOMKE, S.; FUJIMOTO, T.: *The Effect of "Front-Loading" Problem-Solving on Product Development Performance.* In: *Journal of Product Innovation Management*, Jg. 2000, H. 17, S. 128-142.

[THOMKE, REINERTSEN: AGILE PRODUKTENTWICKLER 1999]
THOMKE, S.; REINERTSEN, D.: *Agile Produktentwickler brauchen keine Marktprognosen.* In: *Harvard Business Manager*, Jg. 1999, H. 5, S. 31-43.

[THOMKE: ENLIGHTENED EXPERIMENTATION 2001]
THOMKE, S.: *Enlightened Experimentation. The new imperative for innovation.* In: *Harvard Business Review*, Jg. 2001, H. February, S. 67-75.

[URBAN ET AL.: ESSENTIALS 1987]
URBAN, G.; HAUSER, J.; DHOLAKIA, N.: *Essentials of new product management.* Englewood Cliffs (Prentice Hall) 1987.

[URBAN ET AL.: INFORMATION ACCELERATION 1997]
URBAN, G.L.; HAUSER, J.R.; QUALLS, W. J.; WEINBERG, B. D.; BOHLMAN, J. D.; CHICOS, R.A.: *Information Acceleration: Validation and Lessons from the Field.* In: *Journal of Marketing Research*, 34. Jg. (1997), H. February, S. 143-153.

[URBAN, ET AL.: PREMARKET FORECASTING 1996]
URBAN, G.L.; WEINBERG, B. D.; HAUSER, J. R.: *Premarket Forecasting of Really-New Products.* In: *Journal of Marketing.*, 60. Jg. (1996), H. January, S. 47-60.

[URBAN, HAUSER: DESIGN AND MARKETING 1993]
URBAN, G. L.; HAUSER, J. R.: *Design and Marketing of New Products.* 2nd ed. Englewood Cliffs, NJ. (Prentice-Hall.) 1993.

[VAN DER HEIJDEN: SCENARIOS 2000]
VAN DER HEIJDEN, K.: *Scenarios and Forecasting: Two Perspectives.* In: *Technological Forecasting and Social Change*, 65. Jg. (2000), S. 31-36.

[VDI 2220]
VEREIN DEUTSCHER INGENIEURE (Hrsg.): *Produktplanung: Ablauf, Begriffe, Organisation. VDI-Richtlinie 2220* Berlin und Köln 1980.

[VDMA 1997]
VDMA (Hrsg.): *Zwischenbetrieblicher Vergleich: Kennzahlen und Informationen aus dem Bereich Entwicklung & Konstruktion: Ergebnisse 1997.* Frankfurt am Main (VDMA Verlag) 1997.

[VDMA 2002]
VDMA (Hrsg.): *VDMA-Kennzahlen: Entwicklung und Konstruktion 2002.* Frankfurt am Main (VDMA Verlag) 2002.

[VERGANTI: SYSTEMIC LEARNING 1997]
VERGANTI, R.: *Leveraging on systemic learning to manage the early phases of product innovation projects.* In: *R&D Management*, 27. Jg. (1997), H. 4, S. 377-393.

[VERWORN: FFE MASCHINENBAU ELEKTROTECHNIK 2003]
VERWORN, B.: *Die frühen Phasen der Produktentwicklung am Beispiel des Maschinenbaus und der Elektrotechnik.* Aus: Herstatt, C.; Verworn, B. (Hrsg.): *Management der frühen Innovationsphasen. Grundlagen, Methoden, Neue Ansätze.* Wiesbaden (Gabler) 2003. S. 273-297.

[VERWORN: PROJEKTPLANUNG 2003]
VERWORN, B.: *Projektplanung während der frühen Phasen.* Aus: Herstatt, C.; Verworn, B. (Hrsg.): *Management der frühen Innovationsphasen. Grundlagen, Methoden, Neue Ansätze.* Wiesbaden (Gabler) 2003. S. 233-250.

[VESTER, VON HESLER: SENSITIVITÄTSMODELL 1980]
VESTER, F.; VON HESLER, A.: *Sensitivitätsmodell. Ökologie und Planung in Verdichtungsgebieten. Forschungsbericht 80-101 040 34* Frankfurt am Main 1980.

[VOIGT: STRATEGIEN 1998]
VOIGT, K.-I.: *Strategien im Zeitwettbewerb. Optionen für Technologiemanagement und Marketing.* Wiesbaden (Gabler) 1998.

[VON HIPPEL ET AL.: BREAKTHROUGHS AT 3M]
VON HIPPEL, E.; THOMKE, S.; SONNACK, M.: *Creating Breakthroughts at 3 M.* In: *Harvard Business Review*, Jg. 1999, H. September-October, S. 47-57.

[VON HIPPEL: SOURCES OF INNOVATION 1986]
VON HIPPEL, E.: *Sources of Innovation.* Cambridge (Oxford University Press)1986.

[VON HIPPEL: USER TOOLKITS 2001]
VON HIPPEL, E.: *Perspective: User toolkits for innovation.* In: *Product Innovation Management*, 18. Jg. (2001), S. 247-257.

[VON NIZSCH: ENTSCHEIDUNGSLEHRE 2002]
VON NITZSCH, R.: *Entscheidungslehre.* Stuttgart (Schäffer-Poeschel Verlag) 2002.

[VON RECHBERG: KOSTENSCHÄTZUNG 1997]
RECHBERG, U .von: *Systemgestützte Kostenschätzung* Aus: Freidank, C.C.; Götze, U.; Huch, B.; Weber, J. (Hrsg.): *Kostenmanagement: Aktuelle Konzepte und Anwendungen.* Berlin, Heidelberg, New York (Springer) 1997. S. 323-341.

[VON REIBNITZ: SZENARIO-PLANUNG 1989]
VON REIBNITZ, U.: *Szenario-Planung.* Aus: Szyperski et al (Hrsg.): *Handwörterbuch der Planung* Stuttgart (Poeschel) 1989. S. 1980-1996.

[VON REIBNITZ: SZENARIO-TECHNIK 1991]
VON REIBNITZ, U.: *Szenario-Technik: Instrumente für die unternehmerische und persönliche Erfolgsplanung.* Wiesbaden (Gabler) 1991.

[WARREN: COMPETITIVE FUTURES 1995]
WARREN, K.: *Exploring competitive futures using cognitive mapping.* In: *Long Range Planning*, 28. Jg. (1995), H. 5, S. 10-21.

[WEIBER ET AL.: INNOVATIONEN 1999]
WEIBER, R.; KOLLMANN, T.; POHL, A.: *Das Management technologischer Innovationen.* Aus: Kleinaltenkamp, M.; Plinke, W. (Hrsg.): *Markt- und Produktmanagement. Die Instrumente des Technischen Vertriebs.* Berlin u.a. (Springer) 1999. S. 75-179.

[WEICK: COSMOS VS. CHAOS 1997]
WEICK, K. E.: *Cosmos vs. Chaos: Sense and Nonsense in Electronic Contexts.* Aus: Ruggles, R. L. (Hrsg.): *Knowledge Management Tools.* Boston u. a. (Butterworth-Heinemann) 1997. S. 247-260.

[WEIS: MARKETING 1990]
WEIS, H. C.: *Marketing.* 7. *Aufl.* Ludwigshafen (Rhein) (Friedrich Kiehl) 1990.

[WELTERS: CROSS IMPACT 1989]
WELTERS, K.: *Cross Impact Analyse.* Aus: Szyperski et al (Hrsg.): *Handwörterbuch der Planung* Stuttgart (Poeschel) 1989. S. 241-248.

[WILDHALM, MÜCK: TOPIC MAPS 2002]
WILDHALM, R.; MÜCK, T.: *Topic Maps.* Berlin u.a. (Springer) 2002.

[WILLIAMS, KOCHHAR: REFERENCE MODEL 1997]
WILLIAMS, M.A.; KOCHHAR, A.K.: *Object-Oriented Reference Model of the fuzzy front end of the product introduction process.* Aus: *Proceedings of the international MATADOR conference* 1997. S. 59-64.

[WILSON: SCENARIO THINKING 2000]
WILSON, I.: *From Scenario Thinking to Strategic Action* In: *Technological Forecasting and Social Change*, 65. Jg. (2000), S. 23-29.

[WITTMANN: UNVOLLKOMMENE INFORMATION 1959]
WITTMANN, W.: *Unternehmung und unvollkommene Information. Unternehmerische Voraussicht - Ungewißheit und Planung* Köln, Opladen (Westdeutscher Verlag) 1959.

[WYNANDS: MANAGEMENTWISSEN 2002]
WYNANDS-ROGERS, S.: *Freilegung strategischen Managementwissens: Ein wissensdiagnostischer Ansatz* Wiesbaden (Gabler) 2002.

[ZHANG ET AL.: POOL 2 1989]
ZHANG, W.R.; CHEN, S.S.; BEZDEK, J.C.: *Pool2: A generic system for cognitive map development and decision analysis.* In: *IEEE Transactions on Systems, Man, and Cybernetics*, 19. Jg. (1989), S. 31-39.

[ZHANG, DOLL: CAUSAL MODEL 2001]
ZHANG, Q.; DOLL, W. J.: *The fuzzy front end and success of new product development: a causal model.*In: *European Journal of Innovation Management*, 4. Jg. (2001), H. 2, S. 98-112.

[ZIMMERMANN: FST 1999]
ZIMMERMANN, H.-J.: *Fuzzy Set Theorie.* In: *Das Wirtschaftsstudium,* Jg. 1999, H. 1, S. 22-29.

[ZOPPE: PATENTAKTIVITÄTEN 2001]
ZOPPE, A.: *Patentaktivitäten in der EU im internationalen, nationalen und regionalen Vergleich. Thema 9 - 4/2001* (Reihe: Statistik kurz gefasst); Eurostat o.O. 2001.

AUS DER REIHE

Gabler Edition Wissenschaft

„Forschungs-/Entwicklungs-/Innovations-Management"
Herausgeber: Prof. Dr. Hans Dietmar Bürgel, Prof. Dr. Diana Grosse,
Prof. Dr. Cornelius Herstatt und Prof. Dr. Martin G. Möhrle

zuletzt erschienen:

Antonie Jetter
Produktplanung im Fuzzy Front End
Handlungsunterstützungssystem auf der Basis von Fuzzy Cognitive Maps
2005. XXX, 487 S., 92 Abb., 13 Tab., Br. € 65,90
ISBN 3-8350-0144-2

Christopher Lettl
Die Rolle von Anwendern bei hochgradigen Innovationen
Eine explorative Fallstudienanalyse in der Medizintechnik
2004. XXIV, 390 S., 51 Abb., 39 Tab., Br. € 59,90
ISBN 3-8244-8082-4

Frank Stummer
Venture-Capital-Partnerschaften
Eine Analyse auf der Basis der Neuen Institutionenökonomik
2002. XVIII, 165 S., 17 Abb., 4 Tab., Br. € 44,90
ISBN 3-8244-7723-8

Birgit Verworn
Die frühen Phasen der Produktentwicklung
Eine empirische Analyse in der Mess-, Steuer- und Regelungstechnik
2005. XXI, 249 S., 51 Abb., 27 Tab., Br. € 49,90
ISBN 3-8244-8248-7

Sven Wenzke
Flexible Gestaltung des Analyseprozesses technischer Probleme mit TRIZ-Werkzeugen
Theoretische Fundierung, Anwendung in der industriellen Praxis, Zukunftspotenzial
2003. XIX, 277 S., 91 Abb., Br. € 44,90
ISBN 3-8244-7944-3

Andreas Zeller
Technologiefrühaufklärung mit Data Mining
Informationsprozessorientierter Ansatz zur Identifikation schwacher Signale
2003. XXII, 259 S., 55 Abb., 31 Tab., Br. € 49,90
ISBN 3-8244-7914-1

www.duv.de
Änderung vorbehalten.
Stand: Juli 2005.

Deutscher Universitäts-Verlag
Abraham-Lincoln-Str. 46
65189 Wiesbaden